KB042627

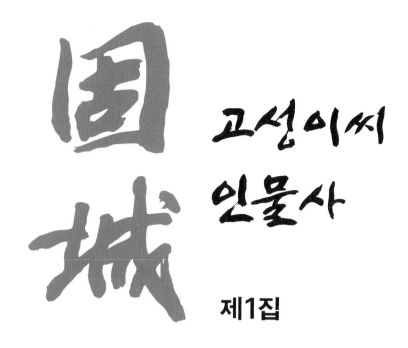

固城 고성이씨 인물사

제1집

朴洪甲 지음

고성이씨 인물사

지은이 | 박홍갑

펴낸이 | 최병식

펴낸날 | 2018년 11월 12일

펴낸곳 | 주류성출판사 www.juluesung.co.kr

　　　　서울특별시 서초구 강남대로 435 15층

　　　　TEL | 02-3481-1024(대표전화) · FAX | 02-3482-0656

　　　　e-mail | juluesung@daum.net

값 30,000원

잘못된 책은 교환해 드립니다.

ISBN 978-89-6246-365-1   03990

固城

고성이씨 인물사

제1집

朴洪甲 지음

주류성

고려 문적에 등장하는 우리 시조공[璜] 이래 후손들이 번창하여 병부상서공[麟冲]과 시중공[嚴冲] 양 계열로 분기되었고, 병부상서공은 급제공[瑎]을 낳으시어 고려 명가들과 어깨를 겨루는 문희공[尊庇] 시대의 광영을 주셨으며, 문희공 손자 행촌(杏村)과 도촌(桃村)대에 와서는 더 큰 업적을 남기셨습니다. 특히 행·도촌 양 선조께서 고려 말 혼란한 정국을 이끌면서 한 치의 빈틈없이 인군(人君)을 보필하여 보국충정(輔國忠正)으로 일관하셨기에 후세에까지 귀감이 되어 왔습니다. 그 후 조선이 건국되어 용헌(容軒)공 선조께서 정계의 큰 산으로 우뚝 섰을 뿐 아니라 훌륭한 7형제의 아드님을 두시어, 고성이씨 10개 파의 근간을 이룰 수 있게 되었던 바, 오늘날 시조공 후손들이 전국에 걸쳐 약 2만 6천 여 가구가 흩어져 살고 있습니다.

그러하니 작금에 배출된 역사적 인물들이 이루 헤아릴 수 없을 정도로 배출되었고, 이런 사실에 대해 우리 후손들은 선조의 위업을 이어받아 긍지로 살아가고 있습니다. 후손들이 조상에 대해 더 큰 긍지를 가지기 위해서는 선조들의 역사 행적을 올바로 이해하는 것에서 출발한다고 봅니다. 부끄러운 사실도 과거의 역사요, 자랑스런 사실도 과거의 역사입니다. 과거를 반추하여 과오는 되풀이하지 않기 위해, 자랑스런 사실을 통해 긍지를 가지기 위해 필요한 것이 역사라고 합니다.

이번에 발간되는 『고성이씨 인물사』의 면면을 보노라면, 우리 후손들이 익히 알고 있었던 부분도 없지는 않으나, 그 동안 묻혀 있던 사료(史料)를 대폭 발굴하여 객관성을 높였다는 점이 돋보입니다. 이는 전적으로 집필을 담당하신 박홍갑(朴洪甲) 박사님의 높으신 식견과 학문적 열정으로 이루어진 결과라고 생각합니다. 조선시대사를 전공하신 박사님은 이미 고성이씨와 관련한 학문적 성과를 많이 내셨고, 고성이씨 외손이기도 합니다. 옛적 『철성연방집(鐵城聯芳集)』 간행에 외손들이 힘을 보태 세상에 빛을 보게 하였듯이 이런 일들이 오늘날 또 다시 재현되고 있다고 생각합니다.

박홍갑 박사님이 집필하신 인물사가 제1집에 그치지 않고, 조선후기부터 근현대에 이르기까지 배출되었던 역사 인물들의 행적도 조속히 간행되기를 희망합니다. 아울러 『고성이씨 인물사』 간행을 계기로 선조님들의 훌륭한 인품과 업적을 본받고 받들어, 오늘날을 살아가는 떳떳한 후손으로 긍지를 더 높일 수 있는 계기가 되길 빕니다.

2018년 10월 20일

固城李氏 容軒宗中 會長 李鍾晩

　서구와는 달리 우리의 긴 역사는 농경을 위주로 한 정착사회였다. 그에 따라 인간 관계망이 쌍방 간의 계약에 의해 이루어지는 것이 아니라 정(情)으로 맺어진 사회였고, 이를 기반으로 각 씨족들이 지역사회에 터를 잡아 중앙정부 관료를 부단히 공급하면서 중앙과 지방을 연결하는 구심점 역할을 해 왔다. 특히 고려시기부터는 과거제도라는 인재 등용정책을 실시하였던 것은 잘 알려져 있거니와, 각 지역별로 정착해 있던 씨족들이 과거(科擧)나 군공(軍功)을 통해 중앙관료들을 지속적으로 배출함으로써 명문가로 부상하곤 했었다.

　우리 전통사회에서 명문가로 부상한 경우를 보면 앞에서 설명한 것에서 예외가 있을 수가 없는데, 본서에서 다루고 있는 고성이씨 또한 그런 경우에 벗어나지 않는다. 경상도 최남단 고성(固城) 땅에서 지역 토성(土姓)으로 출발했던 이씨들은 부단히 중앙관료들을 배출하면서 그 세력이 확장되어 갔고, 그 후손들이 낙향지를 선택할 때에는 혼인망과 연결된 지역으로 이동했기 때문에 전국으로 확산되어 갔다. 오늘날 고성이씨 문중의 10개 파(派)는 그렇게 생겨난 것이며, 각 파조를 비롯한 후손들이 전국에 걸쳐 고루 퍼져있는 것도 그 때문이라 하겠다.

고성(固城) 고을의 별칭(別稱)이 철성(鐵城)이었기에, 고려 이래 배출된 인물들 중에는 철성군(鐵城君)으로 봉군된 사례가 많았고, 한편으로는 철성 이씨로 곧잘 불리곤 했었다. 급제공 이진(李瑨)이 개경으로 진출한 이래 문희공 이존비(李尊庇)나 그의 아들 행촌 이암(李嵒)과 도촌 이교(李嶠) 형제들을 배출하는 등 당대의 명문가로 부상한 이래 그 후손들의 사환(仕宦)이 끊이질 않았다.

한국 중세사에 있어 왕조의 흥망은 물론이고 한 가문의 성쇠 역시 기복이 컸던 것이 사실인데, 고성이씨를 놓고 보면 이렇듯 지속적으로 인물 배출이 가능할까 싶을 정도다. 고려가 망하면서 함께 쇠락한 계파 안에서도 꾸준하게 공신들이 배출되었고, 격변의 정국 소용돌이 속에서 형장의 이슬로 사라진 인물들 또한 셀 수 없었지만, 옆 가지에서 또 다른 싹을 피워 열매를 맺는 고성이씨 인물들을 보노라면, 가히 샘이 깊은 물이나 뿌리 깊은 나무를 생각하지 않을 수 없게 만든다.

본서는 고려에서 조선중기까지 배출된 고성이씨의 역사적 인물들을 선정한 것인데, 제목을 '고성이씨 인물사'로 명명한 것은 그들이 살아갔던 당대에 역사적 상황과 결부하여 파악하려는 노력이 깃들여진 것에 기인한다. 한 인간이 살아가는 데는 당 시대에 전개된 정치상황이나 현실적인 면들과 무관하게 살아갈 수가 없었기 때문이다.

한편 본서 내용 구성을 시대로 구분하여 크게 3개의 편으로 구성하였는데, 첫번째는 고려시대 인물을 수록하였고, 두 번째는 조선 건국에서부터 성종에 이르는 기간에 활동한 인물, 세 번째는 연산군 이후부터 병자호란에 이르는 시기에 활약했던 인물을 대상으로 하였다. 그리고 본서를 제1집으로 한 것은 이번에 다루지 못한 조선후기부터 근현대에 이르기까지 인물에 대한 후속 작업을 생각하고 있다는 뜻이기도 하다. 따라서 본서는 완성된 것이 아니라 시작일 뿐이다. 후속작업은 필자보다 능력 있는 분이 맡아주실 것이라 믿는다.

올곧은 선비정신을 간직한 수많은 고성이씨 선현들과 함께 호흡한 여정이었기에 원고지를 메우는 동안 내내 즐거웠다. 필자가 이미 학술지나 잡지 등을 통해 소개한 인물들도 많았지만, 뜻밖의 인물들과 만나는 재미에 늦은 밤이 새는 줄도 모를 정도였다. 원고 작업 동안 도움을 주신 고성이씨 문중 관련자는 물론 원고 방향과 교열에 힘을 보태주신 율로 이영규 선생님, 교정을 봐주신 이영순님께 감사의 말씀을 올린다. 상업성 없는 책을 기꺼이 간행해 주신 주류성 최병식 사장님, 난삽한 원고를 깔끔하게 편집해 준 정지율씨에게도 아울러 감사를 드린다.

2018년 10월 20일

朴洪甲 謹識

一. 본서(本書) 제명(題名)을 『고성이씨 인물사』로 한 것은 단순한 인물 약전(略傳)이 아니라, 그 인물이 활동할 당시의 역사적 상황과 연결된 면들을 종합적으로 고찰(考察)한 것이기 때문이다.

一. 본서(本書)에 수록된 인물은 고려시대부터 조선 중기에 이르는 시기로 한정하였다.

一. 본서(本書)는 관찬(官撰) 연대기(年代記)에 언급된 인물을 우선하되, 당대에 새긴 금석문(金石文)이나 문집(文集) 같은 문헌들이 남아 있는 인물도 추가하였다.

一. 학술적으로 고증(考證)할 수 없는 선대(先代) 5세 6위에 대한 서술은 문중에서 소장하고 있는 문적(文籍)들을 참고하였다.

一. 각 인물에 대한 소개는 생졸(生卒) 관력(官歷) 자호(字號) 묘소(墓所) 가족(家族) 등과 같은 기본 정보를 먼저 수록하여, 독자의 편의를 도모하였다.

一. 각 인물에 대한 서술 내용이 3쪽을 초과하는 경우에는 본문 앞에 그 인물에 대한 간략한 전기(傳記)를 제시하여 이해를 돕도록 하였다.

一. 본서(本書)의 객관성을 높이기 위해 인용 문구(文句)에 대한 소재처를 각주(脚註)로 처리하거나, 참고문헌으로 제시하였다.

一. 서술 분량이 많은 인물은 소제목으로 나누어 서술하는 것을 원칙으로 하였다.

1. 고려시대 인물

2. 조선 초기 인물

3. 조선 중기 인물

1. 고려시대 인물

선대(先代) 5세 6위	이 숭 (李崇)
이 진 (李瑨)	이 음 (李蔭)
이존비 (李尊庇)	이 강 (李岡)
이 우 (李瑀)	이 림 (李琳)
각진국사(覺眞國師)	이희필 (李希泌)
이 암 (李嵒)	조안평 모 고성이씨
이 교(李嶠)	이귀생 (李貴生)
이 백 (李伯)	이 근 (李懃)
운암대사(雲菴大師)	근 비 (謹妃)

선대先代 5세 6위

시조공始祖公 이황李璜

  일찍이 문과에 급제하여 은거하다가 고려 덕종(德宗) 2년(1033) 1월 신미에 좌우위(左右衛) 맹교위(猛校尉) 벼슬에 올라 오행 신선입과 함께 거란군 7인을 생포하여 왕명에 의해 한 등급 특진되었다.[1] 이로부터 승직(昇職)을 계속하여 밀직부사(密直副使)가 되어 철령군(鐵嶺君) 봉호를 받았고, 11대 문종(文宗) 17년(1063)에 호부상서(戶部尚書)에 제수되었다. 본관을 고성으로 하는 세계(世系)를 철령군 이황으로부터 이어오고 있으나, 공의 배위나 묘소에 대해 전해지는 바가 없다. 시조공 이하 5세 6위의 묘소가 경남 하동에 있었다는 설이 있으나, 확인할 수 없어 현재 경남 고성 회화면 봉동리 웅곡(곰실)에 단소(壇所)를 마련하였다.[2] 배향

---

1) 『고려사』 권5, 세가 5, 덕종 2년 1월 신미.
2) 시조공 이하 5세 6위에 대한 내용은 참고할 자료가 거의 없는 형편이라, 『고성이씨대종회발전

일은 음력 10월 3일이다.

태자첨사공太子詹事公 전지田枝

2세 휘 전지(田枝)는 만성보에 의하면, 일찍이 문과에 급제하여 중랑장(中郎將)이 되었고, 문하시랑(門下侍郎)을 거쳐 태자첨사(太子詹事)를 지냈다 한다. 후손 창주공 이성길 가문에 전해내려 오는 기록에 의하면, 그 외 좌우위(左右衛) 승랑장(勝郎將)을 역임했다. 그럼에도 배위는 물론 묘소까지 전해지지 않은 바, 관향지 고성(固城)에 단소(壇所)를 설치하여 배향하고 있다.

경안공景安公 국헌國軒

3세 휘 국헌(國軒)은 감무(監務)를 거쳐 은청광록대부(銀靑光錄大夫)와 병부상서(兵部尙書)를 지냈고, 시호는 경안(景安)이다. 공의 배위나 묘소에 대해서는 전해지는 바가 없어, 고향 고성에 단소(壇所)를 마련하여 배향하고 있다. 공은 일찍이 문소산에 입산하여 글을 읽었다고 하는데, 이 때 지은 것으로 시 한 수가 전해내려 온다.

문소산세웅(文邵山勢雄) 문소산 높고 커서 그 형세 웅대하니
등견십주통(登見十洲通) 올라서 바라보니 선경에 통달한 듯
군자접여수(君子接如水) 군자가 세상을 접함은 물과 같이 담담하고
학인점육홍(學人漸陸鴻) 배운 사람들은 점점 높은 꼭대기까지 오르네

사』(2004) 내용을 옮기는 정도로 서술하였다.

망양정상월(望洋亭上月)   정자 위 밝은 달을 저 멀리 바라보고
부해도두풍(浮海棹頭風)   바다에 배 띄워 청풍에 노를 젓노니
권회하정세(卷懷何定說)   재능을 숨기는데 무슨 말이 있을소냐
굴가감오충(屈賈感吾衷)   굴가*를 회상하는 지금 이네 심정일세

* 굴가(屈賈): 왕에게 충심어린 직언(直言)으로 귀양 간 초나라 굴원(屈原)과 한나라
  가의(賈誼)를 말함.

병부상서공兵部尙書公 영년永年

  4세 휘 영년(永年)은 문과에 급제하여 상호군(上護軍)을 지낸 후 병부상서(兵部
尙書)를 역임했다고 전한다. 배위나 묘소가 전하질 않아 관향지 고성에 단소(壇
所)를 마련하여 배향하고 있다.

병부상서공兵部尙書公 인충麟冲

  5세 휘 인충(麟冲)은 봉익대부(奉翊大夫)와 병부상서(兵部尙書)를 역임했다. 배위
는 유(柳)씨라 전해지며, 『등과록전편(登科錄前編)』(규장각한국학연구원, 청구기호 古
4650-10)에 소개된 이존비 조항에 따르면, 그의 조부를 이인(李麟)으로 소개하고
있다. 공이 문산공(文山公) 진(瑨)을 낳았다. 관향지 고성에 단소를 마련하여 배
향하고 있다.

시중공侍中公 엄충嚴沖

5세 엄충(嚴沖)은 문과에 급제하여 정의대부(正議大夫) 검교(檢校) 문하좌시중(門下左侍中)을 지냈다. 공의 배위나 묘소는 전해지지 않아, 고성에 단소(壇所)를 마련하여 향사하고 있다. 공이 총호사(摠護使)를 지낸 준명(俊明)을 낳았다.

5세 6위 단소(壇所) 경남 고성군 회화면 웅곡

이진李瑨

생년 : 1202년(신종 5)경 추정
몰년 : 1245년(고종 32)경 추정
관력 : 문과 급제
자호 : 자 국보(國寶) 호 문산(文山)
묘소 : 고성군 회화면 봉동리 웅곡
가족 : [증조] 국헌(國軒) [조] 영년(永年) [부] 인충(麟冲)
　　　 [외조] 유씨(柳氏) [처부] 백경선(白景瑄)

공은 5세 인충(麟冲)의 외아들로 출생하였는데, 전해오는 이야기에 의하면, 어머니 유씨(柳氏)의 꿈에 신인(神人)이 푸른 빛 구슬을 주어 이를 받아먹고 잠을 깬 후 잉태하여 얻었던 아들이라 하여, 구슬을 상징하는 진(瑨)으로 이름을 지었다 한다.

『고려사』나 당대의 금석문(金石文) 등과 같이 비교적 신빙성 높은 역사기록에 확인되는 고성이씨 인물 상한선이 바로 문산공 이진(李瑨)이다. 그는 최씨정권 치하에서 문과에 급제하여 고성에서 개경으로 진출할 발판을 마련하였던 인물로 보이는데, 간접적인 것이긴 하지만 그에 관한 내용을 확인할 수 있는 자료는 다음과 같다.

> (가) 공의 이름은 인성(仁成)인데, 후에 존비(尊庇)로 바꿨다. 자는 지정이고 고성군 사람이다. 아버지는 진(瑨)인데, 급제하였으나 벼슬은 하지 않았다. 어머니 백씨는 85세로 지금까지 건강하시고, 본관은 남

포이며, 외조부는 예부낭중 백경선(白景瑄)이다.[1]

(나) (이암의) 조부 존비의 초명은 인성인데, 일찍이 아버지를 여의고 그
의 외삼촌 백문절(白文節)에게 배웠는데 글짓기와 예서에 능했다.[2]

(가) 자료는 이진의 아들 이존비 묘지명에서, (나) 자료는 이진의 증손 이암 열
전에서 각각 발췌한 내용이다. 두 자료에서 확인된 내용을 종합하면, 이진의 개
인적인 이력과 혼인관계 등을 추적할 수가 있다. 즉, 이진은 과거 급제자였으나
벼슬을 하지 않았다. 그리고 그는 예부낭중을 역임한 백경선(白景瑄)의 딸과 혼
인하였다.

공의 장인이었던 예부낭중 백경선(白景瑄)은 고려후기 명가를 이룬 남포백씨
를 있게 한 인물이었다. 백경선이 중앙 정계에 진출한 이래 그의 아들 백문절
(白文節), 손자 백이정 등과 같은 걸출한 인물들이 배출되어 『고려사』 열전에도
입전되었듯이, 당대를 대표하던 가문이었다. 문산공이 그런 신흥 명문가의 사
위가 되었다는 것은 타고난 개인적 역량과 능력들이 뒷받침되었기 때문으로 풀
이된다. 경상도 고성 땅에서 문과에 급제하여 중앙정치 무대로 비로소 두각을
나타낸 인물이었지만, 문산공은 끝내 관직을 단념한 채 은둔하는 자세를 견지
했다.

문산공의 급제 시기는 분명하지가 않다. 다만 이존비의 출생이 고종 20년
(1233)이었던 점을 감안한다면, 고종 30년(1243) 이전에 급제하였을 것으로 추정
된다. 자료 (나)에서 확인되듯이, 이존비가 장성하기 전에 이미 사망하였기 때문

---

1) 김용선, 1993, 「李尊庇墓誌銘」『고려묘지명집성』, 한림대출판부(墓誌銘所在: 國立中央博物館
   No. 本11368, "公諱仁成 後改尊庇 字持正 固城郡人也 皇考諱瑨 登第未仕 姓白氏 年八十五 至
   今無恙 本藍浦 外祖禮部郎中景瑄".
2) 『고려사』권111, 열전 24, 諸臣 李嵒, "祖尊庇 初名仁成 早孤學於其舅白文節 善屬文工隸書 元
   宗初登第…"

이다.

　이 시기에는 몽고가 침입하여 최씨정권이 매우 어려웠던 때이기도 하지만, 행정 실무를 담당할 "능문능리"형의 관인들을 대거 등용하던 때이기도 하다. 특히 지방 향리층에서 성장한 세력들이 과거에 대거 합격하였던 것도 이 시기였는데, 이진 역시 경상도 고성의 향리층에서 출발하여 과거에 합격한 것으로 추정된다. 아무튼 사서(史書)에서 더 이상의 가계(家系) 추심은 불가능하다. 따라서 오늘날 고성이씨를 있게 한 중흥조(中興祖)이자 현조(顯祖)임에 틀림없다 하겠다.

급제공 이진 및 철성군 이우 묘비 경남 고성 웅곡

이존비 李尊庇

초명 : 인성(仁成)

생년 : 1233년(고종 20)

몰년 : 1287년(충렬왕 13)

관력 : 판밀직사사(判密直司事) 감찰대부(監察大夫)

자호 : 자 지정(持正) 덕안 후백 시호 문희(文僖)

묘소 : 충북 청원 문의 소전리(왕묘동)

가족 : [증조] 영년(永年) [조] 인충(麟冲) [부] 진(瑨)

　　　[외조] 백경선(白景瑄) [처부] 이주(李湊)

　　　외숙 백문절에 수학하여 문장에 능하고 예서에 뛰어났다. 28살에 급제하여 여러 관직을 두루 거쳤는데, 오랜 기간 정방에 근무하여 인사행정에 밝았다. 1275년(충렬왕 1) 상서우승(尙書右丞)·예빈경(禮賓卿)을 거쳐 좌승지에 올랐으며, 이 때 필도치(必闍赤: 政房의 서기직)가 되었다. 1279년 밀직부사로 정인경(鄭仁卿)과 함께 성절사(聖節使)로 사행하였으며, 이듬해 지밀직사사·세자원빈(世子元賓), 1282년 지공거(知貢擧)를 역임했다. 1284년 감찰대부(監察大夫), 1287년에는 경상도·충청도·전라도 도순문사로 여몽군(麗蒙軍)의 일본정벌을 위한 병량(兵糧) 및 군선(軍船)의 조달을 담당하였는데, 제반조치가 적의하여 민원을 사지 않았다. 그 뒤 판밀직사사로 별세하자, 이존비의 죽음에 대하여 특히 세자가 울면서 심히 애석해하였다. 묘지명이 전하며, 회당화상(晦堂和尙)에게 보낸 칠언율시가 『동문선(東文選)』에 실려 있다.

1. 과거 급제와 벼슬길

아버지 이진과 어머니 남포백씨 사이의 장남이다. 몽고 침략전쟁으로 고통을 받고 있던 고종 20년(1233)에 태어났다. 아버지 이진은 급제했으나 관직에 나가지 않았다. 공이 55세로 서거하던 당시 85세의 어머니가 생존해 계셨다. 어릴 때 아버지를 여의고 외숙부이자 당대의 문사(文士)로 한 시대를 풍미했던 백문절(白文節)에게서 수학한 바가 있는데, 그의 영향으로 문장에 능하였고 예서(隸書)에 뛰어났다.[1] 나이 19살에 남성시(南省試; 예비시험)에 합격한 후 28세 되던 원종 원년(1260)에 예부시(禮部試)에 급제하여 출사의 길을 열었는데, 이때에 과거시험을 주관하던 고시관이 참지정사(參知政事) 이장용(李藏用)과 동지추밀원사(同知樞密院事) 유경(柳璥)이었다.

당시 과거 시험 풍속은 시험관(座主 또는 恩門)과 그 시험에 합격한 사람(門生) 사이에 부자관계와 같은 좌주문생(座主門生) 관계가 맺어졌고, 이는 단순하게 존경하고 아끼는 이상의 관계를 유지하던 오래 된 관례였다. 따라서 유경과 이존비는 좌주와 문생의 관계가 되어 부자관계 이상의 돈독한 사이가 되었다.

이존비가 중앙 관료로 출사했던 당시는 무신들의 집권기에 이어 몽고 침입과 원나라가 지배하던 혼돈의 정치 상황이 벌어진 시기여서, 고려 중기에 확립된 3성 6부 체제가 유명무실화 되었다. 무신들이 실권을 장악하기 위한 새로운 통치기구를 등장시켰기 때문이다. 교정도감(敎定都監)을 비롯하여 정방(政房)·도방(都房) 이외에도 마별초(馬別抄)·야별초(夜別抄)·삼별초(三別抄)와 같은 새로운 통치 지배기구를 설립한 것들이 그것이다. 예나 지금이나 권력은 인사권에서 시작되듯이, 무신 집권자들 역시 인사권을 장악하기 위한 기구들을 우선적으로 설립하기 시작했는데, 그 중에서 대표적인 것이 정방이었고, 이존비가 중앙 무대에서 큰 활약을 펼칠 수 있었던 것도 바로 정방이었다. 정방은 최이(崔怡)가

---

1) 고려사』 권111, 열전 24, 이암(李嵒).

고종 12년 6월에 그의 사제(私第)에 설치하여 문무관 전주(銓注: 인사권)를 담당하게 했던 기구였지만, 최씨 정권 초기이던 최충헌이 관리들의 전주를 사제(私第)에서 하였던 것에서 출발하는 것이기도 하다.[2]

　아무튼 정방은 최이가 집권한 이후 사제에 설치한 것이어서 최씨 정권의 사적인 기구로 이해되고 있지만, 최씨 정권이 몰락한 이후 무인 정권 자체가 무너졌다 할지라도 그들의 권력 기구였던 정방은 계속하여 존속하고 있었다. 따라서 처음에는 최씨 정권의 사적 기구에 불과했으나, 당대의 실력자 유경(柳璥)이 최씨 정권을 무너뜨린 후 정방을 국왕의 편전 곁으로 옮겨 국가 기구로 흡수할 단초를 열어갔는데,[3] 이존비를 정방의 인사담당 실력자로 키운 인물이 바로 유경이었다.

　　유경이 처음 과거를 주관하게 되자 그의 좌주인 평장사 임경숙(任景肅)이 허리에 두르고 있던 검은 물소 뿔로 만든 붉은 가죽 띠를 풀어 그에게 주면서 "공의 문하에 공만 한 사람이 있으면 전하도록 하라"라고 당부했다. 유경의 문생 이존비가 과거를 주관하게 되자 그것을 다시 자신의 문생에게 전하려고 했지만, 임연(林衍)의 난 때 잃어버렸으므로 시장에서 다시 샀더니 바로 그 띠였다. 이 일은 사림(士林)들 사이에 신기한 일로 전해내려 온다.(『고려사』 권105, 열전 18, 유경 전)

　위의 『고려사』 기록에서 보는 바와 같이, 임경숙-유경-이존비로 맥을 이어가는 좌주문생 관계를 잘 엿 볼 수가 있겠다. 특히 물소 뿔로 된 가죽띠를 물려주던 관계를 보면, 고승이나 큰 선비가 그들의 적전제자에게 의발(衣鉢)을 전수하

---

2) 김상기, 1948, 「高麗武人政治機構考」『동방문화교류사논고』, 을유문화사; 김창현, 1998, 「정방의 설치와 政色承宣의 인사주도」『고려후기 政房 연구』, 고려대학교민족문화연구원.
3) 『고려사』 권105, 열전 18, 유경(柳璥).

던 관습과 다름없다. 유경이 그의 좌주로부터 물려받았던 물소 뿔 붉은 가죽 띠를 잃어버린 시기는 임연의 난 때라 했으니, 원종 9년(1268)에 임연(林衍)이 김준을 처단하고 정권을 농단한 것을 비난한 것이 탄로나 유배 생활을 한 바로 그 시기였을 것이다. 위의 사실에서 유경이 여러 명의 문생들 중에서도 이존비를 가장 아끼고 있었음이 잘 드러난다. 「이존비묘지명」에 의하면, 충렬왕 8년(1282)에 이존비가 동당시(東堂試) 지공거(知貢擧)가 되었을 때 공이 두 차례 시험을 주관하였는데, 자신의 문생(門生)들을 거느리고 은문(恩門)인 시중(侍中) 유경(柳璥)을 찾아뵈니, 이 일은 천고(千古)의 역사를 쓰는 데 미담이 되었다라고 표현할 정도로 이존비 역시 유경에 대한 흠모의 정은 지극했다.

아무튼 이존비의 좌주인 이장용과 유경은 모두 수상직에 오르는 정계 실력자였고, 특히 유경은 장기간 지속되어 오던 최씨 무인정권을 무너뜨린 인물이었다. 그리하여 최씨정권 하에서 인사권을 주무르던 정방(政房)을 국왕의 집무실인 편전에다 옮겨, 사적 기구의 정방을 공적 기구로 되돌리는 공을 세웠다. 이러한 권한과 지위를 장악하고 있던 유경이었기에 그의 문생인 이존비에게는 성장의 큰 발판이 되었다.

아무튼 원종 원년(1260)이던 28세 때에 예부시(禮部試)에 합격하여 성규(星閨)에 적을 두었다.[4] 성규(星閨)란 당시 내시직(內侍職)에 해당하는 곳인데, 고려시대 내시(內侍)는 조선시대 환관(宦官)과는 달리 과거급제자나 권문세가 자제가 입속(入屬)하는 문관의 영직(榮職)이었다. 무신집권기 이후 무신들도 겸임을 한 자들이 늘어나 변화의 조짐을 보이긴 했지만, 이존비 생존 당시 내시 직능은 국왕 근시(近侍)로서의 원래 직분인 제반의식을 집행 하거나 어가를 수행하는 일이었다. 또한, 그들이 지닌 유학자적 자질로 왕에게 경서(經書)를 강의하거나 왕의 제사(制詞)를 기초했으며, 국가기무(國家機務)를 관장하기도 하였다.

---

4) 김용선, 1993, 「이존비묘지명」『고려묘지명집성』, 한림대아시아문화연구소. 이하 이존비의 개인 이력에 관한 내용들은 「이존비묘지명」에 주로 근거하였다.

이어 이존비는 원종 5년(1264)이던 32세에 권무직(權務職)을 받은 후 여러 번 관직을 옮겨 비서교서랑(祕書校書郎) 액정내알(掖庭內謁) 대학박사(大學博士) 겸 직한림(兼直翰林) 등을 역임한 뒤, 정당(政堂)에 불려 들어갔다. 정당(政堂)이란 위에서 설명한 바 있던 정방(政房)을 말하는데, 이 때 이존비 나이가 대략 35세 정도로 추정되는 원종 8년(1267) 경이었다. 그리하여 55세에 생을 마감할 때까지 정방에서 인사권을 장악한 인사 전문가로 활동하게 되었다.[5]

이존비의 좌주였던 유경은 유천우(兪千遇)와 함께 오랜 기간 동안 정방(政房)에 있으면서 최항(崔沆)의 신임을 받았는데, 최항의 뒤를 이은 최의(崔竩)가 국정을 농단하며 민심을 잃게 되자, 1258년(고종 45)에 무장이던 김준(金俊) 등과 도모하여 최씨정권을 무너뜨리고 왕실 권위를 회복하는 공을 세웠다. 이때부터 정방을 편전(便殿)에 두었지만 유경이 전주(銓注: 인사권)를 장악해 국가의 기무(機務)를 결재하였고, 자신을 보좌하는 인원이 필요하게 되자 이존비를 차출한 것으로 보인다. 따라서 당시 이존비는 아직 초급 관료에 지나지 않았기 때문에 주로 유경의 업무를 보좌하는 수준에 그쳤지만, 정방에 배속된 그 자체만도 엘리트 코스에 진입한 것이나 다름없다 하겠다.

정방이 설치된 초창기에는 정색승선(政色承宣), 정색상서(政色尙書), 정색소경(政色少卿), 정색서제(政色書題) 등과 같은 관직이 설치되어 운영을 맡았다. 그러다가 충렬왕대에는 재상 아래 정색승지와 실무진으로, 충목왕대부터는 정방 제조제가 시행되면서 재상과 대언으로, 공민왕대는 대언이 제외되고 재상으로만 구성되는 등과 같은 변화 과정을 겪었다. 물론 그런 후 정방은 결국 상서사로 개편되면서 폐지되고 말았는데,[6] 유경이 장악했을 당시의 정방 정색승선은 당연히

---

5) 이존비의 손자인 이암의 묘지명에 의하면, 이존비가 약 30년 동안 인사를 담당하였다고 하고 있지만, 이는 20년의 오류로 추정하고 있다(홍영의, 2017, 「고려후기 고성이씨 가계와 혼인관계를 통한 인적 관계망」『麗·元代의 農政과 農桑輯要』, 도서출판 동강).

6) 김상기, 1948, 앞의 논문; 김창현, 1998, 앞의 책; 김창현, 2001, 「고려후기 別廳宰樞와 內宰樞」『한국 중세사회의 제문제 – 김윤곤교수정년기념 사학논총』, 김윤곤교수정년기념논총간행위원회.

그의 몫이었고, 그 아래에는 유경이 추천한 최령(崔寧)과 원부(元傅)·허공(許珙) 등이 보좌하고 있었다.

정방의 최고 책임자인 정색승선은 왕의 비서인 승선 중에서 임명하는 것이 관례였는데, 유경이 정방에서 물러난 뒤에 그 구성원에 변화가 생겼지만, 유경이 추천한 인물들은 그 직을 유지하고 있었다. 즉 원종 8년(1267)경 이존비가 정방에 첫 부임하였을 때 정색승선은 원부(元傅)가 맡아 있었고, 그 아래 허공(許珙) 이존비(李尊庇) 김주정(金周鼎) 등으로 구성되어 있었는데,[7] 김주정 역시 내시직으로 있다가 정방으로 들어 온 인물이었다. 아무튼 이때부터 이존비는 정방에서 인사행정을 맡기 시작하면서, 여러 관직을 두루 거쳤다.

즉, 원종 9년(1268)인 36세에 참직(參職)에 들어가 권지각문지후(權知閣門祗候)가 되었고, 37세부터 역임한 관직은 전중내급사(殿中內給事) 호부원외낭중(戶部員外郎中) 중서사인(中書舍人) 병부·이부시랑(兵部·吏部侍郎) 대자문학(大子文學) 내직랑(內直郎) 보문대제(寶文待制) 지제고(知制誥) 동궁시독학사(東宮侍讀學士) 응선부우첨사(膺善府右詹事) 등이고, 품계는 조산대부(朝散大夫)에 올랐다.

이어 충렬왕이 즉위(1275)한 43세에 남성시(南省試)를 관장하고, 조정·조의·중산·중대부(朝靖·朝以·中散·中大夫) 상서우승(尙書右丞) 예빈경(禮賓卿) 좌·우사의대부(左·右司議大夫) 비서윤(祕書尹) 판예빈시사(判禮賓寺事) 충사관수찬관(充史館修撰官) 등을 거쳤다가 충렬왕 3년(1277) 무렵에 밀직사우부승지(密直司右副承旨)로 정방(政房)의 최고 책임자인 정색승지(政色承旨)가 되었다.[8] 이에 이존비는 국왕의 비서인 승지로 있으면서 정방의 최고 책임자를 겸임하는 권력자가 되었음을 의미하며, 이후 우승지(右承旨) 좌승지(左承旨)를 역임하는 동안에도 계속해서 정색승지로서의 임무를 다하였다.

---

7) 김창현, 앞의 책; 김창현, 2010, 「고려 후기 이존비 이암의 활약과 그 특징」 『고성이씨 가문의 인물과 활동』, 일지사.
8) 왕의 비서인 승선(承宣)이 승지(承旨)로 개편되었기에 정색승지(政色承旨)로 불려짐.

2. 필도치^{必闍赤}와 이존비

필도치는 고려 후기 몽고 영향으로 생긴 관직이다. 당시 정방에 설치되었던 정색승선은 중추원 승선이 겸했다는 점에서 국왕의 최측근 세력으로 이해되기도 한다.[9] 특히 몽고 지배 하에서 정방의 핵심 구성원으로 설치되었던 필도치는 몽고어 Bitsechi를 한문으로 표현할 때 필자적(必闍赤)으로 쓰였는데, 필도치, 비칙치, 비체치 등으로 읽히는 문사(文士)를 뜻하는 말이다.

문희공 이존비는 당대 최고의 필도치로 이름 높았던 인물이었다. 몽고의 간섭이 지속되는 가운데 필도치는 충렬왕 4년(1278) 경에 왕권강화를 위해 측근세력들로 구성된 기구로서 재추회의[內宰樞]의 기능을 대신할 정도였다. 당시 정방 구성원을 두고 칭했던 필도치는 정방(政房)과 관련 없이 국가 중대사를 논의하는 조직으로, 왕부(王府) 소속의 필도치 중의 일부가 정방(政房)의 필도치로 기능하였다는 견해도 있지만,[10] 정방과 필도치는 서로 불가분의 관계가 아닐 수 없다.

무신들이 집권한 이후 그들의 권한을 강화하기 위한 수단으로 설치된 정방(政房)은 일종의 사설기구에 지나지 않았지만, 점차 국왕 중심 기구로 법제화 기구로 확대 강화된 측면이 크다. 아울러 충렬왕이 즉위한 이후에도 모든 국사가 재추회의(宰樞會議)를 통해 처결되고 있었다. 원래 재추회의(宰樞會議)는 국가의 중대사가 있을 경우 조신(朝臣)들을 널리 불러 회의를 하던 고려 전기 이래의 정치 유습이었고, 이런 관례는 그 이후 무신 집권과 몽고 간섭기에까지 이어지고 있었다. 특히 무신들은 왕을 견제하거나 자신의 정책 수행 명분을 얻기 위해 재추회의를 이용한 측면이 컸던 점도 무시할 수 없을 정도였다. 이러한 정치적 유습

---

9) 박용운, 1979, 「고려의 중추원 연구」『한국사연구』12, 한국사연구회; 김당택, 1999, 『고려의 무인정권』, 국학자료원.

10) 박용운, 1994, 「고려후기의 必闍赤에 대한 검토」『이기백선생고희기념한국사학논총』, 고희논총간행위원회.

을 떠안은 채 즉위한 충렬왕 입장에서는 재추회의(宰樞會議)를 견제할 장치가 필요했고, 그에 대한 대안으로 떠오른 것이 바로 측근세력에 힘을 실어 줄 필도치(必闍赤)를 설치하는 것이었다.[11] 이존비가 필도치로 선발 되는 과정을 알려주는 자료는 다음과 같다.

① 그(이암)의 조부 이존비(李尊庇)는 처음 이름이 이인성(李仁成)으로 부친을 일찍 여의고 외숙인 백문절(白文節)에게서 글을 배웠으며 글을 잘 지었고 예서(隸書)에 뛰어났다. 원종 초에 과거에 급제해 내시(內侍)에 적을 두었다가 국학박사(國學博士) 직한림원(直翰林院)으로 승진하였고, 이후 여러 번 옮겨 이부시랑(吏部侍郎)이 되었다. 충렬왕 때 상서우승(尚書右丞) 사의대부(司議大夫)를 거쳐 좌승지(左承旨)로 임명되었다. 당시 좌부승지(左副承旨) 김주정(金周鼎)의 건의에 따라 필도치를 신설해 국가의 중요한 업무를 맡겼다. 이존비는 바르고 곧은 사람이어서, 애초 그 논의에 참여하지 않았으므로 필도치의 일원에 끼이지 못하였는데, 여러 사람들이 그를 배척해서는 안 된다고 왕에게 말해 결국 필도치에 들어갔으며, 다시 밀직부사(密直副使)로 승진하였다.(『고려사』 권111, 열전 24, 이암(李嵒) 전)

② 구 제도상 모든 국사는 재추(宰樞)가 모여서 의논한 후 승선(承宣)이 왕의 명령을 받아 시행했다. 이에 대해 김주정은, "현재 재추가 너무 많아 국정을 의논하는 일에 책임질 인물이 없으니 따로 필도치를 두어 국가 기무를 맡겨야 합니다. 또한 내료(內僚)가 국사를 모두 보고하게 하는 것은 불가하니, 적절한 사람을 뽑아 신문색(申聞色)으로 삼고 그 나

---

11) 이기환, 1987, 「忠烈王代의 必闍赤: 忠烈王의 政治史的 役割과 관련하여」, 全南大學校 大學院 석사논문.

머지는 없애버리는 것이 옳습니다"라고 건의했다. 이어 염승익(廉承益)과 이지저(李之氐)를 시켜 왕에게 귀띔하게 한 결과 드디어 필도치와 신문색을 설치하게 되었다. 김주정 및 참문학사(叅文學事) 박항(朴恒), 밀직부사 설공검(薛公儉), 좌승지(左承旨) 이존비(李尊庇), 판예빈사(判禮賓事) 염승익, 대장군 인공수(印公秀)·조인규(趙仁規), 비서윤(秘書尹) 정흥(鄭興), 내시장군(內侍將軍) 이지저, 보문서대제(寶文署待制) 곽예(郭䂓), 대부소윤(大府少尹) 안전(安戩), 천우위(千牛衛) 녹사(錄事) 이자분(李子芬), 첨사부녹사(詹事府錄事) 윤문옥(尹文玉), 대상부녹사(大常府錄事) 정현계(鄭玄繼)를 필도치로, 내료(內僚) 낭장(郎將) 정승오(鄭承俉)·김의광(金義光)·강석(姜碩)·이서(李恕)·하예(河汭)를 신문색으로 임명했다. 이들은 상시 궁궐에 모여 국가의 기무에 참여하고 결정을 내렸기 때문에 당시 별청 재추(別廳宰樞)라고 불렸다. 그러나 선왕대부터 전해오던 옛 제도가 아니었기 때문에 비난하는 사람들이 많았다.(『고려사』 권104, 열전 17, 김주정(金周鼎) 전)

이렇게 설치된 필도치는 그 구성원들이 상시로 궁궐에 모여 국가 기무에 참여하고 결정을 내렸기 때문에 당시 별청재추(別廳宰樞)라 불린다고 할 정도였다. 따라서 충렬왕이 설치한 필도치는 기존의 재추회의를 대신하겠다는 당초 의도가 잘 반영되었음을 볼 수가 있다. 그럼에도 선왕대부터 전해오던 옛 제도가 아니었기 때문에 새로 설치된 필도치에 대한 반대 세력도 만만치 않았음을 알 수가 있다. 사정이 이렇게 흘러가자 필도치를 통해 왕권을 강화하려던 충렬왕 계획은 곧 실패하고 말았다. 기존의 재추회의 기능을 새롭게 법제화하고 상설화했던 도평의사사(都評議使司)가 출현했기 때문이다. 이는 물론 당시의 재추회의의 기능이 그만큼 강했다는 것을 뜻하는 것이기도 하다. 필도치 구성원이 모두 국왕 중심의 신진세력이었다는 점은 이미 알려진 바다.

광산김씨 가문에서 출생하여 과거 시험에서 장원 급제로 출사한 김주정(金周鼎)은 필도치의 필요성을 적극 주창한 인물이었는데, 그도 이존비처럼 내시(內侍) 소속으로 정방(政房)에 들어간 인물이었다.[12] 특히 김주정은 이존비와 함께 늘 정방에서 뜻을 함께 하기도 했기에 정가신(鄭可臣)과 더불어 이들 3명을 정방의 3학사(學士)로 불리기까지 할 정도였다.[13] 이들과 함께 필도치에 임명된 박항역시 고종 때 과거에 급제한 신예였는데, 그는 춘천박씨 가문에서 태어났지만선계(先系)가 알려지지 않을 정도다. 그리하여 박항은 오늘날 춘천박씨 시조로추앙받고 있다. 『고려사』에는 그 자신이 춘주(春州; 오늘날 춘천)의 주리(州吏)였다고 전할 뿐 그의 세계(世系)에 대한 더 이상의 언급은 없다.[14]

설공검(薛公儉)은 순창군(淳昌郡) 사람으로 그의 부친 설신(薛愼)이 과거에 급제한 후 개경으로 올라 와 신진세력을 대표하는 가문으로 부상하였다.[15] 즉, 설신의 선대는 순창의 향리였는데 증조 설자승(薛子升)은 군사호(郡司戶), 조부 설정숙(薛挺叔)은 사문박사(四門博士), 부친 설선필(薛宣弼)은 검교군기감(檢校軍器監)이었다. 설신의 모친 역시 향직이었던 순창군사호(淳昌郡司戶)를 역임한 조숭영(趙崇穎)의 딸이니, 순창 조씨(淳昌趙氏)도 순창 향리였던 셈이다. 이렇듯 순창 설씨는 설공검의 조부대까지는 고급 관인을 배출하지 못했으나, 설신이 과거에 급제한 후 그의 아들 설공검과 손자 설지충(薛之沖)으로 이어지면서 문벌로 성장한 가문이었다.

이들과 함께 필도치에 오른 염승익(廉承益), 인공수(印公秀), 조인규(趙仁規) 등은무인출신이란 공통점이 있는데, 이들은 고려 후기 무신 집권기와 대몽항쟁이란혼란한 정국 속에서 개인의 능력을 바탕으로 입신하여 새롭게 떠오르는 신흥세력이었다. 그 중에서도 가장 번성한 가문을 일으킨 조인규의 경우 후일 조선을

---

12) 『고려사』 권104, 열전 17, 김주정(金周鼎).
13) 이승휴, 『動安居士集』「動安居士行錄」 권3 行錄 復用前韻 上竹堂三學士.
14) 『고려사』 권106, 열전 19, 박항(朴恒).
15) 『고려사』 권105, 열전 18, 설공검(薛公儉).

건국하는 데 개국공신이었던 조준을 배출하기도 했지만, 당대에 이미 권문세족으로 성장하여 무려 4대에 걸쳐 의선을 비롯한 4명의 천태종 승려를 배출하여 묘련사를 장악했고, 과천의 청계사(淸溪寺)를 그의 가문 원찰로 활용했을 정도로 불교세력과도 긴밀하게 연결된 가문이었다.[16]

그럼에도 필도치 구성상의 특징을 보면 과거에 급제하여 정규 관로(官路)를 통해 진출한 신진 기예 뿐만 아니라 신분상으로 하찮은 국왕 측근의 근행(近幸)들이 다수 포함되어 있었다는 점이다. 특히 내료로 불린 자들은 주로 궁궐 안에서 국왕과 관료들 사이에서 말을 전달하는 계사(啓事)·구전(口傳) 외에도 궁중 잡다한 일도 처리하였다. 원래 남반(南班) 7품까지만 진출을 허용하였기에 동·서반의 경우 미관말직에도 진출할 수 없도록 되어 있었는데, 원종 때부터 이러한 원칙이 무너지기 시작하여 충렬왕 때에는 내료로서 국왕의 총애와 후원에 힘입어 고위직으로 승진하는 사례가 많았고, 대표적인 인물이 김의광(金義光)이었다.[17]

특히 필도치 설치의 당초 목적대로 운영하지 못한 면은 충렬왕에게서 찾을 수 있다. 충렬왕은 이들 중 정규 관로로 진출한 신진기예에 대해서는 관심을 크게 기울이지 않아 소원한 대신 국왕 측근에서 활약하던 소위 문고리 권력의 내료(內僚)와 폐행(嬖倖)들의 입김에 휩싸였기 때문에, 필도치 체제는 기성 정치인들로부터 반발을 샀던 것이 당연해 보인다.

이존비는 당초 필도치 설치를 위한 안이 도출되거나 인적 구성을 위한 논의에 참여하지 않고 거리를 두고 있었다. 이존비는 성격이 바르고 곧은 사람이어서 애초 그 논의에 참여하지 않아 필도치 일원에 끼이지 못하였는데, 여러 사람들이 그를 배척해서는 안 된다고 왕에게 말해 결국 필도치에 들어갔다는 것이다. 이런 기록을 통해서 볼 때 이존비는 당시 신진기예들에게는 없어서는 안 될 정도로 신망이 매우 두터웠음을 알 수 있다.

---

16) 민현구, 1977, 「조인규와 그의 가문」『진단학보』43, 진단학회.
17) 홍승기, 1983, 『고려 귀족제 사회와 노비』, 일조각.

아무튼 충렬왕이 재추회의(宰樞會議)를 중심으로 하는 기성세력을 누르기 위해 자신에게 충성을 다할 새로운 세력을 형성시키려 한 노력은 성공을 거두지 못하고 말았는데, 충렬왕의 측근 세력 포섭정책은 필도치 구성원의 주류인 정규 관료 출신 인물들의 이상과도 맞지 않는 것이었다. 따라서 필도치는 처음부터 구성상의 한계를 내포하고 있었던 셈이다. 그리하여 충렬왕에 의해 진출한 신흥세력들은 대원관계의 진전에 편승하여 갑자기 팽창하게 되어 신구세력의 갈등을 초래하게 되었고, 이를 원만히 수습하지 못함으로서 그의 왕권강화 노력도 실패하고 말았다.[18]

잠시나마 필도치에 적을 두었던 이존비는 그 후 삼사사(三司使) 지군부사사(知軍簿司事)를 역임하였다가 충렬왕 5년(1279)인 47세에 재상(宰相)인 중의대부(中議大夫) 밀직사부사(密直司副使) 판도판서(版圖判書) 문한학사(文翰學士)로 승진하였는데, 이때에는 재상의 지위로 정색승지(政色承旨) 위에서 정방을 통솔하였고, 이후 정의대부(正義大夫)에 올라 동지밀직사사(同知密直司事) 지밀직(知密直) 동판밀직(同判密直) 등 밀직사(密直司) 재상을 두루 역임한 바가 있다. 그가 밀직부사로 재직하는 동안에 정인경(鄭仁卿) 장군과 함께 원나라에 들어가 전함(戰艦) 건조를 감독하는 일에 홍다구(洪茶丘)를 제외시켜 달라고 요청하기도 했다.[19] 이 후에는 문한학사승지(文翰學士承旨) 세자원빈(世子元賓) 감찰대부(監察大夫) 좌·우상시(左·右常侍)를 제수 받아 국왕을 보필하는 동안에도 정방(政房)의 인사권을 계속해서 장악하고 있었으니,[20] 20년간 인사행정을 담당한 당대 최고의 인사책임자라는 누구도 흉내 낼 수 없는 광영을 누렸다.

충렬왕 7년(1281)에 원(元)나라가 조회하러 오지 않는 일본(日本)을 토벌하려고 칙령을 내려, 바다를 건너는 군사의 식량 10만여 곡(斛)을 준비하도록 하였다.

---

18) 이기환, 1987, 「忠烈王代의 必闍赤: 忠烈王의 政治史的 役割과 관련하여」, 全南大學校 大學院 석사논문.
19) 『고려사』 권29, 충렬왕 5년 7월 경오.
20) 『고려사』 권111, 열전 24, 이암.

이런 임무 담당을 모두 피하려 하였으나, 공은 경상·전라·충청 3도의 도순무사(都巡撫使) 명을 받고 영남(嶺南)으로 내려가 통솔하자 순식간에 만 척의 배에 실을 만한 식량을 마련하였다. 삼한(三韓)의 편안함이 한 손바닥 안에 있게 되었으므로, 임금이 가상하게 여겨 포상을 내렸다.[21] 그 후 판밀직사사(判密直司事)·감찰대부(監察大夫)·세자원빈(世子元賓)을 지내다 죽으니, 세자가 부음을 듣고 울면서 "바르고 곧은 이존비가 어찌 이처럼 일찍 죽는가?"라고 탄식하였다 한다.[22]

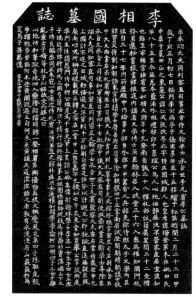

문희공 이존비 묘지석 국립중앙박물관

3. 이존비의 주변 인물

충렬왕(忠烈王) 재위 시절 이존비의 외숙이던 백문절이 사의대부(司議大夫)가 되었다. 이 당시 아무 공훈도 없는데다 집안에 결함이 있는 자들이 벼슬에 오르는 경우가 많아 낭사(郎舍)가 임명장에 서명을 하지 않았다. 이에 왕이 거듭 재촉했으나 명을 따르지 않자 어떤 자가 원한을 품고 왕의 측근들을 들쑤셔 왕을 격노하게 만들었다. 때마침 승지(承旨)로 있던 이존비(李尊庇)가 감찰사(監察司) 장계(狀啓)를 바치려 하자 왕은 첨의부(僉議府) 장계라고 생각하여 크게 성을 내고 꾸짖으며 이존비를 쫓아냈다. 이어 쿠치[忽赤; 왕실 숙위병] 최숭(崔崇)을 시켜 백문절과 사의(司議) 김서(金偦), 급사중(給事中) 김지서(金之瑞) 이하 사간(司諫)

---

21)『고려사절요』권21, 충렬왕 13년 정월,「이존비묘지명」.
22)「이존비묘지명」,『고려사』권111, 열전 24, 이암(李嵒).

과 정언(正言)까지 모두 체포하게 했다. 이존비가 사실을 밝히려고 재차 나아가자 왕이 낭사(郎舍)들을 구하려는 것이라 생각하고 꾸짖어 멈추게 한 다음 바로 백문절 등을 파직시켰다. 이에 이존비가 큰 소리로, "군왕이 신하의 마음을 몰라주시는데 제가 어찌 감히 왕명의 출납을 맡겠습니까? 당장 저를 파면해 주소서!"라고 외치니, 이지저(李之氐)가 임금 앞에 나아가, "이존비가 올리려고 한 것은 감찰사의 장계이지 첨의부의 장계가 아닙니다. 주상께서 자세히 살펴보시지도 않은 채 낭사에게 죄를 주고 이존비를 꾸짖었습니다. 게다가 첨의부는 모든 관아의 으뜸인데도 불구하고 쿠치 한 명을 시켜 야간에 낭사들을 체포하는 것은 나라의 체면을 손상한 일입니다"라며 아뢰자, 왕이 그제사 이존비 장계를 받아 새로 살펴본 후 후회하며 모두 석방하였다. 얼마 뒤에 백문절은 국학대사성(國學大司成)·보문각학사(寶文閣學士)로 승진했다가 충렬왕 8년(1282)에 죽었는데, 그는 풍부한 문장력으로 이름 높았고 동시에 지조와 절개가 있는 사람으로 추앙받았다. 백문절은 『고려사』 열전(列傳)에도 입전될 정도로 현달한 인물이었는데, 고종 25년(1238) 무술방(戊戌榜) 을과(乙科)에서 2위로 급제하여 한원(翰院)에 들어갔고, 관직을 두루 거쳐 중서사인(中書舍人)에 이르렀으며 이부시랑(吏部侍郎)과 국자제주(國子祭酒)를 역임했다.

이존비는 부인 익산 이씨와의 사이에 3남 2녀를 두었다. 이존비 장인은 당대의 문장가 이주(李湊)였다. 고려 인종 때 상서좌복야(尙書左僕射)를 지낸 이주연(李周衍) 아래 이열(李洌: 參軍)―이영재(李英梓: 直史館)―이양진(李陽眞: 증 상서좌복야)―이주(李湊)―이행검(李行儉: 寶文閣直學士知制誥)으로 이어지는 인물들을 배출한 명문가이다.[23] 자가 호연(浩然)인 이주(李湊)는 고종 때 과거에 급제해 부성현위(富城縣尉)가 되었다가 내직으로 들어와 도병마녹사(都兵馬錄事)가 되었고, 직사관(直史館)에 뽑혔으나 어떤 일에 연관되어 관직에서 물러났다. 그러나 재능을

---

23) 이색, 『牧隱文藁』 제18권, 비명(碑銘), 이공수(李公遂: 이행검 손자) 묘지명; 이수건, 1984, 『한국중세사회사연구』, 일조각, 314쪽; 김광철, 1991, 『고려후기 세족층 연구』, 동아대출판부, [익산이씨 가계도].

아낀 상서(尙書) 김창(金敞)의 천거로 교서랑(校書郎)에 임명되었고 이후 거듭 승진하여 기거사인(起居舍人)이 되었다. 원종 때는 병부(兵部)·예부(禮部)의 시랑(侍郎)과 국자제주(國子祭酒)를 역임한 후 좌간의대부(左諫議大夫)를 지내면서 사직을 청하는 글을 올리자 상서좌복야(尙書左僕射)·한림학사승지(翰林學士承旨)로 올려 벼슬을 마치게 하였다. 충렬왕 4년(1278)에 죽으니 나이가 78세였다. 성품이 온화하고 착했으며 글을 잘 지었고 특히 서찰에 뛰어났는데, 평소 살림을 돌보지 않아 집에는 여분의 쌀 한 섬도 없었다고 전할 정도로 청빈한 삶을 살았던 인물이었다.[24]

이존비의 처남 이행검(李行儉) 역시 대를 이어 과거에 급제한 한 후 진주사록(晉州司錄)에 임명되었다가 차츰 승진해 상서도사(尙書都事) 겸 직사관(直史館)을 오랫동안 지내다가 지홍주사(知洪州事)로 나갔다. 삼별초의 난 때 적에게 사로잡혀 억지로 관리 선발과 임명을 맡았는데, 김방경(金方慶)이 적을 격파한 후 이행검이 자기 부친 김효인(金孝印)의 문생이라 하여 살려 주었다. 뒤에 청주(清州: 지금의 충청북도 청주시)·곡주(谷州: 지금의 황해북도 곡산군)·풍주(豊州: 지금의 황해남도 과일군) 등 세 주의 수령이 되자 청렴하고 편리한 행정을 베풀어 칭송을 받았다. 충렬왕 때 사간(司諫)을 지내면서 감찰시사(監察侍史) 김홍미(金弘美) 등과 함께 정랑(正郎) 임정기(林貞杞)와 봉의랑(奉議郎) 고밀(高密)의 임명장에 서명을 거부했다. 고밀은 그 처가 술을 잘 빚었기 때문에 항상 술로 권신들과 총신들에게 잘 보여 벼슬에 오를 수 있었다. 임정기 등이 응방(鷹坊)에 청탁해 왕명을 구실로 서명을 독촉했으나 그래도 따르지 않자 왕이 노해 이행검 등을 섬으로 유배보냈다.

이때 처남을 위해 이존비(李尊庇)가 상장군(上將軍) 염승익(廉承益)에게, "이행검에게는 나이가 여든 된 어머니가 있어 밤낮으로 울며 부르다가 병을 얻어 죽게 되었으니, 선처를 해 달라"는 부탁을 하자, 염승익이 왕에게 그대로 보고하

---

24) 『고려사』 권106, 열전19, 이주(李湊).

여 석방되었다. 뒤에 이행검은 전법랑(典法郞)이 되었는데, 당시 정화원비(貞和院妃)가 왕의 총애를 받고 평민들을 종처럼 부리자 그들은 전법사(典法司)에 호소했으나 도리어 정화원비(貞和院妃)에게 종으로 주도록 왕명을 거듭 내렸다. 판서(判書) 김서(金㥠)가 동료들과 함께 그렇게 판결하려 하자 이행검은 죽음을 각오하고 반대 입장을 고수했다. 마침 이행검이 병이 나서 휴가를 얻자, 김서 등은 그가 없는 틈을 타 즉시 판결을 내려버렸다. 그 때 어떤 사람이 예리한 칼이 하늘에서 내려와 전법 관리(典法官吏)를 난도질하는 꿈을 꾸었는데, 이튿날 김서는 등창이 나서 죽고 동료들도 잇달아 죽었으나 이행검만 무사했다고 한다. 전해 내려오는 이야기를 『고려사』에 그대로 실었다는 것은 이행검의 강직한 성격을 나타내기 위함이었을 것이다. 이후 관직을 두루 거쳐 국학전주(國學典酒)·보문각직학사(寶文閣直學士)까지 지내고 사직했는데, 다시 언부전서(讞部典書)로 올려 벼슬을 마치게 했다. 충선왕 2년(1310)에 죽으니 나이 86세였다.[25] 성품이 침착하고 과묵했으며, 집안이 구차했지만 살림살이에는 전혀 신경을 쓰지 않았다. 아울러 이행검은 손으로 불경을 베껴 썼다고 한 바와 같이 늘그막에는 불교에 크게 심취해 있었던 것으로 판단된다. 이존비의 둘째 아들 이정(李精)이 출가하여 복구(復丘)란 법명으로 후일 국사(國師)의 지위에까지 오르게 되었던 데에는 외가의 뿌리 깊은 불심 영향을 받았던 것이 아닌가 한다. 이행검이 수선사 6세 원감국사(圓鑑國師) 충지(冲止)로부터 받은 시문이 전하기도 하거니와, 그의 생질이었던 복구(復丘) 역시 수선사 5세 천영에게 출가하였고, 대선사 도영에게 가서 수행하여 총림의 우두머리가 되었는데, 충정왕 2년(1350) 왕사로 책봉되어 불교계를 주도하였고, 입적하자 각진국사로 추증되었다.[26] 복구가 백암사로 옮겨가기까지 약 20년을 수선사에 머물렀던 것도 그런 인연으로 판단된다. 복구는 수선사 13세 사주로 있는 동안 침체된 선종의 수선사 부흥에 힘을 쏟았다고

---

25) 『고려사』 권106, 열전19, 이주(李湊) 부 이행검(李行儉).
26) 황인규, 2010, 「수선사 16국사의 위상과 추념」 『보조사상』 34, 보조사상연구원.

전한다. 이행검에게 아들이 둘 있었는데, 이직(李稷)과 이애(李崖; 이공수 父)다. 이직은 과거에 급제해 관직이 성균대사성(成均大司成)에 이르렀고, 이애는 감찰규정(監察糾正)을 지냈다. 딸은 산랑(散郞) 기자오(奇子敖)에게 시집가서 원나라 순제(順帝)의 기황후(奇皇后)를 낳아, 영안왕부인(榮安王夫人)으로 봉해졌다.[27] 이처럼 이행검의 외손녀가 원나라 순제의 황후가 되었는데, 기철 형제들이 누이동생을 등에 업고 친원세력으로 크게 부상하여 정권의 실세가 된 것은 잘 알려져 있다.

이존비의 사위는 박지빈(朴之彬)의 아들 박장(朴莊)과 유경(柳璥)의 손자 유인수(柳仁修)이다. 함양 박씨 가문을 크게 일으킨 박지빈은 이우의 장인이었던 박지량과는 형제이며, 박장의 아들은 당대 성리학자로 이름 높았던 박충좌(朴忠佐)였다. 박장(朴莊)의 형제들이 나란히 과거에 급제하여 가문을 크게 일으켰다.[28] 이존비 외손자 박충좌는 이존비 외사촌이던 백이정(白頤正) 문하에서 성리학을 배웠다. 백이정이 원나라에서 주자성리학을 배워 고려에 돌아왔을 때 박충좌는 이제현(李齊賢)과 함께 그에게 배웠는데, 이때 박충좌는 『주역』을 즐겨 읽었다고 전한다.[29] 이처럼 고려 후기 전래된 신유학이 이존비 가계를 중심으로 학문 수수가 이루어지고 있었음을 볼 수 있다.

이존비의 둘째 딸은 문화 유씨 유인수에게 출가하였는데, 유인수의 초명은 유인명(柳仁明)이며 유경의 손자이다. 문음으로 출사하여 충렬왕 20년(1294)에 하정사로 원나라에 다녀왔는데, 원나라에서 예를 아는 분이라 칭찬하였다. 그후 판도좌랑(版圖佐郞)을 거쳐 중문지후사(中門祗侯使)로 있으면서 정사를 논함에 정직하다는 명성이 있었다. 이존비가 과거 급제 당시 좌주(座主) 문생(門生)으로 인연을 맺은 유경(柳璥)은 이존비의 출세 길을 열어주었을 뿐만 아니라 그의 손

---

27) 『고려사』 권106, 열전 19, 이주(李湊) 부 이행검(李行儉).
28) 『고려사』 박충좌(朴忠佐) 열전에는 박장의 4형제가 등과했다고 했으나, 『동문선(東文選)』 권86, 서(序), 「하죽계안씨삼자등과시서(賀竹溪安氏三子登科詩序)」(李穡)에 의하면, 박장(朴莊)과 박리(朴理)·박계원(朴季元) 등 3형제 등과로 나온다.
29) 『고려사』 권109, 열전 22, 박충좌(朴忠佐).

문희공 이존비 묘소 청주 문의면 소전리

자를 이존비 사위로 보냈을 정도이니, 두 가문이 매우 돈독한 관계를 유지했음
을 볼 수 있다

이우李瑀

생년 : 1259년(고종 46)

몰년 : 1340년(충혜왕 복위 1) 추정

자호 : 자 원옥(元玉) 시호 문헌(文憲) 철성군(鐵城君)1

관력 : 부사(府使) 목사(牧使) 판삼사사(判三司使)

묘소 : 고성군 회화면 봉동리 웅곡

가족 : [증조] 인충(麟冲) [조] 진(瑨) [부] 존비(尊庇)

　　　[외조] 이주(李湊) [처부] 박지량(朴之亮)

　　　이존비 장남으로 충렬왕 시절 귀족자제들과 함께 독로화[뚤루게]로 차출되어 원나라에서 생활했다. 부친이 사망할 때까지 원나라에서 귀국하지 못한 채 근시낭장(近侍郎將)을 역임했다. 20대 초반에 입조하여 약 8년 원나라에 머물렀던 것으로 추정된다. 귀국 후 회양(淮陽)과 김해(金海) 전주(全州) 진주(晉州)의 지방관을 거쳤다가 말년에 봉군되었다. 충숙왕 복위로 아들 이암이 파직 당하자, 연루되어 고향인 고성으로 귀향형에 처해졌다. 이 시절 고성에 설묘된 조부 진(瑨)의 유택이 보존되도록 노력을 기울였다고 전한다.

---

1) 이우의 봉작에 대한 기록은 『고려사』 이암 열전과 이암묘지명에는 철원군(鐵原君)으로, 『목은문고(牧隱文藁)』 권18과 『동문선(東文選)』 권127에 실려 있는 이강묘지명에는 철성군(鐵城君)으로 되어 있다. 또한 서거정이 찬(撰)한 「좌의정철성부원군 증시강헌이공 신도비명(『四佳文集』 보유 권1, 碑誌類)」에서도 이우의 봉작에 대해 철성군(鐵城君)으로 표기하고 있다. 따라서 철성군으로 보는 게 순리일 것 같다.

아버지 이존비와 어머니 익산 이씨 사이에 장남으로 태어났다. 부인 함양 박씨와의 사이에 3남 4녀를 두었다. 장남 행촌 이암과 차남 도촌 이교는 문과에 올랐고, 삼남 이징은 숙부 각진국사의 뒤를 이어 출가하였다.

충렬왕 5년(1279) 독로화(禿魯花=툴루게)로 임명되어 원나라에 파견되었고, 그 후 1332년에 충숙왕이 복위하면서 전대의 왕이었던 충혜왕 측근들을 몰아낼 때 아들 이암이 폐행으로 지목되면서 함께 파직되어 전리(田里)로 귀향(歸鄕) 하였다.[2] 이우에 대한 자료는 매우 빈약한 편인데, 이는 그가 오랜 기간 동안 원나라에서 인질생활을 했기 때문인 것으로 보인다.

고려는 몽고와의 전쟁 중에 벌어진 여러 가지 요구들 중에 인질 제공만을 받아들여, 1241년(고종 28) 처음으로 왕족 영녕공 준(永寧公緈)을 비롯한 귀족 자제 10인을 몽고에 파견하였고, 이후 1271년(원종 12)에도 추가로 보내는 등 굴욕을 겪어야만 했다. 이를 독로화 또는 몽고어로 툴루게라 불렸는데, 귀족자제들이 선발되기를 꺼리자 충렬왕은 특별히 3등급을 올려 수직(授職)하여 보냈지만, 이들 중 소수는 유력자들에게 청탁해 곧 귀국한 경우도 있었다. 충렬왕이 즉위한 후인 1275년에 왕족인 대방공 징(帶方公澂)과 의관자제 10명을 독로화로 보냈지만, 원에서는 이들이 의관자제가 아니란 이유로 돌려보내기까지 하는 등의 마찰이 있었다.[3] 그런 가운데 1278년 충렬왕이 원에 친조(親朝)해 다루가치 폐지와 원병 철수, 홍다구(洪茶丘) 소환 등을 요구해 성과를 거두었다. 하지만 원은 고려에 대한 간접적인 통제 수단으로 자격 조건을 더욱 강화한 고려 권력자 자제를 인질로 요구하게 되었고, 이 때 이존비의 아들 이우도 징발 대상이 되었다. 그 면면을 보면, 당대의 이름 있던 김방경(金方慶)·원부(元傅)·박항(朴恒)·허공(許珙)·홍자번(洪子藩)·한강(韓康)·설공검·김주정(金周鼎) 같은 고위 관직 자제

---

2) 『고려사』 권111, 열전 24, 이암(李嵒)전 "忠肅復位, 以嵒爲忠惠嬖幸, 杖流海島, 罷琚歸田里."
3) 『고려사』 권28, 세가 28, 충렬왕 원년 12월 정미(丁未); 『고려사』 권28, 세가 28, 충렬왕 2년 윤3월 계축(癸丑).

들이 대거 선발되었고, 대방공 징(帶方公潑)과 함께 원에 보내졌는데, 모두 현직에서 3등급씩 올려 임명하여 보냈다.[4]

독로화로 파견된 인물 가운데는 안향(安珦)·박전지(朴全之)처럼 원나라에서 문명(文名)을 떨친 이도 있었고, 한사기(韓謝奇)처럼 가족을 이끌고 원에 들어가 그곳에서 출사(出仕)한 이도 있었다. 그러나 대부분은 어린 나이에 이국 땅에서 어려운 시절을 보냈을 것으로 짐작된다. 이우 역시 충렬왕 5년(1279)에 인질로 원에 들어가 한 동안 생활했기 때문에 본국에서의 문과 응시 기회를 얻지 못한 채 무반으로 입신하여 충렬왕 13년(1287) 이존비가 사망할 당시까지도 원나라에서 귀국하지 못하고 근시낭장(近侍郎將)을 역임했고, 대략 20세 초반의 나이에 입조하여 약 8년 정도 원나라에 머물렀던 것으로 추정된다.[5]

원나라에서의 역할은 근시낭장(近侍郎將)으로 궁전배(弓箭陪)였다. 궁전배란 원 간섭기에 원나라에 인질로 들어간 왕자를 호위하는 역할을 했던 무신을 말한다. 이우는 충렬왕 13년(1287) 1월 아버지의 상(喪)을 당하여 본국으로 돌아와 부상(父喪)을 마치고 이후로는 본국에서 장군(將軍)으로 근무했다. 김방경의 아들 김흔(金忻)은 독로화로 원나라에서 같이 숙위(宿衛)한 사이로 지우지감(知遇之感)이 돈독하였다.

충렬왕 25년(1299) 정월, 충렬왕 측근들의 참소로 인하여 왕과 아들 충선 간의 갈등은 깊어만 갔다. 그런 가운데 '중 일영(日英)이 찬성사 한희유(韓希愈)와 상장군 이영주(李英柱)가 반역(反逆)을 모의(謀議)한다'라는 제보가 있었다. 인후(印侯)와 김흔(金忻) 등이 군대를 출동시켜 한희유와 이영주를 붙잡아다가 마침 고려에 와 있는 원나라 좌정승(左政丞) 합산(哈散)에게 고발하여 문초케 하였다.[6] 한희유 등은 끝내 죄를 시인하지 않았고, 제보자였던 중 일영은 달아나버렸다. 인후

---

4)『고려사』권29, 세가 29, 충렬왕 5년 3월 정사(丁巳).

5) 홍영의, 2017, 「고려후기 고성이씨 가계와 혼인관계를 통한 인적 관계망」『여원대의 농정과 농상집요』, 도서출판 동강.

6)『고려사』권104, 열전17, 김방경(金方慶) 부 김흔(金忻).

와 김흔 등이 이 사건을 원나라 황제에게 상소하려 하자, 충렬왕은 그 일을 덮어두어 무마하려 하였다. 2월 무오일에 원나라 좌정승 합산은 귀국했고, 한희유와 이영주를 섬으로 귀양 보냈다. 그럼에도 만호(萬戶) 인후와 김흔·원경(元卿), 상장군 강수(姜裪), 대장군 김칠초(金七貂), 장군 환정(桓貞)과 이우(李瑀), 소윤 민적(閔頔) 등은 원나라에 가서 황제에게 한희유 등을 반역죄로 고발하였다.

그러자 충렬왕도 판삼사사 정인경(鄭仁卿)과 판통례 유거(柳裾)를 원나라에 보내어 인후의 고소가 허망한 것임을 변명하였다. 원나라에서는 탑해활활불화(塔海闊闊不花) 등을 고려에 파견하여 한희유·이영주·원경 및 판밀직 유비(유청신), 도평의록사 송지한(宋之罕) 등을 잡아갔다. 조사 결과 한희유 등의 죄는 무고로 밝혀졌다. 한희유는 다시 정승으로 기용되어 총애를 받았다. 이우가 본국에 돌아 온 시기는 알 수 없으나, 인후와 김흔 등은 충렬왕 32년 7월 도첨의 좌중찬 한희유가 죽을 때까지 약 7년간 원에 머물렀던 것으로 보인다.[7]

충렬왕 33년(1307) 정월, 원나라에 머물던 충선(忠宣)이 동지밀직 김문연(金文衍), 상호군 김유(金儒)를 보내어 인후(印侯)·김흔(金忻)을 비롯한 80여 명에 대한 인사발령을 하였다.[8] 이듬해 8월 충선왕이 즉위하자 교서에서, 우리나라에서 무뢰한들이 난을 꾸미려고 할 적에 만호 김흔은 만호 인후와 더불어 능히 미리 그 음모를 탐지하여 난을 방지할 수 있었으니 그 공로가 상 줄만 하다. 특별히 기록하고 등용할 것이라고 한 바가 있었다.[9]

김흔과 함께 원나라에 갔던 이우는 51세가 되는 충렬왕 33년 정월에 회양부사(淮陽府使)에 오르고 이어서 김해부사(金海府使), 전주목사(全州牧使), 진주목사(晉州牧使)를 역임하면서 이르는 곳마다 업적(業績)을 남기었다. 『진양지(晉陽誌)』에서 '이우(李瑀)는 고려조에 목사(牧使)로 와서 선치한 명환(名宦)으로 재간(才幹)

7) 『고려사』권123, 열전36, 폐행1, 인후(印侯).
8) 『고려사』권32, 세가 32, 충렬왕 33년 3월 신묘.
9) 『고려사』권104, 열전17, 김방경(金方慶) 부 김흔(金忻).

이 있어 사신(使臣)으로 갔는데 유애(遺愛: 남긴 업적)가 있었다'라고 기록하였다. 여러 관직을 거쳐 철성군(鐵城君)에 봉해지고[10] 판삼사사(判三司事)에 이르렀다. 충숙왕(忠肅王)이 복위하여(1332) 아들 암(嵒)이 섬으로 귀양 보내질 때 부자(父子)의 연좌로 아버지 우(瑀)도 함께 현직에서 파직(罷職)되어 전리(田里)로 보내지는 귀향형(歸鄕刑)에 처해졌다.[11] 경남 고성읍(固城邑) 서외동 145번지, 고성이씨선세유허(固城李氏先世遺墟)는 73세였던 이우가 귀향형으로 낙향(落鄕)하여 여생(餘生)을 보낸 집터이다. 고성군(固城郡) 회화면(會華面) 봉동리 1219번지 금봉재(金鳳齋)의 고성이씨선영(固城李氏先塋)은 이우의 조부 진(瑨)과 본인 내외(內外)분의 유택(幽宅)이다.

이우의 부인은 무반으로 입신했던 함양 박씨 박지량(朴之亮)의 딸이다. 박지량은 원종 12년(1271)에 수로방호사(水路防護使)가 되어 경상도를 지켰고, 충렬왕이 즉위한 1274년에 려몽연합군의 김방경(金方慶) 휘하에서 지병마사(知兵馬使)로 참전하였던 공으로 원나라로부터 무덕장군관군천호(武德將軍管軍千戶)라는 벼슬을 받았다. 이어 2차 일본 정벌에도 참여하였으나 태풍으로 인하여 큰 성과를 거두지 못한 채 돌아왔고, 판삼사사(判三司事)를 거쳐 1288년에 동북면병마사가 되었고, 이듬해 경상전라도순문사가 된 뒤 성절사(聖節使)로 원나라에 다녀왔으며, 그 후 철령을 넘어오는 적들을 무찌르는 공을 세웠다.[12]

이존비의 장남으로 태어난 철성군 이우는 부인 함양 박씨와의 사이에 아들 행촌 이암과 도촌 이교와 같은 걸출한 인물들을 배출하여 고성이씨 가문을 더 큰 명문가 세족 반열에 오르게 하였다. 이우는 이암과 이교, 이징 등 아들 셋과 딸 넷을 두었는데, 이우의 사위였던 하즙(河楫)은 진주 하씨로 충숙왕 11년(1324) 과거에 장원으로 합격하였고, 우왕 대에 찬성사로 치사(致仕)한 후 진주군(晉州

---

10) 「이암묘지명」과 『고려사』 이암전에서는 철원군(鐵原君)으로 표기하고 있다.
11) 『고려사』 권111, 열전24, 이암(李嵒).
12) 홍영의, 앞의 논문.

君)에 책봉되었다. 아들 하윤원(河允源) 역시 충혜왕 말에 과거에 급제하여 공민왕 때에는 경성수복 2등 공신이 되었고, 신돈에게 끝까지 아부하지 않아 후세에까지 칭송을 받았다. 하윤원의 아들 하자종(河自宗)은 이색(李穡) 정몽주(鄭夢周) 길재(吉再) 등과 교유했던 학자이자 문신 관료였는데, 그의 아들 5형제 중에 세종 때 명망 있는 정승으로 이름 높았던 하연(河演)이 뛰어났다. 이우의 또 다른 사위 윤보(尹寶)와 호군 김상(金鏛)이 있고, 막내 사위 이사정(李思正)은 행적이 크게 알려진 게 없으나, 조선 초 이방원을 왕좌에 오르게 하는 데 1등 공신이었던 이숙번(李叔蕃)이 그의 손자이다.

각진국사覺眞國師

속명 : 이정(李精)

생년 : 1270년(원종 11)

몰년 : 1355년(공민왕 4)

법명 : 복구(復丘)

관력 : 왕사 각진국사(覺眞國師) 각엄존자(覺儼尊者)

묘소 : 전남 영광군 불갑면 불갑사로 450 불갑사 사리탑비

가족 : [증조] 인충(麟冲) [조] 진(瑨) [부] 존비(尊庇)

　　　[외조] 이주(李湊)

　　이존비 아들로 10세에 천영(天英, 1215-1286)에게 출가하였고, 천영이 입적한 후 도영(道英)에게 사사하였다. 21세에 승과에 합격하였고, 정토사(淨土寺)·월남사(月南寺) 등에 머물렀다. 1320년에 조계산 수선사(修禪社) 제13세 사주(社主)가 되어 선풍(禪風)을 크게 일으켰다. 장성 백양사(白羊寺)를 증축하였고, 만년에는 불갑사(佛岬寺)에 머물렀다. 1350년(충정왕 2)과 1352년(공민왕 1)에 두 차례 왕사에 임명되었고, 공민왕으로부터 각엄존자(覺儼尊者) 칭호를 받았다. 시호는 각진국사(覺眞國師)이다. 불갑사에서 1355년에 백양사로 잠시 옮겼다가 그해 입적하였는데, 세수 86세, 법랍 76세였고, 다비된 유골은 불갑사로 되돌아와 봉안되었다. 국왕이 이달충(李達衷)에게 비명을 짓게 하고, 이제현에게 글씨를 쓰게 하여 불갑사에 비를 세웠다.

아버지 이존비와 어머니 익산 이씨 사이에 차남으로 태어났다. 10세에 수선사 제5세 원오국사 천영(天英)에게 출가하였으며, 고려 후기 불교사에서 빼 놓을 수 없는 인물이다. 왕사(王師)를 역임한 이후 국사(國師)에까지 올랐다. 복구가 불교에 귀의한 인연은 외가의 영향이 큰 것으로 추정된다. 이존비의 부인 익산이씨가 불교에 매우 심취해 있었기 때문이다. 그리고 이존비의 처남 이행검은 불경을 손수 베껴 읽을 정도로 불교에 심취해 있었는데,[1] 수선사 6세 충지로부터 받은 시문도 전해내려 온다. 이존비 외손자 중에서도 문화유씨 가문에서 태어났던 유연온(柳衍昷; 拙菴禪師)과 약언(約言) 형제가 모두 불문에 귀의하여 선사가 되었다.

각진국사 초상 백양사 대웅전

복구는 정식 출가 전인 8세 때(1277년) 백암사(白巖寺; 淨土寺) 중창주 중연(中延)의 문도인 일린(一麟)에게 공부하였다. 백암사(白巖寺)는 11세기 초 중연(中延)이 중창한 뒤 정토사(淨土寺)라 개칭하였고, 조선 선조대 이후 백양사(白羊寺)로 바뀌어 오늘에 이른다. 각진국사 이정이 출가한 이래 백암사는 고성이씨 가문의 원찰로 활용되었다. 이곳에서 일린에게 공부한 복구는 10살 되던 해(1279년) 수선사 5세 천영을 스승으로 하여 출가했다. 당시 천영은 단속사(斷俗寺)와 강화 선원사(禪源寺)를 거쳐 수선사의 주지로 있던(1256~1286) 때였다. 복구가 후에 천영의 유촉(遺囑)으로 제2의 스승 도영(道英)을 모시게 된 것도 이 때문이었다. 수선사란 전라도 순천의 송광사를 말함이며, 고려후기 타락된 불교를 비판하면서 새로운 선풍을 일으킨 도량이었다.

복구가 천영에게 출가하던 시기의 수선사 형편은 매우 열악했다. 고려 정부

---

1) 『고려사』 권106, 열전 19, 이주(李湊) 부 이행검(李行儉).

가 개경으로 환도(1270) 후 원나라 지배하에 놓이게 되었고, 충렬왕 즉위년(1274)에는 제1차 일본정벌을 위해 막대한 인적 물적 자원들이 동원되어야만 했는데, 이 과정에서 종교시설도 예외는 아니었다. 사원전에서 수확되는 식량 대부분이 군량미로 징수되었기 때문이다. 당초 수선사(修禪社)는 보조 지눌(普照知訥, 1158~1210)의 정혜결사운동에 입각하여 개창된 절이었는데, 지눌은 경북 영천 거조사에서 1188년에 정혜결사를 결성하여 1190년에 정혜결사문을 반포하였고, 1197년 송광산 길상사를 택해 정혜사를 중창하기 시작하여 1200년 정혜사를 길상사로 이전하여 수선사라 하였다. 1205년 수선사가 완공되자 희종으로부터 '조계산 수선사(曹溪山 修禪社)'의 편액을 받았다.

지눌 이후 희종 6년(1210)부터 고종 21년(1234)년까지 제2세로 주지한 진각 혜심(眞覺慧諶), 고종 21년(1234)부터 고종 39년(1252)까지의 3세 청진 몽여(淸眞夢如), 고종 39년(1252)부터 고종 43년(1256)까지 주지한 4세 진명 혼원(眞明混元) 등이 연이어 부임하면서 수선사는 가히 고려후기 선종의 새바람을 일으켰다. 하지만 5세 천영이 수선사를 주지하던 시기는 무인정권이 붕괴되고 원 간섭기에 접어들었던 때여서 이전과 같은 결사정신을 기대할 수는 없게 되었다.[2]

복구가 천영을 스승으로 모시고 수학한 시기의 수선사는 경제적으로 궁핍한 상황에서 원 황실과의 밀착된 관계를 형성하며 사세(寺勢)를 유지하던 때였다. 즉, 원 황제를 위한 축수재(祝壽齋)나 절일재(節日齋) 등을 올리는 원 황실 원찰 기능에 급급한 실정이었다.[3] 그럼에도 복구가 스승 천영을 통해 지눌의 사상을 이어 받고 있었던 것으로 추정된다. 천영이 입적할 때 남긴 문답의 한 부분을 보면, "어떤 스님이 묻기를 '牧牛子는 不昧一着子라 이르셨는데 화상은 昧, 不昧 어느 쪽입니까?' 스님(천영)이 이르되 '昧니 不昧니 하는 것은 저 一着子와는 아무런 관계가 없다'라고 하였다. …… 다시 이르되 '태어남은 마치 옷을 입는

2) 윤기엽, 2014, 「각진국사 복구(復丘)와 불교계 동향」, 『보조사상』 42, 보조사상연구원.
3) 윤기엽, 2012, 「元간섭 초기 고려 禪宗界의 변화와 사원 동향」, 『선문화연구』 12, pp.251-252.

것과 같고, 죽음은 또한 옷을 벗는 것과 다름이 없으니, 그 옷을 능히 벗고 입는 사람은 누구인가?' 잠시 있다가 또 이르되 '목우자가 말한 천 가지 만 가지가 모두 여기에 있다고 한 것을 알지 못 하였는가?'하고, 그 말이 끝나자 조용히 입적하였다"[4]라고 한 바와 같이, 복구의 스승 천영이 지눌 사상을 이어 받고 있었음은 자명한 사실이고, 따라서 지눌의 사상은 복구에까지 미쳤음도 분명하다.

충렬왕 12년(1286; 복구 17세) 세수 72세로 천영이 입적함에 따라 복구는 선사 도영(道英)을 새로운 스승으로 모시고 20세(1289)때까지 수학하게 되었다.[5] 복구가 도영을 제2의 스승으로 모시고 있던 시기의 수선사는 천영의 뒤를 이어 원감국사 충지가 6세로 주지하던 때였다. 복구는 두 스승 밑에서 공부한지 10년만에 배움을 이루고 21세 때(1290년) 승과 선선(禪選)의 상상과(上上科)에 합격한 후 선(禪)의 진리 탐구를 위해 자신이 출가했던 백암사(정토사)로 돌아가 수행하였다. 복구의 백암사와의 인연은 이렇게 다시 시작되어 10여 년간 계속되었던 것으로 전한다. 이후 복구는 월남사(月南寺)와 수선사에서 약 40여 년을 머물게 되었다.

> 庚寅年(1290) 가을, 禪選 上上科에 합격하였으니 나이가 21세였다. … 白巖寺에 가서 동지 몇 명과 함께 밤낮으로 참구하기를 또 10여 년이나 하였다. 月南·松廣大道場에 주석한 것이 전후 모두 40여 년이었다.(李達衷,「覺儼尊者贈諡覺眞國師碑銘」)

과거에 합격한 복구는 동지들과 백암사에서 10여 년(1290~1300년경), 월남사에

---

4) 李益培,「佛臺寺慈眞圓悟國師靜照塔碑」,『朝鮮金石總覽』, p.595.
5) 李達衷,「覺儼尊者贈諡覺眞國師碑銘」,『東文選』권118, "年甫十歲, 就曹溪圓悟國師, 剃落受具, 未幾圓悟順寂, 以遺囑從大禪師道英, 孜孜請益, 十年而學通, 叢林推爲衆首"

서 20여 년(1300~1320년경)을 보낸 뒤에 송광사에서 20여 년(1320~1340년경)을 지냈으니, 월남사와 송광사[수선사]에서 모두 40여 년을 주석했던 것이다. 따라서 복구가 송광사[수선사] 제13세 주지 기간은 1320년부터 1340년경까지 대략 20여 년이었음을 알 수 있다.[6] 그리고 수선사 주지직을 마친 복구는 1340년경부터 약 10년 동안 백암사에 주석하였고, 그가 왕사에 책봉된 충정왕 2년(1350)을 전후해 입적하던 공민왕 4년(1355)까지 영광 불갑사(佛岬寺)를 하산소(下山所)로 삼아 약 5년간 머물렀던 것으로 보인다. 공민왕이 즉위하여 복구를 왕사로 책봉한 때(1352, 공민왕 1) 그는 불갑사에 있었다고 했기 때문이다.[7]

복구가 백암사에서 출발하여 월남사 주지에 이르는 약 30년간의 고려 불교계도 큰 변화의 바람이 있었다. 우선 수선사 중심으로 변화의 모습을 그려보면, 원오국사 천영을 이어 원감국사 충지가 수선사에 주지하던 시기는 외형상 특별히 달라진 것은 없다. 충지는 목우자(牧牛子)를 정통으로 계승하며 원 간섭기 이후 기울어져 가는 수선사의 회복을 위해 노력한 면도 있지만,[8] 한편으로는 그의 태도나 사상이 지눌과는 상당한 괴리를 보였던 것도 사실이다. 충지는 계족산 정혜사(定慧寺) 사문을 자처하며 혜소국사(慧炤國師, 1045~1121)에게 각별한 애정을 보였지만, 지눌에게는 그러한 면을 비친 적이 없었다. 충지에게서 지눌의 정혜결사에 대한 언급을 찾아볼 수 없는 대신, 수선사에서 볼 수 없었던 미타정토신앙(彌陀淨土信仰)을 적극 수용하여 지눌사상과는 정면으로 배치되는 일면을 보이기도 했다.[9]

충지 이후 수선사는 7세 자정국사(慈靜國師), 8세 자각국사(慈覺國師) 도영(道英), 9세 담당국사(湛堂國師)가 뒤를 이었던 것으로 알려져 있는데,[10] 이들의 행장이

6) 복구의 수선사 주지 시기를 1250년까지 보는 견해도 있다.
7) 鄭道傳,「白巖山淨土寺橋樓記」; 李達衷,「覺儼尊者贈謚覺眞國師碑銘」,『東文選』 권118.
8) 황인규, 2003,『고려후기 조선초 불교사연구』, 서울, 혜안, pp.169-170.
9) 韓基斗, 1987,「定慧結社의 本質과 그 變遷」,『보조사상』1, p.45; 崔柄憲(1992),「定慧結社의 趣旨와 創立過程」,『보조사상』5·6, pp.71-73.
10) 林錫珍, 1965,『大乘禪宗 曹溪山松廣寺誌』, 서울, 불일출판사.

나 비문은 전하지 않고 있으며 생몰년대도 정확히 파악되지 않는 실정이다. 이것은 곧 수선사의 쇠락이 충지 대 이후 시간이 갈수록 더욱 가속화되었음을 의미하기도 한다. 원 간섭기에 이러한 수선사 쇠락의 한 원인으로 보각국사(普覺國師) 일연(一然, 1206-1289)의 활약에 힘입어 가지산문(迦智山門)이 크게 부상하며 선종계를 주도해 간 사실에서 찾아야 할 것 같다.

일연은 고려정부가 몽고와 강화(講和)를 맺은 강화시기인 원종 2년(1261)에 왕명을 받고 제2의 수선사 혹은 수선사의 별원(別院)으로 불리던 강화 선원사(禪源寺)에 주지하였다. 또한 원 간섭기에 일연은 고려 초부터 가지산문의 근거지가 된[11] 운문사(雲門寺)에 주지하면서 충렬왕으로부터 추앙을 받으며 가지산문의 선풍을 진작시켰고, 또 그곳에서 『삼국유사』 저술에 본격적으로 착수하기도 했다. 특히 일연은 충렬왕 9년(1283) 국사(國師; 國尊)에 책봉되자 군위 인각사(麟角寺)를 하산소(下山所)로 삼아 주석하면서 2회에 걸친 구산문도회(九山門都會)를 개최하였다.[12] 이렇게 충렬왕 때(재위 1274-1308) 운문사의 중흥과 구산문도회의 개최 등은 과거 무인정권기 수선사계 사원을 중심으로 융성했던 사굴산문(闍堀山門)을 압도하며 가지산문이 선종계를 주도해가고 있었음을 의미한다. 아울러 원 간섭기의 고려 불교계는 가지산문의 발전과 함께 개경 묘련사(妙蓮寺)를 중심으로 한 천태종(天台宗)의 급성장도 간과할 수 없다.[13]

원 간섭기에 접어들어 수선사 쇠락이 지속되어 오다가 그 사세가 회복되기 시작한 것은 10세 혜감국사 만항(萬恒, 1249-1319) 때였다. 유학자 집안에서 태어난 만항은 경(經)을 가르치는 능력이 탁월해 그의 문도가 700명에 이르고 배움을 청한 사대부(士大夫)도 헤아릴 수 없었다고 한다.[14] 만항이 5세 원오국사 천

---

11) 蔡尙植, 1991, 『高麗後期佛敎史硏究』, 서울, 일조각, p.113. 고려 중기 때 운문사는 원응국사 학일(學一)이 주석하면서(1129~1144) 중흥기를 맞기도 했다.
12) 閔漬, 「麟角寺普覺國尊靜照塔碑」, 『韓國金石全文』, p.1070, "師入麟角, 再闢九山門都會, 叢林之盛, 近古未曾有也."
13) 윤기엽, 2012, 앞의 논문, pp.269-270.
14) 李齊賢, 「贈諡慧鑑國師碑銘」, 『益齋亂藁』 권7.

영을 스승으로 하고, 6세 원감국사 충지의 탑비(塔碑)를 세우는[15] 등 수선사의 법맥을 정통으로 계승하기도 했지만, 원나라 때 성행한 임제종(臨濟宗) 양기파(楊岐派)의 선승인 몽산덕이(蒙山德異, 1231~?)와의 교류를 통해[16] 몽산 사상을 수용 보급하는데 적극적이었다. 한편 13세기 말 몽산선의 수용은 수선사만이 아니라 가지산문에서도 수용되어 일연의 사법 제자인 보감국사 혼구(混丘, 1250-1322)는 몽산을 직접 친견하고 그의 가르침을 받기도 했다.[17] 이처럼 몽산선은 13세기 말 수선사와 가지산문의 고승을 통해 수용되며 이후 크게 확산되어 선 사상의 주류를 형성하기에 이르렀다.

10세 혜감국사 만항 대에 수선사 사세가 회복되기 시작한 시기는 수선사 정통의 지눌선이 아닌 몽산선이 풍미하던 때로 시대 변화에 따라 수선사 내에도 새로운 선사상이 급격히 밀려오고 있었다. 10세 만항을 이어 11세 묘엄국사(妙嚴國師), 12세 혜각국사(慧覺國師)가 주지한 것으로 알려져 있지만 전하는 기록이 별로 없으며, 그들을 이어 각진국사 복구가 13세로 부임하여 20년을 주지했다. 그 기간은 대략 1320년부터 1340년경까지였을 것으로 추정된다.

복구는 이 시기를 마친 후 승과에 급제했던 초창기 약 10년을 보낸 바 있던 백암사로 돌아가 만년의 10년을 보낸 후 생애 마지막 4~5년을 영광 불갑사에서 지내다 입적하게 되었다. 백암사는 그가 어린 시절 일린(一麟)에게 공부하던 곳이자, 승과 합격 진리 탐구의 도량으로 삼았던 곳인데, 이 시기의 여러 행적과 후대에 미친 영향은 불교사적으로 매우 중요한 의미를 갖는다. 먼저 복구가 백양사에서 수행한 대표적인 행적은 전장법회(轉藏法會)였다. 백양사는 고려 덕종 3년(1034) 중연(中延)이 중창하면서 정토사(淨土寺)라 개칭한 도량이었다. 그 후 충정왕 2년(1350)에 각진국사(覺眞國師)가 3창 한 바가 있고, 조선초기인 15세

---

15) 金㫜, 「贈諡圓鑑國師碑銘」, 『圓鑑國師集』.
16) 李齊賢, 「贈諡慧鑑國師碑銘」, 『益齋亂藁』 권7, "中吳異蒙山見其文偈, 歎賞不已, 脩和十數, 仍貽書致古潭之號."
17) 남권희, 1994, 「蒙山德異와 高麗人物들과의 交流」, 『도서관학논총』 21.

기에 다시 백암사(白巖寺)로 불려지다가 후일 선조 7년(1574)에 백양사(白羊寺)로 개액(改額)하여 오늘에 이르고 있는데, 고려말에서 조선초기에 이르던 시기 고성이씨 가문이 융성할 때 그들의 원찰(願刹)로 유지되던 곳이기도 하다.

각진국사 복구가 어린 시절 일린(一麟)에게 글을 배운 곳이자, 승과에 합격 후에는 진리 탐구의 도량이기도 했던 곳이 백암사인데, 만년에는 주지까지 역임했다. 따라서 백암사는 복구나 고성이씨 가문만이 아니라 불교사적으로도 매우 중요한 의미를 갖는다. 백암사 관련 자료는「白巖山淨土寺事蹟」「白巖山淨土寺橋樓記」「宣德七年四月初八日議政府關字傳書」 등에 잘 나타나 있는데, 먼저 복구가 백암사에서 수행한 눈에 띄는 행적은 전후 3차례에 걸친 전장법회(轉藏法會)였다.

> 오호라! 우리 선왕사 覺儼尊者(공민왕이 복구에게 내린 칭호)께서 문도와 산중의 碩德尊者를 불러 모아 뒷일을 부촉하여 이르시길 … 이 절(정토사)은 창건한지 오래 되어 절의 건물들이 모두 퇴락하고 불상, 법보 및 천인상이 모두 이즈러져서 수리하지 않을 수 있겠는가? 문인 등에 이르기까지 흡족한 마음으로 좇아서 힘을 합쳐 한결같이 모두 새롭게 해 나갔다. 몇 년 안되는 사이에 寶刹을 열고 佛殿을 세우니 … 이는 우리 스승이 공덕이었다. 피폐한 것을 일으키는 공이 끝나자 또 이르기를 殿堂이 이미 이루어지고 佛寶도 이미 봉안하였으나 오직 法寶가 빠졌을 뿐이다. … 영상국 洪綏와 더불어 같은 마음 같은 願으로 각각 淨財를 내어 문인 心白과 智孚 등에게 바다 건너 宋으로 들어가 大藏經을 갖추어 오도록 하였더니 1년이 안 되어 대장경이 이루어졌고 낭함(琅函), 향낭(香囊), 사폭(紗幅) 등 모든 장엄구가 갖추어졌다. 신사년(1341, 충혜왕 복위2) 봄이 되어 諸山의 碩德을 불러 모아 轉藏法會를 열어 이를 낙성하였다.[18]

---

18)『朝鮮寺刹史料』上,「白巖山淨土寺事蹟」.

라고 한 바와 같이, 각진국사 복구가 충혜왕 복위 2년(1341) 정토사의 중창 공사를 끝내어 낙성하고 전장법회를 열었다는 것이다. 이처럼 복구가 백양사를 중창하고 이것을 기념하여 대대적인 법회를 연 것을 보면 당시 그는 수선사가 아닌 백양사에 주석한 것으로 보인다. 앞에서도 전술한 바가 있듯이, 복구가 월남사와 수선사에서 40여 년을 주석한 시기가 대략 1320년에서 1340년경이었으므로, 그의 나이 71세에 수선사에서 바로 정토사로 돌아와 도량을 크게 중창하고 불사를 펴기 위해 전장법회를 열었음을 알 수 있다.

각진 복구는 백암사를 비롯하여 송광사 월남사 불갑사 인흥사 등에 머물면서 절을 크게 일으켰지만, 그가 가장 애정을 쏟은 곳이 백암사였다. 그는 백암사에 머물면서 당대 실력자 홍복원의 동생이던 강령군(江寧君) 홍수(洪綏)의 지원 아래 재물을 모아 문인 심백(心白) 지부(智孚) 등으로 하여금 해로를 통해 북송(北宋)의 대장경을 구해 오도록 하였다. 그가 백암사에서 제1차 전장법회를 열 수 있었던 것도 이런 사실이 밑바탕이 되었음은 물론이다.

그리고 충목왕 4년(1348) 봄 단월(檀越)의 재물을 제공하여 문인 지목(之牧)을 동원한 제2차 전장법회를 열었는데, 이 때 제방의 석덕(碩德)들을 초대함과 아울러 뭇 인연들을 널리 교화하는 법회의 자리였다.[19]

그런 후 공민왕이 즉위한 후 또 다시 제3차 전장법회가 열렸는데,

轉藏經第三會榜, 전 조정의 임금(충정왕)이 스님(복구)의 도덕을 흠모하여 특별히 스승의 예로 오성의 佛岬寺를 하산소로 삼았다. 今上(공민왕)이 왕위에 즉위하여 왕사에 책봉하고, … 曹溪大和尙을 주맹으로 삼아 제산의 長老 천여 명을 초청하여 至正 癸巳年(1353, 공민왕 2) 3월 11일에 처음 약 10일을 기한으로 불사를 장황하게 하였다. 낮에는 대장경을 轉讀하고, 밤에는 祖師의 가르침을 담론하며 혹은 참선하고 혹은 강론했다.[20]

---

19) 『朝鮮寺刹史料』 上, 「白巖山淨土寺橋樓記」.

라고 한 바와 같이, 복구가 자신에게 왕사(王師)로 책봉해 준 공민왕 은혜에 보답하고자 공민왕 2년(1353)에 전장법회를 열었다는 것이다. 「白巖山淨土寺事蹟」에는 3차 전장법회를 개최하는 방문(榜文)을 비롯하여 참가자와 주관자 그리고 보조자까지 순서대로 수록하고 있다.

따라서 이 당시 백암사에 있어 전장법회는 하나의 불교행사로 정착되어 갔음을 알 수 있다. 각진국사가 어렵사리 대장경을 구해 와서 전장법회를 열었다는 사실은 그가 선사(禪師)였음에도 선교일치의 교리를 몸소 실천하려 했던 것을 보여준다 하겠다. 그런데 제3차 전장법회가 열린 곳은 백암사이지만, 이 당시 복구는 백암사에 주석하고 있었던 것이 아니라, 충정왕 때 첫 번째 왕사로 책봉되어(1350년) 그의 하산소로 삼았던 영광 불갑사에 주석했던 것을 알 수가 있다.

앞에서 살펴 본 바와 같이 각진 복구가 전장법회를 연 시기는 충혜왕이 복위한 시기부터였는데, 이 때 그의 조카였던 행촌 이암은 왕명 출입과 군기를 처리하는 밀직부사(정3품)로서 지공거를 역임하는 등 정계에서 매우 영향력 있는 인물로 부각했던 시기와 일치한다. 아울러 충정왕이 복구를 왕사로 책봉한 것도 이암이 충정왕 옹립과정에서 세운 공로에 대한 보상 성격이 강하다. 송나라에서 대장경을 구하여 백암사에 수장하게 하고 전장법회를 열 수 있을 정도였다면, 든든한 후원자가 없으면 불가능한 일이다. 1차 2차 전장법회가 있던 시기는 행촌 이암이 밀직부사나 찬성 등의 위치에 있으면서 인사권인 전주(銓注)를 장악하였고, 기사를 담당한 이징은 이암의 동생이자 훗날 청수(清叟)라는 법호로 불렸던 이군보(李君保)였다. 이렇듯 백암사가 전장법회를 개최하는 데 국중사찰로 격상할 수 있었던 데에는[21] 승속(僧俗)을 막론하고 고성이씨 일가의 공이

---

20) 『朝鮮寺刹史料』上, 「白巖山淨土寺事蹟」, "轉藏經第三會榜, 前朝主上嚮師道德, 特由師禮以筴城佛岬寺爲下山所. 曁今上卽祚仍冊爲王師幷下 … 屈曹溪大和尙爲主盟招致諸山長老千餘, 指丁癸巳三月十日爲始約十日張皇佛事, 晝則轉三藏, 夜則談祖敎或禪或講" 원문의 指丁은 至正을 잘못 표기한 것이다.

21) 曉呑(金昌淑), 2001, 「14세기 覺眞 復丘와 淨土寺에 관한 고찰」 『한국불교학』 29, 한국불교학회.

컸음을 알 수 있다. 이렇게 시작된 백암사의 전장법회는 조선이 건국된 이후 태종대까지도 계속되고 있었다.[22]

각진국사 비 영광 불갑사

각진국사 복구가 충정왕의 명을 받고 불갑사를 하산소(下山所)로 삼아 주석한 시기는 충정왕 2년(1350)경부터였으며, 공민왕이 즉위한 후 그를 다시 왕사로 책봉하였으나, 나이가 83세여서 올라올 수 없었으므로 왕이 그의 진영(眞影)을 그리게 하고 이제현으로 하여금 영찬(影讚)을 짓게 하여 예를 거행하였다. 각진 복구가 하산소로 택했던 불갑사에서 거처를 백암사로 옮긴 것은 공민왕 4년(1355)이었으며, 그해 미질을 보이다 7월에 입적하였으니, 세수 86세에 법랍 76세였는데, 다비된 유골은 불갑사로 되돌아와 봉안되었다. 그리고 같은 해 12월 공민왕은 각진국사(覺眞國師)라는 시호(諡號)를 내렸고, 공민왕 8년(1359) 제자 원규 등이 왕에게 입석(立石)을 청하자 이달충(李達衷)에게 비명을 짓게 하고 이제현에게 글씨를 쓰게 하여 불갑사에 비를 세웠다. 이달충은 비명에서 각진 복구의 인품에 대해 다음과 같이 평했다.[23]

사람됨이 簡默하고 맑고 순박하며, 단아하고 평화스러우며 곧고 정성스러웠다. 이마는 푸르고 눈썹은 희고 입술은 붉고 이는 희어서 멀리서 바라보면 깨끗하기가 신선과 같고 가까이서 보면 온화하기가 부모와 같았다. 입으로는 남의 좋고 나쁜 것을 말하지 아니하고 마음은 공경함을 지니고 있었다. 평생을 方丈으로 지냈으나 단 하나의 재물도 취하지 않았다.

---

22) 『朝鮮寺刹史料』 上, 「白巖寺轉藏法會堂司榜」.
23) 李達衷, 「覺儼尊者贈諡覺眞國師碑銘」, 『東文選』 권118.

복구는 생전에 주석했던 어떤 사원보다도 백암사에 대한 애정이 두터웠다. 복구는 유년 시절에 백암사와 인연을 맺어 20대 청년기에는 진리 탐구의 도량으로 삼았다. 그리고 만년인 70대의 주지 시기에는 중창불사를 열었는가 하면, 생을 마감한 열반(涅槃)의 장소이기도 했다. 그리고 두 차례나 왕사를 역임하고 국사의 반열에까지 오른 것은 개인의 능력에다 가문적 배경이 더하여진 결과였다고 본다.

이암 李嵒

초명 : 군해(李君侅)

생년 : 1297년(충렬왕 23)

몰년 : 1364년(공민왕 13)

관력 : 수문하시중

자호 : 자 익지(翼之) 호 행촌(杏村) 시호 문정(文貞)

묘소 : 경기 장단 진서면 선적리(단소: 고성 회화면 봉동리 웅곡)

가족 : [증조] 진(璡) [조] 존비(尊庇)] [부] 우(瑀)

　　　 [외조] 박지량(朴之亮) [처부] 홍승서(洪承緒)

　　1313년(충선왕 5) 문과에 급제했으며, 충숙왕이 그의 재주를 아껴 부인(符印)을 맡겨서 비성교감(祕省校勘)에 임명된 뒤 여러 번 자리를 옮겨 도관정랑(都官正郎)이 되었다. 충혜왕 초 밀직대언 겸 감찰집의(密直代言兼監察執義)에 올랐으나, 1332년 충숙왕이 복위해 충혜왕 총애를 받았다는 이유로 섬으로 유배되었다. 1340년 충혜왕 복위로 지신사(知申事)·동지추밀원사(同知樞密院事)·정당문학(政堂文學)·첨의평리(僉議評理) 등을 역임하였다. 충목왕이 즉위하면서 찬성사로 제수되어 제학(提學) 정사도(鄭思度)와 함께 정방(政房) 제조(提調)가 되었다.

　　그러나 환관 고용보(高龍普)가 인사행정을 공평하지 않게 처리한다고 진언하여, 밀성(密城: 밀양)에 유배되었다. 충목왕이 죽자 왕저(王眡: 뒤의 충정왕)를 왕으로 세우기 위해 원나라에 다녀왔고, 추성수의동덕찬화공신(推誠守義同德贊化功臣)이라는 호가 하사되었으며, 찬성사를 거쳐 좌정승에 올랐다. 공민왕 초 사직하고 청평산(淸平山)에 들어갔다가, 다시 수문하시중(守門下侍中)에 제수되었다. 1359년(공민왕 8) 홍건적이 침입했을 때 문하시중으로 서북면도원수가 되었으나 얼마 뒤 평장사(平章事) 이승경(李承慶)으로 교체되었다. 1361년 홍건적이 개경에 쳐들어오자 왕을 따라 남행(南行)했고, 이듬해 3월 좌정승에서 사퇴하였다. 왕이 안동으로 피난할 때 호종한 공으로 1등공신 철성부원군(鐵城府院君)에 봉해지고 추성수의동덕찬화익조공신(推誠守義同德贊化翊祚功臣)이라는 호가 하사되었다. 글씨에 뛰어나 동국(東國)의 조자앙(趙子昻)으로 불렸으며, 특히 예서와 초서에 능했다. 필법은 조맹부(趙孟頫)와 대적할 만하며, 지금도 문수원장경비(文殊院藏經碑)에 글씨가 남아 있고, 묵죽에 뛰어났다. 충정왕(忠定王) 묘정에 배향되었다.

1. 급제와 초기 관직 생활

행촌 이암(李嵒)은 아버지 이우(李瑀)와 어머니 함양박씨 사이에 장남으로 태어났다. 원래 이름은 이군해(李君侅)였으나, 그가 회갑을 넘긴 나이에 이암으로 개명하였다. 즉, 공민왕이 등극하자 그는 홀연히 춘천 청평산으로 은거했다가 공민왕 7년(1358)에 가서야 현실정치권으로 복귀하였는데, 은거 이전 시기는 초명이었던 군해로, 그 이후는 개명하였던 이암으로 불렸다.[1] 이색(李穡)이 찬한 그의 묘지명에 따르면, 흉악한 사람의 이름을 피하여 이름을 고쳤다고 했는데, 더

---

1) 『고려사』 자료에서도 공민왕 원년 8월까지는 이군해로 나타나다가 그가 복귀한 공민왕 7년 8월부터는 이암으로 기록되어 있다(『고려사』 권38, 공민왕 원년 8월; 『고려사』 권39, 공민왕 7년 8월).

자세한 사정을 알 길이 없다. 그의 아우였던 도촌 이교(李嶠) 역시 초명이 이군서(李君偦)였음을 감안한다면, 형제가 함께 뫼산 변이 들어가는 글자의 이름으로 바꿨음을 알 수 있다.

이암은 어려서부터 보통 아이와 달랐고, 소학에 입학하였을 때 이미 글씨를 잘 쓴다고 일컬었다.[2] 17세인 계축년 충선왕 5년(1313) 과거에 급제하였는데, 이때 지공거였던 정승 권한공과 찬성 최성지는 충선왕 최측근으로 오랜 기간 인사권을 장악하고 있던 인물이었다. 이암이 급제하자 권한공과 최성지는 크게 칭찬하여, "재상의 그릇이다"라고 말했다는 사실로 미루어보면, 이후 이암의 정치적 활동은 그의 좌주였던 권한공이나 최성지에게 큰 도움을 받았을 것으로 추정된다 하였다.

이암이 급제하였을 당시에는 충선왕과 그의 아들 충숙왕의 알력이 심한 때였다. 원나라에 머물던 충선왕은 귀국을 미룬 채 그의 아들에게 왕위를 물려주는 대신 실질적인 영향력을 행사하기 위해 조카인 왕고(王暠)를 세자로 봉해 충숙왕을 견제하려 했다. 그리하여 왕위를 물려 준 후에도 관리들의 인사권을 비롯하여 모든 정무가 충선왕 전지(傳旨)를 통해 이루어지고 있었다. 이에 충숙왕은 아버지 그늘에서 벗어나기 위해 친정체제를 구축하기 위한 노력들을 기울이고 있었지만, 힘에 부치는 형편이었다.

이런 시기에 갓 급제한 이암으로서는 독자적 정치 행보를 걷는 것이 쉽지는 않았을 것으로 판단된다. 그의 좌주였던 권한공이나 최성지가 충선왕의 신하였기에 그쪽으로 기울어져 있었을 가능성이 크다. 그런데도 이암의 학문이 크게 진보하고 명성이 날로 알려지자, 충숙왕이 선뜻 그에게 부인(符印)을 맡겼다. 이는 국왕의 인장을 관리하는 직책이기에 가장 신임하는 측근이 아니면 맡을 수 없는 자리였다.

원나라에 머물던 충선왕이 그 내부의 정쟁에 휘말려 실각하자 충숙왕은 다시

---

2) 이하 행촌 이암에 관한 전기 내용은 목은 이색이 찬한 「이암묘지명」을 주로 참고하였다.

친정체제를 강화하기 위하여 충선왕 세력을 제거하기에 이르렀고, 그리하여 부자간 대결이 충숙왕 7년(1320)부터 재현되었다. 충숙왕은 한 때 원으로부터 국왕인(國王印)까지 빼앗기고 억류당하는 위기도 있었지만, 원나라 내부의 정변으로 충숙왕은 귀국하였다. 하지만 충선왕으로부터 심왕(瀋王) 자리를 물려받은 왕고(王暠)를 지지하는 세력 또한 만만치 않아 국내 정세는 큰 환란을 거듭하고 있었다.

행촌 도촌 양선생 유허비각 경남 고성읍 서외리

행촌 도촌 (구)유허비각 및 하마비

그런 가운데 이암은 급제한 지 수년 만에 종9품의 비서성(祕書省) 교감(校勘)에서 종6품의 낭관(郎官)으로 승진하였다가, 연이어 주부(注簿) 단양부 좌도관(丹陽府佐都官)을 역임한 후 정5품 정랑(正郎)으로 승진하였다.

2. 충혜왕 즉위와 이암

충숙왕의 양위로 충혜왕이 즉위하였다. 이암은 충혜왕이 세자로 원나라에 있을 당시에 만남이 이루어졌고, 이는 충혜왕의 최측근으로 활동하는 계기가 되었다. 이암이 32세의 나이로 원나라에 파견되어 세자였던 충혜왕을 시종하였는데, 이때부터 충혜왕과 정치적 부침을 함께 했다. 그리고 이암이 정치적으로 크게 부상한 것도 이때부터였다. 귀국하여 왕위에 오른 충혜왕은 정방을 지인방(知印房)으로 개칭하였는데, 당시 지인방은 왕의 서기들이 부인(符印)을 담당하는 업무와 정방원의 인사 업무가 통합된 상태였다. 그리고 이암 역시 지인방 소속의 정랑이 된 것이니, 그가 국왕의 인장을 관리하는 동시에 인사행정 업무를 계속 이어갔음을 알 수 있다. 이어 정5품에서 무려 몇 단계를 건너 뛴 정3품 전의랑(典儀郎)으로 특채되었고, 그 해를 넘기지 않고 또 밀직사 대언(密直司 代言)에 발탁되어 감찰집의(監察執義)를 겸하였고, 동지공거(同知貢擧)에 임명되어 과거시험을 주관하기도 했다. 이렇듯 국왕 비서실에 근무하면서 3품에 불과한 이가 과거를 주관했다는 것은 매우 드문 일이었으니, 충혜왕의 이암에 대한 신임 정도를 충분히 짐작할 수 있다.

충혜왕은 짧은 재위기간 동안 기거주(起居注) 이담(李湛)의 충고와 전 군부판서(軍簿判書) 이조년(李兆年)의 간청에도 불구하고 방탕한 습성을 버리지 못해 유신들과의 반목이 심했다. 그러다 기회를 엿보고 있던 충숙왕이 1332년에 복위하면서 충혜왕 측근들은 폐행(嬖行)으로[3] 몰려 처벌받은 자가 많았는데, 이암도 폐행으로 지목되어 섬으로 유배되었다.[4] 이 때 아버지 이우도 연좌되어 고향으로 귀향조치가 내려졌다. 당시 원나라의 정치개입으로 혼란을 거듭한 가운데 나온 것이 폐행인데, 그 판단기준은 매우 주관적이고 정치적 목적이 개입된 것이었다.[5] 즉, 충숙왕 복위 당시 충혜왕에게 충성한 측근의 도태 명분이 바로 폐행이

---

3) 『고려사』 권123, 열전36, 폐행서문에 따르면, "自古, 小人伺人主之所好, 逢而長之. 或以諛佞, 或以聲色, 或以鷹犬, 或以聚斂, 或以土木, 或以技術. 皆有以投其所好, 而求中之也. 高麗有國旣久, 憸佞嬖幸之臣亦多"라 했듯이, 폐행이란 임금의 측근으로 아첨, 성색(聲色), 응견(鷹犬), 기술 등을 가지고 왕의 뜻에 영합하는 사람을 일컫는 말이다. 『고려사』에는 폐행전(嬖幸傳)을 따로 두어 65명을 기록하고 있으며, 그 외의 자료에 보이는 사례까지 합하면 105명 정도 확인된다. 그 중에서 충렬왕 때 45명, 충숙왕 때 17명, 충혜왕 때 38명으로 세 국왕 때 집중되어 있다.

4) 『고려사』 권36, 충혜왕 즉위년 5월; 『고려사』 권111, 열전24, 이암(李嵒).

5) 김창현, 2010, 「고려후기 이존비 이암의 활약과 그 특징」 『고성이씨 가문의 인물과 활동』, 일지사.

었는데, 충혜왕 치세 동안 반대파의 도전으로 여러 차례 곤경을 겪는 상황에서 충성을 다한 이암에게 찾아온 불운이었다. 약 7년 동안 이암이 정치적 시련기를 거치는 동안 부인 남양 홍씨가 세상을 떠나는 비운도 함께 왔다. 그러나『행촌선생연보』에 의하면, 유배 생활을 마친 후 천보산에 들어가『태백진훈(太白眞訓)』이란 책을 집필했다고 전한다.

충숙왕 죽음으로 충혜왕이 다시 복위(1340)하게 되자 이암 역시 지신사(知申事: 정3품)로 복직되었다. 곧이어 성균관 대사성(大司成)에 고쳐 임명되었고, 관계(官階)는 종2품의 봉익대부(奉翊大夫)로 승진되었다. 충혜왕은 이암에게 다시 추밀동지(樞密同知)에 이어 정당문학 첨의평리(政堂文學 僉議評理)로 제수하였으니, 인사권을 이암에게 의존하였음을 볼 수 있다. 이암이 충혜왕 복위 2년(1341)에 지공거로서 과거를 주관하였는데, 이 때 권세를 잡은 자가 유가(儒家)를 비방하고 비웃자 완전 고립무원의 입장이 되었으나 구제한 일 또한 많았다고 한다. 이후 충혜왕과 이암의 관계가 다소 소원해지고 있었는데, 무인을 문반직에 임명하려는 충혜왕의 독단적 행동에 이암이 제동을 건 것이 계기가 된 듯하다. 그것은 충혜왕 복위나 사면에 매우 소극적으로 대응했던 이암의 태도에서도 잘 나타난다. 충혜왕과의 군신의리가 있겠지만, 방탕한 군주를 막을 수도 없는 처지에서 도움을 요청할 만한 지인조자 찾기 힘들었던 상황이었다.[6]

3. 충목왕 충정왕 즉위와 관직생활

충혜왕이 원에 끌려가 죽음을 당한 후 8살에 불과한 어린 아들 충목왕이 즉위하자 이암에 대한 신임과 은총이 더욱 높아졌다. 첨의평리에서 찬성사(贊成事)로 승진하였는데, 도첨의사사의 고위 재상에다 정방제조를 겸하여 인사권을 장악

---

6) 이익주, 2002,「행촌 이암의 생애와 정치활동」『행촌 이암의 생애와 사상』, 일지사.

하고 있었으니, 이존비 이래 그의 손자 이암이 오랜 기간 인사행정을 맡았음을 알 수 있다. 이때는 우리나라 정치사 중에서 환관의 폐해가 가장 극심한 때였는데, 특히 원나라에서 출세하여 본국에서 영향력을 행사한 무리가 많았다. 그 중의 한명으로 꼽혔던 고용보(高龍普)의 참소를 이기지 못하고 이암은 정방제조 정사도(鄭思道)와 함께 2번째로 유배 가는 신세가 되었다. 이때가 50대 초반의 나이였고, 곧 해배되었다. 그리고 이 시기에 성리학을 받아들인 신흥 유신들의 활약이 매우 두드러졌는데, 이암 역시 그의 자녀들과 함께 이색(李穡) 등을 직접 가르쳤고, 아울러 백이정·권부·박충좌 등 이름 높은 성리학자들과는 혈연으로 맺어진 인연 이상으로 학문적 유대가 이어졌을 것으로 보인다.

충목왕이 죽자 이암은 왕의 이복동생을 받들고 원나라에 들어가 충정왕을 옹립하여 즉위하게끔 노력했다. 귀국하여 왕위에 오른 12세의 충정왕은 이암을 정방제조로 임명하는 한편 공신에 책봉하고 좌정승(左政丞)에 임명하였다.[7] 구신들 중에서 오직 이암에게 의존하려 했던 충정왕의 정치적 상황이 잘 드러난다 하겠다. 그러다가 충정왕이 쫓겨나고 그의 숙부인 공민왕이 즉위하게 되자 이암은 관직에서 물러나게 되었다. 이 때 실권을 장악한 정계의 실력자는 이제현이었는데, 그를 비롯한 공민왕파는 충혜왕이 죽자 어린 아들 충목왕을 제치고 공민왕을 지지했고, 충목왕이 죽었을 때도 이복동생 충정왕이 아닌 공민왕을 지지하는 입장이었다. 상대적으로 충혜왕의 총애를 받은 이암 입장에서는 그의 아들인 충목왕과 충정왕을 충심으로 섬겼을 따름이다.

4. 공민왕 즉위와 관직생활

공민왕이 본국에 돌아와 이암을 등용하려했으나 그렇지 못하자, 아버지의 작

---

7) 『고려사』 권37, 충정왕 원년 2월, 6월, 7월, 10월조.

위를 이어받고 부(府)를 열게 하여 공에 대한 존경심을 표시하였다. 그러나 이암은 공민왕 2년(1353) 스스로 벼슬을 버리고 청평산(淸平山)으로 들어갔다. 이 시기 약 5년 동안 이암이 농사를 직접 체험해 볼 수 있었던 것으로 추정된다. 정치적 동료였던 둔촌(遁村) 이집(李集)이 행촌에게 지은 시, "시원스레 나무에 기대 앉아, 비를 피하려 도롱이를 쓰고 잠들었네. 다만 농사 이야길 좋아하니, 벼농사 삼농사가 작년보다 나으리라"라는 대목에서 그런 사실들이 잘 나타난다.[8] 그리고 후손 이육이 지은 『청파극담』에서도, 이암이 춘천에 퇴거해 있을 적에 "공이 직접 호미를 들고 노상에서 풀을 뽑고 있을 때, 내신(內臣: 공민왕의 명을 전하던 신하)이 공을 알아보지 못하고 시중댁이 어디에 있느냐고 물었다"라고 한 바와 같이, 이암이 직접 호미를 들고 농부와 같은 삶을 살았음을 잘 보여준다. 따라서 이암이 원나라로부터 『농상집요』를 도입하여, 직접 농사일을 시험해 본 곳이 청평산 자락이었음을 잘 보여주고 있다.[9]

공민왕이 이암을 신하의 예로 부르기를 거듭하며 수시로 자문을 받다가 드디어 등용을 결심하고, 공민왕 7년(1358)에 수시중(守侍中)에 제수하였다. 이듬해 가을 홍건적이 침입하자 병마도원수(兵馬都元帥)가 되어 여러 군사를 감독하게 되었다. 이어 홍건적이 다시 공민왕 10년(1361)에 침입하게 되어 상황이 급박하게 되자 공민왕은 부득이 안동으로 피난가지 않을 수 없었다. 이때 임금을 모신 공이 제일 컸던 사람이 바로 이암이었다. 이듬해 적을 평정한 공으로 상을 주려 하자, 이암이 임금의 면전에서 아뢰기를, "지금 불행히 다난한 때를 당하여 장상(將相)은 반드시 재주 있는 신하를 등용해야 합니다. 신은 재주도 없으면서 오랫동안 재상의 자리에 있었습니다. 청컨대 어진 이를 쓰도록 해주십시오"하였다. 임금이 공을 더욱 가상히 여겨 추성수의동덕찬화익조공신(推誠守義同德贊化

8) 이집, 『둔촌잡영(遁村雜詠)』「杏村病中書事」.
9) 염정섭, 2002, 「행촌 이암의 농상집요 도입과 의의」『행촌 이암의 생애와 사상』, 일지사.

翊祚功臣) 호를 더하여 내리고, 철성부원군(鐵城府院君)으로 봉했다.[10] 그의 묘지명에 첨부한 인물평을 보면 다음과 같다.

행촌 자화상

> 공은 관직에 있을 때에는 부지런하고 근신하여 법도를 지켜 한 터럭만큼의 용서도 없었다. 집에서는 비용의 유무(有無)를 묻지 않았으며, 책 읽기를 스스로 즐겨하고 담담하기 짝이 없었다. 선원사(禪源寺)의 식영암(息影菴) 노승과 방외(方外)의 벗이 되어, 경내에 집을 짓고 해운(海雲)이라 이름을 붙였다. 조그만 배로 오가면서 어느 곳에 이르면 문득 집에 돌아갈 줄 몰랐다. 대개 공의 아취와 도량이 이와 같았다. 행촌(杏村)은 스스로 붙인 호였다.『서경(書經)』의 태갑(太甲)편을 손으로 베껴서 임금에게 바치고, 아들 강(岡)에게 말하기를, "너는 마음에 명심하라. 나는 이미 늙어 관직을 유지할 수도 없고 말할 책임도 없다. 너는 마땅히 임금의 마음을 바로잡는 것을 임무로 삼아야 한다." 공은 비서로부터 재상직에 이르기까지 반드시 관리들의 인사에 관여했으나, 그 과정에서 조금도 사사로이 하지 않았다. 그 때문에 평생토록 원망을 듣는 일이 없었다. 전후의 문생 중에 고관에 오른 자와 명성이 있는 자가 많았고, 여러 아들도 모두 업적을 세운 바 있었다.

이렇듯 행촌 이암은 10대 후반이었던 충선왕 때 급제하여 일곱 임금을 섬기는 동안 요직을 맡아 활동하면서 불가피하게 정치적 사건에 휘말릴 수밖에 없었다. 충숙왕과 충혜왕 부자지간에 반목이 심하여 퇴위와 복위를 반복했고, 연

---

10)『고려사』권111, 열전24, 이암(李嵒).

이어 어린 충목왕과 충정왕 즉위 과정에서 득세한 권신들 틈바구니 속에서 어려움을 겪었던 원로대신이었다.

5. 이암의 주변 인물

이암의 부인은 당대 최고의 명문 지위를 누리던 남양홍씨 가문 출신으로 홍자번(洪子藩)의 증손녀였다. 홍자번(洪子藩)은 관직이 동지밀직사사(同知密直司事)에 이르렀다. 호부시랑(戶部侍郎)을 거쳐 원종 때 우부승선(右副承宣)으로 임명되었을 때, 대성(臺省)에서나 사대부가 모두 입을 봉하고 몸만 사렸으나 홍자번만이 끝까지 바른 말을 견지하니, 당시 여론이 그를 높이 평가했다. 그 뒤를 이은 임금에게도 준엄하게 간언하기를 그치지 않았음에도 왕이 모두 그의 말을 따랐다. 충렬왕 때 홍자번이 일본 정벌을 위해 판밀직사사(判密直司事)로서 전라도 도지휘사(全羅道都指揮使)가 되어 전함 건조를 감독할 때, 이존비(李尊庇)가 각 도 군량을 합포(合浦: 마산시)로 실어 보내자 홍자번이 선원들을 모아서 전함으로 신속하게 운반해 주었다. 이에 군량과 전함이 한꺼번에 집결하게 되어 백성들이 농사철을 놓치지 않도록 조치하였으니, 이 일로 고성이씨와 남양 홍씨 양가의 협조 체제는 조정에도 널리 알려진 바가 되었다. 이암이 남양 홍씨 부인과 혼인을 한 것은 바로 이런 인연이 계기가 된 것인지 모른다.

홍자번은 세 차례 수상을 지내면서 주장하는 바가 변함없이 올발라서 대신(大臣)으로서의 풍모가 있었지만, 왕은 그를 헐뜯는 말에 솔깃해서 믿고 일을 맡기지는 않았다. 뒤에 충선왕 묘정에 배향되었으며, 아들 홍경(洪敬)과 홍순(洪順)을 두었는데, 홍경은 관직이 첨의찬성사(僉議贊成事)에 이르렀고 시호가 양순(良順)이며, 그의 아들이 행촌 이암의 장인이었던 홍승서(洪承緒) 그리고 홍승연(洪承演)이었다.[11] 이암의 장인이었던 홍승서는 충렬왕 때 급제하였으나 그 시기는

자세하지는 않고, 여러 관직을 거쳐 정윤(正尹)에 이르렀으며, 용모와 행동에 품위가 있었다.[12]

이암은 부인 남양홍씨와의 사이에 4남 2녀를 두었다. 장남 이인과 3남 이음의 경우 간단한 생애만 확인될 뿐 그 후손에 관해서도 전해진 바가 없지만, 나머지 아들과 사위들은 모두 현달한 인물로 잘 알려져 있다. 차남 이숭은 홍건적 침입에 종군하여 문하평리를 지냈다. 4남 이강은 15살에 급제하여 공민왕 때 이제현 이색 등과 함께 정치개혁에 헌신하며 임금의 신임을 얻었으나 36세의 일기로 생을 마쳤다. 이암의 사위는 김광병(金光丙)과 조신(趙愼)이다. 김광병은 강릉김씨 김계초의 아들이고, 조신은 풍양조씨 조염휘의 아들이다. 조염휘는 충숙왕이 복위하여 충혜왕을 섬긴 신료들을 폐행으로 몰아낼 때 이암을 해도에 유배시킨 인물이다. 조신의 부인 고성이씨는 조선조 태조 때 각 도에서 올린 효자 열녀를 포상할 때, 일찍이 그의 가장을 잃고 과부로 살면서 수절하고 아들을 교양시켜 벼슬을 하게 하였다 하여 은전을 받았다.[13] 이암의 딸이자 조안평의 어머니였던 고성이씨 부인의 후손들은 대대로 벼슬이 끊이지 않아, 풍양 조씨로 벼슬한 인물들 대개가 그녀 후손이었다. 조선후기 순조의 아들 효명세자 빈으로 들어갔다가 신정왕후(神貞王后)로 책봉된 조대비 역시 조만영의 딸로 그녀 후손이었다.

6. 농상집요農桑輯要와 이암

전통적으로 농업에 기반을 둔 한반도는 중국에서 발간된 농서를 도입하여 우

---

11) 『고려사』 권105, 열전18, 홍자번(洪子藩).
12) 『고려사』 권105, 열전18, 홍자번(洪子藩) 부(附) 홍승서(洪承緖).
13) 『태조실록』 권8, 태조 4년 9월 16일 정미.

리 풍토에 맞게 적용해 왔다. 이미 고려 이전에도 중국에서 간행되었던 『범승지서』『제민요술』등과 같은 농서들이 유입되었을 가능성이 있었다고 판단된다. 특히 이들 책에는 양잠에 관한 내용들이 잘 소개되어 있다. 고려에서는 태조 때부터 농사와 양잠에 대해 적극적인 정책을 펴 왔고, 12세기 전반기 임경화(1102~1158)가 중국 잠서인 『손씨잠경』을 이두로 번역하여 고려에서 손쉽게 읽을 수 있도록 한 적도 있었다. 아울러 다른 자료들에서도 중국의 농법을 반영했다는 흔적들을 찾아 볼 수 있다고 한다.

『농상집요』는 원나라에서 편찬된 3대 농서 중에 하나이다. 원나라 세조 지원 10년(1273)에 편찬된 『농상집요』는 농업에 관한 백과사전과 같은 존재였는데, 지원 23년(1286)에 다시 증보된 것으로 파악하고 있다. 원나라가 이 책을 간행한 것은 대제국 건설 후 지배권 강화 차원이었다. 유목민들이 농업에 기반을 둔 중원으로 진출하자, 농경책을 쓰지 않을 수 없었고, 이에 각 지방에 파견되는 지방관과 권농관들에게 『농상집요』를 보급하여 활용하게 하였다. 4대 황제였던 인종 때 간행된 이래 5대 황제였던 영종 지치 2년(1322)에 중간(重刊) 하였고, 이후 명종과 문종 때에도 간행되었으며, 순제 지원 2년(1336)과 지정 2년(1342)에도 간행되었다. 『농상집요』가 이처럼 자주 간행되었다는 것은 그 만큼 수요가 많았다는 것으로 해석될 수 있겠다.

그렇다면 『농상집요』 고려각본은 어느 것을 대본으로 했는지 궁금한데, 현존하는 몇몇 판본들을 종합하면, 대략 다음과 같이 3권으로 구성되었다.

- 상권(上卷)
  채문연 서문(지치 임술, 1322) 1장
  왕 반 서문(지원 계유, 1273)   1장
  권제1~2   29장
- 중권(中卷)

　　이상의 내용구성을 통해 고려에서 간행된 『농상집요』 간본을 추적해 보면, 상권 첫 번째에 나오는 채문연 서문은 영종대에 재차 간행하면서 붙인 것이고, 왕반의 서문과 맹기의 후서는 처음 간행할 때 것이다. 그리고 하권 마지막 부분에 진주로총관부(辰州路總管府) 중간(重刊) 후서(後序)가 있는 것으로 보아, 행촌 이암이 고려에 도입했던 판본은 원나라 순제 때에 간행된 것임을 알 수가 있다.

　　이색의 「농상집요후서」에 의하면, 행촌 이암이 외생(外甥) 우확(禹確)에게 『농상집요』를 전해 주었고,[14] 이를 다시 양진당 강시(姜蓍)에게 전달하였다고 한다.[15] 원나라에서 간행된 『농상집요』를 이암이 가져왔다면, 그 시기는 진주로총관부(辰州路總管府) 중간(重刊) 후서(後序)를 쓴 1336년 이후가 될 것은 분명하다. 이암은 충혜왕이 세자로 있을 때부터 숙위한 바가 있으나, 이때에는 진주로총관부(辰州路總管府) 중간(重刊) 후서(後序)가 있기 전이었다. 충목왕이 죽고 그의 배다른 동생 충정왕이 왕위 계승에 대한 하례를 위해 입조할 때 이암이 배행한 것이 1349년 무렵이었다. 원나라에 머물면서 『농상집요』을 접해 본 이암이 고

---

14) 우확은 이암의 생질이 아니라 이종사촌이었다. 이우(李瑀)의 3남 4녀 중 사위가 하즙(河楫) 윤보(尹寶) 김상(金鐺) 이사정(李思正)이었으니, 생질 중에는 우씨가 있을 리가 없다. 행촌의 어머니가 함양박씨(咸陽朴氏)이고, 이모가 우천계(禹天啓)와 혼인하여 우확을 낳았으니, 이종사촌인 셈이다.

15) 『증보문헌비고』 권246, 예문고 5, 농가류(農家類)에서는 "농상집요 1권을 문정공 이암이 찬(撰)했다"라고 했으나, 이는 사실과 다른 것으로 파악된다.

려에 도입하여 권농 자료로 활용하려고 했다면, 아마 이 기회를 이용하였을 것으로 추정된다.[16]

농경에 의존하면서도 고려의 독자적인 농서가 없었다는 현실 속에서 선진 농법 수용을 위한 노력이었던 셈이다. 이암이 최초로 도입한 『농상집요』를 우확을 통해 넘겨받은 강시는 공민왕 21년(1372)에 간행할 수 있었다. 『농상집요』를 합천에서 간행한 것은 강시 자신이 합천군수로 있었기 때문이고, 그러면서 이색과 설장수에게 후서를 부탁하여 첨부한 것이었다. 이 당시 이색은 중앙정부에서 막중한 힘을 가진 사대부를 영도하는 위치에 있었고, 설장수는 진주목사 겸 관내 권농사(勸農使)였다는 점이 고려되었다. 강시는 이암의 매형이었던 하즙(河楫)의 사위였는데, 이색과 뜻을 함께 하다 귀양 간 적도 있었다.

그런데 행촌 이암은 원으로부터 『농상집요』를 도입하여 그 선진 농법들을 실제 적용해 보고 우확에게 넘겨 준 것으로 보인다. 공민왕이 즉위하자 이암은 관직에서 물러나 춘천 인근에 우거한 적이 있는데, 이 시기가 바로 실제 농사 체험 기간이었던 것으로 보인다. 이 시기는 원에서 『농상집요』를 가지고 온 몇 년 후였는데, 책으로만 접하던 농법을 현장에서 바로 실습할 기회였기 때문이다. 후손이던 이육이 남긴 『청파집』에 의하면, 다음과 같이 기록하고 있다.

선조 행촌공은 전 시중으로 물러나 춘천에 계셨다. 때마침 홍건적 변란이 있어 공민왕께서 내신(內臣)을 보내 기용하려 할 때, 공은 바야흐로 노상에서 호미를 들고 오물을 거두고 계셨다. 내신들은 공을 알아보지도 못하고 시중댁이 어디에 있느냐고 물은 즉, 다른 동네를 거짓으로 가르쳐주고 돌아가서 관대(冠帶)를 갖추고 맞이하여 드디어 도원수로 기용 되셨다.

---

16) 이종봉, 2016, 「한국 중세의 농정과 이암의 농상집요 도입」, 『려·원대의 농정과 농상집요』, 도서출판 동강.

위의 자료에서 보듯, 춘천으로 낙향한 이암은 직접 호미를 들고 오물을 거두었다는 것인데, 당시 농법에 있어 오물은 가장 질이 좋은 퇴비였다는 점이다. 이렇듯 『농상집요』를 도입하

행촌 도촌 양선생 배향소 갈천서원 고성군 대가면 갈천리

여 직접 실험재배를 마친 후 우확에게 넘겨 준 것이었다. 이와 같은 선진 농법들이 조선에까지 영향을 주었음은 물론이다.

이교李嶠

초명 : 군서(君偦)

생년 : 1301년(충렬왕 27)

몰년 : 1361년(공민왕 10)

관력 : 형부상서 어사대부

자호 : 자 모지(慕之) 호 도촌(桃村) 시호 문열(文烈) 도촌공파 파조

묘소 : 경기 장단 송서면 서재동(단소: 고성 회화면 봉동리 웅국)

가족 : [증조] 진(瑨) [조] 존비(尊庇) [부] 우(瑀)

　　　　[외조] 박지량(朴之亮) [처부] 이조년(李兆年)

　　　　판밀직사사감찰대부(判密直司事監察大夫) 이존비(李尊庇)의 손자이다. 원나라의 금부(金符)를 받고 만부장(萬府將)이 된 판삼사사(判三司事) 박지량(朴之亮)의 외손이고, 철원군 이우(鐵原君 李瑀)의 아들이며, 충혜왕의 배향공신인 정당문학 이조년(李兆年)의 사위이다. 충숙왕 때 급제하여 관직에 나아가 시어사(侍御史) 등을 역임한 후 형부상서로 있던 공민왕 6년에 황태자 생일을 맞아 축하 사절단을 이끌고 원나라에 다녀왔다. 공민왕 9년에 어사대부로 있을 당시 국자감시를 관장하여 박계양 등 99명의 인재를 뽑았다. 아들 림과 희필이 무장으로 우뚝 서 홍건적과 왜구 소탕에 앞장섰고, 손녀딸이 우왕의 근비로 책봉되었다.

도촌 이교(李嶠)는 아버지 이우(李瑀)와 어머니 함양박씨 사이에 차남으로 태어났다. 초명이 군서(君偦), 자는 모지(慕之), 호가 도촌(桃村)이며, 충렬왕 27년(1301)에 태어나 19세가 되던 충숙왕 7년(1320) 문과에 합격하여 관직에 나갔다.[1] 그는 출사한 이래 당대의 명사 민사평(閔思平)과 매우 돈독한 관계를 유지하고 있었는데, 당시 민사평이 도촌의 방문을 받고, 취중에 말로 표현할 수 없는 기쁨으로 지은 시 한 수가 전해내려 온다.[2]

행촌의 아우가 도촌이니 / 杏村之弟是桃村

나를 형으로 섬겨 한 집안과 다름없네 / 事我爲兄似一門

취중에 만나 정이 더욱 두터워졌거니와 / 醉裏相逢情更重

대낮 창문가에서 깨어날 때 여전히 혼미하리라 / 午窓睡起尙昏昏

민사평은 충숙왕 때 문과에 급제한 이래 여러 관직을 거쳐 충혜왕 때 여흥군(驪興君)에 봉해진 뒤 충정왕을 따라 원나라에 들어갔던 공으로 수성병의협찬공신(輸誠秉義協贊功臣) 호를 받았던 인물이었다. 도촌 이교와 민사평이 각각 문과에 급제한 시기가 비슷하고, 그 이후 정치적 고비마다 동지적 입장을 취한 것으로 추정된다. 6살 연장이었던 민사평은 이교를 한 집안 동생으로 여길 정도로

---

1) 이교의 문과 합격 시기에 대해 『병오초보』에서는 충숙왕 7년(1320)이라 하였으나, 이후의 고성이씨 자료에서 충숙왕 13년(1326)으로 한 경우도 있다. 아무튼 『고려사』에 의하면 충숙왕 7년과 13년에 각각 문과가 실시된 것은 확실하다(『고려사』 권74, 지 28, 선거 2, 과목 2, 국자감시험조).

2) 『급암선생시집(及菴先生詩集)』 권2, 「桃村學士見訪 醉中其喜有不言之處 李嵓弟李嶠」
『급암선생시집(及菴先生詩集)』은 고려 후기 문신이자 학자인 민사평(1295~1359) 시집이다. 민사평은 문과에 급제하여 도첨의찬성사, 진현관 대제학 등의 벼슬을 지냈다. 이 시집은 문인 이단(李端)이 경상도 안찰사로 재직할 때 이색의 발문을 받아 고려 공민왕 19년(1370)에 목판본으로 찍은 인쇄본이다. 인쇄된 지 워낙 오래 되어 약간 훼손된 부분은 다시 찍어낸 곳도 있다. 책 첫머리에 이제현과 이색 백문보의 서문이 있고, 급암묘지명 연보가 있다. 그리고 고시, 율시, 사소 등 5권으로 나누어 편성하였다. 약간 훼손되고 다시 찍어낸 부분이 있으나, 유일본으로 문헌학 연구 및 저자의 시학연구에 귀중한 자료이기에 보물 708호로 지정되어 있다.

인식하고 있었음을 고백할 정도였기 때문이다.

충정왕이 즉위할 당시에는 그의 숙부이던 공민왕이 고배를 마시고 절치부심하던 시절이었다. 이런 정치적 격변기에서 민사평은 충정왕을 옹립하는 세력으로 활약했었고, 이후 충정왕의 사부(師傅)로 활약했었다.[3] 이는 행촌 이암의 정치적 행보와도 일치한다. 충정왕 시절 이암이 정방제조를 맡았을 때 민사평 역시 함께 임명되고 있었던 것이다.[4] 따라서 도촌 이교 역시 그의 형이나 절친했던 민사평과 함께 충정왕 세력으로 활약하였을 것으로 추정된다.

그 이후의 정치적 행보를 보면, 공민왕 6년에 "형부상서 이교를 원나라에 보내 황태자의 생일을 축하하였다"[5]라는 내용과 "공민왕 9년 9월에 어사대부 이교가 박계양(朴季陽) 등 99명을 뽑았다"[6]라는 『고려사』 기사가 보이고 있다. 따라서 공민왕이 즉위한 이후에도 그의 적극적인 정치활동이 있었던 것으로 보이는데, 자료상으로만 본다면, 형부상서로 있을 당시 원나라 사신으로 다녀왔고, 그 후 어사대부를 역임하는 동안 지공거가 되어 공민왕 9년(1360)에 실시된 과거시험을 주관했음을 알 수 있다. 따라서 이교는 문과를 통한 출사자였기에 개인의 능력과 그의 문재를 바탕으로 당시 조정 내에서도 매우 비중 있는 역할을 수행했음을 알 수 있다. 그러다가 이듬해인 공민왕 10년(1361)에 생을 마감했다.[7] 일생을 함께 했을 민사평이 죽음을 맞이한 2년 후였다.

한편 고려말기 시험관과 급제자 관계는 좌주와 문생이라 하여, 부자간처럼 돈독한 관계를 지속하던 것이 관례였다.[8] 그 관계는 주로 정치적으로 연결되었

---

3) 『고려사』 세가 37, 충정왕 2년 1월 경진.
4) 『고려사』 세가 37, 충정왕 원년 윤7월 정묘.
5) 『고려사』 권39, 세가 39, 공민왕 2, 공민왕 6년(1357) 10월 경자.
6) 『고려사』 권74, 지 28, 선거 2, 과목 2, 국자감시험조.
7) 『고려사』 권39, 세가 39, 공민왕 2, 공민왕 10년(1361) 5월 을미.
8) 이남복, 1984, 「여말선초의 座主·門生關係에 관한 일고찰」『藍史 鄭在覺博士 고희기념 동양학논총』201-214; 유호석, 1994, 「고려후기 座主·門生 관계의 변화와 그 性格; 원 간섭기를 중심으로」『국사관논총』55, 국사편찬위원회, 163-190.

던 것이 보통인데, 이교가 공민왕 9년(1360) 당시 최고 성적으로 급제했던 박계양을 문생으로 두었으니, 이교의 행적을 추적하기 위해 박계양을 잠시 살펴 볼 필요가 있다. 박계양은 고려 말 3은(隱)의 한 사람이었던 이숭인과 같은 노선을 견지했던 사람이다. 창왕이 즉위한 후 이숭인은 박천상(朴天祥)·하륜(河崙) 등과 더불어 영흥군(永興君) 환(環)의 진위를 변론하다가 반대파 간관들의 탄핵으로 귀양 갔는데, 이 때 박계양 역시 이숭인과의 관계 때문에 함께 탄핵 받아 귀양을 갔다.[9]

따라서 이교의 문생이던 박계양이 온건파 사대부였던 이숭인과 정치적 노선을 함께하는 매우 돈독한 사이였음을 확인할 수 있겠다. 물론 박계양이 급제한 지 1년도 채 되지 않은 시점에서 이교는 죽음을 맞이하지만, 박계양이 이숭인과 정치적 노선을 같이 했다는 것은 이교의 영향력이 작용했을 가능성이 크다. 이숭인은 이교의 처 성주이씨와 가까운 친척(사촌 큰오빠의 손자)이기도 했다. 물론 이인임이 이교의 처조카였다는 점도 고려해야 하지만, 이인임과 이숭인은 정치적 입장과 노선을 각기 달리 하고 있기도 했다.[10]

이교는 충혜왕 배향공신이던 이조년의 딸과 혼인하였는데, 양가는 비슷한 시기에 함께 세족으로 성장하여 고려말기 권력의 한 축을 담당하게 된다. 이조년의 선대는 성주 지역 호장 출신이었다. 이조년의 아버지 이장경은 좌시중부원군(左侍中府院君)으로 추봉되었으나 원래는 성주 지역 호장이었고, 조부 득희(得禧)와 증조 돈문(敦文) 역시 호장을 지냈으니, 대대로 성주 지역의 향직을 담당하고 있었음을 알 수 있다.[11] 그러다가 이장경의 다섯 아들이 나란히 급제하여[12] 출사하면서 크게 현달하기 시작하였다. 그 중에서 이조년이 가장 돋보이

---

9) 『고려사』권115, 열전 28, 이숭인.
10) 고혜령, 1981, 「이인임정권에 대한 일고찰」『역사학보』91, p.23~25.
11) 『신증동국여지승람』28, 경상도 성주목 인물조에 의하면, 李長庚은 본래 성주 고을 아전으로, 뒤에 政丞에 증직되고 隴西君公으로 봉해졌다고 하였다.
12) 『신증동국여지승람』28, 경상도 성주목 인물조.

는 인물이었고, 이조년의 손자대에 이르면 좌시중 이인임을 비롯하여 이인복 등을 배출하는 등 고려 말 최고 반열의 가문을 이루었다.[13]

이런 인연으로 당시 정권의 실세였던 이인임의 지원을 얻어 이교의 손녀이자 이림의 딸이 우왕의 근비가 되었다. 이렇듯 이인임이 고종사촌 이림의 딸을 왕실과 혼인케 하였던 것은 나름대로의 정치적 계산도 함께 작용했으리라 생각되는데, 뒤집

도촌 이교 선생 단소 경남 고성 회화면 웅곡

어 생각하면 이림을 비롯한 고성이씨 가문의 정치적 지원 또한 절실했기 때문이었을 것이다.

이교의 두 아들 이림(李琳)과 이희필(李希泌)은 물론이고, 사위들도 대체로 문신보다는 무인으로 정계에 진출한 인물들이 많다. 따라서 급제를 통한 상경종사와 문신으로 족세(族勢)를 크게 일으킨 선조와는 달리 이교의 자손들은 무인으로 두각을 나타냈다는 특징을 보인다.

이교의 장녀는 동지밀직(同知密直) 유번(柳藩: 菁川君, 진주유씨)에게 시집갔다. 당시 고성이씨와 진주 유씨와의 혼인관계를 살펴보면, 유번의 8촌인 유염이 이림의 사위였다. 그리고 이들 모두 공양왕 원년에 일어난 김저(金佇)의 옥사에 연루

---

13) 아래 성주이씨 가계표에 보이는 이조년의 아버지 이장경이 京山(성주의 옛 이름)의 戶長 출신이었던 것으로 미루어 대대로 성주 지역 향직을 이어왔던 것으로 보이며, 이조년의 5형제가 나란히 출사하여 중앙 정치무대에 발을 내 밀게 되었다. 그 중에서 특히 이조년이 문과에 급제한 후 대제학에 오르면서 가문을 크게 일으켰는데, 그의 손자 인복은 행촌 이암과 함께 충정왕 묘정에 배향되었으며, 대제학을 역임한 인립은 태조와 사돈간이었고, 밀직사사 인민의 아들 직은 좌의정에 올랐던 인물이다. 따라서 성산이씨 역시 고성이씨와 마찬가지로 무신집권 말경에 吏族에서 士族으로 성장하여 族勢를 크게 이어간 권문세족이었던 동시에 한 가문 안에서도 정치적 입장을 달리하는 신흥사대부 인물들도 포함되어 있었다.

되어 이림과 함께 유배된 사실에서,[14] 고성이씨 도촌계와 정치적 노선을 함께 하는 동지였음을 알 수 있다. 그럼에도 불구하고 이림의 사위였던 유염(柳琰)은 조선개국 후에도 여전히 정치 활동을 계속하고 있었다.[15]

이교의 2녀는 검교시중 경보(慶補: 청주경씨)에게 시집갔다. 청주 경씨는 고려 말 최대의 문벌을 자랑하던 가문 중의 하나였는데, 그 중심에는 문하시중 경복흥(慶復興)이 자리하고 있었다. 당시 고성이씨와 청주 경씨 사이의 혼인관계를 보면, 이교의 사위가 된 경보는 경복흥의 아들이었고, 이희필의 사위가 된 경습은 경보의 조카이자 경복흥의 손자였다. 공민왕 때 신돈의 등장으로 경복흥이 수문하시중에서 밀려나자, 이희필은 경복흥과 함께 신돈 제거 모의를 함께 할 정도였다.[16] 따라서 이성계 일파의 정치적 압박이 도촌계에 밀려들자, 이교의 사위였던 경보에게까지 파급이 미쳤다. 그는 신축호종공신(辛丑扈從功臣)에다 회군공신(回軍功臣)이기까지 했지만, 윤이·이초 옥사에 연루되어 결국 유배를 당했던 것이다.[17]

이교의 3녀는 판흥농사사(判興農寺事) 정숙(鄭璹: 서산정씨)에게 시집갔다. 정숙의 아버지는 정세충(鄭世忠)인데, 그는 신종 때 호부시랑으로 금나라에 천수절(天壽節) 축하 사절로 다녀왔고,[18] 충혜왕 초에는 행촌 이암과 함께 전주(銓注)를 담당했던 인물이다.[19] 정숙의 증조는 정인경(鄭仁卿)으로 몽고어 통역관으로 있으면서 가문을 크게 일으켜 『고려사』 열전에도 등재되었던 인물이다. 특히 정인경은 동녕부를 재차 고려에 귀속시키는데 큰 공을 세워 관직이 중찬(中贊)에 이르렀던 인물이었는데, 충렬왕 5년에는 이존비와 함께 원나라 황제 생일을 축

---

14) 『고려사』 권45, 세가 45, 공양왕 원년 11월 병술.
15) 이정완, 2006, 「고려 후기~조선 초기 고성이씨 가문의 정치 활동에 대한 연구」, 한신대 석사 논문, p.41.
16) 『고려사』 권132, 열전 45, 반역 6, 辛旽.
17) 『고려사』 권45, 세가 45, 공양왕 2년 8월 임술.
18) 『고려사』 권21, 세가 21, 신종 원년 9월조.
19) 『고려사』 권36, 세가 36, 충혜왕조.

하하고 돌아오기도 했다.[20] 따라서 양가의 접촉은 이미 선대부터 있었음을 알 수 있다.

이교의 4녀는 문하찬성사 문달한(文達漢: 남평 문씨)에게 시집갔다. 문달한은 평장사 문극겸(文克謙) 6세손으로, 『고려사』 열전에도 입전되었던 인물이다. 그는 우왕 때 왜구 토벌에 공을 세워 찬성사에 올랐고, 공양왕 때에는 순평군(順平君)에 봉해졌지만, 이림의 척족이란 이유로 대간의 탄핵을 받아 귀양가서 죽었다.[21] 따라서 이교의 넷째 사위였던 문달한 역시 그의 처족과 정치적 노선을 같이 하다가 생을 마감한 것임을 알 수 있다.

고성 유허지의 (구)도촌 유허비

---

20) 『고려사』 권29, 세가 29, 충렬왕 5년 7월 경오.
21) 『고려사』 권114, 열전 27, 문달한(文達漢).

이백 李伯

생년 : 1297년(충렬왕 23)

몰년 : 1365년(공민왕 14) 추정

관력 : 상장군 판우군도총제 봉익대부

자호 : 은암(隱菴) 은암공파 파조

묘소 : 의령군 부림면 단원리

가족 : [증조] 무송(松茂) [조] 응경(應卿) [부] 윤주(允柱)

　　　[외조] 조세기(趙世基) [처부] 서영조(徐永祖)

　　　은암공 이백은 상장군 윤주의 아들이다. 무장으로 입신하여 무반 최고위직인 상장군을 거쳐 봉익대부에 올랐다. 공이 무장으로 활약할 당시는 정치적으로 매우 혼란한 시기였는데, 충혜왕이 탐오하다는 이유로 원나라에 의해 강제 폐위되었고, 그의 어린 아들들이 연이어 즉위하였지만 정치력을 발휘할 수는 없었다. 이런 때에 공민왕 즉위로 기대를 모았지만 수종공신들의 정권 농단을 지켜보면서, 낙향을 결심하여 의령 세간리에 은거하면서 호를 은암(隱庵)이라 하였다.

　봉상대부(奉常大夫) 민부의랑(民部議郞) 응경(應卿)의 손자이고, 상장군(上將軍) 윤주(允柱)의 아들이다. 음문(蔭門)으로 관직에 나아가 무장(武將)으로 활동하여 무반(武班)으로는 최고의 직위인 상장군(上將軍: 정3품)을 거쳐 왕궁(王宮)을 호위하는 친위대(親衛隊) 우군(右軍)의 재상(宰相)으로 봉익대부(奉翊大夫: 정2품)에 올랐다. 고려의 군대조직에는 6위(六衛)가 있었는데, 그 중에 하나였던 비순위(備巡衛

또는 金吾衛)에는 일곱 령(領)이 속해 있었다. 각 령마다 정3품의 상장군(上將軍)과 종3품의 대장군(大將軍)이 통솔하는 체제였는데, 이들의 주 업무는 수도 개성(開城)을 수비하는 경찰업무(警察業務)였다. 따라서 이백은 왕실과 궁궐을 수비하는 책임자 역할을 주로 했음을 알 수 있겠다.

이백이 무장으로 활약할 시기의 고려 정부는 정치적으로 매우 혼란한 시기였다. 원나라에 의해 강제 폐위된 충혜왕의 어린 아들 충목왕과 충정왕이 연이어 왕위를 잇는 동안 후사가 없었고, 충정왕 어머니 희비 윤씨는 국정을 농단했다. 이 사실을 고려의 관료들이 원나라에 알리자, 원나라 황제는 칙서를 내려 충정왕을 폐위시키고 원나라에 인질로 와 있던 충혜왕의 동생 공민왕을 즉위시키려는 계획을 세웠다.

원나라에서 절치부심하던 공민왕은 1351년 12월에 귀국하였다. 10년 전에 공민왕이 세자 신분으로 원나라에 갈 때 시종(侍從)했던 수종인들도 왕과 함께 금의환향했다. 이들은 수종공신(隨從功臣)에 책록 되면서 모두 정승 반열의 요직에 등용되었다. 그러나 이들은 국가를 위한 충직(忠直)보다 서로가 권력을 다투고 심지어는 반역(反逆)을 도모하는 등 많은 분란을 일으켰다. 왕궁을 안전하게 보존하고 지켜야 할 통솔권자(統率權者)인 공은 이미 6순(旬)이 넘은 나이로 물러날 때가 되었음을 절감했다.

공민왕 6년(1357) 무렵 주변을 정리하고 남쪽지역 의령(宜寧) 세간리(世干里)에 은거(隱居)함으로서 부담 없는 편안한 가운데 채산조수(菜山釣水)로 자연과 더불어 여생을 자족(自足)하며, 외부 손님을 접견치 않고 스스로 호를 은암(隱菴)이라 했다. 아들 을손(乙孫)은 전의소감(典醫少監), 을보(乙寶)는 전법총랑(典法摠

은암공 이백의 제단비 의령 부림 경산리

郎), 을방(乙芳)은 태자첨사(太子詹事), 을현(乙賢)은 군기소감(軍器少監)을 각각 역임했다.

후손 태식(泰植)이 찬(撰)한 묘전비(墓前碑)가 전한다.

운암대사雲菴大師

초명 : 군보(君保) 속명 : 이징(李澄)

생년 : 미상

몰년 : 미상

자호 : 호 매촌(梅村) 법명 청수(清叟) 법호 운암대사(雲菴大師)

묘소 :

가족 : [증조] 진(瑨) [조] 존비(尊庇) [부] 우(瑀)

　　　 [외조] 박지량(朴之亮)

　아버지 이우와 어머니 함양박씨 사이에 3남으로 태어났다. 과거에 급제하였으나, 관직을 버리고 숙부였던 각엄존자 문하에 입산수도하였다. 청수가 정토사에 주지하면서 복구에 대한 은공을 잊지 않고 있었던 부분에 대해서는 "존자(尊者: 복구)는 일국(一國)의 종사(宗師)였으므로 귀의(歸依)하는 학자가 구름처럼 모여 들었다. 청수는 곁에서 모신지가 오래여서 은혜나 의리로 봐서 청수보다 나은 사람은 없었다. 이러한 연유로 이 절을 부탁하여 뒷일을 주관도록 하였다. 청수가 이를 잘 이어 받아 절에 있은 지 오래되지 않아 폐기되었던 모든 것이 온전히 좋아졌다"라는[1] 정도전(鄭道傳)의 표현에서 잘 드러난다.

　이렇듯 청수가 백암산의 정토사를 이어받아 착실하게 관리하고 있었을 즈음 공민왕 19년 경술(1370) 여름에 큰물이 들어 돌 제방이 무너지자 정토사 누각이었던 쌍계루(雙溪樓)도 따라 무너진 적이 있었다. 이때에 청수(清叟)는 사적으로

---

1) 『朝鮮寺刹史料』上, 「白巖山淨土寺橋樓記(鄭道傳)」 "尊者三韓名家, 而清叟爲親姪, 一國宗師學者歸之如雲, 而清叟執侍以恩以義無有居清叟右者, 於是囑以是寺以主後事, 清叟果能繼述, 在寺未幾百廢具擧".

는 숙부이고 불가에서는 스승이었던 복구가 정토사에 쏟은 애정을 크게 생각하면서, 그 옛 모습을 회복하기에 여념이 없었던 것도,² 그런 이유 때문이었다.

각진국사가 누각을 건립하였을 당초에는 특별한 명칭을 갖지 못했으나, 청수가 복원하면서 당대 최고의 문사들에게 차례로 작명을 요청했다. 먼저 청을 받은 사람은 삼봉(三峰) 정도전(鄭道傳)이었다. 친원(親元)정책을 반대하다가 권문세족의 미움을 받고 나주로 유배 온 삼봉 정도전은 청수스님의 부탁을 받고 '백암산정토사교루기(白巖山淨土寺橋樓記)'를 남기면서 사찰풍경에 대해 예찬했지만, 이름은 부여하지 않았다. 『삼봉집』에는 그 전문이 남아 있지 않지만,³ 『조선사찰사료(朝鮮寺刹史料)』 상권에 그 기문이 실려 있다. 그 후 다시 목은(牧隱) 이색(李穡)이 누각의 좌우 계곡에서 흘러나온 두 갈래 물이 합쳐진다고 해서 '쌍계루'라 지었고, 이런 사실을 '쌍계루기'에 남기게 되었다.⁴ 이색이 남긴 쌍계루기는 다음과 같다.

삼중대광(三重大匡) 복리군(福利君) 운암(雲菴) 징공 청수(澄公淸叟)가 절간(絶磵) 윤공(尹公)을 통하여 누대의 이름을 지어 달라고 청하였다. 이와 함께 삼봉(三峯: 鄭道傳) 정씨(鄭氏)가 지은 사찰의 기문을 자료로 보여 주었는데, 사찰의 내력은 상세히 기술하고 있었으나, 시내〔溪〕는 어떠하며 누각〔樓〕은 어떠한지에 대해서는 모두 생략하고 써넣지 않았으므로, 대개 누각의 이름을 짓기가 어려웠다.

이에 절간(絶磵)을 통해서 알아보았더니, '사찰이 두 개의 시냇물 사이

---

2) 『朝鮮寺刹史料』上, 「白巖山淨土寺雙溪樓記(李穡)」 "庚戌夏, 水大至石隄水 樓因以壞, 淸叟曰斯樓吾師所起也如此可乎. … 乃剋日雇功復期舊腐者".

3) 『삼봉집(三峯集)』 권13, 습유(拾遺) 기(記). "佚○按李穡淨土寺雙溪樓記曰 三重大匡福利君雲巖澄公淸叟 因絶磵倫公請命其樓 且以三峯鄭氏記相示 寺之故詳矣 而溪之爲溪 樓之爲樓 皆略之而不書 蓋難乎命其名矣(本文缺)".

4) 『목은집(牧隱集)』 권3, 「장성현백암사쌍계루기(長城縣白巖寺雙溪樓記)」; 『동문선(東文選)』 제권74 기(記).

에 위치하고 있는데, 그 물은 바로 사찰의 남쪽에서 합류하고 있다. 그 물의 근원을 살펴보건대, 하나는 동쪽으로 가까이 있고 하나는 서쪽으로 멀리 떨어져 있기 때문에 형세상으로는 크고 작은 흐름의 차이를 보이고 있었으나, 각자 한군데로 합쳐져서 못을 이룬 다음에 똑같이 산을 나와 흘러가고 있었다. 그런데 사찰의 사면을 에워싼 산들이 모두 높고 가파르기만 해서, 찌는 듯이 더운 여름철에도 더위를 피해 시원한 바람을 쐴 곳이 없었기 때문에, 두 물이 합류하는 곳에다 터를 정하고 누각을 세우게 되었는데, 왼쪽 시냇물 위에 걸터앉아서 오른쪽 시냇물을 아래로 굽어보고 있노라면, 누각의 그림자와 물빛이 위아래에서 서로 비춰 주는 등 실로 보기 드문 승경(勝景)을 이루고 있다'고 하였다.

그러다가 경술년(1370, 공민왕 19) 여름에 큰물이 져서 돌로 쌓은 제방이 허물어지는 바람에 누각도 함께 무너지게 되었는데, 이와 관련해서 청수(淸叟)가 말하기를, "누각은 우리 스님이 일으켜 세운 것인데, 이대로 놔두어서야 되겠는가. 우리 스님인 각엄 존자(覺儼尊者)로부터 스승과 제자 사이에 전해 온 것이 모두 5대(代)에 이르렀으니, 산문(山門)에 각별히 주의를 기울인 것이 지극하다고 할 것인데, 지금 누각을 망치고 만다면 그 책임이 장차 누구에게 돌아오겠는가. 그래서 내가 기일을 약정하고 공사를 시작해서 옛날의 모습을 복구한 결과, 썩은 것은 다시 견고해지고 빛이 바랜 것은 다시 선명해지게 되었으니, 이쯤 되면 나 자신을 위로하기에는 충분하다 하겠다. 그러나 내가 마음속으로 털끝만큼이라도 우리 스님의 마음을 어기지나 않을까 하고 두려워했던 그 심정을 우리 문도들이 꼭 안다고는 할 수 없을 것이요, 또 우리 문도로서 내 뒤를 이어 이 절에 머무르는 자가 혹시라도 내 마음을 이해하지 못한다면 산문의 일을 장차 보장할 수 없으리라는 생각이 들었다. 그렇게 된다면 어찌 유독 누각뿐이겠는가. 불상(佛像)이 먼지로 뒤덮이고 불당(佛堂)이 비바람에 퇴락하여 사람들의 웃음거리가 될 것도 뻔한 이치이다. 이렇게 본다면 누각 하나를 다시 일으켜 세운 것쯤이야 글로 남길 가치가 없다 하더라도, 이에 대해서 굳이 글 잘하는 이에게 부탁해서 기문을 지어 달라고 하는 것은, 바로 불후(不朽)하게 전해지도록 도모하는 한편 우리 문도를 경계시키려 함이라고 하겠다. 그러니 이 부탁을 거절하지 않으면 다행이겠다"하였다.

나는 일찍이 행촌(杏村: 李嵒) 시중공(侍中公)을 스승으로 모시면서 자질(子姪)들과 어울려 노닐었는데, 스님은 바로 그 계씨(季氏)이다. 그래서 내가 그 부탁을 거절하기가 어렵기에, 절간(絶磵)의 말에 따라서 쌍계루(雙溪樓)라고 명명하고 기문을 짓게 되었다. 나는 지금 늙어서 누각에 밝은 달빛이 가득할 때 그 속에서 한 번이라도 묵을 길이 없으니, 소년 시절에 그곳의 객이 되지 못한 것이 한스럽기만 하다. 사제간에 서로 계승한 기록은 사찰의 문서에 기재되어 있으므로 여기에서는 쓰지 않는다.

삼봉 정도전과 목은 이색을 청수에게 소개한 사람은 당시 용진사의 무열스님인 것으로 전해진다. 이렇게 이색에 의해 이름을 얻게 된 쌍계루는 다시 포은(圃隱) 정몽주(鄭夢周)가 '쌍계루'라는 칠언율시를 남기면서 세상에 그 이름을 알리게 되었고, 이 시를 보고 차운했던 시들이 많이 남아 있다.

포은 정몽주가 지은 시는 다음과 같다.

求詩今見白巖僧
지금 시를 써 달라 청하는 백암승(白岩僧)을 만나니,

把筆沈吟愧不能
붓을 잡고 침음(沈吟)하면서 재주 없음 부끄럽구나.

淸叟起樓名始重
청수가 누각 세워 이름이 이제 무겁고,

牧翁作記價還增

목옹(牧翁 이색)이 기문을 지어 값 더욱 더하네.

烟光縹緲暮山紫

노을빛 아득하니 저무는 산이 붉고,

月影徘徊秋水澄

달빛이 배회하니 가을 물이 맑구나.

久向人間煩熱惱

오랫동안 인간에서 시달렸는데,

拂衣何日共君登

어느 날 옷을 떨치고 자네와 함께 올라 볼까.

이후 많은 문인들이 쌍계루에 올라 목은 선생의 시(詩)에 앞 다투어 차운(次韻)하면서 많은 시들을 남기게 되었는데, 지금도 삼봉, 목은, 포은의 시문과 함께 전시되어 있다. 이처럼 청수가 주석한 쌍계루에 척불을 외쳤던 정치가 삼봉 정도전의 글이 있다는 자체가 이채롭다. 쌍계루를 복원할 당시는 아직 정도전의 불교관이 전통사회 관습에 젖어 있었던 시기였기 때문으로 풀이된다.

각진국사와 운암대사 기적비 장성 백양사

아무튼 고성이씨는 이존비 이래로 그의 아들 복구가 출가하여 왕사를 두 차례나 역임했고, 그의 손자 행촌 이암과 도촌 이교 등이 연이어 고급 관료로 진출하면서 신흥 권문세족으로 성장해 갔는데, 이를 지탱해 준 원찰(願刹) 역할을 한 곳이 정토사였다. 그리고 복구에 이어 그의 조카 청수가 정토사를 주지하였으니, 고성이씨 가문에서 대를 이어 운영해 간 것이다. 그리고 청수 이후에도 정토사는 고성이씨 가계와 보다 긴밀한 관계를 형성하면서 운영되었는데, 조선 태종 7년(1407)에 작성된 다음의 등장(等狀)을 보면 그러한 사실들이 잘 드러난다.

> 문정공 李嵒의 손자인 崔有慶, 李原, 李叔蕃의 等狀에서, "전라도 長城 땅의 백암사를 조상 문정공이 삼촌숙부 王師 復丘와 같이 발원하여 私財로 영건하고 대장경을 잘 마련해 놓았습니다. 우리들 부모 일동은 長年寶, 大藏寶, 忌日寶를 합쳐 300석이 된 후, 우리 사촌 형으로 전에 兩街에 있었던 中晧가 傳住하면서 대중을 거느리고 작법하며 祝上하였습니다."[5]

위의 자료는 조선 태종 때 이암의 손자들이 올린 청원서인데, 당시 국가에서 취한 백암사(정토사) 주지 임명을 철회해 달라는 것이 핵심 사안으로, 그 첫 번째 이유가 백암사(정토사)는 원래 각진국사 복구와 그의 조카 이암이 함께 발원하여 사재로 중창했기 때문이란 것이다. 이렇듯 고려말기 백암사는 고성이씨 가문과 긴밀한 관계를 유지하고 있던 사찰이었음이 분명하다.

---

5) 『朝鮮寺刹史料』上, 「長城監務官字」.

이숭 李崇

생년 : 1326년(충숙왕 13)
몰년 : 1394년(태조 3)
관력 : 검교시중(檢校侍中)
자호 : 자 숭지(崇之) 시호 안정(安靖) 안정공파 파조
묘소 : 충남 논산군 연산면 설단
가족 : [증조] 존비(尊庇) [조] 우(瑀) [부] 암(嵒)
　　　 [외조] 홍승서(洪承緒) [처부] 이정(李挺)

고려 후기 무장으로 병마절도사와 문하평리를 지냈다. 공민왕 8년
과 10년에 홍건적이 침입했을 때 이성계와 함께 적을 격퇴했고, 최유
가 덕흥군을 앞세워 침입했을 때는 최영과 함께 물리쳤다. 고려 말 사
전 개혁 당시 극단적인 의견 대립을 조정하려 노력했다. 조선 건국 3
년 후 죽었는데, 태조 이성계가 장사를 도와주고 안정(安靖)이란 시
호를 내렸다.

아버지 이암(李嵒)과 어머니 남양홍씨 사이의 차남이다. 이숭(李崇)은 천성이
순후하고, 공민왕 때에 활 잘 쏘기로 이름이 있었다. 『고려사』에서는 이숭의 활
약상이 확인되지 않는다. 1969년에 세워진 안정공제단비(安靖公祭壇碑)에 의하
면, 이숭은 공민왕 6년(1357)에 이성만호(泥城萬戶)로 삭주분도장군(朔州分道將軍)
에 올랐고, 귀주병마절도사(龜州兵馬節度使)를 역임했다. 그 후 공민왕 8년(1359)
중랑장 유당(柳瑭)과 함께 홍건적을 용만에서 토벌하여 공을 세우고 정주까지

추격하여 크게 이겼다. 공민왕 10년(1361) 홍건적이 2차로 침입하자 공이 문하평리(門下評理)로 이성계(李成桂)와 함께 격퇴하였다. 공민왕 13년(1364)에는 간신 최유(崔濡) 등이 임의로 덕흥군(德興君)을 받들고 반역함에 이를 대장군 최영(崔瑩)과 함께 격퇴하였다.[1] 왕께서 가상히 여겨 말을 하사하였다. 다음해인 공민왕 14년(1365) 서북면 체복사(體覆使)가 되어 안북(安北) 대도호부사(大都護府使)를 겸하였다. 특별히 분충정원공신(奮忠定遠功臣)의 호를 내렸고, 동지예문관사(同知藝文館事)를 겸하였다. 벽상에 영정을 걸었고, 호국충신(護國忠臣)이라 하여 왕의 총애를 받았다. 어사대부(御使大夫)와 태학감(太學監), 그리고 동지경연사(同知經筵事)를 역임했다. 공양왕 때인 1390년에 검교문하시중(檢校門下侍中) 고성군(固城君)에 올랐다. 이 때 토지제도 문란으로 병폐가 되어 사위 조준(趙浚)이 이를 개혁하고자 했을 때, 매번 목은 이색 시중 이림 장군 조민수와 서로 다투는지라, 혹시 공론이 잘못될까 두려워서 포은 정몽주와 함께 중간에서 조정하면서 결정을 못 짓고 말하기를, '토지제도는 고치지 않을 수 없으나, 급하게 하면 국기가 흔들리고 백성이 피로해진다'라고 했다. 이 태조가 개국 후에 공의 공로를 장하게 여기고 그 재주를 아끼어 후대하였다.[2]

이숭은 검교시중(檢校侍中)으로 있던 태조 3년(1394)에 죽었는데, 태조 이성계의 보호 아래 관에서 장사를 도와주고, 안정(安靖)이란 시호를 내려 받았다.

안정공제단비에 따르면 4남을 둔 것으로 기록하고 있는데, 장남 민(岷)은 한성

---

1) 덕흥군은 충선왕 셋째아들이다. 충선왕이 내쫓은 궁인(宮人)이 원나라 사람 백문거(白文擧)와 결혼해 낳았다고도 하나 확실하지는 않다. 일찍이 중이 되었다가 충정왕을 이어 공민왕이 즉위하자 원나라로 도망하였다. 공민왕이 반원개혁(反元改革)을 하면서 기철(奇轍)·노책(盧頙)·권겸(權謙) 등을 죽이자, 당시 원나라에 가 있던 최유(崔濡) 등이 기철의 누이 기황후에게 무고하였다. 이에 원나라에서는 공민왕을 폐하고 덕흥군을 고려 국왕으로 세우려 하였다. 그 과정에서 덕흥군을 앞세운 최유 등이 요양에 주둔한 군사 1만 명을 이끌고 고려를 침공했다가 수주(隨州: 평안북도 정주)의 달천(獺川)에서 최영(崔瑩)과 이성계(李成桂)가 이끄는 고려군에게 패해 원나라로 돌아갔다. 덕흥군은 원나라에서 장형에 처해졌으며, 고려로 소환되려 할 때 등창으로 보류되어 압송되지는 않았다. 후일 우왕 3년(1377) 안주(安州)에서 승 달명(達明)이 덕흥군 아들임을 자칭하면서 반역을 꾀했다가 잡혀 죽은 일도 있었다.
2) 『고성이씨대종회발전사』「안정공제단비(安靖公祭壇碑)」(2004, 고성이씨대종회).

판윤(漢城判尹), 차남 인(嶙)은 사재감정(司宰監正), 3남 치(峙)는 부사(府使), 4남 연수(延壽)는 목사(牧使)를 각각 역임했다고 기록하고 있다.

이숭의 맏딸은 판전농시사(判典農寺事) 최안준(崔安濬)에게 시집갔고, 다음은 판한성부사(判漢城府事) 최유경(崔有慶)에게, 셋째 딸은 평양부원군(平壤府院君) 조준(趙浚)에게, 넷째 딸은 봉례랑(奉禮郎) 김지(金祉)에게 각각 시집갔다. 특히 이숭의 사위 조준(趙浚)은 조선 건국의 일등 공신이었고, 최유경 역시 개국원종공신에 녹훈되었다. 전제개혁에 앞장섰던 조준은 이색이나 권근 등과의 의견 대립이 심했던 것으로 잘 알려져 있다. 최유경은 요동(遼東)을 정벌할 당시 서북면 전운사 겸 찰방(西北面轉運使兼察訪)으로 있었는데, 이성계가 위화도에서 회군(回軍)하자 말을 달려 우왕에게 변란을 고한 인물이었다. 그럼에도 이성계가 집정(執政)하자 최유경을 발탁하여 밀직부사(密直副使)로 삼았고, 조선 건국 후 주위의 반대를 물리치고 원종공신(原從功臣)으로 삼았던 것에서 확인되듯이, 최유경은 태조 이성계가 크게 아낀 인물로 보이며, 태종 13년(1413)에 죽었다.[3] 이상에서 본바와 같이 이숭은 그 자신은 물론 자손들도 조선 건국 과정에 동참하여 새로운 시대에 잘 적응하고 있었음을 볼 수 있는데, 이성계가 개국할 당시 1등 공신이었던 조준을 사위로 둔 것이 계기가 되었을 것으로 보인다.

안정공 이숭의 제단 충남 논산시 연산면 고양리

---

3) 『태종실록』 권25, 태종 13년 6월 24일 신미.

이음 李蔭

생년 : 1328년(충숙왕 5) 추정

몰년 : 1361년(공민왕 10)

관력 : 장군 상장군

자호 :

묘소 : 실전

가족 : [증조] 존비(尊庇) [조] 우(瑀) [부] 암(嵒)

　　　　[외조] 홍승서(洪承緖) [처부]

행촌 이암의 3남으로 무예가 출중하였다. 공민왕 8년 모거경이 이끄는 4만의 홍건적이 침입해 오자, 안우·이방실 휘하에서 적 물리치는 데 공을 세워 대장군으로 승격되었다. 공민왕 10년에 10만의 홍건적들이 다시 쳐들어 와 적이 안주를 습격하였을 때 안타깝게도 판사 농사(判司農事) 조천주와 함께 장렬하게 전사하였다.

아버지 이암과 어머니 남양홍씨 사이에 3남으로 태어났다. 그의 형제들 중에 무예가 가장 출중하였으나, 공민왕 10년 홍건적이 재차 침입하였을 때 안우가 이끌던 안주 전투에서 전사하고 말았다. 대개 30살 전후였던 것으로 추정된다.

　공민왕이 즉위하면서 반원정책을 실시하는 동안 대륙 각지에서도 한족의 반란이 일어났는데, 이를 대표하는 것이 바로 홍건적이었다. 홍건적은 송나라를 재건한다는 목표아래 확장한 백련교와 미륵교를 믿는 한족 농민들을 중심으로 화북 지방 허베이 성에서 일어난 반란군이었다. 이들은 한때 화북 지방의 여러 성을 점령하는 등 세력이 확대되었지만, 곧 내부 분열을 겪은 데다 원의 공격을 받기 시작하자, 원나라 군대에 쫓겨 고려 국경을 넘었다. 1359년(공민왕 8) 12월 모거경이 이끄는 4만여 명의 홍건적이 침입해 왔다. 이에 공민왕은 이암을 도원수, 경천흥을 부원수, 김득배를 도지휘사, 이춘부를 서경윤, 이인임을 서경 존무사로 삼았다. 안우와 이방실·최영·이희필·이음 등은 일선 지휘관으로 전투에 투입되었다.

이 당시 이음은 장군(將軍) 신분이었다. 본래 고려 중앙군인 2군(二軍) 6위(六衛)는 전문적 군인들로 편성된 상비군으로서 각각 5단계의 단위부대로 짜여져 있었다. 2군 6위의 8개 부대가 각각 최고 지휘관, 부지휘관으로서 상장군(上將軍: 정3품), 대장군(大將軍: 종3품)을 두었고, 그 아래 장군(將軍: 정4품)과 중랑장(中郎將: 정5품)이 1,000명 단위의 부대 령(領)을, 또 200명 단위 부대를 통솔하는 낭장(郎將: 정6품)과 별장(別將: 정7품) 등으로 구성된 체제였다. 그런 한편 전쟁에 대비하여 중(中)·전(前)·후(後)·좌(左)·우군(右軍) 등과 같은 5군(五軍) 혹은 3군(三軍)) 조직 편제를 늘 마련하여 소수 장교들로 배속해 두고 있었다. 그리하여 전쟁이 일어나면 출정군을 5군(5軍) 또는 3군(3軍)으로 편성하되, 그 지휘부는 원수(元帥)·부원수(副元帥)의 최고 지휘부와 각 군의 병마사(兵馬使) 등으로 이루어졌다.

무신 정권이 들어서기 전까지는 문하시중(門下侍中)을 비롯한 최고위 문신들이 원수직과 병마사직을 장악하는 것이 보통이었고, 고려후기에 이르러 2군 6위의 중앙 상비군 조직이 무너져 있었지만, 상장군 대장군 장군 체제의 근간은 유지되고 있었다. 따라서 홍건적 침입 당시 이음은 총사령관이었던 아버지 이암 휘하에서 장군 신분으로 소속 부대를 이끌면서, 안우 이방실 등과 같은 사령관들의 지휘를 받아 실전에 투입된 것이었다.

홍건적이 1차 침입했을 당시 40,000명의 홍건적은 얼어붙은 압록강(鴨綠江)을 건너와 의주(義州)를 함락시키고 부사(副使) 주영세(朱永世)와 주민(州民) 1,000여 명을 죽였다. 또 정주(靜州)와 인주(麟州)를 함락하여 도지휘사(都指揮使) 김원

봉(金元鳳)을 죽이고 마침내 인주에 웅거하였다. 고려의 맹장 안우가 군사를 거느리고 진격하니 적이 무너져 달아났다. 안우가 추격하여 30여 명의 목을 베자 적이 철주(鐵州)로 물러갔다. 안우가 기병 70여 기를 거느리고 전장으로 가다가 산에 올라 말을 쉬게 하였는데, 갑자기 적의 우두머리 모귀양(毛貴揚)의 군사가 쏟아져 나왔다. 장졸들이 모두 놀라서 얼굴빛이 변하였으나 안우는 태연자약하게 웃고 이야기하면서 대·소변과 세수·양치질을 마쳤다. 조용히 말에 올라 군사를 이끌고 바로 전진하여 청천강(淸川江)을 끼고 진(陣)을 쳤다. 적의 기병 몇 명이 다리에 올라 창을 휘두르면서 용맹을 자랑하자 병마판관(兵馬判官) 정찬(丁贊)이 칼을 휘두르고 크게 소리치면서 먼저 다리에 올라 적장 1명을 베었더니, 비로소 적이 조금 물러섰다. 안우가 이방실, 장군(將軍) 이음(李蔭)·이인우(李仁祐) 등과 함께 분전하여 적을 크게 깨뜨리니 홍건적이 인주·정주 등으로 물러나 주둔하였다.[1] 승전을 보고하자 왕이 사신을 보내어 장군들을 치하했다.

  적들과 아군이 대치하는 동안 공민왕은 조직을 새로 편제하여 안우를 안주군민만호부도만호(安州軍民萬戶府都萬戶)로 삼고, 이방실을 상만호(上萬戶)로, 김어진(金於珍)을 부만호(副萬戶)로 삼았다. 안우 등이 함종으로 진군하였다. 적이 우리 군사가 진을 치지 못한 틈을 타서 돌격해 오자, 우리 군사들이 패하여 달아났다. 적이 정예 기병으로 쫓아오는 다급한 상황이 벌어지고 있을 때, 대장군(大將軍) 이희필이 안우·이방실·김어진 등과 함께 뒤에서 그들을 막아 적이 가까이 오지 못하였다. 마침 동북면천호(東北面千戶) 정신계(丁臣桂)가 군사 1,000명을 이끌고 와서 적과 죽기로 싸워 수십 명의 머리를 베니 적이 50리쯤 쫓아오다가 그만두었다.[2] 우리 보병들 중에 산으로 올라가서 죽음과 노략질을 면한 자들도 1,000여 명이나 되었다. 적 400여 명이 숙주(肅州) 산골짜기에 주둔하였다가 자신들 일행이 서경에서 패하였다는 소식을 듣고 의주로 서둘러 되돌아갔다. 중

---

1) 『고려사』 권113, 열전 26, 안우.
2) 『고려사절요』 권27, 공민왕 2, 공민왕 9년 2월 기미.

랑장(中郎將) 유당(柳塘)과 낭장(郎將) 김경(金景)이 의주에서 성문(城門)을 수리하다가 이 소식을 듣고 의주천호 장륜(張倫)을 불러 용주 등지에 있는 군사들을 동원하여 그들을 공격하였다. 적이 정주성으로 들어갔으나 유당 등이 진격하여 그들을 섬멸하였다. 이것이 바로 홍건적 1차 침입 당시 큰 전과를 올렸던 함종전투였는데, 대장군 이희필이 안우·이방실 등과 함께 펼친 활약이었다. 이 전투에서 판개성부사(判開城府事) 신부(辛富)와 장군 이견(李堅)이 전사하였다. 여러 군사들이 힘을 다하여 싸우니 적은 형세가 불리해지자 목책 안으로 들어가 지켰다. 우리 보병들이 목책 안으로 들어가 홍건적의 원수(元帥) 심자(沈刺)와 황지선(黃志善)을 사로잡았다. 이후 일진일퇴를 거듭하던 상황 속에서 해가 바뀌어 정세운을 도순찰사로 임명하여 전열을 가다듬었고, 함종전투에서 크게 적을 무찔렀다.

이듬해에 홍건적이 다시 대규모로 내습해 왔던 2차 침입이 있었다. 홍건적의 평장(平章) 반성(潘誠)·사유(沙劉)·관선생(關先生)·주원수(朱元帥)가 용봉(龍鳳)을 연호로 삼고 무리 20만 명을 거느리고 압록강을 건너 삭주(朔州)와 이성(泥城)을 침략했다. 이에 고려에서는 안우를 상원수(上元帥), 김득배를 도병마사(都兵馬使), 이방실을 도지휘사(都指揮使)로 삼았다. 지숙주(知肅州) 강려(康呂)가 민가를 불태우고 도망치자 적이 무주(撫州)에 주둔하였다. 적은 많고 아군은 적으니 이방실은 군사를 멈추게 하고 나아가지 않았다. 은주(殷州)·순주(順州)·성주(成州) 등 3주와 양암현(陽岩縣)·수덕현(樹德縣)·강동현(江東縣)·삼등현(三登縣)·상원현(祥原縣) 5현의 백성과 곡식을 절령책으로 옮기도록 요청하니 왕이 이를 따랐다. 이방실이 판사농사(判司農事) 조천주(趙天柱)·좌승(左丞) 유계조(柳繼祖)·대장군(大將軍) 최준(崔準) 등을 보내어 적을 박주(博州)에서 공격하여 패배시켰다. 이틈을 타 예부상서(禮部尙書) 이희필은 태주(泰州)에서 적을 맞아 공격하여 7명의 목을 베었다. 이방실은 지휘사(指揮使) 김경제(金景磾)와 함께 개주(价州)에 가서 공격하여 150

여 명의 목을 베었다. 안우가 조천주·정리(鄭履)·장신보(張臣輔)·이원계(李元桂)·홍선(洪瑄)·정선(鄭譔) 등을 보내 보병과 기병 400명을 거느리고 박주에 진격하게 하여 100여 명의 목을 베었다. 이방실이 또 100명의 기병을 거느리고 연주(延州)로 진격하여 20여 명의 목을 베었다. 안우가 여러 부대를 거느리고 안주(安州)로 나아가 주둔하여 승첩을 올리기를, "정찬·왕안덕·김인언·허자린·박수년·김기·정원보·유지철·변안렬·권장수·조린·조인벽 등이 모두 힘써 싸워 공로가 있으니 상을 주어서 사기를 진작시키기 바랍니다"라고 하였다. 왕이 안우에게 명령하여 도원수(都元帥)로 삼고 말하기를, "변방의 일은 장군이 다스릴 것이니, 그대는 명령을 듣는 자에게 상을 주고 명령을 듣지 않는 자는 벌을 주도록 하라"고 하였다.

적이 안주를 습격하니 아군이 패배하였는데, 안타깝게도 상장군(上將軍) 이음(李蔭)은 이 전투에서 판사농사(判司農事) 조천주와 함께 장렬하게 전사하였다. 개경 수복을 보지도 못하고 말았는데, 그가 전사할 당시 이미 최고 무반직인 상장군으로 승진해 있었음을 볼 수 있다.[3] 이음이 홍건적을 막아내다 전사하는 동안 그의 아버지 이암은 공민왕을 수종하여 남경을 거쳐 복주(福州, 안동)까지 피난 갔었는데, 이 때 행촌 이암은 아들을 잃은 슬픔 속에서 공민왕을 시종하여 호종 일등공신으로 기록되고, 철성부원군(鐵城府院君)으로 봉해졌으며, 추성수의 동덕찬화익조공신(推誠守義同德贊化翊祚功臣)의 호를 하사받았다.[4]

---

3) 『고려사』 권39, 세가 39, 공민왕 10년 11월 병진.
4) 『고려사』 권111, 열전 24, 이암(李嵒).

이강 李岡

초명 : 강(綱)

생년 : 1333년(충숙왕 후2)

몰년 : 1368년(공민왕 17)

관력 : 낭관 시랑 안렴사 지신사 대제학 밀직부사

자호 : 자 사비(思卑) 시호 문경(文敬)

묘소 : 풍덕 담촌 제능화소(단소: 경기도 광주시 목동 선영)

가족 : [증조] 존비(尊庇) [조] 우(瑀) [부] 암(嵒)

　　　　[외조] 홍승서(洪承緖) [처부] 곽연준(郭延俊)

　　　충목왕 3년 15세에 급제하여 충정왕이 세자 시절 스승이 되었고, 충정왕이 강화에 유배될 당시 배종하여 정성껏 모셨다. 공민왕 5년부터 다시 국왕 부름을 받아 동료 사대부들과 함께 개혁정치를 펼쳤다. 이색·한수·염흥방·원송수 등 당대의 이름난 신진 유자(儒者)들과 뜻을 함께 했으며, 공민왕 10년 개혁정치 일선이었던 경상도안렴사로 파견되어, 지방 재정을 확충하고 흩어진 백성들을 안집(安集)시켜 공민왕이 복주(안동) 몽진 생활에 불편함이 없을 정도로 사전 대비를 철저히 했다. 이어 국가 기무를 맡고 인사권을 행사하는 자리에 올랐으며, 36세의 젊은 나이에 생을 마감하여 공민왕과 동료들이 몹시 애석해 했다.

1. 이강의 출사과정

처음 이름은 강(綱)인데, 같은 항렬의 이름을 피하여 고쳤다. 이강이 문과에 급제한 것은 충목왕 3년(1347), 그의 나이 15살이었을 때였다.[1] 이 때 과거를 주관한 사람은 가정 이곡이었는데, 그는 일찍이 중국으로 들어가 원 나라 과거제도였던 제과(制科)에 급제한 후 원나라에서 관직생활을 오래 하다 고려의 부름을 받고 귀국한 인물이었다. 이리하여 이곡과 이강은 좌주(座主) 문생(門生) 관계로 발전하게 되었는데, 좌주 문생은 고려 특유의 풍속이었다. 과거시험 주관할 고시관을 지공거 혹은 동지공거라는 이름으로 임명하게 되고, 그 임무를 부여받는 자가 주관했던 시험에 응시하여 합격한 이들은 그 고시관의 문생(門生)이 되는 풍속이었는데, 과거시험을 매개로 스승과 제자의 사적인 관계가 새롭게 형성되는 것이다. 이와 아울러 함께 합격했던 동료들은 동년(同年)이란 이름으로 유대감과 소속감을 형성하여 형제 이상으로 지내게 되었다. 아울러 좌주 문생 관계는 그 당대만 그치는 것이 아니라, 문생의 문생까지도 유대감이 형성되었다는 점에서 특정한 인맥 형성이라는 부작용이 있었던 것도 사실이다. 개혁정치를 표방하던 공민왕이 한 때 과거시험을 직접 주관하였다거나 시험관 수를 늘렸던 것도 특정한 인맥으로 치우치게 되는 폐단을 없애기 위한 노력의 하나였다. 이렇듯이 이곡을 좌주로 모시게 된 이강은 이제현 세력의 일원으로 공민왕 개혁정치에 동참하게 되는 계기를 마련해 주었다. 이곡은 이제현 문생이었고, 따라서 이강은 이제현 문생의 문생이라는 관계 때문이었다.

이강은 비교적 어린 나이였던 15살에 급제하였지만, 이미 그 이전에 음서(蔭敍)의 혜택으로 복두점(幞頭店) 녹사(錄事)가 되었다. 『고려사』 지(志) 제사도감각색(諸司都監各色)조에 의하면, 복두(과거에 급제한 자가 홍패를 받을 때 쓰던 관)를 담당했던 복두점에는 문종 때 을과권무(乙科權務)의 녹사(錄事) 2인과 그 아래 이속

---

1) 『고려사』 권111, 열전 24, 이암(李嵒) 부(附) 이강(李岡).

(吏屬) 등을 둔 관청이었다. 고려시대 녹사는 여러 관청에 소속된 최하위 계급이었는데, 복두점에는 을과권무에 해당하는 녹사를 두었음을 알 수 있다. 권무직이란 임시로 직무를 맡은 관직으로 고려에서는 수시로 발생하는 정직(正職) 소관 이외의 사무를 처리하기 위하여 권무관을 따로 두었는데, 갑과·을과 권무는 9품보다 상위에, 그리고 병과의 잡권무는 그 하위에 위치하였다. 그리고 권무직에 해당하는 녹사는 대개 음서의 혜택을 입은 자들이 주로 진출하던 관직이었다. 따라서 이강은 조상의 음덕으로 급제 전에 이미 9품보다 상위의 계급으로 관계(官階)에 발을 들여 놓았음을 알 수 있다.

그런 후 15살에 급제하여 옮겨갔던 관직이 경순부 승(慶順府 丞)이었다. 이어 전의시(典儀寺)에서 직장(直長)을 제수 받았고, 주부(主簿)가 되었다. 이강이 주부에 제수된 시기가 공민왕 5년이었는데, 그 동안에 이강의 주변에서 일어났던 많은 정치적 사건들이 있었다. 아래의 자료 이강의 묘지명을 통해서 보면, 당시 이강은 정치적으로 매우 힘든 시기였음이 분명하다.

> 총릉(聰陵: 충정왕)이 서연(書筵)에 있을 때 시독(侍讀)에 선발되었고, 왕위를 물러주자 공은 왕을 따라가 함께 머물렀다. 그 뜻을 세운 것이 구차하지 않았다고 할만하다. 상(上: 공민왕)이 즉위 4년인 을미년(1355) 공을 불러 보고 특별히 여겨 즉시 주부(主簿)에 임명하고 부새(符璽)를 관장하게 하였다. 이로부터 늘 왕의 곁에 있었고, 오래 있을수록 더욱 신중하였다(이색 찬).[2]

충숙왕은 충혜왕과 공민왕 형제를 낳았다. 충숙왕은 아들 충혜왕에게 왕위를 물려주었지만, 서로를 견제하는 등 알력관계가 심했다. 그러던 중 충혜왕이 원나라에 납치되어 죽게 되자, 덕녕공주(德寧公主) 소생 왕자인 어린 충목왕이 즉

---

2) 『동문선』 권127, 「文敬李公墓誌銘幷序」.

위하였다. 그런데 충목왕이 재위 4년 만에 12세의 나이로 죽자, 이번에는 고려 출신 윤씨 희비가 낳은 충혜왕의 서자 저가 왕으로 추대되었다. 이런 과정 속에서 원나라에 머물던 강릉대군(공민왕)은 두 차례나 왕위 계승에 밀려나고 말았다. 고려 내부에서만이 아니라 원나라에서까지 충정왕파와 강릉대군(공민왕)파가 대립하는 양상으로 치달았다. 충정왕은 어머니 희비를 위해 경순부(敬順府)를 설치하고 승(丞)·주부(注簿) 각 1인과 사인(舍人) 2인을 두어 지위를 격상시켰다.

이강이 충정왕 세자 시절부터 서연(書筵) 시독관(試讀官)으로 보필했던 인연은 아버지 이암의 영향이었다. 그런데 충정왕이 재위 3년 만에 원나라의 압력으로 왕위에서 물러나고 공민왕이 즉위했다. 공민왕이 귀국하는 동안 국내에서는 이제현이 정승이 되어 업무를 처리했다. 아버지 이암은 관직을 그만 두고 강원도 청평산에서 은둔생활을 시작했고, 이강은 강화도로 유배된 충정왕을 배종하여 보필하게 되었다. 충정왕이 유배되었다가 결국 살해되고 말았지만, 이강이 세운 그 뜻이 구차하지 않았다는 칭송을 받았다. 그로부터 5년이 지난 시점에서 공민왕의 부름을 받은 이강은 주부(主簿)에 제수되어 부새(符璽)를 관장하는 일을 맡아 신임을 얻기 시작했다.

2. 공민왕 개혁정치와 이강

즉위하기 전에 원나라에서 오랜 기간 머물렀던 공민왕은 원나라가 쇠퇴할 것이란 생각으로 반원 개혁정치를 표방했다. 그의 개혁정치는 공민왕 1년과 공민왕 5년, 그리고 공민왕 12년에 각각 시도된 바가 있고, 공민왕 14년 이후 신돈을 등용하여 본격적으로 실시되었다. 그의 개혁정치를 뒷받침 한 그룹을 보면, 공민왕 1년에는 연경에서부터 그를 모셔왔던 수종공신들 중심이었다. 물론 이제현을 비롯한 사대부들이 외곽그룹으로 존재하긴 했지만, 핵심에서 벗어나 있었다. 이제현 세력들이 본격적으로 공민왕 개혁정치에 동참한 것이 바로 공민왕 5년이었다. 이제현의 문생으로 대표되는 인물이 이곡과 그의 아들 이색이었고, 이곡의 대표 문생이 바로 이강이었다. 따라서 이강은 이제현에게서 문생의 문생이 되는 관계였다. 새로운 신학문인 주자학을 바탕으로 과거에 급제한 신흥 유신들이 자신의 목소리를 내기 시작한 것도 이 시기였다. 이제현을 비롯하여 백문보·이인복 등이 공민왕 원년부터 개혁에 동참했고, 이들은 모두 백이정에게 성리학을 배운 동문들이었다.[3] 그리고 혼맥으로 봤을 때 백이정 학문이 행촌 이암과 그의 아들 이강에게까지 이어진 것은 너무나 자연스런 것이었다.

이강의 절친한 동료는 청주한씨 가문의 한수(韓脩), 원주원씨 가문의 원송수, 파주의 염흥방, 이곡의 아들이었던 이색 등이었다. 이강의 급제 당시 동방(同榜)이었던 이무방(李茂方)도 있었고, 한수 역시 동방급제 한 이곡 문생이었다. 이강이 36살의 나이에 죽음을 맞이하자 동료들이 보여주었던 끈끈함은 그의 묘지명에서도 잘 나타난다.

> 친구인 상당(上黨: 지금의 청주)의 맹운(孟雲) 한수(韓脩)와 곡성(曲城: 지금의 경기도 파주)의 중창보(仲昌父) 염흥방(廉興邦)이 한산(韓山: 지금의 충청도 서천)의 이색(李穡)에게 의논하면서 "우리 친구가 죽은 이래로 모두들 슬퍼하는데도 오히려 죽음을 면하지 못했다. 우리 친구가 전할 만한 것을 전하고 죽는 것이 우리 셋의 책임이며, 또한 그 슬픔을 스스로 위로하는 것이 된다"라고 하였다. 이에 명문(銘文)은 나(이색)에게 맡기고, 수(脩)는 글씨를 쓰고, 흥방(興邦)이 전각(篆刻)하여, 돌에 새기는 일은 중창보(仲昌父)와 맹운(孟雲)이 주관하기로 하였다. 슬프다, 내 어찌 차마 친구의 명문을 짓는가.

---

3) 李淑京, 1989, 「李齊賢勢力의 形成과 그役割」『한국사연구』64, 한국사연구회.

원송수·이무방 등은 이제현과 함께 공민왕 원년부터 개혁에 동참했지만, 이강을 비롯하여 이색·한수·염흥방·박상충 등은 공민왕 5년 개혁정치부터 활약했다. 이색·염흥방·박상충 등은 공민왕 2년에 비로소 과거에 급제했기 때문이고, 15살에 급제했던 이강은 충정왕을 섬겼던 인연으로 공민왕 집권 초기는 정치적 활동이 자유롭지 못했기 때문이다. 원송수는 공민왕 초에 우대언(右代言)으로 기무(機務)에 참여했고, 공민왕 5년 이후에도 관리들의 인사권을 행사하는 전선(銓選)을 관장하는 등 계속해서 활발한 활동을 벌였던 인물인데, 이강의 정치적 성장에 결정적 역할을 하였다. 원송수가 그 후임자로 이강을 지목하였음을 계기로 지신사에 오르고 인사권을 행사하는 위치에 서게 되었기 때문이다.

이색은 14세에 과거 예비시험에 합격하였지만, 더 넓은 세계를 경험하기 위해 원나라 연경으로 유학하여 국자감에서 중국 학자들과 교류했다. 3년 후 부친 이곡의 장례를 치르기 위해 귀국하여, 즉위한 공민왕에게 개혁 상소를 올린 적이 있다. 그리고 공민왕 2년에 이제현이 주관한 과거에 장원으로 급제하여 이제현 문생이 되었다. 이색이 어렸을 적에 이강과 함께 이강의 아버지 이암에게서 배웠다고 토로 했듯이, 고성이씨 가문과는 일찍부터 깊은 교류를 맺고 있었다. 이색이 고려로 영구 귀국한 것이 공민왕 5년이었으며, 원나라 운명을 예견한 그는 공민왕에게 개혁안을 올렸다. 정방을 혁파하고 이·병부에 인사권을 되돌려야 한다는 것도 당연히 포함되어 있었다. 그리고 이색은 이부시랑과 병부낭중이란 인사권을 쥐고 있는 중책을 맡았다. 어렸을 적부터 함께 공부했던 이강에게 드디어 기회가 찾아온 것이다.

충정왕 세력으로 낙인찍혀 밀려나 있던 이강이 공민왕 5년에 주부에 제수되었다. 절묘하게 이색의 등장과 맞물려 있는 것이다. 이강은 왕실의 부새(符璽)를 관장하는 중책을 맡았다. 이 시기는 원나라와 결탁되어 있던 기철 일파를 제거하면서 개혁정치에 박차를 가했던 때였다. 연경에서부터 수종했던 공신이나 외척들이 힘이 아직 건재했고, 이제현 세력이라 불리는 소위 유신(儒臣)들의 협조로 공민왕의 개혁정치가 힘을 발휘할 때였다. 이강이 당당하게 이런 개혁정치에 합류하게 된 것이다. 이 때 집중된 그의 관력을 보면, 병부(兵部)에서 원외랑(員外郎)을 역임했고, 이어 문하성(門下省)에서 사간(司諫)을 거쳐 이부(吏部)에서는 낭중(郎中), 호부(戶部)에서는 시랑(侍郎)을 맡았다. 정6품의 원외랑과 정5품의 낭중은 이·병부의 중간 간부급에 해당하지만, 문반과 무반 인사권을 행사하는 자리여서 요직 중에 요직이었다.

이 시기가 대체로 공민왕 10년(1361)경이었다. 그해 2월에 왕이 이부낭중(吏部郎中) 이강(李岡)을 불러 말하기를, "그대는 전선(銓選)에 참여하여 대간(臺諫)으로서 직무를 소홀히 한 자를 쫓아내고 현명한 인재로 초야(草野)에 묻혀있는 자를 올려라. 부모의 상(喪)을 마친 자들도 또한 모름지기 발탁하여 등용하라"라고 특별히 주문한 적이 있었다.[4] 개혁정치에 있어 관건이 인사행정에 달려있다는 사실은 너무나 당연하다. 공민왕이 특별히 이강에게 당부한 것으로 보인다. 그런 후 이강이 이부에 있을 때 옮길 때가 되어, 공은 "신이 붓을 잡고 신의 관직을 스스로 임명하는 일은 감히 할 수 없습니다"라고 하여, 임금은 공을 더욱 중히 여겼다고 한다.

『교남지(嶠南誌)』에 의하면, 이강이 공민왕 시절에 청도 군수를 역임했다고 했으니,[5] 이 시기를 전후하여 외직으로 잠시 파견된 것으로 추정된다. 왜냐하면 이부 낭중에서 다시 정4품 호부시랑으로 승진을 거듭했고, 그 후 밀직사(密直司) 대언(代言)으로 영전하였다가 국왕 비서실장인 3품직 지신사(知申事)에 올랐기 때문이다. 당당하게 3품직에 올랐던 것은 원송수의 추천이었던 것으로 보이며, 그 후 제학(提學) 부사(副使)가 되었다. 내외의 지제고(知制誥)를 역임하고, 관직(館職)은 대제학(大提學)에 이르렀으며 품계는 봉익대부(奉翊大夫)에 이르렀다.

원송수는 공민왕 즉위이후 줄곧 기무를 담당하며 지주사(知奏事)가 되어 전선

---

4) 『고려사』 권75, 지 29, 선거 3, 전주(銓注).
5) 『교남지』 권15, 청도군 관안(官案) 조.

(銓選)에 참여 하였는데, 이강에게 직임을 물려줄 때까지 계속 맡고 있었다. 이강이 공민왕 10년(1361)에 전선(銓選)에 참여하여 12년 5월까지 관장하였던 것으로 보인다. 공민왕 12년 5월 이후 오인택·김달상 등이 전선을 관리한 것으로 파악되기 때문이다. 요컨대 정방이 혁파된 공민왕 5년 5월부터 12년 5월까지는 문과 출신 유자(儒者) 그룹인 이색·원송수·이강이 차례로 전선을 관장하였고, 그 이후 홍건적 침입으로 새롭게 부상한 무장 세력들에게 전선을 넘긴 것으로 볼 수 있다.[6] 어느 특정세력에 의존하는 것을 매우 싫어한 공민왕의 정치적 해법이 여기에서도 적용된다 할 것이다.

그런데 홍건적으로 인해 공민왕이 안동으로 내려간 이 시기에 이강이 경상도 안렴사로 파견되어 있었다. 이 시기 안렴사나 존무사(存撫使)가 지방에 자주 파견되었던 것은 지방에서 자행되고 있던 폐해들을 바로 잡기 위한 것이었는데, 공민왕 이후 매우 강조되었고, 이제현에게 이 일을 전담시키다시피 했다. 신돈 집권 이전까지 각 지역에 파견된 안렴사와 존무사는 모두 20차례 정도였는데, 대개가 이제현 세력으로 분류될 수 있는 인물들 중심이었다.[7] 따라서 주자성리학으로 무장한 사대부들 중심으로 개혁에 동참했던 이들이 지방에 파견되었음을 알 수 있다. 이런 연유로 이강 역시 경상도안렴사로 파견되었다.

신축년(공민왕 10, 1361) 가을 경상도안렴사(慶尙道按廉使)가 되었다. 마침 북쪽지방이 침략을 당해 온 나라가 남쪽으로 피난하였다. 그 경계에 들어가 대접하고 물자를 제공하는 것이 충분하여 이르는 곳마다 제 집에 온 것 같았다. 사기가 다시 떨쳐져 마침내 흉악한 무리를 섬멸하였다. 대개 공의 도움이 있었던 것이다. 서울로 돌아와 원문정(元文定: 원송수)를 대신하여 관리의 인사를 관장하였다. 바야흐로 변방의 보고가 끊이지 않았

---

6) 李淑京, 1989, 「李齊賢勢力의 形成과 그役割」『한국사연구』 64, 한국사연구회.
7) 위와 같음.

으나 상하를 유지하고 각기 바라는 바를 채워 공을 이루는데 공의 힘이 컸다.(이강묘지명)

아무튼 홍건적의 침입과 거듭되는 외환으로 세력을 확장해 나간 무장 세력들이 향후 주도권을 이어가게 되었지만, 공민왕 초기 유신(儒臣)들의 개혁정치가 어느 정도 성공을 거둘 수 있었기에 국난을 극복할 수 있는 저력으로 작용했음이 분명해 보인다. 이강이 경상도 안렴사로 내려가 어려웠던 지방의 재정 상황들을 보충하는 한편 농민들에게 가해진 갖가지 폐정을 개혁하는 데 한 치의 어긋남이 없었기 때문에 공민왕의 안동 몽진이 안전하게 마무리될 수 있었을 것이다. 그런 후 원송수가 맡고 있던 인사권을 물려받았다. 아울러 이강의 아버지 이암은 공민왕을 배종한 공으로 1등 공신에 봉해졌다.

공민왕은 재위기간이 길어지면서 뜻에 맞지 않는 재상들이 늘어나자, 새로운 개혁의 필요성을 느꼈다. 공민왕은 대대로 벼슬하고 있는 권세가 집안을 세신대족(世臣大族)이라 몰아붙였고, 새로 진출한 초야 신진 또한 탐탁치가 않았다. 전자는 친척과 당파가 나무뿌리처럼 서로 연결되어 엄호한다고 싫어했고, 초야 신진이 현달해지면 집안이 시원찮은 것을 부끄러이 여겨 대족(大族)과 혼인하기만을 갈망하는 부류로 치부했다. 그리고 유생에 대해서는 유약하고 결단력이 부족한데, 좌주 문생으로 당파를 이루어 사사로운 정에 휩쓸린다고 비판했다. 그러면서도 공민왕 대 개혁세력의 한 갈래였던 이제현 세력에는 이강을 비롯하여 원송수·김경직·정추·김구용·한수·염흥방·민제 등과 같은 쟁쟁한 세족 출신 사대부들이 포함되어 있었다.[8]

공민왕 14년에 신돈을 등용한 것도 이런 이유 때문이었다. 최영을 비롯한 무장 세력들을 제거하는 동시에 과거를 통해 등용된 유자(儒者) 그룹의 이제현 세력도 공격의 대상이 되었다. 그런 가운데 신흥 유신 그룹인 이색과 이강 등은

---

8) 국사편찬위원회, 1996, 「권문세족과 사대부」『한국사』 19, 154쪽.

여전히 개혁정치에 동참하고 있었다. 원송수·한수와 같은 동료들은 신돈과 공민왕의 뜻을 거슬러 외직으로 돌거나 낙향했다. 『교남지』에 의하면, 이강 역시 공민왕 재위시절 경상도 지역 청도 군수를 역임했다고 하였으나, 그 구체적 시기는 알려져 있지 않다.[9]

당시 주자성리학은 아직 보급단계에 지나지 않았다. 기존의 5경 중심 사고에서 벗어나 사서(四書: 논어 맹자 대학 중용)가 중시되는 사회가 바로 주자성리학의 요체였다. 이강이 15살에 급제했던 충목왕대부터 시험과목에 『사서집주(四書集註)』가 채택되었다.[10] 따라서 이강을 비롯하여 함께 합격했던 동료들은 주자성리학에 대한 이해가 상당한 수준으로 올랐음을 의미한다. 신돈이 개혁정치를 표방하면서 이제현과 그 문생들을 '나라에 가득 찬 도둑'으로 지목하였듯이 적대감을 드러내기도 했다. 그럼에도 당시 대표적인 개혁안으로 평가되는 전민변정사업과 국학진흥책은 이미 유신(儒臣) 사대부들에 의해 제안된 것이었다.

공민왕 16년(1367)에 국학 중흥을 표방하면서 추진된 교육개혁은 신진사대부가 결집하고 정치적 영향력을 강화하는 계기가 되었다. 성균관을 대대적으로 개편하는 한편 학생 수를 증원하고 이색을 대사성으로 발탁했다. 이와 맞물려 이강은 또 다른 문한(文翰) 직임을 대표하는 중책들을 연거푸 맡았다. 이색이 찬한 그의 묘지명에서 '제학(提學) 부사(副使)가 되었고, 내외 지제고(知制誥)를 역임하고, 대제학(大提學)에 이르렀다'라고 서술한 것이 바로 그것이다. 이제 신진 사대부의 구심이 이제현에서 탈피하여 이색과 이강 중심으로 옮겨 갔음을 의미한다. 그런데 불행히도 이강은 공민왕 17년(1368)에 36세라는 젊은 나이에 생을 마감하고 말았다.

---

9) 『교남지』 권15, 청도군 관안(官案) 조.
10) 『고려사』 권73, 지 27, 선거 1, 과목 1.

3. 이강의 사후 평가와 가족관계

묘지명에 따르면, 한동안 병석에서 고생한 것으로 보인다. 만약 이강이 짧은 생을 마감하지 않았다면, 이색과 함께 개혁정치 일선에서 더 큰 활약을 펼쳤을 것으로 보인다. 이강이 죽자 공민왕은 예외규정을 두어서까지 문경(文敬)이란 시호를 내리며, 이렇게 탄식했다.

> 임금은 부음을 듣고 심히 애도하며 후하게 부의(賻儀)를 하고 태상(太常)에 시호를 논의하도록 명하면서 "추밀(樞密)은 시호를 주지 않는 것이지만 내가 특별히 강(岡)을 포상하려는 것은, 문신으로 오랫동안 수고한 사람은 정당문학(政堂文學) 원송수(元松壽)뿐이다. 내가 이로 인해 잊지 않고 있는데, (원송수와) 몸은 다르나 공적이 같은 사람은 지금 강(岡)뿐이다"라고 하셨다. 의논이 되어 올라가자 임금께서 말씀하시기를, "문경(文敬)은 오직 강(岡)에게 족히 해당한다"하셨다. 아. 공은 유감이 없다고 할 것이다.

이강에게 문경이란 시호를 내린 것은 매우 이례적인 것이었다. 그리하여『고려사』예지에는 이 사실에 대해 다음과 같이 기록했다. "공민왕(恭愍王) 17년 (1368) 밀직부사(密直副使) 이강(李岡)이 죽자 국왕이 깊이 애도하고 부의를 후하게 내려주었다. 그리고 추밀(樞密)은 전례(典例)상 시호를 받을 수 없지만, 특별히 문경(文敬)이라는 시호를 내렸다."[11]

밀직부사 이강이 죽은 날은 공민왕 17년 4월 경신일이었다.[12] 밀직부사로 승

---

11)『고려사』권64, 지 18, 예 6, 흉례, 제신 상.
12)『고려사』권41, 세가 41, 공민왕 17년 4월 경신.

진한 것이 16년 7월 병자일이었으니,[13] 약 10개월 정도 밀직부사직에 있었음을 알 수 있다. 밀직사는 몽고 간섭 하에서 왕명 출납, 궁중 숙위, 군기(軍機)의 정사를 맡아보던 관서였다. 1356년(공민왕 5) 반원 개혁정책에 따라 추밀원으로 바꾸었다가 1362년 다시 밀직사로 하였다. 판사사(判司事, 종2품), 사사(司使, 종2품), 지사사(知司事, 종2품), 첨서사사(簽書司事, 종2품), 동지사사(同知司事, 종2품), 부사(副使, 정3품), 제학(提學, 정3품), 지신사(知申事, 정3품), 좌·우대언(左右代言, 정3품), 좌·우부대언(左右副代言, 정3품), 당후관 등을 두었다.

당시 제1재상부는 정무를 담당하는 도첨의사사가 있었고, 제2재상부로 재정을 담당하는 삼사의 재상, 제3재상부는 군무와 왕명출납을 맡은 밀직사 재상들이 도당(도평의사사)를 구성하여 국정을 논했다. 따라서 이강은 밀직부사 직을 수행하면서 재추 구성원으로 국정에 참여했음을 알 수 있다.

이강의 아버지 이암은 법도를 준수하였고, 집에 있을 때에는 살림살이를 묻지 않았다. 책 읽는 것으로 스스로 즐겼고, 서법(書法)이 당대를 풍미하였는데, 일찍이 직접 「태갑편(太甲篇)」을 필사(筆寫)하여 왕에게 바친 한편 그의 아들 이강(李岡)에게, "너는 명심하여라. 나는 이미 늙었다. 관직이 없으니 간언(諫言)을 올릴 책임이 없지만, 마땅히 임금의 마음을 바르게 하는 것을 의무로 삼을 뿐이다"라고 하였다.[14] 「태갑편」은 『서경』 상서(商書)의 한 편명인데, 이윤이 태정의 아들 태갑을 왕으로 세우니 그가 곧 탕 임금의 장손이었다. 이에 이윤이 태갑을 위해 이훈(伊訓), 사명(肆命), 조후(徂后)를 지어 임금의 법도와 정치 교육 방법, 탕 임금의 법도 등을 가르쳐 인도하였는데, 후일 『서경』에 편집되어 전해오고 있었다. 행촌 이암이 특별히 이강에게 태갑편을 전한 것은 공민왕 측근으로 활약한 아들에 대한 애정이기도 했지만, 왕실과 국가 안녕을 위한 충정의 발로였음이 잘 묻어난다 할 것이다.

---

13) 『고려사』 권41, 세가 41, 공민왕 16년 7월 병자.
14) 『고려사』 권111, 열전 24, 이암(李嵒).

이강이 죽자 절친한 동료였던 이색 또한 안타까운 심정을 이렇게 표현했다.

문경 이공(文敬 李公)은 나이 15세로 용모와 재능이 빛나 당시에 이미 그 아버지의 풍모가 있다는 말이 있었다. 그 뒤로 배움이 깊어지고 학식이 높아져 이름이 날로 중해져 당당히 재상이 될 재목이었다. 그가 병이 들자 사람들은 "결코 걱정할 것이 없다. 이 사람이 어찌 여기서 그치겠는가"라고 말하였다. 그가 죽자 또 말하기를 "때를 잘못 타고 태어났는가, 약물에 잘못이 있는가. 어찌 이 사람이 이에 이르렀는가"하였다. 사대부들은 서로 조정에서 조문하고 친척과 친구들은 서로 그 신위(神位)에 곡하였으며, 길 가는 사람들도 그를 위해 탄식하고 애석해 하였다. …… 시중(侍中: 공의 부친인 이암)이 별세하자 임금은 친히 그 모습을 그렸다. 비록 임금이 특별히 큰 공신을 포상한 것은 여러 사람의 마음을 감동시키고자 한 것이지만, 그 덕이 또한 매우 성대하였고, 또한 효성이 능히 하늘을 움직였기 때문이다. 일에 임하여 조심하고 친구를 사귐에 믿음으로 하며, 독실하게 선을 좋아하며 공평함으로 마음을 추스렸기 때문에 내가 벗으로 삼은 것이다. 하늘이 혹 나이를 빌려주어 조정에서 큰 의논을 결정하고 큰 정치를 뜻과 같이 행했더라면 내가 장차 스승으로 섬겼을 것인데, 그러지 못하고 말았다. 슬픔을 어찌 다하리오. 부인은 곽씨(郭氏)이며, 아버지는 판개성부사(判開城府事) 연준(延俊)이다. 딸이 몇 명 있다. 모두 어리고, 아들은 하나인데 올해 태어났다. 모월(某月) 모일(某日)에 별세하여, 모년(某月) 모일(某日)에 성남(城南)의 남촌(藍村)에 장사지냈다. 향년은 36세이다.

명(銘)하기를,
어찌 온전함을 주고도 장수하게 하지 않았는가,
참으로 알 수 없구나 하늘의 미정(未定)함을.

내 이 명문(銘文)을 새겨 천년을 울릴 것이니,

오히려 우리 문경공(文敬公)에게서 상고함이 있으리라(이강묘지명).

이강의 부인은 곽씨(郭氏)로, 판개성부사(判開城府事)인 연준(延俊)의 딸이다. 그가 일찍 별세한 탓에 딸이 몇 명 있었으나 모두 어렸고, 외아들 이원이 태어난 지 4개월 만이었다. 그리하여 용헌공 이원은 큰 매형이던 권근을 부모같이 따랐고, 권근 역시 어린 이원을 훌륭하게 보살펴 후일 세종조에 좌의정에 오르게 하는 배경이 되어 주었다.

이강의 맏사위 권근은 이색

문경공 이강 선생 단소 경기 광주 목동

(李穡) 문하에서 정몽주·김구용(金九容)·박상충(朴尙衷)·이숭인(李崇仁)·정도전 등 당대 석학들과 교유하면서 성리학 연구에 정진해 고려 말의 학풍을 일신하고, 이를 새 왕조의 유학계에 계승시키는 데 크게 공헌했던 인물이다. 한때 이성계의 반대편에 서서 우봉(牛峯)·영해(寧海)·흥해(興海) 등을 전전하여 유배되던 중, 공양왕 2년(1390) 윤이(尹彝)·이초(李初)의 옥사에 연루되어 청주 옥에 구금되기도 했다. 충주에 우거(寓居)하던 중 조선왕조 개국을 맞아, 태조 3년 9월부터 새 왕조에 출사(出仕)하여 예문관대학사(藝文館大學士)·중추원사 등을 지냈다. 명나라에 파견되어 명 태조 명으로 응제시(應製詩) 24편을 지어 중국에까지 문명을 크게 떨쳤고, 귀국한 뒤 개국원종공신(開國原從功臣) 화산군(花山君)에 봉군되었고, 태종이 즉위하면서 좌명공신(佐命功臣) 4등 길창군(吉昌君)으로 봉군되고 찬성사(贊成事)에 올랐다.

이강의 둘째 사위 민개(閔開)는 여평군 민적의 손자로 고려와 조선에서 대를 이어 간 명문이었다. 민개의 형 민제는 세종대왕 외조부이며, 민개가 대사헌 시절 이성계(李成桂)가 개경 수창궁에서 즉위 할 때 홀로 고개를 숙이지 않았다는 기록이 실록에 남아 있을 정도로 이성계에 대한 반대의 뜻을 노골적으로 나타냈다.[15] 남은(南誾)이 민개를 참(斬)해야 한다고 주장하였지만 조준이 제지하여 살아났다. 조준이 이숭의 사위였으니, 그 둘은 종동서(從同壻)지간이었고, 이것이 계기가 되었는지 모르나 건국세력에 동참하여 왕씨(王氏)들의 외방분거(外方分居)를 주장하였고,[16] 이듬해 경상도관찰출척사로 나가 일부지역에 대한 행정구역의 재조정을 건의하는 등 조선 건국에 힘을 보탰다. 민개는 37세의 이른 나이에 죽음을 맞이하여 사림이 안타깝게 여겼다.[17]

이강의 셋째 사위 이양간(李良幹)의 본관은 전의(全義), 자는 고부(固夫)이고, 아버지는 원종공신 구직(丘直)이다. 아버지 음덕으로 벼슬에 올라 사헌집의를 거쳐 태종 5년(1405) 강화부사가 되었다. 그 뒤 내외 관직을 역임하고 세종 때 강원도관찰사에 이르러 사임하고, 향리에 은거하면서 노모봉양에 정성을 다하였다.[18]

---

15)『태조실록』권1, 태조 1년 7월 17일 병신.
16)『태조실록』권1, 태조 1년 7월 17일 기해.
17)『태조실록』권10, 태조 5년 12월 3일 정해.
18)『세종실록』권27, 세종 21년 9월 임신.

이림李琳

초명 : 봉양(鳳陽)

생년 : 1323(충숙왕 10)

몰년 : 1391(공양왕 3)

관력 : 지밀직(知密直) 판밀직(判密直) 판개성부사 시중(侍中)

자호 :

묘소 : 실전(충주 경제원 남동) 단소: 고성군 회화면 봉동리 웅곡

가족 : [증조] 존비(尊庇) [조] 우(瑀) [부] 교(嶠)

　　　[외조] 이조년(李兆年) [처부] 홍승연(洪承演)

　　무장 출신으로 장군 대장군 등 여러 관직을 거쳐 밀직부사에 이르렀다. 1376년(우왕 2) 왜구가 덕적도·자연도(紫燕島)에 침입하자, 지밀직(知密直)으로 서북면선위사가 되어 이를 시찰하였으며, 왜구가 울주에 침입하자 경상도조전원수가 되어 이를 방어하였다. 1378년(우왕 4) 판밀직(判密直)으로서 양광도·전라도의 조전원수를 겸하여 연산에 침입한 왜구를 격퇴하였고, 이듬해 딸이 우왕의 비(妃)로 책봉되어 철성부원군(鐵城府院君)에 봉해졌다. 1389년(창왕 1) 조준(趙浚)·이성계(李成桂) 등이 전제개혁을 주장하자 이를 반대하였고, 김저(金佇) 옥사에 연루되었으나, 극형을 면하고 철원에 유배되었다. 1390년 윤이(尹彛)와 이초(李初)의 옥사가 일어나자 이성계 일파의 모함으로 청주옥에 갇혔으나, 홍수로 인해 풀려났다가 다시 충주에 유배되어 병사하였다.

이림은 부친 이교(李嶠)와 어머니 성산이씨 사이에 장남으로 태어났다. 초명은 봉양(鳳陽)으로, 공민왕(恭愍王) 때 여러 번 승진해 밀직부사(密直副使)가 되었으며 판밀직사사(判密直司事)로 승진하였다. 후일 이림은 시중을 역임함으로써 고성 이씨 인물 중에서도 가장 현달한 인물로 꼽을 수 있는데, 홍자번(洪子藩)의 증손 녀 남양홍씨와 혼인하였던 배경에다 당대 막강했던 성주이씨 이조년(李兆年)의 외손으로 정치적 지분을 더 크게 확장해 갈 수 있었다. 문희공 이존비 후예들은 문과 급제를 통하여 문사(文士)로 활약했던 행촌 이암 계열이 눈에 띄지만, 그에 못지않게 도촌 이교 후예들은 무장세력으로 입신한 인물들이 돋보이는데, 도촌 의 아들 이림과 이희필 형제들이 그들이다. 고려 후기 전장의 영웅이던 최영이 이성계 집권에 걸림돌이 되어 결국 죽음을 맞이했고, 이런 격동의 세월에서 권 력자들의 부침이 매우 컸는데, 이희필은 우왕 초에 생을 마감하였기에 큰 시련 을 겪지는 않았다. 그러나 이림은 우왕의 장인이자 창왕 외조부로서 겪어야 했 던 정치적 비운은 이루 말할 수 없었다.

1. 이림과 무장 세력의 성장

이림이 『고려사』에 처음 등장하는 것은 공민왕 10년(1361)이다. 즉, 홍건적의 2차 침입 때 장군(將軍)으로 임금의 남행을 호종하였던 것이 그것이며,[1] 이후 우 왕대에 들어와서도 주로 왜구 격퇴에 공을 세운 무장이었다. 따라서 그는 최 영·변안렬·조민수·우인열·이희필 등과 함께 고려 후기 급부상한 신흥 무장세 력으로 성장했던 인물 가운데 한 사람이었고, 우왕을 사위로 맞았던 인연으로 반이성계파로 분류되어 조선을 건국하는 과정에서 필연적으로 제거되어야만 했던 수난의 인물이었다.

---

1) 『고려사』 권39, 세가 39, 공민왕 10년 11월 병인.

공민왕대에 크게 성장한 신흥 무장세력들이 이후 역사의 전면에서 큰 활약을 하게 되었는데, 이는 내우외환으로 인한 결과였다. 무신집권기 이후 문사의 우대책들이 있기는 했지만, 권력 핵심에는 여전히 무신들이 건재하였고, 이후 대몽항쟁 과정이나 원나라 간섭기 이후에도 무장세력들의 활약에 의지할 수밖에 없는 구조였는데, 특히 공민왕 이후에는 홍건적의 침입으로 국왕이 안동까지 피난을 가는 수모를 겪었고, 아울러 왜구의 침략이 극에 달해 무장세력들이 역사의 전면으로 부각할 수밖에 없었다.

어렵게 국왕의 자리에 올랐던 공민왕의 반원정책이 어느 정도 성공을 거두어 안정을 찾아가는 분위기였지만, 이내 곧 홍건적의 침입으로 그의 개혁정치는 또 다시 좌절될 수밖에 없었다. 홍건적의 침입은 전후 2차례에 걸쳐 대규모로 침입해 왔고, 특히 2차 침입은 개경이 함락되어 공민왕이 안동에까지 피난갈 정도로 위급한 상황이었지만, 안우·김득배·이방실 등 3원수가 크게 활약하여 반격할 수 있었다. 3원수들이 전공을 앞세운 군사지휘권을 이용하여 정치적 지위를 키워 갈 무렵에 공민왕은 정세운을 총병관으로 임명하였고, 공민왕 측근의 또 다른 유력자였던 김용(金鏞)이 거짓으로 왕의 교지를 꾸며 3원수로 하여금 정세운을 살해하게 한 사건이 발생했다. 이로 인해 결국 3원수 또한 죽음에까지 몰아가고 말았는데, 이는 3원수의 세력 신장을 꺼린 김용 때문이라고[2] 『고려사』는 기록하고 있다. 하지만 이에 대한 진실은 정확하게 밝힐 수 없는 부분이 많다. 특히 공민왕 자신이 내심으로 동조한 측면이 있다고 보는 경향도 강하다.[3] 정세운을 비롯한 안우·김득배·이방실이 전쟁영웅으로 인기가 하늘을 치솟자 실제적으로 공민왕이 제거했다는 것으로 추정되기도 한다. 아무튼 이는 개경이 수복되던 전란 중에 일어난 사건이었고, 결과적으로 공민왕의 세력 기반의 한 축이 무너졌음을 뜻한다. 김득배는 문과 출신이면서 공민왕이 질

<hr />

2) 『고려사』 권113, 열전 26, 안우.
3) 민현구, 앞의 논문(1998), 291쪽.

자로 연경에 머무를 때부터 받들던 신하였고, 정세운 역시 연저수종공신이었으며, 이들은 안우와 함께 기철 일파를 제거할 때 공신으로 책봉된 인물이었기 때문이다.

개경이 수복되어 환도 중이던 공민왕 12년(1363) 2월에 개경 근처의 흥왕사 행궁에서 국왕을 살해하려는 반역의 무리들이 침입하는 사건이 벌어졌는데, 환관들의 희생과 노국공주의 기지로 공민왕은 피할 수 있었지만, 우정승 홍언박은 살해당하고 말았다. 이 과정에서 주모자 김용이 유배 처형되어 일단락되었지만, 최영을 비롯한 무장 세력들이 적도를 진압함으로써[4] 향후 고려의 권력 구조가 이들 중심으로 이동해 가고 있었다. 이어 원나라가 공민왕 폐위와 덕흥군 침입에 대응하는 군사들을 동원하게 되자, 공민왕은 무장들에게 의존도를 더 높일 수밖에 없었다. 이렇듯 혼란이 거듭되는 가운데 최고위층 무장 세력들이 한꺼번에 퇴출되고 말았다는 것은 최영과 이성계·이림·이희필을 비롯한 신흥 무장세력들의 급부상을 가져올 수 있는 또 다른 기회였다.

이때부터 급부상한 신흥 무장 세력들에게는 공신 책봉과 이에 따른 토지와 노비를 하사하는 것과 같은 반대급부만으로는 만족시킬 수 없는 상황이 되어버렸다. 그리하여 실질적인 고위직으로 일컬어지는 재부(宰府)와 추부(樞府)의 구성원 수도 급격하게 늘어만 갔다. 그런데다 공민왕 집권 중반기 이후 왜구의 침략과정에서도 무장들이 크게 활약하여 더욱 큰 세력으로 형성되어 갔는데, 이들 무장 세력들의 가문 배경을 검토하면 매우 다양하다. 이림·이희필 형제를 비롯하여 최영, 우제, 경천흥, 한방신 등은 뚜렷한 족적을 가진 유력가문 출신이고, 안우경과 지용수는 세계가 명확하지 않으나 상당한 영향력을 지닌 가문의 후손으로 추정된다. 그리고 양백연과 이성계는 독특한 존재인데, 전자는 원으로부터 이주한 고위직의 자손이요, 이성계는 원에 예속된 쌍성총관부 관하에

---

4) 『고려사』권40, 세가 40, 공민왕 12년(1363) 윤3월 신미.

서 원의 천호직을 누대 세습하다 고려에 귀부한 이자춘(李子春)의 아들이었다.[5] 변안렬 역시 심양출신으로 공민왕을 따라 고려에 이주해 온 인물이란 점에서 이들과 유사한 출신 배경을 지닌 자였다. 이외에도 당시 급부상한 무장 세력 중에서는 환관 출신들도 끼어 있었다.

그런 과정에서 개혁 정치를 추구하던 공민왕이 갑작스레 살해당하자 이인임의 후원을 입은 우왕이 왕위를 이어갔고, 한 동안은 이인임을 중심으로 한 집권 세력들이 권력의 축을 이어갔지만, 한편으로는 이인임 세력과 최영으로 대표되던 무장 세력과의 연립 정권을 이루었기에 가능한 것이었다.[6] 이와 함께 우왕 대에는 끊임없는 내우외환 속에서 왜구들의 침략이 더욱 거세어지자 이를 토벌하는 과정에서 무장 세력들의 활약이 두드러지고 있었다. 즉, 당시 무장 세력을 이끌던 최영은 구세력을 대표한다고 할 수 있는데, 우왕대의 전 기간을 실권자로 군림하였다. 그리고 소위 신흥 세력을 대표한다고 할 수 있는 이성계는 위화도 회군을 계기로 최영을 제거하고 신왕조를 개창한 인물이었으며, 이 외에도 많은 무장 세력들이 그와 유사한 형태로 정계에 등장하였다. 물론 그들의 공로가 최영이나 이성계에 미치지 못하거나, 혹은 이성계 집권 과정에서 흡수 혹은 도태되었기 때문에 행적들이 자세히 전해지지는 않지만, 변안렬을 비롯한 우인렬·조민수(曹敏修)·정지(鄭地) 등도 독자적인 무장 세력의 한 축을 형성하고 있었음이 분명하다.

이상에서 보았듯이, 공민왕 중·후반기부터 우왕 초기에 이르는 시기에 있어 이림이 무장세력의 한 축으로 성장하는 데는 걸림돌이 없었던 것처럼 보인다. 공민왕 10년(1361) 홍건적이 다시 침입하자 장군의 신분으로 공민왕을 호종하였고, 이후 우왕 1년(1375) 왜구가 덕적도·자연도(紫燕島)의 두 섬에 침입하자,

---

5) 민현구, 「고려 공민왕대 중엽의 정치적 변동」, 『진단학보』 107, 2009, 53쪽.
6) 이형우, 『고려 우왕대의 정치적 추이와 정치세력 연구』, 고려대 박사논문, 1999, 49~59쪽; 박홍갑, 「고려말기 고성이씨 도촌 이교 가문의 정치적 위상」, 『고성이씨 가문의 인물과 활동』, 일지사, 2010. 56쪽.

이림은 밀직부사(密直副事)로 서북면선위사가 되어 실태를 시찰하였으며, 우왕 3년(1377) 4월 다시 왜구가 울주에 침입하여 약탈을 감행하자 경상도조전원수가 되어 이를 방어하였다. 같은 해 9월 왜적이 악양현(岳陽縣)을 침공했을 때 격퇴, 배 2척을 노획하였다.

우왕 4년(1378)에는 판밀직(判密直)으로서 양광도·전라도의 조전원수(助戰元帥)를 겸하여 연산에 침입한 왜구를 격퇴하였다. 당시 왜적은 매우 큰 규모로 영광(靈光)·광주(光州)·동복(同福) 등에 침략하였는데, 조전원수 이림은 정지, 도순문사(都巡問使) 지용기(池湧奇) 등과 함께 옥과현(玉果縣)까지 추격하였다. 적이 미라사(彌羅寺)로 들어가자 아군이 포위하여 불태우고 드디어 맹렬히 공격하니 적은 거의 대부분 불에 타서 죽었으며 말 100여 필을 획득하였다.

2. 딸의 근비 책봉과 이림의 정치적 입장

밀직사의 최고위 계급인 판밀직을 거쳐 판개성부사로 근무할 당시였던 우왕 5년(1379)에 이림의 딸이 우왕의 비(妃)로 책봉되었다. 그의 딸이 우왕의 첫 번째 왕비가 되었다는 것은 명망 있는 고성이씨 가문이란 점도 고려되긴 했지만, 이림이 개인적으로 이미 정계의 실력자로 우뚝 섰음을 의미한다. 우왕은 이림의 딸을 맞아들여 근비(謹妃)로 책봉한 후 이림을 철성부원군(鐵城府院君)으로, 이림의 모친 이씨는 삼한국대부인(三韓國大夫人)으로, 처 홍씨(洪氏)는 변한국대부인(卞韓國大夫人)으로 봉했다.

이림은 딸이 근비로 책봉되면서 정치무대의 핵으로 부상하였는데, 창왕이 즉위한 후에는 이색의 추천으로 시중의 자리에 올랐던 동시에[7] 검을 차고 신을 신은 채 궁전에 오를 수 있는 검이상전(劍履上殿)과 조견할 때 절하면서 이름을

---

7) 『고려사』권115, 열전 28, 이색(李穡).

고하지 않는 찬배불명(贊拜不名)의 특전까지 받았다.[8] 그러나 위화도회군과 사전 개혁 등을 통해 정권을 잡은 이성계 일파와 정치적 입장을 같이 할 수 없었고, 김저 사건을 계기로 그와 일족들이 유배형에 처해졌다. 이 때 그의 아들 이귀생은 물론이고, 사위 유염·최렴, 외손서 노귀산, 조카 이근 등도 유배되었다.[9]

이성계 일파에게 이림이 제거되는 일련의 과정을 보면 그것은 바로 조선을 건국하는 과정과 일치한다. 위화도 회군 이후 개혁파 세력들이 조선 건국을 위한 집권 프로그램을 약 4년 동안 차곡차곡 진행해 나갔는데, 전제개혁을 실시하던 과정에서 이를 반대하던 세력을 제거했던 것이 김저가 일으킨 우왕복위 사건이었고, 아울러 예부자문 사건으로 또 한 차례 반대세력들을 제거한 뒤 윤이·이초사건으로 최종적인 완성을 보게 되었다. 따라서 이림의 정치적 운명 또한 개혁파 세력들이 야심차게 준비한 전제개혁을 반대한 것에서 출발한다.

위화도 회군으로 우왕이 쫓겨나고 창왕이 즉위 하였는데, 이는 왕정 체제의 근간을 무너뜨리는 것이어서 개혁파들에겐 정치적 부담이 컸다. 이에 회군에 대한 명분 쌓기와 정당성을 확립하려는 차원에서 내세운 것이 전제개혁이었다. 창왕 즉위년(1388) 6월 창왕의 교서에 따라 착수된 전제개혁은 이듬해인 공양왕 1년(1389) 12월까지 약 1년 반에 걸쳐 진행되었는데, 조준을 비롯한 개혁세력들은 전제개혁에 반대한 세력을 거신세실(巨臣世室) 혹은 거가세족(巨家世族)으로 표현하면서 대립했다. 이색은 구법을 가볍게 고치는 일은 옳지 않다는 점을 들어 반대했고, 이림을 비롯하여 우현보·변안렬·권근 등도 이색의 의견에 동조했으며, 정몽주는 두 의견이 대립되는 상황에서 입장표명을 하지 않고 있었다. 여기에서 주목되는 점은 창왕 1년(1389) 4월에 사전개혁을 결정하였고, 이어 8월에 경기에 한해 과전을 지급한다는 결정이 있은 후 11월에 불거진 김저의 옥

---

8) 『고려사』 권137, 열전 50, 신창 원년 9월조.
9) 『고려사』 권45, 세가 45, 공양왕 원년 11월 기묘.

사를 계기로 사전 개혁에 반대했던 세력들에 대한 대대적인 정치공세가 시작되었다는 점이다. 따라서 김저의 옥사는 개혁파들이 사전개혁 반대파를 숙청하는 기회로 이용되었음을 말해주기도 한다.[10]

3. 우왕 복위 사건과 이림

여주에 귀양가 있던 우왕 복위를 도모했다는 것이 김저 사건인데, 그에 대한 전모를 보면, 다음과 같다.

전 대호군(大護軍) 김저(金佇), 전 부령(副令) 정득후(鄭得厚)가 몰래 황려(黃驪)에 가서 우왕을 알현하였다. 김저는 최영(崔瑩)의 조카여서 최영을 따라다닌 지가 오래되었고, 자못 권세를 부렸으며, 정득후도 최영의 족당(族黨)이었다. 우왕이 울면서 말하기를, "우울함을 감당하지 못하고 있으니 여기 있으면서 속수무책으로 죽어야 하겠는가? 한 명의 역사(力士)만 얻어 이 시중(侍中; 이성계)을 해치기만 한다면, 내 뜻이 이루어질 만할 것이다. 내가 본디 예의판서(禮儀判書) 곽충보(郭忠輔)와 잘 지냈으니, 너희들은 가서 그와 도모하라"고 하며 곽충보에게 검 한 자루를 남기며 이르기를, "이번 팔관회 날이 거사할 만하다. 일이 성사되면 왕비의 동생을 처로 줄 것이니 부귀를 함께 하도록 하자"라고 하였다. 김저가 와서 곽충보에게 고하니, 곽충보가 겉으로는 승낙하는 듯 하고서는 태조(太祖; 이성계)에게 급히 고하였다. 김저와 정득후가 밤에 태조의 사저에 갔다가 문객에게 붙잡히니 정득후는 목을 찔러 죽었다. 김저를 순군옥(巡軍獄)에 가두고서 대간과 함께 심문하니, 말이 전 판서(判書) 조방흥(趙方興)에 연

10) 박종기, 2013, 「고려말 정치사의 전개와 변안렬」『대은 변안렬의 생애와 업적』, 지식산업사.

좌되어 아울러 하옥하였다. 김저가 말하기를, "변안렬(邊安烈)·이림(李琳)·우현보(禹玄寶)·우인렬(禹仁烈)·왕안덕(王安德)·우홍수(禹洪壽)도 함께 여흥왕(驪興王, 우왕)을 맞이하기로 도모하여 내응하기로 하였습니다"라고 하였다. 이에 우왕을 강릉(江陵)으로 옮기고 창왕을 강화(江華)로 내쫓았으며 폐하여 서인으로 삼았다.(『고려사』 권137, 열전 50, 창왕(昌王) 1년 11월)

이 사건으로 이성계 일파는 1389년 11월 정축일에 창왕을 내쫓은 후 기묘일에 정창군(定昌君) 요(瑤)를 공양왕(恭讓王)으로 옹립하는 한편, 이림을 전주에, 그의 아들 이귀생을 경주에 각각 유배시켰다. 그런 후 사건이 확대되기 시작한 것은 변안렬 연루설 때문이었다. 여주에 유배당해 있던 우왕을 더 먼 곳의 강릉으로 이배하는 과정에서 우왕이 "나를 그르치게 한 자는 변안렬이다"라고 실토했다는 것을 계기로 김저를 고문한 결과 변안렬 연루 사실로 확대되어 갔다.

이림 사적비 고성 회화면 웅곡

이에 윤소종·이첨·오사충 등이 헌사에 죄를 물어 변안렬 가산을 적몰할 것을 상소했다. 그러자 공양왕은 관직만 빼앗게 하였고, 다음날 또 다시 상소가 올라오자 변안렬을 한양으로 유배했다. 그 후 연루자가 늘어나게 되었는데, 홍영통·우현보·왕안덕·우인열·정희계 등도 역모로 처벌해야 한다는 상소가 올라왔다. 국왕은 이성계와 심덕부를 불러 의논한 결과 변안렬은 유배를 보낸 선에서, 그리고 홍영통 등은 구체적 죄상이 드러나지 않을 뿐만 아니라 공이 있음을 들어 파면하는 선에서 해결되었다. 그럼에도 윤소종 등은 다섯 차례나 변안렬 처형에 대한 상소를 올렸고, 국문하지 말고 목만 베라는 명을 받아냈다. 도평의 사사는 대신을 까닭도 묻지 않고 처형할 수 없다는 입장이었지만, 변안렬은 이미 처형된 후였다. 변안렬이 처형될 때 '우왕 영립 모의에 자신 혼자만 한 것이 아니다'라고 했음에도 김백흥은 관리에 명하여 목을 베었다.

　윤소종은 다시 상소를 올려 김백흥과 변안렬의 심복이었던 이을진(李乙珍)을 국문하라고 요구했다. 이에 공양왕은 박위생과 신효창을 청주에 보내 이을진을 국문한 결과, 우왕의 장인이었던 이림과 그의 아들 이귀생은 물론 이경도·정지·원상 등도 연루되었음을 밝혀냈다. 변안렬의 처족이었던 원상은 사전개혁에 불만을 품어 우왕을 영입하려 했음을 자백했다. 그리하여 다시 오사충과 권담을 안주로 보내 이경도를 국문하는 한편, 함부림을 전주로 보내 이림을 국문하였고, 아울러 계림에 유배되었던 정지와 이귀생을 각각 국문하게 하였다.[11]

국문한 내용을 토대로 간관(諫官) 윤소종(尹紹宗) 등이 상소하여 말하기를,

　"지금 경상도도관찰사(慶尙道都觀察使) 김주(金湊)·집의(執義) 남재(南在)·판사(判事) 손흥종(孫興宗)·헌납(獻納) 함부림(咸傅霖) 등이 함께 이귀생을 국문하였는데, 그 옥사(獄司)에서 이르기를, '지난해 10월에 우인열(禹仁烈)이 먼저 변안렬의 집에 도착하였고, 이귀생은 부친 이림을 따라 이어서 당도하자 변안렬이 이림에게 말하기를 「이을진(李乙珍)·이경도(李庚道)·곽충보(郭忠輔) 등을 시켜 시중 이성계를 살해한 연후에 우인열이 왕안덕(王安德)·우홍수(禹洪壽) 등과 함께 여흥(驪興)으로 가서 우(禑)를 맞이해서 온다는 계책이 이미 결정되었다」고 하니, 우인열이

---

11) 『고려사』 권126, 열전 39, 변안렬.

말은 하지 않고 미소만 지었습니다'라고 하였으니, 그 정황을 마땅히 국문해야 할 것입니다. 이귀생의 말은 명백하여 신 등이 이전에 논하여 아뢰었던 김저의 말과 한 입에서 나온 것 같습니다. 우인열·왕안덕·우홍수 등이 변안열과 당여를 이뤄 우를 옹립하여 우리 왕씨를 단절시키려 한 죄는 하늘과 땅이 용납하지 않을 것이고 조종(祖宗)도 용서하지 않을 것이니 왕씨의 신하된 자로서 불공대천(不共戴天)의 원수입니다. 전하께서는 이미 변안열을 사사로이 하지 않으시고 처형했지만, 우인열 등 3인은 아직 죽이지 않았으므로 반측(反側)의 재앙이 매우 두렵습니다. 바라옵건대 우인열·왕안덕·우홍수를 법에 따라 형벌을 내리셔서 하늘에 계신 조종의 영령을 위로하시고 만세의 난적(亂賊)의 무리를 징계하시옵소서"라고 하였다. 소(疏)가 올라갔으나 그대로 두고 답을 내리지는 않았다. 대간이 교장(交章)으로 상소하여 이르기를, "엎드려 선유(宣諭)하는 성지(聖旨)를 보건대, '고려국의 배신(陪臣)된 자들은 충신(忠臣)과 역신(逆臣)이 뒤섞여 있으면서, 가짜 왕씨라 하더라도 이성(異姓)으로써 왕을 삼았으니 역시 삼한이 대대로 지킬 만한 좋은 계책은 아니다'라고 하였습니다. 이것은 황제께서 강명(剛明)하고 과단(果斷)한 자질로 신상필벌(信賞必罰)하여 천하를 통일할 수 있었던 것이고, 밝은 지혜로 비추어 보아 우리 같은 외국의 일을 마치 폐나 간을 들여다보듯이 하였던 바입니다. 천하의 사람들이 말하기를 만 리를 밝게 내다볼 수 있다고 한 것은 믿을 만하니, 제후를 생각하여 대가 끊어진 것을 잇게 하려는 의(義) 역시 지극합니다. 지금 시중 이성계도 평소에 충의(忠義)를 품고 항상 위조(僞朝)에서 분해 하였지만 감히 말을 꺼낼 수 없었습니다. 우의 광망(狂妄)함이 날로 심해지면서 드디어 요동을 공격하는 거병을 일으키고 최영이 주관하니, 시중 이성계가 힘을 다해 막았지만 어쩔 수가 없었습니다. 압록강까지 갔지만 의(義)를 들어 회군하여 우(禑)를 물리치고 최영을 축출했으며 종친을 옹립하기로 의

논했습니다. 그러나 주장(主將) 조민수(曹敏修)가 이인임(李仁任)·이림(李琳)과 친척이어서 이색과 모의하여 우의 아들 창(昌)을 옹립하면서, 이성계의 충분(忠憤)이 더욱 간절하였습니다. 황제의 선유하는 말을 보고서야 개연(蓋然)히 반정(反正)할 뜻으로써 죽음을 각오하며 계책을 내었고, 대의(大義)를 부르짖으며 대책(大策)을 정하여서, 전하를 받들어 정통(正統)을 회복하여 종묘가 제사를 이어갈 수 있게 하였습니다. 신 등의 생각으로는 이것이 천자께서 말씀하신 충신입니다. 이인임이 정치를 전횡하며 총애를 견고하게 하고자 하여 신돈의 아들 우를 공민왕〔玄陵〕이 동침했던 궁인(宮人)이 낳은 아들이라고 속여 옹립하고 그의 족제(族弟)인 이림의 딸을 처로 삼게 하였습니다. 그 후 조민수와 이색이 공모하여 아들 창을 옹립하고 변안열·이림·이귀생·정지(鄭地)·우인열·왕안덕·우홍수·원상(元庠) 등이 또 시중 이성계를 해치려 모의하여 우리 왕씨의 제사를 끊으려 했지만 다행히 종사(宗社)의 영령 덕분에 흉악한 음모가 이루어지지 못하였습니다. 전에 변안열의 계략이 이루어질 수 있도록 했었다면, 시중 이성계가 화를 면할 수 없었을 것이고, 왕씨의 종친 또한 남아있는 부류가 없었을 뿐만 아니라, 전하의 대사(大事)도 이뤄지지 못했을 것입니다. 신 등의 생각으로는 이것이 천자께서 말씀하신 역신입니다. 변안열이 비록 처형당했지만 그 나머지 역당(逆黨)은 아직 적합한 형벌을 받지 못했으므로, 신 등은 상소하여 죄를 청하였습니다. 전하께서는 윤허하지 않으실 뿐 아니라 도리어 포상과 장려를 더하시고 글이 두 번 올라가도 또한 답을 내리지 않으셨습니다. 충(忠)과 역(逆)이 뒤섞여 있는 것은 중흥(中興) 초기 정치의 누(累)가 크다고 할 수 있고, 예나 지금이나 인주(人主)가 우유부단하여 화란(禍亂)에 이르는 경우가 매우 많으니, 신 등은 전하를 위하여 크게 애석히 여깁니다. 신 등이 말하는 바는 단지 사직을 위한 것이나 전하께서 중히 여기는 것이 어떤 일인지는 알지 못하겠습니다. 전하께서 만약 이 무리를 용서하신다면 삼한의 사람들이 친족관계의 사사로움 때문이라고 전하를 볼까 두렵습니다. 또한 천자께서 충과 역이 뒤섞여 있다고 말씀하시는 것이 이전과 같을까봐 두렵습니다. 엎드려 바라옵건대 전하께서 공의(公義)로써 결단하시어 이림·이귀생·정지·우인열·왕안덕·우홍수·원상·이을진·이경도 등의 죄를 밝히고 바로잡는다면, 충과 역이 분별되어 조정이 청명(淸明)하게 될 것이고, 난신적자(亂臣賊子)는 경계할 바를 알게 될 것입니다"라고 하였다.

왕이 답하지 않자, 대간이 다시 상소하여 말하길,

"법이란 것은 천하고금의 공공(公共)인 바로서, 한 사람이 사사로이 할 수 있는 것이 아닙니다. 이러한 까닭에 잘 다스리기를 원하는 임금은 죄가 있는 자는 비록 가까운 친척이라도 반드시 벌을 내리고, 공이 있는 자는 비록 원수라 하더라도 반드시 상을 내립니다. 주(周) 관숙(管叔)은 성왕(成王)의 숙부였으나 주공(周公)을 위험에 빠뜨리려 했기 때문에 죽임을 당했습니다. 한(漢) 상관안(上官安)은 소제(昭帝)의 장인이었지만 곽광(霍光)을 모해하다가 멸족되었습니다. 이것은 모두 공(公)으로써 사(私)를 없애고, 국가를 위하여 집안을 돌아보지 않은 것입니다. 가령 주공·곽광이 성왕·소제로부터 의심을 받았더라면 주와 한의 역사가 오래된 것을 기약할 수 없었을 것입니다. 당(唐)의 장간지(張柬之) 등 5인은 충성스럽고 의로운 사직의 신하로, 중종(中宗)은 그들의 추대에 힘입어 정통(正統)을 이었습니다. 중종은 무삼사(武三思)의 죄역(罪逆)을 빤히 알면서도 사사로운 뜻에 이끌려 우유부단하다가 끝내 충성스럽고 의로운 공신 장간지 등 5왕(王)으로 하여금 모두 그 목숨을 잃게 하였으며 곧이어 스스로도 벗어날 수 없었습니다. 이것은 사(私)로써 공(公)을 멸시하고 자기 집안만 알 뿐 국가가 있는 것을 알지는 못했던 것입니다. 천 년 뒤에도 중종이 결단력이 없는 것을 애석히 여기고 5왕이 계획에 실패했던 것을 한탄하고 있습니다. 우리 공민왕〔玄陵〕의 초기 정치가 아름다웠던 것은 전하께서 직접 보신 바입니다. 그 말년에 이르러 충직(忠直)을 멀리하고 간사함〔憸邪〕을 가까이 하였고, 상벌이 마땅함을 잃으면서 공신들이 한 사람도 제대로 보전되지 못하였으며, 마침내 16년간 이성(異姓)의 재앙이 있게 하였습니다. 지금 천자께서는 강명(剛明)하고 과단성이 있어 신상필벌로 능히 천하를 통일하고도 한 역승(驛丞)의 연고로 인해 친왕(親王)의 머리카락을 모두 뽑아 천하에 사죄하였습니다. 천자의 존엄함으로도 그 아들을 용서하지 못하는 것은 참으로 법이라는 것이 어느 1인이 사사로이 할 수 있는 것이 아니기 때문입니다.

무진년(1388) 회군한 뒤에 여러 장수들이 왕씨를 옹립할 것을 의논하였는데, 조민수가 주장(主將)으로써 많은 사람들의 논의를 저지하고 이색·이림과 모의하여 창(昌)을 옹립하였습니다. 이색은 이미 조민수·이림과 더불어 창을 옹립하기를 공모하고 또 우(禑)를 맞이하려고 모의하였습니다. 이 2인은 대대로 왕씨의 신하된 자이면서 대장(大將)·대유(大儒)이니, 마땅히 먼저 대의를 부르짖어 함께 부흥을 도모해야 하지만, 많은 사람들의 논의를 저지하고 이성을 옹립하였습니다. 그렇다면 그들은 조종의 죄인이고, 삼한 대대의 원수이니, 역모를 한 죄가 명백합니다. 권근(權近)은 천자가 다시 왕씨를 옹립하라고 한 자문(咨文)을 가지고 오다가 도중에 사사로이 열어보고 밀지(密旨)를 미리 알고 도당에 보고하지 않고 먼저 이림에게 보여주었습니다. 그렇다면 그가 천자를 속이고 왕씨를 저버렸으며 이성에게 당부(黨附)하여 몰래 모반을 꾀한 것이니 조종에 지은 죄가 또한 큽니다. 이림·이귀생·이을진·정지·우인열·이경도·왕안덕·우홍수·원상 등은 역적 변안열과 함께 사직(社稷)의 대신(大臣)을 해치고 우를 맞이하려는 음모를 꾸몄습니다. 대신을 죽이려고 모의한 것도 용서하지 못할 죄인데, 하물며 이성을 옹립하여 우리 역대 임금들의 영령이 영원히 제사를 받지 못하게 한 것이 아니겠습니까? 혹시 역모가 성공하게 되었다면 전하께서는 어찌 중흥의 업을 이룰 수 있었으며, 조종께서는 어찌 효성스러운 자손의 제사를 받으실 수 있었겠습니까? 그러므로 이 역당(逆黨)이라는 것은 역대 임금의 자손들이 함께 한 하늘을 질 수 없으며, 왕씨의 신하들과 삼한 땅 위에서 함께 설 수 없는 자들입니다. 바라옵건대 전하께서는 삼한의 사직을 염려하시고 만세 자손을 위한 계책을 세우시며 대의로써 결단하여 그 죄를 밝게 바로잡으소서"라고 하였다.

왕이 이성계와 심덕부를 불러 말하길,

"대간이 말한 대로 조민수·권근에게 이미 죄를 주었으니, 경 등은 마땅히 대간을 설득하여 다시 논집(論執)하지 말도록 하라"라고 하였다.

이리하여 이림은 철원(鐵原)으로, 이색은 함창(咸昌)으로, 정지는 횡천(橫川)으로, 이귀생은 고성(固城)으로 배소를 옮기게 했다. 우인열을 청풍(淸風)으로 유배하고, 이을진·이경도는 장을 쳤으며, 왕안덕·우홍수는 공이 있고 원상은 변안열의 말만 들었을 뿐이라고 하여 모두 용서하였다.

대간이 다시 청하며 말하기를,

"반역보다 큰 죄는 없으니 천하 만세까지 용서할 수 없습니다. 변안열은 몰래 불궤(不軌)를 도모하여 대신을 죽이고 우왕을 맞아 그 욕심을 채우려고 했습니다. 신 등이 상소하여 그 당(黨)을 국문하기를 청하자 전하께서는 신효창(申孝昌)·박위생(朴爲生)을 시켜 이을진을 국문하게 했습니다. 이을진이 이르기를, '이림·이귀생·정지·이경도·원상이 실제로 그 모의에 참여하였다'고 하였습니다. 또한 대성(臺省)·순군(巡軍)에 명하여 국문하도록 하자 이귀생이 반역을 도모한 상황을 명백하게 말했고 이림을 국문하니 이것도 이귀생과 같았습니다. 그러나 전하께서는 그들을 모두 용서하거나 도리어 포상하기까지 하셨으며, 혹은 장을 때리는 데 그치기도 하였습니다. 멀리 유배되었던 자는 가까운 고을로 옮기기도 했고, 관작만 삭탈하고 가까운 곳에 둔 자가 있기도 했으며, 관작조차 삭탈하지 않은 자 등이 있기도 했습니다. 역당(逆黨)이 되어 벌을 받는 것이 똑같지 않으니, 만약 이와 같다면 형정(刑政)이 공정함을 크게 잃게 될 것입니다. 장차 기강이 진작되지 않게 되고, 참소와 아첨이 나날이 성해져서, 흉악한 역적들이 뜻을 이루고 간쟁하는 신하들은 입을 다물 것입니다. 충성스럽고 훌륭한 사람들은 희망을 버리고 위기와 변란이 이르게 되어 중흥의 대업이 와해되고 말 것입니다. 이림·이귀생이 역모의 수괴인 변안열과 함께 몰래 불궤를 도모한 정황이 이미 드러났습니다. 우인열이 이림·이귀생과 함께 변안열의 집에 간 것은 그 공모했던 정황이 명백하다는 것입니다. 변안열이 우인열·왕안덕·우홍수를 시켜 신우를 맞이하려고 했는데, 사람들이 매우 많은데도 반드시 그 3인으로 하여금 우(禑)를 맞이하려고 했던 것이니 그들이 같이 도모했음이 뻔한 일입니다. 우인열은 평소에 절개가 있는 행실이 없으면서 이인임에게 아부하였고, 왕안덕은 군공(軍功)을 연줄로 삼아 함께 장상(將相)에 이르렀습니다. 전하께서는 도리어 이 2인이 공이 있다고 하면서 관작과 상을 더해주셨으니, 어째서입니까? 우홍수는 우왕 때에 기밀을 맡고 있으면서도 자못 청렴하지 못하다는 비판이 있었는데, 오직 가문의 음덕으로 갑자기 경상(卿相)에 이르렀습니다. 이을진·이경도는 완악하고 어리석으며 아는 게 없는데도 항오(行伍)에서 몸을 일으켜 외람되게 군공이 있다고 칭하면서 관작과 녹봉을 도적질했습니다. 지금 이들 모두는 역적 수괴의 복심이 되어 자객의 반열의 우두머리가 되어 있으니 어찌 장(杖)을 치고 말 수가 있습니까? 권근은 중국 조정에서 다시 왕씨를 복립(復立)시키라고 한 자문(咨文)을 사사로이 열어 보고 먼저 역당(逆黨)에게 먼저 보여주어 역모를 재촉하였으니 그 죄는 진실로 죽임을 당해도 용서받을 수 없을 것입니다. 조민수는 주장(主將)의 권력을 잡고 있으면서 많은 사람들의 의견을 저지하여 이성을 옹립하였습니다. 이색은 당대의 유종(儒宗)으로서 왕씨를 복립하는 논의에 진실로 기뻐하며 따라야 하지만 도리어 저지하였으니 이들 모두도 왕씨 조종의 죄인입니다. 정지·원상이 함께 도모한 정황은 이을진이 이미 명백히 말하였는데도 역시 어찌하여 판별하지 않고 갑자기 놓아줄 수가 있습니까? 바라옵건대 전하께서는 만세 자손을 위한 계책을 깊이 생각하시어 그 죄를 밝히고 바로잡아 삼한의 신하와 서민들의 여망에 부응하시옵소서"라고 하였다.

이림·이귀생·조민수·이색·우인열·정지·권근·이을진·이경도·왕안덕·우홍수·원상 등을 외방에 유배 보내었다. 간관이 다시 상소하여 힘써 간쟁하였지만, 들어주지 않았다.

대간이 다시 교장하여 말하길,

"지난번에 변안열은 사전(私田)을 혁파한 것에 분함을 품고 있다가 〈명(明)〉 예부(禮部)의 자문(咨文)이 오자 왕씨를 모두 죽이고 신씨를 안정시키려 했습니다. 이에 이림·우인열·왕안덕·우홍수·이귀생 등과 함께 몰래 불궤를 도모한 후, 이을진·이경도를 자객으로 삼아 충성스럽고 선량한 사람들을 해쳐서 국가를 혼란에 빠트리려고 했습니다. 만약에 그 계획

이 실행되었더라면 왕씨의 중흥을 바랄 수 있었겠습니까? 지금 도리어 역
당에게 관직을 더 주며 총애를 남다르게 하니, 이것은 만세토록 대역 불궤
의 무리들을 권장하는 것입니다. 시중 이성계는 재능이 장상(將相)을 겸
하였고, 마음은 사직에 두고 있으므로, 인근의 적들도 그 위엄을 두려워하
고 중원에서도 그의 이름을 사모하고 있습니다. 나라의 존망이 실로 이 사
람에게 매어 있으니, 만약 이 사람이 아니면 전하께서 어찌 중흥의 대업
을 이루었겠습니까? 태조와 열성(列聖) 31대의 하늘에 있는 영령에 대해
서 전하께서 어찌 효성으로 제사를 지낼 수 있었겠습니까? 지금 만약 역당
을 제거하지 않는다면, 점차 그들 뜻대로 하게 될 것이니, 신 등은 사직의
충신들이 필히 당 황실의 5인처럼 되어 역당으로부터 중상을 당하게 되는
것을 면치 못할까 두렵습니다. 어찌 전하께서는 친족관계라는 연고로 법을
왜곡하여 그들을 용서하십니까? 바라옵건대 형전(刑典)을 밝히고 바로잡
아 후래(後來)를 경계하시옵소서"라고 하였다.

공양왕이 들어주지 않자 대간이 다시 상소하여 말하길,

"대역(大逆)은 천지가 용납하지 않고, 인륜이 용서하지 않습니다. 그러
므로 공자〔仲尼〕가 『춘추(春秋)』를 지어 난신적자를 죽일 것을 성토하면
서, 아직 실천에 옮기지 못한 음모〔禍心〕도 반드시 먼저 죽여야 한다고 했
는데, 하물며 이미 드러난 대역은 어떻겠습니까? 전하께서는 이미 태조의
신손(神孫)이 되셨으니, 변안열의 당은 전하께 대대로 원수입니다. 나라
사람들이 그 죄를 분명하게 아는데도 전하께서는 그들을 용서하셨으니, 전
하 역시 조종의 죄인이십니다. 어찌하여 친족관계인 연고로 참언을 믿고
이 역당을 용서하여 간사한 무리들이 안에서 뜻을 이루게 하고, 충의로운
신하들이 밖에서 해체되게 하십니까? 무릇 반역을 도모하는 자는 먼저 당

여를 심은 뒤에 악을 감행합니다. 잘 알지는 못하겠으나 전하께서는 변안열이 당여 없이 홀로 음모를 꾸몄다고 하시는 것입니까? 엎드려 바라옵건대 전하께서는 은정을 끊고 법을 바르게 적용하시어 이림 등을 전형(典刑)에 맞게 처리하시옵소서"라고 하였다.

그럼에도 공양왕은 또 윤허하지 않았다.

김저 사건에 대한 현재의 학계 시각은 대체로 이성계 일파에 의한 조작이었거나, 아니면 사소한 일을 확대하여 반대세력 척결에 이용했다는 시각이 부각되고 있는 실정이다. 여주에 유배되어 있던 우왕을 찾아간 김저가 반역을 도모했다는 것이 전모인데, 이 사건으로 15년 동안 왕위에 있었던 우왕과 그 뒤를 이어 2년 동안 왕을 하고 있던 창왕이 신돈의 아들과 손자로 몰려 죽임을 당하였다. 아울러 사건 주모자로 몰린 김저는 물론이고 무장으로 수많은 공을 세웠던 변안열 등 여러 인물들이 재판도 받지 못하고 억울한 죽임을 당하였다. 이성계 일파에 의하여 조작된 사건으로 판단하는 이유는 첫째, 사건 관련 1차 사료인 『고려사』와 『고려사절요』 기록의 사건 발생일 관련 날짜를 분석한 결과 여러 모순점이 발견되었기 때문이다. 그런 사건 관련 날짜의 모순은 이성계 세력이 억지로 미리 짜놓은 틀에 맞춰 기재하려고 하였기 때문이 아닐까 하는 점이 있다. 둘째, 드러난 자료 분석을 통해서 볼 때 우왕이 이성계를 해치도록 부탁했다는 곽충보는 이성계를 암살할 가능성이 거의 없는 인물이었기 때문이다. 곽충보는 오히려 이성계가 오랫동안 자신의 휘하에 있었다고 하는 등 이성계 세력의 일원이었다. 셋째, 사건 관련자 숙청을 우왕의 인척부터 시작해 변안렬·정지 등 무인, 그리고 이색·이숭인 등 신진사류까지 확대해가면서 3단계에 걸쳐 진행하였지만, 그들 숙청자가 김저 사건에 공모한 명백한 증거를 제시한 바도 없이 숙청하였기 때문이다. 김저 사건 내용과 그 이후 관련자 숙청 과

정 분석을 통해서 알 수 있듯이, 이성계 세력이 자신들의 권력 장악에 장애가 될 수 있는 인물들은 무장과 신진사류를 가리지 않았다는 사실이다. 이렇게 무리한 숙청을 감행하였지만, 반대하는 세력이 여전히 많아서 이성계 세력은 이후 윤이·이초 사건, 정몽주 살해 등의 과정을 거치고 나서야 조선을 건국할 수 있었다.[12]

4. 예부자문 사건과 윤이·이초 사건

김저가 우왕 복위를 도모했다는 사건으로 어수선한 정국 속에서 새로운 문제가 불거졌다. 소위 명나라 예부자문 사건이다. 우왕과 창왕 즉위에 대한 명 황제의 뜻을 담은 자문은 고려 왕실의 정통성 문제와 결부되어 있어 매우 중요했다. 창왕 1년(1389) 8월에 명나라에 사신으로 갔던 윤승군과 권근이 돌아왔다. 명나라 예부에서 고려 도평의사사로 보낸 자문에는 "왕씨가 시해되어 후사가 끊어진 이후 비록 왕씨라 가탁하여 이성(異姓)으로 왕을 삼았으나, 이는 삼한을 지키는 올바른 계책이 아니다"란 내용이었고, 권근이 이런 내용을 몰래 읽은 뒤 창왕의 외조였던 이림에게 먼저 보인 후 도평의사사에 보고했다고 한다. 그로부터 3개월이 지난 12월에 가서야 이것이 정치적 문제로 비화하기 시작했다. 그에 앞서 권근은 우봉현에 유배되었다. 이색을 따라 중국으로 갔던 이숭인이 사적으로 무역을 했다는 이유로 탄핵되자, 권근이 옹호하는 상소를 올려 이숭인과 함께 죄를 입었다. 권근은 사전개혁 반대자였고, 이숭인 역시 우왕 복위 혐의를 입었다. 이후 이색 또한 우왕과 창왕을 옹립했다는 이유로 파면되고, 창녕에 유배되어 있던 조민수는 서인으로 강등되었다. 그런 후 사헌부에서 다시 권근이 예부자문을 몰래 열어보았다는 죄상으로 탄핵 소를 올렸는데, 그것이

---

12) 이형우, 2015, 「고려말 정치적 추이와 김저 사건」 『포은학연구』 16, 포은학회.

바로 그해 12월이었다. 간관 김진양(金震陽)은 동료들에게 "윤이·이초의 사건에 대해서는 세 살 된 어린애도 그것이 무엇인지 알고 있다"라고 말하여 파직 당하였다.

아무튼 이성계 일파의 입장은 우왕과 창왕이 왕씨가 아닌 이성으로 왕위에 오른 잘못을 지적한 것이 명나라 황제가 보낸 자문 내용이란 것이다. 따라서 우왕 복위 사건과 예부 자문 사건은 별개의 사건이 아니라 개혁파에 걸림돌이 되는 정치세력에 대한 정치 공세에 불과했다. 이로 인해 권근은 이해 12월에 영해로 유배되었고, 이후 계속된 탄핵으로 흥해·김해·청주 등지로 유배지를 전전하게 되었다. 이미 학계에서는 예부자문 내용에 대한 신빙성에 의문을 가한 연구가 있어왔다. 창왕이 왕씨가 아닌 이성이었기 때문에 문제가 된 것이 아니라, 창왕 즉위 사실을 알리지 않고 배신(陪臣)들이 일방적으로 즉위시킨 사실을 문제로 삼은 것에 불과한 것을 조작하고, 몰래 봤다는 것을 구실로 반대파 숙청에 이용했다는 것이다.

이렇듯 김저사건이 일어나자 우왕의 장인이었다는 이유로 이임과 그 가족들은 유배형에 처해졌고, 이후 또 다시 야기된 윤이·이초 사건으로 청주옥에 하옥되고 말았다. 윤이·이초 사건은 공양왕 2년(1390) 고려의 무신 윤이(尹彝)와 이초(李初)가 명나라에 찾아가 주원장에게 이성계가 명나라를 치려 한다고 무고한 사건이다. 1390년 정5품의 무관 중랑장인 이초와 윤이는 이성계 일파의 정변 기도를 감지하고 함께 명나라로 건너가 명나라 황제 주원장에게 호소하여 명나라의 힘을 빌려 시중 이성계를 없애기 위한 모의를 하였다. 이에 연경으로 건너간 윤이와 이초는 명 태조에게 '이성계와 정도전 등이 군사를 일으켜 명나라를 치려하자 이를 반대한 이색 등을 살해하고, 전판삼사사(前判三司事) 우현보(禹玄寶) 등은 감금·유배하였다'고 거짓으로 알렸다. 이 때 사신으로 명나라에 머물던 동지밀직사사 조반이 급히 귀국하여 이 사실을 조정에 알리자, 이성계 등은 사람을 보내 윤이와 이초를 잡아들였다. 이리하여 이성계는 정도전을 성절사 겸 변무사(聖節使兼辨誣使)로 명나라에 보내 무마시켰다. 이성계와 정도전은 이를 계기로 반대파를 제거할 계획으로 목은 이색, 도은 이숭인, 양촌 권근, 인재 이종학, 우현보 등 고려 유신 10여 명을 잡아들여 청주 옥사에 하옥하는 청주옥사가 일어났다. 이 때 이림 역시 청주옥에 갇히는 신세가 되었으나, 이 무렵 청주지방에 갑자스런 집중호우로 청주성의 민가와 옥사가 침수되었다. 옥에 갇혀 있던 신하들은 객사 앞에 서 있는 은행나무인 압각수로 올라가 홍수를 피하였다. 이 소식을 들은 공양왕은 이림과 이색·권근 등이 죄가 없음을 하늘이 증명하는 것이라 하여 석방시켰다. 후일 이 은행나무는 충청북도 기념물 제5호로 지정되었고, 은행나무 앞에는 양촌 권근이 옥에서 풀려난 후 지었다는 시비가 건립되었다. 이를 계기로 이림은 일시 사면되기도 했다. 이 때 헌사(憲司)에서 또 가벼이 사면해서는 안 된다고 간언했으나 들어주지 않고 곧이어 이림 및 이귀생도 용서하였다.

낭사(郎舍) 허응(許應) 등이 상소하여 말하길,

"전하께서 즉위하신 초기에 이림·강인유(姜仁裕)·왕흥(王興)·신아(申雅) 등이 위조(僞朝)에 재임하면서 왕이 총애하는 여자[女寵]에 의지하여 법을 훼손하고 기강을 어지럽혔으므로 모두 다 유배 보냈습니다. 얼마 후에 은사(恩赦)를 받아 모두 수도[京都]에 모인 후에는 징계를 받은 것이 없습니다. 바라옵건대 헌사에 회부해 모두 먼 지방으로 물리치옵소서"라고 하였다.

공양왕 3년(1391) 5월 왕은 그 말을 따라서 이림을 충주(忠州)로, 강인유는 풍주(豊州)로, 왕흥은 청주(淸州)로, 신아는 전주(全州)로 유배 보냈는데, 1개월 후인

6월에 이림은 폄소(貶所)에서 병으로 죽었다.[13]

이성계 일파에 의해 조작되었다는 의혹을 받고 있던 우왕 복위 사건과 윤이·이초 사건들이 연속해서 일어났고, 이로 인해 결국 이림은 제거되고 말았다. 그로부터 1개월 지난 시점이던 공양양 3년(1391) 7월부터 정몽주 일파는 반격을 시도했다. 지금까지 진행된 일련의 사건 관련 죄목(罪目)들을 새롭게 논의하자고 제의했고, 공양왕도 선뜻 이를 받아들였다.[14] 당시 이성계 일파들이 반대파를 제거하기 위한 5죄목은 다음과 같다.[15]

1. 왕씨를 세우려는 논의를 막고 우(禑) 창(昌)을 옹립한 자.
2. 김종연(金宗衍)의 음모에 참여하여 내응(內應)한 자.
3. 우왕을 다시 맞으려고 도모한 자.
4. 윤이 · 이초를 명에 보내어 병사를 동원하도록 청한 자.
5. 선왕 얼손(孽孫)을 몰래 길러서 불궤(不軌)를 몰래 도모한 자.

이상의 5가지 죄목을 일별해 보면, 갑작스런 공민왕의 죽음으로 우왕이 즉위한 이래 위화도회군 이후 우왕 폐위와 창왕 옹립, 그리고 우왕 복위 모의 사건, 윤이·이초 사건들이 연속해서 일어났던 과정에서 죽음을 맞았거나 귀양 갔던 이들에게 붙여진 죄목들이었다. 그리고 우왕 장인이었던 이림의 경우에는 이 다섯 가지 죄목에서 하나도 벗어날 수 없었다.

이성계에 의해 옹립된 공양왕이었건만 나름대로 그들을 견제하려는 자세를 보이기도 했다. 5죄목으로 죄를 입은 사안에 대한 공양왕의 입장을 보면, "내가 즉위한 이래 대간(臺諫)에서 항상 5죄에 관한 문제를 가지고 번갈아 상소하

---

13) 『고려사』 권116, 열전 29, 이림(李琳).
14) 『고려사』 권46, 세가 46, 공양왕 3년 7월 경인.
15) 『고려사』 권117, 열전 30, 정몽주(鄭夢周).

고 있었으나, 그 죄상이 명백하지 않으므로 단죄하기가 어려웠다"라는 것이었고, 이에 따라 정몽주 일파들이 새롭게 검토하자는 제안에 선뜻 동의하였던 것이다. 그리하여 공양왕 4년(1392) 봄에는 좌상시 김진양(金震陽)과 우상시 이확(李擴) 등이 올린 연명 상소를 계기로 이성계 핵심세력이던 조준·정도전은 물론이고, 남은·윤소종·남재·조박까지 논죄하여 귀양 보낼 수 있었다.[16] 이런 와중에 선죽교에서 정몽주를 살해하는 비상수단을 동원한 이성계 세력들은 공양왕을 내쫓고 조선을 건국하고 말았다. 이렇듯 혼돈이 거듭되던 정국의 한 가운데 놓여 있던 시중 이림은 한마디로 정치적 희생물이었음을 잘 보여준다 하겠다.

---

16) 『고려사』 권46, 세가 46, 공양왕 4년 4월 임자.
　　『고려사』 권117, 열전 30, 김진양(金震陽).

이희필李希泌

초명 : 순(珣)

생년 : 1325년(충숙왕 12) 경 추정

몰년 : 1377년(우왕 3)

관력 : 대장군 예부상서 판밀직사사 판개성부사 삼사좌사(三司左使)

자호 : 시호 충정(忠靖)

묘소 : 실전(장단군 진서면 선적리 대덕산)

가족 : [증조] 존비(尊庇) [조] 우(瑀) [부] 교(嶠)

　　　　[외조] 이조년(李兆年) [처부] 박천무(朴天茂)

　　　공민왕 때 홍건적 침입 당시 개성수복에 공을 세워 1등 공신, 기해년 홍건적 침입 당시 또 다시 1등 공신으로 책봉되었다. 1367년(공민왕 16) 판개성부사로 지도첨의(知都僉議) 오인택(吳仁澤), 전 시중 경복흥(慶復興) 등과 신돈(辛旽)을 살해하려고 모의하다가 누설되어 지방에 유배되었다. 1371년 신돈이 주살(誅殺)된 뒤 풀려나 삼사좌사에 제수되었다. 1374년 삼사좌사(三司左使)로서 양광도상원수(楊廣道上元帥)가 되어 그 도의 군대를 거느리고 최영(崔瑩) 등과 함께 탐라를 평정하였다. 우왕이 즉위하자 삼사좌사로서 서북면상원수가 되었고. 1377년 동강도원수(東江都元帥)가 되었으며, 전라도에 왜구가 침입하자 최영 등과 함께 무찔러 공을 세웠다. 시호는 충정(忠靖)이다.

이희필은 아버지 이교와 어머니 성산 이씨 사이에서 태어났다.[1] 초명이 이순(李珣)이며, 공민왕 20년 신돈이 제거된 후 귀양살이에서 풀려난 후 이희필로 개명했다. 따라서 『고려사』에서는 대체로 이순이란 이름으로 활약한 내용들이 많다. 부인 무안 박씨 사이에 2남 4녀를 두었다. 장남 은(懃)은 한성판윤을 지냈고, 차남 근(懃)은 좌부대언으로 있다가 조선 개국공신이 되었다. 이희필은 공민왕 8년 홍건적이 침입했을 당시부터 선봉에서 크게 적을 격파한 이후 승승장구하여 최영·변안렬 등과 함께 격동의 시기에 무장으로 큰 활약을 하였다.

1. 홍건적 격퇴와 공신 책봉

원나라 지배를 받던 고려는 공민왕이 즉위하면서 반원정책을 실시했다. 원나라 지배를 받고 있던 중국 각지에서도 한족 반란이 일어났는데, 이를 대표하는 것이 바로 홍건적이었다. 대륙에서 원나라 군대에 쫓긴 홍건적은 만주를 거쳐 고려로 밀려들었는데, 공민왕 8년(1359) 12월 모거경이 4만여 명을 이끌고 고려에 침입해 왔다.[2] 고려에서는 이암을 도원수로, 경천흥을 부원수, 김득배를 도지휘사, 이춘부를 서경윤, 이인임을 각각 서경 존무사로 삼았다. 안우와 이방실·최영·이희필·이음 등은 일선 지휘관으로 투입되었다.

홍건적은 의주(義州)를 함락시킨 후 정주(靜州)와 인주(麟州)까지 점령했다. 고려 맹장 안우 등이 이끄는 군사들과 공방전을 벌인 가운데 적들은 서경에서 철수하여 용강(龍岡)과 함종(咸從)에 주둔하였다. 조직을 새로 편제한 고려군은 안우 등이 함종으로 진군하였으나, 우리 군사들이 패하고 말았다. 적이 정예 기

---

1) 전해오는 족보상으로는 이림(李琳)의 아우로 되어 있다. 그러나 『고려사』 내용들을 분석해 보면 이희필이 이림의 형으로 추정되는 부분이 많다.
2) 『고려사』 권113, 열전 26, 안우.

병으로 쫓아오는 다급한 상황이 벌어지자, 대장군(大將軍) 이희필이 안우·이방실·김어진 등과 함께 뒤에서 그들을 막아냈다. 숙주(肅州)에 주둔하였던 적 400여 명은 의주로 되돌아갔다. 중랑장(中郞將) 유당(柳塘)과 낭장(郞將) 김경(金景)이 이 소식을 듣고 의주천호 장륜(張倫)을 불러 공격하였다. 정주성으로 들어간 적들을 유당 등이 진격하여 섬멸하였다. 함종전투 승리는 대장군 이희필의 공적이 적지 않았는데, 안우·이방실 등과 함께 한 활약이었다.

불리해진 홍건적은 수비에 급급했다. 우리 보병과 기병들은 포위하여 홍건적의 원수(元帥) 심자(沈刺)와 황지선(黃志善)을 사로잡았다. 적이 증산현(甑山縣)으로 물러나 수비태세를 갖추자 이방실이 연주강(延州江)까지 추격하였으며, 이희필을 비롯한 안우·김득배·김어진 역시 정예 기병을 거느리고 잇달아 도착하였다. 적이 궁지에 몰려 강을 건너다가 얼음에 빠져 죽은 사람이 거의 수 천 명이나 되었다. 사람과 말이 지치자 이방실은 공격을 멈추었다. 나머지 적들이 압록강 건너 달아나니, 이희필을 비롯한 이방실과 안우 등이 쫓다가 미치지 못하여 돌아왔다. 안우를 필두로 이희필·이방실 등의 무장들이 압록강에서 서경, 또 함종으로부터 압록강을 오가면서 9번을 싸웠다. 안우와 김득배가 이희필과 김인언을 보내 승첩을 보고하니, 왕이 노고를 위로하고 소환하였다. 4만이나 되는 홍건적들은 한 때 서경까지 점령하는 기세였지만, 안우와 이희필 등이 이끄는 고려군 반격으로 겨우 300명만이 돌아갔다.

이듬해 홍건적은 20만이 넘는 대규모로 또 침입했다. 1차 침입 당시 이희필은 종3품 대장군(大將軍) 신분이었으나, 2차 침입이 있던 공민왕 10년(1361)에는 예부상서 직임을 수행하고 있었다. 고려시대 예부(禮部)는 주로 과거시험을 주관하는 부서인지라 예부의 수장인 정3품직 상서(尙書)는 주로 지공거로 선임되던 관례가 정착되어 있을 정도로 문장에 능해야만 보임되는 자리였다. 따라서 무장이었던 이희필을 공민왕이 예부상서 자리에 앉혔다는 것은 그의 학문적 경지를 어느 정도 인정했다는 것으로 보아도 무방할 것 같다. 그런데 그가 예부상서로 있을 당시였던 공민왕 10년(1361)에 홍건적의 2차 침입이 있게 되자, 그 역시 최일선의 전장으로 투입되었음은 물론이다.

홍건적 무리 20만 명이 삭주(朔州)와 이성(泥城)을 침략해 오자, 도지휘사(都指揮使) 이방실이 판사농사(判司農事) 조천주(趙天柱) 등을 보내어 적을 박주(博州)에서 공격하여 패배시켰다. 이 틈을 타 예부상서(禮部尙書) 이희필은 태주(泰州)에서 적을 맞아 공격하여 7명의 목을 베었다. 그럼에도 경성은 함락되고 말았다. 공민왕은 부득이 복주(福州: 안동)로 피란하였다. 공민왕은 정세운(鄭世雲)을 총병관(摠兵官)으로 삼아 고려 군사를 지휘하게 하였다. 수시중(守侍中) 이암(李嵒)이 말하기를, "지금 적이 난입하여 임금과 신하들이 피난을 떠나니 천하의 웃음거리가 되었고 삼한(三韓)의 수치입니다. 그러나 정세운 공이 먼저 대의(大義)를 선창하여 부월(斧鉞)을 잡고 군사를 일으켰으니, 사직(社稷)이 다시 안정되고 왕업(王業)이 중흥하는 것은 이 한 번의 거사에 달렸습니다. 오직 공께서는 힘을 다해주십시오. 우리 임금과 신하들은 밤낮으로 공이 개선하여 돌아오기만 바랍니다"라고 하였다.

정세운이 출정하려 하니 중서평장사(中書平章事)로 승진시켰다. 서경사람 고경(高敬)이 군영 앞에 와서 말하기를, "서경부의 백성들 가운데 적으로부터 탈출한 자가 무려 1만 명이나 되니 장수를 보내어 위로해 주시기 바랍니다"라고 하였다. 정세운이 크게 기뻐하며 예부상서(禮部尙書) 이희필을 보내어 가서 그들을 위로하게 하고 경성으로 가도록 독려하였다.

공민왕 11년(1362)에 드디어 안우·이방실·김득배·황상·한방신·이여경·안우경·이구수·최영 등이 군사 20만 명을 거느리고, 개경 동교(東郊)의 천수사(天壽寺) 앞에 주둔하였다. 이희필도 군사를 거느리고 천수사 앞에 주둔하였음은 물론이다. 총병관으로 지휘권을 잡은 정세운이 명령을 내려 진군하게 하니 이희필을 비롯한 여러 장수들이 경성을 포위하였다. 마침 비와 눈이 내려 적의 방비가 허술해진 새벽에 권희가 기병 수십 명을 거느리고 맹렬하게 공격하자 적들이 놀라 두려워하였다.

이희필을 비롯한 여러 장수들이 이를 틈타 사방에서 급습하였는데, 이성계도 휘하의 친병(親兵) 2,000명을 거느리고 먼저 올라가 크게 적을 깨뜨렸다. 해질 무렵에 적의 괴수 사유(沙劉)와 관선생(關先生) 등을 베니, 적의 무리들이 서로 밟고 쓰러져 엎어진 시체가 성에 가득하였다. 베어낸 머리가 무려 십만여 명이었고, 원나라 황제 옥새(玉璽) 2개, 금보(金寶) 1개, 옥인(玉印) 3개, 금·은·동인(金·銀·銅印), 금은(金銀) 그릇, 패면(牌面) 등의 물품을 노획하였다. 여러 장수들이 함께 말하기를, "궁지에 몰린 도적을 모두 죽이려고 해서는 안 된다"라고 하였다. 이에 숭인문과 탄현문(炭峴門) 두 문을 열어주니, 잔당 파두반(破頭潘) 등 십만여 명이 달아나 압록강을 건너갔으므로 적이 마침내 평정되었다.[3]

공민왕은 그 해 8월에 홍건적 재침에 대비하여 북방만이 아니라 고려 영토 전체에 대한 수비력을 대폭 강화했다. 이때 공민왕은 밀직사(密直使) 이희필을 도병마사(都兵馬使)로 삼았다. 당대 최고 관직이던 재추(宰樞) 반열 중에서도 핵심 관직이 종2품 밀직사였다.[4] 이희필은 이듬해 윤3월 밀직사의 최고 관직인 판밀직사사(判密直司事)로서 양광도도순문사(楊廣道都巡問使)가 되어, 장암(長巖)으로 나가 지켰다.

공민왕은 개경을 수복한 공신들에게 대대적인 녹훈을 실시하였는데, 경성수복공신(京城收復功臣) 54명이었다. 밀직사사(判密直司事) 이순[희필]은 황상·한방신·안우경·최영 등과 함께 1등 공신 중에서 4번째로 이름을 올렸다.[5]

1등 공신이 된 이희필에게 내려진 특전은 공신각(功臣閣) 벽 위에 그의 초상화[圖形]를 걸고, 부모와 처는 세 등급을 뛰어 봉작(封爵)하며, 그 아들 1인에게는 7품의 관직을 주되 만약 아들이 없으면 조카나 사위 중 1인을 8품 관원으로 임

---

3) 『고려사』 권113, 열전 26, 안우.
4) 『고려사』 권40, 세가 40, 恭愍王 11年 8月.
5) 『고려사』 권40, 세가 40, 恭愍王 12年 윤3月.

명하였다. 구사(驅史)는 5인, 진배파령(眞拜把領)은 7인으로 하였고, 초입사(初入仕)를 허용하고 자손은 음직(蔭職)으로 서용(敍用)하며, 토지 100결과 노비 10구를 하사받았다.

이희필은 연이어 공민왕 12년 11월에 또 다시 1등 공신에 책봉되었다. 기해년(1차 침입) 당시 홍건적을 물리친 공을 뒤늦게 포상한 것이었다. 모두 24명의 1등 공신 중에는 수첨의시중(守僉議侍中) 경천흥(慶千興), 찬성사(贊成事) 송경(宋卿)·안우경(安遇慶), 전 찬성사(贊成事) 이성서(李成瑞)에 이어 5번째로 판개성부사(判開城府事) 이희필의 이름이 올라 있다. 기해년토적공신에 대한 특전도 이전과 동일한 수준이어서 많은 전답과 노비를 하사받았음은 물론이다.[6]

두 차례의 1등 공신 책봉으로 이희필은 무장으로서의 탄탄한 입지를 굳혀 갔다.

2. 덕흥군 침입 격퇴

공민왕이 즉위한 지 5년 후(1356) 반원개혁 정치를 추진하면서 친원파의 핵심이었던 기철(奇轍)과 그의 일당 노책(盧頙)·권겸(權謙) 등을 제거했다. 당시 고려를 배반하고 원나라에 가 있던 최유(崔濡) 등이 기철의 누이 기황후와 결탁하여 원나라를 움직이고 있었다. 이에 원나라에서는 1362년경에 공민왕을 폐하고 대신 덕흥군을 고려 국왕으로 세우려 하였다. 덕흥군의 몽고 이름은 탑사첩목아(塔思帖木兒)인데, 충선왕 셋째 아들이었다. 충선왕이 내쫓은 궁인(宮人)이 원나라 사람인 백문거(白文擧)와 결혼해 낳았다고 하나 확실하지는 않다. 일찍이 중이 되었다가 공민왕이 즉위하자 원나라로 도피하였던 덕흥군은 그 쪽에서 따로 정부를 조직하여 신료들을 임명하기까지 했다.

---

6) 『고려사』권40, 세가 40, 恭愍王 12年 11월 임신.

공민왕에게 불만을 품은 원나라는 덕흥군(德興君)을 국왕으로 삼고 기삼보노(奇三寶奴)를 원자(元子)로 삼아, 요양(遼陽)의 군대를 출병시켰다. 최유(崔濡)가 원황제에게 참소한 것들이 결국 먹혀들어 공민왕을 폐위하고 덕흥군(德興君)을 세운 후 요양성(遼陽省) 병력을 일으켰고, 이가노(李家奴)를 파견하여 왕의 인장(印章)을 거두려고 하였다.

이에 고려에서는 경천흥(慶千興)을 서북면도원수(西北面都元帥)로, 안우경(安遇慶)을 도지휘사(都指揮使)로, 이구수(李龜壽)를 도순찰사(都巡察使), 이희필을 도체찰사(都體察使)로 삼아 각 구역별 전투상황에 대비했다. 특별히 도병마사로 임명받은 박춘이 이가노가 장차 온다는 말을 듣고 협상을 시도하자, 이가노 또한 두려운 마음을 품게 되었다. 박춘은 지름길로 휘하의 군사를 도체찰사 이희필의 둔소(屯所)로 보냈다. 이희필으로 하여금 이가노를 만나 그 역시 그와 같이 하라고 주문하였다. 경복흥도 덕흥군을 따르는 자들에게 격문(檄文)을 보내 회유를 시도했다. 도체찰사 이희필이 또 글을 보내어 최유·나영걸·유인우(柳仁雨)·황순(黃順)·홍법화(洪法華) 등을 설득하고 회유했다.[7]

이렇듯 이희필이 준엄하게 회유하고 통첩했음에도 최유가 덕흥군을 앞세우고 압록강을 건넜다. 도지휘사 안우경(安遇慶)은 병마사 김지서와 옥천계를 시켜 요해처를 나누어 지키게 하고, 송분석은 의주의 궁고문(弓庫門)을 지키며, 호군 김득화는 10여 명의 기병을 거느리고 압록강 가에서 기다렸다. 안우경이 몸소 사졸들의 앞에 서서 방천봉 등과 함께 7번이나 싸워 물리쳤다. 여러 번 싸웠으나 고려군이 불리하였고, 아군이 크게 패하고 달아나 안주(安州)를 지키니 적이 선주(宣州)로 들어가 주둔하였다.

공민왕은 찬성사 최영을 도순위사로 삼았고, 또한 이성계에게도 명하여 동북면에서 정예 기병 1,000명을 거느리고 이성(泥城)으로 가게 하였다. 도체찰사 이희필, 도병마사 우제·박춘 등이 군사를 이끌고 와서 모이니 아군이 다시 떨

---

7) 『고려사』권111, 열전 42, 경복흥.

쳐 일어나게 되었다. 적의 척후 기병들이 정주(定州)에 도착하자 안우경이 정예 기병 300명을 거느리고 기습하여 깨뜨리고 적장 송신길을 사로잡아 죽이고 조리돌리니 적은 기세를 잃었다. 이에 안우경·이구수·지용수 및 도병마사 나세는 좌익(左翼), 이희필·우제·박춘·이성계는 우익(右翼)이 되었으며, 최영은 중군(中軍)이 되어 진격하니 정주에 이르렀다. 당시 적이 이미 수주(隨州)의 달천(獺川)에 주둔하고 있었는데, 이성계가 앞장 서 크게 무찔렀다. 적이 교동(喬桐)을 도륙하자 경성(京城)이 크게 동요하였다. 왕이 안우경에게 명령하여 지용수·이희필과 함께 병마사 33명을 거느리고 동·서강(東·西江)에 나누어 주둔시켰으며, 승천부(昇天府)가 그들을 돕게 하였다.[8]

이희필을 비롯한 최영·안우경 등 여러 장수들이 이를 격퇴시키자 최유가 강을 건너 달아났다. 서북면도원수(西北面都元帥) 경천흥과 도순위사(都巡慰使) 최영을 비롯하여 안우경·이희필·우제·이구수·지용수·박춘·홍사우 등이 개선하니, 왕이 유사에게 명령하여 왕을 영접하는 의례와 같이 하게 했다. 백관들로 하여금 국청사(國清寺) 남교(南郊)에서 노고를 위로하는 잔치를 베풀게 하였다. 여러 장수들에게는 적신(賊臣)의 토지와 가옥 및 재물을 하사했다.[9] 덕흥군은 곧 바로 원나라에서 장형(杖刑)에 처해졌다. 끝내 고려로 압송되지는 않았지만, 다시는 고려를 넘보지 못하였다.

3. 신돈의 시대, 유배형

외적의 침입이 있을 때마다 이희필은 중앙 관직인 판밀직사사·판개성부사 등과 같은 직임을 유지한 채 도병마사 혹은 도체찰사 등의 임무를 수행했다. 특

---

8) 『고려사』 권113, 열전 26, 안우경.
9) 『고려사』 권40, 세가 40, 恭愍王 12年 5月 임진;『고려사』 권111, 열전 42, 경복흥.

히 고려 후반기는 출정군 규모와 내용 그리고 지휘체계가 공격 대상이나 막아야 할 외적의 성격과 지역에 따라 달랐기 때문이다.

공민왕 집권이후 반원정책 추진에 따라 기존의 만호(萬戶)·진무(鎭撫)·천호(千戶) 등에게서 군사 지휘권을 박탈함과 동시에 양계 지역 회복에 착수하여 병마사와 병마부사 체제로 변경하였다. 원나라 군사제도로부터의 영향을 배제하고 종래의 전통을 되살리려 한 것으로 보인다. 특히 홍건적 또는 대규모 왜구의 침입을 맞아 출정군을 편성하면서는 고려의 전통적인 원수(元帥)·도병마사·병마사 등과 13세기에 주로 두어졌던 도지휘사(都指揮使), 원나라 영향을 받은 만호(萬戶), 그리고 도체찰사(都體察使)·도순찰사(都巡察使) 등이 뒤섞여 파견되었다. 도지휘사·도순찰사·도체찰사·도병마사·순무사는 주요 요충지에 군대를 거느리고 주둔하여 방어를 맡은 장수들의 직임이며, 도순문사에게는 군사 및 군량의 조달이, 도안무사에게는 각 군영을 왕래하면서 군정(軍情)을 살피는 직임이 맡겨졌으니,[10] 이희필이 맡은 도체찰사는 주요 요충지에 군대를 거느리고 방어를 맡은 책임자였다.

그러나 당시에는 원수 임명에 일관성이 없었고, 그 아래의 지휘체계도 장수들의 직함이 다양하여 그다지 조직적일 수 없었다. 그 때문에 큰 불상사가 발생하기도 하였는데, 대표적인 예가 홍건적 토벌 영웅 네 명의 장수가 지휘체계와 관련된 갈등으로 결국 죽임을 당한 사건이다. 수많은 무장 세력들은 공민왕에게 충성 경쟁을 벌여야 했고, 전공을 시기한 평장사 김용(金鏞)의 간계로 홍건적 토벌 영웅이던 정세운·안우·김득배·이방실이 살해되고 말았다. 이처럼 최고 위층 무장 세력들이 제거되자, 그 아래에 위치했던 무장들이 커 갈 수 있는 환경이 마련된 측면도 있었다. 최영을 비롯하여 조민수·변안렬·이성계 등이 급부상하였던 것이 이를 잘 말해준다. 이희필 역시 신흥 무장 세력군으로 성장해 갔음은 물론이다. 당시 신흥 무장 세력으로 성장해 갔던 축들을 보면, 최영·이

---

10) 오종록, 1991, 「高麗後期의 軍事 指揮體系」 『국사관논총』 24, 국사편찬위원회.

희필 등과 같이 권문세족 출신들도 있었지만, 천한 사람들이 벼락출세 한 경우도 많았다. 한편 이성계와 같이 변방에서 올라온 무장 세력이나 고려 왕들이 원나라에서 귀국할 때 배행했던 변안렬 같은 부류도 있었다.

공민왕 집권 초기에는 원나라 간섭을 배제하기 위한 반원정책에 초점이 맞춰졌고, 그리하여 집권 5년 후에는 기철을 비롯한 골수 친원파를 제거하기에 이르렀다. 이런 공민왕의 개혁정치는 두 차례에 걸친 홍건적 침입과 흥왕사 난, 공민왕 폐위와 덕흥군 침입 등으로 주춤하게 되었다. 이런 격동기를 거치면서 국왕을 보좌하던 세력 기반이 무너지자, 공민왕은 신흥 무장 세력들에 의존할 수밖에 없었다. 특히 이 시기에 집중적으로 배출된 공신의 면모를 보면, 흥왕토적공신을 비롯하여 신축호종공신, 수복경성공신, 기해격주홍적공신 등이 있는데, 1~2년 사이에 무려 349명에 이르는 공신이 책봉되었다. 중복인원을 제외하면 약 285명에 이른다. 그런데 이들 중에는 10여 명의 문신을 제외하면 모두가 무장들이었다. 이희필 역시 두 차례 연거푸 1등 공신으로 책봉되어 전결만도 무려 200결에 달하는 보상을 받았다.

이런 상황 속에서 공민왕이 추진하던 개혁정치 의미가 퇴색될 위기에 놓이게 되자, 공민왕 14년경부터 신돈을 영입하여 해결하려 하였다. 이순[희필]이 판개성부사(判開城府事)직을 수행하고 있을 무렵이었다. 신돈이 권력을 장악하자 공신과 명문세족들이 대거 숙청당했다. 최영이 고봉현(高峯縣)으로 사냥을 나가자, 신돈이 왕에게 참소하니, 왕이 이희필을 최영에게 보내 꾸짖은 후 최영을 계림윤(鷄林尹)으로 쫓아버렸다. 이렇듯 무장세력 제거는 공민왕의 막후 조정자 역할이 있었기에 가능했다. 최영을 비롯한 경천흥·이귀수·박춘 등과 같은 야전 사령관들이 대거 숙청당했지만, 일부 무장들은 신돈 정권에 참여하기도 했다.

공민왕 15년에 왜구가 교동을 노략질하며 주둔하고서 돌아가지 않자, 개경에서는 큰 소동이 일어났다. 왕이 찬성사(贊成事) 안우경·평리(評理) 지용수·판개성부사(判開城府事) 이희필 등에게 33명의 병마사(兵馬使)를 거느리도록 했다. 그리고는 즉각 군대를 출동시켜 동강(東江)과 서강(西江) 및 승천부(昇天府)에 주둔하도록 명령했다.[11] 거듭되는 내우외환 속에서는 무장 세력들에게 의존하지 않을 수 없었지만, 신돈정권에 참여한 무장들이라도 핵심 권력에서는 멀어져 있었다. 죽음을 무릅쓰고 홍건적을 격퇴시켰고, 이어 원나라 세력을 등에 업고 국경을 넘은 덕흥군 부대를 물리친 이희필을 비롯하여 안우경·우제·지용수·이성계 등과 같은 무장들이 국가 안위를 책임지고 있었지만, 신돈 정권과의 마찰은 피할 수가 없었다.

공민왕 16년 무장 세력들이 비밀리에 모여 신돈을 제거하려는 모의를 했다. 지도첨의(知都僉議) 오인택(吳仁澤)과 경천흥(慶千興)·목인길(睦仁吉)·김원명(金元命), 삼사우사(三司右使) 안우경(安遇慶), 전 밀직부사(密直副使) 조희고(趙希古), 판개성(判開城) 이희필(李希泌), 평리(評理) 한휘(韓暉), 응양상호군(鷹揚上護軍) 조린(趙璘), 상호군(上護軍) 윤승순(尹承順) 등이 참여한 모의였다. 이에 오인택 등을 순군(巡軍)에 가두고 또 신귀와 강원보를 가두어 국문하였으며, 오인택·조희고·경천흥·김원명·안우경·목인길을 곤장을 쳐서 유배 보내고, 그 집을 적몰하였다. 이와 함께 이희필도 유배형에 처해졌다.[12]

그로부터 4년이 지나 신돈이 실각하였고, 수원에서 귀양살이 중이던 신돈을 처형한 후에야 최영과 이희필 등과 같은 무장들이 소환되었다.[13] 그리고 복귀하였던 무장들은 정치 일선에 복귀할 수 있었다. 황상과 안우경·최영은 문하찬성사(門下贊成事)로, 이희필은 삼사좌사(三司左使)로 임명된 것이다.[14]

공민왕 하반기의 정치구조를 보면, 제1재상부인 문하부(첨의사)와 제2재상부인 삼사의 재상들이 고위재상이었다. 신돈이 처형된 후 재상들의 면면을 보면,

11) 『고려사』 권41, 세가 41, 恭愍王 15年 5月 을사.
12) 『고려사』 권41, 세가 41, 恭愍王 16年 11月 무인.
13) 『고려사』 권43, 세가 43, 恭愍王 20年 7月 경신.
14) 『고려사』 권43, 세가 43, 恭愍王 20年 8月 을사.

문하부 시중에 경복흥, 수시중에 이인임, 문하부 찬성사에 한방신·황상·안우경·최영, 문하부 평리에 김속명과 유연, 정당문학에 이색 등이 포진해 있었고, 판삼사사에 이수신, 삼사좌사에 이희필로 구성되었는데, 한방신과 이색을 제외하면 모두 무장들이었다. 이색은 신돈 정권에 참여하였지만, 중도적인 대학자로 국왕의 신임이 두터웠기에 계속 기용되었다. 이때부터 이희필은 재추(宰樞)의 한 축을 형성하는 삼사좌사를 맡았는데, 우왕이 즉위한 후에도 이어져 그가 생을 마감할 때까지 약 7년 동안 삼사좌사 직임을 이어가는 기록을 세웠다.

삼사좌사에 제수된 지 얼마 지나지 않은 이희필은 안주(安州) 상만호(上萬戶) 임무를 부여받아 오로산성(五老山城)을 공격했다. 찬성사 안우경 역시 서경도만호(西京都萬戶) 임무를 띠고 합세했다. 전투는 승리로 끝을 맺었다. 원나라 추밀원부사(樞密院副使) 합랄불화(哈剌不花, 카라부카)를 사로잡아 돌아오는 공을 세웠다.[15]

4. 목호의 난 진압과 우왕 즉위

원나라는 삼별초가 점거했던 탐라에 군민총관부를 설치하여 다루가치를 두었는데, 충렬왕 때 원 황실의 말을 탐라에 방목하였다. 그 후 충렬왕 21년(1295)에 탐라가 고려에 반환되었지만, 원 조정의 목장 기능은 그대로 존치하였고, 이곳에서 말을 치는 몽골인들을 목호(牧胡)라 불렀다. 공민왕의 즉위와 더불어 반원정책이 시행되자, 목호와 고려 관리의 대립이 심해져 목호들이 고려 관리를 살해하거나 원 본국에 요청해 만호부를 설치해줄 것을 요구하는 일도 있었다. 원명 교체기에 명나라가 제주마(濟州馬) 2천 필을 요구하자, 제주 목호 지도자였던 석질리필사·초고독불화·관음보 등이 반발하였다.

---

15) 『고려사』 권43, 세가 43, 恭愍王 20年 9월 신해;『고려사』 권113, 열전 26, 안우경.

공민왕 23년(1374)에 결국 목호들이 난을 일으켰다. 고려 조정에서는 탐라 토벌을 위해 정벌군을 편성하게 되었는데, 양광전라경상도통사(楊廣全羅慶尙都統使)에 최영(문하찬성사)을 필두로 양광도원수(楊廣道元帥) 이희필(상원수, 삼사좌사) 등 이름난 무장들이 대거 동원되었다.[16] 이들은 과거 홍건적의 난과 왜구(倭寇), 최유의 난 등 잦은 전란을 진압하고 평정하는 과정에 참여하고 득세한 무인 세력으로써 전투 경험이 많을 뿐더러, 출정군으로 차출되기 전에는 모두 재상급에 해당하는 2품 이상의 관직을 거쳤던 고위층들이었다. 동원된 전함은 모두 왜구로부터 획득한 314척이며, 군사는 총 25,605명이었다.

고려의 토벌군은 8월에 나주(羅州)의 영산포(榮山浦)에서 군사들의 규율을 정했는데, 두려움을 앞세운 군사들이 진군하지 않으려 했다. 최영은 비장(裨將, 하급 장교) 한 명을 병사들이 보는 앞에서 목을 베고서야 군사들이 해안에 상륙해 목호와 전투를 치렀다. 범섬으로 달아난 목호를 진압하기 위해 최영이 외돌개 바위를 장군 모습으로 치장했다. 최영은 빠른 배 40척을 모아 범섬을 포위하게 한 뒤 정병을 거느리고 범섬으로 들어갔고, 궁지에 몰린 석질리필사는 그의 세 아들을 데리고 나와 항복하고 다른 목호 지도자 초고독불화와 관음보는 벼랑에 뛰어내려 자결하였다.[17]

최영은 항복한 석질리필사와 그의 세 아들을 모두 처형하고, 초고독불화와 관음보의 머리를 베어 지병마사(知兵馬事) 안주(安柱)를 보내어 개경으로 보냈다. 9월 22일 명월포를 출발한 고려군은 역풍으로 회항, 10월 5일에야 추자도를 출발해 풍랑을 뚫고 11월 3일에야 목포 해안에 도착할 수 있었다. 최영과 이희필이 여러 장수들과 함께 되돌아오니 왕이 이미 훙서(薨逝)하였다.[18]

공민왕 시해 사건의 주모자는 환관 최만생과 자제위 홍륜이었는데, 홍륜은

---

16) 『고려사』 권113, 열전 26, 최영.
17) 김일우, 2000, 『고려시대 탐라사 연구』, 신서원.
18) 『고려사』 권113, 열전 26, 최영.

이희필의 사위였다. 남양 홍씨 명문가에서 태어난 그는 공민왕 때의 문하시중 홍언박(洪彦博)의 손자이며, 경상전라도순문사를 지낸 홍사우(洪師禹)의 아들인데,[19] 공민왕 시해 사건으로 홍륜의 친인척들이 온전하게 살아남지 못했다. 그런 상황에서 이희필에게는 화가 미치지는 않았다. 당시 사건 처리를 주도했던 막강한 권력자가 이인임이었기 때문으로 추정된다. 이인임의 고모가 바로 이희필 어머니였기 때문이다. 후일 그의 조카딸이 우왕의 근비가 되었던 것도 이인임 영향력이었다.

탐라 정벌에서 돌아오자마자 이희필은 또 다시 서북면 상원수로 임명받았는데, 그 구체적인 임무는 기록되어 있지 않다. 다만 그 직전에 명나라 사신 임밀(林密)·채빈(蔡斌) 등이 돌아가다가 개주참(開州站)에 이르렀을 때, 호송관 김의(金義)가 채빈과 그의 아들을 죽이고 임밀을 납치하여 북원(北元)으로 도주하였고, 장자온(張子溫)·민백훤(閔伯萱)은 도망쳐 돌아왔던 사건이 있었다. 아마 이와 연관되어 이희필이 서북면 상원수로 파견된 것이 아닌가 한다.

이듬해 9월 이성원수(泥城元帥) 최공철(崔公哲)의 휘하 군사 200여 인이 반란을 일으켜 군사와 백성들을 살해하고 강을 넘어간 사건이 발생하자, 서북면도체찰사(西北面都體察使) 지윤(池奫)이 군사를 동원하여 후방에서 지원하겠다고 청하니, 삼사좌사(三司左使) 이희필(李希泌)은 도지휘사(都指揮使)로 임명되어 군사를 거느리고 출정했다.

우왕 3년(1377)에는 왜구가 착량(窄梁)을 노략질하고 강화(江華) 또한 침략하니, 개경이 크게 동요하였다. 이에 최영(崔瑩)을 6도도통사(六道都統使)로, 삼사좌사(三司左使) 이희필(李希泌)을 동강도원수(東江都元帥)로 삼아 왜구를 소탕했다. 또 그해 9월 왜구가 영광(靈光)·장사(長沙)·모평(牟平)·함풍(咸豊) 등지를 노략질하고 또 해주(海州)·평주(平州)를 노략질하자, 우왕이 최영에게 월(鉞)을 주어 원수(元帥) 이희필(李希泌)·김득제(金得齊)·양백연(楊伯淵)·변안열(邊安烈)·우인열(禹仁烈)

---

19) 『고려사』 권131, 열전 44, 반역, 홍륜.

·박수년(朴壽年)·조사민(趙思敏)·강영(康永)·유영(柳濚)·유실(柳實)·박수경(朴修敬) 등과 함께 왜구를 격퇴하도록 하였다. 이희필은 야전사령관으로 그렇게 전장을 누비다가 그 해 겨울 12월에 생을 마감했다. 시호가 충정(忠靖)으로 내려졌다.

공이 죽자 목은(牧隱) 이색(李穡)이 조시(弔詩)로 이렇게 추모했다.[20]

鐵城門閥盛	철성문중 공훈이 가득하고
公獨擅朝儀	나라위한 공의 뜻 분명함은
慷慨傾千古	의(義)를 행한 선현의 뜻 따름이라
風流盖一時	풍류는 한 시대를 주름잡고
尙書參省事	전곡 출납 삼사의 일이며
元首判戎機	수도 방위의 책임 원수부가
病客今衰甚	병세 위중타 이제 들었건만
菲然自詠詩	상을 당하여 절로 조시 읊조려지네

---

20) 『목은집』 권6, 곡이좌사(哭李左使).

조안평 모친 고성이씨

생년 : 1330년(충숙 17) 추정

몰년 : 1412년(태종 12) 추정

관력 : 숙인(淑人)

자호 :

묘소 : 춘천시 석사동 애막골

가족 : [증조] 존비(尊庇) [조] 우(瑀) [부] 암(喦)

[남편] 조신(趙愼) [자] 조안평(趙安平) 조개평(趙開平)

　　행촌 이암의 딸이자, 조신(趙愼)의 부인이다. 공민왕 때 신돈에게 화를 입은 조신은 아들 조개평과 함께 충청도 부여 임천으로 은거했고, 부인 고성이씨는 아들 조안평을 데리고 친정 농장이 있던 강원도 춘천으로 숨어들어, 자식을 훌륭하게 교육하고 길러 조정에서 그 모범을 포상하였다. 고성이씨 부인이 생활하던 춘천에는 많은 유산을 남겼고, 후손들이 번성하여 조선말기 신정왕후[조대비]를 배출하는 등 정치적 영향력을 크게 나타내었다.

　　행촌 이암의 딸 고성이씨는 조신(趙愼)과 혼인하여 2남 2녀를 두었는데, 남편을 잃고 과부로 수절하면서 조안평(趙安平)을 비롯한 자녀들을 훌륭하게 교육시켜 국가로부터 포상을 받았다. 『조선왕조실록』에 따르면, 태조 이성계는 그의 재위 4년(1395)차에 "지금 각도에서 보고하여 온 효자(孝子) 순손(順孫) 의부(義夫) 절부(節婦) 등은 모두 실적이 있는 사람들이니, 마땅히 포상을 하여 문여(門閭)에

정표(旌表)를 하고, 이들 가운데 부역을 하는 사람이 있으면 이를 면제해 줄 것이며, 가난한 사람들에게는 구제책을 강구하여 풍속을 아름답게 하여 주라"는 명을 좌우 정승에게 내린 바가 있었다. 이런 태조의 명에 따라 포상을 받은 이는 효자(孝子)와 순손(順孫) 12명, 절부(節婦) 4명 등 모두 16명이었는데, 조안평 모친 고성이씨 또한 절부(節婦) 중의 한 명으로 포상을 받았다. 그런데 조안평의 모친 고성이씨는 절부이면서도 아들까지 교육을 잘 시켜 벼슬길에 오르게 했던 공적이 덧 붙여져 있는데,[1] 여러 명의 포상 대상자 가운데 유일하게 자식 교육에 대한 공덕이 언급되었다는 점에서 주목을 끌고 있다.

조신(趙愼)의 본관은 풍양(豊壤)이며, 시조는 고려 개국공신(開國功臣)인 문하시중(門下侍中) 조맹(趙孟)이다. 여러 대를 지나 조신에 이르러 부사(府使)로 사복시정(司僕寺正)에 추증(追贈)되었는데, 조선조 태종(太宗) 이방원(李芳遠)이 잠저(潛邸)에서 글을 배운 일이 있었기 때문에 특별히 수총(守塚)의 직임을 주라고 명하였다. 조신과 고성이씨 사이에서 태어난 조안평은 공조 좌랑(工曹佐郎)으로 벼슬하였고 후일 병조 참의(兵曹參議)에 추증되었다.[2]

고성이씨 남편 조신의 초명은 조사렴(趙思廉)이었다. 고려 말에 신유학에 경도되어 활동했던 목은(牧隱) 이색(李穡)이나 포은(圃隱) 정몽주(鄭夢周) 등의 제현들과 종유(從遊)한 인물인데, 단종 때 박팽년(朴彭年) 유성원(柳誠源) 등과 같은 인물들이 조신의 문하에서 나왔다고 전한다. 조신이 고려 말기 회양(淮陽; 철원 인근) 도호부사(都護府使)로 있을 때, 신돈(辛旽)이 정권을 전횡하여 정국이 어지러워진 때가 있었다. 마침 그의 중형(仲兄)이던 상서(尙書) 조사공(趙思恭)이 여러 명사(名士)들과 신돈을 제거하려 모의했던 사건이 탄로 났고, 이를 계기로 그의 재종제였던 판서(判書) 운둔(云遯)까지 청맹(靑盲)을 칭탁하며 관직을 나가지 않았다. 이

---

1) 『태조실록』 권8, 태조 4년 9월 16일 정미, "春州 狼川監務趙安平母李氏, 早喪其夫, 寡居守節, 敎子從仕"
2) 『고종실록』 권27, 고종 27년 8월 30일 정묘, 「조대비행장」.

런 상황에서 조신 역시 지방으로 피신할 수밖에 없었고, 나라를 위해 보탬이 된 일이 없다는 것을 한스럽게 여겨 태조 이성계가 새 세상을 열었음에도 개명(改名)까지 하면서 부여 임천(林川) 덕림동(德林洞)으로 낙향 은거했다.[3] 그의 묘도 이곳에 있음은 물론이다.

이 때 고성이씨 부인은 두 아들 중에서 조안평을 데리고 춘천 청평산으로 숨어들었는데, 이곳은 다름 아닌 친정아버지 행촌 이암의 별서(別墅)였다. 남편 조신은 젊은 시절 행촌 이암의 문하에서 수학한 인연이 있었고, 부인 고성이씨 또한 부친 이암으로부터 학덕과 예의범절을 익혔기에, 조안평을 비롯한 자식들을 기르고 교육하는 일에 정성을 쏟았던 것은 매우 자연스런 현상이었다. 그리하여 절부 행위와 자녀 교육에 관한 일들에 모범을 보임으로써『조선왕조실록』에까지 오르게 되었다.

조신(趙愼)이 풍양조씨 회양공파(淮陽公派) 파조(派祖)로 추앙받고 있는 것은 그의 당대는 물론 후손들도 매우 번창했기 때문이다. 춘천지역에서는 '읍조천이(邑趙泉李)'란 말이 곧잘 회자되곤 했는데, 읍에는 풍양조씨요 샘밭[泉田]에는 경주이씨가 최고 명문이었음을 이르는 말이었다. 조신이 행촌 이암의 사위가 될 수 있었던 것도 당대에 고성이씨 문벌에 버금가는 집안이었기 때문으로 보이며, 조신이 정치적으로 매우 어려웠던 시기에 부인 고성이씨가 아들 조안평을 데리고 춘천에 정착할 수 있었던 것은 친정아버지 행촌 별서(別墅)가 이 지역에 있었기 때문이었다. 이암의 현손이던 이육(李陸)의『청파집(靑波集)』에 의하면, 그의 고조 이암이 공민왕 치하에서 "청평산 아래에 은경(隱耕)"하였다거나 "촌장(村莊)이 상재(尙在)"했다고 한 바가 있듯이, 이암의 농장이 춘천 지역에 존재하고 있었음은 부정할 수 없는 사실이다. 아울러 당시 상속제도가 아들과 딸을 구분하지 않는 균분상속(均分相續) 형태였기에, 이암의 재산 중에서 춘천 농장은 딸인 조신 부인에게 상속되었음이 분명하다. 이렇듯 풍양조씨가 춘천 지역 최

---

3)『풍양조씨세록』1. 권13, 동곡서원(東谷書院) 묘정비명(廟庭碑銘).

고 명문가로 발돋움할 수 있었던 것은 조신의 부인 고성이씨 역할이 절대적이었음을 알 수 있다.

회양공(淮陽公) 조신(趙愼) 가족이 부여(扶餘) 임천(林川)과 춘천으로 흩어지게 된 것은 당시의 정치적 상황이 매우 급박했기 때문이다. 조신 자신은 작은 아들 개평(開平)을 데리고 임천으로 은거했고, 부인 고성이씨가 큰 아들 안평(安平)을 데리고 친정 연고가 있던 춘천에 숨어들었던 것은 정치적 보복에 대비하기 위한 것이었다. 이렇듯, 고성이씨 부인이 맏아들 조안평을 데리고 춘천에 정착하여 홀로 된 몸으로 어려운 여건 속에서도 자식 교육에 매진하여 국가로부터 포상을 받게 되었는데, 함께 포상 받은 절부(節婦) 4명 중에 2명은 왜구로부터 정조를 지키기 위해 목숨을 버린 여인이고, 1명은 죽은 남편을 위해 시묘(侍墓) 살이 하면서 제향(祭享)을 게을리 하지 않은 여인이었는데 비해, 고성이씨 경우에는

춘주(春州: 지금의 춘천)의 낭천(狼川: 지금의 화천) 감무(監務: 현감) 조안평(趙安平)의 모친 이씨(李氏)는 일찍이 그의 가장을 잃고 과부로 살면서 수절하고 아들을 교양시켜 벼슬을 하게 하였다(狼川監務 趙安平母李氏 早喪其夫, 寡居守節, 敎子從仕).[4]

라 하듯이, 일찍이 지아비를 잃고 수절한 것은 물론 아들을 잘 가르쳐 벼슬길에 오르게 했던 공덕을 내세웠다는 점이다. 즉, 고성이씨 부인에게는 '교자종사(敎子從仕)'란 것에 방점을 찍은 포상이었다는 점이다. 아울러 함께 포상된 다른 절부들은 모두 '아무개 처(妻) 아무개 씨(氏)'라는 정도의 표현이었는데 비해, 고성이씨 경우에는 '조안평모이씨(趙安平母李氏)'라 하여, '교자종사(敎子從仕)'의 대상자였던 조안평이란 인물을 구체적으로 거론하고 있다는 점이다.

---

4)『태조실록』권8, 태조 4년 9월 16일 정미, "春州 狼川監務趙安平母李氏, 早喪其夫, 寡居守節, 敎子從仕"

주지하듯이, 조선이 건국되면서 위정자들은 백성들에게 성리학적 실천윤리를 하루빨리 보급하는 것이 시급한 과제였다. 고려시대에는 개가(改嫁)하는 정도는 전혀 흠이 되는 세상이 아니었지만, 조선이 유교를 국교로 받아들이면서 성리학적 명분론과 윤리관에 따른 사회질서가 요구되고 있었다. 그리하여 태조 이성계가 집권 4년차에 전국적으로 유교 윤리에 입각한 효자(孝子) 절부(節婦)들을 대대적으로 발굴하라는 명을 내렸고, 춘천지역에 살았던 조안평 모 고성이씨가 중앙으로 보고되어 포상의 은전을 받았다.

홀로 가문을 지키고 자식 교육을 엄격히 하여 문중을 일으킨 고성이씨를 오늘날 풍양조씨 회양공파에서 극진히 모시는 까닭도 여기에 있다. 현재 풍양조씨 전체 인구의 과반수가 고성이씨 후손이들며, 백파(伯派)의 파조 안평(安平)과 계파(季派)의 파조 개평(開平)이 고성이씨 두 아들이다.

고성이씨 부인과 그 아들 조안평의 묘소가 춘천에 있고, 오늘날에도 잘 보존되어 있다. 고성이씨 묘는 현재 석사동의 세칭 애막골에 있는데, 바로 윗쪽에 장자 조안평의 묘가 있다. 도시 개발로 인해 인근에 현대식 건물들로 덮여 있다. 묘갈문은 14대손인 영중추부사 조인영(趙寅永)이 짓고, 13대손 형조참판 조운철(趙雲澈)이 썼으며, 전서는 14대손 조기영(趙冀永)이 썼는데 철종 1년(1850)에 묘갈석을 세웠다. 비 앞면 우측 가운데 부분과 뒷면 좌측 상단부가 약간 파손된 상태이다. 묘표석에는 「회양부사조신배숙인고성이씨지묘(淮陽府使趙愼配淑人固城李氏之墓)」라 되어 있다. 이곳의 풍수 지리적 조건은 『풍양조씨세록(豊壤趙氏世祿)』 회양공파편 분산도(墳山圖)에 잘 나타나 있다. 묘역에는 최근 조성된 장명등(長明燈)·망주석(望柱石)이 있고, 이외에 향로석(香爐石)·상석(床石)·혼유석(魂遊石)·묘표석 등이 갖추어져 있다.

조선말기 안동김씨 세도가에 버금가는 풍양조씨들은 모두가 춘천에 자리 잡았던 고성이씨 부인의 후손들이다. 조안평 계열인 조만영(趙萬永: 1776~1846)과 조인영(趙寅永: 1782~1850) 형제가 중심인물들인데, 조만영의 딸이 순조의 세자

효명의 빈이 되었다. 노론 안동김씨 세상을 바로잡고자 노력했던 효명세자는 매우 영민하여 촉망을 한 몸에 받던 인물이었건만, 보위를 눈앞에 둔 약관의 나이에 승하하고 말았다. 그리하여 후일 익종(翼宗)으로 추존되면서, 조만영의 딸도 신정왕후(神貞王后)로 승격되었다. 아무튼 순조가 죽고 효명세자 아들이 왕위를 이었으니, 그가 바로 조만영의 외손자 헌종(憲宗)이었다. 헌종의 어머니 신정왕후는 통칭 조대비(趙大妃)로 불리면서 궁중 실세로 군림했는데, 흥선군과 손을 잡고 고종을 왕위에 올리는데 앞장서기도 했다.

이보다 앞서 조개평(趙開平) 후손이던 조문명(趙文命: 1680~1732)과 조현명(趙顯命: 1690~1752) 형제도 크게 현달하였다. 조문명의 딸은 영조 때 왕세자 빈(嬪)이 되었는데, 세자가 일찍 죽어 왕위에 오르지 못한 불운을 겪었다. 그가 바로 영조의 첫 번째 아들이었던 효장세자(孝章世子)였는데, 사도세자가 죽은 후 그의 아들 정조는 죄인이었던 아버지의 대통을 이을 수가 없었다. 그리하여 정조는 백부였던 효장세자 양자로 입적된 후 왕위에 오를 수 있었는데, 정조는 후일 효장세자를 진종(眞宗)으로 추존하여 종묘(宗廟)에다 위패를 모셨다. 그리하여 세자빈이던 조문명의 딸은 효순왕후(孝純王后)로 승격되었다.

이렇듯 고성이씨 부인의 두 아들 후손들이 조선후기에 접어들어 나란히 왕후를 배출함으로써 풍양조씨를 최대의 권세가로 성장시켰을 뿐만 아니라, 오늘날까지 그 가세(家勢)는 이어지고 있다. 이처럼 고성이씨 부인의 자녀교육은 풍양조씨 가문의 훌륭한 인물들을 배출하게 하는 가풍을 이루었다.

이귀생 李貴生

생년 : 1352년(공민왕 1) 추정

몰년 : 1414년(태종 14)

관력 : 대언(代言)

자호 :

묘소 : 실전(충주 대조원 남쪽 언덕)

가족 : [증조] 우(瑀) [조] 교(嶠) [부] 림(琳)

　　　[외조] 홍승연(洪承演) [처부] 이방직(李邦直)

> 시중공 이림의 아들이니, 근비(謹妃: 우왕 비)가 누이이다. 공민왕
> 때 관직에 진출하여 우왕 때 대언(代言: 승지)을 지냈으나, 이성계 일
> 파가 위화도 회군이후 조선을 건국하는 과정에서 발생했던 김저 사건
> 과 윤이·이초 사건 등에 연루되어 경주·충주 등지에 유배생활을 하
> 다 생을 마감했다.

　도촌공(桃村公) 이교의 손자이자, 시중공(侍中公) 이림(李琳)의 아들이다. 우왕의
근비(謹妃)가 누이였기에 정치적 고초를 많이 겪었다. 배위는 정부인 청주이씨
대제학 이방직(李邦直)의 딸이다. 고려 말 이방원과 함께 문과에 동방 급제한 이
운로(李云老)가 아들이다. 고성이씨 각종 보첩(譜牒)에는 기록이 없으나, 이귀생
의 딸이 종부시 승(宗簿寺丞)을 지낸 한상덕(韓尙德)에게 출가했다.[1] 이귀생은 고

---

1) 『목은문고(牧隱文藁)』권15, 비명(碑銘), 한수묘지명(韓脩墓誌銘). 한수(韓脩)는 행촌 이암에게
　배웠고, 이강(李岡)과는 매우 절친한 사이였다. 한수의 4남 중에 상환(尙桓)은 전 삼사우윤(三
　司右尹)이고, 상질(尙質)은 서북면도관찰출척사 겸 평양윤(西北面都觀察黜陟使兼平壤尹), 상

려 공민왕 때 벼슬길에 나서 광정대부(匡靖大夫) 판후덕부사(判厚德府事) 겸 판선공감사(判繕工監事) 상호군(上護軍)에 이르렀다. 고성이씨 가정보(嘉靖譜)에 따르면, 우왕 10년(1384) 대언(代言) 벼슬에 올랐다고 한다.

이귀생이 『고려사』에 처음 등장한 것은 우왕 복위를 모의했다는 소위 김저(金佇) 사건이었다. 김저는 시중 최영(崔瑩)의 생질인데, 우왕 때 대호군(大護軍)으로 최영을 따라 오랫동안 군사에 종사하였다. 1389년에 최영의 측근인 전부령(前副令) 정득후(鄭得厚)와 함께 여주에 가서 폐위된 우왕을 만나 이성계(李成桂)를 살해하라는 부탁을 받고 돌아와서 곽충보(郭忠輔)와 모의하여 팔관일(八關日)에 거사할 것을 결정하였다. 그러나 곽충보는 거짓으로 승낙하고는 이성계에게 그 사실을 밀고하였다. 이 사실을 알게 된 이성계가 팔관회에 참여하지 않고 집에 있자, 정득후와 함께 이성계 집으로 잠입하였다가 문객에게 잡혀 순군옥(巡軍獄)에 갇혔다. 대간(臺諫)이 김저를 심문하자, 이림(李琳)과 함께 변안열(邊安烈)·우현보(禹玄寶)·우인열(禹仁烈)·왕안덕(王安德)·우홍수(禹洪壽) 등과 공모하여 우왕을 복위하기로 하였다고 자백했다. 이 사건으로 우왕은 여주에서 강릉으로 옮겨지고, 창왕(昌王)도 폐위되어 강화로 추방되었던 사건이다.[2] 이귀생 또한 아버지와 함께 연루되었는데, 이림은 전주에 그는 경주에 각각 유배되었다.

이성계 일파는 김저 사건이 일어난 불과 3일 후 새로운 국왕으로 공양왕(恭讓王)을 옹립했다. 창왕 폐위와 공양왕 옹립이 김저 사건과는 관련 없이, 이미 그 이전에 계획되어 있었던 것이다. 그런데 공양왕이 즉위하자 당시 영향력을 행사할 수 있는 존재였던 이색과 변안렬이 공양왕을 구심점으로 다시 결집하여 고려 왕조를 존속시키려 하였다. 이에 이성계 일파는 이미 끝나버린 김저 사건

경(尙敬)은 공조총랑지제교 겸 상서소윤(工曹摠郞知製敎兼尙瑞少尹), 막내 상덕(尙德)은 종부시 승(宗簿寺丞)을 지냈는데, 시승(寺丞)은 전 대언(代言) 이귀생(李貴生) 딸에게 장가들었다.
2) 『고려사』 권137, 열전 50, 창왕(昌王) 1년 11월.

에 그들을 소급 연루시켜 죽이거나 유배형을 가했다. 윤소종·이첨·오사충 등이 강력하게 변안렬 처형을 주장하자 한양으로 유배하는 선에서 마무리하려 했다. 그러나 결국 변안렬은 처형되었고, 사건은 더욱 확대되어 우왕 장인이었던 이림과 그의 아들 이귀생에게까지 영향을 미쳤다. 함부림을 전주로 보내 이림을 국문(鞫問)하였고, 아울러 계림에 유배되었던 이귀생도 국문(鞫問)을 받았다.[3]

국문한 내용을 토대로 간관(諫官) 윤소종(尹紹宗) 등이 상소하여 말하기를,

"지금 경상도도관찰사 김주(金湊)·집의(執義) 남재(南在)·판사(判事) 손흥종(孫興宗)·헌납(獻納) 함부림(咸傅霖) 등이 함께 이귀생을 국문하였는데, 그 옥사(獄司)에서 이르기를, '지난해 10월에 우인열(禹仁烈)이 먼저 변안렬의 집에 도착하였고, 이귀생은 부친 이림을 따라 이어서 당도하자 변안렬이 이림에게 말하기를「이을진(李乙珍)·이경도(李庚道)·곽충보(郭忠輔) 등을 시켜 시중 이성계를 살해한 연후에 우인열이 왕안덕(王安德)·우홍수(禹洪壽) 등과 함께 여흥(驪興)으로 가서 우(禑)를 맞이해서 온다는 계책이 이미 결정되었다」고 하니, 우인열이 말은 하지 않고 미소만 지었습니다'라고 하였으니, 그 정황을 마땅히 국문해야 할 것입니다. 이귀생의 말은 명백하여 신 등이 이전에 논하여 아뢰었던 김저의 말과 한 입에서 나온 것 같습니다. 우인열·왕안덕·우홍수 등이 변안렬과 당여를 이뤄 신우를 옹립하여 우리 왕씨를 단절시키려 한 죄는 하늘과 땅이 용납하지 않을 것이고 조종(祖宗)도 용서하지 않을 것이니 왕씨의 신하된 자로서 불공대천(不共戴天)의 원수입니다. 전하께서는 이미 변안렬을 사사로이 하지 않으시고 처형했지만, 우인열 등 3인은 아직 죽지 않았으므로 반측(反側)의 재앙이 매우 두렵습니다. 바라옵건대 우인열·왕안덕·우홍

---

3) 『고려사』 권126, 열전 39, 변안렬.

수를 법에 따라 형벌을 내리셔서 하늘에 계신 조종의 영령을 위로하시고 만세의 난적(亂賊)의 무리를 징계하시옵소서."

라고 하였다.

소(疏)가 올라갔으나, 공양왕은 답을 내리지 않았다. 대간은 번갈아가며 교대로 상소 올리기를,

"〈前略〉의(義)를 들어 회군하여 우(禑)를 물리치고 최영을 축출했으며 종친을 옹립하기로 의논했습니다. 그러나 주장(主將) 조민수(曺敏修)가 이인임(李仁任)·이림(李琳)과 친척이어서 이색과 모의하여 우의 아들 창(昌)을 옹립하면서, 이성계의 충분(忠憤)이 더욱 간절하였습니다. … 이인임이 정치를 전횡하며 총애를 견고하게 하고자 하여 신돈의 아들 우를 공민왕이 동침했던 궁인(宮人)이 낳은 아들이라고 속여 옹립하고 그의 족제(族弟)인 이림의 딸을 처로 삼게 하였습니다. 그 후 조민수와 이색이 공모하여 아들 창을 옹립하고 변안열·이림·이귀생·정지(鄭地)·우인열·왕안덕·우홍수·원상(元庠) 등이 또 시중 이성계를 해치려 모의하여 우리 왕씨의 제사를 끊으려 했지만 다행히 종사(宗社)의 영령 덕분에 흉악한 음모가 이루어지지 못하였습니다. … 엎드려 바라옵건대 전하께서 공의(公義)로 결단하시어 이림·이귀생·정지·우인열·왕안덕·우홍수·원상·이을진·이경도 등의 죄를 밝히고 바로잡는다면, 충과 역이 분별되어 조정이 청명(淸明)하게 될 것이고, 난신적자(亂臣賊子)는 경계할 바를 알게 될 것입니다"라고 하였다.

왕이 비답을 내리지 않자, 대간이 또 다시 상소를 이어갔다. 마지못해 공양왕이 이성계와 심덕부를 불러, "대간이 말한 대로 조민수·권근에게 이미 죄를 주

었으니, 경들은 마땅히 대간을 설득하여 다시 논집(論執)하지 말도록 하라"하고는, 이림을 철원(鐵原), 이색은 함창(咸昌), 정지는 횡천(橫川), 이귀생은 고성(固城)으로 배소를 옮기게 했다.

그럼에도 대간에서는 상소를 그만두질 않았다. "반역보다 큰 죄는 없으니 천하 만세까지 용서할 수 없습니다. … 이을진이 이르기를, '이림·이귀생·정지·이경도·원상이 실제로 그 모의에 참여하였다'고 하였습니다. 또한 대성(臺省)·순군(巡軍)에 명하여 국문하도록 하자 이귀생이 반역을 도모한 상황을 명백하게 말했고, 이림을 국문하니 이것도 이귀생과 같았습니다. 그러나 전하께서는 그들을 모두 용서하거나 도리어 포상하기까지 하셨으며, 혹은 장을 때리는데 그치기도 하였습니다. … 이림·이귀생이 역모의 수괴인 변안열과 함께 몰래 불궤를 도모한 정황이 이미 드러났습니다. 우인열이 이림·이귀생과 함께 변안열의 집에 간 것은 그 공모했던 정황이 명백하다는 것입니다. 변안열이 우인열·왕안덕·우홍수를 시켜 신우를 맞이하려고 했는데, 사람들이 매우 많은데도 반드시 그 3인으로 하여금 우(禑)를 맞이하려고 했던 것이니 그들이 같이 도모했음이 뻔한 일입니다. … 바라옵건대 전하께서는 만세 자손을 위한 계책을 깊이 생각하시어 그 죄를 밝히고 바로잡아 삼한의 신하와 서민들의 여망에 부응하시옵소서"라고 하였다.

이림·이귀생·조민수·이색·우인열·정지·권근·이을진·이경도·왕안덕·우홍수·원상 등을 외방에 유배 보내었다. 간관이 다시 상소하여 힘써 간쟁하였지만, 공양왕은 꿈적하지 않았다.

끈질긴 대간의 상소는 계속되었다.

"지난번에 변안열은 사전(私田)을 혁파한 것에 분함을 품고 있다가 〈명(明)〉 예부(禮部) 자문(咨文)이 오자 왕씨를 모두 죽이고 신씨를 안정시키려 했습니다. 이에 이림·우인열·왕안덕·우홍수·이귀생 등과 함께 몰래 불궤를 도모한 후, 이을진·이경도를 자객으로 삼아 충성스럽고 선량한 사람들을 해쳐서 국가를 혼란에 빠트리려고 했습니다. … 어찌 전하께서는 친족관계라는 연고로 법을 왜곡하여 그들을 용서하십니까? 바라옵건대 형전(刑典)을 밝히고 바로잡아 후래(後來)를 경계하시옵소서."

라고 하였다. 김저 사건에다 예부 자문 개척(開拓) 사건까지 함께 죄를 물어야 한다는 주장이었다.

공양왕이 들어주지 않자, 대간이 재차 상소하여 말하길,

"대역(大逆)은 천지가 용납하지 않고, 인륜이 용서하지 않습니다. … 전하께서는 변안열이 당여 없이 홀로 음모를 꾸몄다고 하시는 것입니까? 엎드려 바라옵건대 전하께서는 은정을 끊고 법을 바르게 적용하시어 이림 등을 전형(典刑)에 맞게 처리하시옵소서"라고 하였다.

그럼에도 공양왕은 이를 끝내 윤허하지 않았다. 참으로 끈질긴 군신간의 대립이었다. 김저 사건이나 예부 자문 사건은 조작이었거나, 아니면 사소한 일을 확대하여 반대세력 척결에 이용했다고 보는 시각이 주류를 이룬다. 우왕과 창왕은 물론이고, 이림·이귀생 부자나 변안열 등과 같은 인물들에게 죄 없는 죄를 물었다.[4] 이에 대한 반발 또한 만만치가 않자, 반대파를 보다 효과적으로 제거하기 위한 방법을 모색했

이귀생 신도비 포천 군내면 명산리

---

4) 이형우, 2015, 「고려말 정치적 추이와 김저 사건」『포은학연구』16, 포은학회.

다. 공양왕 2년(1390)에 일어났던 윤이·이초 사건도 그런 가운데 일어난 것이었다. 윤이·이초 사건으로 이귀생은 아버지 이림과 청주옥에 하옥되고 말았다.

윤이·이초 사건은 고려 무신 윤이(尹彝)와 이초(李初)가 명나라에 찾아가 주원장에게 이성계가 명나라를 치려 한다고 무고한 사건이다. 윤이와 이초는 명 태조에게 '이성계와 정도전 등이 군사를 일으켜 명나라를 치려하자 이를 반대한 이색 등을 살해하고, 전판삼사사(前判三司事) 우현보(禹玄寶) 등을 감금·유배하였다'고 거짓으로 알리자, 명나라에 머물던 동지밀직사사 조반이 급히 이 사실을 조정에 알렸다. 사람을 보내 윤이와 이초를 잡아들이는 한편 정도전을 성절사 겸 변무사(聖節使兼辨誣使)로 보내 무마시켰다. 이성계 일파는 반대파 제거 계획으로 목은 이색, 도은 이숭인, 양촌 권근, 인재 이종학, 우현보 등 고려 유신 10여 명을 잡아들여 청주 감옥에 넣었다. 그러나 홍수로 인해 대 사면령이 내려졌고, 이림은 풀려났다. 그 후에도 이성계 일파는 이림 부자를 그냥 두질 않았다. 재차 충주로 귀양 갔던 이림은 폄소(貶所)에서 병으로 죽었다.[5] 그리고 그의 아들 이귀생 또한 경외(京外) 거주로 제한받았으니, 충주에서 생을 마감한 것으로 추정된다. 그의 묘소가 충주 대조원 남쪽 언덕에 있었다고 전하기 때문이다. 묘는 실전되었으나, 포천 군내면 명산리 화암하에 단향(壇享)하고 있다.

---

5) 『고려사』 권116, 열전 29, 이림(李琳).

이근李懃

생년 : 1355년(공민왕 4) 추정
몰년 : 1398년(태조 7)
관력 : 판중추원사
자호 :
묘소 : 실전
가족 : [증조] 우(瑀) [조] 교(嶠) [부] 희필(希必)
　　　[외조] 박천무(朴天茂) [처부] 홍상재(洪尙載)

　　이희필의 아들로 위화도 회군 이후 좌부대언이 되었고, 우왕 복위사건으로 숙부 이림과 함께 유배되었다. 얼마 뒤 석방되어 이성계 핵심세력으로 부상하여 염문계정사(廉問計定使)가 되어 조선 건국의 초석을 다졌다. 아울러 윤이·이초 사건의 처리과정에서 강경한 이성계 일파에 맞서는 정몽주 세력 탄핵에 앞장섰다. 조선 개국 3등 공신으로 책봉되었으나, 1차 왕자 난 때 정도전과 함께 주살되고 관직도 삭탈되었다.

　도촌공(桃村公) 이교(李嶠)의 손자이자 이희필(李希泌)의 아들이다. 배위는 정부인 남양홍씨로, 평리(評理) 당산군(塘山君) 상재(尙載)의 따님이다. 무장으로 크게 활약했던 이희필은 우왕 3년(1377)에 생을 마감했기 때문에 고려 말 격동기 정치상황과 무관할 수 있었지만, 그의 아들 이근(李懃)은 정치적 부침(浮沈)이 심하였다. 숙부 이림이 우왕의 장인이었고, 조선 건국 과정에서 굵직한 정치적 사건들이 있을 때마다 피해 갈 수 없었기 때문이다. 조선 건국에 직접 참여하여 공신세력으로 부상한 바가 있지만, 이방원이 일으킨 1차 왕자 난에 연루되어 결국 제거되고 말았다.

우왕 14년(1388) 위화도 회군 이후 우왕의 시대가 막을 내리고 창왕이 즉위했을 때 이근은 좌부대언이 되었다.[1] 이는 조선시대 승지에 해당하는 관직이어서 임금의 최측근으로 분류할 수 있다. 그러나 곧 김저의 옥사가 일어난 1389년에 우왕·창왕이 서인(庶人)으로 강등 될 때 숙부 이림과 함께 유배되었다. 따라서 이 시점에서 이근은 우창당으로 낙인찍힌 인물이었음을 알 수가 있다. 아무튼 얼마 뒤 이근은 석방되었고,[2] 이듬해 좌상시(左常侍)로서[3] 염문계정사(廉問計定使)가 되어 경상도에 파견되는 등 이성계 세력의 핵심으로 부상한 측면이 있다. 공양왕 2년(1390)에 파견된 염문계정사는 이성계 세력이 심혈을 기울여 조선건국에 초석을 다지고자 각 지역별로 전정(田政)·군정(軍政)과 아울러 민정(民政)을 살피는 임무를 수행하기 위한 것이기 때문이다.

특히 이근(李懃)은 윤이·이초 사건을 계기로 이성계 일파에 각을 세웠던 정몽주의 태도를 문제 삼아 탄핵에 앞장섰고, 그 과정 속에서 물러나게 된 형조판서 안경공(安景恭)과 성석인(成石珚)의 직무를 이어받았다. 당시 이초당을 처벌하는 과정에서 일방적으로 처리하려는 이성계 일파에 제동을 건 정몽주가 독자세력을 형성하고 있었는데, 공양왕은 정몽주의 의견을 받아들여 이색과 권근에게 은사를 내리기도 했으며,[4] 이초당 연루자들에게 형량을 낮추거나 사면해야 하는 입장을 견지하기도 했다. 그럼에도 힘이 부친 쪽은 정몽주 세력이었기에 대간들의 뜻에 따라 우현보와 경보 등을 귀양 보내지 않을 수 없었지만, 정몽주를 옹호하는 세력과 반대세력으로 나뉘어 첨예하게 대립하고 있었던 점

---

1) 『고려사』 권137, 열전 50, 창왕 원년 9월.
2) 『고려사』 권45, 세가 45, 공양왕 원년 11월 기묘.
3) 『고려사』 권45, 세가 45, 공양왕 2년 3월 경오.
4) 『고려사절요』 권34, 공양왕 2년 7월.

이 주목된다.

　형조(刑曹)의 관원들이 또 글을 올려 우현보 등을 귀양 보내자고 요청하였더니 왕이 그 상소문을 도평의사사에 내려 보내 심의하라 하였다. 도평의사사에서는 사헌부와 형조의 요청을 따르는 것이 좋겠다고 말하였는데 다만 찬성사 정몽주(鄭夢周)만은 "윤이·이초의 무리들의 죄는 본래 명백하지 않는데다가 또 대사령이 내린 후이니 다시 논할 수 없다"고 하였다. 왕이 하는 수 없이 우현보, 권중화, 장하 등을 유형케 하고 김사형 등에게 직무를 보라고 명령하였다. 김사형 등이 형조의 관원들을 사촉하여 정몽주가 윤이·이초 무리들의 편을 들어서 법 맡은 관청의 관리들을 모해한다고 탄핵하게 하였다. 형조판서 안경공(安景恭), 성석인(成石珚) 등이 정몽주를 탄핵하다가 모두 강직(降職) 당하였고, 이근(李懃)과 이정보(李廷補)를 그 자리에 임명했다. 이근 등이 재차 정몽주를 탄핵했고, 또 정몽주 당으로 알려진 좌상시(左常侍) 정우(鄭寓), 좌사의(左司議) 최운사(崔云嗣)까지 탄핵하였더니, 헌납 이반(李蟠)과 정언 권훈(權壎) 등은 "탄핵은 형조에서 할 일이 아니다"라고 왕에게 말하였다. 이근과 이정보가 낭사(郎舍)들을 공격하고, 또 정몽주가 대신들을 모해하려고 하니 문초해야 한다고 요청했다. 그러나 결국 이근 등의 관직을 파면시키게 되었다.[5]

　위의 자료에서 보는 바와 같이, 윤이·이초 사건의 처리과정에서 강경한 이성계 일파에 맞서는 정몽주 세력이 한 치의 양보도 없었음을 볼 수가 있다. 서로의 강경한 탄핵으로 파면이 지속되자 헌사(憲司)와 형조(刑曹)가 이 때문에 텅 비어버렸다고 표현될 정도였다.[6] 이근(李懃) 등이 파면된 이후에도 이반이 형조가

---

5)『고려사』권104, 열전 17, 김방경(金方慶).
6)『고려사』권104, 열전 17, 김방경(金方慶) 부 김사형(金士衡).

월권해 시사(時事)에 대해 발언한 것을 고발하지 않았다고 장령 최경(崔競)을 탄핵했고, 이에 헌사(憲司)에서는 간성(諫省)은 풍헌(風憲: 풍기를 단속하는 관리)의 임무가 아니라는 이유로 다시 이반 무리들을 탄핵하자, 이번에는 이반 등이 안경검·최원·허주·조용 등을 탄핵하여 모두 파면되기까지 했다. 이렇게 되자 정몽주와 공양왕의 결속력은 굳어졌고, 이성계 일파는 군제 개혁을 통하여 견제력을 높여갔지만, 정몽주 동조 세력이 우세한 형국으로 전개되기까지 했다. 그런 상황에서 이방원에 의해 정몽주는 선죽교에서 주살되고, 그의 당류(黨類)들은 모두 유배되어 마침내 새로운 나라 조선이 건국되었다.

김저 사건으로 귀양 간 이근이었지만, 그 이후 이성계와 뜻을 같이 한 결과 공양왕 4년(1392) 이조판서에 이어 우대언이 되었고,[7] 이 해에 이성계(李成桂)를 추대할 때 조준(趙浚) 정도전(鄭道傳)과 함께 국새를 들고 이성계 사저로 갔던 일행 중에 한 명이었다.[8] 새 왕조를 개창할 때 필연적으로 따르는 것이 개국공신 책봉이었다. 이성계는 개국공신 책봉에 앞서 개국 주도세력에 대해 우선적으로 봉작(封爵)을 실시하였고,[9] 그로부터 22일이 지난 8월 20일에 3등급으로 나눈 개국공신 44명을 발표하였는데, 이희필의 아들 이근은 3등 공신으로 이름을 올렸다.[10] 개국공신은 이후 추록한 인물까지 합치면 모두 52명이 되었다.[11]

개국공신 3등에 녹훈된 이근은 좌승지로 근무하다 태조 2년(1393)에는 대사헌이 되어[12] 동국 역대 여러 현인들의 비록을 두루 상고하여 요점을 추려서 바치

7) 『고려사』 권46, 세가 46, 공양왕 4년 4월 계유, 5월 기사.

8) 『태조실록』 권1, 태조 1년 7월 병신.

9) 『태조실록』 권1, 태조 원년 7월 정미에 의하면, 裴克廉에게 翊戴補祚功臣門下左侍中星山伯, 조준에게 佐命開國功臣門下右侍中平壤伯, 李和에게 佐命開國功臣商議門下府事義興親軍衛都節制使義安伯, 金士衡에게 佐命功臣門下侍郎贊成事判八衛事上洛君, 정도전에게 佐命功臣門下侍郎贊成事義興親軍衛節制使奉化君으로 봉작하였고, 이 밖에 鄭熙啓·李之·남은 등에게는 佐命 또는 補祚功臣으로서 封君하였다.

10) 『태조실록』 권1, 태조 원년 8월 기사.

11) 『태조실록』 권2, 태조 원년 9월 을사. 『태조실록』 권2, 태조 원년 11월 병신.

12) 『태조실록』 권4, 태조 2년 9월 을묘.

기도 하였다.[13] 아울러 좌정승 조준(趙浚)과 함께 신덕왕후(神德王后) 시책(諡冊)을 올렸으니,[14] 당대의 제일가는 문사(文士)로 이름을 더 높였다. 판중추원사(判中樞院事)·종묘감독관에 이르렀다가 태조 7년(1398) 제1차 왕자의 난에 연루되어 정도전과 함께 주살되고 관직도 추탈되었다.[15]

---

13) 『태조실록』 권5, 태조 3년 2월 갑신.
14) 『태조실록』 권10, 태조 5년 10월 갑오.
15) 『태조실록』 권15, 태조 7년 9월 경인.

근비 이씨謹妃 李氏

생년 : 미상

몰년 : 미상

관력 : 왕후(王后)

묘소 : 실전

가족 : [증조] 우(瑀) [조] 교(嶠) [부] 림(琳)

       [외조] 이방직(李邦直) [남편]우왕(禑王) [자]창왕(昌王)

文하시중 이림의 딸로 고려 우왕의 비(妃)로 책봉되었다. 당시 권력을 쥔 무장세력과 연립정권을 이끌던 이인임이 당대의 실권자였고, 이림은 그와 고종사촌이었다는 점이 고려되어 왕실로 들어 갈 수 있었다고 보여진다. 이듬해 가을에 왕자 창을 낳게 되었지만, 위화도 회군 이후 이성계가 집권하는 과정에서 남편 우왕과 아들 창왕까지 죽음에 이르게 되자, 모든 것을 체념하고 개성의 본집에서 우왕만을 그리며 살았다. 태조 이성계가 우왕을 위해 수절하는 근비에게 수신전(守信田) 300결을 내려 주어 칭송했다는 것으로 미루어 조선건국 후까지 살다 생을 마감한 것으로 추정된다.

1. 근비謹妃의 생애

고려 우왕(禑王)의 정비(正妃)이다. 도촌공(桃村公) 이교(李嶠)의 손녀이고, 벽상삼한삼중대광(壁上三韓三重大匡) 문하시중(門下侍中) 철성부원군(鐵城府院君) 이림(李

琳)의 딸이다. 우왕이 이림의 딸을 비로 맞아들인 것은 우왕 5년(1379) 4월이었다. 당시 『고려사』기록을 보면, "우왕이 판개성부사 이림의 딸을 책봉하여 근비(謹妃)로 삼고 후덕부(厚德府)를 설치했으며, 이림을 철성부원군으로 삼고, 죄수들에게는 재심사를 해주었다"[1] 라고 기록하고 있다.

10세의 어린 나이에 즉위한 우왕이 15세가 되던 해에 비로소 정식 부인을 맞이한 상황을 말해주는 것인데. 대개 왕조의 국혼(國婚)들은 특정 지배세력의 의도와 향방에 따라 좌우되는 면이 강했으며, 근비도 예외는 아니었다. 공민왕의 급작스런 죽음으로 혼란했던 정국은 더 깊은 안개 속으로 빠져들게 만들었다. 당시 정권의 핵으로 부상하고 있었던 이인임(李仁任)이 최영(崔瑩)을 비롯한 무장세력과 연합하여 권력의 한 축을 형성하고 있었는데, 이를 흔히 연립정권이라 칭하기도 한다.[2] 다른 종친 중에서 왕위를 잇게 하려던 공민왕 모후 명덕태후(明德太后)와 경복흥(慶復興) 등을 제치고 이인임 일파가 우왕을 등극시킬 수 있었던 것도 연립정권 덕분이었다.

그러나 우왕은 그를 왕위로 등극케 해 준 연립정권에 의존하기 보다는 독자적인 행보를 원했던 것으로 보인다. 즉, 우왕은 즉위 3년째 되던 13세에서부터 왕권 강화를 위해 노력했던 흔적들이 보이기 때문이다. 우왕의 유모 장씨와 연결된 지윤(池奫)이 꽤 큰 세력을 형성하였던 것도 우왕의 지원 하에서 가능한 것이었다. 그러나 우왕 3년(1377) 지윤이 연립정권 측에게 숙청당함으로써 종말을 고하게 되는데, 이렇듯 우왕 치세 초반기는 연립정권에 의해 왕권 강화 노력들이 좌절당하는 시기였다. 당시 우왕 후원세력으로 간주되어 숙청당하였던 계파를 보면, 무장 세력과 과거급제 관료군, 그리고 세족적 기반을 가진 관료층 등 그 분포가 다양하다.[3]

---

1) 『고려사』권134, 열전 47, 신우 2, 신우 5년 4월.
2) 이형우, 1999, 『고려 우왕대의 정치적 추이와 정치세력 연구』, 고려대 박사논문, pp.49-59.
3) 이형우, 1996, 「우왕 초기의 정치상황과 池奫」『한국사연구』94, 한국사연구회; 이형우, 1997, 「우왕의 왕권강화 노력과 그 좌절」『역사와 현실』23, p.138.

우왕이 어린 나이에 왕권 강화 및 친정을 위한 군주로서의 기본 소양을 갖추고 있었는지에 대해서는 의문이다. 그러나 공민왕이 어린 우왕을 데려다 후계자로 정한 후 착실하게 군왕수업을 시킨 것은 틀림없다. 백문보(白文寶) 등을 세자 사부로 임명하여 훈육케 하였던 사실들이 있었기 때문이다.[4] 아무튼 우왕은 유모 장씨를 앞 세워 왕권 회복을 위한 노력을 기울였고, 연립정권 측에서는 이를 막기 위한 수단의 하나로 우왕을 장씨와 멀어지게 하기 위해 우왕의 혼인을 서둘게 되었다.[5]

연립정권을 이끌던 이인임(李仁任)과 근비의 아버지 이림(李琳)은 고종사촌이다. 이인임의 적극적인 후원으로 이림의 딸이 비로 간택되었는데, 이 과정에는 좀 더 복잡한 정치적 계산과 권력의 역학관계가 작용했을 것으로 보인다. 즉, 이인임에게는 딸 셋과 질녀들이 다수 있었음에도 이림의 딸을 선택할 수밖에 없었다. 그것은 최영을 중심으로 한 무장세력과 연립정권을 형성하고 있었기 때문에 자신의 의도를 마음대로 반영할 수만은 없었고, 그 대안으로 선택된 것이 이림의 딸이었을 것이다.[6]

한편으로는 이림의 딸이 왕비가 될 수 있었던 것은 고성이씨 가문의 정치 사회적 배경 또한 무시할 수 없는 부분이다. 문희공 이존비(李尊庇) 이후 크게 성장한 세족으로서의 위치는 그의 손자 이암과 이교 대에 오면 더욱 번성하였고, 이교가 성주이씨를 부인으로 맞으면서 혼맥으로 얽힌 양가 세력들이 이제는 서로를 필요로 하게 되었다. 특히 이림 대에 오게 되면 아우 이희필은 물론이고, 처남인 문달한, 경보 등도 무장으로 활약하던 인물이었다. 따라서 고성이씨 도촌계 가문의 구성원들이 연립정권의 한 축을 형성했던 무장세력들과 자연스럽게 연결될 수밖에 없었기 때문이다.

---

4) 『고려사』 권44, 세가 44, 공민왕 22년 7월 을사.
5) 이형우, 2002, 「고려 우왕의 외척과 측근」 『민족문화연구』 37, 고려대학교, p.377.
6) 이형우, 2002, 앞의 논문, p.378.

또한 이림의 처남 유번은 무장은 아닐지라도 우왕 5년 연립정권이 주도하여 양백연(楊伯淵)·홍중선(洪仲宣) 등을 숙청할 당시 귀양지로 가서 그들을 처단하였던 인물이니,[7] 연립정권의 핵심 인사들과도 정치적 동지였음을 알 수 있다. 이런 요소들 때문에 고성이씨 도촌계는 연립정권의 양측을 다 충족시켜 줄 수 있는 배경이 되었고, 급기야는 왕비까지 배출하였던 것이다.

이리하여 근비의 아버지 이림(李琳)이 철성부원군(鐵城府院君)으로, 이림의 어머니 이씨가 삼한국대부인(三韓國大夫人), 이림의 처 홍씨가 변한국대부인(卞韓國大夫人)으로 각각 책봉되었고,[8] 또한 근비를 위한 후덕부(厚德府)를 두었다. 이는 근비의 공어(供御)를 맡았던 관아였으며, 판사(判事)·윤(尹)·소윤(少尹) 등의 관원을 두어 전반적인 업무를 관리하고 있었는데, 이를 계기로 이후 이림의 정치적 행보가 점차 확대되었음은 물론이다.

근비는 왕실로 들어가 최고 지위를 누릴 수는 있었지만, 여성으로서의 삶 자체가 평탄했던 것은 아니다. 우왕(禑王)은 근비를 맞이한 이후에도 8명의 비를 새로 들였으며, 3명의 옹주에다 그밖에도 수많은 여인들을 편력했기 때문이다. 『고려사』를 비롯한 당대의 기록들이 지나칠 정도로 우왕의 여성 편력과 방탕한 생활을 부각하여, 부정적인 서술로 일관하고 있는 편이다. 그러나 이는 어디까지나 이성계 일파에게 폐위된 임금이었기에 나타난 결과에 불과하고, 수많은 여자를 옆에 둔 것은 오히려 왕권 강화의 한 방편이었다는 견해도 있다.[9]

근비가 왕실로 들어 간 이듬해 가을에 왕자 창을 낳게 되었는데,[10] 이는 당시 왕실에서의 차지하는 의미가 남달랐을 것으로 보인다. 우왕이 비록 공민왕 아들이라 할지라도 왕실 밖에서 몰래 얻었던 사생아에 불과하였다. 그리하여 우왕을 공민왕 후궁 한씨 소생으로 입적할 수밖에 없는 상황에서 반야까지 제거

7) 『고려사』 권111, 열전 24, 홍중선(洪仲宣); 『고려사』 권114, 열전 27, 양백연(楊伯淵).
8) 『고려사』 권116, 열전 29, 이림(李琳).
9) 이형우, 2002, 앞의 논문, p.393.
10) 『고려사』 권134, 열전 47, 신우 2, 신우 6년(1380) 8월 을축.

하게 되자, 후세에까지 시비거리로 남았던 것인데, 이미 왕좌에 있던 우왕과 정비로 입궁한 근비 사이에서 태어난 창왕(昌王)의 경우는 정통성에 전혀 하자가 있을 수 없었다.

그러나 근비 아들인 창왕이 대통을 이을 때 정치적 상황은 매우 복잡하게 돌아가고 있었다. 위화도 회군으로 이성계가 실권을 장악한 후 우왕을 강제로 폐위시켰기에 창왕이 옹립되지 못할 상황으로 치닫고 있었기 때문이다. 회군 도중에 이성계가 "왕씨 후손을 새로 세우자"는 제의를 조민수에게 하였던 가에 대해서는[11] 의문점이 많지만, 『고려사』 표현을 빌리자면 조민수는 결국 이성계를 배반하고 창을 옹립한 셈이 되었다. 조민수가 자신을 천거해 준 은혜 때문에 이인임과 연관된 창왕을 추대하였다는 『고려사』 기록은 왜곡된 것인지 모르나, 명망 있던 한산군 이색(李穡)에게 창 옹립에 관한 자문을 구했다는 사실은[12] 의심의 여지가 없다. 그리고 이것이 빌미가 되어 조민수와 이색은 이성계 일파에게 줄기차게 공격을 받아오다 끝내 축출되고 말았다.

당시 이색의 현실 인식은 군신 의리와 천리(天理)·천륜(天倫)을 강조하면서 급진 개혁파들의 유교적 명분론에 맞서고 있었기에, 근비에 대한 무한한 애정을 보낸 것도 당연하였다. 이색이 남긴 시문들을 보면 이를 잘 표현하고 있기도 하다.[13] 조선이 건국된 후까지도 근비는 개성의 본집에서 우왕(禑王)만을 그리며 살았다. 그곳에는 한 첩의 꺾어진 병풍이 있었다. 계집종이 이를 수리하려

---

11) 이 점은 이성계가 "신우신창설"로 집권 계획 시나리오를 언제부터 획책하였던가 하는 문제와 결부되어 있는 것으로 매우 중요하다. 즉, 우왕을 신돈의 아들로 미리 상정을 한 상태라면 창왕이 즉위할 당시에도 이 문제를 집중적으로 공론화하여 창왕 등극을 끝까지 반대했어야만 설득력이 있다. 그러나 그러한 노력들이 별로 보이지 않는다는 점이 있다. 또한 조민수의 창왕 옹립 추진과정이나 그 이후의 행동으로 봐서 회군 당시 이성계와의 밀약을 배반하였다는 것도 석연치 않은 점이 많다. 신우신창설의 등장배경 등에 대해서는 후술하는 내용을 참조바람.

12) 『고려사』 권126, 열전 39, 간신 2, 조민수.

13) 『牧隱詩藁』 권20, 詩, "至晚太后謹妃移御"; 『牧隱詩藁』 卷21, 詩, "十二日 謹妃生辰 宰樞進手帕別膳 旣罷 與權左使奉敎撰定府名 日晚未上"; 『牧隱詩藁』 卷24, 詩, "謹妃移御之日未明時吟得短律"

고 하자 근비가, "이것은 선왕께서 친히 꺾으신 것이니 개비(改備)할 수 없다" 고 만류한 것에서 그녀의 삶이 잘 나타나 있다. 우왕의 기일이 되면 항상 눈물을 흘리며 정성껏 제사를 올렸다. 이리하여 태조는 우왕을 위해 수절하는 근비에게 수신전(守信田) 300결을 내려 주어 칭송하였다.[14] 근비의 이런 성격이고 보면, 자신의 시종이던 석비가 의비(毅妃)가 되어 우왕의 총애나 사치가 자신보다 곱절이나 더 했다 할지라도[15] 항상 의연한 모습을 보여 주었을 것으로 판단된다.

창왕이 9세의 어린 나이로 등극하자 폐왕 우를 높여 상왕이라 하고, 근비 이씨를 높여 왕대비라 하였다.[16] 이제 근비는 왕대비로서 어린 왕을 보살펴야 했다. 창왕이 즉위한 후 직접 명에 친조(親朝)해야 할 상황이 벌어졌다. 그러나 친조 계획을 그만 둔 것은 창왕이 어려서 원행이 불가하다는 근비의 의견 때문이었다.[17] 당시 근비의 판단이 정치적 결단이었는지, 아니면 단지 창왕이 어리다는 이유 때문이었는지는 명확하지가 않다. 권근(權近)이 친조 문제로 다녀 온 것이 9월이었고, 3개월 후 이성계 일파는 황제의 자문을 사전에 보았다는 것을 문제 삼아 권근을 귀양 보내고 반대파들에게 숙청을 가했던 일이 벌어졌는데, 이를 사전에 예견한 것인지도 모를 일이다.

2. '신우신창설辛禑辛昌說'에 대한 검토

우리는 조선 초기 사가들에 의해 서술된 우왕(禑王) 인물평이나 정치력에 대한

---

14) 『청파극담』; 『林下筆記』 권12, 文獻指掌編, 辛禑의 王妃; 『增補文獻備考』 143, 田賦考 3, 職田, 高麗條.

15) 『고려사』 권134, 열전 47, 신우 2, 신우 8년 3월조.

16) 『동사강목』 17 上, 기사년 後廢王昌 즉위년.

17) 『동사강목』 17 上, 기사년 後廢王昌 원년.

평가만을 접해 왔다. 우왕과 창왕이 공민왕 혈통이 아니라 신돈 후손이란 설이 당대부터 제기되어 굳어져 간 것이 대표적인 사례였다.[18] 이는 당시 궁중 비사였기에 명확한 근거가 있는 것도 아니어서 의문의 여지는 있을 수 있다. 그러나 그것이 정치적으로 이용되었다는 점에서 혼란을 가중하고 말았다.

당초 공민왕 자신이 강녕대군 우를 왕위 계승자로 낙점 하였고, 만만찮은 반대세력이 있었음에도 불구하고 우가 왕위에 오를 수 있었던 것 역시 이 논리에 근거한 바가 컸다. 그렇다면 혈통 문제로 우왕을 폐위시킬 하등의 이유는 없다고 봐야 한다. 그러나 이성계 일파는 '신우신창' 설을 제기하고 '폐가입진' 논리로 이들을 폐위하여 살해했고, 그 자신들의 논리에 따라 옹립한 공양왕까지 폐위하고 말았다. 이는 결국 조선왕조 개창을 위한 하나의 수순에 불과하였다는 점을 보여주는 것이기도 하다.

공민왕이 개혁정치를 위해 신돈을 등용했지만, 한계에 이르러 제거할 수밖에 없었다. 그런 후 공민왕은 자신의 후사로 6살 된 모니노(牟尼奴)를 지목했다. 공민왕은 근신들에게 "내가 일찍이 신돈의 집에 갔을 때에 그 집 여종과 내통하여 아들을 낳았으니 그 아이를 경동시키지 말고 잘 보호하라!"고 명했다. 그 후 모니노를 데려다 명덕태후(明德太后) 전각에 두고 수시중 이인임(李仁任)에게 "맏아들이 있으니 나는 근심 없다"라고까지 말했다.[19] 이렇듯 모니노를 자신의 아들임을 천명하면서 적극 후원해 줄 것을 당부하였고,[20] 2년 뒤에는 우(禑)로 개명함과 동시에 강령부원대군(江寧府院大君)으로 봉함으로써 후계구도를 굳혀가게 되었다.[21]

대군으로 봉하기 몇 개월 전에 공민왕은 태후에게 모니노를 자신의 후사로

---

18) 조선 초기에 편찬된 관찬, 즉 실록이나 고려사 등의 기록에는 예외 없이 신우와 신창으로 되어 있고, 그것이 후세의 기록에도 영향을 미치지 않을 수 없었는데, 이는 당시 시대상과 역사인식을 반영한 것이기도 하다.
19) 『고려사』 제133권, 열전 46, 신우 1년조.
20) 『고려사절요』 권29, 공민왕 20년 7월조.
21) 『고려사』 권44, 세가 44, 공민왕 22년 7월 을사.

삼을 것이며, 성균직강 이숭인(李崇仁)에게 교육을 맡기려 하였다. 하지만 태후의 반대에 부딪쳐 계획대로 실행할 수가 없었다.[22] 그럼에도 공민왕은 의지를 꺾지 않은 채 모니노를 결국 대군으로 봉했다. 정당문학 백문보(白文寶)와 전녹생(田祿生)에게 명하여 대군을 가르치게 하였고,[23] 그런 후에 다시 명망 있는 학자들을 대군의 시학(侍學)으로 임명했다.[24] 강녕대군 우에 대한 군왕 수업 체제가 갖추어졌던 것이다. 그런 한편 강녕대군을 후궁 한씨 소생으로 입적 했다.[25] 왕위 계승을 위한 정통성 확립 차원이었다.

우왕이 즉위할 수 있었던 것은 백문보를 비롯한 사대부 유신(儒臣)들의 지원 또한 무시할 수 없는 부분이다.[26] 유신의 입장에서도 공민왕의 뜻을 받든다는 명분도 있었지만, 정치공백을 최소화시키면서 우왕 등극 이후의 정치적 지분을 확보할 기회이기도 했다. 다른 종친을 후사로 세워야 한다는 태후의 뜻을 거스른 채 우왕을 지지한 자체가 명분을 앞세운 논리였고, 그것은 곧 공민왕이 직접 낙점한 후계자라는 것, 더 나아가 공민왕 혈손이라는 믿음이 바탕에 깔린 것일 수도 있다.

아무튼 10세에 즉위한 우왕이 나름대로 왕권 강화를 위해 애쓴 흔적들이 보인다. 그러나 이인임과 무장연립 정권에 의해 독자적인 왕권강화 노력들이 모두 수포로 돌아가고 말았는데,[27] 독자적 행보를 마음대로 할 수 없었기 때문이다. 위화도 회군 이후 이성계 일파에게 실권이 넘어간 상황 속에서도 우왕의 정치적 행보는 심상치가 않았다. 조정에 널리 포진한 관리들이 큰 동요 없이

---

22) 『고려사절요』 권29, 공민왕 22년 3월조.
23) 『고려사』 권44, 세가 44, 공민왕 22년 7월 을사.
24) 『고려사』 권44, 세가 44, 공민왕 23년 1월 경인.
25) 『고려사』 권44, 세가 44, 공민왕 23년 9월 정축.
26) 민현구, 1987, 「백문보 연구」『동양학』 17, 단국대 동양학연구소, pp.265~266
   강지언, 1995, 「이인임 집권기 정치세력과 정국동향」『이화사학연구』 22, 이화사학연구소, pp.72~73.
27) 이형우, 1996, 「우왕 초기의 정치 상황과 池奫」『한국사연구』 94, 한국사연구회; 이형우, 1997, 「우왕의 왕권강화 노력과 그 좌절」『역사와 현실』 23, p.138.

우왕의 쫓겨난 처소 강화로 알현하고 다닐 정도였고, 위화도 회군으로부터 이성계 즉위까지 4년이나 소요되었던 점을 고려한다면, 국내·외적으로 고려 왕실을 지키려는 세력들이 의외로 강했음을 의미한다. 이는 곧 우왕과 창왕의 우호세력들일 것이다. 이런 상황이니, 이성계일파에게는 우왕과 창왕을 폐위할 뚜렷한 명분이 필요했고, 그 명분 쌓기가 바로 '신우신창'설을 공론화하는 것이었다.

우왕과 근비 사이에 태어난 왕자 창의 즉위 과정 또한 여러 난관을 겪어야만 했다. 위화도 회군을 주도한 이성계가 정적 최영을 제거함과 동시에 우왕을 강제 폐위시켰기 때문에, 우왕 혈통으로 왕위를 계승케 한다는 것 자체가 도박일 수밖에 없었다. 그럼에도 좌시중 조민수는 이색의 지원으로 왕자 창을 옹립하는데 성공할 수 있었다. 이는 위화도 회군 직후여서, 이성계 일파가 당분간 이색을 필두로 하는 온건론자 입장을 수용할 수밖에 없었기 때문이기도 했다.

이런 우여곡절 과정에서도 우왕이나 창왕의 혈통에 대한 시비는 별로 제기되지 않던 상황이었다. 이성계일파들이 창왕 폐위와 공양왕 옹립 과정에서 본격적으로 제기한 것이 폐가입진(廢假立眞) 논리였다. 물론 회군하면서 조민수가 왕씨 후손을 다시 세우자는 이성계의 제의를 받아들였다고 한다.[28]

그러나 이때에는 본격적인 혈통 문제가 제기되기 전이었고, 따라서 석연치 않았던 것도 사실이다.[29] 특히 조민수와 이색이 공론을 등에 업고 창왕을 옹립할 때에도 드러내 놓고 혈통문제로 반대하지 못한 그들이었다. 그러다가 우왕 복위를 모의했다는 김저의 옥사를 계기로 유교 명분론에 바탕을 둔 폐가입진론을 공개적으로 내세워, 창왕을 폐하고 공양왕을 옹립하게 되었다.

신우신창설을 처음으로 제기한 사람은 윤소종이었던 것으로 파악된다.[30] 그

---

28) 『고려사절요』 권33, 신우 4, 신우 14년(1388) 신해.

29) 이상백, 1936, 「이조건국의 연구」 『진단학보』 5, 진단학회. pp.264-272.

30) 『태조실록』 권1, 總序 "禑 以曺敏修爲左侍中 以太祖爲右侍中 典校副令尹紹宗 因鄭地求見太祖 懷霍光傳以獻 令趙仁沃讀而聽之 仁沃極陳復立王氏之議"

리고 이성계는 위화도 회군 시점이 아니라 시중에 오른 후 폐가입진 논리로 활용된 『곽광전(霍光傳)』을[31] 전해들은 것으로 보인다. 『고려사』 윤소종 열전이나 정지의 열전에서도 동일 내용들이 확인되기 때문이다.[32]

그리고 이성계에게 곽광 고사를 처음 전달한 곳은 개경을 접수한 후 제장들이 모여 회의하던 흥국사였다.[33] 이 때 윤소종이 『곽광전』을 품고 갔기 때문이다. 그러니까 윤소종이 매우 조심스럽게 곽광의 고사를 전했을 것이고, 이 자리에서 조인옥이 적극적으로 새롭게 왕씨를 옹립해야 한다고 피력했다는 것이다. 따라서 우와 창이 왕씨 핏줄이 아니라는 '신우신창설'은 위화도 회군 이후 이성계를 중심으로 극소수가 비밀리에 주고받은 설에 불과하고,[34] 그 이후 본격적으로 구체화시켜 명분을 쌓을 여론으로 몰고 갔다고 볼 수 있다.

3. 폐가입진廢假立眞 논리 전개와 후세 평가

폐가입진의 논리가 본격적으로 등장하기 시작한 것은 우왕 복위사건(1389년) 뒤였다. 위화도 회군 이듬해 최영의 족친이던 김저(金佇)가 여주 유배소로 우왕을 방문한 자리에서 이성계 제거를 모의했다는 옥사가 그것이다. 위화도 회군 이후 친명파들이 득세한 상황에서 우왕 폐위와 창왕 옹립의 정당성을 명으로부터 빨리 승인받아야 했다.

---

31) 『곽광전』이란 한 무제 때 곽광의 전기를 담은 것인데, 그는 무제의 遺詔를 받들어 大司馬大將軍의 직책으로써 昭帝를 도왔으며, 다음 昌邑王이 음란한 행위를 일삼자 폐위시키고 宣帝를 세웠던 인물이다. 따라서 이런 고사에서 보듯이, 혈통에 의심이 있는 우왕을 폐위시키고 새로운 왕을 옹립해야 한다는 점을 암시한 것이다.
32) 『고려사』 권120, 열전 33, 윤소종(尹紹宗); 『고려사』 113, 열전 26, 정지(鄭地).
33) 『고려사절요』 권33, 辛禑 4, 신우 14년(1388) 6월.
34) 『고려사』 권118, 열전 31, 조준전에 의하면, 그가 윤소종, 조인옥 등과 다시 왕씨를 세우자는 맹세를 비밀리에 하였음을 보여주고 있다.

창왕 즉위년(1388) 10월에 이색, 11월에 강유백과 이방우(이성계의 장자), 창왕 원년 6월에 윤승순과 권근 등이 각각 명나라에 파견되었는데,[35] 창왕 친조(親朝)를 위해 하정사(賀正使)를 자청한 이색의 의도는 이성계 독주를 견제하기 위한 것이었고, 조정 신료들의 동향 역시 우왕과 창왕을 지지하는 파가 많았다.

이에 따라 이성계 일파들은 우왕이 신돈의 아들이라는 설을 하루빨리 구체화 시켜 폐위 명분을 찾아야만 했다. 창왕 원년 6월경에 사절로 간 윤승순과 권근이 9월에 돌아오자 큰 문제가 생겼다. 권근이 가지고 온 황제의 자문(咨文) 내용에 "우와 창이 왕씨 혈통이 아니니 이들에게 종묘사직을 받들게 할 수 없고, 창왕의 입조도 필요 없다"는 내용이라 전한다.[36] 그로부터 3개월 후 권근이 우봉으로 귀양 갔다. 자문내용을 이림(근비의 아버지)에게 먼저 알려주고 도당(都堂)에 올렸다는 죄목이었다.[37]

그러나 당시 여러 가지 정황으로 볼 때 이성계 일파의 폐가입진 진행 과정에서 자문 내용이 변조되었을 가능성이 컸다.[38] 즉, 이성계 일파가 자문을 고쳐 김저사건에 이용했고, 다시 자문 사적(私坫) 문제를 제기하여 권근에게 유배형을 가한 것이다.[39] 만약 권근이 자문 내용을 알고 있었다면, 이성계 일파들이 진행하고 있는 폐가입진 논의를 막아야 할 절박함이 있었을 것이다. 따라서 권근은 안전하지만 시일이 많이 소요되는 육로를 마다하고 위험한 해로를 택해 귀국일정을 단축하는 노력까지 보였고,[40] 그럼에도 불구하고 실패로 끝나 결국 귀양 가고 말았다.

특히 김저의 옥사에 연루된 자들에게 우창당(禑昌黨) 혹은 위신당(僞辛黨)이라

35) 『고려사』 권115, 열전 28, 이색전; 『고려사』 권137, 열전 50, 신창즉위년 11월 병술; 『고려사』 권137, 열전 50, 신창 원년 6월.
36) 『고려사』 권137, 열전 50, 신창원년 9월.
37) 『고려사』 권107, 열전 20, 諸臣 權咺 附 권근(權近); 『고려사절요』 권34, 공양왕 1, 2년(1390) 정월.
38) 김순자, 1999, 『麗末鮮初 對元明關係 硏究』, 연세대 박사학위 논문, pp.79-99.
39) 김당택, 1998, 「고려 창왕 원년(1389)의 金佇事件」 『전북사학』 12, 전북대사학과, p.80.
40) 엄경흠, 2004, 「정몽주와 권근의 使行詩에 표현된 국제관계」 『한국중세사연구』 16, pp.185-186.

고 공격에 고삐를 늦추지 않았던 이성계 일파의 행위를 보면, 우왕과 창왕 제거가 주목적이었음이 잘 드러난다. 위화도 회군 이후 우왕이 강화로 방출되었음에도 불구하고 여전히 영향력을 행사하고 있었고, 이는 그를 받들고 추종하는 세력들이 많았기 때문인데, 이성계 일파가 김저 사건을 빌미로 연관 없는 자들까지 처벌 범위를 크게 확대한 것만은 틀림없다.[41] 반대세력 제거를 위한 더할 나위 없는 좋은 기회였기 때문이다. 근비의 아버지 이림을 비롯한 도촌계 인물들이 대거 숙청당했던 것도 이 때였다. 이림과 아들 이귀생은 물론이고, 사위 유염·최렴, 외손서 노귀산, 조카 이근 등이 유배되었다.[42]

아무튼 이 당시 제기된 폐가입진의 논리는 조선 건국세력의 큰 무기가 되었고 명분이었다. 그리고 현실적인 문제 해결을 위해 김저의 옥사와 윤이·이초의 사건을 조작하여 정치적으로 해결하였고, 전제개혁을 통해 반대세력을 또한 번 제거할 수 있었다. 나아가 급진파 사대부들은 『서경』의 천명사상이나 『맹자』의 역성혁명, 『춘추』의 국왕 교체 등에 대한 내용을 역설하여 군주의 역할을 설명하는 단계에까지 이르자, 자신들이 옹립한 공양왕까지 공격 대상으로 삼고 있었다. 결국 「신우신창설」을 통하여 국왕을 교체하였다면, 「천명(天命)」설을 통하여 왕조 교체를 도모하였던 것이다.[43]

이리하여 조선조에 들어와 몇 번의 개찬을 거듭한 『고려사』에서는 결국 우왕 세가를 열전 반역편에 넣어 신우전(辛禑傳)으로 기록하고 말았다.[44] 따라서 근비(謹妃)도 당연히 후비(后妃) 전(傳)에 입전되지 못하고 말았다. 『고려사절요』 편찬에서도 마찬가지여서 범례 4개 항 중에서 2개가 우왕과 창왕 치세에 관한 것인데, 우왕 치세를 간지로 써서 격하하거나 공양왕 원년 10월 이전은 창왕 재위 기간이었지만 정월부터 공양왕 원년으로 기술한 것들이 그것이다. 이리하여 창

---

41) 김당택, 1998, 「고려 창왕 원년(1389)의 金佇事件」『전북사학』 12, 전북대사학과, pp.73-75.
42) 『고려사』 권45, 세가 45, 공양왕 원년 11월 기묘.
43) 도현철, 1995, 「고려말기 사대부의 이상군주론」『동방학지』 88, 연세대 국학연구원, pp.20-21.
44) 『세종실록』 권82, 20년 7월 경인; 『세종실록』 권124, 31년 4월 을묘.

왕의 기년은 모두 제외되고 말았으니, 이는 후세인들에게도 비난의 대상이 되고 말았다.[45]

---

45) 조선 태종 때 권근·하륜·이첨 등이 편찬한 『東國史略』, 조선 성종 때 서거정 등이 편찬한 관찬사서 『東國通鑑』, 조선 현종 때 유계가 지은 고려 編年史 『麗史提綱』, 실학자 한치윤이 저술한 『海東繹史』 등에서 신우 신창으로 기록하고 있다. 그런데 비해 성호 이익이나 순암 안정복 같은 이는 우창을 고려사의 반역 열전에 넣은 것이라든지 신우 신창으로 표현한 것을 비판하고 있다(이익, 『星湖僿說』 권25 經史門 辛禑; 안정복, 『東史綱目』 凡例, 統系 등).

2. 조선초기 인물

이 빈 (李彬)　　　　　　이 지 (李墀)

이 원 (李原)　　　　　　이 절 (李節)

이운노 (李云老)　　　　이교연 (李晈然)

이중지 (李中至)　　　　이 칙 (李則)

이 대 (李臺)　　　　　　이 육 (李陸)

이 곡 (李谷)　　　　　　이 평 (李泙)

이 질 (李垤)　　　　　　이 굉 (李浤)

이 비 (李埤)　　　　　　이 맥 (李陌)

이 장 (李場)　　　　　　이 명 (李洺)

이 증 (李增)

이빈 李彬

생년 : 1337년(충숙왕 복위5) 추정
몰년 : 1410년(태종 10)
관력 : 참찬의정부사(參贊議政府事) 판서(判書)
자호 : 회군공신 개국원종공신
묘소 :
가족 : [증조] 우(瑀) [조] 암(嵒) [생부] 목(牧)
　　　 [양부] 이음(李蔭) [처부] 구위(具䊷)

　　이암의 손자이자 이음의 아들이다. 고려 말 무장으로 이성계와 함께 위화도 회군으로 회군공신에 책봉되었지만, 김종연 사건으로 귀양 갔으며 정몽주 당으로 지목받아 재차 탄핵을 받았다. 조선 개국 당시 원종공신으로 책봉되었으며, 이듬해 경기우도관찰출척사(京畿右道觀察黜陟使)에 임명되었고, 이어 태조 4년(1395) 판중추원사로 승진하였다. 태종 집권 2년차에 일어났던 조사의(趙思義)의 난을 평정하는 데 공을 세웠다. 종계변무를 위해 중국 명나라 사절단으로 다녀오는 등 여러 차례 중국 명나라로 가서 대명외교에 심혈을 기울였다. 태종의 왕권강화 차원에서 일어난 외척 제거 사건에 연루되어 유배되었다가 죽음을 맞이했다. 환관 윤봉이 어린 시절 이빈의 사저에서 훈육되었기에 그의 도움으로 세종에 의해 부인과 후손들이 신원되었다.

행촌(杏村) 이암(李嵒)의 손자이자 이음(李蔭)의 계자(系子)이다. 생부는 목(牧)이다. 고려 후기 무장으로 이름이 있었다. 우왕 말년에 동북면부원수(東北面副元帥)로 요동정벌(遼東征伐)에 참가하였다가 이성계(李成桂)와 함께 위화도에서 회군하였다. 창왕이 즉위한 뒤 우왕 후궁들을 모두 사가(私家)로 돌려보내고 그들 아비들도 멀리 유배를 보냈는데, 덕비(德妃)의 아비 조영길(趙英吉)이 몰래 도망 나와 개경에 들어온 것을 알고서 보고하지 않았다 하여 대간의 탄핵을 받고 안변(安邊)에 유배되었다.[1] 우왕이 총애하던 덕비는 원래 이인임의 가비(家婢)가 낳은 딸인데, 제4비 숙비와 서로 총애 다툼을 벌여 숙비 어머니와 오빠를 죽음에 이르게 하기도 했다. 우왕 총애가 깊어짐에 따라 덕비의 아비 조영길의 관직도 따라서 승진되었는데, 전농부정(典農副正)에서 밀직부사(密直副使)에까지 오르게 되었으나 우왕이 쫓겨나자 조영길도 유배되었다. 그런 연유로 조영길이 몰래 개경에 잠입하는 사건이 발생했고, 이에 대한 보고를 소홀히 했던 이빈은 이인임 당파로 몰려 한 동안 유배지에서 생활해야만 했다. 공양왕 2년(1390) 4월에 가서 뒤늦게 회군공신(回軍功臣)을 봉했는데, 이빈도 공신으로 책봉되었지만[2] 배소에서 풀려나지는 못한 것으로 추정된다. 공양왕 3년(1391) 정월에 가서야 배소에서 풀려나 개경에 거주할 자유의 몸이 되었기 때문이다.[3]

그러나 이빈은 곧 이어 발생한 김종연(金宗衍) 사건으로 또 다시 귀양 가는 신세가 되었다. 공양왕 2년(1390)에 일어났던 윤이(尹彝)·이초(李初)의 옥사에 연루되었던 김종연이 봉주(鳳州)에 숨어 있다가 잡혔으나, 다음 날 다시 도망하여 포위망을 뚫고 평양에 이르러 전 판사 권충(權忠)의 집에 피신하였다. 그러다가 이방춘(李芳春)·김식(金軾)·이중화(李仲和) 그리고 서경천호(西京千戶) 윤구택(尹龜澤) 등과 함께 이성계(李成桂) 제거 모의를 꾀하다가 윤구택의 밀고로 발각되었

---

1) 『고려사』 권137, 열전 50, 신창 즉위년 11월.
2) 『고려사』 권45, 세가 45, 공양왕 2년 4월 임인.
3) 『고려사』 권46, 세가 46, 공양왕 3년 정월 기축.

다. 이에 곡주(谷州) 숲속에 숨었다가 끝내 붙잡혀 심문 받다 죽었다. 이 사건을 조사하는 과정에서 이빈도 연루되어 다시 안협으로 귀양 갔다가 이듬해 석방되었다.

김종연 사건은 윤이·이초 사건의 연장선상에서 일어난 것이었다. 이림 등 공양왕 옹립에 반대한 이들이 우창당(禑昌黨)으로 지목되어 유배되었고, 윤이·이초 사건에 연루된 이초당 33명 가운데 이색·이림·조민수·권근·이숭인 등 13명 정도는 이미 탄핵되어 처벌받았던 인물들이다. 따라서 이성계 일파는 우창당 처리 당시 만족할 만한 성과를 내지 못하자 새로이 이초당 처벌을 통해 권력을 더욱 공고히 한 것이다. 이초당 처벌 과정에서 19명 정도가 무장(武將) 세력이었다는 점을 감안한다면 무인들의 반발 또한 만만치 않았음을 보여주는 것이기도 하다.[4]

김종연 도주 사건 발생과 더불어 심덕부를 중심으로 한 무인들이 또 한 차례 숙청되었던 것도 그 연장선상에서 나타난 것이었는데, 그 실상은 윤구택이 밀고했던 상항을 그린 다음 자료에 잘 나타나 있다.

도주했던 김종연이 서경에 와서 저[윤구택]와 함께 군사를 동원해 시중을 해치기로 약속했습니다. 김종연은 이미 송경(松京: 개경)으로 잠입해 시중 심덕부, 판삼사사 지용기(池湧奇), 전 판자혜부사(判慈惠府事) 정희계(鄭熙啓), 문하평리 박위(朴葳), 동지밀직(同知密直) 윤사덕(尹師德), 한양부윤(漢陽府尹) 이빈(李彬), 나주도 절제사(節制使) 이무(李茂), 전주도 절제사(節制使) 진을서(陳乙瑞), 강릉도 절제사(節制使) 이옥(李沃), 전 밀직부사 진원서(陳原瑞) 및 이중화(李仲和) 등과 함께 난을 일으키기로 모의했습니다. 그리고 조유도 저[윤구택]에게 '심시중(沈侍中: 심덕부)이 자신의 심복인 진무(鎭撫) 조언(曹彦)·김조부(金兆符)·곽선(郭璇)·

---

4) 유경아, 1996, 『정몽주의 정치활동 연구』, 이화여대 박사학위논문.

위충(魏种)·장익(張翼)으로 하여금 조유 등과 함께 휘하의 군사를 지휘해 이시중(李侍中: 이성계)을 습격하려 한다'고 말했습니다."[5]

위의 자료에서 보듯, 시중 심덕부 이하 많은 무장세력 인물들이 함께 군사를 거느리고 이성계를 비롯한 9공신을 살해하려는 모의를 했다는 것이다. 여기에서 심덕부·지용기·박위·이빈(李彬) 등과 같은 인물들이 연루되었다는 것은 무장세력 내부 분열로 설명될 수 있을 것 같다. 심덕부나 지용기와 박위 등은 공양왕 추대 공신들이기 때문이다.

그 뒤 이빈은 동지밀직사사(同知密直司事)가 되었으나 정몽주(鄭夢周) 당으로 몰려 다시 탄핵 받았다. 그러다가 조선 건국 몇 달 전인 공양왕 4년 4월에 동지밀직사사에 제수되었고,[6] 이어서 이성계가 조선을 개국한 뒤에 원종공신(原從功臣)에 올랐다. 이 때 그의 관직 표기를 보면 전(前) 한성윤(漢城尹)으로 기록된 것으로 미루어[7] 현직을 갖고 있지 못한 상태에서 공신으로 책봉되었음을 알 수 있다.

새 왕조를 개창할 때 필연적으로 따르는 것이 개국공신 책봉이었다. 이성계는 개국공신 책봉에 앞서 개국 주도세력에 대해 우선적으로 봉작(封爵)을 실시하였고,[8] 그로부터 22일이 지난 8월 20일에 3등급으로 나눈 개국공신 44명을 발표했으며, 이어 그해 10월부터 태조 6년 10월까지 약 5년간에 걸쳐 10여 차례에 이르는 원종공신(原從功臣)을 책봉하였는데, 무려 1,400여 명에 이르고 있

---

5) 『고려사』 권104, 열전 17, 김주정(金周鼎) 부 김종연(金宗衍).
6) 『고려사』 권46, 세가 46, 공양왕 4년 4월 계유.
7) 『태조실록』 권2, 태조 1년 10월 정사.
8) 『태조실록』 권1, 태조 원년 7월 정미에 의하면, 裵克廉에게 翊戴補祚功臣門下左侍中星山伯, 조준에게 佐命開國功臣門下右侍中平壤伯, 李和에게 佐命開國功臣商議門下府事義興親軍衛都節制使義安伯, 金士衡에게 佐命功臣門下侍郎贊成事判八衛事上洛君, 정도전에게 佐命功臣門下侍郎贊成事義興親軍衛節制使奉化君으로 봉작하였고, 이 밖에 鄭熙啓·李之蘭·남은 등에게는 佐命 또는 補祚功臣으로서 封君하였다.

다.[9] 이는 정권 초기의 불안한 정국을 돌파하는 데 큰 보탬이 된 것만은 분명하다 할 것이다. 이성계와 공신 간에 굳은 군신관계가 성립될 수 있었던 계기를 마련한 것이기 때문이다.

이빈(李彬)은 1차 원종공신을 책봉할 당시 26명 중의 한 사람으로 이름을 올렸는데,[10] 이 때 원종공신으로 책봉된 인물 대부분이 정몽주 당여를 막아 이성계 집권에 도움을 주었다는 공을 인정받은 것이었다. 이빈이 1차 원종공신 26명에 포함되었다는 것은 그만큼 공로가 컸다는 것을 의미한다. 책봉 당시 이빈의 관직이 전 한성윤으로 표기되어 있듯이, 원종공신으로 책봉된 대다수 인물이 전직 관료였다.

이빈은 요동정벌에 참가하였다가 위화도 회군 당시 이성계와 뜻을 함께 했지만, 그 이후 관직생활은 순탄치가 않아 잦은 유배생활을 경험했고, 끝내 정몽주(鄭夢周) 일당으로 몰려 탄핵을 받았으나, 조선건국과 함께 원종공신(原從功臣)에 책봉되면서 순탄한 관직 생활을 할 수 있었다. 따라서 이 당시 공신책봉은 이성계가 그를 추대한 자들에 대하여 경제적 또는 경제외적 특전을 주어 충성스러운 신하로 묶어놓고, 중간지대에 있었던 세력까지 공신으로 포섭하여 이들 간에는 서로 화합·단결하게 함으로써 왕권 확립과 정치적 안정을 꾀한 것이라 볼 수 있다.

태조 2년(1393) 하륜(河崙)이 경기좌도관찰출척사로 나갈 때 그 역시 경기우도 관찰출척사(京畿右道觀察黜陟使)에 임명되었고,[11] 이어 태조 4년(1395) 판중추원사에 승진하였다. 이듬해 축성 제조(築城提調)를 겸하였을 때 감독을 소홀히 했다는 이유로 영해로 유배되었다.[12] 1399년(정종 1) 왜구가 서북면 선천·박천에 침

---

9) 崔承熙, 1987, 「朝鮮太祖의 王權과 政治運營」 『震檀學報』 64, 진단학회.
10) 『태조실록』 권2, 태조 1년 10월 정사.
11) 『태조실록』 권4, 태조 2년 9월 을묘.
12) 『태조실록』 권9, 태조 5년 5월 갑자.

입하자 충청도조전절제사로 출정하였고,[13] 태종이 즉위한 이후 서북면 도순문사(西北面都巡問使)·사평부좌사(司平府左使)를 거쳐 서북면도절제사가 되었으며, 조사의(趙思義)가 왕자의 난에 불만을 품고 군사를 일으키자 이를 평정하여 공을 세웠다. 태종 집권 2년차에 일어났던 조사의(趙思義)의 난은 친태조 세력의 반태종 난이라 할 수 있다. 개국공신이었던 이빈이 이를 평정하였다는 것은[14] 왕위계승으로 인한 혼란상을 막아야 한다는 친태종 성향을 가진 이빈의 현실인식이 반영된 것으로 보인다.

그 뒤 내직으로 옮겨 사평부 좌사와 우군도총제를 겸직하다가 태종 3년(1403) 민무휼(閔無恤)과 함께 명나라에 사은사(謝恩使)로 가서 종계변명주본(宗系辨明奏本)을 올렸다.[15] 종계변무(宗系辨誣) 문제는 당대 대명외교에 있어 최대 현안이었다. 공양왕 2년(1390) 이성계의 정적이었던 윤이(尹彛)·이초(李初)가 명나라로 도망가서 공양왕이 고려 왕실 후계가 아니라 이성계의 인척인데다, 이성계와 공모하여 명나라를 치려 한다고 모함한 적이 있었다. 이때 이성계를 이인임(李仁任) 후손이라고 말했던 내용이 명나라 『태조실록』과 『대명회전(大明會典)』에 그대로 실리게 되었고, 조선이 건국된 지 2년이 지나 명나라 사신을 통해 이런 사실을 알게 되었다. 이러한 종계(宗系)문제는 조선왕조의 합법성과 왕권확립에 관계된 중대한 문제였다. 즉각 명나라 사신 황영기(黃永奇)의 귀국편에 변명주문(辨明奏文)을 지어 보냈다.

그러나 명나라에서 반응이 없자, 태종 2년(1402) 사은사 임빈(林彬)을 파견하여 주청문(奏請文)을 보냈지만, 명나라에서는 『만력회전(萬曆會典)』 중수본에 변명사실을 부기하는 데 그쳤다. 다급했던 태종은 이듬해 민무휼과 이빈을 또 다시 사은사로 보냈지만 성과를 얻지 못했다. 이러한 종계 문제는 이후 200여 년에 걸

---

13) 『정종실록』 권2, 정종 1년 9월 정축.
14) 『태종실록』 권4, 태종 2년 11월 병오.
15) 『태종실록』 권6, 태종 3년 11월 기축.

친 양국간의 최대 외교 현안이 되었고, 선조 22년(1589)에 가서야 역관 홍순언의 활약으로 윤근수(尹根壽)가 수정된 『대명회전』을 받아옴으로써 완전히 해결되었다. 이런 중요한 외교문제 해결을 위해 이빈이 사은사로 파견되었다는 것에서 그의 정치적 위상이 잘 드러난다 하겠다.

그 후 이빈은 태종 4년(1404) 참찬의정부사(參贊議政府事)·참판사평부사(參判司平府事)·순금사만호(巡禁司萬戶) 등을 거쳐,[16] 태종 9년(1409) 형조판서와 호조판서를 번갈아 역임하면서[17] 현달한 관직을 두루 거쳤다. 그러나 태종의 외척제거 사건에 연루되는 비운을 맞았다.

태종 집권기는 반왕 세력의 위협으로부터 종묘사직을 지킨다는 명분이 컸다. 태종의 왕권 취약성 때문이었다. 이런 구실로 왕권에 대한 정당성 찾기가 시급했다. 그리하여 태종은 즉위 과정에서 위협적으로 다가왔던 개국공신 세력을 제거하였고, 집권 후에는 척족 민씨계(閔氏系) 세력과 관료 세력 및 친세자 세력 등을 차례로 제거해야만 했다. 결국 이거이(李居易) 같은 왕실과 연혼관계를 맺은 공신들을 거세했던 것이나, 민무구(閔無咎)·무질(無疾) 형제를 제거했던 것이 대표적인 사례들이다.

태종 집권기 초반부터 태종과 정비 민씨 간의 불화는 시작되었다. 민씨 형제들의 태종에 대한 불만과 혐오의 마음은 여기에서 비롯된 것으로 보이며,[18] 태종으로서는 민씨 형제들을 반왕세력으로 의심하였음이 분명하다. 태종 원년(1401) 정월 초하루에 태종이 조하(朝賀)를 받고 연회를 베풀 때 상장군 이응(李膺)이 반열의 차례를 어겼다는 사헌부 탄핵을 받았는데, 이 때 태종이 민무구가 헌사(憲司)를 사주하여 일으킨 소동으로 의심할 정도였다.[19] 그러다가 태종 7년 7월에 민무구·무질 형제와 신극례(辛克禮) 등이 반왕세력으로 탄핵을 받았다.

---

16) 『태종실록』 권7, 태종 4년 3월 갑인, 『태종실록』 권7, 태종 4년 6월 을해.
17) 『태종실록』 권17, 태종 9년 2월 무술, 『태종실록』 권17, 태종 9년 6월 을사.
18) 金成俊, 1962, 「太宗의 外戚除去에 대하여」 『歷史學報』 17·18, 역사학회.
19) 『태종실록』 권1, 태종 원년 정월 신유.

그 당시 민무구·무질 형제의 죄목은 세자에게 양위하겠다는 선위파동에서 기뻐하는 안색을 보였다는 점인데,[20] 이것이 역심이었다는 주장이다. 결국 민무구 형제와 관련된 정치파동은 태종 10년(1410) 3월 민무구 형제가 사사(賜死)될 때까지 거의 3년을 끌었고, 조호(趙瑚)를 비롯 조희민(趙希閔)·이무(李茂)·윤목(尹穆)·이빈(李彬)·유기(柳沂) 등 많은 희생자를 냈다.[21] 아울러 유기의 아들이었던 유방선 또한 청주로 유배되었다가 이듬해 영천으로 이배(移配) 되었는데, 그는 이원(李原)의 맏사위였다.

이빈의 경우엔 민무휼 사건 처리 과정에서 더 확대된 윤목(尹穆) 옥사 때문에 장류(杖流)되었다가 유배지에서 참수 당하였다.[22] 윤목을 위시한 5명의 죄인에게 특별히 연좌 죄가 적용되었다. 이빈(李彬)의 백숙부 중에 유일한 생존자였던 이목(李牧)이 영해(寧海)에 유배되었고, 이빈의 처는 관노비가 되었다.[23] 그 후 태종 16년(1416)에 이빈(李彬)의 아내 수청(水淸)은 입역(立役)하지 않고 자신의 거주지에서 신공(身貢)만을 바치는 공비(貢婢) 신분이 되었다가,[24] 세종 때 명나라 환관 윤봉(尹鳳)의 청으로 방면되었다. 그리고 적몰되었던 우봉의 전답과 노비들도 되찾을 수 있었다.[25] 뿐만 아니라 이빈의 처 구씨가 죽자 세종은 부의로 미두(米豆) 20섬을 내려 주었다.[26] 모두가 환관 윤봉 덕분이었다.

고려 말 이래 중국에서는 공녀와 환관의 요구가 많았고, 이 때 보내졌던 어린 환관들이 후일 중국 사신으로 본국에 파견되어 권세를 부렸던 일들이 많았는데, 이런 관례는 조선 초기까지도 이어졌다. 윤봉 역시 조선에서 태어나 명나라로 보내졌던 환관이었는데, 세종 당시 중국 사신단 일행으로 고국으로 온

20) 『태종실록』 권14, 태종 7년 6월 신유.
21) 『태종실록』 권18, 태종 9년 9월 무인.
22) 『태종실록』 권18, 태종 9년 10월 경자, 『태종실록』 권19, 태종 10년 1월 정유.
23) 『태종실록』 권19, 태종 10년 2월 갑진.
24) 『태종실록』 권31, 태종 16년 5월 을묘.
25) 『세종실록』 권41, 세종 10년 9월 계유.
26) 『세종실록』 권107, 세종 27년 2월 갑인.

자였다.

> 윤봉(尹鳳)이 우부대언(右副代言) 이대(李臺)에게 이르기를, "내가 아홉
> 살 적부터 이빈(李彬)의 집에서 양육되어 20여 세에 명나라 조정으로 들
> 어가 지금까지 편안히 영화를 누리고 있는 것은 모두 그의 은덕이다. 이빈
> 이 스스로 죄를 지어 이미 형(刑)을 입었으나, 그의 아내가 아직도 생존하
> 고 있으니, 비록 잠깐 나를 본다 하더라도 내가 무슨 말을 하며, 그도 또한
> 무슨 말을 하겠는가. 이 뜻을 아뢰어 주기 바란다"고 하였다.[27]

위의 자료에서 확인되듯이, 윤봉이란 환관은 어릴 때 이빈의 집에서 양육되
다가 명나라로 보내졌던 인물이었다. 이런 사연으로 이빈의 처 구씨를 양모(養
母)로까지 불렀으며, 그가 양모를 돕기 위해 세종에게 아뢰도록 우부대언 이대
(李臺)에게 부탁하였음을 볼 수 있다. 이대는 용헌공 이원의 아들인데, 당시 관
직이 승지에 해당하는 우부대언이었으니, 직책상 윤봉이 그에게 부탁하는 것이
당연한 순서였지만, 이대에게는 5촌 당숙모와 관련된 일이었다.

아무튼 윤봉 덕분으로 이빈(李彬) 후손들은 신원(伸寃)되었던 것으로 보인다.
아들 이지(李地)가 부사로 세조 즉위 과정에서 좌익원종공신 3등에 올랐던 것으
로 미루어보면, 환관 윤봉의 노력으로 그의 후손들 출사길이 열렸던 것이 아닌
가 한다.

---

27) 『세종실록』 권27, 세종 7년 2월 병진.

이원李原

생년 : 1368년(공민왕 17)

몰년 : 1429년(세종 11)

관력 : 좌의정

자호 : 자 차산(次山) 호 용헌(容軒) 시호 양헌(襄憲)

묘소 : 경기도 광주 목리

가족 : [증조] 우(瑀) [조] 암(嵒) [부] 강(岡)

      [외조] 곽연준(郭延俊) [처부] 허금(許錦) 최정지(崔丁智)

    자는 차산(次山), 호는 용헌(容軒). 수문하시중(守門下侍中) 이암(李嵒)의 손자이자 밀직부사 이강(李岡)의 아들이다. 우왕 8년(1382) 진사가 되고, 1385년 문과에 급제, 사복시승(司僕寺丞)을 거쳐 예조좌랑과 병조정랑 등을 역임했다. 조선이 개국되자 지평이 되었고, 좌승지 때 이방원(李芳遠)이 왕위에 오르는 데 협력한 공으로 태종 1년(1401) 좌명공신(佐命功臣) 4등에 책록되었다. 그 해 공안부소윤(恭安府少尹)을 거쳐 대사헌으로 있다가 이듬해 경기좌우도도관찰출척사(京畿左右道都觀察黜陟使)가 되었고, 1403년 승추부제학(承樞府提學)으로 있으면서 고명부사(誥命副使)가 되어 명나라에 다녀왔다. 이후 평양부윤으로 있으면서 서북면도순문찰리사(西北面都巡問察理使)를 겸하고, 1406년 참지의정부사(參知議政府事)와 판의용순금사사(判義勇巡禁司事)를 겸직하였다.

    이어 대사헌과 판한성부윤을 거쳐, 1408년 태조가 죽자 국장을 주관하는 빈전도감판사(殯殿都監判事)가 되었고, 이어 경상도관찰사로 영상주목사를 겸직하였고, 철성군(鐵城君)으로 진봉되었다. 태종 14년(1414) 영길도도순문사(永吉道都巡問使)를 거쳐, 예조판서로 있다가 대사헌이 되었다.

그 후 참찬을 거쳐 1416년 판한성부사, 병조판서, 1417년 판우군도총제(判右軍都摠制)와 찬성을 거쳐 이듬해 우의정에 올랐다. 세종 1년(1419) 영경연사(領經筵事)를 겸했고, 세종 3년(1421) 1월에 사은사로 명나라에 다녀왔다. 그 해 12월에 좌의정으로 승진했고, 우의정 정탁(鄭擢)과 함께 도성수축도감도제조가 되어 도성 성곽을 석성으로 개축하였다. 세종 7년(1425) 등극사(登極使)로 다시 명나라에 다녀온 이듬해 많은 노비를 불법으로 차지했다는 혐의로 사헌부 탄핵을 받아 여산(礪山)에 안치되었다가 배소에서 죽었으나 세조 때 관작이 회복되었다. 저서로 『용헌집』이 있다. 시호는 양헌(襄憲)이다.

1. 이원의 정치 활동

조선 초기 국가의 기틀을 다지고 제도를 정비하는 데 공헌한 인물이다. 자(字)는 차산(次山), 호(號)는 용헌(容軒)이다. 그가 태어난 지 3개월 만에 아버지 이강(李岡)이 죽었고, 5세부터 그의 손위 자형이었던 권근에게 수학하여 학문을 배웠는데, 이 때 권근이 "우리 장인이 사망하지 않으셨다"라고 한 바 있듯이, 학문과 기풍이 남달랐다. 15세이던 우왕 8년(1382)에 진사과에 합격하고 18세에 정몽주가 시관(試官)이었을 때 급제하였는데, 포은이 "문경공(이강)이 재주와 덕으로 크게 펼치지 못하였는데, 이제 이런 아들이 있으니 하늘이 보답하여 베풀어줌이 참으로 징험이 있구나"라고 했다고 전한다.[1]

21살이던 우왕 14년(1388)에 사복시승(司僕寺丞)으로 관로에 나아가 좌랑과 정랑을 역임했고, 25세에 조선이 건국되자 사헌부에 배속되어 새 왕조 건설에 일익을 담당하게 되었다. 사헌부 잡단(雜端; 지평)에서 출발한 그는 이듬해 시사(侍史; 장령)로 승진하였는데,[2] 이 시기는 새 왕조 기틀을 집중적으로 잡을 때여서 그 역할이 컸다. 당시 사헌부 수장이었던 대사헌에는 민개(閔開)와 남재(南在) 등이었는데, 이들과 함께 국가 개혁을 위한 장문의 10조 소(疏) 혹은 11조 소(疏)를 연명으로 올렸던 것이 전하고 있다.

예컨대, 이원이 그의 손위 자형이었던 대사헌 민개와 함께 올렸던 10조 소의 대강(大綱)을 보면, ① 기강(紀綱)을 세울 것 ② 상벌(賞罰)을 명확히 할 것 ③ 군자를 가까이 하고 소인을 멀리할 것 ④ 간쟁을 잘 받아들일 것 ⑤ 참언(讒言)을 잘 가릴 것 ⑥ 일욕(逸欲)을 경계할 것 ⑦ 절검(節儉)을 숭상할 것 ⑧환관을 배척할 것 ⑨ 승니(僧尼)를 도태시킬 것 ⑩ 궁위(宮闈)를 엄하게 할 것 등이었는데, 이에 대해 태조는 단시일 내에 정리하기 어려운 환관과 불교 문제를 제외하고 나머지는 기꺼이 가납하였다.[3] 이어서 남재와 함께 연명 상소한 12조 내용도 세부적인 각론이 약간 보충되긴 했으나 큰 맥락에서는 전과 대동소이한 것인데, 주자학을 지배 이데올로기로 선택한 건국 초기의 상황을 감안할 때 필연적인 것이기도 했다.

태조 2년(1393) 6월 사헌부 시사(侍史)로 재임하던 중에 세자 현빈 유씨가 사제로 쫓겨나고 내시 이만(李萬)이 참형을 당하는 사건이 발생했는데, 이 때 동료들과 함께 사건을 명확히 규명하여 의혹을 풀어야 한다고 주청하였다가 태조의

---

1) 『국조인물고』권1. 상신, 이원신도비명(서거정 찬).
2) 조선건국과 함께 문무백관 관제를 제정할 당시 사헌부에는 종2품 대사헌(大司憲) 1명, 중승(中丞) 1명, 종3품 겸중승(兼中丞) 1명, 정5품 잡단(雜端) 2명, 정6품의 감찰(監察) 20명을 두었다(『태조실록』권1, 태조 1년 7월 정미). 그 후 태종이 즉위하여 관제 개편 할 당시 사헌 중승(司憲中丞)을 집의(執義), 시사(侍史)를 장령(掌令), 잡단(雜端)을 지평(持平)으로 변경했다 (『태종실록』권2, 태종 1년 7월 경자). 따라서 이원이 처음 사헌부에 진출했을 때는 지평이 아닌 잡단으로 근무했음을 알 수 있다.
3) 『태조실록』권1, 태조 1년 7월 기해 및 『용헌집』권3, 「上十條疏」.

노여움으로 순군옥에 갇혔다가 유배형까지 당했다.[4]

얼마 후 풀려나 양근군수인 외직으로 나갔다가 전교시(典校寺) 문한(文翰)으로 복귀한 뒤 태조 5년에 다시 사헌부 정3품 중승(中丞; 집의)의 직무를 맡았다. 정종이 즉위한 후에는 우부승지에 올랐다가[5] 이어 좌승지로 승진하였으며, 정종이 이방원에게 양위할 당시 태조에게 보고하는 어려운 일을 맡아 무리 없이 수행하였다.[6] 이처럼 정종 퇴위와 태종 집권기의 예민했던 정치국면에서 승정원 승지로서의 뛰어난 수완을 보였기에 두 임금 모두에게 신임을 얻었음은 물론 불편한 심기로 일관했던 태조 이성계까지 화합의 장으로 끌어내는 업무를 차질 없이 수행했음을 볼 수 있다.

이로써 태종 즉위와 함께 좌명공신 4등에 책록되어 철성군에 봉해졌으니, 이후 그의 원만한 성격과 개인적인 능력을 바탕으로 순탄한 관직생활을 영위할 수 있었다. 당시 4등 공신의 특전은 부·모·처를 봉증(封贈)하고, 직계 아들은 음직(蔭職)을 주고, 밭 60결, 노비 6명 등의 혜택이 내려짐과 아울러 각(閣)을 세워 형상을 그리게 하고 비(碑)를 세워 공을 기록하며, 적장(嫡長)이 대대로 승습(承襲)하여 녹(祿)이 끊어지지 않게 하고, 자손은 정안(政案)에 기록하기를 좌명(佐命) 몇 등 공신 아무개의 후손이라 하여, 비록 죄를 범하는 것이 있더라도 영세(永世)토록 용서한다는 것이었다.[7]

태종이 왕위에 오른 이후 좌승지 이원은 대사헌으로 갔다가 다시 관찰사로 파견되기도 했고, 판한성부사와 예조판서를 거쳐 태종 후반기에는 병조판서와 이조판서 등의 요직을 차례로 맡았으며, 태종 18년(1418)에 드디어 우의정에 제수되었으니 태종의 신임 정도를 가히 짐작할 수 있겠다. 특히 태종대의 그에 대한 신임도를 보면, 빈전도감판사(殯殿都監判事), 신경제조(新京提調), 의금부제조

---

4) 『태조실록』 권3, 태조 2년 6월 계사~정유.
5) 『정종실록』 권4, 정종 2년 2월 기해.
6) 『정종실록』 권6, 정종 2년 11월 신미.
7) 『태종실록』 권1, 태종 원년 정월 을해.

(義禁府提調), 위관(委官), 봉책보(封冊寶)와 같은 특별한 직책을 주어 임무를 수행토록 한 것이나, 왕을 대신하여 연복사정(演福寺井)에 제사를 지냈고,[8] 또 신도소격전(新都昭格殿)에서 금성양초(金星禳醮)를 행했던[9] 사실들에서 잘 드러난다.

아울러 태종이 "내가 병조판서 이원과 공신 유사에게 명확히 말하겠으니 우선 기다려라"라고 한 것이나,[10] "임금이 대언들을 물리치고 유정현·유관·박은·이원·정역 등과 더불어 비밀히 의논하였다"라고 한 사례들에서 엿 볼 수 있듯이,[11] 태종 후반기의 정국 운영은 용헌공을 비롯한 몇몇 공신들에게 의존한 바가 컸음을 짐작케 한다. 이원은 정종 때에 이미 우부승지로 재직하면서 정종과 이방원 사이를 연결하는 매개체 역할을 잘 함으로써 정치적 입지를 굳힌 바가 있었기에 가능한 것이었다.[12]

태종은 이원에게 자주 각도순찰사(各道巡察使)나 도순문사(都巡問使) 도안부사(道安撫使)와 같은 특수 임무를 주었는데,[13] 왕조 초기라는 점을 감안할 때 지방 지배체제를 정비하여 민심을 다독여야 하는 것이 선결 과제였기 때문이다. 특히 강원도나 동북면 지역으로 이원을 파견한 것은 군사상의 요충이었던 점도 있지만, 태종 집권 초기에 이 지역에서 반이방원 세력들을 규합하여 일어났던 조사의(趙思義) 난을 생각해 보면 그 해답이 될 것 같다.

아울러 조선 초기 대 중국 외교문제는 명나라 과잉 반응으로 표전 문제가 불거졌고, 요동을 둘러싼 영토 문제까지 겹쳐 매우 민감하게 작용하고 있었다. 거기에다 내부의 정치적 격동까지 겹쳤던 불안한 정국을 타개하는 데 매우 중요했던 외교 분야에서 이원이 보여 준 일련의 활동은 높이 평가되어야 할 부분이

---

8) 『태종실록』 권1, 태종 원년 정월 을유.

9) 『태종실록』 권1, 태종 원년 5월 기유.

10) 『태종실록』 권32, 태종 16년 11월 병오.

11) 『태종실록』 권30, 태종 15년 8월 을유.

12) 이병휴, 2004, 「朝鮮初期 政局의 推移와 容軒 李原의 對應」『歷史敎育論集』 32, 역사교육학회.

13) 『태종실록』 권18, 태종 9년 10월 경술; 『태종실록』 권26, 태종 13년 7월 갑진; 『태종실록』 권18, 태종 9년 10월 경술; 『태종실록』 권26, 태종 13년 7월 갑진.

다. 정종이 물러나고 이방원이 즉위하자 우정승 성석린(成石璘)과 함께 그의 즉위에 대한 고명(誥命)과 인장을 내려 준 데에 대한 사은을 위해 명나라에 파견된 것을[14] 필두로 사대외교에 빠질 수 없는 인물이 되었다. 특히 당시 명나라에서는 공녀와 환관에 대한 무리한 요구를 조선 측에 끊임없이 해 오던 때였고, 태종 9년(1409)에 왔던 중국 사신 일행의 무례함이 도를 넘어 지나침이 있었으나, 천자국의 사신이라 어찌 할 방도가 없었다. 이에 조정에서는 능력과 위상을 감안하여 철성군 이원을 파견하고 있다.

조정의 내사(內史) 해수(海壽)가 의주에 이르렀다. 서북면 도순문사(西北面都巡問使)가 치보(馳報)하기를, "내사(內史) 해수(海壽)가 13일에 압록강을 건너 의주에 이르러, 까닭 없이 성을 내며 목사 박구(朴矩)의 옷을 벗기고, 판관 오부(吳傅)를 결박하여 볼기를 치려다가 그만두었는데, 그 행색이 심히 급하여 끝내 온 까닭을 말하지 않았습니다"하였다. 임금이 말하기를, "내가 공경히 천자(天子)를 섬겨 오직 한 가지 마음을 다할 뿐이고, …… 그런데도 악한 짓을 하는 것이 이에 이른다"하고, 의정부(議政府)에 명하기를, "해 천사(海天使)가 심히 공손하지 못하니, 만약 재상 중에 위엄과 명망이 있는 사람을 보내어 원접사(遠接使)를 삼으면, 그 독기(毒氣)를 부리지 못할 것이다"하였다. 의정부에서 철성군(鐵城君) 이원(李原)을 보내기를 청하니, 임금이 대언(代言) 등에게 이르기를, "…… 천자는 조관(朝官)을 보내지 않고 환시(宦寺)를 명하여, 오기만 하면 혹은 탐(貪)하고 혹은 포학(暴虐)하여 무례(無禮)한 짓을 자행하니, 어떻게 처치할 것인가?"하니, 대답하기를, "이것은 실로 고금(古今)의 공통된 근심입니다"하였다. 임금이 말하기를, "…… 하루아침의 분함으로 인하여 백년

14)『태종실록』권5, 태종 3년 4월 정묘.

의 근심을 끼칠까 염려되니, 내가 마땅히 참겠다"하였다.[15]

철성군 이원은 학문의 경지나 원만한 성격과 인품을 갖춘 것은 물론 체구가 크고 반듯하여 중국 사신으로는 제격이었다. 세종이 즉위하매 문황제(文皇帝)가 고명과 관복을 내렸는데, 이원이 표문을 받들고 명나라에 가서 사은할 때, 공의 모습이 크고 잘나서 사람들 가운데 뛰어나므로, 황제가 보고 기특히 여겨 말하길 "황염(黃髥: 누렇게 변한 구레나룻)의 재상은 뒤에 다시 와야 한다"라고 한 바가 있을 정도로 중국 황제에게까지 신임을 얻고 있었다. 그리하여 세종 7년(1425)에 선종(宣宗) 장황제(章皇帝)가 등극하였을 때에도 이원이 명나라에 가서 진하(陳賀)하였다. 당시의 외교는 사절단끼리 서로의 학문적 경지를 견주고 시로 창화(唱和)하여 실력을 테스트 하는 것이 관례였다는 점으로 미루어 보면, 철성군 이원은 풍모와 인품만이 아니라 그의 유학적 소양도 당대에 으뜸이었음을 짐작케 한다.

이원의 관력을 놓고 보면, 그의 신도비에서 참지정사 때부터 묘당에 출입하기를 20여 년이었고, 재상을 한 것이 대략 9년이라고 한 바와 같이, 중앙의 요직을 두루 거쳤던 인물이었다. 태종이 집권한 이후 이원의 경력은 크게 대사헌(大司憲)과 판서(判書), 그리고 지방관(地方官)과 의정(議政) 등으로 대별된다 하겠다.

대사헌으로 있을 당시에는 그의 묘지명에서도 "예조판서로 승진하였다가 곧 대사헌으로 옮겼다. 이때에 이르러 모두 세 차례 대사헌이 되었는데, 정색하고 조정에 나아가 악을 물리치고 선을 추켜올리며 거리낌 없이 직언하여 헌신(憲臣)의 체모가 있었다"라고 한 바가 있듯이, 선악과 시비를 가려야 하는 직임이었던 헌부 수장으로서의 직임에 언제나 충실한 자세로 임했음을 알 수 있는데, 이와 함께 불필요한 제도를 새 왕조의 틀에 맞게 정비하는 것도 잊지 않았다.

---

15) 『태종실록』 권18, 태종 9년 11월 계미.

고려말부터 남발되어 태종대에 이르면 포화상태에 이르렀던 검교직을 혁파하여 관료집단의 비대화를 막고 재정 낭비를 없애는 효과를 얻도록 노력했던 것이 그것이다.[16]

사헌부란 관청은 정치의 시비에 대한 언론 활동이 중심이었기에 조선시대 관료사회의 꽃이라 할 수 있는데, 그 외에도 백관에 대한 규찰, 풍속을 바로잡는 일, 원통하고 억울한 일을 펴주는 일, 외람되고 거짓된 행위를 금하는 일 등이 주 업무였다. 따라서 간쟁을 주 임무로 하는 사간원과 더불어 양사로 구성된 언론기구였고, 양사의 구성원을 대간(臺諫)이라 하였던 것도 그런 이유 때문이다.[17] 고려의 제도를 이어받긴 했지만, 이런 제도들이 조선조까지 연결되어 정착하는 데는 매우 어려운 과정들이 있었는데, 이원이 오래도록 사헌부에 근무하면서 그 역할을 정착시키는 데 큰 공을 세운 인물이었다. 대간이 조계(朝啓)에 입참(入參)할 수 있게 된 것도 그의 건의에 따른 것이었다.[18] 매일 아침 문무백관이 임금을 조알하는 상참(常參)에는 대간이 참석하는 것이 관례였지만, 이를 마친 후 조신(朝臣)들이 임금에게 국사(國事)를 아뢰는 정규 회의나 계사(啓事)할 관원들이 사관(史官)과 함께 전내(殿內)에 들어가 부복(俯伏)하고 차례로 용건을 계문(啓聞)하던 조계(朝啓)에는 대간이 참여하지 못하고 있었는데, 태종 16년(1416)에 이원의 건의에 따라 대간이 조계에도 입참할 수 있었다. 그리고 이는 대간 기능의 확대과정을 보여주는 좋은 사례 중의 하나이다.

그 뿐만 아니라 태종 6년(1406)경 대사헌으로 재직할 때에는 대간의 탄핵을 받은 자가 그 의혹이 완전히 벗겨지지 않은 상태에서 인사권자인 국왕에 의해 다른 직책으로 발령을 내 버리는 상황에 대한 잘못을 지적하면서, 먼저 대간으로 하여금 그 죄를 면해 준 까닭을 알려 주도록 요구하여 관철시켰음을 볼 때, 당

---

16) 『태종실록』 권2, 태종 원년 8월 신유.
17) 최승희, 1973, 「조선초기의 언관에 관한 연구」 『한국학논총』 1, 계명대 한국학연구소.
18) 『태종실록』 권31, 태종 16년 정월 경술.

시 대간권(臺諫權)을 보장받기 위한 이원의 노력은 적은 것이 아니었다. 다음의 자료가 이를 잘 나타내 준다.

> 대사헌 이원(李原)이 또 아뢰기를, "근일에 대간의 관원이 탄핵한 바 있어도 아직 핵실(覈實)하기 전에 간혹 내지(內旨)를 내려 탄핵 받은 사람으로 하여금 직임(職任)에 나아가게 하는데, 대간관(臺諫官)은 알지 못하니, 의리에 미편(未便)합니다. 바라건대, 먼저 대간의 관원으로 하여금 그 죄를 면해 준 까닭을 알게 하시고, 또 대간의 관원이 아뢸 바가 있으면 대언방(代言房)에 나가야 되므로 설만(褻慢)한 듯하니, 전정(殿庭)에 나아가 서 있게 하고, 아전으로 하여금 대언(代言)에게 알리게 하면, 대언이 나와서 듣고 이를 계문(啓聞)하게 하소서"하니, 그대로 따랐다.[19]

 조선시대의 수많은 제도 중에서 왕권을 견제하는 가장 핵심적인 제도가 바로 대간제도와 사관제도였는데, 대간은 생존 당시 국왕을 견제하는 기구였던데 반해 사관은 사후까지 평가한다는 점이 다르다. 아울러 역사로 기록한다는 것은 영원토록 평가한다는 의미여서 대간보다 사관의 평가가 더 두렵고 무서운 법이다. 이런 시스템이 조선이라는 나라를 보다 건강한 사회로 500년이나 지속되게 하는 밑거름이었는데, 철성군 이원은 앞에서 보았듯이, 대간제도가 조선에 정착할 수 있도록 노력을 다한 것은 물론 사관제도가 정착하는 데도 큰 영향을 끼친 인물이 아닐 수 없다.
 태종대에 사관들의 입시(入侍) 과정에서 수난을 겪었음은 잘 알려져 있는데,[20] 실상은 사관들이 임금과 신하들이 정사를 논하는 조계(朝啓) 등에 종이와 붓을 들고 직접 입시하여 기록하던 관례가 처음부터 정착된 것이 아니기 때문이다.

---

19) 『태종실록』 권12, 태종 6년 10월 계축.
20) 박홍갑, 1999, 『사관 위에는 하늘이 있소이다』, 가람기획.

통상적으로 8명의 전임사관들이 교대로 2명씩 입시하여 기록하던 관례를 관철 시킨 인물이 바로 이원이었다. 사관 1명이 입시하여 기록할 경우 미처 모든 일을 기록할 수 없어 중요한 문제를 누락시키는 일도 비일비재하다는 것이 이유였다.[21] 세종 7년에 만들어 진 이런 제도는 조선이 망할 때까지 지속되어 갔고, 이 사초들을 근거로 『조선왕조실록』이 편찬되었다는 점에서 이원의 역할은 매우 컸다 하겠다.

조선 초기에는 불교나 전통의식에서 벗어나 하루빨리 성리학적 질서로 재편하기 위한 노력들이 경주되었는데, 이원이 예조 판서로 있을 당시 사전(祀典) 체제 개편이나 예제(禮制) 정비와 향촌 자치질서로의 재편에 대한 성리학적 이념 보급에는 소극적이었던 반면, 조세 수취나 진휼 제도와 같은 현실적인 측면에서 더 적극적이면서도 시행 과정에서는 '의구(依舊)'토록 주장하였다는 점이 특징이라 할 것이다. 그리하여 후대의 인물로부터 "정무를 관대히 처리하였고, 선불리 바꾸는 것을 좋아하지 않았다"라는[22] 평을 받았던 점에서 그의 성격이 잘 드러난다 하겠다.[23]

병조판서로 재직 중에는 부렴(賦斂) 수취를 위한 경차관 파견 방법이나 군역 책정에 관한 의견을 개진하였고,[24] 젊은 유학자들의 반대가 심했던 태종의 잦은 강무(講武)에도 적극 지지하는 편이었다.[25] 군사훈련의 한 방편으로 받아들였던 노대신 이원의 생각과 신진 유학자들과의 의견 충돌이었던 셈이다. 병조판서 이후 판우군도총제부사를 잠시 맡았다가 의정부 찬성으로 옮겨갔는데, 이후 이조판서에 제수되긴 했으나 다시 우의정으로 승진 발탁되었으니, 공은 바로 의정부로 되돌아 와서 국정 운영을 주도한 셈이다.

21) 『세종실록』 권30, 세종 7년 11월 무술.
22) 『국조인물고』 권1. 상신, 이원신도비명(서거정 찬).
23) 이병휴, 앞의 논문.
24) 『태종실록』 권33, 태종 17년 정월 계묘.
25) 『태종실록』 권32, 태종 16년 10월 갑술.

이 시기는 태종이 양녕대군을 폐하고 충녕대군을 세자로 세우는 과정에서 논란이 극심할 때였는데, 황희가 세자 폐출의 불가함을 극간하다가 태종의 진노를 사서 교하(交河)로 유배된 것과는 달리 이원은 충녕대군을 지지하는 쪽이었다. 아무튼 충녕이 세자가 된 뒤에는 이원이 세자 사부(師傅)를 겸하였고,[26] 충녕이 즉위하는 일을 주관하여[27] 종묘에 고하는 일까지 그가 맡았다.[28] 그렇기에 이원은 태종과 세종에게 동시에 신임을 얻는 원로대신이었다.

태종은 세종에게 양위하는 순간에도 좌의정 박은과 우의정 이원에게 보필을 부탁했고, 한편으로는 세종 스스로도 "내가 두 의정(박은과 이원)의 말을 잘 따르겠다"거나, "대사헌 하연이 '비밀리 아뢸 일이 있사오니, 좌우 신하들을 물리치고 의정 이원만을 남게 하시기를 청합니다'라고 하니, 임금이 허락하였다"라고 했던 사실에서[29] 보는 바와 같이 세종 집권 초반에는 우의정 이원에게 의존하는 바가 매우 컸던 것은 사실이다. 그런데다 박은이 좌의정에서 물러나자 이원이 그 자리를 이어받게 되었고, 태종대에 실시되던 육조직계제에서 벗어나 의정부서사제가 시행되던 세종조에는 의정부 의정들의 활동반경이 더 넓어진 것이 사실이다. 하지만 세종 8년(1426) 많은 노비를 불법으로 차지했다거나 임의로 작첩 행위를 하여 임금을 속였다는 등과 같은 사헌부의 탄핵으로 결국 공신녹권이 박탈되고 여산(礪山)으로 유배되었다가 그곳에서 4년 후에 생을 마쳤다.[30] 이 해가 세종 11년(1429)으로, 공의 나이 61세였다.

공에 대한 사헌부의 탄핵은 표면적인 명분 보다는 그의 세력 비대가 직접적인 요인이었을 것으로 추정된다. 그 이전에는 태종이 그의 혐의를 벗겨 준 일이 있고, 세종 역시 사헌부 탄핵을 막아주려는 노력을 했음에도 현실적인 어려움

---

26) 『태종실록』 권35, 태종 18년 5월 기미; 6월 경진.
27) 『태종실록』 권36, 태종 18년 8월 정해.
28) 『세종실록』 권1, 세종 즉위년 8월 기축.
29) 『세종실록』 권2, 세종 즉위년 11월 계축; 권21, 세종 5년 9월 계묘.
30) 『세종실록』 권31, 세종 8년 3월 기유.

이 있었던 것으로 보이는데, 이에 대한 애석함이 서거정이 찬(撰)한 이원의 묘지명에 잘 나타나 있다.

좌의정 이원이 연루된 사헌부의 노비 뇌물 탄핵 사건에는 여러 대신들도 함께 탄핵을 받았는데, 우의정 조연도 피해가지 못했다. 조연(趙涓)의 아버지 조인벽(趙仁璧)은 이자춘[桓祖; 이성계 父] 사위였다. 그리고 한양 조씨 중에는 그의 동생 조온과 숙부 조인옥이 개국공신이었고, 그 역시 제2차 왕자 난에 방원(芳遠)을 도와 좌명공신(佐命功臣) 4등이 되어 한평군(漢平君)으로 봉해졌다. 1426년 우의정에 올랐으나 곧 이어 김도련(金道鍊)으로부터 노비를 뇌물로 받았다는 사헌부 탄핵으로 황해도 수안에 부처되었다. 그리고 이원을 이어 유정현(柳廷顯)이 재차 좌의정에 제수되었지만, 사헌부 입장에서는 그 역시 재물을 탐하는 구신(舊臣)으로 몰아 서경(署經)조차 거부하며 버티기 작전으로 나갔다.[31] 유정현은 고려말 최대의 권세가였던 유경(柳璥)의 현손이니, 당시 사헌부로부터 탄핵을 받은 의정부 대신 모두가 고려 권문세족의 후손들이자 조선 건국초기 공신세력이었다는 점이다.

2. 이원 탄핵사건의 배경과 전말

세종 8년에 이루어진 이원에 대한 탄핵은 정치권력의 중추를 담당하던 공신집단을 대신하여 새로이 중앙정계에 진출한 인물들이 주도권을 잡기 위한 정국 변화 과정에서 필연적인 것이기도 했다. 구세력이 체제 정비를 통해 종래의 사회 변화를 요구했던 부분들이 어느 정도 마무리가 된 시점에 와 있었고, 이를 토대로 기층사회에서 일어나고 있던 신 사회 건설을 위한 새로운 인물과 그

---

31) 『세종실록』 권31, 세종 8년 3월 경신.

들에 의한 정국 운영이 주도되어야 할 필요성이 제기되었던 것이다.[32] 그에 따라 종래 정국 운영을 주도하던 인물에 대한 재평가가 냉혹하게 이루어질 수밖에 없는 현실이 그를 유배지로 보내게 된 것이다. 따라서 이원은 훈구세력이었지만, 훈구세력 내부에서의 세대교체 과정에서 도태된 인물이었고, 그 후손들은 후일 훈구세력에 대항하는 사림세력으로 성장하여 활동하게 되는 역사적 흐름으로 이어져 갔다.

세종 8년 3월 15일 사헌부가 이원을 탄핵한 핵심요건은 김도련(金道練)에게 받은 노비가 뇌물에 해당하고, 내은달의 딸을 첩으로 삼았던 것이었다.[33] 김도련 노비문제는 그냥 넘어갈 상황은 아니었다. 김도련이 벌인 노비 소송에서 권력자들에게 노비를 증여해 주었다는 것이 핵심이지만, 그 규모가 작은 것이 아니었기 때문이다.

고려말 철원 호장(鐵原戶長) 김생(金生)이 낳은 자식들이 유망(流亡)하여 여러 대에 걸쳐 흩어져 살았던 자손들이 남녀 4백 26명이나 되었다. 이 중에는 왕조 교체기라는 혼란기를 거치면서 양천교혼(良賤交婚)이나 자의에 의해 노비로 전락한 경우도 많았으니, 이와 관련된 소송 시비가 끊이질 않는 것은 당연지사였다. 그 중에는 고려 말 권세가였던 임견미(林堅味) 위세에 편승하여 양인을 노비로 전락시킨 소유자들 또한 많았으며, 임견미가 참형을 당한 뒤에는 다시 양인 신분으로 된 자들 또한 적지 않았다. 이런 상황이니 조선조에 들어와서도 양천 판정에 대한 소송 문제가 끊이질 않는 원인이 되었고, 이를 교묘하게 이용한 자가 바로 김도련이었다. 김도련이 노비 추핵(推覈) 판결을 얻어 권세가에게 증여한 내용을 보면, 이미 죽은 평성 부원군(平城府院君) 조견(趙狷)과 우의정 정탁(鄭擢)은 물론 공조 참의 조숭덕 등에게 각각 17명과 7명, 8명을 바쳤고, 우의정 조연(趙涓)에게 6명, 곡산 부원군(谷山府院君) 연사종(延嗣宗) 7명, 이원(李原) 4명, 판

---

32) 이병휴, 앞의 논문.
33) 『세종실록』 권31, 세종 8년 3월 기유.

서 조말생 36명, 정주 목사(定州牧使) 남궁계(南宮啓) 2명, 총제 이흥발(李興發) 4명, 지의천군사(知宜川郡事) 윤간(尹諫) 14명, 지안산군사(知安山郡事) 김이공(金理恭) 3명, 소경(少卿) 최득비(崔得霏) 1명, 대호군 이을화(李乙和) 1명, 전 정랑(正郎) 오비(吳備) 1명, 전 사정(司正) 신득지(申得止) 8명, 변귀생(卞貴生) 12명, 전 판사(判事) 이열(李烈) 1명 등으로 조사되었다. 이들 노비들은 주로 함길도 거주의 외거(外居) 노비여서 집안에 두는 가노(家奴)와는 성격이 달랐으니, 보다 정확한 실상 파악을 위해 함길도에 특별감사관 격인 행대감찰(行臺監察) 이사증(李師曾)을 파견하여 진상을 조사한 결과였다.[34]

사헌부에서 이 문제를 처음 제기한 것은 세종 8년 3월 4일이었다. 이 날 제기된 내용은 이미 죽은 우의정 정탁·평성부원군 조견·공조 참의 조숭덕 이외에 우의정 조연은 15명, 곡산 부원군 연사종은 10명, 병조 판서 조말생은 24명을 증여받았는데, 이는 사면이 내리기 전의 일이라 할지라도, 지금까지 부려먹고 있다는 점에서 탄핵요건에 해당한다는 것이었다. 그리하여 세종은 조연을 황해도 수안(遂安)에, 연사종을 강원도 인제(麟蹄)에 부처하고, 조말생은 직첩을 회수하고 충청도 회인(懷仁)에 부처했는데, 조연과 연사종은 공신이기에 특별히 감면하여 유배만 보낸 것이었다.[35]

사헌부에서 문제의 노비들이 흩어져 살고 있는 함길도에 행대 감찰을 파견해야 한다는 주장에 따라 이사증을 선임하여 보낸 것이 그로부터 이틀 후였다.[36] 행대감찰이란 특별한 임무를 띠고 파견되던 특수 감찰관이었다. 파견된 행대 감찰 이사증이 복명한 것은 1개월 20일이 지난 뒤였고, 이 때 이원이 증여받은 노비 4명도 확인되었다. 우의정 조연은 당초 15명 혐의에서 6명으로 줄었고, 조말생은 24명에서 36명으로 늘었던 셈인데, 조사결과가 나오기도 전에 즉각

---

34) 『세종실록』 권31, 세종 8년 3월 7일 신축, 『세종실록』 권32, 세종 8년 4월 26일 기축.

35) 『세종실록』 권31, 세종 8년 3월 4일 무술.

36) 『세종실록』 권31, 세종 8년 3월 7일 신축.

유배형이 내려졌음을 알 수 있다.

이원의 경우 처음부터 이 사건 연루자로 거론된 것은 아니었다. 김도련 노비 증여 사건이 처음 불거지고 열흘이 지난 3월 15일에 사헌부 탄핵이 있게 되자 세종의 명으로 공신록과 직첩을 회수했고, 이원은 자원(自願)하여 여산(礪山)에 안치되었다. 녹권과 직첩이 회수되었다는 점에서 조연이나 연사종이 누렸던 공신 특혜조차 받지 못했음을 짐작케 한다.

두 번째 탄핵사유는 태종의 명을 어기고 끝내 내은달 딸을 첩으로 삼았으니, 임금을 기망했다는 것인데, 이 사건의 시작은 태종 18년으로 거슬러 올라간다. 원래 장사치였던 내은달에게 딸이 하나 있었는데, 판서(判書) 윤향이 첩으로 삼고자 하였으나 나이가 어려서 두고 보던 차에 봉명 사신(奉命使臣)으로 갈 적에 내은달에게 세마포(細麻布) 20필을 받았던 것도 그런 인연 때문이었다. 세마포 20필로 무역한 물건을 갖고 오던 도중에 윤향이 사망하기에 이르렀고, 그 물건들이 모두 윤향 본가(本家)에 들어가 버리니, 내은달로서는 이를 찾고 싶은 욕망이 앞섰다. 이를 기화로 윤향의 처제(妻弟) 홍여방이 내은달 딸을 자신의 집에 숨겨둘 수 있었지만, 실은 이원이 내은달 딸과 약혼한다는 소문 때문이기도 했다. 홍여방이 윤향을 대신하여 내은달 딸을 첩으로 삼으려는 생각이 있음을 알아차린 이원은 마음이 급했다. 그리하여 하인을 시켜 내은달 딸을 빼앗아 오는 과정에서 시비 거리가 생겼고, 이에 홍여방 어미가 헌사(憲司)에 호소하여 죄를 청하였으니, 세상 밖으로 알려진 일이 되고 말았다.

이에 태종은 승정원으로 하여금 자세하게 조사하게 하여, 내은달을 장 50·60 대에 처했다. 딸 하나를 홍여방의 형제(兄弟)에게 추천하여 윤상(倫常)을 어지럽혔다는 것과 정승에게 자는 것을 허락하고서 이를 버리고자 한 것에 대한 가중 처벌이었다. 그리고 이원의 하인이었던 장양수도 범람(汎濫)한 죄가 있지만, 그가 죄를 받으면 정승이 반드시 부끄러워 할 것이기에 불문에 붙인다는 단서를 달았다. 측근에 대한 배려였다. 그리고 내은달 딸은 직접 알아서 처리하겠으니,

아무에게도 시집가지 말게 하라는 판결을 내림으로써 마무리가 되었다.[37]

그런데 세종 8년에 와서 사헌부에서 재차 이 문제를 제기한 것은 태종이 승하한 후 졸곡을 지내자마자 이원이 내은달 딸을 첩으로 삼았다는 것이다. 공신으로 수상(首相)의 지위에 있던 사람이 기군역명(欺君逆命)했다는 탄핵이었다. 언필칭 임금을 속이고 명을 거역했다는 내용이니, 한 마디로 불충(不忠)을 저질렀다는 것이다. 태종이 승하한 때에 저질러진 일이라면 이미 4년 전의 일이었는데, 지금 와서 새삼 밝혀진 일은 아니었음이 분명하다. 태종이 상왕으로 있을 당시까지만 해도 대간의 탄핵권이 정상적으로 발휘되기는 힘들었던 상황이었고, 세종 집권기 전 기간을 통해서 보면 대간권이 최고조로 확대된 시기가 바로 이 때였다.

그리하여 이원의 탄핵사유가 된 두 사건이 일어났을 당시의 사헌부 근무자들도 모두 파직당하는 수모를 겪어야 했다. 즉각 문제를 제기하지 않고 덮으려 했다는 이유였다. 예조 참판 하연(河演)·경창부 소윤(慶昌府少尹) 이숙치(李叔畤)·이조 정랑 조극관(趙克寬)·판내자시사(判內資寺事) 김타(金沱)·첨지통례문사(僉知通禮門事) 임인산(林仁山)·호조 정랑 이효례(李孝禮) 등은 직첩을 회수 당했고, 지승문원사(知承文院事) 황보인(皇甫仁)·부정(副正) 남지(南智)는 공신자제란 이유로 관직만 파면 당했지만,[38] 이들도 억울한 면이 있었을 것으로 보인다.

아무튼 우리가 이 대목에서 눈여겨봐야 할 것은 세종과 의정대신, 그리고 사헌부와 사간원 같은 조선 초기 특유의 권력구조 속에서 이해해야 한다는 점이다. 주지하듯이 세종 초반의 권력 구조는 태종이 상왕으로 버티고 있었기에 신하들 또한 양쪽을 헤아려야 한다는 점에서 매우 피곤했을 것이다. 세종 즉위년에 병조판서 박습(朴習)이 상왕에게 군사에 관한 일을 상의 없이 처리했다는 이유로 대간에 탄핵되어 유배형에 처해졌듯이,[39] 판서나 의정부 정승 권한 또한

---

37) 『태종실록』 권35, 태종 18년 6월 10일 기축.
38) 『세종실록』 권31, 세종 8년 3월 20일 갑인.

왕권 아래에 놓여 있었다. 아울러 사헌부나 사간원 역시 아직 왕권의 눈치 보기에 급급하여 대간권은 미약한 수준에 놓여 있었다.

그러다가 세종 4년에 태종이 승하하자 세종의 홀로서기 정치실험이 있어야만 했다. 세종은 조선조에 있어 누구보다 호학의 군주에다 유교이념을 정치에 반영하고 실현하려는 의지가 강했다. 조선조의 정치 행위는 국왕과 대신 그리고 대간(臺諫)들의 균형 잡힌 권력구조가 안정적으로 굴러갈 때 가장 이상적인 모습을 갖춘다고 볼 수 있다. 세종 32년간의 치세를 통해 대간의 활동량이나 탄핵 건수가 가장 많았던 것이 태종이 승하한 지 3년쯤 지난 세종 7년부터 세종 10년에 이르는 약 3년간이었다.[40] 특히 세종 8년 1월에는 대간들의 서경권(署經權)을 1품관에까지 확대하는 것을 허락할 정도였다.[41] 고려 이래 대간들이 행사해 오던 서경(署經)이란 국왕이 관리를 임명할 때 대간의 동의를 얻는 절차인데, 대체로 4품 이하 관직자에게만 적용하던 것이 관례였다. 그런데 세종초기부터 대간들이 서경권 확대를 여러 차례 요구하였고, 번번이 거절당하다가 이때 와서 허용 된 것이다.

따라서 영의정을 임명해도 대간들의 동의를 얻어야 한다는 것은 대간권의 엄청난 확대를 의미한다. 그러자 대간들은 곧 바로 병조판서 이발의 서경을 거부했고, 이어 좌의정 이원을 귀양 보낸 그 자리에 이미 영의정까지 지낸 바 있던 유정현을 보임하자, 대간에서는 그가 식리(殖利)를 했다는 이유로 또 서경을 거부하는 사태가 벌어졌다.[42] 그리하여 결국 9개월만에 서경권이 원래대로 환원되고 말았는데,[43] 이후부터 대간들의 파면이나 좌천되는 일이 잦아졌다. 세종은 왕의 고유 권한에 대해 침해받는 것을 더 이상 용인하지 않았으며, 정부 내

39) 『세종실록』 권1, 세종 즉위년 8월 계묘. 9월 신묘.
40) 정두희, 1983, 「세종대 대간의 정치적 지위」『조선초기 정치지배세력 연구』, 일조각.
41) 『세종실록』 권31, 세종 8년 정월 신유.
42) 『세종실록』 권31, 세종 8년 3월 기유, 경신.
43) 『세종실록』 권33, 세종 8년 9월 갑오.

핵심 고위 관리들을 탄핵으로부터 적극 보호하면서 정국을 주도해 나갔다.

예컨대, 세종 9년 양녕이 궁중에 오는 것을 막지 않았다는 이유로 탄핵당한 우의정 맹사성을 끝까지 보호했고, 좌의정 황희의 사위가 고을 아전을 때려 죽게 한 사건 처리 과정에서 심리를 지연하였다는 황희와 맹사성에 대한 대간들의 탄핵에 대해 기각했다.[44] 대신의 진퇴는 가볍게 처리하는 것이 아니라는 것이 세종의 입장이었다. 세종 12년에는 황희가 교하현령에게 토지를 요구했던 대가로 그 아들에게 행수(行首) 자리를 만들어 주었고, 태석균이란 자의 죄를 면해주기 위해 사적인 부탁을 넣었다는 탄핵을 받았을 때도 세종은 강경한 자세로 일관하다 결국 파직하게 되었지만,[45] 그런데 1년도 채 안되어 황희를 영의정으로 승진시켜 불러들이고 말았다.[46] 이에 반발했던 대간들에 대해 하옥까지 시키는 강수를 둘 정도로 세종의 의지는 굳건했다.

이후 세종대의 의정부 대신은 물론이고 사헌부 대사헌을 비롯한 다른 관직자들도 그들의 재임기간이 다른 시기에 비해 길었던 특징을 보인다. 이는 정책이 일관성과 연속성의 효과를 기대할 수 있다는 점에서 긍정적인 측면이 있다. 그러나 관례와 구제도에 매여 혁신적인 면에 다소 소홀해 질 수 있다는 단점도 아울러 가진다. 아무튼 세종대 대간(臺諫)의 위상은 앞 시대보다는 확대일로에 있었지만, 후대에 비하면 아직 미성숙한 단계였던 것만은 틀림없고 후속세대의 사림정치가 자리 잡는 시기에 들어가서 보다 안정적인 제도로 구가된다 할 것이다.

지금까지 살펴 본 바와 같이, 세종대 정치적 역학 구조는 이원이 탄핵된 세종 8년 무렵이야말로 대간의 탄핵권이 정점에 있었다는 점이다. 다시 말한다면 태종의 정치적 그늘에서 막 벗어난 세종은 자신의 시대를 열기 위해 새로운 제도

---

44) 『세종실록』 권36, 세종 9년 6월 무인. 『세종실록』 권37, 세종 9년 7월 신축.
45) 『세종실록』 권50, 세종 12년 11월 무오. 신유.
46) 『세종실록』 권53, 세종 13년 9월 갑자.

와 인재가 필요했다. 궁궐 안에 집현전(集賢殿)을 설치한 것도 그런 이유 때문이었다. 태종의 시대에는 그에 걸맞는 동반자가 필요했지만, 그 동반자는 세종의 시대에는 구신(舊臣)에 불과하다. 이원의 정치적 역할은 세종 세자시절 학문의 스승인 사부로 혹은 집권 초반기의 든든한 지원군으로서의 소임이 요구 되었을 뿐이다. 이에 따라 이원에 대한 사헌부 탄핵이 있자 바로 처리해 버린 것이라 여겨진다.

그로부터 4년 후 이원은 배소에서 불귀의 객이 되고 말았다. 그가 죽은 이듬해 손녀가 양녕대군 둘째 아들과 혼담이 있었다. 이 혼사의 논의 과정에서 대신들의 반대가 심했다. 공신록과 직첩까지 회수된 죄인의 손녀가 대군의 정실에서 태어난 아들과 혼인한다는 것이 불가하다는 논리였다. 이에 세종은 이원이 지은 죄는 대역죄가 아니고, 아들에게 벼슬길을 허용한 사실을 들어 혼사를 강행했던 사실로[47] 미루어 보면, 이원이 일찍 죽지 않았다면 해배되었을 가능성도 없지는 않았다. 그러나 그가 죽은 지 한 세대가 지나 세조가 즉위한 후 복권되었는데, 이는 그의 아들들이 원종공신으로 책봉되기도 했지만, 사위였던 권람(權擥)

용헌공 이원 묘역 경기도 광주 목동

용헌공 이원의 옛 묘소 성남시 가차곡 율리

---

47) 『세종실록』 권52, 세종 13년 5월 기사.

이 세조의 1등 공신이었기 때문이다. 세조가 이원의 공신녹권 환급을 명하자, 대간에서 반대하고 나섰다. 이에 세조는 "당시 자손까지 금고(禁錮)하지 않았으니, 어찌 죄가 크고 악이 지극했다고 하겠느냐"라는 것이 복권시킬 명분이고 이유였다.[48] 대간의 반대로 여러 차례 논란이 있게 되자, 세조는 반대하는 대간을 직접 불러 "세종(世宗)께서 일찍이 다시 이원(李原)을 쓰고자 했고, 하물며 자손이 이미 공신(功臣)이 되었으니 녹권(錄券)을 주겠다. 너희들은 그리 알라"라고 일갈한 모습에서,[49] 세조의 강한 의지를 읽을 수 있다.

3. 이원의 사상과 현실의식

철성군 이원에 대한 인물평을 보면 다음과 같다. 신도비에 나타난 내용이기에 이를 액면 그대로 믿을 수는 없다 하겠지만, 이를 통해 한 평생 어떻게 살다 갔으며, 그의 현실의식이 어떠했는가를 짐작하는 데는 큰 어려움이 없다.

공은 도량이 넓고 성품이 충직한데다 바른 학문을 더하였으므로, 그 논의에서 나타내고 사업에서 조처하는 것이 대단히 볼만하였다. 평생 남과 말할 때에 속이고 꾸민 적이 없고 또 모가 나서 스스로 남과 다른 체하지 않았으나, 큰일에 임하여 결단하게 되면 확고하여 동요하지 않는 것이 산악(山岳)처럼 우뚝하였다. 전주(銓注)를 맡은 10여 년 동안에 현명하고 재능이 있는 자를 선발하되 사심으로 관직을 주거나 빼앗지 않았으므로 원망하는 말을 하는 사람이 없었으니, 참으로 태평재상(太平宰相)이었다.[50]

---

48) 『세조실록』 권4, 세조 2년 7월 갑오.
49) 『세조실록』 권5, 세조 2년 9월 무진.
50) 『국조인물고』 권1, 상신, 이원신도비명(서거정 찬).

그는 어릴 때 손위 자형이었던 양촌 권근에게서 학문을 배웠고, 과거 시험에 합격할 당시에 시험을 주관했던 이가 바로 포은 정몽주였다. 따라서 권근과 그의 좌주격인 정몽주의 영향을 크게 받았음을 부인할 수가 없다. 그리고 선대로 올라가면 성리학을 처음 받아들였던 백이정과의 관련성 또한 무시할 수는 없다.

그가 사헌부에 재직하던 태종 초에 올렸던 '상10조소(上十條疏)'에 나타난 현실의식들은 권근으로부터 배운 수양철학을 담은 것이기도 할 것인 바,

> 대저 경(敬)이란 한 마음의 주재자이고, 만 가지 일의 뿌리인 것입니다. 그러므로 크게는 하늘을 섬기고 상제를 받들며 작게는 자리에서 일어나고 집에 거처하며 밥 먹고 숨쉬는 등의 일이 경(敬)에서 떠날 수 없습니다. …… 그런 즉 경(敬)이라는 글자는 본래 임금의 다스림으로 나아가는 원동력입니다. …… 원하옵건데 전하께서는 경으로써 마음을 보존하여 하늘의 뜻에 응하십시오.[51]

에서 보는 바와 같이, 경(敬)에 대한 수양 방법의 중요성을 강조했을 뿐만 아니라 정치적 실천의 원동력으로까지 삼았던 것이다. 올바른 정치를 위해 반드시 실천해야 할 10개 조항의 구체적 내용은 전술한 바가 있어 생략한다. 주자학이 고려에 도입된 이래 예치(禮治)를 중심으로 하는 정치사상 보다는 거경(居敬)을 주로 하는 수양 철학에 매료되었는데, 이는 목은 이색에 이어 그의 제자 권근에게서 잘 나타나는 점에서 보면, 이원의 사상적 특징은 경(敬)을 성인이 되기 위한 수양방법으로 고정시켜 수양철학의 체계적 완성을 향하여 나아가지 않고 정치적 실천의 원동력으로 설정한 것이었다. 이처럼 이원이 경(敬) 중심의 수양철학을 바탕으로 지치(至治)의 실현을 추구한 것은 한국적 특징을 대변한 것이라

---

51) 『용헌선생문집』 권3, 상십조소(上十條疏).

할만하다.[52] 이원에게서 수양 철학이 경(敬)이었다면, 정치적 실천 철학의 핵심은 신(信)으로 집중된다. 내부를 가다듬는 게 경이라면, 가다듬어진 마음을 외부로 발현되는 것이 신(信)이기 때문이다. 따라서 수양과 실천의 조화를 이룰 수 있도록 실천 방법과 실천 원리를 꾸준하게 제시하고 있었는데, 그것이 개혁안을 담은 몇 차례의 상소문에 잘 나타나 있다.

그 중에서 태종이 당장 받아들이기 힘들었던 두 조항이 환관과 불교에 대한 대책이었다. 이원은 상소문 제9조에서 타락한 불교의 폐해가 막심하므로 제대로 수행하는 승려 이외에 부귀를 탐하고 여색을 탐하는 등의 타락한 승려들로 하여금 머리를 기르게 하고 환속시켜 생업에 종사하게 해야 한다는 것이었는데,[53] 불교에 대한 폐단을 바로잡기 위한 그의 노력을 보면, 정도전이나 권근 등과 같은 과격한 척불론과는 다소 차이가 있음을 볼 수 있다. 이러한 불교에 대한 자세는 후일 세종 6년경에도 그대로 나타난다. 사헌부에서 이단(異端)을 물리치라는 상소 때문에 세종이 대신들에게 의견을 구하자,

> 이원은 계하기를, "헌사가 계(啓)한 것은, 진실로 옛사람의 이단(異端)을 물리치는 본의이나, 젊고 건장한 중들은 오히려 능히 생활을 영위할 수 있으나, 그 늙은이들은 젊었을 때부터 놀고 지내서 노고(勞苦)를 감내하지 못할 것이므로, 일조(一朝)에 혁파하게 된다면 기한(飢寒)을 면하지 못할 것이니, 그 생활이 염려됩니다. 그 중들도 또한 인물(人物)의 하나이거늘, 만물(萬物)이 각기 제 자리를 얻어 지내게 된다는 의미에 있어 어찌할 것이겠습니까. 만일 옛 사람이 말하는 대로 그 사람들은 사람다운 사람으로 만들고, 그 글은 불사르며, 그 거처하는 곳은 집으로 만든다면, 혁파하는 것이 마땅하나, 능히 그렇게 하지 못한다면, 그 중에서 가히 개혁해야 할

---

52) 이기동, 2010, 「용헌 이원의 철학사상」 『고성이씨 가문의 인물과 활동』, 일지사.
53) 『용헌선생문집』 권3, 상십조소(上十條疏).

사사(寺社)는 없애고, 그에 딸린 전토(田土)는 현재 남겨 둔 사사(寺社)에 합속시켜, 중들을 거기에 모여 살도록 하는 것이 가하고, 승선(僧選)과 승비(僧批)와 승록(僧錄) 등을 혁파하자는 것은 신은 잘된 일이라고 할 수 없습니다."[54]

라고 한 것에서 볼 수 있듯이, 불교를 용인하되 폐단만을 정비하여 국익에 도움이 되도록 하자는 온건론으로 일관하고 있었다는 점이다. 이는 고려 이래로 고성이씨 가문이 불교세력과 밀착되어 있던 것과 무관한 것은 아니라고 본다. 당시 고성이씨는 백암사를 원찰로까지 두고 있었는데, 조선에 들어와 국가에서 일방적으로 백암사(정토사) 주지를 임명하자 이원은 이를 철회해 달라는 청원서를 참찬(參贊) 최유경(이암 손녀사위), 안성군 이숙번(이암 누이의 손자)과 함께 태종 7년에 제출한 바가 있었고, 그 상황은 이미 전술한 바가 있다.

이처럼 이원은 그의 가문적 배경이 그렇듯이 불교와의 인연을 이어갔던 것으로 보인다. 그의 조부 이암이 관직을 그만두고 춘천의 청평사에 낙향하였듯이, 철성군 이원은 원주 법천사와 인연이 깊다. 광해군 때 북인 정권의 한 축으로 권력주변에 있다가 목숨까지 잃었지만 우리에게 문장가로 더 잘 알려진 교산 허균이 원주 법천사를 둘러보면서 감회를 읊은 글 속에는 이런 구절이 있다.

절의 동편에 석상과 자그만 비석이 있어, 살펴보니 묘가 셋인데 모두 표지가 있었다. 그 중 하나는 본조(本朝)의 정승 이원(李原) 모친의 분묘요, 하나는 태재의 묘인데 그 아들 승지 유윤겸(柳允謙)이 뒤에 묻혀 있었다. 나는, "원(原)의 어머니는 곧 나의 선조 야당선생(이름은 許錦)의 따님이시다. 내가 듣기를, 정승이 처음에 그 모친을 장사할 때 술자(術者)가 '그 땅에는 왕기(王氣)가 있다'고 말했는데, 이 때문에 끝내 죄를 입었으므로

54) 『세종실록』 권23, 세종 6년 2월 기미.

자손들이 감히 뒤따라 묻히지 못했다 한다. 태재(유방선 호)는 곧 사위인데, 이곳에 거주했으니 반드시 이로 인하여 끝내 궁한 채 죽었기 때문에 여기에 묻힌 것이 아니겠는가. 연대가 오래되어 알 수 없구나"하였다.[55]

법천사는 원주 남쪽 50리 되는 곳의 비봉산(飛鳳山) 아래 있는 신라의 옛 사찰이다. 이원의 어머니 곽씨부인이 죽자 법천사 바로 동쪽 언덕에 장사를 지냈다. 이곳에 묻힌 연유는 명확하지 않지만, 이 일대가 이강-이원으로 이어지는 별서(別墅)가 존재했기 때문일 가능성이 크다. 그런데 문제는 이원의 어머니 곽씨의 무덤에 왕기가 서려 있었다는 것 때문에 끝내 죄를 입었다는 것인데, 『실록』자료에 보이는 이원에 대한 탄핵 내용은 노비를 불법으로 차지했다거나 임의로 작첩 행위를 하여 임금을 속였다는 죄목이어서, 크게 상반되고 있는 점이다. 법천사 쪽 무덤의 왕기 설은 이미 200여 년이 훨씬 지난 시점까지도 구전되었음이 분명하다. 아울러 구전이 바탕이 된 허균 글을 뒷받침 할 근거가 없는 것은 아니다.

세종은 임금이 된 뒤에도 양녕을 보호해 주려 애쓰고 있었는데, 그럴수록 이에 대한 난언(亂言)과 유언비어들이 잦았다. 세종 6년에 양녕대군이 군사를 모은다고 거짓 발설한 지영우란 자를 처리하는 과정에서도 세종은 더 이상 확대되는 것을 경계하려 했다. 그런데 이 일을 논의하는 과정에서 세종의 입에서 흘러나온 이야기는 예전에 이원이 임금이 된다는 말을 퍼뜨린 자가 있었다는 것이다.

" …… 옛날에 어떤 사람이, 좌의정 이원(李原)이 임금이 된다는 말을 지

---

55) 『惺所覆瓿稿』 권6, 文部 3, 「유원주법천사기(遊原州法泉寺記)」 "寺東偏有翁仲及短碣 就看則 三墓皆有表 一則國朝政丞李原之母之墳 一則泰齋之藏 而其子承旨允謙從焉 余曰 原之夫人 卽 吾之先祖野堂先生 諱錦之女 吾聞政丞初窆其母 術者言其地有王氣 終以是獲罪 故子孫不敢從 泰齋卽贅也 其居此必因是而卒窮以死 故仍卜兆也歟 年代久遠 不可知矣"

어내어, 요망한 말을 만들어서 여러 사람을 의혹시킨 율(律)에 의하여 죄를 주었는데, 만일 이 사람이 사면(赦免)을 받았다면 반드시 면죄되었을 것이다. 이제 지영우가 임금에게 관계되어 정리를 크게 해친 율로 죄를 준다면 경중(輕重)이 같지 아니하니, 어떤가"라고 하문하셨다. 유정현 등이 아뢰기를, "옛날에 이원이 왕이 된다는 말을 지어낸 자는 법을 내기 전의 일이요, 또 원은 본디 양녕과 다르므로 의혹하는 자가 적습니다. 원컨대, 지영우를 법으로 처단하여 거짓말을 근절 시키게 하소서"하니, 임금께서 마지못해 따랐으나, 특히 그 죄를 감하였다.[56]

위의 실록 자료에서 보이듯이, 좌의정 이원이 임금이 되려 한다는 요망한 말을 지어낸 자가 종국에는 난언(亂言)으로 죄를 입었다는 것인데, 왕조국가에서 이런 소문은 매우 예민하면서도 위험한 것이 아닐 수 없다. 국왕의 절대적 신임이 없다면 역모로 몰려 멸족할 수도 있었던 사건이었지만, 애초부터 황당한 이야기로 치부되었던 것은 왕실 쪽이나 선비 사회에서도 공히 이원에 대한 믿음이 작용했기 때문으로 판단된다. 하지만 이후 이원의 노비 소송 문제와 작첩 등에 대한 집요한 탄핵은 이어졌고, 그리하여 결국 유배형에 처해지고 말았는데, 보다 근원적인 이유는 그 모친의 무덤에 왕기가 서려 있다는 풍수상의 문제가 더 큰 원인으로 작용했을 수 있다고 본다. 이렇듯 예민한 사실을 실록이나 묘지명 같은 곳에 기록으로 남긴다는 것은 매우 어려웠을 것이며, 구전으로 내려오던 것을 허균이 채록하여 그의 기행문에 넣었을 확률이 높다고 하겠다. 그리하여 이원의 후손들은 이곳에 묻히지 못하고 평생 불우하게 살아야만 했던 맏사위 유방선(柳方善)이 이곳에 우거하다 묻힌 것으로 허균은 판단을 내리고 있다.

유방선은 태종 9년(1409)에 민무구 형제들이 죄를 입었을 당시 아버지 유기가

---

56) 『세종실록』 권26, 세종 6년 10월 무진.

연루됨에 따라 관직에 오르지도 못하고 청주에 귀양 갔다가 이듬해 영천으로 이배되었으며, 영천의 송곡(松谷) 아래 두어 칸의 집을 짓고 편액을 태재(泰齋)라 하며 지낸 것이 19년이었으니, 이때의 제자가 이보흠이었다. 유방선의 나이 44세 되던 해에 유배지에서 풀려나 새로 거처로 삼은 곳이 원주 법천의 촌사(村舍)였으며, 56세의 일기로 생을 마감할 때까지 이곳을 지켰다.[57] 법천 별서(別墅)는 본가에서 상속받았던 것일 수도 있지만, 이원의 사위가 됨으로써 획득된 재산일 가능성도 크다. 이원의 어머니 곽씨 무덤이 조성된 시기가 태종 11년(1411)이고, 그로부터 17년이 지난 시점에서 유방선이 이곳에 우거(寓居)했기 때문이다. 당시 자녀 균분상속이 일반적이었던 점을 감안한다면, 유방선 처의 상속분이 법천에 있었을 것으로 추정된다.

특히 이원은 법천사의 이름 높았던 선승(禪僧) 일운 스님과 깊은 우정을 나눈 사이로 잘 알려져 있는데, 그가 일운 스님에게 보낸 시 「기일운상인(寄一雲上人)」에서 그들의 관계가 잘 드러난다.

법천사는 앙암 동편에 있고 (法泉寺在仰巖東)

높다란 치악산은 허공에 기대있네 (雉岳山高倚半空)

언제쯤 한가로이 시골집에 돌아가 (何日閒尋田舍去)

향 피우고 마주하여 솔바람 소리 들을까 (焚香相對聽松風)

법천사는 충주 앙암(仰巖; 현 충주 앙성면 지역)과 치악산 중간 즈음에 자리잡고 있는 절이다. 남한강 줄기를 끼고 도는 앙암에는 이원이 동방급제 한 최앙암이 살던 곳이었고, 법천사는 그의 막역한 지우 일운 스님이 거처하던 곳이기에, 용헌집에는 「주필기앙암최동년겸정법천규상인(走筆寄仰巖崔同年兼呈法泉珪上人; 급히 시를 지어 친구 최앙암과 법천사 고승에게 드림)」이란 제목의 "상인 스님 절은 푸른

---

57) 『泰齋先生文集』 권5, 부록(附錄) 연보(年譜)

산그늘에 있고 / 옛 친구 집은 한강물 가에 잇닿아 있네 / 마침 봄바람 향해 귀거래사 읊으며 / 짚신에 죽장 짚고 날마다 서로 찾네"라는 시가 수록되어 있음을 볼 때, 이곳이 바로 그가 귀거래 해야 할 곳임을 짐작케 한다. 뜻 맞는 친구와 그의 생활 터전이 있었기 때문이다. 위에 소개된 「기일운상인(寄一雲上人)」 3소절에 보이는 "언제쯤 한가로이 시골집에 돌아가"에서 시골집이란 법천사 인근의 별서(別墅)를 지칭한다고 보면 무리는 없을 것 같다.

이렇듯 충주와 원주 중간 언저리에 있던 법천사는 신라 성덕왕 때에 창건, 고려 문종 때 지광국사(智光國師)가 머물며 큰 가람을 형성했다. 임진왜란 때에 병화를 입어 전소되어 지광국사현묘탑비와 당간지주만 남아 있지만, 그 규모로 볼 때 절의 위용을 가히 짐작할 수 있다. 일운 스님은 세종 때 흥천사(興天寺) 사리탑 중창을 기념하는 경찬법회를 주관했던 고승이다. 이런 인연이 이원의 사위였던 유방선에게 이어졌음을 앞에서 소개한 허균의 유람기에서 확인한 바가 있다.

유방선은 본관이 서천으로 고려조에 이름 높았던 학자 유숙(柳淑)의 증손이다. 아버지 유기(柳沂)가 고려말의 대학자 이색(李穡)의 손녀와 혼인하였으니, 명가의 자손이었다. 어릴 때 변계량에게 글을 배웠고, 17세에 양촌 권근의 문하에 들어가 수학하였다. 18세에 생원시에 합격한 유방선은 성균관에 들어갔는데, 그가 이원의 맏딸과 혼인한 것도 이 무렵이었다. 이원의 손위 매형이 권근이니, 유방선에게는 처고모부가 된다. 이런 후광을 업고 기세 좋게 벼슬길에 나섰지만, 불운한 운명이 앞을 가로 막고 말았다.

유방선은 권근과 변계량에게 수학한 인물이지만, 그의 장인이었던 이원에게도 큰 영향을 받았음이 분명하다. 이원은 세종이 세자로 있을 당시 사부를 역임한 뛰어난 인재다. 세상살이를 달관의 자세로 살아갔던 유방선의 처세는 그의 장인에게서 비롯된 것이나 다름없다. 유방선은 "인간이 명성을 밝게 드러나는 행운을 얻는 것은 천자에게 인정받는 일로되, 내가 그것으로부터 도망하는 것은 싫어하여 도망하는 것이 아니라 운명이 그런 것이니 요행으로 얻을 수 있는 것은 아니다"라는 장인 이원의 말을 그대로 인용하여 "자신이 정치에 참여하지 못하고 도연명의 귀거래를 본받는 것은 싫어서 도망하는 것이 아니라 운명이 그러한 때문이라"라고 내 비쳤던 것이다. 그리하여 유방선은 1443년 54세로 죽을 때까지 법천사에 머물며 오로지 시문(詩文)으로 살았던 것이다.

태재(泰齋) 유방선은 워낙 문명(文名)이 드높아, 글을 배우려는 제자들이 법천사로 몰려들었다. 길창군(權吉昌) 권람(權擥)·상당군(韓上君) 한명회(韓明澮)·사가정(四佳亭) 서거정(徐居正)·삼탄(三灘) 이승소(李承召)·화중(和仲) 성간(成侃) 등과 같은 기라성 같은 자들이 모두 쫓아와 업을 익혀 문장으로 한 세상을 울리고, 공력으로 나라를 안정시켰으므로, 이로 말미암아 법천사 명성이 후세 사람들 입에 오르내렸다. 『동국여지승람』에 의하면, "유방선 제자들이 법천사에서 배울 때 탑 위에 시를 써 놓은 것이 지금까지도 남아 있다"라는 기록과 함께 이들 시를 수록하고 있기도 하다.[58] 조선조에 문장으로 한 세상 풍미했던 서거정은 "내가 문명(文名)을 도적질하여 오늘에 이르게 된 것은 모두 태재 유방선 선생 은혜이다"라고 고백한 바가 있고, 세종이 집현전 학사들을 선생에게 보내 질문하게 하여 새로이 밝힌 바가 많았으며, 조선조 사장학(詞章學)이 크게 부흥한 것도 유방선으로부터 출발한다는 것이었다.[59]

유방선은 평소 그의 장인 이원을 잊지 못하였다. 그의 문집인 『태재집』에 보이는 「봉정빙옹이용헌(奉呈氷翁李容軒)」에서 "만나고 헤어짐 모두 다 운명이요 / 궁하고 통함 또한 때가 있는데 / 몇 년이나 돌보아 사랑해 주심을 입었던고 / 오늘날 헤어져 있음을 탄식하노라 / 병든 아내를 돌보아야 하고 / 어린 아이를 부양해야만 하는데 / 이 몸은 다시금 뵈옵기 어려워 / 끝내 슬픈 마음만이 일어나네"라고 읊조린 시를 음미해 보면, 가슴 절절히 묻어 둔 장인을 향한 마음을

---

58) 『신증동국여지승람』 권46, 강원도 원주목 불우(佛宇).
59) 박홍갑 역, 2008, 『필원잡기(서거정 찬)』, 지만지 고전선집.

잘 읽을 수가 있다. 유방선은 여기에 그치지 않고 「봉회빙옹(奉懷氷翁)」이란 시에서 그의 장인을 그리워하며 다음과 같이 노래했다.[60]

인간세상 만남과 이별은 뜬 구름 같지만 (人間聚散似浮雲)

멀리서 그리워하며 몇 번이나 정신이 혼미했던가 (南北相思幾斷魂)

어린 나를 아들 같이 보살펴 주셨으니 (弱歲郎蒙猶子視)

깊은 정 어르신 같이 나눠 줄 이 있으리오 (深情安有若翁分)

배속에 거친 밥은 배부르지 못하고 (腹中鱺飯何曾飽)

몸에 걸친 홑옷은 따습지가 않더라 (身上單衣若不溫)

슬퍼다 이내 인생 헛되이 자랑할 건 (惆悵此生徒自負)

나이 겨우 삼십에 수염이 희어지네 (年方三十鬢絲紛)

후일 유방선의 아들 유윤겸은 세조가 즉위하자 겨우 과거 응시 허락을 받아내어[61] 대사간과 승지 등 고관을 지냈으나, 그 역시 이곳 법천사 동쪽 유방선 묘소 뒤편에 나란히 묻혔다. 그도 법천사를 그리워했는지 모를 일이다. 이강과 이원의 문집이었던 『철성연방집』을 간행할 때 유윤겸이 편집을 하고 이종사촌 윤호가 간행에 힘을 보태 빛을 보게 되었던 것도 외조부에 대한 존경의 의미를 담은 것이었다.

철성군 이원은 강직했고 원칙을 준수했다. 평생 남을 속이지 않았으니 선비의 기상이 준절하고, 평탄한 인물이었다. 그를 따르던 사람들에겐 참으로 태평성대를 구가할 시절의 재상이었지만, 세종 중반 이후의 유신 정치를 지향하던 신세력들에겐 걸림돌이 되었다. 신진세력들이 보기에 따라서는 경장(更張)을 좋아하지 않았다는 이원의 현실의식 태도가 비판의 대상이 될 만한 것이었고, 그

---

60) 『泰齋先生文集』 권3, 시(詩) 칠언사운(七言四韻).
61) 『세조실록』 권2, 세조 1년 8월 기사.

리고 그 비판은 숙명처럼 다가왔다.

무엇보다 정무에 관대하여 경장(更張)을 좋아하지 않고 대체(大體)를 지켰던 그를 상대적으로 시기하는 무리들이 많았다. 그에게 누명을 씌우려는 무리들이 있을 때마다 태종은 친히 그의 누명을 벗겨 주었지만 시기하는 무리들의 참언은 계속되었다. 결국 그가 참언을 견디지 못하고 여산으로 귀양 가는 정도에 그친 것은 세종의 배려가 있었기 때문이다. 세종은 큰일이 있을 때마다 "철성(鐵城: 이원)이 있으면 반드시 잘 처리할 것이다"고 말했다는 것이다. 그러므로 세종은 그를 해배시켜 정승에 임명하고자 했지만 시기하는 자들에 의해 번번이 저지되었다. 따라서 그가 유배지에서 죽음을 맞이한 것은 그의 숙명인지도 모른다.[62]

그가 교유했던 인물 중에는 변계량과의 친분이 두드러진다. 『용헌집』에 나타난 시문을 보면 그렇다. 아울러 그가 유람했던 전국의 누각과 사찰에서 감회를 품은 시문들이 약간 남아있는데, 사찰 중에는 법천사 외에도 평양 망일사와 나주 보흥사(普興寺), 장단 영통사, 양주 회암사(檜巖寺), 인왕사 등에서 인연을 이어갔고, 그와 교유했던 승려들 또한 일운 스님을 비롯하여 인왕사 장로, 백운산 염 스님 등 다수가 보인다. 인왕사 장로 스님의 시권(詩卷)에 써 준 시 「제인왕장로시권(題仁王長老詩卷)」에는 "봄이 되어 한가한 날 많아 (乘春多暇日) / 앞길 물어 절간을 찾아가네 (尋寺問前程) / 소나무 그림자엔 누대가 고요하고 (松影樓臺靜) / 강물 소리는 절간을 맑게 하네 (江聲院落淸) / 이제부터 결사를 함께하여 (從今同結社) / 이곳에서 불법을 배우리라 (坐此學無生) / 관직을 가벼이 여겨서가 아니라 (不是輕軒冕) / 물외의 정을 금할 길 없기 때문이네(難禁物外情)"라고 읊조렸다. 불교에 귀의하여 결사(結社)를 행하고 수행 정진하고 싶은 속내를 은근하게 표

---

62) 『국조인물고』 권1. 상신, 이원신도비명(서거정 찬).

현한 시는 비단 여기에서뿐만 아니라 장단(長湍) 영통사에서 차운했던 시에서도 반복되고 있다.[63] 이런 점으로 미루어 이원은 불교와의 인연을 끊고 살아 갈 수 없음을 잘 보여주고 있다. 오관산에 위치한 영통사는 대각국사가 수행한 절이기도 했다.

이원한테서 이런 시가 나왔던 시기를 생각하면, 유교사회 정착을 위한 노력들이 시급하던 때였고, 그 역시 태종 이래 사헌부에 재직하면서 올린 상소문에서 불교 폐단을 조목조목 지적한 바가 있다. 그럼에도 불교 자체를 부정한 것이 아니라, 부수적인 폐단을 바로 잡아야 한다는 의식세계에서 벗어 난 적은 없었다. 그의 가문적 배경이 불교를 단호하게 배척할 상황이 아니었기 때문이다. 결사만 할 수 있다면 벼슬길의 부침도 다 버릴 수 있다는 표현은 현실과 이상의 갈림길에서 고민으로 나타난 흔적들이 반영된 구절이다. 아울러 당대의 유학자와 선사들의 교류는 비단 이원에게만 나타나는 현상은 아니었다. 유학

(구)용헌공 불천위 사당 청도 매전 온막

갑술년(1994)에 이건된 용헌공 제사 *廣慕齋* 경기 광주 목리

---

63) 『철성연방집』 제2권, 용헌공 습유시(拾遺詩), 「차장단영통사운(次長湍靈通寺韻)」 "…… 만약 결사하여 이곳에 눕는다면(若爲結社亭中臥) 벼슬길 부침도 다 버릴 수 있다네(一任名塗昇與沈)."

자들의 정치적 명분은 분명했지만, 강호의 선사들과 교유는 끝없이 지속되었듯이, 이원한테서 선사들이란 이념과 사상을 떠나 함께 호흡하며 생을 살아가는 경외와 흠모의 대상이었다. 「기백운산염상인(寄白雲山焰上人)」을 조용히 읊조려 보면, 그렇게 살아갔던 공의 마음을 조금이나마 이해할 것 같다.

> 몇 자 편지 아득한 속세에 전해져 (隻字遙傳落塵寰)
> 스님께서 백운산에 계신 줄 알았네 (知師住錫白雲山)
> 눈 깊은 계곡 길 지나는 이 없으니 (雪深溪路無人過)
> 솔 아래 바위 문은 늘 닫혀 있겠지 (松下巖扉盡日關)

이운노李云老

생년 : 미상
몰년 : 1417년(태종 17)
관력 : 삼사판관 겸 성균박사 판제용감사(判濟用監事) (증) 이조판서
자호 : 호 남곡(南谷)
묘소 : 연천군 군영리 성원
가족 : [증조] 교(嶠) [조] 림(琳) [부] 귀생(貴生)
　　　[외조] 이방직(李邦直) [처부] 이전(李塼)

　　문하시중 이림의 손자이자 이귀생의 아들이다. 고려 우왕 9년에 이방원과 동방급제하여, 삼사판관 겸 성균박사가 되었다. 조선이 건국된 후 군자감이 되었고, 판제용감사(判濟用監事)로 승진하여 국가 재정업무를 확장하기 위한 업무를 수행하다 의욕이 지나쳐 탄핵 받아 귀양 갔다. 태종이 물러나 상왕으로 있을 당시 그의 딸이 태종 후궁으로 입궁하였고, 그로부터 수개월이 지나 혜순궁주(惠順宮主)에 봉해졌다.

　우왕의 제1비 근비(謹妃)의 조카였고, 배위는 경주이씨로 동지밀직(同知密直) 이전(李塼)의 딸이며, 슬하에 3남 3녀를 두었다. 고려 우왕(禑王) 9년(1383) 문과 계해방(癸亥榜)에 급제하였으니, 이방원과 동방(同榜) 급제하였다.[1] 조봉랑(朝奉郎)을 거쳐 삼사판관(三司判官) 겸 성균박사(成均博士)가 되었다. 가정보(嘉靖譜)에

---

1) 『등과록전편(登科錄前編)』(규장각한국학연구원[古 4650-10]).

따르면, 우왕 10년(1384) 선덕(宣德) 장흥사(長興使)가 되었고, 을축년(1385)에 승봉군부 좌랑(承奉軍府佐郎)으로 비어대(緋魚袋)를 하사 받았으며, 병인년(1386)에 진덕박사(進德博士)가 되었다가, 정묘년(1387)에 직강(直講)으로 승차하니 왕이 자금어대(紫金魚袋)를 하사했고, 곧 이어 군자감(軍資監)으로 승진했다고 한다.[2]

이운노가 속한 가문의 비극은 우왕 14년(1388)에 일어난 위화도 회군으로부터 시작되었다. 우왕이 폐위당하면서 창왕이 즉위했지만, 이어서 벌어진 우왕 복위 사건으로 조부 이림(李琳)과 이귀생(李貴生)이 귀양 갔다가 결국 배소에서 죽음을 당했다. 이는 고려 왕실을 끝까지 지켜야 했던 우왕 비 근비(謹妃) 집안이었다는 점으로 본다면 조선 건국 과정에서 필연적으로 제거되어야 할 인물들이었다. 그런데도 이운노는 조선이 건국되어서도 관직을 이어가고 있었던 것으로 보인다. 이는 동방급제 한 이방원의 배려 때문일 수도 있다. 당시에는 과거 고시관과 합격자간의 좌주(座主) 문생(門生) 관계가 매우 돈독했을 뿐만 아니라, 같이 합격한 이들도 동방(同榜)이라 하여 나이를 불문하고 끈끈한 동료애를 형성했던 풍속이 있었기 때문이다. 그럼에도 이운노가 조선 건국 과정에서 적극적으로 협조한 것은 아닌 것 같다. 한 때 경기도 용인 남곡으로 퇴거하여 울적한 심사를 달래며, 호를 남곡(南谷)으로 했다는 것이다.

아무튼 아버지와 조부는 이성계가 집권하는 데 걸림돌이 되어 배소(配所)에서 풀려나지도 못한 채 죽음을 맞이했지만, 이운노는 조선이 건국된 후에도 25년을 더 살다 죽었다. 그에 대한 기록은 『태종실록』 8년 기사부터 확인되고 있다.

내사(內史) 황엄(黃儼) 등이 의정부(議政府)와 더불어 경복궁에서 경외(京外)의 처녀를 함께 선발하였다. 황엄이 처녀 중에 미색(美色)이 없다고 노(怒)하여 경상도 경차 내관(慶尙道敬差內官) 박유(朴輶)를 잡아 결박하

---

2) 『고성이씨대종회발전사』 595쪽.

고 수죄(數罪)하기를, "경상(慶尙) 일도(一道)가 나라의 반이나 되는 것을 상국(上國: 명나라)에서 이미 알고 있는데 어째서 미색(美色)이 없겠느냐? 네가 감히 사의(私意)를 가지고 이와 같은 여자들을 뽑아 올린 것이지?"하며, 곤장을 치려고 하다가 그만두고, 교의(交倚)에 걸터앉아 정승(政丞)을 앞에 세우고 욕(辱)을 보이고 나서 태평관(太平館)으로 돌아갔다. 임금이 지신사(知申事) 황희(黃喜)를 보내어 황엄에게 이르기를, "이 여자아이들이 멀리 부모 곁을 떠날 것을 근심하여 먹어도 음식 맛을 알지 못해 날로 수척해진 때문이니, 괴이할 것이 없소. 다시 중국(中國)의 화장(化粧)을 시켜 놓고 보시오"하니, 황엄이 말하기를, "그러하겠습니다"하였다. 이날 평성군(平城君) 조견(趙狷)의 딸은 중풍(中風)이 든 것같이 입이 반듯하지 못하고, 이조 참의(吏曹參議) 김천석(金天錫)의 딸은 중풍이 든 것같이 머리를 흔들었으며, 전 군자감(軍資監) 이운로(李云老)의 딸은 다리가 병든 것같이 절룩거리니, 황엄 등이 매우 노하였다. 헌사(憲司)에서 조견 등의 딸을 잘못 가르친 죄를 탄핵하여 아전을 보내서 수직(守直)하게 하고, 조견은 개령(開寧)에, 이운로는 음죽(陰竹)에 부처(付處)하고, 김천석은 정직(停職)시켰다.[3]

고려 말부터 조선에 이르기까지 중국에서 지속적으로 요구해 온 공녀(貢女)는 정치·외교적으로만이 아니라 사회적으로도 큰 문제였다. 공녀로 끌려 간 여인들이 간혹 황제의 배필에까지 오른 경우도 있었으니, 원나라 순제(順帝) 제2황후가 된 기자오(奇子敖)의 딸 기황후(奇皇后)가 대표적이었다. 조선조에서도 한확(韓確)의 누나가 명(明)나라 공녀(貢女)로 들어가 당시 황제인 '영락제(永樂帝)의 후궁 한비(韓妃)가 되었다. 영락제(永樂帝)는 황후가 죽은 후 다시 황후를 들이지 않았기에 '한비(韓妃)'는 실질적인 황후였다. 영락제가 사망한 후 한확(韓確) 여동

3)『태종실록』권16, 태종 8년 7월 2일 무신.

생이 다시 공녀(貢女)로 뽑혀 영락제 손자인 선덕제(宣德帝) 후궁이 되었다. 이런 배경으로 정승의 지위에 오른 한확(韓確)은 조선왕실과도 겹사돈을 맺었는데, 세종의 아들 계양군(桂陽君)과 세조 큰아들 덕종(德宗: 의경세자 추존)에게 두 딸을 각각 시집보냈으니, 후자가 바로 인수대비(仁粹大妃) 한씨(韓氏)였다. 그러나 이런 경우는 매우 희귀한 사례여서, 대부분은 이국땅에 끌려가는 공녀를 회피하여 조혼(早婚)의 풍속까지 생겨났다. 그런 상황이라 이운노 딸도 공녀로 징발될 위기에 처하게 되자, 다리가 병든 것 같이 절룩거리는 흉내를 냈다는 이유로 아버지 이운노는 충청도 음죽(陰竹)으로 귀양 가는 처지가 되었다.

이 때 이운노의 직책을 전(前) 군자감(軍資監)으로 기록했던 것으로 미루어, 현직을 떠나 있을 때였다. 군자감이란 군사상 필요한 물자를 조달하던 관청이다. 충렬왕 때 내부감(內府監), 공민왕 때 소부감과 소부시(少府寺)로 고쳤다가 공양왕 때 그 임무는 내부시(內府寺)에 병합하고 군자시(軍資寺)를 두어 군사상 필요 물자와 그 저축의 일을 맡게 했다. 이성계가 조선을 건국하면서 고려 제도에 따라 군자감을 설치했는데, 관원으로는 판사(判事) 2명 정3품, 감(監) 2명 종3품, 소감(少監) 2명 종4품, 승(丞) 1명, 겸승(兼丞) 1명 종5품, 주부(注簿) 3명, 겸주부(兼注簿) 1명 종6품, 직장(直長) 2명 종7품, 녹사(錄事) 2명 정8품 등이었다.[4] 따라서 당시 이운노가 군자감의 어느 직책을 수행했는지에 대해서는 알 수가 없지만, 조선조에 들어와서도 여전히 관직생활을 하고 있었음을 알 수 있다.

이로부터 2년 후 이운노는 또 한 번 귀양 가게 되었다.

판제용감사(判濟用監事) 이운로(李云老)를 김화(金化)에, 주부(注簿) 유여(柳㳦)를 음죽(陰竹)에 귀양 보내고, 소감(少監) 최자해(崔自海) 이하는 모두 파직시켰다. 이운로 등이 이졸(吏卒)을 시켜 저자의 물건을 거두고 빼앗아 국가의 용도에 보태고자 하니, 임금이 듣고 노하여 이운로 등을

---

4)『태조실록』권1, 태조 1년 7월 28일 정미.

옥에 가두고, 사헌 지평(司憲持平) 홍여방(洪汝方)을 불러 꾸짖었다. "백성의 물건을 거두고 빼앗는 것은 법으로 마땅히 금해야 한다. 지금 관리(官吏)가 대낮에 공공연히 겁탈하는데 어찌하여 죄를 청하지 않느냐?" 홍여방이 대답하였다. "신 등은 실로 알지 못하였습니다. 만일 알았다면 어찌 감히 말하지 않았겠습니까?" 임금이 말하기를, "어제 승정원(承政院)에서 그 이졸(吏卒)을 가두었고, 지금 내가 그 관원을 가두었다. 내가 구중(九重)에 깊이 있어도 오히려 보고 듣는데, 너희들이 어찌 알지 못하였다 하느냐? 지금 새로 저화(楮貨)를 반포하여 백성의 의심을 사는데, 만일 또 거두고 빼앗는다면 원망을 초래하지 않겠느냐?"라고 하였다.[5]

이운노가 판제용감사로 재직 중에 김화(金化)로 귀양 가게 되었는데, 그 이유는 국가 재정을 충당할 목적으로 백성들에게 과도하게 물품들을 징집한 사실 때문이었다. 그의 근무처는 제용감(濟用監)이었고, 그의 직책은 제용감을 책임지는 으뜸벼슬 판사(判事), 즉 정3품의 판제용감사(判濟用監事)였다. 제용감이란 관청은 태종 9년(1409)에 제용고(濟用庫)를 승격시켜 나라의 탕장(帑藏)을 맡게 하였던 곳으로, 국가 재정이라는 업무의 중요도에 비해 관직 품질(品秩)들이 낮다는 이유로 개편했던 곳이다.[6] 조선 건국 초기의 상황임을 감안할 때 국가 재정이 어느 때보다 시급한 시점이었고, 특히 이 시기엔 저화(楮貨)라는 지폐를 발행하여 새로운 유통 방법을 장려할 때였다.

이운노의 3딸 중에서 장녀가 태종 후궁으로 들어갔다. 태종이 재위 중에 입궁한 것이 아니라 세종에게 양위하고 상왕(上王)으로 물러앉았던 세종 4년(1422) 무렵이었다.

---

5) 『태종실록』 권20, 태종 10년 12월 4일 병신.
6) 『태종실록』 권18, 태종 9년 12월 24일 신유.

태상왕이 이씨(李氏)를 궁중에 맞아들였으니, 이씨는 이직(李稷)의 딸이었다. 일찍이 홀로 되었는데 이때 나이 33세였다. 또 홀로 된 여자 이씨를 맞아들였으니, 이운노(李云老)의 딸이었다.[7]

태종의 후궁은 모두 19명이었다. 그 중에는 천한 신분들도 있었지만, 위에서 확인되듯이 최고 양반가문의 딸들도 많았다. 이직(李稷)의 증조가 정당문학(政堂文學) 이조년(李兆年), 할아버지가 검교시중(檢校侍中) 이포(李褒), 아버지가 문하평리(門下評理) 이인민(李仁敏)인 당대 최고 명문가였다. 그리고 이직(李稷) 본인은 황희(黃喜)와 함께 충녕대군(忠寧大君: 뒤의 세종)의 세자책봉을 반대하다 성주에 안치되었지만, 세종 4년(1422)에 풀려 나와 그로부터 2년 후 영의정에 올랐다. 이운노 역시 이조년 가문과 혼맥으로 얽혀있는 가문이었다. 그런데 이때 입궁했던 양가의 두 딸 모두 한 차례 결혼하였다가 홀로 된 과부였다는 점이다. 아직 고려의 유풍이 잔존하고 있었음을 잘 보여준다 하겠다.

이운노의 딸은 입궁한 지 수개월이 지나 혜순궁주(惠順宮主)에 봉해졌다.

조씨(趙氏)로 의정 궁주(義貞宮主)를 삼으니, 조뇌(趙賚)의 딸이요. 이씨(李氏)로 혜순 궁주(惠順宮主)를 삼으니, 이운로(李云老)의 딸이다. 처음에 임금이 김익정(金益精)을 시켜 이원(李原)에게 의논하기를, "조씨는 가례색(嘉禮色)이 뽑았으므로 빈을 봉하고자 하니, 어떠하냐"하니, 이원이 말하기를, "조씨가 예를 이루지 못하였으니, 빈(嬪)을 봉(封)할 수는 없는 것이라"하였는데, 임금이 그렇게 여겼다.[8]

이는 태종이 승하한 지 4개월이 지난 시점이었다. 즉, 혜순궁주는 세종 4년 1

7) 『세종실록』 권15, 세종 4년 1월 6일 갑자.
8) 『세종실록』 권17, 세종 4년 9월 25일 기묘.

월에 입궁하였으나, 5월에 태종의 국상을 당했고, 9월에 세종으로부터 궁주(宮主) 봉작을 받았던 것이다. 위의 자료에 보이는 의정궁주는 1422년(세종 4) 2월 28일 소헌왕후

남곡 이운노 묘소 연천군 군영리

가 정식으로 가례색(간택)을 통해 선발했지만, 태상왕은 자신이 이미 늙었다는 이유로 거절했다. 이렇듯 조뇌(趙賚)의 딸을 들이기로 결정되었지만, 주저하며 맞아들이지 않다가 5월에 태종이 승하했다. 상중에 조뇌가 도승지 김익정(金益精)을 통해 세종에게 고하기를, "여식이 비록 혼례식을 올리진 않았지만 택일하여 입궁하란 명이 내려져 있었으니 도리상 당연히 성복해야 합니다"라고 상고한 바에 따라 궁주의 예로 맞아 들였다. 그리하여 조씨를 책봉할 때, 정식 가례색을 통해 입궁했지만 빈(嬪)보다 아래인 잉첩(媵妾)으로 취급하여 궁주 작위를 내릴 수밖에 없었는데, 이는 세종이 용헌공 의견에 따른 결과였다. 이처럼 궁주(宮主)는 내명부(內命婦) 위계상 비(妃)나 빈(嬪)보다 하위 작호였다. 고려 초기에는 체계화 된 내명부가 마련되지 못하여 후(后), 비(妃) 이하의 후궁을 모원부인(某院夫人), 모궁부인(某宮夫人) 등으로, 고려 성종 때부터 후궁을 궁주(宮主)라 부르기 시작했고, 조선 초기에도 내명부 직제가 확립되지 않아 그대로 사용되고 있었음을 볼 수 있다. 혜순궁주(惠順宮主)는 세종 20년(1438) 춘삼월에 생을 마감했다. 부음을 전해들은 세종은 쌀과 콩을 합쳐 70석을 부의로 내렸다.[9] 손자 교연(皎然)이 귀하게 되어 이조판서에 증직되었다.

---

9) 『세종실록』 권80, 세종 20년 3월 5일 기축.

이중지 李中至

생년 : 미상

몰년 : 1446년 (세종 28)

관력 : 병조참판 지중추부사

자호 : 시호(諡號)는 평정(平靖)

묘소 : 실전

가족 : [증조] 교(嶠) [조] 희필(希泌) [부] 근(勲)

　　　[외조] 홍상재(洪尙載) [처부]

　　태종 5년에 무과(武科)에 합격하였고, 태종 10년 중시(重試)에 발탁
되어, 여러 번 옮겨서 첨총제(僉摠制)가 되었고, 병조참판 등을 역임
했다. 세종 14년 한성부윤(漢城府尹)에 제수되었고, 참판 고약해(高
若海)를 대신하여 사은사로 파견되었으며, 이어 지중추원사에 제수되
었다. 시호(諡號)를 평정(平靖)이라 하였으니, 일을 잘 다스려서 과실
이 없는 것을 평(平)이라 하고, 관락(寬樂)하여 고종명(考終命)한 것
을 정(靖)이라 하였다. 수양대군(首陽大君)을 시양(侍養)으로 삼아,
벼슬이 성재(省宰)에까지 이르렀다. 풍모(風貌)가 아름다웠으나, 본
처를 박대했다는 비난을 받았다.

　　삼사좌사 이희필(李希泌)의 손자이자, 개국공신으로 판중추원사(判中樞院事)를
역임한 이근(李勲)의 아들이다. 태종 5년(1405)에 무과(武科)에 합격하였고, 태종
10년(1410) 중시(重試)에 발탁되었다. 여러 번 옮겨서 첨총제(僉摠制)가 되었다. 세

종 1년(1419) 충청도 서천과 비인지역에 왜구들이 침략하자, 충청도 병마도절제사 김상려(金尙旅)로는 여의치가 않아, 첨총제(僉摠制) 이중지(李中至)로 하여금 충청도 조전 병마 도절제사로 삼았다. 임금이 원숙에게 명하여 중지에게 말하기를, "장차 승차(陞差)해 줄 것이니, 경은 금대를 띠고 행하지 못함을 불만스럽게 생각지 말라"하고, 또 상호군 조치(趙菑)를 충청도 체복사(體覆使)로 삼았다. 성달생(成達生)·이중지·조치·이각·평도전 등은 명을 받고 곧 전장으로 파견되어 갔다.[1] 3일이 지난 5월 10일에 이중지는 충청도 병마도절제사에 임명되었다.[2]

이어 8월 25일에 중군 동지총제(中軍同知摠制)에 임명되었다.[3] 10월 23일에는 동지총제(同知摠制) 이중지(李中至)가 수강궁에 나아가 향과 소제문(疏祭文)을 받들고 가서 흥천사에다 사재(四齋)를 차렸다.[4] 이 날은 정종대왕이 승하한 지 28일째 되는 날이라 사재(四齋)를 차리는 불교 의식이 흥천사에서 거행되었고, 이를 주관하는 일을 이중지가 맡았다.

세종 3년(1421)에는 명나라가 수도를 천도하여 새 서울을 세운 것을 경하하는 표문과 전문을 전달하는 사절단이 파견되었는데, 이 때 진하사 청성 부원군(淸城府院君) 정탁(鄭擢)을 돕는 부사(副使)의 임무를 받고 북경에 가게 되었는데, 임금이 백관을 영솔하고 표문(表文)에 절하기를 의식과 같이 하고, 의복과 갓과 신을 주어 보냈고, 이들이 사절단 임무를 마치고 무사히 귀국을 하게 되자 잔치를 베풀어 위로했다.[5]

상왕이 이중지(李中至)에게 이르기를, "내가 일찍이 주상에게 말하기를, '임금의 아들은 조신(朝臣)의 집에서 기를 수가 없다'하여, 그 뒤로는 임금

---

1) 『세종실록』 권4, 세종 1년 5월 7일 신해.
2) 『세종실록』 권4, 세종 1년 5월 10일 갑인.
3) 『세종실록』 권5, 세종 1년 8월 25일 정유.
4) 『세종실록』 권5, 세종 1년 10월 23일 갑오.
5) 『세종실록』 권11, 세종 3년 2월 25일 무오. 『세종실록』 권13, 세종 3년 8월 20일 경술.

의 아들이나 딸로서 밖에서 기르는 자는 모두 궁중으로 돌려다 두게 한 것이다"하였다. 당초에 수양(首陽)을 중지의 집에서 길렀기 때문에 이러한 명이 있게 된 것이다.[6]

이어 세종 4년 2월에는 경상우도 병마도절제사에 제수되었다가, 이듬해 1월에는 좌군동지총제(左軍同知摠制)에 올랐고, 12월에는 판의주목사(判義州牧事)를 제수 받아 외임으로 부임하여 나갔다.[7] 그리고 세종 7년(1425) 7월에는 세종이 직접 주관했던 개국공신(開國功臣)·정사공신(定社功臣)·좌명공신(佐命功臣) 등 삼공신(三功臣) 회맹연(會盟宴)에 참석하였다.

> 임금이 광연루(廣延樓) 아래에 임어하니, 삼공신과 그의 적장(嫡長)들이 풍정(豊呈)을 드리고, 세자와 효령대군 이보·공녕군 이인·근녕군 이농·의성군 이용·지돈녕 이담(李湛)·도총제 박실(朴實)·총제 문효종(文孝宗)·이중지(李中至)·유은지(柳殷之)·지신사 곽존중·좌대언 조종생(趙從生)·좌부대언 김자(金赭)·우부대언 이대(李臺) 등이 연석(宴席)에 모시었다. 세 공신과 적장자에게 명하여 술을 올리게 하고 이어서 일어나 춤추게 하여 극히 즐기다가 파하고, 궁내의 술과 큰 잔치의 음식을 양녕대군에게 보냈다.[8]

위의 공신 회맹연에서 이중지는 부친이었던 개국공신 이근(李懃)의 적장(嫡長)으로, 우부대언 이대(李臺)는 부친이었던 좌명공신 이원(李原)의 적장(嫡長)으로 초청을 받았다.

---

6) 『세종실록』 권13, 세종 3년 8월 17일 정미.
7) 『세종실록』 권15, 세종 4년 2월 16일 계묘. 『세종실록』 권19, 세종 5년 1월 25일 정미. 『세종실록』 권22, 세종 5년 12월 22일 기사.
8) 『세종실록』 권28, 세종 7년 4월 3일 임인.

세종 8년(1426) 정월에 임금이 경회루 아래에 나아가 활 쏘는 것을 구경하였다. 병조판서 조말생·참찬 최윤덕·병조참판 이천(李蕆)·소경(少卿) 한확(韓確)·전총제 이중지(李中至)·좌대언 조종생·좌부대언 김자(金赭)·첨총제 이자(李仔)·홍연(洪璉)·홍약(洪約)이 함께 번(番)을 들고, 내금위·충의위·별시위·훈련관·사복시를 좌우로 갈라놓고, 궁중의 말 두 필을 상품으로 걸었다. 활쏘기 시합에서 가장 많이 맞혔던 이중지(李中至)는 말 한 필을 하사품으로 받았다.[9] 그 해 7월에 총제(摠制)를 다시 제수 받았다.

　세종 11년(1429) 5월 임금이 왕세자와 백관을 거느리고 사은표(謝恩表)·사은전(謝恩箋)을 배송(拜送)하였다. 총제(摠制) 이중지(李中至)와 조치(趙菑)가 표전(表箋)을 받들고 길을 떠났다. 황태후에게 바치는 예물(禮物)은 홍세저포(紅細苧布)·백세저포(白細苧布)·흑세마포(黑細麻布) 각각 20필, 만화석(滿花席)·잡채화석(雜彩花席) 각각 10장이고, 중궁(中宮)에게 바치는 예물은 홍세저포·백세저포·흑세마포 각각 20필, 만화석·잡채화석 각각 10장이었다. 세종은 이중지와 조치에게 의복과 갓과 신을 하사하였는데, 9월에 임무를 마치고 귀국하였다.[10]

　세종 12년(1430) 정월에 병조참판(兵曹參判)에 제수되었고, 그 후 상참(常參)이 끝난 자리에서 "서울 안에는 좋은 말이 적으므로 해마다 진헌(進獻)하는 수를 장차 채우지 못할 형편이오니, 청컨대 각도 목장의 말을 각도에 나누어 기르게 하여 공헌(貢獻)에 대비하게 하소서"하니, 예조 판서 신상(申商)이 아뢰기를, "무릇 좋은 말을 가진 사람은 대개 모두 불을 치므로, 이로 인하여 말의 품질이 더욱 낮아져서 장래가 염려되오니, 청컨대 불치는 것을 금하게 할 것이오며, 또 강무(講武) 때에 대소인원(大小人員)이 잡은 짐승을 모두 사사로이 쓰고 관가에 들이지 아니하오니, 청컨대 이제부터는 사사로이 잡은 짐승은 꿩과 토끼를 제하고는 모두 관가에 들이게 하소서"하였다.

---

9) 『세종실록』 권31, 세종 8년 1월 14일 기유.
10) 『세종실록』 권44, 세종 11년 5월 15일 경신. 『세종실록』 권45, 세종 11년 9월 12일 을묘.

중지(中至)는 또 아뢰기를, "강무(講武)할 때에 삼군(三軍) 갑사(甲士)가 내금위(內禁衛)에는 비록 초기(抄旗)로써 표지(標識)를 한 것이 있사오나, 짐승을 쫓아서 멀리 가거나 혹은 그 표지를 없애 버리기도 하므로 금방(禁防)하기가 어려우니, 이로 말미암아 군법(軍法)이 엄하지 않게 되는 일이 있사온즉, 청컨대 이제부터는 표장(標章)을 만들기를, '아무 군(軍) 아무 번(番) 아무'라고 써서 의복의 등에 붙이게 하오면, 이를 알아보기도 쉽고, 군법도 또한 정제(整齊)할 것이오니, 각 품관(品官)의 반인(伴人)들까지도 또한 이 법에 따르게 하소서"하니, 명하여 계목(啓目)을 갖추어 아뢰게 하였다.[11]

같은 해 병조참판 이중지(李中至)가 또 아뢰기를, "대가(大駕) 앞에서 시위하는 보졸(步卒)의 철제(鐵製) 투구가 매우 빛깔이 나쁘오니 납(鑞)칠을 하게 하소서"하니, 임금이 말하기를, "납철(鑞鐵)은 우리나라에서 생산되는 것이 아니니 쓸 수 없고, 또한 군인의 의장[戎裝]은 튼튼한 것을 위주로 할 것이니 화려해서 무엇 하겠는가? 먼저 검정칠을 한 다음에 기름[明油] 칠을 하면 된다"하였다.[12]

이어 세종 13년(1431) 2월 세종이 행한 강무(講武)에서 큰 사건이 일어났다. 임금이 대규모 병력을 동원하여 사냥을 통해 군사 훈련 상황을 점검 하는 행사가 강무였다. 2월 12일부터 시작된 강무는 강원도 평강(平康) 등지에서 사냥을 하고 양주(楊州) 풍천평(楓川坪)에서 하룻밤 잘 때까지는 지극히 평범한 강무였다. 그런데 2월 20일경부터 진눈개비가 내리는 날씨가 이어졌다. 사냥몰이를 중단한 임금의 행차는 일정에 맞춰 포천(抱川) 매장원(每場院)에 도착했다. 진눈깨비는 더욱 많이 내리고 날씨도 몹시 한랭하여 군사들과 말(馬)들이 저체온증으로 얼고 죽어 넘어진 자가 발생하기 시작했다. 도진무(都鎭撫) 성달생(成達生: 성삼문의 조부)이 임금에게 즉각 보고했으나, 미처 구료하지 못하여 사망한 자가 무려 26명에 이르렀고, 말 69필과 소 1두가 얼어 죽어 버리는 사상 초유의 대참사가

---

11)『세종실록』권47, 세종 12년 1월 29일 경오.
12)『세종실록』권50, 세종 12년 12월 11일 정축.

발생했다. 강무(講武) 행사에서 행재지응사(行在支應使)로 책임을 맡았던 병조참판 이중지(李中至)는 의금부에 하옥되었다가 황해도 서흥(瑞興)으로 귀양 갔으나 70여 일 만에 풀려났다.[13]

세종 14년 3월에 한성부윤(漢城府尹)에 제수되었고, 참판 고약해(高若海)를 대신하여 사은사로 파견되었으며, 이어 지중추원사(知中樞院事)에 제수되었다.[14] 사은사로 갔던 이중지가 칙서(勅書)를 가지고 귀국하자, 임금의 몸이 편찮으므로, 세자에게 명하여 백관을 거느리고 모화관(慕華館)에서 맞이하게 하였다. 세종 16년 8월 사옹제조(司饔提調)를 제수 받았다. 세종 17년(1435)에 또 다시 진위사(陳慰使) 임무를 띠고 북경으로 가게 되었는데, 임금이 백관을 거느리고 제문(祭文)과 표문에 배례하기를 의식과 같이 하였으며, 진향 예물(進香禮物)은 백세저포 1백 필과 흑세마포 2백 필이었다. 그 해 5월에 귀국하자 임금이 친히 사정전(思政殿)에 나아가 등극사(登極使) 노한(盧閈)·부사(副使) 민의생(閔義生)·진향사(進香使) 문귀·진위사(陳慰使) 이중지(李中至) 등을 위로하여 잔치를 베풀었는데, 효령 대군(孝寧大君)과 여러 종친들이 시연(侍宴)하였다.[15]

세종 21년(1439) 6월 사헌부에서 "지중추원사(知中樞院事) 이중지(李中至)가 천첩(賤妾)을 사랑하고 정처(正妻)를 소박하는 죄를 법대로 논죄하기를 청하옵니다"라는 탄핵을 받아 파면되었으나, 11월에 동지중추원사(同知中樞院事)로 복귀하였다.[16] 그 후 중풍(中風)으로 고생하다 세종 28년(1446) 2월 3일에 생을 마감했다. 말년에 수신제가(修身齊家)를 잘못하여 오점을 남겼다. 『세종실록』에 실린 이중지의 졸기(卒記)는 다음과 같다.

---

13) 『세종실록』 권51, 세종 13년 2월 27일 임술. 『세종실록』 권52, 세종 13년 5월 16일 기묘.

14) 『세종실록』 권55, 세종 14년 3월 18일 정축. 『세종실록』 권56, 세종 14년 6월 5일 임진. 『세종실록』 권57, 세종 14년 8월 2일 무자.

15) 『세종실록』 권58, 세종 14년 10월 6일 신묘. 『세종실록』 권67, 세종 17년 2월 8일 경술. 『세종실록』 권68, 세종 17년 5월 15일 병술.

16) 『세종실록』 권85, 세종 21년 6월 23일 기해. 『세종실록』 권87, 세종 21년 11월 7일 신해.

지중추원사(知中樞院事) 이중지(李中至)가 졸(卒)하였다. 중지(中至)의 본관은 고성(固城)이니, 이근(李懃)의 아들이었다. 을유년에 무과(武科)에 합격하였고, 경인년에 중시(重試)에 발탁되어, 여러 번 옮겨서 첨총제(僉摠制)가 되었고, 병조참판·지중추원사를 역임하고 졸하였다. 조회를 폐하고, 조제(弔祭)하고 부의(賻儀)를 내렸다. 시호(諡號)를 평정(平靖)이라 하였으니, 일을 잘 다스려서 과실이 없는 것을 평(平)이라 하고, 관락(寬樂)하여 고종명(考終命)한 것을 정(靖)이라 하였다. 중지는 다른 재능이 없으나, 수양 대군(首陽大君)을 시양(侍養)으로 삼아, 벼슬이 성재(省宰)에까지 이르렀다.[17]

세종은 지중추원사(知中樞院事) 이중지(李中至)에게 제사를 내리니, 그 제문(祭文)은 다음과 같다.

경(卿)은 의표(儀表)가 괴위(傀偉)하고 기우(器宇)가 뇌락(磊落)하였으며, 무예(武藝)에 능하고 또한 학식(學識)도 있었도다. 소고(昭考)를 섬기어 특별히 은악(恩渥)을 받았는데, 내가 더욱 은총(恩寵)을 기울여 갑자기 승진 발탁하였도다. 여러 번 변방의 장관[邊閫]에 임명되고, 네 번이나 상국(上國)에 조회하였도다. 곳에 따라 재능을 시험하니 성성과 공적[聲績]이 있었도다. 바야흐로 의임(倚任) 등용하려 하니 갑자기 양병(養病)하기를 청하였다. 나아와 접견함은 비록 어기었으나, 은총을 베풂은 더욱 간절하였도다. 장차 다시 일어나기를 생각하였는데 갑자기 죽음에 이르렀도다. 예전의 덕(德)을 추념(追念)하니 이에 상심(傷心)함이 더하도다. 이에 예관(禮官)을 보내어 한 잔의 술을 드리게 하노니, 경이 혼령이 있거든 와서

17) 『세종실록』 권111, 세종 28년 2월 3일 신축.

음향하기 바라노라.[18]

세종이 승하한 후 영릉(英陵) 비음(碑陰)을 조성할 때, 여기에 실을 만한 자헌대부(資憲大夫) 이상 대신(大臣)들을 선정하는 문제를 놓고 문종과 대신들이 이마를 맞대었다. 이때 이중지에 대해 "큰 덕행이 없어 사람들이 값있게 여기지 아니하나, 큰 허물이 없고 또 내외(內外)의 공로가 있으니 제외할 수는 없습니다"라는 대신들의 공통된 의견이 제시되자, 문종 또한 이를 쾌히 받아 들였다.[19] 아들 지(地)는 부사(府使)로 세조 등극 원종공신 3등에 녹선되었다.

---

18) 『세종실록』 권111, 세종 28년 2월 27일 을축.
19) 『문종실록』 권8, 문종 1년 7월 6일 임인.

이대 李臺

생년 : 1394년(태조 3)
몰년 : 1443년(세종 25)
관력 : 좌승지(左承旨) 중추원부사(中樞院副使)
자호 : 자 자익(子益) 호 둔재(鈍齋) 둔재공파 파조
묘소 : 경기 광주 목동(성남 도촌동에서 이장)
가족 : [증조] 암(嵒) [조] 강(岡) [부] 원(原)
　　　　[외조] 허금(許錦) [처부] 권상조(權詳組)

　　용헌공 이원의 장남이다. 문음으로 녹사(錄事)에 출사한 이래 군자
감 직장과 군기 판관을 거쳐 정랑과 세자익위 등 여러 관직을 두루 거
쳤다. 이런 관료생활 경험을 바탕으로 세종 5년부터 승정원 승지로
근무하면서 세종의 신임을 얻었다. 이후 상주목사를 거쳐 세종 25년
에 중추원부사로 있다 졸 하였다. 이처럼 그가 순탄한 관직 생활을 할
수 있었던 것은 용헌공 이원의 후원이 밑거름이 되었겠지만, 그의 행
정 능력 또한 뛰어났기에 가능한 것이었다. 아버지 이원이 공신녹권
을 박탈당하고 유배지에서 생을 마감했지만, 그의 딸이 양녕대군 둘
째 아들과 혼인하는 등과 같은 위세를 이어갔던 것도 그의 역량 때문
이었다.

　　용헌공 이원(李原)의 장자이다. 배위는 예천 권씨 성주목사 권상(權祥)의 딸이
다. 이대(李臺)의 묘비명에 의하면, 약관의 나이에 공신도감(功臣都鑑) 녹사(錄事)

로 출사하여 을미년(태종 15: 1415)에 군자감(軍資監) 직장(直長)에 제수되었으며, 이듬해인 병신년에는 공신 아들이란 혜택으로 계급을 건너뛰어 군기(軍器) 판관(判官)에 올랐으며, 태종 17년(1417) 이후에는 공조 정랑(工曹正郎)과 세자우익위(世子右翼衛) 등을 거쳤다고 했다.[1]

이로 미루어 보면, 이대(李臺)는 공신적장 신분으로 문음(門蔭) 혜택을 입어 출사하였음이 확인된다.[2] 즉, 용헌공 이원은 이방간(李芳幹)의 난을 평정하여 이방원이 왕위에 오르는 데 공을 세워 좌명공신(佐命功臣)으로 책봉된 바가 있으니, 그의 아들 이대는 과거를 거치지 않아도 되는 부음(父蔭)으로 공신도감 녹사에 진출하였음을 알 수 있다. 조선 초기 녹사(錄事)란 관직은 문음 출신자들이 진출하던 초사직(初仕職) 기능을 주로 했는데, 대개 8품에서 권무(權務; 9품 아래 임시직)에 이르기까지 여러 관청에 설치되어 있었다.[3] 따라서 이대는 공신도감 녹사로 출발한 이래 계속 승진을 거듭하여 7품 벼슬의 직장에 제수된 이듬해에 5품 벼슬인 판관으로 승진했으니, 당시 관례로서는 매우 파격적인 인사였다. 그런 후 1년 만에 또 다시 행정부 6조의 요직인 정랑과 세자 호위를 담당하는 우익위까지 역임했으니, 고관으로 승진할 수 있는 발판을 마련한 셈이 되었다.

그 이후 태종 말년부터 세종 초반 시기의 활약상은 확인되지 않는다. 이대에 관한 『조선왕조실록』 기사는 세종 5년부터 보이며, 이때 동부대언(同副代言; 후일 동부승지)에 제수되었음이 확인된다.[4] 이는 세종의 신임 하에 최측근으로 입성했음을 의미한다. 왕을 보필하는 비서실 근무이기도 하지만, 계급이 정3품 통정대부(通政大夫)로 승진하였다는 점인데, 당시 계급사회에서 당상관(堂上官)이란 의미는[5] 매우 컸기 때문이다. 이듬해 비서실의 다른 동료들과 함께 살곶

1)『고성이씨대종회발전사』
2) 박홍갑, 1995, 『조선시대 문음제도 연구』, 탐구당.
3) 신해순, 1974, 「조선초기의 녹사」 『성균관대학교논문집』 18집.
4)『세종실록』 권19, 세종 5년 3월 계사.
5) 당상관(堂上官)이란 임금이 위치한 당(堂) 위에 함께 자리할 수 있다는 뜻이며, 정3품 통정대부 이상을 말한다.

이[箭串]에 있는 밭 1결 50부(負)씩 하사받았는데,[6] 왕실을 잘 보필한 것에 대한 보상이었다. 그리고 2년 후에는 우부대언(후일 우부승지)으로 옮겼다가 이어 좌부대언으로 승진했으니, 계속해서 승정원 근무를 이어간 셈이다.

그러던 중 좌부대언(左副代言) 이대(李臺)가 헌사(憲司)의 탄핵을 당한 적이 있었다. 이날 지신사 곽존중, 우대언(右代言) 김맹성(金孟誠), 동부대언(同副代言) 정흠지(鄭欽之) 등과 함께 원(院)내에서 식사할 때, 장령(掌令) 양활(梁活)이 계본(啓本)을 내고서 대궐 뜰에 섰는데, 대언(代言)들이 별가(別駕: 별감)를 시켜서 식사하는 중이라고 말하게 하고는 술에 취하여 잊어버렸다가 저물 때에야 깨달았다. 이대가 나가서 계본(啓本)을 받으면서 인사도 하지 않자, 이에 양활이 노하여 본부(本部)에 고한 후 별가를 잡아다가 공술(供述)을 받고 인하여 탄핵한 것이다.[7] 이튿날 세종은 자신의 비서들이었던 곽존중·김맹성·이대·정흠지 등을 불러 어제의 일을 확인했다. 그러자 곽존중 등은 "신 등이 어제는 내일 있을 시향(時享) 때문에 각자 집에 돌아가게 되므로, 서로 술을 권하다 곧 취해서 깨닫지 못하고 실수하였나이다"하니, 임금이 말하기를, "재계(齋戒)할 때에는 꼭 그렇게 해야 되는 법이냐. 내가 어찌 그대들 네 사람을 갈아 치울 줄을 알지 못하겠느냐마는, 이제 만약 한번 내쫓으면 비록 나를 보고 싶어도 다시는 보지 못할 것이다. 헌사가 논청(論請)한 것도 나는 꼭 적당하다고 생각지는 않는다. 어제의 실수는 오로지 지신사와 동부대언에게 있는 것이니, 하나는 행수(行首)가 되고, 하나는 방장(房掌)이니, 헌사에서 이 두 사람을 논핵하는 것이 역시 가하지 아니한가. 이대(李臺)는 젊어서 일을 겪지 못한 자인데, 다만 당일에 번을 들었을 뿐이다. 지신사와 동부(同副)는 나이도 적은 바가 아니고, 또 관례에 많이 단련되었는데 그렇게 한 것이 옳단 말이냐. 내가 태종 이래로 헌사에서 궐내의 사람을 잡아다가 공초(供招) 받았다는 것을 보지 못하였는데, 이를 듣고서 밤새도록 잠을 자지

---

6) 『세종실록』 권23, 세종 6년 2월 29일 을해.
7) 『세종실록』 권25, 세종 6년 8월 26일 무진.

못하였다"하니, 곽존중이 울며 대답하기를, "신 등의 죄가 실로 깊고 중 합니다"하고 황공하여 땀을 흘리니, 임금이 말하기를, "이후로는 그렇게 하지 말라"하고, 모두 다 출사(出仕)하기를 명하였다.[8]

이후 이대의 활약상을 보면, 중국 사신들이 왔을 때 세종의 명을 받아 몸이 아픈 칙사들에게 약을 제공하는 등의 기록들이 보인다. 아울러 중국 사신과 관련하여 주목되는 점은 윤봉(尹鳳)이 우부대언 이대(李薹)에게, "내가 아홉 살 적부터 이빈(李彬; 李蔭의 系子)의 집에서 양육되어 20여 세에 명나라 조정으로 들어가 지금까지 편안히 영화를 누리고 있는 것은 모두 그의 은덕이다. 이빈이 스스로 죄를 지어 이미 형(刑)을 입었으나, 그의 아내가 아직도 생존하고 있으니, 비록 잠깐 나를 본다 하더라도 내가 무슨 말을 하며, 그도 또한 무슨 말을 하겠는가. 이 뜻을 아뢰어 주기 바란다"라는 부탁을 받았던 적이 있다.[9] 중국 사신단 일행으로 왔던 윤봉이 이대에게 이런 청을 하게 된 것은 이빈과 가까운 친척[종숙]이란 사실이 작용했을 것으로 보인다. 그리고 실제 윤봉의 도움으로 이빈의 아내는 노비의 몸에서 풀려났고, 몰수당했던 재산도 되찾았다. 우부대언으로 자리를 지킨 이대의 역할이 주효했으리라 짐작된다.

세종 7년(1425) 4월 초순에 이대는 임금이 광연루(廣延樓)에서 삼공신(三功臣)과 적장(嫡長)에게 잔치를 베푸는 자리에 참석했다.[10] 삼공신이란 개국 공신을 비롯하여 태종 즉위 과정에서 책봉된 정사공신(定社功臣)·좌명공신(佐命功臣)을 말한다. 공신과 공신적장이 참여하는 모임이었으니, 좌명공신이었던 아버지 이원 역시 참석 대상자였다. 이 자리에서 세종은 삼공신과 적장자에게 명하여 술을 올리게 하고, 이어서 일어나 춤추게 하여 극히 즐기다가 파했다. 세종은 이대를 영의정 이직에게 보내 잔치에 쓴 내온(內醞)을 하사했다.

---

8)『세종실록』권25, 세종 6년 8월 27일 기사.
9)『세종실록』권27, 세종 7년 2월 16일 병진.
10)『세종실록』권28, 세종 7년 4월 임인.

몇 달 후인 7월에 중국 사신으로 갔다 돌아 온 이원(李原)을 위로하는 술잔치가 열렸다. 효령대군 이보·경녕군 이비·공녕군 이인과 같은 종친들은 물론 영돈녕 유정현·영의정 이직·우의정 유관·청평부원군 이백강(李伯剛)·한평부원군 조연(趙涓)·평양부원군 조대림(趙大臨)·병조판서 조말생·지돈녕 이담·지신사 곽존중·대언 조종생·김맹성·김자(金赭)·이대(李臺)·정흠지 등이 연회에 입시하여 종일토록 한껏 즐긴 후 파하였다.[11] 그러다가 이듬해인 세종 8년에 아버지 이원이 불법으로 많은 노비를

중추원부사 둔재 이대 선생 묘소 경기 광주 목동

소유했다는 사헌부 탄핵으로 공신녹권(功臣錄券: 공신에게 주는 공훈사령장)을 박탈당하고 귀양 갔으니, 장남인 그에게도 타격이 컸을 것으로 짐작된다.

그럼에도 세종 13년(1431)에는 이대의 딸이 양녕대군 둘째 아들과 혼인하게 되었다. 함양군 희와 혼담이 오갈 때, 세종은 승정원에 전지를 내려 의논케 하였는데, 안숭선 등의 반대가 있었지만 김종서 등의 건의로 혼인이 허락되었다. 이 자리에서 세종은 "이원(李原)이 죄를 얻기는 하였으나 대역(大逆)이 아니며, 내가 전에도, 원의 아들에게는 벼슬을 더하여 서용(敍用)한다 하더라도 무방할 것이란 말까지 한 적도 있었는데, 혼인하는 것이 뭐 해롭겠는가"라는 의견을 피력했듯이,[12] 이원과 그 후손들에 대한 세종의 배려가 매우 컸음을 보여준다. 세

---

11) 『세종실록』 권30, 세종 7년 11월 1일 병신.
12) 『세종실록』 권52, 세종 13년 5월 기사.

종 15년 상주목사(尙州牧使)로 나갔다가 세종 23년에 첨지중추원사(僉知中樞院事)에 보임되었으며, 세종 25년 8월에 중추원부사(中樞院副使)로 있을 때 졸(卒)하니, 세종은 귀한 종이를 부의로 하사했다.[13]

정부인 예천권씨와의 사이에 4남 3녀를 두었다. 장남 월(越)은 여러 고을을 맡은 치적이 있어 계림군(桂林君)으로 봉해졌고, 2남 신(晨)은 부정(副正), 3남 의(疑)는 병조참판, 4남 경(庚)은 평산부사를 지냈다. 1녀는 양녕대군 아들 함양군에게 시집갔고, 2녀는 영일정씨로 군수를 역임한 정자숙(鄭自淑)에게 시집갔으니, 증손이 송강 정철(鄭澈)이다. 3녀는 성주이씨로 이조판서를 거쳐 좌찬성에 오른 공숙(恭肅)공 이집(李諿)에게 시집갔으니, 곧 태종의 외손부였다.

---

13) 『세종실록』 권93, 세종 23년 6월 병자. 『세종실록』 권101, 세종 25년 8월 무술.

이곡 李谷

생년 : 1396년(태조 5)

몰년 : 1466년(세조 12)

관력 : 대호군(大護軍) 지통례문사(知通禮門事)

자호 : 호군공(護軍公) 호군공파 파조

묘소 : 전남 나주 다시면 초동 뒷산 식적동 계좌

가족 : [증조] 암(嵒) [조] 강(岡) [부] 원(原)

　　　[외조] 최정지(崔丁智) [처부] 이양명(李陽明)

　　용헌공 차남으로 음보(蔭補)로 출사(出仕)하였다. 세종 6년(1424)경 사헌부 감찰에 제수되어 면신례(免新禮) 통과의례를 치를 당시 제작한 계회첩(契會帖)이 전해내려 온다. 이후 종5품 도사(都事)로 승진하였다가 여러 관직을 거쳐 무관직 3품 벼슬 대호군(大護軍)을 제수 받았고, 이어 국가 의례를 담당하는 지통례문사(知通禮門事)를 역임했다. 아들 절(節)은 감사에 올랐고, 두 딸은 당대의 문사로 이름 높았던 강희안과 남전에게 각각 시집갔다. 생육신으로 이름 높은 추강 남효온이 외손자이다.

　좌의정을 지낸 용헌공 이원의 차자(次子)이다. 아버지 이원이 공신에다 좌의정을 역임했기에 20세 전후에 음보(蔭補)로 출사(出仕)하였던 것으로 추정된다. 이후 여러 관직을 거쳐 세종 6년(1424)경이던 20대 후반 경에 종6품 선교랑(宣敎郞)의 계급으로 사헌부 감찰(監察) 직위에 제수되었다. 사헌부 감찰 역할은 관리 비위 규찰이나 재정 부문의 회계 감사와 의례 행사 때의 의전 감독 등에 관한 실무 담당이었다. 조선 개국 직후 20인의 정원을 두었다가 태종 1년(1401)에 25인으로 증원하였고, 세조가 즉위한 후 24인의 정원으로 고정한 바가 있다. 여기에는 문관과 무관, 그리고 음관들까지 고루 편성된 관직이었다. 감찰이 각 청의 창고 감사에 나서면 해당관서 관리들은 엄숙한 예를 거행한 뒤 맞이해야 했고, 또 그들만이 입식(笠飾: 갓 장식)에 수정 정자(頂子)를 붙이고, 조복의 관(冠)에 해치(獬豸: 옳은 일과 그른 일을 분간하는 뿔이 하나 달린 전설의 동물, 해태라고도 함)를 부착하는 등 법관으로서의 권위를 부여받은 요직이었다.

한편 당시 관료사회에서 신임 동료들이 들어오면 신참(新參) 신고식인 면신례(免新禮)라는 것을 피해 갈 수 없었는데, 특히 사헌부 감찰들의 면신례는 매우 엄격한 것으로 정평이 나 있었다. 이곡이 사헌부 감찰에 제수되어 신참이었을 당시의 정원은 25명이었으며, 선배들에게 치르는 면신례 의식이 끝나야만 동료로 인정을 받았다. 퇴근 후 선배 집을 일일이 찾아 인사를 챙기고 잔치 상을 여러 차례 준비해야 하는 것은 물론, 이 기간 동안에는 선배들의 육체적 정신적 가학행위가 난무하는 고난의 통과의례였다. 이런 면신례에서는 의례히 계회첩(契會帖)이나 계회도(契會圖)를 만들어 나누어 갖는 것이 관례였고, 그 준비의 몫은 모두 신참이 부담해야만 했다.[1] 이곡이 사헌부 감찰에 제수되었을 당시 제작된 것으로 추정되는 계회첩이 현존하고 있어 당시 상황을 잘 보여주고 있다.[2]

---

1) 박홍갑, 2000, 「조선시대 면신례 풍속과 그 성격」『역사민속학』11, 민속원; 박홍갑, 2006, 「누구도 피해갈 수 없었던 신고식, 면신례」『선비문화』9, 남명학연구원.

2) 사헌부 감찰 계회첩(契會帖) 제작 시기는 세종 6년(1424) 경, 즉, 호군공 이곡이 28세 전후였을 것으로 추정된다. 이 계회첩은 당시 사헌부 감찰 재직자 25명의 계급 직명 성명을 세로로 기록한 아래 본관을 추가하였고, 그 옆에 부친의 이력 사항을 추기한 첩장(帖裝) 형태의 자료였지만, 현존하는 자료는 인물 6명에 해당하는 마지막 부분만 남아 있다. 특히 제일 끝 부분에 "宣敎郎 司憲府 監察 李谷 本固城 父 推忠翊戴同德佐命功臣 大匡輔國崇祿大夫議政府左議政 領集賢殿經筵春秋館事 兼判吏曹事 鐵城府院君"라는 이곡의 명단이 들어 있다. 따라서 이 첩장은 이곡이 신참으로 들어가 면신례를 치를 당시 본인이 부담하여 직접 제작한 후 나누어 가진 계회첩인 것으로 추정된다. 소장자는 호군공 17세손 이익환 교수이며, 남은 부분의 크기는 가로 41㎝, 세로 32㎝이다.

현존하는 계회첩에 의하면, 이곡의 직속 선배로는 공조판서 오승(吳陞)의 아들 오청(吳淸)이었고, 그 위로는 개국공신이자 『고려사』 찬자로 잘 알려진 정총(鄭摠)의 아들도 포함되어 있었다. 이처럼 당시 함께 근무했던 감찰들의 이력이 매우 화려했음을 엿볼 수 있고, 신참이었던 이곡의 면신례 의식이 선배들로부터 통과 허락을 받아야만 동료로 인정되어 함께 근무할 수 있었음을 보여주는 소중한 자료이다.

그 후 세종 9년(1427)의 기록에 의하면, 이곡은 종5품 도사(都事)를 역임한 것으로 나타난다.[3] 조선시대 중앙관청의 하나인 충훈부(忠勳府)·의빈부(儀賓府)·충익부(忠翊府)·의금부(義禁府)와 개성부 등에 각각 동반직인 도사를 두어, 서무를 주관하도록 한 바가 있다. 아울러 중추부(中樞府)와 오위도총부(五衛都摠府) 같은 서반직에도 도사를 두었기에 이곡이 어느 관청에 근무한 것인지는 알 수가 없다. 아무튼 이곡은 도사를 역임한 이후에도 여러 관직을 거쳤을 것으로 추정되며, 최종 관직은 대호군(大護軍) 지통례문사(知通禮門事)였다.[4] 대호군은 3품에 해당하는 무관직이었으나, 주로 직임이 없던 문무관에게도 주던 관직이었다. 아울러 통례문은 고려시대 합문(閤門)이란 관청을 설치한 이래로 조회(朝會)나 국가 의례를 관장하던 관청인데, 조선시대에 들어와 통례문이 되었다가 정3품 아문 통례원으로 굳어졌다. 이곡이 역임한 지통례문사는 해당 관청의 차석 직임으로서 국가적 의례를 주관했음을 알 수

호군공 이곡의 묘역 나주시 다시면 식적리

---

3) 『세종실록』 권37, 세종 9년 8월 20일 을해.
4) 『고성이씨대종회발전사』 12세 호군공 곡(谷).

있다.

이곡은 성균관 사예(司藝)를 역임한 이양명(李陽明)의 딸과 혼인하여 1남 2녀를 두었다. 아들 절(節)은 감사(監司)의 지위에 올랐고, 장녀는 진주강씨 강희안(姜希顔)에게, 차녀는 의령남씨 남전(南恮; 영의정 남재의 현손)에게 시집갔다. 맏사위 강희안은 행촌이 도입한 『농상집요』 보급에 노력한 강시(姜蓍)의 증손으로, 아버지 지돈녕부사(知敦寧府事) 강석덕(姜碩德)과 어머니 청송심씨(영의정 심온(沈溫)의 딸) 사이에 태어났으니, 이모부가 바로 세종인 셈이다. 조선조 문인화가로도 널리 알려져 있던 인물이다. 둘째 사위 남전의 아들이자 이곡의 외손자인 추강 남효온은 생육신으로 이름 높았던 선비이다. 충절의 상징이던 남효온이 죽자 외조부 이곡의 무덤 아래 묻혔는데, 이것은 추강이 외가에 의지한 바가 많았음을 잘 보여주는 것이기도 하다.

이질 李垤

생년 : 1398년(태조 7)
몰년 : 1463년(세조 9) 이후 ?
관력 : 감찰(監察) 사헌집의 한성소윤(漢城少尹) 좌찬성
자호 : 자안(自安) 좌윤공파 파조
묘소 : 논산 상월 신충리 산31
가족 : [증조] 암(嵓) [조] 강(岡) [부] 원(原)
　　　 [외조] 최정지(崔丁智) [처부]

　　용헌공 3남으로 무과에 급제한 후 세조를 도운 공으로 원종공신 2
등에 봉해졌다. 세조가 집권하자 이 사실을 명나라에 알리기 위한 주
문사(奏聞使) 서장관의 공로로 토지 15결을 하사받았으며, 세조 7년
에는 경상도 경차관(慶尙道敬差官)으로 파견되어 왜인들의 동태를 감
시하는 한편 위무(慰撫)에 힘썼다. 이후 세조가 중앙집권화 정책과
부국강병책을 위한 노력에 부심할 때 강원도 지역의 호적 정리와 정
확한 군적을 확보하는 일을 책임 맡아 차질 없이 수행했으며, 이후 사
헌부 집의로 있으면서 평안도 지역 어사(御使)로 파견되어 활동했다.
한성소윤을 역임하고 좌찬성에 증직되었다.

　　용헌공 이원의 3남으로 태어난 이질(李垤)은 장령 정지당(鄭之唐)의 딸과 혼인
하여 2남을 두었다. 무과출신이긴 하지만,[1] 사헌부 감찰과 사헌부 집의 같은 문

---

1) 서거정 찬, 「용헌공이원신도비명」

반(文班) 요직을 두루 거쳤다. 아울러 관직이 한성소윤(漢城少尹)에 이르렀다.

이질이 사헌부 감찰(監察)로 있을 당시 세조가 즉위했고, 이 때 원종공신 2등에 녹훈되었다.[2] 그의 아우들인 상호군 이비(李坤)와 이장(李塲) 역시 원종 1등 공신으로 책봉되었는데, 이들이 서반직(西班職)을 갖고 있었던 것에 비해 이질은 동반직(東班職)으로 진출하여 세조 정권 탄생에 기여했음을 알 수 있다.

이들이 출사하여 중견 관료로 활약할 당시는 세종 하반기와 문종 치세였다. 능력과 인군의 자질을 함께 갖췄다는 기대를 한 몸에 받았던 문종이 뜻하지 않게 일찍 승하함에 따라 정국은 급변했다. 김종서나 황보인 같은 재상들의 권위가 왕실을 압도할 지경에 이르렀다고 판단한 수양대군이 비상수단을 동원했다. 이들을 제거하고 권력을 장악하는 과정에서 공신이 책봉되었다. 이원의 사위 권람을 비롯한 한명회·정인지 등이 포함된 소위 정난공신(靖難功臣)이었다. 수양대군 집권 자체가 역사적 정당성이 희박했기에 공신들 개혁 성향 역시 미미한 수준이었다. 아울러 이들 출신성분이나 경제적 지위도 한미한 자들이 많았던 건국공신들과는 달리 기득권을 가진 자들이 대부분이었다.

그런 후 어린 단종을 몰아내고 세조가 즉위했고, 그에 따른 포상이 좌익공신(佐翼功臣)이었다.[3] 세조가 즉위한 1455년(세조 1) 9월 5일에 좌익공신을 봉했고, 같은 해 12월 27일에 무려 2,300여 명에 달하는 좌익원종공신을 새로 책봉했다. 원종공신은 본래의 공로포상 의미와는 달리 정국이 불안정할 때 공신 책봉을 통해 국가나 왕실 취약성을 보완하고 지지 세력을 광범위하게 확보하려는 의미가 컸다. 원종공신은 1등에서 3등으로 분류해 녹권을 사급하고 각종 특혜를 부여했다. 하지만 경제적인 특권보다는 주로 품계를 올려주거나 자식들에게 음서(蔭敍) 혜택을 주는 정도에 그친다는 점에서 정공신과는 격이 틀리는 것은 분명하다.

---

2) 『세조실록』 권2, 세조 1년 12월 27일 무진.
3) 정두희, 1983, 「세조 성종대 공신집단의 정치적 성격」『조선초기 정치지배 세력 연구』, 일조각.

좌익원종 2등 공신이었던 이질에게 내려진 포상은 ① 한 자급(資級)을 더 올려 주고, ② 아들과 손자에게 음서의 혜택을 부여하며, ③ 후세에까지 유죄(宥罪: 죄를 지었을 때 용서해 주는 것)하고, ④ 아들과 손자 중에서 자원에 따라 한 사람에게 산관(散官) 한 자급(資級)을 더해 주되, 자손 없는 자에게는 형제·사위·조카 중에서 자원에 따라 산관 한 자급을 더해 주는 등과 같은 것이었다.

비상수단을 동원해 정권을 장악한 세조는 일단 명나라 승인이 시급했다. 이럴 때는 통상 주문사(奏聞使)라는 사신을 파견하게 된다. 주본(奏本)을 올리기 위해 중국으로 파견되는 사신의 임무는 실로 막중한 자리임이 분명하다. 전위(傳位)나 변란 등 특별한 일들을 중국 임금에게 아뢰고 준가(準可)를 받아와야 하기 때문이다. 세조가 즉위하자 바로 사신단이 꾸려졌다. 예조판서 김하를 주문사로 파견한 데 이어 새로이 신숙주(申叔舟)를 주문사로, 권람(權擥)을 사은사로 파견한 것이다.[4] 이 때 이질은 서장관(書狀官)으로 신숙주와 권람을 수행했다. 통상적으로 중국에 파견되던 사신단 구성을 보면, 정사(正使), 부사(副使)와 아울러 서장관이 삼사의 하나가 된다. 정사나 부사보다는 지위가 낮지만, 모든 기록을 담당할 뿐만 아니라 행대어사(行臺御史, 움직이는 사헌부)를 겸하는 막중한 자리였다는 점으로 미루어,[5] 이질의 타고 난 재질과 능력을 짐작 할 수 있을 것 같다. 이듬해인 세조 2년에 명나라 사신 일행이 돌아오자 세조는 크게 포상의 은전을 내렸는데, 이질 역시 15결의 토지를 특별히 하사받았다.[6]

세조 7년(1461)에 이질은 경상도 경차관(慶尙道敬差官)으로 파견된 윤자영(尹子濚)을 대신하여 특별한 임무를 부여받고 파견되었다.[7] 급작스런 경차관 교체였다. 학문의 깊이가 있던 윤자영이었건만 행정 실무능력이 미치지 못한다는 판단 때문이었다. 이 때 이질이 가지고 간 특별 사목(事目)은 주로 경상도에 정착

---

4) 『세조실록』 권2, 세조 1년 9월 20일 임진.
5) 『만기요람』 재용편.
6) 『세조실록』 권3, 세조 2년 2월 21일 경신.
7) 『세조실록』 권24, 세조 7년 6월 경인.

하고 있던 왜인(倭人)들의 동태를 세심하게 살펴 조선 백성들을 보호해야 하는 임무였다. 그가 부여받은 사목은 다음과 같다.

1. 본국 사람이 왜인(倭人)과 더불어 섞여 살 수 없게 하는 일 및 서로 말하는 것을 금하는 일은, 먼저의 형적(形迹)이 있어서 왜인으로 하여금 의심하게 할 것이니 불가하다.
1. 통전(筩箭) 쏘는 것을 익히는 일 및 별도로 갈무리하는 일은, 공공연하게 포치(布置)하면 저들로 하여금 소요스럽게 할 것이니 불가하다. 다만 왜인과 더불어 한 곳에서 쏘는 것을 익히는 것은 불가하다.
1. 무릇 접대(接對)하는 일은, 따로 포치(布置)하면 왜인으로 하여금 다시 의심이 생기게 할 것이니 불가하다.[8]

삼포는 세종 8년(1426)부터 개항하여 왜인들에게 무역 등을 허락해 왔다. 하지만, 세조 대에 들어와서는 왜인들이 크고 작은 문제들을 발생시켜 조선 정부에서도 세심한 관리가 필요하던 시점이었다. 이에 세조는 이질을 보내 경상도에 정착하고 있던 왜인들의 동태를 잘 감시하고 효율적으로 관리될 수 있도록 했던 것이다.[9]

이어서 한 달 후에 훈련부사(訓鍊副使) 이질은 다시 특별한 임무를 부여받아 강원도로 파견되었는데, 당시 각 도의 호적과 군적을 대대적으로 정비하여 중앙집권의 효율성을 높이려는 작업 때문이었다.[10] 경기도에 예빈시 윤(禮賓寺尹) 안훈(安訓), 충청도에 판사섬시사(判司贍寺事) 박건순(朴健順) 등을 비롯하여 전국적인 규모로 파견된 이들의 임무는 다음과 같다.

---

8) 『세조실록』 권24, 세조 7년 6월 임진.
9) 『세조실록』 권24, 세조 7년 6월 임진.
10) 『세조실록』 권25, 세조 7년 7월 임술.

1. 여러 도(道)의 호적은 호패안(戶牌案)을 사용하여 호수(戶首)·솔정(率丁)을 기록 한다. 넓게 긴 울타리를 만들고 그 울타리 안에 따로 집을 지어서 한집으로 일컫는 것을 찾아내어 따로 한 호(戶)를 만든다.

1. 외롭고 가난한 사람으로 의탁할 곳이 없어서 혹은 남의 고공(雇工)이 되고 혹은 비부(婢夫)가 되어 붙여 사는 자가, 양인(良人)에 매여 따로 한 호를 세우면 반드시 도망해 흩어질 것이니, 솔정(率丁)의 예에 의한다.

1. 호적은 세 건(件)을 만들어서 본읍(本邑)·감사 영(監司營)·호조(戶曹)에 간직한다.

1. 여러 고을의 의학(醫學)·율학(律學)은 일정한 액수(額數)가 없으니, 이로 인하여 한역자(閑役者)가 매우 많다. 유수부(留守府)는 의학·율학 아울러 20명, 대도호부(大都護府)·목관(牧官)·도호부는 15명, 지관(知官) 이하는 10명으로 액수를 정한다.

1. 추쇄(推刷)할 때에 해당 서리·권농관(勸農官)·이정(里正)·통주(統主) 등이 숨기고 빠뜨려서 고하지 아니하는 자와, 적(籍)을 만들 때에 빠뜨리고 기록하지 아니하는 자는, 전량(田糧)을 속이고 숨긴 서원(書員)의 예(例)에 의거하여 온 집안을 강원도의 잔역리(殘驛吏)에 소속시킨다.

1. 여러 고을 여러 영진(營鎭)의 액수 외의 나장(螺匠)·일수(日守)·서원(書員)·의학·율학·제색인(諸色人) 등과, 액수 외의 조정(助丁) 및 지나치게 많이 점령한 인구는 아울러 호적에 기록한다.

1. 거호(巨戶)에서 숨겨서 가진 장정 인구[丁口]는 11월을 기한으로 호수 및 당자가 자수하기를 허락하고, 그 기한 안에 자수하지 아니하는 자는 온 집안을 변지(邊地)로 옮긴다. 사람들이 진고(陳告)하기를 허락하여 장정 10구(口) 이상을 진고하는 자는, 본디 벼슬이 있는 자에게는 1자급(資級)을 뛰어 올리고, 자궁(資窮)인 사람은 자원에 따라 아들·사

위·조카 중의 한 사람을 벼슬로 상을 주고, 벼슬이 없는 자는 역시 위의 예에 의하여, 천인(賤人)은 3년을 한하여 잡역(雜役)을 면제한다.

1. 더 나타난 호구(戶口)가 많은 자에게는 경차관(敬差官)은 자급을 뛰어 올리고 수령(守令)도 상을 준다.

1. 추쇄(推刷)할 때에 마음을 쓰지 아니한 수령은 추핵(推覈)하여 계문(啓聞)한다.

1. 수령이 장정 인구를 숨기고 빠뜨린 자는 비록 사유(赦宥)를 만날지라도 '위제서율(違制書律)'로 논죄한다.

이상에서 본 바와 같이 세조의 중앙집권화 정책과 부국강병책 핵심은 호적 정리와 정확한 군적을 확보하는 일이었다. 역사학계에서 세조정권을 긍정적으로 평가하는 부분도 바로 여기에 있다. 따라서 세조시기 제대로 된 호적과 군적 정리에 관한 성과는 매우 컸던 것이 사실이고, 이질 또한 이런 성과에 기여한 공로가 적지 않다는 점이다.

이후 이질은 세조 8년(1462)에 우익위(右翊衛) 겸 사헌 집의(司憲執義)가 되었다.[11] 그로부터 몇 달 후 세조는 전국 8도에 분

좌윤공 이질의 묘소 논산시 상월면 신충리

순어사(分巡御使)를 파견하였다. 지방 관리들을 대상으로 한 대대적인 규찰 조치였다. 이 역시 세조 정권의 강력한 중앙집권화 정책을 실현하기 위한 조치 중에 하나였는데, 사헌부 집의 직책을 수행하고 있던 이질이 분순어사로 파견된다는 것은 당연한 것이기도 했다. 이에따라 이질은 세조의 명을 받아 평안도 지역을

---

11) 『세조실록』 권28, 세조 8년 4월 신사.

관장하는 어사로 파견되었으며, 이 때 부여받은 사목(事目)은 다음과 같다.[12]

1. 파종(播種)과 관개(灌漑)의 상태를 돌아다니며 살펴서, 만일 제때에 파종하지 않은 자와 거짓으로 파종한 현상을 한 자가 있으면 수령을 가두어 국문(鞫問)할 것.

1. 수령(守令)이 칠사(七事)를 거행하는지의 여부(與否)를 규리(糾理)하고, 아울러 일찍이 내린 백성을 효유(曉諭)하는 유서(諭書)와 호조(戶曹)에 내린 전지(傳旨)의 금령 조건(禁令條件)을 규리할 것.

1. 수륙 장수(水陸將帥)와 수령(守令)·만호(萬戶)·찰방(察訪) 등이 탐묵(貪墨)하고 백성을 침학(侵虐)하는 일은 다만 제읍(諸邑)을 순행(巡行)하는 것만으로는 다 알지 못할 것이니, 혹은 여염(閭閻)에 이르러 물어서 찾고 혹은 아전(衙前)에 보내어 보고 듣게 하여 만일 범한 자가 있으면, 3품 이하는 본부(本府)의 소송(訴訟)하는 자의 예(例)에 의하여 구문(句問)하고, 당상관(堂上官) 이상은 공함(公緘)을 사용하여 핵문(覈問)하여, 증거가 명백한데도 불복(不服)하는 자는 3품 이하는 고신(告身)을 거두고 가두어 국문(鞫問)하고, 당상관 이상은 계달(啓達)하여 취지(取旨)하고, 사련인(辭連人)으로 실정을 말하지 않은 자가 있으면 즉시 장신(杖訊)할 것.

1. 윗 항의 수륙 장수·수령·만호·역승(驛丞) 등이 탐묵(貪墨)하고 백성을 침학하는 것 및 스스로 자기의 원통하고 억울한 일을 백성이 고소(告訴)하는 것을 허락할 것.

1. 분대(分臺)가 세쇄(細碎)하고 긴요하지 않은 일을 거핵(擧劾)한다면 한갓 민간(民間)을 소요하게 할 뿐이니, 작은 일은 규리하지 말 것.

---

12)『세조실록』권28, 세조 8년 4월 17일 임오.

이후 이질의 관력에 대해서는 더 이상 상고(詳考)되지 않는다. 그리고 이질에 대해 1460년에 63세의 일기로 생을 마감했다 했으나, 이는 오류임이 분명하다. 앞에서도 살폈듯이, 세조 8년(1462)까지 우익위나 사헌부 장령을 제수 받아 관직생활을 하고 있었음이 확인되기 때문이다. 그 이후부터는 관찬사료인 『조선왕조실록』에 더 이상의 행적이 나타나지 않는다. 이로 미루어보면, 「용헌공이원신도비」에 기록된 한성소윤이란 관직 역시 후일 추증된 것으로 짐작된다. 또한 아들 칙(則)을 훌륭하게 키워 자헌대부 좌찬성에 증직되었다.[13]

장령 정지당(鄭之唐)의 딸인 정부인 광주정씨와의 사이에 2남 6녀를 두었는데, 장남 준(準)은 순창군수를 지냈고, 차남 칙(則)은 평안감사를 거쳐 지중추부사를 지냈는데 시호가 정숙(貞肅)이다.

---

13) 『고성이씨대종회발전사』 12세 좌윤공 질(垤).

이비 李㙹

생년 : 1399년(정종 원) 추정
몰년 : 1461년(세조 7) 추정
관력 : 상호군(上護軍) 첨지중추원사(僉知中樞院事)
자호 : 동추공(同樞公) 동추공파 파조
묘소 : 경기 양주 녹양에서 대전시 비래동 이장
가족 : [증조] 암(嵒) [조] 강(岡) [부] 원(原)
  [외조] 최정지(崔丁智) [처부] 윤환(尹煥) 오천(吳泉)

동추공 이비(李㙹)는 용헌공 이원의 4남으로, 무과에 합격하여 관직에 진출했다. 세종 20년에 강계 판관으로 제수되었고, 이후 몇 차례 외직 수령을 거치면서 쌓은 치적으로 승진을 거듭했다. 상호군으로 세조 집권에 공을 세워 원종공신 1등에 책봉되었고, 첨지중추원사(僉知中樞院事)에 올랐다. 외국 사신 접대와 종친연 같은 궁중 연회가 있을 때마다 빠짐없이 임금 곁에 시좌(侍坐)했다.

용헌공 이원의 4남이다. 배위는 정부인 파평윤씨와 고창오씨 두 분인데, 윤씨가 숙천부사 의(儀)를 낳았고, 오씨가 황해감사 위(偉)를 낳았다. 동추공 후손들은 경기도 양평과 대전시 비래동을 중심으로 세거해 오고 있다.

이비는 무과에 합격하여 세종 때 관직에 나아갔다. 세종 20년(1438)에 이비를 강계 판관(江界判官)으로 삼기 위해 세종이 은밀히 승정원에 의논하라 일렀는데, 이비가 사전에 이 사실을 알고 "신의 처가 이미 죽어서 의복을 공급 받기가 어렵게 되었고, 어미 없는 아이들도 의탁할 곳이 없습니다"라는 쪽지로 내시를 통해 은밀히 계달(啓達)하려 했었다. 세종이 친히 그 쪽지를 승정원에 보이며 말하길 "무부(武夫)라는 것은 무사할 때에도 오히려 시용(試用)되어 그 재능을 펴 보려고 하거늘, 하물며 지금 변지의 경계가 끊임없이 지속되는 마당에 사소한 사유로 이를 피하려고 한다면 무사를 장차 어디에 쓴단 말인가? 이비의 나이가 비록 젊긴 하나 재능이 우월하기 때문에, 내가 장차 특명으로 보내려고 하였더니, 도리어 이런 소리를 하고 있으니 어찌 처리하면 좋겠는가? 만약 그가 원하는 대로 좇는다면, 이렇게 회피하려는 무리들을 앞으로 다 금하지 못할 것이다"라고 물으시자, 승지들은 모두 탄핵해야 한다는 의견이었다.

이에 세종은 나이가 젊은 탓으로 돌리면서 능력 있는 자를 보내려면 죄를 물을 수 없다는 입장이었다. 이비를 대신할 강계 판관 적임자를 놓고 한차례 논의과정을 거쳤지만, "천만인 속에서도 이비 같은 자는 정말 얻기가 쉽지 않다"라는 이유로 결국 강계 판관에 임명하였다.[1] 세종의 인재를 사랑함 때문인지, 용헌공 이원의 아들이었던 인연 때문인지는 알 수가 없다. 이비가 강계 판관으로 떠나는 날 궁으로 들어가 사조(辭朝)하자, 세종은 친히 활과 화살을 하사하였다.[2]

세종 이후 문종(文宗)이 병약하여 일찍 승하하자 어린 단종(端宗)이 즉위하게 되었는데, 그 동안 이비는 외방 수령으로 재직하면서 치적을 쌓았다. 그리하여 단종은 이비를 포상의 의미로 가자(加資: 계급을 올려 주던 일)하자, 사헌부 지평(持平) 이극감(李克墈)이 부당하다는 의견을 제시했다.

이비(李埤)와 구문신(具文信)을 가자(加資)하고 한종손(韓終孫)을 초자(超資) 하였는데, 대저 상작(賞爵)은 인군(人君)의 중대한 일이니 가볍게

---

1) 『세종실록』 권81, 세종 20년 6월 갑인.
2) 『세종실록』 권82, 세종 20년 7월 기해.

시행할 수가 없습니다. 이비 등은 별 공로(功勞)가 없고, 또 남보다 뛰어난 재간(才幹)이 없는데, 이제 뽑아서 쓰는 것은 사람들의 바라는 바에 합치하지 아니하니, 청컨대 고쳐 바로 잡으소서.[3]

이에 단종 임금이 전지(傳旨)하기를, "이비 등은 장차 크게 쓸 인물이므로 숙의(熟議)하여 제수하였으니 바꿀 수가 없다"하였다. 이극감이 다시 아뢰기를, "이비는 광망(狂妄)한 사람인데, 두 번 수령(守令)을 지냈으나, 그 고을은 모두 변방의 군(郡)이었으니, 다만 방어(防禦)를 맡아 보았을 뿐입니다. 그러나 임기를 채우지 못하고 갈리었으니, 지금 비록 초자(超資)하여 서용(敍用)한다 하더라도 한 방면의 중임을 맡길 수가 없습니다. … 청컨대 모름지기 고쳐서 바로잡으소서"라고 했지만, 단종은 끝까지 물러서지 않고 자신의 의지를 관철시켰다. 이비에 대한 무한 애정과 신뢰를 보인 것이다.

이후 이비는 세조 집권 과정에서 협력을 아끼지 않아 원종공신 1등에 올랐다. 이 때 이비의 직위는 상호군(上護軍)이었다.[4] 상호군이란 정3품 절충장군(折衝將軍)이나 어모장군(禦侮將軍)들이 맡는 직책인데, 고려 때의 상장군(上將軍)이 조선 초기에 도위사(都尉使)로 개칭되었다가, 태종대에 상호군으로 명칭이 확정된 중앙군 오위(五衛) 소속 정원 9명의 고급지휘관이었다.

세조가 즉위한 후 원종공신을 책봉할 당시 내린 교서(敎書)는 다음과 같다.

공(功)을 기록하고 상(賞)을 주는 것은 나라의 아름다운 법이다. 내가 부족한 덕(德)으로 외람되게 대위(大位)에 앉았는데, 잠저(潛邸)에서의 어려울 때를 회고하니, 덕이 같은 신하들이 전후좌우에서 과인을 보호하였기 때문이다. 혹은 나의 동렬(同列)로서, 혹은 나의 요좌(僚佐)로서 혹은 가

---

3)『단종실록』권10, 단종 2년 1월 4일 병진.
4)『세조실록』권2, 세조 1년 12월 27일 무진.

까운 친척으로서 혹은 오래 수종(隨從)하던 사람으로서, 혹은 내가 중국에 갈 때에 발섭(跋涉)의 노고를 함께 하였고, 혹은 정난(靖難)에 참여하여 방위(防衛)에 힘쓰고, 아래로 복예(僕隸)에 이르기까지 힘을 다하였으니, 모두 원종(原從)의 공(功)이 있어서 오늘의 아름다움에 이르렀으니, 내가 감히 잊겠는가? 마땅히 먼저 포상(褒賞)하는 법을 보여서 처음부터 끝까지 변하지 아니하는 의리를 굳게 하려고 한다. 너희 의정부에서는 나의 지극한 마음을 몸 받아서 마땅히 빨리 거행할 것이다.

이비는 1등 원종공신으로 책봉되었기에 본인에게는 1자급(資級)이 더하여졌고, 자손들에게는 음직(蔭職)을 받게 함과 아울러 후세에까지 유죄(宥罪: 죄를 감하거나 없애 줌) 하게 하였고, 부모에게는 작(爵)을 봉(封)하고, 자손 중에서 한 사람을 자원에 따라 산관(散官: 현 직책 없이 자급(資級)만 있는 상태) 1자급을 올려 줄 수 있는 특전을 받았다.

세조 임금이 근정전(勤政殿)에 나아가 책제(策題)를 내었고, 모화관(慕華館)에 거둥하여 남문(南門)으로 나아가니, 좌의정·우의정·좌참찬·병조판서 등이 시좌(侍坐)했다. 이 자리에서 세조는 소작(小酌)을 베풀고, 무거인(武擧人)을 시취(試取)했다. 한편 첨지중추원사(僉知中樞院事) 민발(閔發)과 마흥귀(馬興貴), 대호군(大護軍) 이비(李埤)와 송중문(宋仲文) 등에게 명하여 과녁[侯]을 쏘게 하였다.[5] 그 후 세조 2년(1456)에 이비는 첨지중추원사(僉知中樞院事)에 올랐고,[6] 이듬해에는 세조가 사정전에서 연회를 베풀어 왜사(倭使)를 위로하는 자리에 참석하였다.[7]

세조 3년(1457) 7월에 세조가 새종[新鍾]을 쳐서 입번(入番) 한 군사(軍士)·위장(衛將)·부장(部將) 등을 모아서 좌작진퇴(坐作進退) 시키는 갑작스런 훈련을 시켰

---

5) 『세조실록』 권3, 세조 2년 2월 25일 갑자.
6) 『세조실록』 권4, 세조 2년 6월 4일 임인.
7) 『세조실록』 권8, 세조 3년 6월 1일 계사.

더니, 군율(軍律)을 어긴 자가 많았다. 임금이 권람·양정·홍달손에게 명하여 위장(衛將) 심안의(沈安義)·이비(李埤)·권언(權躽)과 부장 신흥례(申興禮) 등 4인을 거느리고 와서 투구를 벗기고 뜰아래 꿇어앉게 한 후 술로써 벌(罰)하였다. 이처럼 갑작스런 일을 꾸며 신하들을 희롱하거나 놀리는 일을 자주 벌였던 임금이 세조였다.[8] 이후에도 세조가 후원에 나가 관사(觀射: 활 쏘는 것을 구경함)하거나, 모화관에서 무거(武擧)를 친시(親試)할 때와 사냥할 때에도 이비는 빠짐없이 임금을 시좌(侍坐)하였다.

특히 세조 4년 (1458) 9월에 임금이 묘적산(妙寂山)에서 사냥하는 것을 구경하였는데, 바람이 불고 비가 내

동추공 이하 3위 단소 대전 비래동

려 몹시 추웠다. 경기 관찰사(京畿觀察使) 김연지(金連枝)와 행 상호군(行上護軍) 이비(李埤) 등을 불러 전교하기를, "오늘 비 오고 바람 불어 사졸(士卒)들이 기한(飢寒)에 떠는 자가 있을까 염려되니, 경들은 산골짜기를 오르내리며 찾아 구하여 구호(救護)하라"라는 명령을 내렸다. 날이 저물자 거가(車駕)가 돌아왔는데, 길에서 기한(飢寒)에 떠는 자를 보고 곧 내선(內膳)을 내려주었다.[9]

세조 5년(1459) 9월 임금이 살곶이들[箭串坪]에 거둥하여 진법(陣法) 연습하는 것을 구경하였는데, 위장(衛將) 이비(李埤)는 동료 김유선(金有銑)과 함께 군율(軍律)을 어겼다는 이유로 좌죄(坐罪)되어 파면 당했다.[10] 그러나 몇 개월 후인 11월

---

8)『세조실록』권8, 세조 3년 7월 16일 정축.
9)『세조실록』권14, 세조 4년 9월 30일 갑인.
10)『세조실록』권17, 세조 5년 9월 13일 임진.

에 세조의 명으로 행 상호군(行上護軍) 이비는 충순당(忠順堂)에 나아가서 동료 구문신(具文信)·민발(閔發) 등과 함께 사후(射侯)하였다.[11] 그리고 세조 6년(1460) 4월에 첨지중추원사(僉知中樞院事)로 제수되었고,[12] 세조가 서교(西郊)에 거둥하여 사냥하는 것을 구경하니, 내종친(內宗親)과 판중추원사(判中樞院事) 김하(金何)·이조판서(吏曹判書) 구치관(具致寬) 등과 함께 호종(扈從)하였다. 세조가 희우정(喜雨亭) 북쪽 고개에 이르러 술자리를 설치하고 활 쏘는 것을 구경한 후, 선전관(宣傳官)·사복(司僕)·내금위(內禁衛) 등에게 술을 내려 주었다.[13] 이어 10월에 세조가 중궁과 더불어 황해도·평안도를 순행하니 왕세자가 수가(隨駕)하였고, 임영대군(臨瀛大君) 이하 20여 명의 종친들은 물론 좌찬성(左贊成) 황수신(黃守身) 이하 수많은 신하들이 배종하였는데, 이 때 행 상호군(行上護軍) 이비도 다른 무인들도 함께 배종하였다.

이렇듯 동추공(同樞公) 이비는 무인으로 활약하면서 세조가 즉위할 때 1등 원종공신으로 책봉된 이래 교외에서 군사들에게 진법을 조련하거나, 외국 사신 접대와 종친연 같은 궁중 연회가 있을 때마다 빠짐없이 임금 곁에 시좌(侍坐)할 정도로 세조와는 친숙한 사이였다. 『조선왕조실록』에서 세조 6년(1460)을 끝으로 더 이상의 기록이 보이지 않은 것으로 미루어, 대개 그 시기 즈음에 생을 마감한 것으로 추정된다.

---

11) 『세조실록』 권18, 세조 5년 11월 21일 기해.
12) 『세조실록』 권20, 세조 6년 4월 5일 신해.
13) 『세조실록』 권21, 세조 6년 8월 19일 임술.

이장 李場

생년 : 1417년(태종 17)
몰년 : 1480년(성종 11)
관력 : 상장군 병마절도사
자호 : 병사공(兵使公) 병사공파 파조
묘소 : 경기 고양 태동 단소: 경남 거창군 마리면 율리
가족 : [증조] 암(嵒) [조] 강(岡) [부] 원(原)
      [외조] 최정지(崔丁智) [처부] 이규(李糾)

　　용헌공 5남으로 태종 말에 무과에 합격한 이후 문·무를 겸한 무장으로 이름을 크게 떨쳤다. 조선 초기 국가 방어체계를 확립하는 데 기여했고, 진법(陣法) 제도와 병기 제작에 능력을 발휘하고, 좌우 양상(兩相)의 무예훈도로 논공되어 당상관으로 승진하였으며, 세조 즉위 과정에서 큰 공을 세워 원종 1등 공신에 책봉되었다. 세조 2년에 함길도 병마절도사로 파견되어 두만강변의 야인들을 위무하는 데 공을 세웠다.

　　용헌공 이원의 5남으로 태종 17년(1417)에 태어나 세종 28년(1446)에 병마사(兵馬使)로 동정(東征)에 참여하여 세운 공으로 상왕이 베푸는 선양정(善養亭) 위로연에서 말 1필을 하사받았다고 한다.[1] 이렇듯 이장이 무과에 합격한 이후의 초기 관직 이력에 해당하는 세종 치세에서의 활약은 자세하게 남아 있지 않다. 다만

---

1) 『고성이씨대종회발전사』 12세 병사공 장(場).

실록에서는 세종이 승하하고 문종이 즉위할 즈음부터 이장의 활약 내용들이 등장하는데, 당시 중국에서 황제 칙서를 갖고 온 사신 일행들은 세종 승하와 문종 등극에 따른 두 사신들이 동시에 파견되었기에 조정에서는 어려움이 컸다. 길흉(吉凶)이 서로 섞이어 영명(迎命)하는 예와 접대를 동시에 진행하는 어려움 때문이었다.[2] 세종 치하에서 여러 차례 사신단 일행으로 왔던 윤봉[3] 또한 함께 왔을 때였다.

이들 사신들이 모화관(慕華館)에 머무는 동안 칙사 대접을 소홀히 할 수 없었던 조선 정부에서는 큰 연회를 열거나 활쏘기 등과 같은 행사를 수시로 열었다. "두 사신(使臣)이 무사(武士)들 활 쏘는 과녁을 보려고 모화관(慕華館)으로 가니, 정종(鄭種)·이장(李場) 등 20여 인으로 하여금 혹은 과녁을 쏘기도 하고, 혹은 말을 타고 가면서 활을 쏘기도 하고, 혹은 말을 타고 가면서 창을 쓰기도 하여, 모두 그 기예(技藝)를 한껏 내보이게 하니, 사신(使臣)들이 칭찬하기를 마지아니했다. 임금이 환관 엄자치(嚴自治)에게 명하여 선온(宣醞)을 가지고 가서 위로하게 하였다"하였으니,[4] 이런 연회 자리에서 이장은 무인으로서의 확고한 모습을 보여주고 있었음을 알 수 있다.

이어 문종은 판중추원사(判中樞院事) 이천(李蕆) 이하 여러 신하들에게 환도(環刀: 허리에 차는 둥근 모양의 패검(佩劍)을 말함. 검은 칠에 황동으로 장식함)를 만드는 체제를 정비하라는 명을 내린 적이 있었다. 이때 수 대호군(守大護軍)으로 있던 이장은 이천과 함께 임금의 명을 받아 환도 제작에 참여하였다. 일찍이 함길도 절제사 이징옥(李澄玉)이 환도(環刀) 모양은 칼날이 곧고 짧은 것이 급할 때 쓰기가 편리하다고 건의 한 바가 있었다. 이에 문종은 군기감(軍器監)에서 만드는 환도의 체제(體制)가 장단(長短)이 같지 않으니, 그 적당 여부를 논의하여 아뢰어라

---

2) 『문종실록』 권2, 문종 즉위년 6월 18일 경인.
3) 윤봉은 어릴 적부터 이빈(李彬; 李蔭의 子)의 집에서 양육되어 명나라 조정으로 들어가 중국 역관이 된 자이기에 위세가 대단했다.
4) 『문종실록』 권3, 문종 즉위년 9월 7일 무신.

명하였다. 이에 대호군 이장은 "마병(馬兵)이 쓰는 환도(環刀)는 길이를 1척(尺) 6촌(寸), 너비를 7푼(分)으로 하고, 보졸(步卒)은 길이가 1척 7촌 3푼(分), 너비를 7푼으로 하는 것이 적당합니다"라고 아뢰었고, 여타 신하들 의견 또한 여러 갈래로 나뉘어 분분했다. 이에 문종은 이장 등이 건의한 바에 따라 "군기감에서 만드는 환도 길이를 1척(尺) 7촌(寸) 3푼(分), 너비를 7푼으로, 또 길이를 1척 6촌, 너비를 7푼으로 하여 항식(恒式)으로 삼으라"라고 결론을 내렸다.[5]

이렇듯 문종은 군사훈련과 병기제조에 큰 관심을 둔 임금이었는데, 특히 이 시기는 조선조 군사 방어체계인 진법(陣法) 제도가 본격적으로 마련된 시기이기도 했다. 이는 부지런한 군사들의 습진(習陣)을 통해 가능한 것이었고, 이를 바탕으로 신법 절목(新法節目)을 만들어 체계화 해 나갈 수 있었다. 이런 절목 마련에 대한 큰 공을 세운 이장은 좌의정과 우의정의 무예훈도로 논공행상되어 당상관(堂上官)으로 승자(陞資)되었으니,[6] 조선시대 군사훈련과 방어체계 확립에 지대한 공로가 있었음을 알 수 있다.

문종의 두터운 신임 하에 대호군으로 활약하던 이장은 단종 즉위 후 사헌부 장령 이보흠(李甫欽)으로부터 탄핵을 받게 되었다. "대호군 신분으로 외람되게 근수(根隨)를 거느리고 광화문에 들어오다가 문지기가 막자 주먹으로 구타하였으니, 그 죄가 가볍지 않다"는 것이 이유였다. 비록 공신(功臣)의 아들로 사유(赦宥)를 입었더라도 파직해야 한다는 주장이었다. 탄핵이 거세어지자 단종은 이를 받아들여 이장을 파직할 수밖에 없었다.[7] 하지만, 단종 2년(1454) 2월에 고신(告身: 임명 사령장)을 돌려받았다.[8] 이렇듯 쉽게 죄를 용서받은 것은 수양대군을 시종하다 벌어진 일이었으며, 그의 아우 이지(李墀)가 수양대군에게 수차례 간

---

5) 『문종실록』 권6, 문종 1년 2월 25일 갑오.
6) 『문종실록』 권9, 문종 1년 8월 29일 갑오. 승자(陞資)란 당하관이 당상관 계급으로 올랐다는 의미임.
7) 『단종실록』 권1, 단종 즉위년 5월 20일 임자.
8) 『단종실록』 권10, 단종 2년 2월 19일 경자.

청했기 때문이었다. 수양대군이 임금으로 즉위한 후 세자를 앉혀놓고, "이 모(某)는 형을 사랑한 사람이다, 너는 그 점을 잘 명심해라"하면서[9] 모범 사례로 교육을 시켰다고 전한다. 그 후 정3품 상호군에 제수되었는데, 상호군이란 절충장군(折衝將軍)이나 어모장군(禦侮將軍)들이 맡는 직책이다. 고려 때의 상장군(上將軍)이 조선 초기에 도위사(都尉使)로 개칭되었다가, 태종대에 상호군으로 명칭이 확정된 중앙군 오위(五衛) 소속 정원 9명의 고급지휘관이었다.

이장은 이어 세조가 즉위하는 과정에서 공을 세워 연창위 안맹담 등과 함께 원종 1등 공신에 책봉되었다.[10] 세조가 즉위한 후 원종공신을 책봉할 당시 내린 교서(敎書)는 다음과 같다.

> 공(功)을 기록하고 상(賞)을 주는 것은 나라의 아름다운 법이다. 내가 부족한 덕(德)으로 외람되게 대위(大位)에 앉았는데, 잠저(潛邸)에서의 어려울 때를 회고하니, 덕이 같은 신하들이 전후좌우에서 과인을 보호하였기 때문이다. 혹은 나의 동렬(同列)로서, 혹은 나의 요좌(僚佐)로서 혹은 가까운 친척으로서 혹은 오래 수종(隨從)하던 사람으로서, 혹은 내가 중국에 갈 때에 발섭(跋涉)의 노고를 함께 하였고, 혹은 정난(靖難)에 참여하여 방위(防衛)에 힘쓰고, 아래로 복예(僕隸)에 이르기까지 힘을 다하였으니, 모두 원종(原從)의 공(功)이 있어서 오늘의 아름다움에 이르렀으니, 내가 감히 잊겠는가? 마땅히 먼저 포상(褒賞)하는 법을 보여서 처음부터 끝까지 변하지 아니하는 의리를 굳게 하려고 한다. 너희 의정부에서는 나의 지극한 마음을 몸 받아서 마땅히 빨리 거행할 것이다.

이장은 그의 형 이비와 함께 1등 원종공신으로 책봉되었기에 본인에게는 1자

---

9) 서거정 찬, 「사암공묘비 (1486년)」.
10) 『세조실록』 권2, 세조 1년 12월 27일 무진.

급(資級)이 더하여졌고, 자손들에게는 음직(蔭職)을 받게 함과 아울러 후세에까지 유죄(宥罪: 죄를 감하거나 없애 줌) 하게 하였고, 부모에게는 작(爵)을 봉(封)하고, 자손 중에서 한 사람을 자원에 따라 산관(散官: 현 직책 없이 자급(資級)만 있는 상태) 1자급을 올려 줄 수 있는 특전을 받았다.[11]

그 이후의 관력이나 활동 상황에 대해 『세조실록』에서 전하는 바는 없지만, 문중에서 전해오는 자료

병사공 사적비 경남 거창 마리

에 의하면 세조 2년(1456) 함길도 북도병마절도사에 제수되었다가 1480년에 생을 마감한 것으로 알려져 있다.[12] 정부인 광주이씨 사이에 2남 1녀를 두었다. 장남 곤(崑)은 판관(判官), 차남 헌(巘)은 교리(校理), 일설에는 감사(監司)를 지냈다고 한다.[13]

11) 『세조실록』 권2, 세조 1년 12월 27일 무진.
12) 『고성이씨대종회발전사』 12세 이장(李塲) 서술편 및 『고성이씨족보-계유보(1753년)』 등 참조.
13) 『고성이씨족보-계유보(1753년)』.

이증李增

생년 : 1419년(세종 1)
몰년 : 1480년(성종 11)
관력 : 승의교위(承義校尉) 현감(縣監) 증 참판(參判)
자호 : 자 자겸(子謙) 참판공(參判公) 참판공파 파조
묘소 : 안동 예안면 미질리 수다산
가족 : [증조] 암(嵓) [조] 강(岡) [부] 원(原)
　　　[외조] 최정지(崔丁智) [처부] 이희(李暿)

　　용헌공 6남으로, 음보(蔭補)로 출사하였으며, 단종 즉위년에 진사시에 합격했다. 여러 관직을 거쳐 세조 2년에는 임금이 주관한 5공신 회맹연에 참석한 바가 있다. 그 후 영산현감으로 파견되었다가 안동으로 낙향 정착하였다. 그가 안동으로 정착하게 된 배경에는 장인이던 경상도관찰사 이희(李暿)의 사회 경제적 기반이 바탕이 되었기 때문이다. 특히 안동에 낙향한 이후 이 지역 명문가 출신 12명과 함께 우향계를 조직하였는데, 이는 고성이씨 참판공파가 안동 사족사회에 자리 잡게 된 큰 배경이 되었다.

　용헌공 이원의 6남 이증(李增)은 세종 원년(1419) 한양에서 태어났다. 풍모와 자태가 깨끗하고 어린 시절 학문을 좋아하여, 30대 중반이던 단종 즉위년(1453) 경태 계유년에 진사시(進士試)에 합격했다. 이증은 용헌공 이원의 부음(父蔭)으로 출사하였기에, 진사시 합격 이전에 출사하였을 것으로 보인다. 그런 후 여러 관

직을 거쳐 종6품 진해현감과 영산현감으로 부임하였는데, 두 고을의 백성들이 공의 청렴하고 공평함에 탄복하고 아울러 부인의 덕을 칭찬해 마지않았다. 부인은 집안을 다스리는 것에 더욱 정숙하고 종들을 부림에 법도가 있었으며, 의방(義方)에 따라 움직여 터럭만 한 어긋남도 없었다. 공이 진해(鎭海)와 영산(靈山) 두 고을 현감으로 있을 때, 부인은 늘 "대저 관직에 있으면서 더러운 이름을 얻는 것은 모두 부인(婦人) 때문이었다. 내 어찌 나의 지아비께 누를 끼치리요"하고, 이로써 더욱 스스로 삼가고 조심하였다. 그리하여 집안의 말은 집 밖으로 나가지 않고 집 밖의 말은 집안으로 들이지 않았으니, 참으로 부인의 공이 컸음을 잘 보여준다.[1]

이증이 세조 2년에 무반 종6품계이던 승의교위(承義校尉) 신분으로 5공신회맹연(五功臣會盟宴)에 참여한 바가 있다. 이런 사실로 미루어보면, 현감 재임 시기는 세조 2년(1456) 이후일 것으로 추정된다. 세조가 공신과 그 자손들을 모아 회맹연을 벌일 때에 이증이 현직을 갖고 있었더라면 당연히 관직명을 기재했겠지만, 승의교위라는 계급만 갖고 있던 상태 그대로 표기했기 때문이다. 따라서 종6품의 품계만을 띠고 회맹연에 참가한 바가 있고, 그 후 현감이란 현직으로 파견되었음을 알 수 있다.

한편 이증이 안동에 정착할 수 있었던 것은 그의 장인이었던 경상도 관찰사 이희(李暿)와의 인연 때문이었다. 선조 41년(1608)에 편찬된 안동 사찬읍지『영가지』에 의하면, "관찰사 이희의 사위였기에 안동부 남문 밖에 와서 살게 되었으니, 안동 고성이씨 입향조이다"라고[2] 설명하고 있다. 『경상도선생안』에 의하면, 청호공(淸湖公) 이희는 공조참의로 재임하다 세종 25년(1443) 6월에 경상도관찰사로 부임하였고, 이듬해인 갑자(甲子) 1444년 2월 21일에 졸(卒)한 것으로 기록되어 있다. 이는『세종실록』자료와 거의 일치한다. 즉 세종 25년 2월에 공조

---

1)『용재선생집(容齋先生集)』권10, 散文,「貞夫人李氏碣銘」.
2)『영가지(永嘉志)』권7, 우거(寓居) 이증(李增).

참의에 제수되었다가 6월 22일에 경상도관찰사에 파견되었으며, 첨지중추원사를 끝으로 생애를 마쳤다.[3] 아울러 이희의 묘갈명에 의하면, 관찰사로 재직할 당시 안동으로 순찰 왔다가 객관에서 순직하였고, 그의 묘는 안동부 남쪽 낙타산 노림촌에 안장되었다고 전한다.[4] 익재 이제현의 현손이던 이희는 결국 40세 정도의 나이에 생을 마감했다. 따라서 그가 안동에서 생을 마감했을 당시에 사위였던 이증은 20대 중반에 불과했고, 진사시 합격은 물론 영산현감으로 부임하기 이전이었다.

이희가 안동 남쪽 노림촌에 묻혔다거나, 이증이 안동부내 남문 밖에 와서 살게 되었다는 것은 이 일대가 바로 이희의 경제적 기반이었음을 말해주는 것이기도 하다. 이증이 관직을 버리고 낙향지로 안동을 택한 것은 이희의 경제적 기반을 물려받았기 때문에 가능했을 것이다. 당시에는 재산을 아들과 딸에게 고루 분배하는 균분상속(均分相續)이 관행이었다는 점을 고려해야 한다. 이 당시 각 문중의 입향조들을 분석해보면 대개는 처가 동네로 이주하여 정착하는 사례가 많았는데, 이는 당시 상속제도와의 관련성 때문이었다.

아무튼 안동을 낙향지로 삼았던 이증은 이 지역 재지사족들과 함께 어울릴 수 있는 결속체가 필요했다. 안동부 내 여러 사람들 중에 늙고 덕이 있는 12명과 더불어 우향계를 만들었던 것도 그 때문이었다. 그 계축(契軸)에 기록된 인사들의 명단을 보면,[5] 사용(司勇) 권자겸(權自謙), 현감 배효건(裵孝騫), 현감 이증(李增), 부사(副使) 남경신(南敬身), 사용(司勇) 노맹신(盧孟信), 통찬(通贊) 배효눌(裵孝訥), 사정(司正) 남치공(南致恭), 사용(司勇) 권곤(權琨), 진사 남치정(南致晶), 부사(副使) 남경인(南敬仁), 충찬위(忠贊衛) 배주(裵裯), 훈도(訓導) 배정(裵禎), 별시위(別侍衛)

---

3) 『세종실록』 권99, 세종 25년 2월 21일 정미. 『세종실록』 권102, 세종 25년 12월 29일 기유. 『세종실록』 권103, 세종 26년 2월 22일 임인.

4) 이상경 찬, 「慶尙道觀察使 淸湖公 李曦墓碣銘」

5) 우향계축 원본은 경북 봉화 충재박물관(沖齋遺物館)에 소장되어 있으며, 보물 제896-1호이다. 우향계원 13명 중에 한 분이던 권곤(權琨) 7세손 권두인(權斗寅)이 우향계원 자손이던 남두회(南斗會)로부터 전해 받은 것이 보관되었다가 충재박물관에 소장되었다.

권숙형(權叔衡) 등 모두 13명이다.

　이들의 면면을 보면, 안동 권씨 3, 흥해 배씨 4, 영양 남씨 4, 고성이씨 1, 안강 노씨 1명 등이며, 안동 인근 최고 반열의 명문가를 유지해 가던 인물들이었다. 이런 모임을 이증이 주도하였다는 것은, 이증의 안동 정착에 필요한 지분 확보 차원이었다. 좌목 구성방식은 계원의 관직·성명·본관을 적고 그 다음 줄에 아버지 관직·성명을 기록하였고, 구성원이 13명인 것은 중국의 향산구로회 (香山九老會) 영향이었다.

　이 계축(契軸)에는 달성군 서거정(徐居正)의 서시(序詩)가 있는데, 『영가지』에까지 실려 있다.

　　　동방은 인인(仁人)·군자의 나라요
　　　풍속으로 첫째는 안동이라 말하니
　　　시·서·예(詩·書·禮)가 추로(鄒魯)와 한결같았고
　　　집집마다 근검하여 당풍(唐風)을 따랐다네.
　　　화산과 호수는 천하에 기이(奇異) 하니
　　　충만하게 모인 곳이라 영웅도 많네.
　　　삼국통일 뒤로는 공신도 많아
　　　지금까지 이어져 인재가 궁치 않네.
　　　어떤 이는 분수를 알고 귀거래 하였고
　　　또 어떤 이는 고상한 뜻으로 은둔해 버렸다네.
　　　우리 고향에서 생장하고 늙어 죽어가는 이는
　　　또한 태평한 시대의 유민(遺民)이로세
　　　이렇게 계를 맺어 영원히 우호(友好) 하자니
　　　고을의 즐거움을 말로는 다하기 어렵도다.
　　　봄에는 봄 따라 놀고 가을엔 가을 따라 놀아

아름다운 산수 강산에서 놀며 즐거움을 다한다네.

잡은 고기에 맛있는 채소를 먹는 것도 또한 즐겁고

매화 구경, 국화 구경에 쉴 때가 없구나.

또 어린 아이들과 여러 자제들이 있어

읍양(揖讓) 하고 진퇴(進退) 하며 줄지어 서 있네.

나는 예전에 추부자(鄒夫子)에게 듣기를

온 고을에 선사(善士)가 있으면 온 고을이 화목하다 했지

여러분들의 높은 뜻이 하늘에 닿아

덕성을 훈도(薰陶)하여 사람이 모두 어질게 되리

고을에 좋은 풍속이 있어 선비가 모두 어질 구나

천하에 교화(教化)를 누가 능히 먼저 할까

이 고을은 나에게도 고향 일세

귀와 눈으로 듣고 보니 기쁘기만 하도다.

지금 성주(聖主)께서 풍요를 채집하시니

내 이를 청편(青編)에 의탁하여 전하고저 하나

장연(長椽)같은 대필(大筆)이 없어 한스럽도다.

이증(李增)이 안동에 정착하게 되는 배경은 안동 출신으로 상당한 명망을 쌓은 권근(權近)과의 인연도 작용했으리라 보인다. 권근은 이강(李岡)의 사위였기에 이증(李增)에게는 고모부가 된다. 또 서거정(徐居正)은 권근(權近) 외손자였다. 이렇듯 중첩된 혈연적 배경은 이증이 안동에 정착하는 데 큰 배경이 되었을 것이며, 당대 안동지역 명문가 다섯 가문의 13인으로 구성된 우향계(友鄉契)도 이런 배경 하에서 만들어졌다. 그리고 서거정이 축시를 보낸 것 또한 이증의 요청으로 이루어졌음이 분명하다.

우향계는 성종 9년경(1478)에 결성되었다. 이는 이증의 나이 61세 때였다. 그

가 안동에 이주해 온지 어느 정도 시간이 경과한 시점이었으며, 우향계를 통해 고성이씨 가문이 실질적인 안동 사족으로서의 위치를 굳힐 수 있었다.

이렇듯 이증이 안동으로 낙향하여 정착할 수 있었던 것은 부인 내조가 있었기 때문이다. 공이 병으로 사직하고 안동(安東)의 별서(別墅)에 살면서 날마다 향리 사람들과 술잔을 기울이는 것으로 낙(樂)을 삼고 집안 형편을 돌보지 않았다. 그러나 부인은 남편의 뜻을 미리 알아서 잘 받들고 힘써 손님상을 잘 차려내어 집안에 자주 양식이 궁

참판공 묘소 경북 안동

핍했어도 공이 알지 못하도록 하였다. 그리하여 공은 늘 마음이 편안하고 부인은 남편의 뜻을 어김이 없었으니, 향리에서 그 덕을 칭찬하였다.[6]

이증에 의해 마련된 우향계 전통은 아들 이굉(李肱)·이명(李洺) 대에도 그대로 계승되었다. 이굉·이명 형제는 중종 연간 벼슬을 버리고 낙향하여 각기 귀래정(歸來亭)과 임청각(臨淸閣)을 건립하여 우거하면서 후향계(友鄕契) 자손들을 회합하여 친목회를 재조직했다. 안동 선비 사회에 전해오는 진솔회(眞率會)가 바로 그것인데, 이렇듯 안동 고성이씨는 계 조직을 통해 관내 사족 내에서 그 위세를 점차 굳혀갈 수 있었다.

정부인 경주이씨와의 사이에 5남 2녀를 두었다. 장남 평(泙)은 사온서 령(司醞署令)으로 도승지에 추증되었고, 차남 굉(浤)은 문과에 급제하여 개성유수가 되었고, 3남 명(洺)은 좌랑으로 이조참의에 추증되었으며, 4남 소(沼)는 유수(留守)

---

6)『용재선생집(容齋先生集)』권10, 散文,「貞夫人李氏碣銘」.

이고, 5남 청(淸)은 생원 진사 양과에 합격했다. 차남 굉의 벼슬이 높아 이증에게 이조참판(吏曹參判) 증직(贈職)이 내려졌다.

5공신회맹축五功臣會盟軸

참판공 이증이 세조 2년(1456) 5공신(功臣) 회맹연(會盟宴)에 참여했다가 받아 간직해 왔던 회맹축이다.[7]

조선 건국 과정에서 책봉된 공신들에게 막대한 정치적 경제적 혜택을 부여하면서 아울러 이들과 자손들에게 충성을 재차 강요하던 회맹(會盟) 의식을 거행해 왔는데, 이는 태조 이래의 관례였다. 삽혈 동맹(歃血同盟)이라 하여 맹세할 때에 주로 사슴 종류로 희생(犧牲)을 잡아 서로 그 피를 들이마셔 입술을 벌겋게 묻히고, 서약(誓約)을 꼭 지킨다는 단심(丹心)을 신(神)에 맹세하게 된다. 그리고 잔치가 끝나면 낭독했던 회맹문(會盟文)에다 참가자 전원이 서명을 한 회맹축(會盟軸)을 만들어 1부씩 나누어 가졌다.

태조가 주관했던 회맹에서 삽혈 의식까지 거행했는지는 확실치 않으나, 특별히 충효계(忠孝契)를 조직하여 공신자제들을 관리하고 있었다.[8] 그런데 1차 왕자난으로 책봉된 정사공신 회맹에서는 삽혈의식이 거행된 것으로 보인다. 태종이 즉위한 후 공신들 간의 논쟁으로 이저가 조박을 공박할 때 "정사(定社)의 회맹(會盟)한 피가 입에서 마르지도 않았는데, 도리어 해치고자 합니다"라고 한 것에서 볼 수 있듯이, 삽혈맹약을 하였음을 알 수 있다.[9] 그런데다 태종은 즉위하

---

7) 세조 2년에 발급된 5공신회맹축(五功臣會盟軸)은 서울대 규장각, 장서각, 연세대학 등에 각각 소장되어 있으며, 이원의 6남 이증이 분급 받았던 오공신회맹축(서울특별시 유형문화재 제97호)은 그의 후손 이항증(서울특별시 강남구 역삼동 797-3)이 소장하고 있다.
8) 『태조실록』 권2, 태조 1년 9월 병오.
9) 『정종실록』 권1, 정종 1년 5월 을유. "定社之盟, 口血未乾, 反欲害之"

자마다 좌명공신을 거느리고 삽혈동맹을 하였고,[10] 이어 삼공신(개국 정사 좌명)을 모두 한자리에 불러 참가자들에게 회맹문에 서명케 하는 충성의식을 거행했다.[11] 원래 공신책봉이란 불안한 정국일 때 나타나는 현상이며, 그런 정국을 타개하기 위해서는 주도세력들의 단결된 힘을 과시해야만 하는 것이 고금의 인지상정이라, 태종이나 세조대에 이런 회맹 모임이 잦았던 것은 당연한 이치였다. 따라서 회맹에 불참하는 그 자체가 탄핵 사유가 되기도 했다.[12]

김종서 황보인 같은 단종 지지 세력을 척결하고 등극한 세조 초반기는 단종 복위 운동이 말해주듯이 정국이 불안할 수밖에 없었다. 세조 2년 6월에 발생한 사육신 사건 몇 달 후 세자 이장(李暲; 후일 덕종 추존)이 5공신회맹을 주도했는데, 이 역시 민심 수습과 충성 서약을 재차 강조하기 위한 것이었다. 여기에서 5공신이란 개국(開國)·정사(定社)·좌명(佐命) 공신을 비롯하여 세조 정권 탄생의 주역이었던 정난(靖難)공신과 좌익(佐翼)공신 등 총 다섯 차례 책봉된 공신을 말한다. 아울러 태종 이전에 책봉된 3공신의 경우 참석대상자는 친자(親子) 및 적장자손(嫡長子孫)까지 포함되었다.

이렇듯 공신들과 그 자식들을 총 집합시키는 대규모 집회인지라, 좌명공신 이원의 아들과 적장손(嫡長孫) 또한 참여했던 것은 당연한 일이었다. 여기 공신 회맹에 참여했던 승의교위(承義校尉: 종6품 무반 품계) 이증(李增)이 남긴 5공신회맹축(五功臣會盟軸)은 현존하는 회맹관련 자료 중에 가장 오래된 것이다. 보존 상태 또한 가장 양호한 것으로 알려져 있는데, 모두 226명의 명단이 기록되어 있다. 그 이튿날 세조가 친히 회맹 참여자 하례를 받고 사정전에서 회맹 음복연을 베풀었는데, 이 때 약 180명이 참석했다.[13] 세조 7년에도 위와 같은 5공신회맹

---

10) 『태종실록』 권1, 태종 1년 2월 신축.
11) 『태종실록』 권8, 태종 4년 11월 갑인.
12) 대사헌 함부림(咸傅霖)이 삼공신 회맹에 불참했다는 사유로 탄핵받은 적이 있다(『태종실록』 권9, 태종 5년 3월 신축).
13) 『세조실록』 권5, 세조 2년 11월 신사.

이 또 한 차례 시행되었다는 점에서[14] 당시 상황을 잘 나타내 준다.

우향계友鄕楔

우향계는 고려말 조선초의 문신으로 태종 때 좌의정을 역임한 이원(李原, 1368~1430)의 아들 이증(李增)이 안동에 낙향하여 당시 이 지역의 나이 많고 덕이 높은 인물 12명(안동권씨 3명, 흥해배씨 4명, 영양남씨 4명, 안강노씨 1명)과 함께 조직한 모임이다. 이들 회원 13명은 계첩(楔帖)을 하나씩 나누어 가진 바 있는데, 여기에는 회원의 직역·성명·본관과 아버지의 직역·이름을 기재한 명부와 도첩(圖帖), 당시 대학자 서거정(徐居正)이 성종 9년(1478)에 쓴 송시(頌詩)가 첨부되어 있다. 그 뒤 이증의 아들 유수 이굉(李浤)이 그의 아우·매부 및 다른 회원의 아들과 사위 등 15명과 함께 진솔회(眞率會)를 조직하였는데, 그 아들 이효칙(李孝則)이 아버지의 비음기(碑陰記)에 진솔회를 결성한 사실을 기재하였다. 이러한 우향계와 진솔회의 내용을 계축(楔軸)으로 만들어 회원이 나누어 가졌으며, 그 원본의 하나가 봉화군 봉화읍 유곡리 권벌(權橃) 종가에 소장되어 있는 우향계축(友鄕楔軸, 보물 제896-1호)이다.

사본은 2001년 11월 1일 경상북도 유형문화재 제327호로 지정되어, 안동시 동문동 소재 안동민속박물관에 소장되어 있다. 비단으로 첩장(帖裝)된 65장의 저지(楮紙)로 제책되어 있으며, 크기는 가로 30.5㎝, 세로 32㎝이다. 말미에는 '友鄕楔印(우향계인)'이란 인장이 날인되어 있으며, '鐵城李氏門中(철성이씨문중)'이란 6자가 필사되어 있다.

위 철성이씨문중 이름으로 된 『우향계안』 내용을 보면 ① 우향계축, ② 진솔회, ③ 중수우향계회문(重修友鄕楔回文), ④ 세호계안(世好楔案)과 좌목(座目), ⑤ 시

---

14)『세조실록』권23, 세조 7년 2월 정축.

첩(詩帖), ⑥ 수호계안(修好稧案)과 시첩(詩帖) 등 우향계가 처음 결성된 성종 9년 (1478) 이래 고종 40년(1903) 4월 17일 광흥사(廣興寺) 수계(修稧) 때까지 425년간 우향계-진솔회-세호계(世好稧)-수호계(修好稧)로 계승·발전해 온 과정과 각 계회 (稧會)의 조직 경위, 회원명단, 송시첩(頌詩帖) 등이 차례대로 기술되어 있다.

본 『우향계안』은 당시의 향촌사회의 실상을 잘 보여주는 역사적 자료로 그 가치가 크다. 또한 이 계안의 전래로 당초 우향계 결성에 참여했던 문중간의 결속과 친목도 이어지고 있다. 현재까지 개최되고 있는 계회는 매년 음력 3월 18일에 모임을 가지며, 참석회원은 100명 내외이다. 행사는 결성 당시 회원 13위에 대한 전작(奠酌), 향약(鄕約) 낭독, 향음주례(鄕飮酒禮) 순으로 이루어진다. 우향계 결성 이후 5문중이 모임을 가져 왔으나 안강노씨(安康盧氏) 문중이 안동을 떠나면서 4문중이 줄곧 행사를 번갈아가며 지내왔다. 그러다가 최근 선산 독동의 안강노씨 문중이 참여함으로써 다시 5문중이 회합하게 되었다.(한국학중앙연구원, 『한국민족문화대백과사전』 참조)

이지 李墀

생년 : 1420년(세종 2)
몰년 : 1486년(성종 17)
관력 : 광주목사 돈령부 정 (증)예조참판
자호 : 자 승경(升卿) 호 사암(思菴)
　　　정란원종공신 좌리원종공신 사암공파 파조
묘소 : 경기도 광주시 목리산 선영
가족 : [증조] 암(嵒) [조] 강(岡) [부] 원(原)
　　　[외조] 최정지(崔丁智) [처부] 정보(鄭保) 남계영(南季瑛)

　　용헌공 7형제 중 막내로 문과에 급제했다. 문종 원년 문음으로 출사하여 직장(直長) 녹사(錄事) 등을 거쳐 통례원 봉례와 전농시 주부, 종부시 판관 등을 역임했다. 그 후 계유정란 때 원종공신으로 책봉되었고, 세조 3년 문과 별시에 합격하여 조산대부에 올라 직예문관에 제수되었다. 그 후 성균 사예, 사헌 장령 등을 역임한 후 당상관인 통정대부에 올랐고, 성종이 즉위하면서 좌리 원종공신에 봉해졌다. 이후 군수 목사 등 외직을 맡아 선정을 베풀었고, 우애가 남달라 세조가 부러워할 정도였다.

　이원의 7남으로 막내였던 이지(李墀)는 이원이 배소에서 임종할 당시 10살에 불과했다. 아들 7형제 중에서 유일한 문과 급제자이기도 하다. 문종 원년(1451) 선음(先蔭)으로 경희전(景喜殿) 직장(直長)에 보임되었으니, 먼저 문음으로 출사(出

仕)하였다. 잠시 서과(西窠: 서반직)로 옮겼다가 다시 동반직 군기시(軍器寺) 녹사(錄事)로 보임되니 품계는 정8품 통사랑(通仕郎)이었다. 2년 후인 단종 계유년에 세조를 도운 정란(靖難)의 공으로 3급을 승진하여 선무랑(宣務郎)으로 통례원 봉례(奉禮)가 되었다. 단종 2년 갑술년(1454)에 참상관(參上官)인 6품 전농시 주부(主簿)에 제수되었다가 이어 종5품 관직인 종부시 판관(判官)으로 옮긴 이후 종4품 문신 품계인 조봉대부(朝奉大夫)로 승진하였다.[1]

을해년(1455)에 세조가 즉위함에 정란원종공신에 책봉되었고, 세조 3년(1457)에 치러진 별시(別試)에 합격하였는데,[2] 그 때 나이 37세 때였다. 문과 급제로 조산대부(朝散大夫)에 올라 예문관(藝文館)에 들어갔는데, 세조 5년(1459) 직예문관(直藝文館) 이지(李墀)는 직강(直講) 노사신 등과 함께 『역학계몽(易學啓蒙)』을 강(講)하였다.[3] 그 후 성균관 사예, 한성부 소윤 등을 거쳤고, 세조 6년에는 사헌부 장령에 보임되고,[4] 이어서 부지통례문사(副知通禮門事) 등을 차례로 역임했다.

세조 7년(1461) 외직인 경기도 경력(經歷)으로 나갔다가 전라도 경력까지 거친 이듬해에 경직(京職)인 통례원 봉례(奉禮)로 복귀했다. 얼마 안 되어 보공장군(保功將軍) 대호군(大護軍) 및 지사간원을 지내고,[5] 이 해에 과시(科試)에 참여하여 유자빈(柳自濱) 등 문사들을 선발했다. 세조 9년(1463) 언사(言事)로 임금의 비위에 거슬려 세자익위사(世子翊衛司) 우익위로 좌천되었다가 세조 11년에 외직인 안변도호군부사(安邊都護軍府使)로 파견되었으며, 품계가 당상관인 통정대부(通政大夫)에 이르렀다. 세조 13년(1467)에 오위도총부(五衛都摠府) 진무(鎭撫)에 제수되었다.

예종이 뜻하지 않게 일찍 승하하고 덕종의 둘째 아들 성종이 즉위하게 되었

---

1) 이하 이지(李墀)의 관력(官歷)은 「사암공묘비(思菴公墓碑)」(서거정 찬, 1486년)에 근거함.
2) 『국조문과방목』 세조 정축(丁丑) 별시(別試).
3) 『세조실록』 권15, 세조 5년 1월 21일 갑진.
4) 『세조실록』 권21, 세조 6년 8월 6일 기유.
5) 『세조실록』 권28, 세조 8년 5월 6일 경자.

는데, 이에 대한 논공을
처리하는 과정에서 좌
리원종공신에 책봉되었
다. 성종 3년(1472)에 사
옹원 첨정(僉正)에 제수되
었다가 얼마 안 되어 괴
산군수로 나가 선정의 명
성이 있었는데, 성종 8년
(1477) 아들 육(陸)이 충청

사암공 이지 묘소 경기도 광주시 목동

도 감사로 부임함에 따라 체환(遞還)되어 통례원 봉례(奉禮)가 되었다. 성종 10
년(1479) 원주목사로 나갔다가 성종 14년(1483) 광주목사로 옮겼고, 2년 후 임기
가 차서 경직으로 복귀하여 정3품의 돈령부 정(正)이 되었다. 성종 17년(1486)에
졸 하였고, 아들 육(陸)의 관직이 현달함에 따라 후일 예조참판 겸 동지춘추관사
로 추증되었다.

달성군 서거정이 찬한 묘비명에 의하면, "성품이 고지식하고 뜻이 높아 굽히
지 않고 외면을 꾸미지 않았다. 정의를 지켜 아부하지 않으니, 형세를 쫓고 이
익을 따르는 무리가 꺼리는 바가 되었다. 비록 지위가 높지 못하여 능히 그 포
부를 펴지 못했으나, 집착함이 없이 담담하였다"라고 평했다. 이어 "그의 형이
던 장(場)이 수양대군을 시종하다가 중죄를 입었는데, 공이 지성으로 세조에게
말씀드려 마침내 그 죄를 면했다. 후에 공이 도총부 진무로 입시(入侍)하니, 당
시 주상인 세조께서 세자에게 눈짓을 하며, '이 모(某)는 형을 사랑한 사람이다.
너는 그 점을 알지어다'라고 하셨고, 세자시강원(世子侍講院)의 필선(弼善) 정효상
에게 이르기를 '네가 동궁을 보필하고 가르치는 데 마땅히 이 모(某)의 마음을
갖게끔 하도록 해라'하시면서, 드디어 공의 승진을 명하였다"라는 기록을 남겼
듯이, 공의 평소 품성이 조정에까지 크게 알려져 귀감이 되고 있었다.

공은 어려서 부모를 여의었지만, 아버지 용헌공과 조부였던 평재공의 흩어져 있던 유고들을 수습하는 일에 매진하였고, 이것을 인쇄에 부쳐 『철성연방집』으로 간행되도록 하는 일에 평생을 바친 인물이었다. 공이 괴산군수로 재임할 적에 경상 감사로 부임하면서 인사차 들린 생질 윤호에게 원고를 넘겨 간전(刊傳)하도록 위촉함으로써 세상에 빛을 보게 되었는데,[6] 이렇듯 용헌공과 평재공이 남긴 글들을 오늘날까지 잘 보존되게 한 것은 오로지 공의 노력 덕분이었다.

부인 정씨는 감찰 정오보(鄭旿保)의 딸이니, 정몽주 증손녀이다. 4남 2녀를 두었는데, 장남 육(陸)은 문과에 장원하여 참판을 지냈으며 『청파집』을 남겼다. 차남 수(陲)는 도화서 별제를 거쳐 개천군수로 생을 마감하니 증 이조판서요, 삼남 습(隰)은 사재감 직장을 거쳐 안성군수를 역임했고, 막내 맥은 문과에 급제하여 대사간을 거쳐 동지돈령부사(同知敦寧府事: 종2품)를 지냈다. 큰 딸은 시정(寺正: 정3품) 박항에게 출가했고, 차녀는 군수 여희령에게 출가했다.

---

6) 『철성연방집』 서문(청파 이육 찬).

이절 李節

생년 : 1411년(태종 11)
몰년 : 1462년(세조 8)
관력 : 대사헌 관찰사
자호 : 초당(草堂)
묘소 : 전남 나주시 다시면 문동리 초동
가족 : [증조] 원(原) [조] 강(岡) [부] 곡(谷)
      [외조] 이양명(李陽明) [처부] 정혼(鄭渾)

감사공(監司公) 절(節)은 호가 초당(草堂)이니 좌의정 용헌공(容軒公) 이원(李原)의 손자요, 대호군 지통예문사(大護軍知通禮門事) 이곡(李谷)의 아들이다. 어려서부터 총명하고 공부하기를 좋아하였으며 과거공부를 하여 세종 8년 문과에 급제하여 성균관 전적(典籍), 사헌부 감찰(監察)을 비롯한 여러 관직을 거쳐 대사간(大司諫)에 올랐다[1]

문종 즉위년(1450) 전라도 감사(監司)로 나가 선치하였다. 뜻밖에 단종(端宗) 임금이 손위(遜位)하시니 의연히 벼슬을 버리고 나주평야 산천이 수려(秀麗)하고 넓은 들 비옥(肥沃)한 전답(田畓)에 주목(注目)하여 초동(草洞) 골에 터전을 잡고 스스로 호(號)를 초당(草堂)이라 부르며 여생을 보낸 인연으로 후손들이 이곳에서 세거지(世居)하게 되었으니, 감사공은 고성이씨의 나주입향시존지조(羅州入鄕始尊之祖)이다.

일찍이 공(公)께서 은거 중에 혼탁한 세상을 탄식하며 지은 초동술회(草洞述懷)

---

1) 『고성이씨족보 별보』(1726).

라는 시(詩)가 있다.

世我相違奈老何　이 세상 나와 맞지 않고 몸은 늙어 어찌하나
伴鷗江上泛虛舟　강물에 빈 배 띄우고 갈매기와 벗 하련다
丹心猶戴莊陵日　마음은 오직 단종임금께 있을 뿐이니
菊露上餘彭澤秋　팽택에는 지금도 이슬 맺힌 국화가 남아있으리

　이 시에 담긴 내용만 보더라도 공(公)의 맑고 곧은 지조를 짐작하고도 남음이 있다. 세조 8년(1462)에 서거하시니 나주시 다시면 초동 후록 식적동(食積洞)에 장례를 모셨다.

　오위도총부부총관(五衛都摠府副摠管) 서신보(徐臣輔) 찬(撰) 묘비명(墓碑銘)에 다음과 같이 기록되었다.

　철성(鐵城)의 명벌(名閥)로서 관면(冠冕)이 대대로 이었으며
　훌륭한 공훈은 높은 산 큰 내와 같도다
　타고난 성품(性稟)은 나라의 충신이었고
　전라도감사(全羅道監司)가 되어 임금의 근심을 나눴도다
　임천(林泉)에 물러나 여생(餘生)을 마치려 했으며
　이름과 덕이 온전하니 희대(稀代)의 위인이었도다.
　유훈유덕(遺訓遺德)은 여음(餘音)이 진진하도다
　금성산(錦城産)이 높고 높으니 나의 명(銘)을 볼지어다

　공의 서거 후 오늘에 이르기까지 청명(淸名)과 직절(直節)이 민멸(泯滅)되지 않았으며 공의 유덕을 추모하여 초동후록(草洞後麓) 식적동(食積洞)에 유허비(遺墟碑)를 건립하였다.

이교연李晈然

생년 : 1413년(태종 13)

몰년 : 1475년(성종 6)

관력 : 대사헌 형조참판 개성유수 한성좌윤

자호 : 자 순보(純甫) 시호 공안(恭安)

묘소 : 경기도 장단 고읍동 도원리 자좌

가족 : [증조] 귀생(貴生) [조] 운로(云老) [부] 종(琮)

　　　[외조] 이작(李作) [처부] 윤희제(尹希齊)

　　문음으로 출사하였다가 1442년(세종 24) 친시문과에 장원으로 급제하여 감찰(監察)에 제수되었다. 이후 사간원 좌정언과 좌헌납, 이조좌랑을 역임하였다. 1451년(문종 1) 종부시 소윤에 제수되고, 다음해 장령을 거쳐 밀양도호부사로 파견되었다. 1453년(단종 1) 직예문관(直藝文館)과 원주목사에 제수되었다. 1455년(세조 1) 원종공신 3등에 책록되고, 병조참의와 겸지병조사(兼知兵曹事)를 거쳐 우부승지에 발탁되고, 이어 좌부승지·좌승지를 역임한 뒤 1460년(세조 6) 형조참판에 승직하였다. 이후 대사헌·중추부사·개성부유수·충청도관찰사·첨지중추부사(僉知中樞府事)·형조참판·겸동지의금부사(兼同知義禁府事)를 두루 역임하였다. 1469년(예종 1) 한성좌윤(左尹)을 거쳐 행부호군(行副護軍)에 교체되었다가 1475년에 졸하였다. 시호는 공안(恭安)이다. 서거정이 찬한 비문이 있다.

문음으로 출사(出仕)하였다. 세종 24년(1442) 녹사(錄事)로서 친시 문과에 장원 급제하여[1] 바로 전농 주부(典農主簿)에 제수되었다.[2] 세종이 친히 급제를 축하하는 은영연(恩榮宴)을 내리자 이에 감사하는 뜻으로 다음과 같은 전문(箋文)을 지어 올렸다.[3]

"건곤(乾坤)이 크게 지으매 곡진하게 군생(群生)을 성취하게 하셨습니다. 저력(樗櫟) 같은 쓸모없는 재질(材質)로서 잘못 특수하게 우악(優渥)하신 은혜에 잠기게 하시니 놀랍고 두려워하여 어찌 할 바를 알지 못하오며 몸이 가루가 될지라도 보답하기 어렵습니다. 그윽이 생각하옵건대, 신 등은 모두 용렬한 자질로써 밝은 세상을 만났지만, 글은 문장 수식을 펴지 않았으니, 너무 자질구레한 글귀만을 수식하는 작은 재주라는 비웃음이 부끄러워할 뿐이며, 활 쏘는 것은 버들잎을 백발백중(百發百中)할 재주가 결핍하였으니, 어찌 종횡무진(縱橫無盡)한 지략(知略)을 알겠습니까. 그러한데 급제를 시키신 은총을 입고 다시 은영연의 영광을 내리실 줄 어찌 뜻하였겠습니까. 잔 가득 넘치는 궁중의 술이 몸에 젖어 이미 은덕(恩德)에 배불렀으며, 선악(仙樂)의 아름다운 음률이 귀먹게 만들어 크게 그 빛을 나타냈습니다. 신분을 헤아려 보매 한계를 넘었으며, 몸을 어루만지며 감격함을 깨닫습니다. 이것은 대개 성상(聖上)께서 문(文)하시고 무(武)하시며 너그러우시고 어지시어, 《맹자(孟子)》의 진심장(盡心章)에 천하의 영재(英才)를 얻어 교육한다는 뜻을 상고하고, 《시경(詩經)》 대아(大雅)의 문왕편(文王篇)에 선비 많음을 생각하심을 만났기 때문에 드디어 노둔(駑鈍)한 재질로서 큰 은혜를 입게 된 것이니, 마땅히 삼가 처음의 마음을 다

---

1) 『세종실록』 권97, 세종 24년 8월 14일 신축.
2) 『세종실록』 권97, 세종 24년 8월 18일 을사.
3) 『세종실록』 권97, 세종 24년 9월 7일 갑자.

듬어서 뒷날의 공효(功效)를 높여야 하겠습니다. 일찍 일어나서 밤에 잠잘 때까지 과거를 내려주신 일을 더럽히지 않을 것을 생각할 것이며, 천지가 장구(長久)한 것처럼 임금의 수명이 길기를 축원하는데 배나 정성을 다하 겠습니다."

이후 감찰(監察)에 제수(除授)되었다가, 다시 사간원 좌정언(司諫院左正言)과 좌헌납(左獻納), 이조좌랑을 역임하였다. 문종 1년(1451) 종부시 소윤에 제수(除授) 되어서는 임금의 명을 받들어 아산(牙山) 등지로 암행하여 전세(田稅)를 징수할 때의 불법(不法)한 일들을 살피고 돌아왔다.[4] 단종이 즉위하자 충청·전라·경상 도 도체찰사 정분(鄭苯)의 청으로 충청도에 파견되어 서산성(瑞山城)을 쌓고 돌 아왔으며,[5] 이후 사헌부 장령(掌令)을 거쳐 밀양도호부사로 파견되어 선정을 펼 쳤다.[6] 단종 1년(1453) 직예문관(直藝文館)에 제수되어 중앙으로 들어왔다가 다시 외직인 원주목사로 파견되었다.[7]

세조 1년(1455) 원주목사로 재직 중에 세조 옹립에 공을 세워 원종공신 3등에 녹훈(錄勳)되었고,[8] 세조 3년(1457) 목사 때의 선정으로 정3품 절충장군(折衝將軍) 에 오르면서 오위대호군(五衛大護軍)에 제수되었으며, 곧 병조참의에 승직하였 다. 세조 4년(1458) 겸지병조사(兼知兵曹事)와 병조참의를 거쳐,[9] 세조 5년(1459) 우부승지(右副承旨)에 발탁되어서는[10] 임금이 친히 좌의정(左議政) 강맹경(姜孟卿) ·좌참찬(左參贊) 박중손(朴仲孫)·예조 판서(禮曹判書) 홍윤성(洪允成)·형조 참의(刑 曹參議) 이승소(李承召)·좌부승지(左副承旨) 정식(鄭軾) 등과 함께 시관(試官)으로 삼

---

4)『문종실록』권12, 문종 2년 2월 13일 정축.
5)『단종실록』권2, 단종 즉위년 8월 1일 신유.
6)『신증동국여지승람』제26권 경상도 밀양도호부 명환(名宦)조에 부사 이교연이 올라있다.
7)『단종실록』권12, 단종 2년 8월 12일 신묘.
8)『세조실록』권2, 세조 1년 12월 27일 무진.
9)『세조실록』권12, 세조 4년 3월 19일 병오:『세조실록』권14, 세조 4년 10월 4일 무오.
10)『세조실록』권15, 세조 5년 3월 25일 정미.

앞는데, 세조가 "호구(戸口)와 군적(軍籍)은 나라의 중대한 일이나, 국가에서 옛부터 분명하지 못하니, 어떻게 하면 분명하여지겠는가?"라는 대책(對策) 글제를 친히 내린 과거시험 준비에 함께 일 했다.[11]

이어 좌부승지·우승지·좌승지를 역임한 뒤, 세조 6년(1460) 종2품 가선대부(嘉善大夫)에 오르면서 형조참판으로 승직하였다.[12] 이어 호조 참판(戸曹參判)으로 재직 중 정조사로 명을 받들어 중추원 부사(中樞院副使) 이언(李堰)과 함께 표문(表文)을 가지고 명나라에 가서 정삭(正朔)을 하례하고[13] 이듬해 3월에 돌아왔다.[14] 그런 후 사헌부 대사헌(大司憲)에 제수되었으며,[15] 중추부사(中樞副使)·개성부유수·충청도관찰사·첨지중추부사(僉知中樞府事)·형조참판·겸동지의금부사(兼同知義禁府事) 등을 두루 역임하였다.

예종 1년(1469) 명나라 사신을 맞이하기 위해 안주(安州)에 파견되었고, 이어 한성 좌윤(左尹)을 거쳐[16] 성종이 즉위한 후에도 명 사신 접대를 위해 황주 선위사(黃州宣慰使)로 파견되는 등 대명외교에 큰 힘을 보탰다.[17] 이후 행부호군(行副護軍)에 교체되었다가 성종 6년(1475)에 생을 마감하였다. 시호는 공안(恭安)이다. 『조선왕조실록』에 전하는 그의 졸기(卒記)는 다음과 같다.

행 부호군(行副護軍) 이교연(李皎然)이 졸(卒)하였으므로, 조회(朝會)를 정지하고 부의(賻儀)를 내리고 제사하기를 옛법대로 하였다. 이교연(李皎然)은 자(字)가 순보(淳甫)이며, 고성현(固城縣) 사람이다. 정통(正統 임술년: 1442)에 갑과(甲科)에 일등으로 합격하여 사헌부 감찰(司憲府監

---

11) 『세조실록』 권15, 세조 5년 3월 27일 기유.
12) 『세조실록』 권21, 세조 6년 9월 4일 정축.
13) 『세조실록』 권22, 세조 6년 11월 24일 병신.
14) 『세조실록』 권23, 세조 7년 3월 3일 갑진.
15) 『세조실록』 권23, 세조 7년 3월 11일 임자 .
16) 『예종실록』 권3, 예종 1년 1월 2일 정사.
17) 『성종실록』 권4, 성종 1년 3월 3일 임오.

察)에 제수되었다가, 사간원 좌정언(司諫院左正言)으로 천직(遷職)되고, 예조 좌랑(禮曹佐郎)·사간원 좌헌납(司諫院左獻納) 등을 역임하였다. 경태(景泰 신미년: 1451)에 종부시 소윤(宗簿寺少尹)이 되었다가 임신년(1452)에 사헌부 장령(司憲府掌令)으로 승진하였고, 계유년(1453)에 예문관 직제학(藝文館直提學)이 되었다가, 외직(外職)으로 나가서 밀양 부사(密陽府使)가 되었고, 곧 원주 목사(原州牧使)로 천직되었다. 천순(天順) 정축년(1457)에 도목정(都目政)에서 최(最)를 받아 절충장군(折衝將軍) 대호군(大護軍) 집현전 직제학(集賢殿直提學)이 되었다가 곧 병조 참의(兵曹參議)로 옮겼다. 기묘년(1459)에 승정원 우부승지(承政院右副承旨)가 되었다가 좌승지(左承旨)로 옮겼고, 가선 대부(嘉善大夫)로 승진하여 형조 참판(刑曹參判)이 되었다. 신사년(1461)에 대사헌(大司憲)으로 옮겼다가 곧 수 개성부 유수(守開城府留守)로 파견되었고, 계미년(1463)에 중추원 부사(中樞院副使)가 되었다. 성화(成化) 을유년(1465)에 충청도 관찰사(忠淸道觀察使)가 되었다가 내직(內職)으로 들어와 첨지중추원사(僉知中樞院事)가 되었고, 곧 예조 참판(禮曹參判)으로 옮겼다가, 기축년(1469)에 한성부 윤(漢城府尹)으로 옮겼으며, 곧 부호군(副護軍)으로 천직되었다가 졸(卒)했다. 시호(諡號)는 공안(恭安)이니 공경하고 순종하며 윗사람을 섬기는 것을 공(恭)이라 하고, 화합을 좋아하고 다투지 않는 것을 안(安)이라 한다.[18]

---

18) 『성종실록』 권54, 성종 6년 4월 29일 정미.

이칙 李則

생년 : 1438년(세종 20)
몰년 : 1496년(연산군 2)
관력 : 대사헌 대사성 관찰사 지중추부사(知中樞府事)
자호 : 자 숙도(叔度) 호 죽계(竹溪) 시호 정숙(貞肅)
묘소 : 인천 화수동에서 석남동 산50번지로 천묘
가족 : [증조] 강(岡) [조부] 원(原) [부] 질(垤)
      [외조부] 정지당(鄭之唐) [처부] 권온(權溫)

세조 2년(1456) 진사가 되고, 세조 8년(1462) 식년문과에 급제하여 장흥고직장(長興庫直長)에 제수되었다. 그 후 좌랑·정랑을 거쳐, 의정부검상·사인, 봉상시부정을 역임했다. 성종 8년 사헌 집의를 거쳐 주청사(奏請使)의 서장관으로 명나라에 다녀왔고, 군자감정·형조참의 등을 거쳐 대사성으로 교학(教學)에 힘쓰다가, 전라도관찰사로 전임되자 유생들이 그의 유임을 상소하였다. 그 뒤 형조·이조 참의를 지냈고 성종 17년(1486) 동부승지·좌우부승지를 역임한 이듬해 이조참판에 이르렀다. 이어 대사헌 재임시 임사홍(任士洪) 등용을 막다가 성종에게 큰 노여움을 샀으나 위기를 넘겼다. 이후 대사성을 거쳐 충청도관찰사로 나갔고, 성종 24년(1493) 평안도관찰사, 이듬해에 지중추부사가 되었다. 선견(先見)과 직언(直言)·덕망(德望)을 두루 갖춰 선비정신의 사표가 되었다. 시호는 정숙(貞肅)이다.

공은 나이 19세 되던 세조 2년(1456) 진사시에 합격한 후 수차례 과시에 나가질 않았다. 주위 사람들이 의아하게 여기자, 아직 미치지 못할뿐더러 다행히 급제한다 할지라도 나라에 무익하다며 사양했다. 그 후 25세 되던 세조 8년(1462) 식년문과 병과에 급제하여[1] 장흥고 직장(直長)에 보임되었다. 세조 집권 과정에서 불거진 사육신 사건으로 집현전이 폐지되자, 문사(文士)를 진려(振勵)할 방도가 없어 인재가 드물고 적었다. 이에 젊은 문사(文士)들을 대상으로 본 직임을 가진 채 예문관(藝文館) 관직을 겸임시켜, 그들로 하여금 학업(學業)을 닦게 하였는데, 이들을 겸예문(兼藝文)이라고 일컬었다. 세조 10년(1464)에 가서 겸예문 정원을 더 설치하였는데, 이때 이칙(李則)을 비롯한 이숙감(李淑瑊)·이육(李陸)·조지(趙祉)·최한량(崔漢良)·김초(金軺)·손소(孫昭)·김계창(金季昌)·손비장(孫比長)·유윤겸(柳允謙)·유순(柳洵)·홍귀달(洪貴達)·배맹후(裵孟厚)·이경동(李瓊仝)·성현(成俔)·김유(金紐)·최숙정(崔淑精)·이익배(李益培) 등과 같은 젊은 학자들을 대거 겸예문(兼藝文)으로 발령 내어,[2] 문풍(文風)을 진작시키려 노력했다.

뿐만 아니라 세조는 보다 적극적인 문교정책을 위해 양성지와 임원준에게 명하여 향후 지향해야 할 학문(學門) 분야를 세분하였는데, 각 학문별로 6명의 정원을 두어 젊은 문신(文臣)을 배정하였다. 즉, 천문문(天文門)에 이형원(李亨元)·정효상(鄭孝常)·하숙산(河叔山)·김초(金軺)·김경례(金敬禮)·김승경(金升卿)을, 풍수문(風水門)에는 최팔준(崔八俊)·배맹후(裵孟厚)·김염(金磏)·김제신(金悌臣)·김준(金峻)·신숙정(申叔楨)을, 율려문(律呂門)에는 성준(成俊)·안집(安緝)·원보륜(元甫崙)·박양(朴良)·어세공(魚世恭)·최한량(崔漢良)을, 의학문(醫學門)에 이수남(李壽男)·손소(孫昭)·이길보(李吉甫)·김의강(金義綱)·이익배(李益培)·유문통(柳文通)을, 음양문(陰陽門)에는 유지(柳輊)·홍귀달(洪貴達)·이경동(李瓊仝)·박희손(朴喜孫)·손비장(孫比長)·유윤겸(柳允謙)을, 사학문(史學門)에는 김계창(金季昌)·김종련(金宗蓮)

---

1) 『문과방목』 세조 8년 임오 식년시(式年試) 병과(丙科).
2) 『세조실록』 권33, 세조 10년 7월 6일 정사.

· 최숙정(崔叔精) · 유휴복(柳休復) · 김양전(金良塈) · 김종직(金宗直)을, 시학문(詩學門)에 최경지(崔敬止) · 민수(閔粹) · 유순(柳洵) · 김극검(金克儉) · 성현(成俔) · 이칙(李則)을 각각 배정한 것이 그것이다.[3] 이렇듯 세조 집권 당시 학문 자체를 천문(天文) · 풍수(風水) · 율려(律呂) · 의학(醫學) · 음양(陰陽) · 사학(史學) · 시학(詩學) 등 7개 분야로 나누었던 것에서 볼 수 있듯이, 당시까지도 유학과 잡학(雜學)의 완연한 차별성을 보이지 않는 단계였다. 점필재 김종직이 사학과 시학을 제외한 다른 학문은 유학자들이 할 바가 아니란 불만을 제기하여 세조에게 미움을 받았던 것에서도 짐작되듯이, 아직 성리학 사회가 정착되지 못한 상태였다. 아울러 잡학은 한 세대가 흐른 후 중인계급들이 전담하다시피 했던 학문으로 전락했다. 그런 와중에도 이칙은 성리학자들이 지향했던 시학(詩學)에 배정되었음을 볼 수 있다.

  이어 세조는 자신이 직접 어정(御定)한 『주역구결(周易口訣)』과 선유(先儒) 양촌(陽村) 권근(權近)이 가한 구결을 대조한 후, 상이한 곳에 표(標)를 붙여 좌우로 나눈 겸예문들에게 내려주고, 매양 전강(殿講)하는 날마다 옳고 그름을 가리게 하였다. 이 때 이칙은 정난종(鄭蘭宗)을 비롯하여 유순(柳洵) · 김계창(金季昌) · 정효상(鄭孝常) · 김유(金紐) · 박시형(朴始亨) · 이경동(李瓊仝) · 배맹후(裵孟厚) · 최자빈(崔自濱) · 조지(趙祉) · 이익배(李益培) · 성진(成晉) · 유진(兪鎭) 등과 함께 좌(左)가 되었고, 그의 사촌 유윤겸(柳允謙)이나 이육(李陸) 등은 우(右)가 되어 실력을 겨뤘다.[4]

  이렇듯 급제한 후 장흥고직장(長興庫直長) · 병조좌랑 등을 거치면서 총애를 받았는데, 세조가 즉위 14년(1468)만에 승하하자 이칙은 조산대부(朝散大夫) 행 의정부검상 겸 승문원교리(行議政府檢詳兼承文院校理) 신분으로 『세조실록』 편찬을 하는 기주관(記注官)으로 활약했다. 이후 이조정랑 등을 거친 후 성종 때에 또 다

---

3)『세조실록』권33, 세조 10년 7월 27일 무인.
4)『세조실록』권37, 세조 11년 10월 9일 계미.

시 재주와 행실을 겸비한 30명을 선발할 때 예문관(藝文館) 겸관(兼官)으로 차정(差定)되었고,[5] 『세조실록』 수찬을 잘 마무리한 공으로 후한 상을 받았다.[6]

성종 6년(1475) 임금이 친히 동대문 밖에 단을 설치하고 선농제(先農祭)를 지낼 적에 축사(祝史)로 참여한 공으로 1자급 승진되어 의정부 사인(議政府舍人)을 제수 받았다. 이 당시 회간왕(懷簡王: 성종 생부 의경세자로 후일 덕종으로 추존됨) 부묘(祔廟)에 대한 매우 민감한 정치 사안이 대두되었는데, 성종이 적장자로 계승한 임금이 아니었기에 예종 양자로 입적되어 대통을 이어받을 수밖에 없었기 때문이다.[7] 그럼에도 성종은 그의 생부를 추숭하여 종묘에 위패를 모시겠다는 강한 의지를 내보였지만, 신하들 입장에서는 선뜻 동의할 수 없는 미묘한 파장이 예상되고 있었다. 이 때 이칙은 "낳아 준 은혜는 비록 끊을 수 없더라도 정통(正統)의 계승을 문란하게 할 수는 없습니다. 전하께서 이미 양도왕(襄悼王: 예종)의 뒤를 이었으니, 회간왕(懷簡王)에게 사자(嗣子)라 일컬을 수 없습니다. 이미 사자라고 일컫지 못한다면 부묘(祔廟)하는 것도 옳지 못합니다마는, 그러나 회간왕은 이미 중국 조정에서 명(命)을 받았은즉, 월산대군(月山大君)으로 가묘(家廟)의 제사를 받들게 함도 예(禮)에 어그러짐이 있으니, 신 등의 뜻으로는 황백고(皇伯考) 회간대왕(懷簡大王)이란 칭호를 올리고, 전하께서는 효질(孝姪)이라 일컬어 봉사(奉祀)한다면, 공의(公義)도 사은(私恩)도 편폐(偏廢)함이 없을 것입니다"라는 다소 과감한 중재안을 냈다.[8] 이러한 중재안을 바탕으로 성종은 결국 자신의 의지를 관철하여 생부를 덕종(德宗)으로까지 추존하고 종묘에 위패를 모시는 부묘에 성공했다. 이 사건은 성종의 친정(親政)으로 가는 매우 중요한 역할을 한 것으로 평가받고 있는데, 이칙이 큰 역할을 하였음을 알 수 있다.

---

5) 『성종실록』 권4, 성종 1년 4월 5일 계축.
6) 『성종실록』 권13, 성종 2년 12월 18일 을유.
7) 『종묘의궤』 제3책, 추숭(追崇) 갑오년(1474, 성종5) 8월~9월조.
8) 『성종실록』 권59, 성종 6년 9월 16일 임술.

성종 8년(1477) 주청사(奏請使) 서장관(書狀官)으로 명나라에 다녀왔고,[9] 이어 통훈대부 사헌부 집의에 제수된[10] 이래 대간(臺諫) 업무에 충실했다. 이 당시 대간의 권한과 역할은 크게 신장되어 갔는데, 성종의 적극적인 지원책 때문이었다. 성종이 즉위할 당시는 막강한 원로대신들이 국정을 주도해 갔기 때문에 자신의 친정(親政)을 위한 선결조건은 원로대신들을 견제하는 것이었다. 그리하여 성종은 대간들의 활동과 권한을 크게 보장해 주기 시작했고, 이런 분위기 속에서 이칙의 대간 활동 역시 매우 의욕적인 면을 넘어 과감하기까지 할 정도였다.

성종 10년에 당상관인 통정대부(通政大夫)로 승진하여 형조참의(刑曹參議)에 제수되었다.[11] 성종 11년(1480)에는 성균관 대사성으로[12] 교학(敎學)에 힘쓰다가, 전라도관찰사로 전임되자 유생들이 여러 차례 그의 유임을 상소하였다. 당시 성균관 생원(成均館生員) 유정수(柳廷秀) 등이 상소하였던 내용을 보면, 다음과 같다.

"전 대사성(大司成) 신(臣) 이칙(李則)은 가르치고 타이르기를 잘하여 사람들이 모두 즐겁게 수업(受業)하였는데, 이달 14일에 특별히 선화(宣化)의 임명을 받아 외방으로 나가서 전라도(全羅道)의 민정(民情)을 살피게 되었습니다. 신 등이 생각건대, 일에는 경중(輕重)이 있고 정사(政事)에는 대소(大小)가 있는데, 출척(黜陟)하는 임무는 교양(敎養)하는 책임에 비교하면 그 경중과 대소가 같지 않습니다. 예전에 당(唐)나라의 양성(陽城)이 사업(司業: 국자감 교수)으로 외방에 나가서 한 고을을 맡았는데, 태학생(太學生) 하번(何蕃) 등이 상소하여 유임(留任)하기를 청하였

<hr>

9) 『성종실록』 권76, 성종 8년 2월 9일 무인.
10) 『성종실록』 권85, 성종 8년 10월 2일 병신.
11) 『성종실록』 권110, 성종 10년 윤10월 5일 정사.
12) 『성종실록』 권113, 성종 11년 1월 5일 병술.

으니, 참으로 이 사람이 아니면 질문하고 학습할 데가 없기 때문이었습니다. 청컨대 이칙을 유임시켜 유생(儒生)들의 바라는 바에 맞게 하소서"하였는데,

임금이 어서(御書)로 이르기를,

"그대들의 말이 옳기는 하나, 감사(監司)의 임무를 가볍다고 생각하는가?"하고, 윤허하지 않았다. 그리고 이칙에게 교서(敎書)를 내리기를,

"태학생들이 유임하기를 청하는 아룀은 다행하게도 다시 양성(陽城)과 같은 이를 보게 된 것이니, 감당수(甘棠樹)를 자르지 말라는 시(詩)로써[13] 거듭 소백(召伯)의 덕화(德化)를 노래하도록 바라겠다"하였다.[14]

그 뒤 형조·이조 참의를 지내고 성종 17년(1486)년 승정원 동부승지·좌우부 승지를 역임한 후 이듬해 가선대부 이조참판에 이르렀다.[15] 아울러 이조참판(吏曹參判) 재직 시 장문의 상소를 올렸는데, 그 내용은 다음과 같다.

"신이 가만히 듣건대, 중국에서는 평소에 우리나라가 예의의 나라이고 사대(事大)하는 것이 지극히 정성스럽다 하여 늘 칭찬한다 합니다. 전하께서 즉위하신 이래로 더욱 그 예의를 삼가서, 배표(拜表: 중국에 바칠 표문에 배례하던 일)를 반드시 친히 하고 조칙 맞는 일을 반드시 친히 하시며, 정조(正朝)·동지(冬至)·성절(聖節)·탄일(誕日)까지도 그 예의를 몸소 거행하시지 않을 때가 없었으므로, 전국이 전하의 지성을 알아 우러러보고 용동(聳動)하며, 위를 섬기는 것은 이러하여야 마땅하다고 합니다. 이제

---

13) 『시경(詩經)』 소남(召南) 감당(甘棠)의 시를 말한 것으로, 소백(召伯: 주나라 문왕의 아들인 소공(召公) 석(奭)이 남국(南國)을 순행하여 문왕의 정교(政敎)를 선포하면서 감당나무 아래 에서 집을 짓기도 하고 쉬기도 하며 즐기기도 하였는데, 그 뒤에 사람들이 그의 덕(德)을 사 모하였기 때문에 그 나무를 아꼈다는 내용으로서, 소백의 덕화(德化)를 노래한 것임.
14) 『성종실록』 권120, 성종 11년 8월 15일 임술.
15) 『성종실록』 권205, 성종 18년 7월 18일 을묘.

황제가 승하하였다는 소식이 와서 백관이 분주히 대궐에 나아왔으니, 신의 생각으로는 전하께서 소복(素服)으로 뭇 신하를 거애(擧哀)하셔야 마땅할 것입니다. 저자에 가서 양식을 사던 군사들이 다 말하기를, '강무(講武)는 멈출 것이다'하고 사는 것을 그만두고서 돌아가며, 신도 군사들의 말을 옳게 여기는데, 곧 듣건대, 거애는 멈추고 강무는 멈추지 않는다 하니, 어찌 전하께서 사대하시는 정성이 처음과 마지막에 차이가 있어서 그러하겠습니까? 이는 반드시 거애를 멈추는 데에는 대개 어쩔 수 없는 큰 까닭이 있을 것이고, 강무를 멈추지 않는 것은 군국(軍國)의 중대한 일을 닦지 않을 수 없기 때문이겠습니다. 그러나 신은 생각하기를, 임금과 신하 사이는 아버지와 아들 같은 은혜가 있으므로, 요 임금이 죽으니 백성이 부모를 잃은 듯이 하고 천하는 팔음(八音)을 정지하였습니다. 또 예(禮)에는 임금의 상을 3년 동안 입는 제도가 있는데, 우리나라가 황복(荒服: 변두리 구역)에 해당되기도 하나 조빙(朝聘)하는 예는 기내(畿內)와 다를 것이 없으니, 상사(喪事)에 처하는 예도 황원(荒遠)하다 하여 스스로 간략하게 할 수는 없겠습니다. 예전에 천자는 7개월 만에 장사하는데 중국 제후가 다 오고, 제후는 5개월인데 동맹(同盟)이 왔으니, 회장(會葬)하기 전에는 반드시 사냥하는 일이 없었던 것이 분명합니다. 강무가 중대한 일이라고는 하나, 어찌 천자의 상(喪)보다 중대하겠습니까? 진위(陳慰)하는 사신이 나가기 전에 사냥하는 일을 먼저 거행하면, 사람들이 보고 듣기에 놀라울 뿐더러 아마도 성덕(聖德)에 누를 끼칠 것입니다. 태사(太史)가 쓰기를, '모월일(某月日)에 황제의 부음이 왔는데 모일에 동쪽으로 순행하여 사냥하였다'하면, 만대 뒤에 전하를 어떠한 임금이라 하겠습니까? 갑오년(1474)에 전하께서 개성에 순행하셨을 때에 의정(議政) 성봉조(成奉祖)의 부고가 있었는데, 대신 중에 혹 의논드리기를, '개성에 3일 동안 머문 뒤에 강무를 마치는 것이 편하겠습니다'라고 한 사람이 있었으나, 영의정 신숙주(申叔舟)

294   고성이씨 인물사

가 옳지 않다고 고집하므로, 대가(大駕)가 드디어 돌아왔습니다. 파주에 이르러 병조에서 성봉조를 위한 정조(停朝: 국상이나 재변으로 정사를 보지 않음)가 이미 3일을 지났다 하여 파평의 산에서 사냥하기를 청하였으나, 신숙주가 또 옳지 않다고 고집하니, 전하께서 또한 따르셨습니다. 바야흐로 군중(軍中)에 계실 때 의정의 죽음을 듣고도 오히려 대가를 돌리셨는데, 더구나 이제 대가가 떠나기 전에 천자가 막 붕서(崩逝)한 때이겠습니까? 전하께서 널리 원로에게 의논하여 조처하시지 않은 것이 아니니 반드시 잘 살피셨겠으나, 신의 어리석은 소견이 이러하므로 감히 잠자코 있을 수 없습니다. 엎드려 바라건대, 성상께서 결단하소서"하니, 성종이 어서(御書)를 내려 이르기를,

"경의 말이 매우 훌륭하다. 내가 어리석기는 하나 학문을 대강 아는데, 어찌 천자의 상을 듣고서 문득 사냥을 하겠는가? 이미 멈추라고 명하였다"하였다.[16]

이어 사촌 매부 여희령(呂希寧)과 5촌 조카 이이(李峓)를 진도 군수와 평구 찰방으로 제수하매, 정실 인사라는 사헌부의 거듭된 탄핵으로 이조 참판을 사임했다가 성종 19년(1488)에 사헌부의 수장인 대사헌으로 복귀했다. 이 때 대사헌 신분으로 전지(傳旨)에 응해 상소하였다. 첫째 풍속을 두텁게 할 것, 둘째 대체(大體)를 보존할 것, 셋째 사명(辭命)을 간결히 할 것, 넷째 언로를 열 것 등이었는데, 말이 대부분 절실하였다. 임금이 친서를 내려 기리고, 이칙에게 표피(豹皮)와 난모(煖帽)를 하사하였으며, 또 사헌 집의 김미(金楣) 이하 5명에게 서피(鼠皮)와 난모를 하사하였다. 이칙과 김미 등이 이를 착용하고서 사은하니 임금이 선온(宣醞)하고, 다시 백랍촉(白蠟燭) 다섯 자루씩을 하사하면서 이르기를, "옛날에 어전(御前)의 금련촉(金蓮燭)을 거두어서 학사(學士)를 전송한 사람이 있었다.

---

16) 『성종실록』권207, 성종 18년 9월 28일 갑자.

지금 경들에게 납축을 하사하는 바이니, 각각 책상 앞에 놓고 한껏 마시고 한껏 즐기도록 하라"하였다. 이칙 등이 술에 취하여 상전(尙傳)에게 말하기를, "임금이 이와 같으신데도 요순(堯舜)의 정치를 이루지 못하는 것은 신들의 죄입니다"하였다. 술자리를 파하고 나니 이경(二更)이었다.[17]

성종 말년에 임사홍(任士洪)을 재등용하려는 움직임이 있자,[18] 지파(支派)로 대통을 잇고서 종묘사직의 중함을 생각지 않는다는 복합(伏閤) 상소를 올렸다가 큰 노여움을 산 적이 있다.[19] 쫓겨나 있던 임사홍이 정미년(1487)에 외척 세력에 힘입어 점차 등용될 징조가 보이자, 대사헌 이칙(李則)이 동료들을 거느리고 합문(閤門)에 엎드려 극력 다투어 아뢰기를, "전하께서는 방계(傍系)로써 왕통을 이었으니 어찌 종묘와 사직의 중함을 생각하지 않으십니까"라며 극간(極諫) 하였다. 임금은 노하여 묻기를, "무슨 말이냐?"하니, 이측이 아뢰기를, "아들이 아버지를 잇는 것은 진실로 떳떳한 일이지만, 만약 부자상전(父子相傳)을 아니하고 백성을 위하여 임금을 선택한다면 성인이 아니면 안 될 것입니다. 신은 전하께서 요(堯)·순(舜)이 되실 것을 바랐사온데 이제 간하는 말을 따르지 않으시니 신은 실로 마음이 아픕니다"라는 극간(極諫)을 마다하지 않았고, 이 말은 듣는 이로 하여금 등에 땀이 나고 목을 움츠리게 하였으니,[20] 이칙이야말로 간(諫)을 아끼지 않은 진정한 신하였다.

임사홍은 세조부터 중종에 이르는 기간 동안 사림(士林)의 배척을 받은 조선조 희대의 간신으로 낙인찍힌 인물이었다. 그의 첫째 아들 임광재(任光載)는 예종의 딸인 현숙공주(顯肅公主)에게 장가들어 풍천위(豊川尉)가 되었고, 셋째 아들 임숭재(任崇載)는 성종의 딸인 휘숙옹주(徽淑翁主)와 혼인하여 풍원위(豊原尉)가

17)『국조보감』권17, 성종조 3, 성종 19년 11월.
18)『성종실록』권221, 성종 19년 10월 19일 기유.
19)『성종실록』권221, 성종 19년 10월 20일 경술;『성종실록』권221, 성종 19년 10월 21일 신해;『성종실록』권222, 성종 19년 11월 16일 을해;『성종실록』권222, 성종 19년 11월 19일 무인;『성종실록』권222, 성종 19년 11월 23일 임오.
20)『연려실기술』제6권, 성종조 고사본말,「척임사홍(斥任士洪)」.

되었다. 이렇듯 임사홍 집안은 왕실과 중첩적인 혼인을 맺은 부마 집안으로써, 권력의 핵심부에 들어가 유자광과 함께 파당을 만들어 권력을 휘둘렀다. 그러다 성종 9년(1478) 대간의 강력한 탄핵을 받아 유배되었는데, 성종 후반기에 재차 등용 기미가 보이자, 이를 차단하기 위해 대사헌 이칙이 앞장서서 반대했던 것이다.

그 후 성종 20년(1489)에 동지중추부사에 제수되었다가[21] 다음해 대사성을 거쳐 충청도관찰사로 나갔고,[22] 성종 24년(1493) 평안도관찰사, 이듬해에 지중추부사가 되었다가 연산군 2년(1496)에 생을 마감했다. 공의 선견과 직언·덕망은 사표(師表)가 되었고, 시호는 정숙(貞肅)이다. 『연산군일기』에 기록된 그의 졸기를 보면 다음과 같다.

지중추부사(知中樞府事) 이칙(李則)이 죽었다. 그의 자(字)는 숙도(叔度)이고 본관은 고성(固城)이며, 고려의 시중(侍中) 암(嵒)의 후손이고 좌의정 원(原)의 손자이다. 천순(天順) 임오년의 과거에 급제하여, 장흥고 직장(長興庫直長)을 배수하고, 병조 좌랑(兵曹佐郎) · 의정부 사인(議政府舍人) · 사헌부 집의(司憲府執義)로 옮기고, 여러 벼슬을 거쳐 성균관 대사성(成均館大司成) · 승정원 동부승지(承政院同副承旨)에 이르고, 옮겨서 우승지(右承旨)에 이르고, 이조 참판 · 사헌부 대사헌 · 지중추부사로 옮겼다. 59세에 죽으니, 시호(諡號)는 정숙(貞肅)인데, 곧은 도로 동요하지 않으므로〔直道不撓〕 정(貞)이고, 마음을 지켜 결단하므로〔執心決斷〕 숙(肅)이다. 뛰어나게 큰 절조가 있고 뜻이 트였으며, 처신과 남을 대하는 데에 모난 적이 없었으며, 지위가 재상에 이르렀으되 살림은 벼슬

---

21) 『성종실록』 권225, 성종 20년 2월 28일 병진.
22) 『성종실록』 권229, 성종 20년 6월 14일 신축.

하기 전 청빈할
때와 같고, 집
에는 청탁하러
오는 사람이 없
었다.[23]

정숙공 이칙 묘비와 묘소 인천 서구 당하동

정숙공 이칙이 죽
자 당대에 문사(文
士)로 이름났던 양
허백당(虛白堂)이 제
문을 지어 추모했다. 양 허백당이란 홍귀달(洪貴達)과 성현(成俔)이 모두 같은 호
를 썼기 때문인데, 성현이 지은 제문을 보면 다음과 같다.[24]

병진년(1496, 연산군 2) 5월 모일에 경숙(磬叔)은 삼가 망우(亡友) 숙
도(叔度)의 영전에 고합니다. 아아, 숙도여. 어찌 이런 지경에 이르렀단
말인가. 처음에 부음을 듣고는 의심하였다가 끝내 그 소식을 알게 된 뒤
에는 나도 모르게 눈물이 솟구쳐 떨어졌다. 생각건대 우리 그대는 백세의
영웅으로 만부(萬夫) 중에서 우뚝하며, 바람과 우레 같은 기상을 지니고
서 지극히 넓은 마음을 품고 있으며, 강과 바다와 같은 도량이 있어 아무
리 뒤흔들어도 혼탁해지지 않는다. 임금을 보좌할 재능을 가지고 있으면
서도 그 날카로움을 드러내지 않고, 조정에서 시귀(蓍龜)의 역할을 할 만
한 지혜가 있는데도 사람들은 제대로 알아보지 못하였다. 의론은 재기가
뛰어나 무궁하고 절조는 늙어 갈수록 더욱 확고하였다. 덕이 두터워질수

---

23) 『연산군일기』 권14, 연산 2년 4월 29일 병오.
24) 성현, 『허백당문집』 권14, 제문(祭文), 「제이중추숙도문(祭李中樞叔度文)」.

록 마음가짐은 더욱 겸손하였고 녹봉이 많아질수록 집안 살림은 더욱 검소하였으니, 참으로 이른바 '사람으로서 응당 있어야 할 것은 모두 있고 사람으로서 응당 없어야 할 것은 모두 없는 사람이다'라고 할 만하다. 이런 사람을 옛사람에게서 찾아본다 하더라도 찾아내기가 드물 것이다. 그래서 2품의 벼슬에 오른 것이 높지 않은 것은 아니지만 사람들은 모두 그 지위가 덕에 미치지 못한다고 생각하였다. 향년이 이순(耳順)에 가까우니 비록 요절이 아니라고 말할 수 있겠지만 어진 사람이면서도 장수하지 못했으니, 나는 우선 의아하게 생각하는 것이다. 이제 모두 끝나 버렸다. 종족은 누구에게 의지할 것이며, 이웃 사람은 누구를 우러러 따를 것인가. 동료들은 누구를 우러러 찬탄할 것이며, 사림은 누구를 본보기로 삼을 것인가. 숙도를 아는 사람이건 모르는 사람이건 슬프고 안타까워하지 않는 사람이 없다. 하물며 나는 그대와 더불어 50년 동안 사귄 친구로서 거공(駏蛩)처럼 서로 의지하고 보탬이 되는 관계에 있었으니 더 말할 필요가 있겠는가. 두세 살 어린아이 시절부터 서로 벗이 되어 함께 공부하고 함께 과거에 급제하였으며 함께 벼슬길에 나아갔다. 항상 작은 언덕에서 큰 산악을 우러러보듯이 그대를 생각하였으니, 어찌 내가 먼저 육경(六卿)의 반열에 오를 줄을 생각이나 했겠는가. 그대는 그대의 재주 때문에 오히려 중요한 자리에서 벗어나지 못한 것이다. 그대는 오랫동안 병이 낫질 않아 일어나지 못하였는데 내가 가서 문병을 하자, 오히려 병든 몸을 이끌고 신을 거꾸로 신은 채 나와서 맞이하여 나와 단란하게 저녁을 보냈었다. 어찌 며칠 사이에 홀연히 일이 잘못될 줄 알았겠는가. 평소 술을 들며 상종할 때는 팔을 흔들며 농담을 하곤 했었는데, 오늘 당(堂)에 오르니 그대의 목소리 들으려 해도 어찌 이리도 막막하기만 하단 말인가. 이제 나와 그대는 유명(幽明)의 세계를 영원히 달리하였구나. 영령이여, 아시는가, 모르시는가? 만일 지각이 있다면 내가 올리는 이 술 한잔 흠향하시라. 오호, 슬프구나. 부디 흠향하소서.

성종 임금이 반궁(泮宮)에 행차하여 옛 글을 강론하고 직언을 구하려고 하였다. 이때 마침 노사신(盧思愼)과 이승소(李承召)가 어떤 일에 대하여 아뢰었으나 임금이 들어주지 아니한 일이 있었다. 이칙(李則)이 나와 아뢰기를, "노사신과 이승소는 노성(老成)한 대신인데도 아뢴 바를 들어주시지 않으셨거늘, 하물며 성균관에 행차하여 다시 무슨 말을 구하시렵니까"하자, 임금이 그 말에 마음을 움직였다.[25] 이렇듯 공은 "임금에게 인정을 받았는데, 생각한 것이 있으면 즉시 다 말하고 조금도 두려워하거나 기피함이 없었다. 매양 소를 올릴 적에는 반드시 『서경(書經)』에 있는 '다른 사람의 말이 너의 마음에 거슬리거든 반드시 도리[道]에서 구하라'는 말을 인용하니, 임금은 그의 말을 모두 따랐다"라고 전한다.[26]

"공은 젊어서 호탕하고 얽매이지 않아 작은 허물은 제쳐두고 개의치 않으니 사람들이 그 끝간데를 알지 못하고, 드디어 후한 사람 황헌(黃憲)의 자(字)에 비유하여 '도량 넓기가 만경(萬頃) 같은 것이 또한 우리 숙도(叔度)이다'라고 하였다. 이처럼 학문이 넓고 오래도록 기억하여 문장을 함에 붓을 잡으면 성취하였으며, 말을 하면 사람을 놀라게 하였다"라는 묘갈에서 표현한 것처럼,[27] 선비 정신의 표상이요, 뭇 사람의 사표였다. 역대 어느 임금도 따라올 수 없을 정도로 간(諫)에 너그러웠던 성종이었건만, 공의 직간(直諫)은 옆에 있던 시신(侍臣)들의 등줄기에 땀이 흐를 정도였다는 후대의 평가에서 보듯, 아무도 흉내 낼 수 없는 그만의 풍모를 지니고 있었다. 참으로 올곧은 선비의 표상이

25) 『연려실기술』 제6권, 성종조 고사본말, 성종.
26) 이행(李荇), 『용재선생집(容齋先生集)』 권10, 「자헌대부지중추부사겸춘추관사 증시정숙공묘갈명(資憲大夫知中樞府事兼春秋館事贈諡貞肅公墓碣銘): 1521년)」; 『연려실기술』 제6권, 성종조 고사본말, 「성종조 명신」.
27) 이행(李荇), 『용재선생집(容齋先生集)』 권10, 「자헌대부지중추부사겸춘추관사 증시정숙공묘갈명(資憲大夫知中樞府事兼春秋館事贈諡貞肅公墓碣銘): 1521년)」.

자, 후대에까지 모범을 보인 위인(偉人)으로 꼽는 데 주저해서는 안 될 인물이
었다.

이육李陸

생년 : 1438년(세종 20)

몰년 : 1498년(연산군 4)

관력 : 대사헌 4도관찰사 참판

자호 : 자 방옹(放翁) 자호 청파거사(青坡居士)

묘소 : 경기 광주 목동 산 113

가족 : [증조] 강(岡) [조] 원(原) [부] 지(墀)

　　　 [외조] 정보(鄭保) [처부] 박수림(朴秀林) 김균(金鈞)

　　1459년(세조 5)에 생원진사시에 입격했고, 1464년(세조 10) 별시에 장원하여 성균관직강을 제수 받았다. 1466년(세조 12) 발영시(拔英試), 1468년(세조 14) 문과중시에 2등으로 합격했다. 예종 즉위 후 사헌부의 강직한 대관(臺官)으로 여승 담정(湛淨)의 무고를 당하였다. 장예원판결사, 성균관 대사성 역임후 이내 판결사로 옮겼다. 공조참의를 지내다 1477년(성종 8) 충청도관찰사로 나간 이후 경기도, 강원도와 경상도관찰사를 지냈다. 이후 참의와 참판을 지냈고, 1476년(성종 7) 이후 여러 차례 명나라 사신으로 파견되었다. 연산군 즉위 후 대사헌에 제수되었고, 사후에 무오사화로 화를 입었다. 저술로는 『청파집(青坡集)』과 『청파극담(青坡劇談)』이 있고, 『철성연방집(鐵城聯芳集)』을 편찬했다. 집안을 일으키는 치산(治産)에 힘썼다.

세조 5년(1459) 22세 때에 생원시(生員試)·진사시(進士試)에 입격하였다. 젊은 시절 구속받지 않는 기질이어서 가사를 털어 버리고 사방으로 유학(游學)할 뜻이 있어 남쪽 지리산에 들어가 산수의 쾌락을 극진히 하며 3년 동안 나오지 않았는데 소문을 듣고 따라가 교유(交游)하는 자가 구름처럼 모였다. 과거 볼 공부를 하지 않는 것을 나무라는 사람이 있었는데, 공이 말하기를, "선비의 번영과 쇠퇴에는 천명(天命)이 있는데 어찌 문장이나 꾸미는 작은 기예에 마음을 둘 수 있겠는가?"하고는, 여러 자서(子書)와 사서(史書)를 부지런히 탐구하여 권태를 잊었다.

세조 10년(1464) 세조가 온양(溫陽)에 거둥하여 선비를 뽑을 때에 공이 영남(嶺南)에서 이르러 뭇사람에게 큰소리하기를, "과거에 으뜸을 차지하지 못하면 맹세코 서울에 들어가지 않겠다"하였는데, 과연 첫째로 뽑히니 명성이 뛰어오르고 성균관 직강(成均館直講)에 초수(超授) 되었다.[1] 세조가 직접 어정(御定)한 『주역구결(周易口訣)』과 선유(先儒) 양촌(陽村) 권근(權近)이 가한 구결의 상이한 곳에다 표(標)를 붙여, 좌우로 나눈 겸예문들에게 내려주고 매양 전강(殿講)하는 날마다 옳고 그름을 가리게 하였다. 이 때 이육 또한 당대의 명사들과 팀이 되어 실력을 겨뤘다.[2]

세조 12년(1466)에 발영시(拔英試)에 입격하였고, 임금의 명으로 새로 마련한 『경국대전』 형전(刑典)을 수교(讎校)하는 일에 참여하였다.[3] 그리고 세조의 명으로 안효례(安孝禮)·유희익(兪希益) 등과 함께 도성(都城)을 자[尺]로 재어 지도를 만들었다.[4] 세조 14년(1468)에 중시(重試)에 또 입격하였고,[5] 세자시강원(世子侍講院) 문학(文學)·종학 사회(宗學司誨) 등으로 여러 번 옮겼는데, 이 당시 예문관 응

---

1) 『국조인물고』권18, 경재(卿宰) 「청파이육비명」.
2) 『세조실록』권37, 세조 11년 10월 9일 계미.
3) 『세조실록』권43, 세조 13년 9월 26일 무자.
4) 『세조실록』권44, 세조 13년 10월 13일 을사.
5) 『세조실록』권45, 세조 14년 2월 14일 을사.

교(應教)를 겸대(兼帶)하였다. 예문관 관직은 역사를 다루는 사관(史官)이라 높은 기준에서 선발된 관원들이니, 선택에 든 자는 모두 당시의 명유(名儒)이거니와, 조석으로 유악(帷幄)에서 임금을 가까이 모시니 은총이 매우 두터웠다.

예종이 즉위하고서 사헌부 장령(掌令)에 발탁되었고,[6] 성종이 즉위하자 장령 직임을 유지한 채 예문관 전한(典翰)에 겸임되었다. 공의 언사(言事)가 모두 올바른데다 당시의 병폐에 시의 적절하였으므로 대관(臺官)이었음에도 특별한 은총을 받았다. 성종 임금이 이조에 전지를 내려, "대간은 나의 이목(耳目)이니, 즉위한 이래로 여러 번 봉사(封事)를 올려, 시폐를 극진히 진술하여 나의 미치지 못함을 보익(輔翼)하였다. 이것은 녹록(碌碌)히 몸을 보전하는 무리가 아니므로 내심히 가상히 여기는 바이다. 대사헌(大司憲) 한치형(韓致亨), 집의(執義) 손순효(孫舜孝), 장령(掌令) 이육(李陸) 등에게 1자급(資級)을 더하여 정상(旌賞)하도록 하라" 하였다.[7] 그런 후 이육을 당상계(堂上階)인 절충 장군(折衝將軍) 호분위 대호군(虎賁衛大護軍)으로 올렸으니,[8] 대개 장려한 뜻을 담은 것이었다. 당시의 논의는 공을 좌리공신(佐理功臣)으로 의망(擬望)하려 하였으나, 공이 공로가 없다고 사양하였으므로, 다만 원종공신(原從功臣)의 호(號)를 내렸다.

성종 2년(1471) 장례원 판결사(掌隸院判決事)에 제수되었다가[9] 성균관 대사성(成均館大司成)으로 옮겨 제수되어서는[10] 성균시(成均試)를 관장하여 조지서(趙之瑞)·신종호(申從濩) 등 2백 인을 뽑았는데, 당시의 논의가 마땅한 인재를 잘 뽑았다고 일컬었다. 판결사로 도로 제수되었는데, 정승 신숙주(申叔舟)가 아뢰기를, "이육은 문한(文翰)의 재능이 있으므로 문서를 다루는 일을 오래 맡기지 말고 한가한 관직을 제수하여 그 일에 힘쓰게 해야 하겠습니다"하니, 임금이 허가하고

---

6)『예종실록』권4, 예종 1년 3월 12일 병신.
7)『성종실록』권10, 성종 2년 6월 18일 기미.
8)『성종실록』권10, 성종 2년 6월 30일 신미.
9)『성종실록』권11, 성종 2년 9월 6일 을해.
10)『성종실록』권25, 성종 3년 12월 9일 신미.

어서(御書)를 내려 공조 참의(工曹參議)에 주의(注擬)하게 하였다.[11]

성종 6년(1475) 임금이 생부였던 회간왕의 부묘(祔廟)에 대한 가부를 의논하게 하자, "부묘(祔廟)의 일은 모름지기 정례(情禮)를 참작하여야 합니다. 대저 예는 비록 인정에 인연한 것입니다만, 그러나 정이 무궁한 데에 이르면 예(禮)로써 절제하지 않을 수 없습니다. 주상께서 이미 예종의 뒤를 잇게 되었는데, 또 회간(懷簡)의 신주에 부(祔)한다면 칭호(稱號)하여 이를만한 근거가 없습니다. 이제 정리로 인연하여 왕(王)으로 추존하고 또 예로써 부하지 아니함은 진실로 정례(情禮)에 합당합니다. 또 전세(前世)의 제왕으로 번저(藩邸)에서 대통(大統)을 입계(入繼)한 자는 그 낳아 준 부모를, 비록 혹 그 호(號)를 존숭한 적은 있지만 일찍이 종묘에 부하지 않았으니, 신의 뜻은 종전대로 별도로 묘사(廟祠)를 세우는 것이 편하겠습니다"라고 하였듯이, 반대 의사를 분명하게 표했고,[12] 그의 변함없는 입장은 다음날에도 이어졌다.[13]

> "제1조에 대한 신의 의견은 이렇습니다. 예에, '후사가 된 자는 그 아들이 된다'하였습니다. 상께서는 이미 예종의 후사가 되셨으니, 의리에 있어 사친(私親)을 돌아볼 수 없습니다. 그러므로 회간왕을 황백고로 삼지 않을 수 없으니, 이것은 정통(正統)을 중히 여긴 까닭입니다. 이미 정통을 중히 여긴 이상 어찌 사친을 부묘할 수 있겠습니까. 그렇다면 '황백고로 일컬으면 부묘할 수 있다'는 말은, 신은 감히 알지 못하겠습니다. 만약 세종께서 공정(恭靖)을 황백고로 일컬은 것을 예로 든다면, 공정은 이미 왕위에 올랐던 적이 있었던 만큼 왕으로 추존한 회간에 비할 일은 아닌 듯합니다.
>   제2조에 대한 신의 의견은 이렇습니다. 회간왕이 비록 명을 받아 세자가

---

11) 『성종실록』 권44, 성종 5년 윤6월 27일 경술.
12) 『성종실록』 권59, 성종 6년 9월 16일 임술.
13) 『종묘의궤』 제3책 추숭(追崇).

되었지만 불행하게도 일찍 서거하셨습니다. 그리하여 세조대왕이 마침내 예종으로 명을 청하여 세자를 삼았고, 예종이 마침내 명을 받아 왕이 되었으니, 이것은 예종이 이미 적통이 되고 대종이 된 것입니다. 또 회간이 세자로 계실 때에 예종이 비록 대군(大君)이었지만, 세자와 대군 사이에는 아직 임금과 신하의 분수가 없는 만큼 신하의 예를 행했다고 말할 수 없습니다. 지금 회간왕을 부묘함이 법에 이미 합당하지 않은 이상 위차의 상하는 논의할 필요도 없습니다.

　제3조에 대한 신의 의견은 이렇습니다. 이미 대군으로 제사를 주관하게 한 이상 회간은 마땅히 시조가 되어 조천하지 않습니다. 어찌 다시 제사 지내는 대수를 논할 필요가 있겠습니까. 고려의 성종(成宗)이 대종(戴宗)을 부묘한 경우는 옛날의 제도를 상고하지 않고 했던 일로 진실로 법을 삼아서는 안 됩니다. 또 생각건대, 회간을 부묘하면 공정을 조천하는 문제가 편치 않다는 의견도 근거가 없습니다. 회간을 만약 부묘해야 한다면 공정은 본래 조천하지 않는 신주가 아닌 만큼 으레 당연히 조천해야 합니다. 그러나 지금 회간을 부묘하는 것이 이미 합당하지 않고 보면 무엇 때문에 공정의 조천 여부를 염려하겠습니까. 대개 사람의 정리는 낳아 준 이에게 후하기 마련이므로 성인이 예를 만들어 이를 방지한 것입니다. 지금 성상께서 모든 시행을 요순을 본받아 하시는데, 유독 이 문제에만 성인의 제도를 따르지 않는다면 만세에 법을 드리우는 방법이 아닙니다” 하였다.

　성종 8년(1477) 여름에 충청도 관찰사(忠淸道觀察使) 부임을 명령 받았는데, 이때 부친 부정공(府正公)이 괴산군수(槐山郡守)였으므로, 유지(有旨)로 부르며 이르기를, “아버지가 군수이고 아들이 그 도의 감사이면 교대할 즈음에 주고받기가 매우 어려우니 빨리 올라오라”한 바가 있으니, 당시의 논의가 이를 영화로 여겼다. 이후 이조·호조·예조참의를 지냈다.[14] 참의 직책을 여러 번 옮긴 것은 병조참판 윤호(尹壕)와 사촌 관계였기에 정권(政權)이 한 가문에 있어서는 안 된다는 대간의 의견 때문이었다.[15]

임금이 옥송(獄訟)이 지체되는 것을 근심하여 단송도감(斷訟都監)을 설치하고 명하여 공을 제조(提調)로 삼았다. 공은 천성이 민첩하고 통달하며 학문의 여가에 이사(史事)를 아울러 익혀서 재결(裁決)이 적당하였으므로 이 명이 있었던 것이다. 성종 15년(1484)에 형조참의로서 가선대부(嘉善大夫)에 오르고 경상도 관찰사에 제수되었는데, 기무(機務)가 다른 도보다 갑절로 많았으나 공이 물 흐르듯이 재단하였으므로 온 도내가 칭찬하였다. 성종 16년(1485)에 병으로 사직하고, 한성부 우윤(漢城府右尹)에 제수되었다. 이듬해에 아버지 상(喪)을 당하였고, 상기(喪期)가 차서 복을 벗고 강원도 관찰사·예조 참판(禮曹參判)으로 여러 번 옮겼다. 성종 21년(1490)에 정조사(正朝使)로서 북경(北京)에 다녀왔고 동지중추부사(同知中樞府事)·형조 참판을 지냈다. 1494년에 성종이 승하하자 연산군이 특별히 명하여 공을 명나라에 파견할 고부사(告訃使) 청시승습사(請諡承襲使)로 삼았다.[16] 공이 숙질(宿疾)이 있었으므로 사행이 고달프다고 친척들이 다 말렸으나, 공이 말하기를, "신하의 의리로는 평탄하건 험악하건 한 가지로 절조를 지켜야 하는데, 더구나 나라의 큰일을 당하여 어찌 감히 한낱 자기의 사정을 돌아보겠는가?"하고는 드디어 출발했다. 예부(禮部)에서 본조(本朝)의 세계(世系)를 물었으나 대답하는 사람이 없었는데, 공이 본말을 두루 말하고 밝혀 대답하는 데에 조금도 어긋난 것이 없으므로 중국 인사들이 탄복하여 사리를 아는 재상(宰相)이라 하였다.[17]

---

14) 『성종실록』 권98, 성종 9년 11월 17일 갑술. 『성종실록』 권100, 성종 10년 1월 6일 계해. 『성종실록』 권111, 성종 10년 11월 2일 계미.

15) 『성종실록』 권110, 성종 10년 윤10월 26일 무인.

16) 『연산군일기』 권2, 연산 1년 1월 1일 을유.

17) 『국조인물고』 권18, 경재(卿宰) 「청파이육비명」.

귀국한 후 경기관찰사·사헌부 대사헌(司憲府大司憲)·한성부 좌윤(漢城府左尹)·호조 참판으로 여러 번 옮겼고,[18] 또 병조참판(兵曹參判) 겸 동지춘추관사(同知春秋館事)로 제수되어 『성종실록』 수찬(修撰) 당상관으로 참여, 안장 갖춘 말과 표리 한 벌을 하사 받았다.[19] 이어 병조참판으로 제수되었다가 연산군 4년(1498) 3월 17일에 집에서 병으로 졸(卒)하니, 61세의 수를 누렸다.[20] 부음이 알려지니, 부제(賻祭)에 규례보다 더한 것이 있었고 친구와 요속(僚屬)이 앞 다투어 달려가 조제(弔祭)하였다. 이해 5월 19일에 광주(廣州) 남면(南面) 가차율리(加次栗里) 선대 묘소 옆에 장사하고 부인 박씨(朴氏)를 부장(祔葬)하였다.

공은 성품이 단정하고 엄격하며 정직하였다. 처음 벼슬하고부터 중신(重臣)이 되기까지 한마음으로 국가에 봉사하여 시종 변함이 없었다. 젊어서 어머니를 여의고 계모 남씨(南氏)를 친어머니처럼 섬겨 저녁에 이부자리를 편안하게 정돈하고 아침에 문안하는 일을 조금도 게을리 하지 않았으므로, 남씨도 자기가 낳은 아들처럼 대우하였다. 또 아우들과 우애하고 집에 있을 때에는 공경하고 엄숙하여 안팎의 구별이 분명하여 법도가 있었다. 사람을 대하면 담소하는 것이 구차하지 않았지만, 늠연(凜然)히 범할 수 없는 기색이 있었다. 임종에 아들들에게 말하기를, "형제는 동기(同氣)이니 친애를 극진히 해야 한다"하였다. 아들들이 옆에서 눈물을 흘리니, 공이 말하기를 "사람이 누구인들 죽지 않으랴? 다만 선후가 있을 뿐이니 괘념할 게 뭐가 있느냐?"하였다.

무오년(연산군 4) 4월 모일에 경숙(磬叔)은 삼가 여러 제수를 갖추어 우인(友人) 방옹(放翁)의 영전에 고합니다[21]라고 시작하는 허백당 성현(成俔)이 남긴 제문은 다음과 같다.

---

18) 『연산군일기』 권15, 연산 2년 6월 24일 기해. 『연산군일기』 권18, 연산 2년 9월 11일 갑인.
19) 『연산군일기』 권28, 연산 3년 12월 21일 기축.
20) 『연산군일기』 권29, 연산 4년 3월 17일 계축.
21) 『허백당문집』 제14권, 제문(祭文) 「방옹에게 올리는 제문(祭放翁文)」.

생각건대 영령께서는 / 惟靈

의지와 기개가 활달하고 / 志氣不羈

재주와 생각이 특출하였지 / 才思超群

가슴에 쌓인 경전 지식을 / 胸中經笥

풀어내어 글을 지으니 / 發舒爲文

그 웅문 당할 이 없어 / 雄文莫當

대목이 자귀를 다루는 것 같았네 / 大匠運斤

과장에 들어가선 여유롭게 / 翶翔場屋

붓으로 천군을 소탕하여 / 筆掃千軍

장원급제를 하였네 / 攉折郤桂

흩날리는 꽃잎 같은 문장 향기를 풍기니 / 飛英揚芬

성대한 시대에 신하가 되었네 / 策名盛際

청렴과 근면으로 명예가 있고 / 譽洽淸勤

마음을 다해 옥송을 처리하니 / 留心折獄

솜씨가 묘해 얽힌 일을 풀어 주었지 / 手妙解紛

평탄하건 험난하건 지조를 바꾸지 않고 / 夷險不二

미나리를 바치듯이 충성을 다하였네 / 忠如獻芹

원수를 미워하듯이 악을 미워하되 / 疾惡如讎

경수와 위수의 물처럼 분명하였네 / 涇渭斯分

내대자를 보게 되면 / 其視褦襶

떼 지어 나는 모기처럼 여겼네 / 有如飛蚊

나는 어려서 그대와 함께 / 我少與子

같이 옛 전적을 토론하였지 / 同討典墳

절차탁마하며 함께 공부하기를 / 切磋共學

저 하분에서 하였네 / 于彼河汾

파리가 천리마 등에 타듯이 / 蠅驥相隨

함께 벼슬길에 올랐지 / 同步靑雲

늘 형편없는 자질로 / 每以猶質

향기로운 난초 같은 그댈 존경하였네 / 仰慕蘭薰

상봉하면 반갑게 맞이하고 / 相逢下榻

잡다한 세상일은 사절하였지 / 謝絶紛紜

주미를 휘두르며 청담을 나누느라 / 霏談揮麈

아침을 다 보내고 또 저물녘에 이르네 / 窮朝至曛

근심이 있으면 함께 가슴 졸이고 / 有憂共慼

즐거움이 있으면 같이 좋아하였지 / 有樂斯欣

관중과 포숙아 같은 사귐을 / 管鮑之交

어느 누가 그대처럼 할 수 있겠는가 / 孰有如君

어찌하여 저 하늘은 / 夫何老天

목가의 나쁜 기운 일으켰나 / 木稼揚氛

인간 세상 꿈과 같아라 / 人世如夢

저 물처럼 쉴 새 없이 가는구나 / 逝水沄沄

어찌하여 한번 병이 들어 / 云何一疾

갑자기 그대가 세상을 떠났단 말인가 / 遽爾芝焚

부고를 듣고 나서 / 聞訃以來

아무리 소리쳐도 들어주는 자 없구나 / 呼號莫聞

이에 변변찮으나마 전을 올려 / 爰設薄奠

나의 깊은 정을 표하노라 / 表我殷勤

영혼도 지각이 있을 테니 / 靈其有知

이 분향을 돌아보시라 / 其顧蒿焄

오호, 슬프도다 / 嗚呼哀哉

부디 흠향하옵소서 / 尙饗

  이육(李陸)이 문과에 합격할 당시는 세조 10년(1464)으로 실험적인 사림정치가 시작되기 전이었을 뿐만 아니라 공신 자손이라는 훈구적 위세가 남아 있었기에 본격적인 사림의 길을 걷기란 어려웠다. 그리고 피바람을 몰고 온 무오사화가 일어나기 몇 개월 전에 생을 마감했다. 그런데도 이육(李陸)은 고신(告身)을 삭탈 당하는 처벌을 받았다.[22] 실록청 당상으로서 김일손 사초(史草)를 보고도 즉시 계달하지 않았다는 죄목이었다. 이듬해 정월 이육 어머니가 상언(上言)으로 억울함을 호소하여 직첩을 결국 돌려받았다.[23] 이육(李陸)의 죄는 사초를 보고 즉시 아뢰지 않았던 것 뿐이며, 파직당한 당상들도 복직되었으니 이육(李陸)의 직첩도 돌려주는 것이 마땅하다는 윤필상 의견에 연산군도 동의했다.[24] 아무튼 이육은 무오사화 직접적인 연루자 44명 가운데 한명이었다.

  공은 군서(群書)에 널리 통달하였는데, 특히 사서(史書)에 능통하고 문학의 대가인 한유(韓愈)를 배우기 위해 후세 본보기가 되는 전실(典實)들을 많이 보았다. 저술한 것으로는 가집(家集)과 『청파극담(靑坡劇談)』이 있다. 행촌(杏村)·평재(平齋)·용헌(容軒) 3세가 다 유고(遺藁)가 있었으나 오래 되어 없어질 뻔한 것을 공이 편집하여 세상에 전해지게 되었으니, 곧 『철성연방집(鐵城聯芳集)』이다. 『동문선』에 공이 남긴 「유지리산록(遊智異山錄)」이 전해내려 온다.[25] 이 글은 『신증동국여지승람』 진주목 산천(山川)조에도 실려 있다.[26] 절친했던 동료이자 사돈이었던 허백당 성현(成俔)이 찬한 신도비명이 전한다.

---

22) 『연산군일기』 권30, 연산 4년 7월 26일 경신.
23) 『연산군일기』 권32, 연산 5년 1월 24일 갑신.
24) 『연산군일기』 권30, 연산 4년 7월 26일 경신.
25) 『속동문선』 제21권, 녹(錄) 「유지리산록(遊智異山錄)」.
26) 『신증동국여지승람』 제30권 경상도(慶尙道) 진주목(晉州牧) 산천(山川) 조항.

철성 이씨는 나라의 대성(大姓)이니, 혁혁한 제현(諸賢)이 대대로 그 여경(餘慶)을 도타이 하도다. 공에 이르러 덕행(德行)이 넉넉하니, 벼슬에 나아가 일을 맡아서 그 바른 것을 잃지 않았도다. 효우(孝友)와 공각(恭恪)은 천성에서 나오고 문사(文辭)가 싹터 나온 것은 마음과 손이 서로 어울린 것이로다. 담론(談論)이 도도하여 경쟁하는 사람 없고, 정명(精明)이 비추는 곳에서는 아무 것도 밝은 거울을 피하지 못하도다. 형옥(刑獄)을 심리하면서는 먼저 오청(伍聽)을 변별하였고 언책(言責)을 맡으면서는 충직한 말을 하여 간쟁(諫諍)하도다. 네 도(道)의 관찰사로 나가서는 모두가 선정(善政)에 감복하였고, 육조(六曹)를 두루 거치면서 칭송이 컸도다. 경륜(經綸)의 큰 솜씨는 나라의 권병(權柄)을 맡겨 마땅한데, 어찌하여 덕(德)은 넉넉히 지니게 하고 수명에는 인색하였는가? 선경(善慶)이 쌓인 곳에 문벌(門閥)이 창성해질 것이고, 우뚝하게 큰 비석이 있으니 보는 자가 공경하는 마음을 일으키리라.

청파집 판목 및 명나라 사신으로 갔던 이육이 황제로부터 받아온 피리 진주박물관

청파극담 青坡劇談

이육이 지은 조선 초기 대표적인 야담·잡록집이다. 『청파이선생문집(青坡李先生文集)』 제2권에 수록되어 있다. 아들이 중종 7년(15127)에 처음 편찬하였고, 후손 노선(魯善)이 철종 4년(1853)에 보완하여 중간(重刊) 하였다. 문집의 내용 일부는 「청파극담」이라는 책명으로 『대동야승(大東野乘)』에 수록되어 있기도 하나,

문집에 수록된 목차 내용과 일치하지 않는다.

문집 2권의 극담(劇談)에는, 예감(睿鑒)·기실(記實)·척이(摭異)·도량(度量)·정렬(貞烈)·총명(聰明)·명험(明驗)·점험(占驗)·조복(朝服)·의상(衣裳)·음식(飲食)·의방(醫方)·기용(技用)·기술(技術)·골계(滑稽) 등 15종으로 기술되어 있지만,『대동야승』에서는 기이(記異)·기관(奇觀)·도량·골계·이학(俚謔)·고려품대(高麗品帶) 등으로만 구성되어 있을 따름이다.

「기실」에서는 이암(李嵒)·공부(孔俯)·하륜(河崙)·효령대군(孝寧大君)·양녕대군(讓寧大君)·허조(許稠)·최윤덕(崔潤德)·세조(世祖)와 그 밖의 여러 유명 인물에 얽힌 일화를 담았고,「척이」도 대체로 이와 비슷하여 안유(安裕)·김덕생(金德生)·최운해(崔雲海)·유효통(兪孝通)·정창손(鄭昌孫) 등의 이야기나 이들과 관계된 야사를 다루고 있다.「도량」에서는 유관(柳寬)·황희(黃喜)·맹사성(孟思誠)·정갑손(鄭甲孫) 등의 인물에 얽힌 이야기를 다루고 있으며,「정렬」에서는 당시 유명했던 열녀들에 관한 행적을 수록하고 있다.「조복」에서는 고려 시대와 조선 초기의 관복을 설명했으며,「의상」에서는 목면·베·마의 유래와 사용자에 대하여 기록하고 있다. 한편, 마지막으로 소개한「골계」에서는 김효성(金孝誠)·영순군(永順君) 외에 그 밖의 다른 인물들과 관련된 소화(笑話)를 담고 있다.

이러한『청파극담』은 1498년 이전에 완성되었을 것으로 추정되며, 서거정의『태평한화골계전(太平閑話滑稽傳)』영향을 받았을 것으로 보인다. 고려이래 내려오던 작품집과는 달리 골계(滑稽)적인 극담(劇談) 요소로 구성된 특성 때문이다. 다만『태평한화골계전(太平閑話滑稽傳)』은 해학성에 중점을 둔 것에 비해『청파극담』은 다분히 교훈적인 요소에 주안점을 두고 있었다는 차이점을 보인다.[27]

이육은 평소 자신의 문학관에 대해 언급하길 "대개 문장은 국가의 원기(元氣)이니, 다스리고 가르침에 있어서 서로 통하게 된다. 대개 정영(精英)하고 순수한 자질과 광명정대(光明正大)한 기운이 쌓여 도덕이 되어서 몸을 빛나게 한다. 펴

---

27) 이경우, 1998,「李陸 연구」『인문과학연구』7, 서원대학교.

내서는 문장이 되어 나라를 아름답게 한다"라고 했듯이,[28] 관직이 국가에 봉사하는 길이지만, 문장도 나라를 위해 존재한다는 신념으로 살았던 진정한 문사(文士)였다.

강혼(姜渾: 1464~1519)은 『청파극담』 서문에서, "그 서사(敍事)는 권계(勸戒)·기이(奇異)·골계(滑稽)가 있고, 사가(史家)에서 내려오는 뜻을 얻어 이른바 스스로 일가를 이루었다"라고 한 바가 있다. 여기에서 권계는 교화와 교훈을 의미하고, 기이는 소재가 매우 특이한 것을 가진 것이며, 골계는 표현상 매우 흥미로운 이야기란 뜻을 담은 것이었다. 따라서 이육이 『청파극담』에서 추구한 바는 역사를 기술하는 자세를 기본으로 하되, 골계와 기이편에서 문학성을 극대화한 것이었다. 『청파극담』에 실린 총 95화(話)를 3종류로 분류하면, 인물담(人物談)이 제일 많고, 사건담(事件談) 그리고 잡기(雜記) 순으로 되어 있다. 사건담은 새롭거나 기이한 것을 통해 흥미를 유발하는 것들로 다분히 비현실적인 내용들이 포함되어 있고, 인물담은 사건담에 비해 해학적인 표현을 많이 곁들였다. 따라서 『청파극담』의 문학성은 이 사건담에서 극명하게 드러난다 할 것이다.

주로 유명 인물에 얽힌 이야기가 많다는 점에서 야사(野史)로서의 가치가 있으며, 또한 「조복」·「의상」 등의 내용은 민속학이나 복식의 연구에 중요한 자료가 된다.

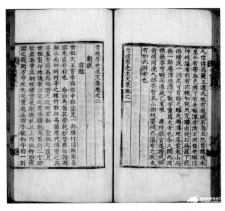

『청파문집』에 소개된 청파극담 내용

---

28) 이육, 『청파집』 권2, 「풍월정시집서(風月亭詩集序)」.

이평 李泙

생년 : 1440년 (세종 22)
몰년 : 1491년 (성종 22)
자호 : 자 숙경 (叔卿)
관력 : 군수 사온서령 (증)승지
묘소 : 안동 임하 북쪽 수다산 묘좌유향 (卯坐酉向)
가족 : [증조] 강 (岡) [조] 원 (原) [부] 증 (增)
　　　 [외조] 이희 [처부] 허추 (許樞)

　세종 22년(1440) 한양에서 태어났다. 어린 시절부터 학업에 돈독하고 배운 바를 힘써 실천하여, 세조 8년(1462) 진사시에 합격하였다. 성종 3년(1472) 공이 함창현감을 제수 받아 파견될 때 임금이 인견(引見)하고, 칠사(七事: 수령들이 임지에서 힘써야 할 7가지, 칠사 성적으로 고과(考課)를 행함)를 당부하였다.[1] 함창·보은·평택의 세 고을을 차례로 다스림에 청검을 스스로 지키면서 간이(簡易)하게 다스렸으니, 떠나간 뒤에 모든 백성들이 선정(善政)을 생각하였다. 후일 사온서 령(司醞署令)이 되었는데, 이 때(1489) 성종 임금이 실시한 윤대(輪對)에 참여하였다.[2]
　사온서는 궁중 의례에 필요한 주례(酒禮)의 일을 맡은 관청으로, 이곳 예속하에 주고(酒庫)도 마련되어 있었다. 소속관리는 정5품의 영(令) 아래 주부(종6품)·직장(정7품)·봉사(종8품) 각각 1인으로 구성되었다. 따라서 공이 외직을 마치고 경직으로 복귀하여 사온서 책임자로 근무했음을 알 수 있겠다.

---

1) 『성종실록』 권15, 성종 3년 2월 28일 을미.
2) 『성종실록』 권234, 성종 20년 11월 29일 계미.

공은 기국(器局)과 도량(度量)이 화평(和平)하고 간이(簡易)하여 마음에 거짓과 허식이 없었고, 집에 있을 때에는 생업보다도 좋은 일 행하기를 즐겨했다. 항상 아들들에게 경계하기를 '너희들은 선조의 청검(淸儉)한 덕을 지켜서 재물 때문에 가풍을 실추시키지 말아라'라고 하였다.

성종 22년(1491) 향년 52세로 생을 마치어 고양 견달산에 장사지냈으나, 사자(嗣子) 부제학 윤(胤)이 여러 아우들과 의논하길, "안동부는 우리 고향이다. 조부 때부터 이곳에 집을 짓고 살았으니, 어찌 고양(高陽)에 있는 선공(先公)의 묘소를 옮겨와서 선비(先妣)와 함께 이 땅에 두지 않겠는가"라는 의논으로 안동 수다산에 이장하여 부인과 합장하였다.

그 후 장자 쌍매당 윤(胤)의 고귀(高貴)로 승정원 도승지로 추증되었다. 비록 벼슬에 부색(否塞: 운수가 나빠 막힘)이 있었으나, 청검(淸儉)한 가풍을 서로 전하게 하여 명망 있는 집안이 되게 했고, 능히 아름다움을 계승하여 그 내외손으로 하여금 사판(仕版: 벼슬한 사람들의 명부)에 이름 오른 사람이 거의 조정의 반이나 되었다.

부인 양천 허씨는 절충장군(折衝將軍) 추(樞)의 딸로 5남 5녀를 기름에 자애로움이 돈독하여 방정(方正)한 의리로 가르치니 모두 이름난 사람으로 성장했다. 장남 윤(胤)과 도의지교를 맺었던 당대의 문사 대제학 신용개(申用漑)가 찬한 묘갈명이 남아 있다. 그 명(銘)에 이르기를 다음과 같이 추모했다.

승지공 이평 묘비 안동미질리

선(善)으로 집안을 이름냄은 선대로부터이고

세 고을 원이 되어 사랑을 끼침이 있었네

자신의 관직이 막혔으나, 후손에게 보답되니

훌륭한 자손들 경사가 더욱 장구하리

유택을 정함에 어진 아내와 함께 하였으니

산이 모이고 물이 순하여 길이 길상(吉祥)을 보존하리[3]

3) 신용개(申用漑) 찬, 「증통정대부 사온서령 이공 묘갈명」.

이굉 李浤

생년 : 1441년(세종 23)
몰년 : 1516년(중종 11)
관력 : 한성좌윤 개성유수
자호 : 자 심원(深源) 호 낙포(落浦) 귀래정(歸來亭)
묘소 : 안동 풍천면 어담리
가족 : [증조] 강(岡) [조] 원(原) [부] 증(增)
　　　 [외조] 이희(李曦) [처부] 송의조(宋衣祖) 장적(張籍)

　　1464년(세조 10) 진사시, 1480년(성종 11) 식년문과에 병과로 급제하여 전적(典籍)이 되었다. 그 뒤 군위현감·세자시강원문학을 거쳐 사간원헌납·사헌부지평·공조정랑·청도군수·사재감첨정·봉상시부정 등을 지냈다. 1500년(연산군 6) 사헌부집의를 거쳐 예빈시정·승문원판교·상주목사를 역임한 뒤, 1504년 갑자사화에 김굉필(金宏弼) 일당으로 몰려 관직이 삭탈되었다. 1506년 중종반정 뒤 다시 기용되어 충청도병마절도사·경상좌도수군절도사·한성좌윤·개성부유수 등을 지냈다. 1513년(중종 8)에 나이가 많아 사직한 뒤, 고향인 안동에 내려가 귀래정(歸來亭)이라는 정자를 짓고 그 곳에서 풍류생활을 즐겼다. 아버지 참판공이 만든 우향계 유지를 이어받아 진솔회(眞率會)로 발전시켰고, 시문에 능하였다.

고려 시중(侍中) 문정공(文貞公) 행촌(杏村) 이암(李嵒)의 4대손이다. 나이 25세인 세조 11년(1465)에 진사과(進士科)에 합격하였다.[1] 일찍이 여러 차례 과거(科擧)에 응시했으나 합격하지 못하니, 사림(士林)들이 그의 재주와 훌륭한 행실에 감복하여 합격하지 못한 것을 억울하게 생각하였다. 나이 40세가 되던 성종 11년(1480) 병과(丙科)에[2] 합격하여 금의환향(錦衣還鄕)하였는데 늙은 어버이 때문에 조정에 나아가지 않았다. 그 해에 부친상을 당하였다. 복을 벗고 전적(典籍)으로 제배되었으며 60세가 넘어서 모친 봉양을 위해 외직(外職)으로 나가기를 청했으나 전조(銓曹)에 피혐(避嫌)할 자가 있어 소원을 이루지 못하였다.[3]

얼마 후 조정에서 자급을 낮추어 임용하기를 논의하였으나 허락하지 않고 군위 현감(軍威縣監)에 제수하였다. 성종 22년(1491)에 체직하고 사포(司圃)로 제배되었다가 세자시강원 문학(世子侍講院文學)·사간원 헌납(司諫院獻納)·사헌부 지평(司憲府持平)으로 제수되었다.[4] 그 뒤 언사(言事)로 인하여 공조 정랑(工曹正郎)에 제수되고, 또 외직으로의 보임을 청원하여 청도 군수(淸道郡守)로 제수되었다가 연산군 5년(1499)에 임기가 차서 사재감 첨정(司宰監僉正)으로 제수되고, 이듬해 봉상시 부정(奉常寺副正)를 거쳐 사헌부 집의(司憲府執義)에 제수되어[5] 연산군에게 경학(經學)을 위주로 강독하기를 진헌함과 아울러 경연(經筵)을 멀리 하지 말 것을 촉구했다.[6]

예빈시 정(禮賓寺正)·승문원 판교(承文院判校)로 옮겼다가, 연산군 9년(1503)에

---

1) 황효헌, 「이굉비명(李浤碑銘)」『국조인물고』권43. 이하 여기에 근거하였다.
2) 『문과방목』성종 11년 경자(庚子) 식년시(式年試) 병과(丙科).
3) 황효헌이 지은 비문에는 경자년(1480)에 내우(內憂: 모친상), 기사년(1509)에 외우(外憂: 부친상)를 당했다고 했으나, 이는 오류로 보인다. 참판공 이증(李增)의 부인이었던 「정부인이씨 묘갈명」(李荇, 『容齋集』권10)에서 "夫人寡居三十年 以正德己巳二月某甲卒"이라 한 바와 같이, 참판공 부인 이씨는 남편이 죽은 후 30년을 더 생존해 있다가 기사년(1509)에 생을 마감한 것임을 알 수 있다.
4) 『성종실록』권273, 성종 24년 1월 18일 갑신; 『성종실록』권278, 성종 24년 윤5월 8일 신축.
5) 『연산군일기』권37, 연산 6년 5월 10일 계해.
6) 『연산군일기』권37, 연산 6년 5월 19일 임신.

통정대부(通政大夫)로 승진하여 상주 목사(尙州牧使)에 임명되었다. 연산군 10년 (1504) 갑자사화에 조카 이주(李冑)가 정언(正言)으로 있으면서 언사(言事)로 죄를 입은 데 연좌되어 영해(寧海)로 귀양 갔다. 중종 반정(中宗反正)으로 사유(赦宥)되어 첨지중추부사(僉知中樞府事)를 제수받고, 병조 참지(兵曹參知)로 옮겼으며 얼마 후에는 참의(參議)에 제수되었다. 중종 2년(1507)에 특별히 가선 대부(嘉善大夫)에 올라 충청도 병마절도사(忠淸道兵馬節度使)를 제수하였으나 고향에 돌아가 어머니 봉양을 위해 사직하니, 경상좌도 수군절도사(慶尙左道水軍節度使)로 바꾸라는 은명(恩命)을 입었다.

중종 4년(1509) 기사년(己巳年)에 모친 상(喪)을 당하였다. 상제(喪制)를 마치고 동지중추부사(同知中樞府事)·한성부 좌윤(漢城府左尹)을 제수 받았고,[7] 1512년에 개성부 유수(開城府留守)로 제배되었다.[8] 계유년(癸酉年, 1513년 중종 8)에 늙었다는 것으로 치사(致仕)하니[9] 다시 동지중추부사로 제배되었는데, 병을 핑계하여 안동 농장(農庄)으로 돌아와 여러 차례 치사를 빌었으나, 윤허 받지 못하다가 간절히 청원한 뒤에야 허락을 받았다.

공은 낙향한 낙수(洛水) 상류에 귀래정(歸來亭)이란 정자를 짓고 날마다 그 안에서 생활하면서 마음껏 즐겼다. 호수(湖水)와 산의 경치는 실로 영호(暎湖)와 비교되지 못하지만, 그 밝고 시원한 경치와 자연스럽고 조용한 분위기는 이 정자가 더 나았다. 선부군(先父君)이 이곳에 터를 잡아 별장을 지으려고 하였으나 뜻을 이루지 못했는데 공이 이곳에 정자를 지었으니, 이 역시 선대의 사업을 계승한 일단(一端)이다. 1513년(중종 8)에 지은 정자로 알려져 있다.

안동이 낳은 문학의 대가 농암(聾巖) 이현보(李賢輔: 1467~1555)는 귀래정에 대해 다음과 같이 찬미했다.[10]

---

7) 『중종실록』 권14, 중종 6년 8월 4일 신사.
8) 『중종실록』 권15, 중종 7년 3월 13일 무오.
9) 『중종실록』 권18, 중종 8년 3월 8일 정축.
10) 『농암선생문집』 제1권 詩賦, 歸來亭.

파파수빈묘랑신(皤皤須鬢廟廊身)

희고 흰 백발 조정의 몸으로

걸퇴당년견차인(乞退當年見此人)

당시에 물러난 이 사람을 보았네

금일정중비구주(今日亭中非舊主)

오늘 이 자리에 옛 주인이 없으니

일배쌍루홀첨건(一杯雙淚忽沾巾)

한 잔 술에 두 줄기 눈물이 적신다.

정림대야창위란(亭臨大野敞危欄)

정자가 너른 들판에 연결되니 난간이 상쾌하고

하유징강잠벽한(下有澄江蘸碧寒)

아래쪽 맑은 강은 푸른빛에 잠겼구나

서접영호파경활(西接映湖波更闊)

서쪽으로 영호루에 맞닿아 물결이 너르고

평포소련몰림단(平鋪素練沒林端)

평평하게 흰 명주를 깐 듯 숲에 묻혔네.

관가진사염총총(官家塵事厭恩恩)

관가에 어지러운 일 많음을 싫어하고

배첨황화연석동(陪忝皇華燕席同)

사신을 맞이하여 연회를 같이 했네

일모흥란승소정(日暮興闌乘小艇)

날이 저물도록 흥에 겨워 조각배 타고 보니

강산암담유무중(江山暗淡有無中)

강산은 암담하여 있는 듯 없는 듯하구나.

아유선성부곽전(我有宣城負郭田)

나 또한 선성(예안)에 밭 마지기 있으니

일구천석로장전(一區泉石老將專)

한 구비 천석(泉石)을 장차 차지하리라

등공정상정우발(登公亭上情尤發)

공의 정자에 오르니 정이 더욱 감발하네

계륵구맹기량전(鷄肋鷗盟豈兩全)

계륵(鷄肋)과 구맹(鷗盟)을 어찌 겸할꼬.

소년쟁자설귀전(少年爭自說歸田)

소년 시절엔 돌아가 농사한다 하였으나

만세의위지불전(晚歲依違志不傳)

늙어서 자제하여 뜻이 굳지 못한데

백수강정형급제(白首江亭兄及弟)

백수로 강가의 정자에 지내는 형제는

환성명절일가전(宦成名節一家全)

벼슬로 이름난 절개는 한 집안 온전하게 지키네

　귀래정(歸來亭)은 1985년 8월 5일 경상북도 문화재자료 제17호로 지정되었다. 정면 4칸 배면 2칸의 一자형 팔작지붕집이다. 정면 4칸은 넓은 우물마루를 깔았으며 뒷면은 온돌방으로 꾸몄다. 마루 주위에만 두리기둥을 세웠고 그 외는 모두 사각기둥이다. 창문에 중간설주(中間楔柱)가 남아 있는 것이 특징이다. 낙동강이 합수되는 경승지에 지은 이 정자는 그 의미가 도연명(陶淵明)의 귀거래사

(歸去來辭)에 나오는 글 뜻과 흡사하여 이름을 귀래정(歸來亭)이라고 지었다 한다. 조선후기 인문지리학자 이중환이 쓴 『택리지(擇里志)』에는 임청각 별당인 군자정 및 하회의 옥연정과 함께 안동에서 으뜸가는 정자로 꼽았다.

  공은 타고난 자질이 영특하고 매우 침착 과묵하였으며 관후(寬厚)한 장자(長者)였다. 부모에게 효도하고, 형제들과 우애하였으며, 벗과 다른 사람을 각별하게 마음과 예의를 다해서 대하여 모두에게 환심(歡心)을 샀다. 시문(詩文)은 평담(平淡)하여 제배(儕輩)들의 대단한 추중(推重)을 받았다. 일찍이 그 정자를 소재로 회포를 읊은 시(詩) 2율(律)을 지었는데, 다음과 같다.

천지(天地)는 넓고 넓어 바로 집이 되는데,
70년을 당당하게 늙어가니 어이하랴?
그래도 기쁜 것은 세상 살면서 깨어 있는 날 적어서이니,
신외(身外)에 고민할 때 많다고 말하지 말라.
긴 숲은 은은하게 비추고, 연기는 물을 가두었네.
멀리 고사(古寺)는 아득하고 달은 백사장을 비추네.
문득 다섯 가지 피로에는 한가함이 약이니,
고기잡이 배타고 낚시질하는 생애 만족하네.

높다란 정자는 외롭게 인가와 떨어져 있는데,
짧은 노(櫓)에 배 가볍게 달리니 그 흥취 어떠하랴.
강 위는 푸른 안개와 합쳐져 아득하고,
산중에는 흰 구름 많아 즐겁네.
누가 대나무로 만든 삿갓을 가지고 지는 햇살과 부딪히게 하나.
혼자서 낚싯대 쥐고 저물녘의 백사장을 구경하네.
혹시 부귀가 오더라도 내가 물리치며

2. 조선초기 인물 이굉李浤   **323**

짚신 신고 날마다 강가를 거니네.

공이 서울에 있을 때 영상(領相) 문성부원군(文城府院君) 유순(柳洵), 이상(二相) 한산군(漢山君) 이손(李蓀), 판서 안침(安琛), 참판 김선(金瑄) 등 10여 분과는 남학(南學)에서 함께 공부한 옛날 동배들인데, 이때에 이르러 모두 70세를 넘겼기에 기로회(耆老會)를 결성하여 좋은 날 아름다운 계절에 돌아가며 집에 모여 마시며 담소(談笑)하고 강론(講論)하길 즐겼다. 사대부들이 모두 감탄하고 경모(景慕)하여 성대한 일이라 하여 낙중기영회(洛中耆英會)에 비견하였다.

벼슬에 물러나 퇴거(退居)해서는 향리에 돌아와 이곳 대부(大夫)들이나 순근(諄謹)한 노상사(老上舍)들과 함께 진솔회(眞率會)를 만들어 꽃피는 아침이나 달뜨는 저녁이면 모여 즐겁게 술을 마셨다. 집안은 가난하였으나 걱정하지 않아 있고 없음을 묻지 않았으며, 손님이 이르면 은근히 음식 대접을 독촉하여, 모두 동이 나도록 아침부터 저녁까지 지내는 것을 예사로 하였다. 선부군(先府君)이 사직하고 안동(安東) 전사(田舍)에 살면서 향리의 기로(耆老)들을 모아 우향계(友鄕契)를 만들어 날마다 그들과 노닐었는데, 공이 진솔회를 만들어 기로들을 좌우에서 모시며 접대하기를 이어가니, 모두 어진 자제(子弟)라고 일컬었다.

공은 76세에 병으로 집에서 졸(卒)하니, 정덕(正德) 병자년(丙子年)이던 중종 11년(1516) 4월 초6일이었다. 그해 겨울 귀래정(歸來亭) 남쪽 기슭 곤좌 간향(坤坐艮向)의 언덕에 장사 지냈다. 황효헌(黃孝獻)이[11] 남긴 공의 묘지명(墓誌銘)은 다음과 같다.

철성 이씨(鐵城李氏)는 대대로 현달하였네. 능히 자약(自約)하여 학업이 이미 통하였네. 행실(行實)을 먼저하고 과거는 늦게 합격하였네. 조서

---

11) 황효헌은 영의정 황희(黃喜)의 현손으로, 중종 9년(1514) 문과에 급제하여 홍문관 직제학 등을 역임한 후 만년 안동부사로 내려와 치적을 남겼다. 이행(李荇) 등과 함께 『신증동국여지승람』 편찬에 참여하였으며, 학문이 높고 문장으로 이름 높았다.

(詔書) 급히 받들어 낮은 관직 사양하지 않고, 맡은 직책마다 잘 다스린다는 명성 있었네. 가선 대부에 올라 지위도 빛났는데, 평소 청정(淸靜)하고 담박(淡泊)하여 걸해(乞骸)하였네.

귀래정 안동 정상동

몸이 편안할수록 명망은 더욱 정중하고 낙수(洛水) 가에 정자 지으니 경치가 좋았네. 거기에서 한가하게 세월을 보냈네. 76세에 천수(天壽)를 마치니, 영원토록 편안한 거처 부끄럽지 않네.

이맥 李陌

생년 : 1455년(단종 3)
몰년 : 1528년(중종 23)
관력 : 대사간 동지돈녕부사(同知敦寧府事)
자호 : 자 정부(井夫) 호 괴산(槐山) 일십당(一十堂)
묘소 : 성남 도촌동 충남 연기 두지리 이장(1990)
가족 : [증조] 강(岡) [조] 원(原) [부] 지(墀)
　　　[외조] 정보(鄭保) [처부] 진치중(陳致中) 권상평(權尙平)

　　성종 5년(1474) 진사시에 합격하였으나, 그 뒤 학문에만 힘쓰다가 연산군 4년(1498) 44세에 문과에 급제하였다. 곧 성균관전적에 제수되고, 이어서 벼슬이 누천되어 사헌부장령에 이르렀다. 이때에 장숙용(張淑容)이 연산군의 은총을 기화로 호화주택을 짓고 축재에 광분함을 보고, 수차례에 걸쳐 이를 탄핵하다가 연산군의 미움을 받아 외방에 유배되었다. 중종반정으로 연산군이 물러나면서 다시 관계에 진출하여 성균관사예에 제수되고, 이어서 사헌부장령을 겸하여 관기 확립에 힘썼다. 벼슬이 동지돈녕부사(同知敦寧府事)에 이르렀는데, 성품이 매우 강직하고 매사에 공정하였다. 성세창이 남긴 비명(碑銘)이 전하고 있다.

　　공은 태어나자마자 어머니 정씨(鄭氏)를 여의었고, 장성하면서 스스로 독서할 줄을 알았다. 나이 20세 되던 성화(成化) 갑오년(甲午年) 성종 5년(1474) 사마시(司

馬試)에 합격하였고, 성종 17년(1486) 병오년(丙午年)에 아버지 상(喪)을 당하였다. 연산군 4년(1498)년 무오년에 문과에 합격하여 봉정대부(奉正大夫) 성균관 전적(成均館典籍)에 임명되었다.[1] 이듬해에 계모 남씨(南氏) 상을 당하여 관직을 떠났다가 상복을 벗자 다시 전적에 임명되었고, 교서관 교리(校書館校理)·예조 정랑(禮曹正郎)을 거쳐 종부시 첨정(宗簿寺僉正)으로 승진하여 춘추관 편수관(春秋館編修官)을 겸임하였다.

연산군 9년(1503)에 사헌부 장령(司憲府掌令)에 임명되었다. 이 때 대사헌이 된 이점(李坫)이 경상감사 시절 연산군에게 흰 꿩을 바쳤던 사실이 드러나자 즉각 대사헌을 탄핵했다.[2] 이어 연산군에게 아뢰기를, "전번 전하께서 하교하시기를 '불교를 쇠퇴시키고, 공자의 도를 흥하게 한다'하셨고, 근자에는 또 중들이 도성 안에 들어오는 것을 금하시므로, 사람들이 모두 전하께서 성덕이 고명하시어 이단을 좋아하지 않으심을 아니, 이는 매우 아름다운 일입니다. 그런데 오직 중을 뽑는 법은 아직도 남아있으며, 전지(傳旨)를 내리시어 집합시켜 시험보이기까지 하시니, 실망을 금할 수 없습니다"하니, 전교하기를, "말하기가 쉬우므로 예리한 입빠른 혀로 시끄럽게 진계(陳啓)한다. 그러나 말하는 자가 많다 하여 경솔하게 조종(祖宗)의 법을 고칠 수는 없다"라는 답변만 돌아왔다.[3] 그럼에도 유교 국가의 중흥을 위한 불교정책에 대한 공의 비판은 그칠 줄을 몰랐다.[4] 아울러 연산군이 민가를 마음대로 헐어버리는 문제점을 연이어 지적했다.[5]

이처럼 이맥은 대간(臺諫)의 직분을 충실히 하기 위해 직간(直諫)을 마다하지 않는 자세를 보여주었으며, 그런 가운데 연산군의 역린을 건드린 사건으로까지 가게 되었다. 즉, 장숙용(張淑容)을 총애하여 사저(私邸)를 크게 짓는 것을 오

---

1) 『연산군일기』 권31, 연산 4년 8월 10일 계유.
2) 『연산군일기』 권51, 연산 9년 10월 7일 경자~8일 신축.
3) 『연산군일기』 권51, 연산 9년 11월 4일 정묘.
4) 『연산군일기』 권51, 연산 9년 11월 6일 기사.
5) 『연산군일기』 권51, 연산 9년 11월 8일 신미, 9일 임신, 13일 병자, 14일 정축, 20일 계미.

래도록 극력 간쟁하자 연산주(燕山主)가 노하여 견책한 바람에 동료들과 같이 먼 곳으로 유배되고 말았다.[6] 이 때 이맥은 괴산에 부처되었고,[7] 그 후 갑자사화가 일어나자 국청에 불려나와 추국(推鞫)을 당했다.[8]

중종께서 즉위한 초기에 공을 불러 성균관 사예(成均館司藝)에 임명하였고, 사헌부 장령(司憲府掌令)을 겸임시켜 경기도에 보내어 백성의 고통과 폐주가 불법으로 백성의 재산을 긁어모은 일을 물어서 일체 바로잡도록 하였다.[9]

중종 2년(1507)에 사복시 부정(司僕寺副正)으로 제수되었다가 이해 가을에 특별히 사간원 대사간(司諫院大司諫)으로 승진하였는데,[10] 갑자기 당상(堂上)으로 승진했다는 이유로 탄핵받아 사임을 청했으나[11] 중종은 들어주지 않았다. 당시 여론은 임금의 척리(戚里)였던 인물을 승진시켰다는 것이었다. 겨울에 승정원 우부승지(承政院右副承旨)로 고쳐 임명하자[12] 대간에서 또 부당함을 아뢰었고, 상호군(上護軍)으로 전직되었다.

중종 3년(1508)에 첨지중추부사(僉知中樞府事)에 임명되었다가 공조 참의(工曹參議)로 전직되었고, 중종 4년에 사간원 대사간에 임명되었는데,[13] 이때 공은 "신이 전에 사복 부정(司僕副正)으로 대사간이 되자, 사간원에서, '척리(戚里)의 사람을 특지(特旨)로 간장(諫長)을 삼음은 부당하다'고 아뢰므로, 신이 피혐(避嫌)하여 체직(遞職)되었는데, 지금 다시 이 직책을 맡게 되니 마음이 편하지 못합니다. 또한 재질이 용렬한데 어떻게 이런 무거운 소임을 감당할 수 있겠습니까? 사직하기를 청합니다"하였으나, 윤허하지 않았다.[14] 이후 대간의 지속적인 문제 제

---

6) 『연산군일기』 권52, 연산 10년 3월 12일 계유.
7) 『연산군일기』 권52, 연산 10년 3월 15일 병자.
8) 『연산군일기』 권55, 연산 10년 8월 27일 갑신.
9) 『중종실록』 권2, 중종 2년 1월 5일 기묘.
10) 『중종실록』 권4, 중종 2년 9월 19일 기미.
11) 『중종실록』 권4, 중종 2년 9월 25일 을축.
12) 『중종실록』 권4, 중종 2년 11월 23일 임술.
13) 『중종실록』 권9, 중종 4년 8월 7일 정묘.
14) 『중종실록』 권9, 중종 4년 8월 8일 무진.

기가 있게 되자, 중종도 이를 받아들여 대사간 직을 갈게 했다.[15]

　장례원 판결사(掌隸院判決事)로 전직되었다가 중종 5년에 첨지중추부사로 교체되었다. 당시 대간에서 척리(戚里)로 지목한 이들이 바로 고성이씨 이위와 이맥이었다. 집의(執義) 이위(李偉)는 전에 대관(臺官)직으로 있을 때에, 이맥(李陌)이 망령되이 궁금(宮禁)에 관해 말하는 것을 듣고서 그것을 대중(臺中)에 공언(公言)했으니, 대간 체모를 잃었다는 것이었다.[16] 중종의 외조부 윤호가 이들에게 고종사촌이 되기 때문이다. 이어 중종 6년(1511)에 또다시 장례원 판결사에 임명되었으나,[17] 대간의 탄핵은 지속되었다.[18] 이 시기는 중종이 즉위한 후 공신 세력이 어느 정도 약화된 시점이었고, 이에 비례하여 대간들의 위상이 높아져 가던 시기였다.

　그 후 돈녕부 도정(敦寧府都正)에 임명되었다가 호조 참의(戶曹參議)로 전직되어,[19] 함경도 구황 계책을 올렸고,[20] 함경도 군량 확보책을 진언했다.[21] 중종 12년(1517)에 다시 돈녕부 도정에 임명되었다가 중종 15년에 다시 장례원 판결사에 임명되었다. 중종 21년(1526)에 다시 돈녕부 도정에 임명되었다가 특별히 가선 대부(嘉善大夫) 동지돈녕부사(同知敦寧府事)로 승진하였다. 성세창은 공의 비명(碑銘)에서 다음과 같이 평했다.

　　공은 천성이 간이하고 곧아 외부로 꾸미지 않았다. 종척(宗戚)이 조정에 가득하였으나 비록 소원한 사람도 똑같이 일가(一家)로 보았으며, 정성으로 사람을 대하여 조금도 거슬린 적이 없었으므로 이웃의 사람들에게 모두

---

15)『중종실록』권9, 중종 4년 8월 9일 기사.
16)『중종실록』권12, 중종 5년 11월 29일 신사.
17)『중종실록』권13, 중종 6년 5월 24일 계유.
18)『중종실록』권14, 중종 6년 6월 9일 정해. 19일 정유. 21일 기해.
19)『중종실록』권18, 중종 8년 3월 13일 임오.
20)『중종실록』권18, 중종 8년 6월 6일 계묘.
21)『중종실록』권21, 중종 10년 2월 14일 임인.

환심을 얻었다. 여러 번 옥사를 판결하는 관원이 되었으나 마음이 공평하고 지식이 명철하여 막힘없이 분석하였는데, 모두 예상을 뛰어넘었으므로 지금까지 칭송하였다. 계모 남씨(南氏)를 지극한 효성으로 섬기니, 남씨도 공을 자신의 소생처럼 여겼다. 공이 오래도록 과거에 합격하지 못하자 사람들이 더러 벼슬하라고 권하면 머리를 흔들며 불응하다가 결국 과거에 합격하니, 사람들이 모두 그의 뜻이 큰 것에 감복하였다. 공은 광양 현감(光陽縣監) 진치중(陳致中)의 딸에게 장가들어 후사를 낳지 못하였고 그 뒤에 호군(護軍) 권상평(權尙平)의 딸에게 장가들었는데, 정부인(貞夫人)에 봉해졌다. 부인도 안동(安東)에서 대대로 살아온 씨족으로 성산 부원군(星山府院君) 이직(李稷)의 외손녀이다. 부도(婦道)를 공순히 지키고 안살림을 신중히 주관하며 인척간에 화목하니, 너나없이 존경하고 사모하였다.

가정(嘉靖) 7년이던 중종 23년(1528) 10월 25일에 향년 74세로 세상을 떠났으며, 『태백일사』의 저자로 알려져 있다. 공이 세상을 떠난 후 15년이 지난 중종 37년(1542) 6월 15일에 부인이 향년 78세로 세상을 떠나 광주(廣州)의 치소 서쪽 율촌(栗村) 술좌 진향(戌坐辰向)의 자리에 공과 같이 묻혔다. 당대의 명사(名士)이던 성세창은 처숙부(妻叔父)가 되는 공의 기풍을 가장 깊이 사모하였다. 성세창이 남긴 공의 명(銘)은 다음과 같다.

고성(固城)에 이씨(李氏)가 있으니, 유명한 동산에 뿌리를 두었도다. 꽃이 피어 열매를 맺으니, 가지가 무성해졌도다. 가문에 고관의 갓이 가득하니, 손자들이 난초처럼 무성하도다. 우리 이공은 신실하고 정직하니, 천부(天賦)의 품성이 존재하도다. 깊은 인애로 어루만져 기르니, 친척들이 은택에 젖었도다. 칼로 자르듯이 처리하니, 적체가 해소되어 원망이 없었도다. 덕을 크게 베풀지 못하니, 그 은혜를 후손에게 남겨 주었도다. 80명의

여러 자손들 효의(孝義)
가 돈독하다고 일컬어졌
도다. 공은 죽어도 죽지
않았으니, 흐르는 경사
가 성대하였도다. 저 울
창한 광릉(廣陵)에 청오

이맥의 묘 충남 연기군 두지골

(靑烏)가 자리를 잡았도
다. 내가 이 돌에 명을 쓰니, 영원히 율촌(栗村)을 진압할 것이도다.[22]

---

22) 『국조인물고』권44, 연산시이화인(燕山時罹禍人) 이맥비명(李陌碑銘).

이명 李洺

초명 : 사(泗)

생년 : 미상

몰년 : 미상

관력 : 형조좌랑

자호 : 자 호원(浩源)

묘소 : 안동시 예안면 미질리 수다산

가족 : [증조] 강(岡) [조] 원(原) [부] 증(增)

　　　　[외조] 이희(李曦) [처부] 문장수(文長壽)

　　성종 17년(1486) 사마시(司馬試)에 합격한 후 문음(門蔭)으로 출사하여 형조(刑曹)좌랑(佐郎)을 역임했다. 연산조 갑자사화(甲子士禍)로 조카 이주(李胄)가 처형되면서 연좌되어 정붕(鄭鵬)과 함께 영덕에 유배되었다가 중종반정으로 해배되어 의흥현감을 제수 받았다. 개성(開城) 유수(留守)를 지내던 형 낙포공(落浦公)이 벼슬을 버리고 고향에 돌아오자, 이를 본받아 공 또한 안동 동편에 임청각(臨淸閣)을 지어 향리 군자(君子)들과 담소하며 생을 마쳤다. 연속되는 사화(士禍)로 인해 은둔의 길을 택했던 그의 처사적(處士的)인 삶은 후일 자손에게는 물론 명망있는 후배 사림(士林)들에게 큰 영향을 주었다.

성종 17년(1486) 김일손 권오복 등 당대의 사림(士林) 명사들과 함께 사마시(司馬試)에 합격하였다. 이후 문음(門蔭)으로 관직에 나아가 형조좌랑(刑曹佐郎)을 역임했다. 연산군 10년에 일어난 갑자사화(甲子士禍)로 조카 망헌(忘軒)공 이주(李冑)가 처형되면서 집안이 화를 입게 되었을 때 형이던 낙포(落浦)공 굉(浤)은 영해에 유배되었고, 공은 정붕(鄭鵬)과 함께 인근인 영덕에 유배되었다.

　이후 중종반정이 일어나자 해배(解配)되어, 의흥(義興) 현감(縣監)을 제수 받아 선정을 베풀었다. 중형 낙포공 또한 외방 수령이던 개성(開城) 유수(留守)를 지내다가, 문득 벼슬을 버리고 고향으로 돌아와 귀래정(歸來亭)을 지어 향리 군자(君子)들과 어울리며 여생을 즐겼는데, 공 또한 이를 본 받아 관직을 버리고 고향으로 돌아와 중종 14년(1519) 안동부(安東府) 동편 영남산(映南山)을 등지고 앞으로 흐르는 낙동강을 품은 기슭에 반가(班家)를 지어 임청각(臨淸閣: 현 안동시 법흥동 소재)이라 이름 하였다.

　이는 도연명(陶淵明)의 귀거래사(歸去來辭) 중에 '임청류이부시(臨淸流而賦詩: 맑은 물을 곁에 두고 시를 읊음)'라는 구절을 취하여 당호(堂號)를 삼은 것이니, 건너편 강물이 합수되는 경승지에 도연명(陶淵明)의 귀거래사(歸去來辭)를 취해 당호를 귀래정(歸來亭)이라 명명한 형의 뜻에 화답한 것이었다. 도연명의 귀거래사는 잘 알려져 있듯이, 팽택(彭澤＝장시성 심양 부근)의 현령을 그만두고 향리(심양)로 돌아갈 때에 읊은 작품인데, 13년간 관리생활에 종지부를 찍고 향리로 돌아가 이제부터 은자로서의 생활로 들어간다는 의미를 가진 작품이다. 전원으로 마음을 돌려 자연과 일체가 되는 생활 속에서만이 진정한 인생의 기쁨이 있다는 생각으로, "돌아가련다. 전원이 바로 거칠어지려는데 아니 돌아갈소냐(歸去來兮 田園將蕪 胡不歸)"라는 명구로 시작하는 영탄적 어조는 후세에 큰 영향을 주었다.

　이명 형제가 관직 생활을 할 즈음의 정치 상황은 조선조에서도 가장 격동기에 해당한다 할 것이다. 조선 초기에 배출된 공신과 훈구세력들이 점차 권귀화

(權貴化)되어 가는 속에서 절의를 숭상하던 사림(士林)들이 중앙정계에 진출하면서 서로에 대한 공격이 심해지고 있었다. 훈구적(勳舊的) 기반을 가졌던 용헌공 후손들은 점차 기득권을 포기하고 사림(士林)으로 전향해 가는 경우가 많았는데, 특히 안동으로 낙향했던 참판공 이증(李增) 후손들이 점필재 김종직을 비롯한 신진 사림(士林)들과 친밀도를 높여갔기 때문이다. 이리하여 참판공 후손들은 무오사화를 비롯하여 갑자사화에 이르기까지 화(禍)를 당한 인물들이 속출하고 있었고, 이런 시대적 배경으로 귀거래사에 취한 이굉이나 이명 같은 인물이 배출될 수 있었다.

이에 대해 문학의 대가 농암(聾巖) 이현보(李賢輔)는

소년쟁자설귀전(少年爭自說歸田)
소년 시절엔 돌아가 농사한다 하였으나
만세의위지불전(晚歲依違志不傳)
늙어서 자제하여 뜻이 굳지 못한데
백수강정형급제(白首江亭兄及弟)
백수로 강가의 정자에 지내는 형제는
환성명절일가전(宦成名節一家全)
벼슬로 이름난 절개는 한 집안 온전하게 지키네

라고 찬미했다.[1]

임청각은 영남산을 등진 전면에 흐르는 낙동강을 품어 안았고, 우측 전방에는 반변천이 합류하여 강 건너 문필봉 낙타산 연봉이 수려하게 뻗어 내렸으니, 화산제1경(花山第1景)으로 꼽힌다. 이중환의 『택리지』에 의하면 "안동 임청각 군자정(君子亭)은 귀래정(歸來亭)이나 영호루(映湖樓) 등과 함께 고을 안의 명승이다"

---

1) 『농암선생문집』 제1권 詩賦, 歸來亭.

라고 기록되어 있다. 아울러 『연려실기술』에서도 "귀래정(歸來亭)과 임청각(臨淸閣)에 대해, 이씨가 대대로 전해오며 사는 곳인데 영호루와 함께 읍(邑) 중의 이름난 경치이다"라고 했듯이,[2] 조선조 식자층 사이에 널리 알려진 바가 되었다. 이에 이름난 시인 묵객들이 임청각을 찾아 남겼던 시들이 여기저기에서 전해지고 있다.

99칸 규모로 지어졌던 임청각은 일제시기 석주 이상룡 선생을 비롯하여, 아들과 손자 등 독립운동가 9명을 배출한 구국운동의 산실이 되기도 했다. 일제는 중앙선 철로를 부설한다는 구실로 50여 칸의 행랑채와 부속 건물을 헐어내는 만행을 저질렀다. 다행히 임청각 정침이던 군자정(君子亭)은 보존되어 1963년에 보물 182호로 지정되어 오늘에 이른다.

임청각 안동시 법흥동

이명의 아들 또한 아버지 유지를 받들어 반구정(伴鷗亭)을 세웠다. 그 정자에는 영조 때에 영의정이

반구정 안동시 정상동

자 풍원부원군으로 이름을 높였던 조현명(趙顯命)이 경진년(영조 36년, 1760)에 찬(撰)한 고성이씨삼세유허비(固城李氏三世遺墟碑)가 세워져 있다. 임청각을 지어 낙향한 이명과 아들 별제공(別提公) 이굉(李肱), 손자 침랑공(寢郞公) 이용(李容) 등 조자손(祖子孫) 3세가 관작을 버린 채 풍류를 즐기며 유유자적하였으니, 이를 기린 것이다. 즉, 풍원부원군 조현명이 영남 관찰사로 내려와 각 부(府)를 수행하던

---

2) 『연려실기술』 별집 권16, 地理典故, 山川形勝.

중 화산에 이르러 임청각에 올랐던 적이 있는데, 후일 이명의 후손 원기(元紀)가 편지를 보내 삼세유허에 관한 비문을 청하여 조성된 것이었다.

그 비문 속에서 유허의 유래를 찾아보면, 유수공이 지은 귀래정과 현감공이 지은 임청각 사이에 강물이 가로막아 조석으로 왕래가 불가능함으로, 현감공이 귀래정 북쪽에 터를 잡아 정자를 지으려다 뜻을 이루지 못하였고, 이 과업을 아들 별제공(別提公)에게 물려주었다. 후일 이런 뜻을 이어받은 별제공 이굉(李肱)이 그 곳에 정자를 마련하여 반구정(伴鷗亭)이라 이름 지어 벼슬을 단념했고, 별제공 아들 침랑공(寢郎公) 또한 퇴계(退溪) 문하에 나가 학문을 익혔으나 벼슬길을 마다하고 이 정자에서 세상을 마쳤다. 그 후 퇴락한 정자가 복원되었는데, 이런 사실을 두고서 풍원부원군은 "이씨 가문의 3세가 모두 작록(爵祿)을 헌신짝 같이 버렸으니, 그 맑은 표정과 높은 절개는 가히 공경할 만하다"라고 칭송하였던 것이다.[3]

현감공은 여섯 아들을 두었는데, 장자 요는 초계(草溪) 군수로 나가 그곳에 유주(留住)하였다. 2남 승(勝)은 군수를 지냈고, 3남 반(胖)은 중종 9년(1514) 별시 문과에 급제[4] 승정원 주서(注書)를 역임한 후,[5] 사간원 정언(正言) 등의 청요직을 거쳤으며,[6] 4남 주(腠) 역시 군수를 역임했으나, 이들 모두 무후(无後)라 임청각을 지킬 자손들이 없었다. 5자 고(股) 역시 슬하에 1녀를 두었으나 서(徐)약봉(藥峯) 외손봉사함에 따라, 막내였던 반구정 이굉(李肱)이 임청각 종통을 계승하여 오늘에 이른다. 후손 이시수(李蓍秀)가 편찬한 『모정집(慕亭集)』에는 이명의 행적을 담은 「좌랑임청부군유사(佐郞臨淸府君遺事)」가 전해지고 있다.

---

3) 조현명, 「고성이씨삼세유허비」.
4) 『문과방목』 중종 9년 문과 별시.
5) 『중종실록』 권22, 중종 10년 5월 8일 갑오.
6) 『중종실록』 권43, 중종 16년 11월 9일 정사.

3. 조선중기 인물

이 규 (李逵)　　　　이 택 (李澤)

이 윤 (李胤)　　　　이제신 (李濟臣)

이 주 (李冑)　　　　이경명 (李景明)

이 줄 (李茁)　　　　이 순 (李淳)

이 위 (李偉)　　　　이 변 (李忭)

이 육 (李育)　　　　이 엄 (李琰)

이맹우 (李孟友)　　　현모(賢母) 고성이씨

이 우 (李佑)　　　　이 노 (李魯)

이 부 (李阜)　　　　이 해 (李海)

이 려 (李膂)　　　이응태(李應台)-원이엄마

이 중 (李中)　　　　이성길 (李成吉)

이계종 (李繼宗)　　　이 당 (李瑭)

이명규 (李名珪)　　　이 괄 (李适)

이 찬 (李澯)

이규 李逵

생년 : 1455년(세조 1)
몰년 : 1505년(연산군 11)
관력 : 형조좌랑 군수 사헌장령 제용감정
자호 : 자 통지(通之)
묘소 : 경기도 양지현(陽智縣) 동쪽 봉수산(烽燧山) 건좌(乾坐)
가족 : [증조] 원(原) [조부] 대(臺) [부] 경(庚)
       [외조] 성득식(成得識) [처부] 신경문(申景文)

어려서부터 힘써 공부하여 18세에 사마시(司馬試)에 합격해 이름이 일찍 세상에 알려졌다. 시를 잘하고 글씨를 잘 써서 할아버지의 풍도(風度)가 있었으며, 사륙문(四六文)을 더욱 잘하여 사람들이 많이 전해가며 보았다. 태학(太學)에 들어가 많은 명사들과 종유(從遊)하였는데, 상국(相國) 허침(許琛)·권건(權健)·신종호(申從濩)·조위(曺偉)공과 친밀하게 지냈다. 제공들이 서로 뒤를 이어 과거에 급제하여 지위가 높아졌는데도 공만이 유독 어정거리며 뜻을 얻지 못하자, 과거 공부를 포기하고 시사(詩史) 속에 뜻을 의지하고 살았는데, 집정(執政)하는 자들이 애석하게 여겨 천거하니 내시 교관(內侍敎官)이 되었다.

얼마 후 상의원 직장(尚衣院直長)·군자감 주부(軍資監主簿)·통례원 인의(通禮院引義) 겸 한성부 참군(兼漢城府參軍) 등으로 옮겼는데, 한성부는 대도(大都)를 총관하여 정사(政事)가 매우 번잡하고 송사(訟事)가 구름처럼 몰려드는 곳이었으나, 공이 민첩하게 일들을 처리하자 삼윤(三尹: 판윤·좌윤·우윤)이 크게 칭송하는 바가 되어, 업무를 반드시 공에게 위임하였다. 형조 좌랑으로 옮겼다가 장원서 장원

(掌苑署掌苑)을 역임한 후 영천 군수(永川郡守)로 나가서는 밝고 과단성 있게 다스리자, 아전들이 두려워 법(法)을 잘 지켰기에 백성들이 편하게 여겼는데, 이에 퇴폐해진 곳을 수리하여 떨치어 관아(官衙)를 아주 새롭게 하였으므로, 고과(考課)에서 최(最)를 받았다.

내직으로 들어와 군기시 첨정(軍器寺僉正)에 제수되었다가 선공감(繕工監)으로 옮겼고, 이어 사헌부 장령(司憲府掌令)에 발탁 임명되었다.[1] 풍헌직(風憲職)은 임무가 중대하여 과거에 급제하지 않고서 제수 받은 자가 극히 드문데, 당시에 추허(推許)받은 바를 통해 공의 실력과 인품을 알 수 있겠다. 후에 종친부 전첨(宗親府典籤)·사복시 부정(司僕寺副正)을 두루 지내고 제용감 정(濟用監正)으로 승진하였다.

연산군(燕山君)의 정사가 어지러울 때에 공이 죄 아닌 죄에 연루되고 체포되어 옥에 갇혔다가,[2] 일이 밝혀져서 옥사가 다 끝나기 전에 옥외(獄外)로 나와 몸을 보전하였는데,[3] 시사(時事)가 날로 글러져 진신(搢紳)과 명사(名士)들이 거의 모두 죽거나 쫓겨나는 것을 보고 걱정한 나머지 병을 얻어 홍치(弘治) 을축년(乙丑年: 1505년 연산군 11) 11월 17일에 졸(卒)하니, 수(壽)는 51세였다. 이듬해 봄에 양지현(陽智縣) 동쪽 봉수산(燧燧山) 건좌 손향(乾坐巽向)의 언덕에 장사지냈다. 부인 신씨(申氏)는 창신 교위(彰信校尉) 신경문(申景文)의 딸인데, 공보다 6년 먼저 죽었고, 합장(合葬)하였다. 2남 1녀를 두었으니, 장자 이해(李澥)는 별좌(別坐)로 정자(正字) 이윤탁(李允濯)의 딸에게 장가들었으나 아들 없이 일찍 죽었다. 차남 이함(李涵)은 주부(主簿) 권현(權鉉)의 딸에게 장가들었는데, 조리(操履)와 학문(學問)이 있었다.

공의 장인(丈人)이 첫 벼슬에 나가보니 이미 공의 벼슬이 4품(品)이었는데 교유

---

1) 『연산군일기』 권49, 연산군 9년 5월 13일 무인.
2) 『연산군일기』 권54, 연산군 10년 7월 19일 정미; 연산군 10년 8월 23일 경진.
3) 『연산군일기』 권58, 연산 11년 7월 2일 을유.

(交遊)한 바가 모두 명사인지라 사론(士論)이 제대로 맞았다고 하였다. 그 위인(爲人)이 식견과 재주가 남보다 뛰어나 문아(文雅)함을 숭상하여 일찍이 천박하게 속태(俗態)를 따르지 않았으며, 성품이 술 마시는 것을 좋아하지 않았으나 모임에서 벗들이 술을 권하면 얼근하게 취해서 종일 시문(詩文) 토론하기를 즐겼다. 공은 어머니를 잃고 계모(繼母) 박씨(朴氏)에게 자랐는데, 효성을 다해 모시어 비록 직무(職務)가 아무리 바쁘더라도 문안을 폐하지 않았으며, 손수 맛있는 음식을 갖추어 올린 후에야 물러 나왔다. 가난한 사람을 도와주고 남의 급함을 구제하기를 힘이 미치는 데까지 하기에 힘썼다. 공의 아들 이함(李涵)의 청을 받은 김안국(金安國)은 다음과 같은 명(銘)으로 공을 추모했다.[4]

재능이 있었지만
감추고 높이지 않았으니
병이 될 게 무엇인가?
반걸음이 쌓여 천리가 되고
지역을 맡아 보살피며
차별 없이 보았네.
내가 이를 취해 명(銘)을 써서
그 이름 영원하게 하리.

4) 『국조인물고』 권44, 이규묘갈명(李逵墓碣銘: 金安國 撰).

이윤李胤

생년 : 1462년(세조 8)
몰년 : 미상
관력 : 홍문관 부제학
자호 : 자 자백(子伯) 호 쌍매당(雙梅堂)
묘소 : 창녕군 창녕읍 옥천리 자좌
가족 : [증조] 원(原) [조] 증(增) [부] 평(泙)
　　　[외조] 허추(許樞) [처부] 민충달(閔忠達)

　　1483년(성종 14) 성균관 유생으로 불교정책에 반대했고, 승려들의 성균관유생 구타사건으로 여러 차례 상소했다. 1486년(연산군 2) 식년문과에 급제했으며, 1498년(연산군 4) 사간원대사간으로 재임 중 무오사화로 거제에 유배당했다. 1500년(연산군 6) 풀려났으며, 중종반정으로 홍문관의 응교·전한 등을 거친 뒤 시강관(侍講官)으로 있으면서 영의정 유순(柳洵)을 탄핵하였다. 부제학으로 있으면서 13조목의 방책을 진언했다. 유자광(柳子光) 일파를 여러 차례에 배척하였다. 1510년 이계맹(李繼孟) 등과 함께 성절사(聖節使)의 일행으로 명나라 무종(武宗)에게 환대를 받고 돌아왔다. 한때 노모의 봉양을 위해 청도(淸道) 군수(郡守)에 재임하면서 청렴으로 이름을 떨쳤다. 만년에 영산의 마고리(麻姑里)에 쌍매당을 짓고 은거했으며, 저서로는 『쌍매당일고』 1책이 있다.

이윤(李胤)이 중앙정계에 등장할 무렵에는 영남사림파들 진출이 활발하던 시기였다. 아우 이주(李胄)와 함께 점필재(佔畢齋) 김종직(金宗直)에게 나아가 배움을 청함에 수헌 권오복, 탁영 김일손 등과 도의지교를 맺었다. 공은 성종 11년 (1480) 19세에 생원시에 합격하였고, 24세가 되던 성종 17년(1486)에 최세걸(崔世傑)·김후손(金後孫) 등과 함께 식년 문과에 급제했다.[1] 어린 성종이 수렴청정을 거두고 친정(親政)을 시작한 지 거의 10년 정도 지난 시점이었고, 대간(臺諫)의 훈구대신에 대한 견제와 균형이 잘 이루어지던 시기였다.

예컨대, 성종 8년 주계부정(朱溪副正) 이심원(李深源)이 세조 이래 훈구대신의 오랜 집권에 대해 올린 비판이나[2] 세조 정권이 훼손했던 문종 비 현덕왕후 소릉(昭陵)을 복구하자는 유학 남효온(南孝溫)의 상소는[3] 매우 민감하고도 위험한 발상이었다. 이런 상황들이 벌어지자 훈구대신의 반발 또한 만만치가 않았다. 세조정권을 부정하는 정통성에 관한 시비였기 때문이다. 그럼에도 성종은 끝내 언로(言路)를 보장해야 한다는 구실로 이들을 처벌하지 않았다.[4] 이로 미루어 보면, 성종의 대간(臺諫) 육성 의지는 매우 강했음을 보여준다. 이리하여 한명회(韓明澮) 마저 압구정 연회에서 차일(遮日) 문제가 불거지자 직첩을 회수하고 도성밖으로 쫓아냈을 정도였다.[5] 이런 몇 가지 상징적인 것만으로도 이 시기 대간 (臺諫) 언론 확대가 매우 컸음을 잘 보여주고 있는데, 이윤과 이주 형제가 정계에 진출할 당시 신진 사림(士林)들의 대간 활동들은 최고조에 달하던 시기였다.

이런 정치 사회적 분위기를 반영하듯, 이윤(李胤)이 성균관 유생으로 있을 당시부터 활발한 언론 활동을 벌이고 있었는데, 당대의 시대적 과제였던 불교 배척과 유교 진작을 맹렬하게 주장하였다. 조선이 건국된 이래 불교에 대한 정비

---

1) 『문과방목』 성종 17년(1486) 병오 식년시.
2) 『성종실록』 권85, 성종 8년 11월 기축.
3) 『성종실록』 권91, 성종 9년 4월 병오~을묘.
4) 『성종실록』 권91, 성종 9년 4월 을묘.
5) 『성종실록』 권130, 성종 12년 6월 무진~계유, 7월 갑술.

문제는 크나큰 숙제였다. 이에 함부로 승려가 되는 길을 막기 위한 도첩제를 도입했는데, 이는 군역(軍役) 면제자인 승려의 수를 억제하여, 군정(軍丁)을 확보하는 동시에 자연스런 척불이 가능했기 때문이다. 성종 8년(1477)부터 도첩 없는 승려를 색출하여 충군(充軍)하는 규정을 만들기도 했으나, 국가적인 토목공사에 동원된 부역승(赴役僧)에게는 도첩이 지급되고 있던 상황이었다. 특히 성종 14년경에는 창덕궁과 수강궁 수리를 위한 대대적인 토목공사가 벌어지고 있었고, 여기에 동원 된 무리들에게 도첩이 남발되고 있었다. 성균관 유생 신분에 불과하던 이윤(李胤)은 이 문제를 준엄하게 따지는 상소를 올렸다.

전하께서 즉위하신 이래로 삼대(三代)의 정치에 뜻을 두시어, 정도(正道)를 존숭(尊崇)하고 이단(異端)을 배척하시어 모든 승도(僧徒)로서 도첩(度牒)이 없는 자는 모두 충군(充軍)하게 하셨으니, 온 나라 신민(臣民)들로 어느 누가 기뻐하지 않았겠습니까? 그런데 요사이 영선(營繕)이 한번 일어나자, 승도들을 불러 모아서 한 달 동안 부역을 하면 그 당자에게 도첩을 주기를 허락하여, 처음에 정한 액수(額數)가 2천 명에 이르렀으니, 그 수가 이미 많습니다. …… 궁(宮)을 영건(營建)함으로 인하여 천만(千萬)의 백성을 잃는 것이니, 나라의 근본이 어찌되겠습니까? …… 엎드려 원하건대, 전하께서는 하늘같은 굳센 결단을 내리시고 구원 계획을 생각하시어, 모든 승도로서 부역한 자에게 도첩을 허락하지 않는다면, 국가에 매우 다행하며, 우리 유도(儒道)에 있어서도 다행이겠습니다.[6]

척불 상소는 태조 이래 줄곧 있어 온 것이지만, 성종 후반의 것은 차원이 다른 것이었다. 건국한 지 한 세기가 지나 유교정치 이념이 정착하던 때였기에 그 비판의 수위는 더욱 높아만 갔다. 성균관 유생 이윤의 척불 상소는 이후에도 지

---

6) 『성종실록』 권158, 성종 14년 9월 11일 신축.

속될 수밖에 없었다. 수강궁 공사에 동원된 승도들에게 도첩을 남발해서는 안
된다는 상소에 반감을 품은 중들이 학교로 난입하여 행패를 부린 사건이 발생
하였기 때문이다.

　이에 이윤은 동료 유생들을 이끌고

　　"깊은 산림에 들어가 고행 수도(苦行修道)함이 본래 석씨(釋氏)의 도
　　(道)라 거리를 횡행하는 것도 이미 옳지 않은데, 더구나 이제 학교를 침범
　　(侵犯)하여 유관(儒冠)을 난폭하게 욕을 보인 것이겠습니까? …… 저 중
　　이 된 자는 인륜(人倫)을 멸절(滅絶)하고 인의(仁義)를 충색(充塞)하였으
　　므로, 대저 사람마다 잡아서 죽여야 하니, 비록 5척 동자(伍尺童子)라도
　　어찌 배척하는 마음이 없겠습니까. 사악함이 올바른 것을 이길 수 없음이
　　오래 되었는데, 어찌 스스로 그치지 않고 도리어 학교를 공격합니까. ……
　　삼가 원하옵건대, 전하께서는 빨리 유사(攸司)에 명하여서 극형(極刑)으
　　로 처치하여 도시에서 그 머리를 장대[竿]에 달면, 유도(儒道)에 매우 다
　　행하고 국가에 매우 다행이겠습니다."

라는 강경한 상소를 올렸다.[7] 결국 동료 정여창(鄭汝昌) 등과 함께 의금부에 하
옥되었다.[8] 진정한 유교 국가를 위해 죽음을 불사한 이윤의 노력은 헛되지 않
았다. 사림(士林)들의 끈질긴 노력으로 도첩제는 결국 성종 23년에 가서야 최종
적으로 폐지되기에 이르렀다.[9]

　이처럼 이윤은 유생 신분일 때부터 강경한 사림(士林)의 현실인식과 자세를 취
하고 있었음을 볼 수 있는데, 이후 식년시(式年試) 문과에 급제한 후 승정원 주서

---

7) 『성종실록』 권163, 성종 15년 2월 12일 기사.
8) 『성종실록』 권163, 성종 15년 2월 13일 경오.
9) 『성종실록』 권272, 성종 23년 12월 계묘.

(注書)를 거쳤다. 승정원 주서란 국왕의 모든 정치행위를 기록해야 하는 사관(史官)을 겸하는 직위였다.[10] 따라서 개인의 능력 위주로 선발에 신중을 기하던 직책이었다. 그 후 연산군이 즉위한 후에는 사헌부 지평과 장령 등을 역임했다.[11] 그러다가 연산군 4년(1498) 사간원 수장이던 대사간으로 있을 당시 무오사화(戊午士禍)가 일어났다. 김일손의 사초 문제로 야기된 무오사화에 연루되어 거제에, 동생 주는 진도에, 동생 려는 거제에 각각 유배당했다. 그런 후 2년 만에 풀려났으나, 갑자사화(甲子士禍)로 또 다시 시련을 겪어야만 했다. 아우 이주가 처참한 죽임을 당했기 때문이다. 공은 다행히 화를 모면하였는데, 1506년 극적인 중종반정으로 임금의 부름을 받아 홍문관 응교·전한 등을 역임했다. 그리고 연이어 부제학에 오르는 등 주로 청직(淸職)을 맡았다.

중종반정으로 관직에 복귀했지만, 그의 강직한 언론 활동은 그칠 줄 몰랐다. 경연(經筵) 시강관(侍講官)으로 참석하였을 때 영의정 유순(柳洵)을 탄핵했고, 이어 홍문관 부제학에 임명되었을 때에는 임금에게 '신하의 간언을 따르고 아첨하는 무리를 멀리하며 학풍을 바로잡을 것' 등을 포함한 13조목 국가 시책을 진언했다.[12] 그 첫째는 마음을 바로잡는 일 [正心], 둘째 뜻을 세우는 일[立志], 셋째 성학(聖學)에 부지런할 일[勸聖學], 넷째 간하는 말 좇을 일[從諫], 다섯째 내외를 엄하게 할 일[嚴內外], 여섯째 작상을 중히 여길 일[重爵賞], 일곱째 학교를 일으킬 일[興學敎], 여덟째 절의를 숭상할 일[崇節義], 아홉째 사습을 바로잡을 일[正士習], 열째 이단을 물

쌍매당 이윤 신도비 창녕 읍 옥천리

---

10) 『성종실록』 권226, 성종 20년 3월 3일 신유.
11) 『연산군일기』 권15, 연산 2년 5월 8일 갑인.
12) 『중종실록』 권1, 중종 1년 10월 25일 경오.

리칠 일[闢異端], 열한째 검약을 숭상할 일[崇儉約], 열두째 군자를 가까이할 일 [親君子], 열셋째 아첨을 멀리할 일[遠諂佞]이었다. 그가 올린 13조는 반정이라 는 시대적 상황에서 새 시대를 열어가야 하는 정치사회 전반에 대한 개혁안이 었다.

특히 홍문관 부제학으로 언론활동에 매진할 당시에는 유자광(柳子光) 일파를 여러 차례에 걸쳐 신랄하게 배척하였다.[13] 세조 이래 유자광은 사림(士林)들과 대척점에 섰던 훈구공신을 대표하는 세력이었다. 이들과 당당히 맞서 훈구공 신을 공격하는 선봉에 섰던 것이다. 이 때 어머니 상을 당하자, 중종이 친히 경 상도 관찰사에 명하여 부물(賻物)을 내려주라 명하였다.[14] 중종 5년(1510) 이계맹 (李繼孟) 등과 함께 성절사(聖節使) 일행으로 중국에 가서 명나라의 무종(武宗)에게 환대를 받고 돌아왔다.

성종 17년(1486) 노모 봉양을 위하여 자청한 청도군수로 재임하는 동안 청렴 함으로 이름을 떨쳤다. 만년에는 영산(靈山: 창녕 지역의 옛 지명) 마고리(麻姑里)에 쌍매당을 짓고 은거하였다. 저서로는 시문집 『쌍매당일고(雙梅堂逸稿)』 1책이 있다.

---

13)『중종실록』권2, 중종 2년 4월 21일 갑오~23일 병신.
14)『중종실록』권3, 중종 2년 6월 9일 신사.

이주李胄

생년 : 1468년(세조 14) 추정
몰년 : 1504년(연산군 10)
관력 : 검열(檢閱) 정언(正言)
자호 : 호 망헌(忘軒) 시호 충원(忠元)
묘소 : 단소 경북 청도 화양읍 유등리
가족 : [증조] 원(原) [조] 증(增) [부] 평(泙)

　　　[외조] 허추(許樞) [처부] 열산정(列山正) 해(偕)

　　1488년(성종 19) 별시문과에 을과로 급제하여 검열을 거쳐 정언(正言)을 지냈다. 1498년(연산군 4) 무오사화 때 김종직의 문인으로 몰려 진도로 귀양갔다가, 1504년 갑자사화 때 전에 궐내에 대간청을 설치할 것을 청한 일이 있다는 이유로 김굉필(金宏弼) 등과 함께 사형되었다. 성종 이후부터 무오사화가 일어난 시점까지 짧은 관직 생활이었지만, 이주의 활약이 돋보였던 것은 사관제도 정착에 기여했다는 점이고, 두 번째는 대간(臺諫)의 언로를 더욱 확대하기 위한 노력이었다는 점이며, 세 번째는 소릉(昭陵: 문종 비 현덕왕후) 복위를 위해 노력했다는 점이다. 성품이 어질며 글을 잘하였고, 시에는 성당의 품격이 있었으며, 정언으로 있을 때에는 직언으로 유명하였다. 그는 주로 삼사(三司)에서 활약하였으며, 사림파들이 재집권한 중종 때에 신원(伸寃)되었다. 후일 충원(忠元)이란 시호가 내려졌다.

안동부 남문 밖에 있던 집에서 태어났다. 어려서부터 모습이 단정하고 무게가 있었고, 국량(局量)이 크고 깊어 사서(史書)와 경서(經書)의 대의를 깨달았다. 점필재 김종직(金宗直) 선생이 도를 주창(主唱)하신다는 소문을 듣고 백형(伯兄) 윤(胤) 아우 여(膂)와 함께 배움을 청하였다. 동문 중에 일두(一蠹) 정여창(鄭汝昌)과 한훤당(寒暄堂) 김굉필(金宏弼)이 모두 왕을 도울 만한 인재라 인정하였다.

일찍이 진사에 합격하고 북도평사(北道評事)를 거쳐, 성종 19년(1488) 문과에 합격하였다.[1] 곧 종묘서(宗廟署)령(令)에 제수되어 호당(湖堂)에 선발되었으며, 이어 받은 직책이 예문관 한림 벼슬 검열(檢閱)이었다. 예문관 소속 전임 사관(史官)들은 종9품의 검열 4명을 비롯하여 대교(待敎, 정8품) 2명과 봉교(奉敎, 정7품) 2명 등 모두 8명으로 구성되어 있으며, 이들이 2명씩 교대로 근무하면서 사초를 작성하는 업무를 수행하게 된다. 사관들의 품계가 낮은 것은 과거에 급제한 신진기예를 선발했다는 의미이고, 선발과정 또한 매우 엄격하여 반드시 전임자의 추천과 사관 전원 동의가 있어야만 임명되는 것이 관례였다.[2]

성종 22년(1491) 승지공 상을 당하여 슬픔과 격식을 지극하게 갖춘 후 상을 마치고 예문관 봉교(奉敎)로 옮겼다. 그러다 성종 25년(1494) 갑인년에 휴가를 청하여 고향으로 돌아오니, 고향의 어른들이 향사당(鄕射堂)에서 잔치를 베풀고 선생을 기렸다. 이 해에 성종께서 승하하시고 연산이 등극했다. 등극 이듬해 예종(睿宗)의 상례에 권도(權度)를 시행한 예를 들어, 영사전(永思殿)에 불단(佛壇)을 설치하려고 하자 반대 상소를 올렸고, 척신 윤탕로가 죄를 입어 구금된 사건에 대신 노사신이 두둔하자, 그를 탄핵하는 등 사림(士林)의 선봉에서 활약하고 있었다.

이주가 성종 이후부터 무오사화가 일어난 시점까지 활약하면서 돋보였던 점은 3가지였다. 첫 번째는 사관제도 정착에 기여했다는 점이고, 두 번째는 대간

1)『국조문과방목』성종 19년 무신 알성시(謁聖試).
2) 박홍갑, 1999,『사관 위에는 하늘이 있소이다』, 가람기획.

(臺諫)의 언로를 더욱 확대하기 위한 노력이었다는 점이며, 세 번째는 소릉(昭陵: 문종 비 현덕왕후) 복위를 위해 노력했다는 점이다. 이 세 가지는 당시 사림파들에게 직면한 여러 문제들 중에서도 시급한 해결 과제이기도 했고, 훈구세력을 보다 효과적으로 제지할 수 있는 방안이기도 했다.

주지하듯이 조선시대 사관제도는 중국의 것을 모방하였지만, 조선 나름대로의 특성들이 자리 잡혀가면서 방대한 조선왕조실록을 남겼다는 것에서 문화민족으로서의 긍지를 느끼게 하는 부분이다. 그런데 여기에는 수많은 인물들의 숨은 노력들이 있었기에 가능한 일이었는데, 유독 고성이씨 인물들과 연관된 일화들이 많다는 점이다. 조선조 사관제도가 정착하는 과정에서 가장 큰 걸림돌이 입시(入侍) 문제인데, 입시란 글자 그대로 국왕이 정사를 펴는 자리에 임석하여 기록하는 것을 말한다. 그런데 초창기에는 사관들이 국왕이 있던 전각 건물 뜰의 계단에서 부복하여 기록했는데, 멀리서 잘 들리지도 않는 상황이라 매우 불편했다. 이를 해결하여 전각 안으로 입시하도록 허락을 받아낸 인물은 다름 아닌 용헌공 이원이었다. 이때부터 젊은 사관들이 전각 안으로 들어가긴 했으나, 바닥에 엎드려 고개를 들지 못하는 까닭에 음성만 듣고 기록해야 하는 불편함이 있었다. 그 후 성종 20년에 와서야 비로소 임금 좌우에 각 1명씩 입시하여 앉아서 기록하는 관례가 생겼는데, 이는 이원의 증손이었던 이주가 사관이었을 당시 성종에게 올린 건의에 따른 것이었다.

신 등은 직책이 일을 기록[記事]하는 데 있사온데, 무릇 신료(臣僚)들이 일을 아뢸 때에 땅바닥에 엎드리어 머리를 들지 못하므로, 다만 그 음성(音聲)만 듣고 용모(容貌)를 보지 못하니, 어찌 능히 그 사람을 분변(分辨)할 수 있겠습니까? 이것으로 인하여 일을 기록한 데 의심스러운 점이 없지 않을 수 없습니다. …… 이에 성종은 "그렇다면 서서 일을 기록하려 하는가?"하였다. 이주는 "신은 서려고 하는 것이 아닙니다. 엎드려서 일을 기록하면 마음에 의심스러운 점이 있고, 또 옛날에는 좌사(左史)가 말을 기록하고, 우사(右史)가 일을 기록하였으니, 옛날의 사관(史官)은 반드시 좌우(左右)로 나눈 것이 분명합니다. 신이 또 듣자오니, 중국의 사관(史官)은 지필(紙筆)을 잡고 황제(皇帝)의 좌우(左右)에 선다고 합니다. 중국의 제도도 이미 이와 같으니, 땅바닥에 엎드리어 일을 기록하는 것은, 신은 옳지 못하다고 여깁니다"하니, 성종은 "사관이 잘못 기록하는 것을 어찌 직필(直筆)이라 하겠는가? 이 말은 과연 옳다"하고, 이어서 좌우(左右)에 물으시더니 "이제부터 사관은 앉아서 일을 기록하라"하였다.[3]

이 일이 있고 난 후 얼마 지나지 않아 이주(李胄)와 동료 남궁찬(南宮璨)은 사관 임무와 관련하여 또 한 차례 성종과 큰 의견 차이를 보이며 대립했다. 궁중의 은밀한 문제와 관련하여 죄인을 국문하는 자리에 성종은 도승지 한건(韓健)만 추국 현장에 참석하도록 조치하였는데, 이에 대한 반대 의견을 낸 것이다. 성종의 입장에서는 도승지 한건이 기록한 것을 사관에게 넘겨주면 된다는 입장이었지만, 이주는 사관 직책을 가진 자만이 사초를 기록해야 한다는 원칙론을 고수하였는데, 이에 대한 분위기는 심상찮게 돌아갔다. 이에 대한 의견들이 크게 상충한 것에 대해 성종은 "이주 등이 나의 말을 받들지 않았으므로 놔둘 수 없으니, 사헌부(司憲府)로 하여금 국문하게 하라"하고, 홍문관 교리(弘文館校理) 정경조(鄭敬祖)·조지서(趙之瑞)·강경서(姜景敍)에게 명하여 대신 일을 기록하게 하였다.[4] 그러자 대간에서 연이어 성종에게 부당하다는 간언을 올리게 되었고, 심지어 훈구대신이던 윤필상 조차 대간들의 청을 들어줘야 한다는 입장이었다.[5]

---

3) 『성종실록』 권233, 성종 20년 8월 임자.
4) 『성종실록』 권233, 성종 20년 10월 정해.
5) 『성종실록』 권233, 성종 20년 10월 임인.

이리하여 성종은 "내가 어찌 사관(史官)들로 하여금 끝내 그 일을 듣지 못하게 하려 하였겠는가? 기밀(機密)의 일은 비밀로 하지 않을 수 없는 법인데, 이주 등이 한건(韓健)은 춘추관(春秋館) 관원이 아니므로 일을 기록할 수 없다고 한 것이 어찌 신하된 도리이겠는가? 그러나 이주 등은 과연 사체를 알지 못한 것이니 마땅히 그대의 말대로 하겠다"하고는 이조(吏曹)에 전교를 내려, "사관(史官) 이주(李胄)와 남궁찬(南宮璨) 등은 그의 직(職)을 바꾸지 말라"하였다.[6]

이주의 두 번째 활약은 연산군이 즉위한 후 사간원으로 그 직을 옮겨 김일손과 함께 대간의 언로(言路)를 막아서는 안 된다는 취지의 서계(書啓)를 올렸다. 연산군이 "내가 즉위한 이래로 대간이 노상 궐정에 서서 논쟁만 벌이고 있으니, 저 어리석은 백성들의 생각에 지금 사왕(嗣王; 연산군 자신을 지칭함)이 무슨 과오가 있어 이 지경에 이르는 것인가 라고 여길까 염려된다"는 것에 대한 반론이었다. 시작은 풍문 탄핵에 대한 문제였다. 대간의 탄핵권에서 핵심적인 것이 풍문만으로 탄핵 가능한가 여부인데, 탄핵의 속성상 풍문만으로 탄핵이 가능하다는 쪽은 대간권의 확대를 의미하고, 불가능하다는 쪽은 대간권의 확대를 막는다는 취지였다. 이주나 김일손 입장에서는 당연히 풍문탄핵이 가능하다는 입장이었는데, 국왕인 연산군 입장에서는 허용해 줄 일이 아니었다. 더군다나 예민한 사안을 놓고 사간원 내부에서도 의견 일치를 보지 못한 상황에서 연산군이 대간의 정상적 언로를 축소할 기미가 보이자, 사간 이의무(李宜茂)·헌납 김일손(金馹孫)·정언 이주(李胄) 등이 다시 힘을 합쳐 논계하였다.[7] 이들은 언론의 공도(公道)를 중요시해야 한다는 점을 들어 사피하기를 청했으나 연산군은 들어주지 않았다.[8] 아무튼 이주의 관료 생활은 성종 20년부터 시작하여 무오사화가 일어나는 시기까지 7~8년 정도의 짧은 기간이었고, 대개 한림원에서 사관으로 그

---

6) 『성종실록』 권233, 성종 20년 10월 경술.
7) 『연산군일기』 권11, 연산군 1년 12월 계축.
8) 『연산군일기』 권11, 연산군 1년 12월 갑인.

리고 사간원에서 대간으로 지내다 생을 마감했는데, 선배 사림인 김일손과 함께 하는 시간이 많았음을 알 수 있다.

성종이 친정을 시작한 성종 8년부터 성종 17년 동안에는 대간권이 크게 신장된 시기였다. 이에 비해 그 이후부터 성종치세를 마감하는 성종 25년까지는 지나친 대간권의 확대로 성종조차 제어할 수 없는 지경에 이르렀다. 여기에다 홍문관이 언론기구로 변질되면서 사헌부 사간원과 함께 대신들을 탄핵하거나 임금에 대한 간쟁이 크게 늘었다. 훈구대신을 견제하기 위해 대간을 의도적으로 키웠던 성종에게 이제는 큰 부담이 되었다. 이리하여 성종 집권 말기에는 대신과 대간이 마치 호랑이 두 마리가 싸우는 것과 같은 형국이 되어 버린 것이다.[9] 비폭력적인 유교정치를 꽃 피우게 한 성종이었건만, 적절한 견제와 균형을 넘어 갈등과 분열로 치닫게 되었다.

이런 정치적 유산을 물려받은 연산군이 대통을 이어받았다. 연산군은 왕권에 도전하는 신권 제압이 절실하다고 느꼈지만, 대간들의 반발 또한 만만치가 않았다. 연산군은 이를 용서가 되지 않을 능상(凌上)으로 간주했다.[10] 대간의 왕권에 대한 지나친 견제를 능상으로 간주한 이상 그것이 지속될 경우 피바람은 예고된 것이나 다를 바 없었다.

연산군 4년(1498) 무오사화가 일어나자 추관(推官)이 이주를 심문하였다. 강귀손(姜龜孫)은 대사헌이 되어 사옥(史獄)에 참국(參鞫)하고, 좌우와 더불어 말하기를, '내가 승지가 되었을 적에 정언 이주가 아뢰기를 '성종은 우리 임금이다'하였으니, 그 말이 놀랄 만한 것이라 하였다.[11] 추관이 이주에게, "네가 성종을 일러, 내 임금이다 라고 했다면 금상(今上)은 유독 네 임금이 아니란 말이냐?"하니, 이주는 말하기를, "『맹자』에 '내 임금이 놀지를 못하면'이란 대목이 있고,

9) 『성종실록』 권290, 성종 25년 5월 임진.
10) 김범, 2007, 『사화와 반정의 시대』, 역사비평사.
11) 『연산군일기』 권29, 4년 5월 24일 기미.

또 '내 임금의 아들'이란 말이 있기 때문에 신도 역시 성종을 내 임금이라 이른 것이옵니다"하므로, 연산군은 명하여 고쳐 묻게 하였는데, 이주의 대답은 전과 같았다.[12] 연산군은 정석견(鄭錫堅) 등의 초사(招辭)를 보고, 전교하기를, "이주의 말한 바는 반드시 내용이 있으니, 신문해 보라"했다. 윤필상 등이 이주를 형장 심문할 것을 청하니, 전교하기를, "이는 반드시 사연이 있을 것이니, 형장 심문하도록 하라"하였다. 이주는 형장(刑杖) 30대를 맞고 공초(供招)하기를, "신이 언관(言官)으로서 전하의 의향을 돌리고자 그리하였습니다. 어찌 딴 사정이 있사오리까"하였다.[13]

결국 이주는 김굉필(金宏弼)·박한주(朴漢柱)·임희재(任熙載)·강백진(康伯珍)·이계맹(李繼孟)·강흔(姜渾) 등과 함께 김종직의 문도(門徒)로 붕당을 맺어 서로 칭찬하였으며, 국정(國政)을 기의(譏議)하고 시사(時事)를 비방하였다는 죄목으로 곤장 100대를 맞고 극변(極邊)으로 부처(付處)되었고, 그 외 이종준·최보·이원·김굉필·박한주·강백진·이계맹·강흔 등은 곤장 80대에 먼 지방으로 부처되었다.[14]

한편 이주가 김일손 등과 함께 소릉(昭陵: 문종 비 현덕왕후)의 복위를 청했던 것도 연산군에게는 큰 죄목이 될 수밖에 없었다. 소릉을 복위한다는 것은 세조정권을 부정하는 것이기에 왕실 정통성 문제를 제기한 것이자 세조 공신들을 부정하는 예민한 것이었다. 무오사화 연루자들 모두에게 형벌이 가해진 상황이기에 가족들이 사전에 자살하지 못하게 급히 잡아 가두도록 하였다. 그런 상황에서 훈구대신들이 김일손과 더불어 소릉(昭陵) 복위를 같이 주창한 사람으로 이주(李冑)와 한훈(韓訓)이란 사실을 밝혀냈고, 이에 연산군은 김일손의 부친과 이주 부친을 부관참시(剖棺斬屍)하고,[15] 아울러 이주 아들을 난신(亂臣) 율(律)로 논

---

12) 『연산군일기』 권30, 4년 7월 19일 계축.
13) 『연산군일기』 권30, 4년 7월 19일 계축.
14) 『연산군일기』 권30, 4년 7월 27일 신유.
15) 『연산군일기』 권56, 10년 10월 1일 무오.

죄하였다.[16] 이주는 진도로 유배되었다가 후일 갑자사화 때 처형당했으니, 짧은 생이었음에도 불구하고 역사에 큰 족적을 남긴 인물이었음이 분명하다.

연산군 10년에 일어난 갑자사화는 폐비 윤씨 문제가 직접적인 도화선이었지만, 사림은 물론 훈구세력까지 큰 타격을 입은 참화였다. 무오사화 이후 왕권은 제어되질 않았고, 점차 사치와 향락의 세계로 빠져들었다. 연산군의 자의적인 왕권행사에 위기의식을 느낀 것은 대신들도 마찬가지였다. 서로 적대의식을 보였던 대신과 언론 삼사(三司)가 공조의 모습을 보인 것도 그 때문이었다. 이제 연산군은 대신들까지 능상(凌上)으로 치닫는다고 믿었고, 이것이 갑자사화 규모가 확대된 주된 원인이었다.[17] 무오사화에서 유배형에 내려졌던 이주가 새로이 군기시 앞 거리에서 벤 머리를 장대에 매다는 효수형이라는 처참함을 겪게 된 것도 그런 이유 때문이었다. 아래 자료는 갑자사화 당시 이주가 처참하게 처형당한 모습이 잘 묘사되어 있다. 그리고 실록 편찬을 담당했던 사관(史官)들이 쓴 이주의 인물평이 첨부되어 있다. 일종의 졸기(卒記)인 셈이다.

의금부에서 아뢰기를, "이주(李胄)를 잡아 왔습니다"하니, 전교하기를, "주(胄)가 전에 정언일 때 대간청(臺諫廳)을 대궐 안에 짓자고 하였으니, 너무도 무례한 짓이었다. 승지 권균(權鈞)이 그 죄명을 이주에게 효유하고, 이어 형벌을 감독하라"하였다. 그리하여 군기시 앞에서 베는데, 백관이 차례로 서고, 머리를 매달고 시체를 돌렸다. 이주는 젊어서부터 뜻을 세우고 힘써 공부하여 일찍 과거에 뽑혔으며, 강개(慷慨)하여 곧은 절개가 있었다. 글을 잘 지으며 시가 고매하고 호상(豪爽)하여 옛사람의 기풍에 있었다. 김일손(金馹孫)·한훈(韓訓)과 함께 간원(諫院)에 있으면서 개연(慨然)히 말하는 것을 자신의 책임으로 삼아, 알면 말하지 않는 것이 없어

---

16) 『연산군일기』 권56, 10년 10월 1일 무오.
17) 김범, 앞의 책.

지탄 공격하되 피하는 일이 없었다. 무오년 사화(士禍)를 만나 오랫동안 외방에 찬축(竄逐)되어 있다가 이때에 와서 추후로 죄받은 것이다. 형 이윤(李胤)과 아우 이여(李膂)도 모두 당세에 이름이 있었다.[18]

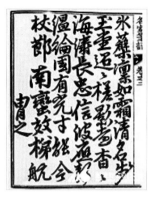

『명가필보』에 수록된 이주의 글씨

이렇듯 망헌 이주는 짧은 생을 마감하였지만 중종반정으로 신원(伸寃)되었고, 후일 충원(忠元)이란 시호가 내려졌다.[19] 망헌이 진도에 유배중일 때 남긴 「금골산록(金骨山錄)」이 『동문선』에 실려 있고, 이주의 방손들에 의해 간행된 『망헌문집』이 전해진다. 1996년 이주 선생을 기리는 경현계(景賢稧)가 창계되어 오늘에 이르고 있다.

망헌 이주의 정려문과 詩碑 청도 화양 유등리

---

18) 『연산군일기』 권53, 연산 10년 5월 신해.

19) 『허암유집(虛庵遺集)』 속집(續集) 권3 척록(摭錄) "李胄 字胄之 固城人 自號忘軒 諡忠元"

이줄 李苗

생년 : 1448년(세종 30) 추정

몰년 : 1528년(중종 23)

관력 : 판관 광주목사 첨지중추부사

자호 : 자 백아(伯牙)

묘소 : 충남 보령 주산면 화평리

가족 : [증조] 원(原) [조] 질(垤) [부] 칙(則)

　　　 [외조] 권온(權溫) [처부] 신영석(申永錫)

음사(蔭仕)로 관직에 나아가 무과에 급제하였다. 성종 22년 강원도 경차관으로 파견된 이래 공조정랑 등을 역임했다. 중종반정으로 원종공신에 책봉되었으나, 사전 모의 당시 적극적 협조가 없었다는 이유로 탄핵을 받았다. 이후 고변을 핑계로 중종 임금을 독계(獨啓)한 사실이 알려져 사림들에게 배척을 받아 충청도 남포에 유배되었가 말년인 중종 22년에 풀려났다.

무과에 급제하여 관직에 나갔다. 『조선왕조실록』 기록상 처음 등장하는 것이 성종 21년(1490)이었다. 이 때 이줄은 중견 관료로 4품관으로 승진을 앞둔 시점이었다. 성종 임금은 자신의 주위 인물들을 등용하려 했으나, 법에 저촉되어 고민에 빠졌다. 외직인 지방 수령(守令)을 거치지 않은 자는 4품으로 승진할 수 없도록 만들어 놓은 법 때문이었다. 이는 관리가 지방 외직을 꺼림으로 세종 때에 만든 법이었다.

이런 법 조항에 묶인 사람은 무반 중에서 측근으로 있던 윤탕로(성종비 정희왕후 오라비)와 이줄(성종의 장인 윤호의 외사촌 아들) 등 이었는데, 이들을 4품으로 승진시켜 동반직(東班職)에 앉히고 싶었기 때문이다.[1] 이 문제를 대신들에게 숙의하게 했지만, 결말이 쉽게 나지 않았다. 그 후 수개월이 지나 영돈령 이상 대신들이 장래의 장수(將帥)로 키울 만한 인재 27인을 뽑아서 아뢴 명단에는 도총부 도사(都摠府都事) 이줄(李苗) 또한 포함되어 있었던 것으로[2] 미루어, 성종은 자기 뜻을 관철시키지 못한 것으로 보인다.

성종 22년(1491) 이줄은 강원도 경차관으로 파견되었다. 관찰사 김여석(金礪石)이 강원도 해안에 왜선들이 침범해 왔다고 보고를 했기 때문이다. 이후 이줄은 공조정랑에 보임된 후 북방의 야인 정벌을 위한 군사를 선발하는 일을 감독하는 한편,[3] 건주 야인들이 벽동군에 침입하자 직접 군사를 이끌고 나가 격퇴하였다.[4] 성종에게 신임을 한 몸에 받았던 그였지만, 연산군 시절에는 활동 내용이 별로 확인 되지 않는다. 다만 연산군 10년(1504)에 신하로서 하교를 거역했다는 이유로 장 80에 처해진 일이 있었다.[5]

연산군 12년(1506) 8월 연산군을 몰아내기 위해 반정군들이 사전 모의할 당시 이줄은 전라도 광주목사로 있었는데, 이과(李顆)가 옥과(玉果)에서 이줄(李苗)을 만나 조용히 말하기를,

「임금이 그 도리를 못하여 나라형편이 위태롭게 되었으니, 종묘사직을 어찌할 것인가? 대군은 중외(中外)의 촉망을 받으니 성종의 업적을 회복할 수 있다」하니,

줄이 말하기를, 「공의 말이 정말 옳으며, 더구나 나는 외척으로 우대받음이

---

1)『성종실록』권236, 성종 21년 1월 12일 을축.
2)『성종실록』권243, 성종 21년 8월 27일 정미.
3)『성종실록』권259, 성종 22년 11월 10일 임오.
4)『성종실록』권261, 성종 23년 1월 29일 경자.
5)『연산군일기』권56, 연산 10년 10월 12일 기사.

깊으니, 어찌 감히 마음을 합하고 힘을 다하지 않겠는가」하고 헤어졌다. 곧이어 김준손(金駿孫)이 격서(檄書)와 분서제장기(分署諸將記)를 갖고 줄에게 갔더니, 줄은 자세한 절차를 묻고 격서를 열람한 뒤에 「나는 이과와 일찍이 한 마디도 서로 언급한 바 없었다. 네 계획이 너무 소홀 하다. 빨리 가서 그 일을 중지시켜라」함으로 김준손은 승낙하고 탈출하였다. 그런 과정 속에서도 반정은 성공되었고, 이줄은 정국(靖國) 원종공신이 되었다. 반정군 사전 모의를 발설하지는 않았지만, 이줄의 행위는 후일 큰 논란거리가 되었다.[6] 중종은 그 때마다 이줄을 변호했지만 결국 국문을 당한 후[7] 파직되었다.[8] 이후 대간에서는 추가 치죄(治罪)를 요구했다. 원종공신 작호까지 추탈해야 한다는 요구가 수십 차례 이어졌다. 중종은 이를 쉽게 허락하지 않았다. 대사헌 민상안과 대사간 강경서가 사직서를 제출하면서까지 맞섰지만, 중종은 전일에 은공이 있었다는 이유로 이줄을 지켜주려 노력했다.[9]

그러는 사이에 이줄에게는 새로운 정치적 문제가 발생했다. 중종 3년(1508) 12월 6일 홍문관 부제학 이세인(李世仁) 등이 이줄을 탄핵했다. 지난날 중종 임금을 몰래 만난 사실을 문제 삼은 것이었다. 일종의 독대(獨對)였다. 조선조에 있어 사관(史官)의 배석 없이 독대를 하는 것은 있을 수 없는 일이었다. 그런데 이줄은 중종이 있던 합문(閤門) 밖에 와서 고변을 빙자한 독계(獨啓)를 청했다. 중종은 승지와 사관이 참청(參聽)을 해야 한다고 했지만, 이줄은 승지와 사관을 물리치기를 요구했다. 중종이 대군의 몸으로 사저에 있을 때 이줄과 자주 어울린 사이였다. 또한 외척(外戚)이었기 때문이다.[10]

독대한 내용이 소상히 밝혀지지는 않았으나, '정치가 대각(臺閣)에 귀속되면

---

6) 『중종실록』 권3, 중종 2년 5월 13일 을묘. 『중종실록』 권3, 중종 2년 5월 14일 병진.
7) 『중종실록』 권3, 중종 2년 5월 15일 정사.
8) 『중종실록』 권3, 중종 2년 6월 6일 무인.
9) 『중종실록』 권3, 중종 2년 7월 17일 무오.
10) 『중종실록』 권7, 중종 3년 12월 7일 경오.

358   고성이씨 인물사

어지러워진다'라거나, '지금의 때를 당해서는 옥석(玉石)이 같이 타도 좋다'라고 하는 등 국정을 흐리고 어지럽혔다는 것인데,[11] 이 당시 실세였던 박원종을 등에 업고 사림(士林)을 제거할 목적이었다는 게 당대의 평가였다.

임금을 독대한 일로 홍문관과 대간의 연일된 합사(合司)로 중종 3년 12월 9일과 12일 의금부에서 첨지중추부사(僉知中樞府事) 이줄(李茁)의 죄를 조율한 초사(招辭)는 장1백 유3천리(杖一百流三千里)에 처하기로 결정되었다. 하지만 중도부처는 안 된다는 조정여론을 누르고 중종은 「이줄은 화국(禍國)의 죄로 논할 수는 없고, 다만 언어의 실수만 있을 뿐이다」[12]라고 하여, 람포(藍浦)에 유배 보내는 선으로 마무리했다.

1510년(중종 5) 4월 19일 왜구(倭寇)가 부산포를 침입하여 백성 100여 명을 죽이고, 민가 199호를 불태운 일이 발생했다. 이에 조정에서 무장(武將)인 이줄을 종군(從軍)게 하여 스스로 공을 세우게 하였다. 그러나 왜구가 물러가자, 또다시 '이줄은 배소로 보내야한다'라는 대간의 주청에 임금이 답하기를, "내가 은근이 이줄을 비호(庇護)하는 것이 아니다. 처음에 적변(賊變)으로 인하여 종정(從正)하게 하였다가 그대로 머물러 방수(防守)하게 하려는 것이었는데, 지금 조의(朝議)가 이와 같으니 배소로 도로 보내는 것이 가하다"하였다.

중종 8년(1513) 11월 16일 충청도 남포에 부처된 이줄을 경기도에 양이(量移)하도록 명을 내렸다.[13] 이줄의 어머니 권씨의 요구에 따른 조치였다. 당시 절절한 권씨의 사정을 실록에는 이렇게 기록하고 있다.

이칙(李則)의 아내 권씨(權氏)의 상언에, "늙고 병든 몸으로서 3자녀를 잃었고, 아들 이줄(李茁)도 나이 70에 가까운데 중풍이 들어서 목숨이 조

---

11)『중종실록』권7, 중종 3년 12월 7일 경오.
12)『중종실록』권7, 중종 3년 12월 12일 을해.
13)『중종실록』권19, 중종 8년 11월 12일 병자.

석에 달렸으니, 청컨대 생전에 서로 만나보게 하여 주소서"하였는데, 줄이 배소(配所)에 있었기 때문이었다. 대신에게 의논하라고 명하였다.[14]

이어 중종 15년(1520)에 이줄을 면방 했다.[15] 귀양 간 지 13년만이었다. 그럼에도 조정의 의견은 냉담했다. 특히 대간의 반대가 심했다. 늙은 노모를 위해 방면되었지만, 모친 권씨 장례가 끝나자 배소에 돌아가게 했다.[16] 그 2년 후부터 아들과 딸들의 상언(上言)이 이어졌으나 방면되지 못하다가, 중종 17년 4월 17일 상이 전교하기를, "줄(茁)은 단지 조정에서 실언을 했을 뿐이다. 전일 상언을 하였을 때 놓아주려다가 물론(物論)이 불가하게 여기기 때문에 실현하지 못하였다. 줄은 전일에 재상(宰相)의 반열에 있던 사람이고 지금은 늙었으니, 비록 놓아 준다 하더라도 어찌 조정에 서게 되겠는가? 정부에 물으라"하였다.

이틀이 흐른 4월 19일 의정부가 의계하기를, "이줄의 일에 대해서는 귀양간 지 이미 오래니 상의 분부가 지당하십니다"하니 "알았다"하고 전교하였다.

그러나 헌부의 반대가 완강하여, 22일 다시 전교하기를, "이줄(李茁)은 비록 진신(搢紳)들을 모함하려 했다고 하지만 별로 모의한 일이 없었다. 다만 친구에 실언(失言)한 것을 곧 조정이 죄주기를 청함으로 추방하여 유배한 것이다. 그의 딸이 상언(上言)하여 고향으로 놓아 보내기를 바랐고, 그가 죄 받은 지 이미 오래이고 또한 늙었으니 비록 놓아주더라도 조정에 서게 될 처지가 아니기 때문에 대신들에게 수의(收議)하자 대신들의 의견 역시 그러했으니 이제는 놓아주어야 한다"하였다.[17] 그러나 대간의 계속된 주청으로 방면되지 못하였다.

중종 22년(1527) 9월 17일 중종은 신영석(申永錫; 이줄의 장인)의 아내 허(許)씨의 상언(上言)을 정원에 내리면서 이르기를, "이줄(李茁)은 반정(反正) 초기에 무반(武

14) 『중종실록』 권24, 중종 11년 2월 28일 기묘.
15) 『중종실록』 권38, 중종 15년 1월 8일 정유.
16) 『중종실록』 권38, 중종 15년 2월 15일 갑술.
17) 『중종실록』 권44, 중종 17년 4월 22일 무술.

班)으로서 잘못된 말이 있어서 죄를 입은 것은 조정이 다 알고 있다. 이제 이미 나이가 늙었고 귀양간지도 또한 20년이 되었으니 관대하게 놓아주는 것이 어떻겠는가?"하매, 대신이 의논하여 아뢰기를, "이줄이 당초에 조정을 요란하게 하고자 하였는데 납교(納交) 당시의 뜻은 알 수 없습니다. 귀양 간지가 이미 오래고 그 나이 또한 죽음이 임박하였으니 오직 위에서 재단(裁斷)하는데 달렸습니다"하니, 놓아주라 전교하였다.[18]

---

18) 『중종실록』 권59, 중종 22년 9월 17일 신묘.

이위 李偉

생년 : 1452년(문종 2) 추정
몰년 : 1526년(중종 21) 추정
관력 : 사헌장령 대사간 관찰사 병조참지
자호 : 자 대이(大而) 호 구인당(求仁堂)
묘소 : 양주 녹양 선영
가족 : [증조] 강(岡) [조] 원(原) [부] 비(埤)
　　　[외조] 오천(吳泉) [처부] 김언신(金彦辛)

　　중종 2년(1507) 문과에 합격하여 사헌 장령으로 활약하였지만, 그 이전에 이미 문음(門蔭)을 통한 입사(入仕)로 5품 관직을 띠고 있었다. 이후 사헌 집의, 대사간 등을 역임한 후 황해도 관찰사로 나갔다가 병조참지로 관직생활을 마감했다. 학문이 넓고 사리에 밝아 흐트러진 일의 중심을 바로 잡는 업무 수습에 탁월한 능력을 인정받았다. 그러나 잦은 계청(啓請)과 외척이란 이유로 견제 받아 능력에 상응하는 자리에 나아가지 못했다.

　이위는 가정대부(嘉靖大夫) 동지중추원사(同知中樞院事) 이비(李埤)와 어머니 고창오씨 사이에 태어났다. 조부는 좌의정을 지낸 용헌 이원이다. 이위의 생몰(生沒) 년대는 알려져 있지 않다. 이위가 문과에 급제한 시기는 중종 2년(1507) 정묘(丁卯) 증광시(增廣試)였고, 급제 당시에 이미 정5품의 장례원 사의(掌隸院 司議)라는 관직을 갖고 있었다.[1] 아무튼 약관의 나이에 관직에 진출하여 여러 관직을 역임한 후 과거에 급제할 당시는 약 50세가 넘었을 것으로 추정된다.

『경국대전』에 의하면, 장예원은 정3품 판결사(判決事) 아래 정5품 사의(司議) 3명, 정6품 사평(司評) 4명의 관원과 서리 32명을 두었는데, 사의 이하 관원은 모두 계속 유임되는 구임원(久任員)이었다. 사의 벼슬 이하를 구임원으로 둔 것은 업무의 연속성과 특수성 때문이었다. 장예원이란 노비 소송과 이에 관련된 노비 결급(決給), 공사천 속량(贖良) 여부 판결, 노비 문서 등을 관장하는 기구였다. 고려 이래로 토지와 노비 분쟁은 위정자들의 큰 숙제였고, 이를 해결하기 위해 노비변정도감(奴婢辨定都監) 같은 기구를 운영해 오기도 했다. 조선에 들어와 태조가 문무백관 관제를 정비하면서 형조에 도관(都官)을 두어 노예·장획(臧獲) 등의 일을 관장하게 했다. 그 후 도관은 세조 때 변정원(辨定院)으로 바뀌어 노비 문제를 전담하는 상설기구가 되었고, 세조 말에 이를 장예원(掌隸院)으로 개칭하였다.

이렇듯 국가 운영면에서 볼 때 매우 중요한 부서 중에 하나가 장예원이었고, 여기에서 이위가 정5품직 사의(司議) 직임을 맡고 있었는데, 이것은 급제 전에 이미 문음(門蔭)을 통해 입사(入仕)한 후 참하관(參下官: 7품 이하 관직) 여러 관직을 거친 후였음을 알 수 있다. 이위의 문음 초입사 당시 조음(祖蔭)이었는지 부음(父蔭)이었는지는 분명하지가 않다. 좌의정을 역임한 조부 이원과 세조 원종공신에다 동지중추원사를 역임한 부친 이비 역시 자손들에게 음서(蔭敍) 혜택을 줄 수 있는 위치에 있었기 때문이다. 특히 이 당시는 고관을 지낸 선조들의 음덕으로 일찍이 관직에 진출하였다가 개인 능력을 바탕으로 새로 과거에 급제하게 되면, 원래 계급을 기준으로 더 좋은 관직으로 영전하는 것이 관례였다. 따라서 이는 고관 자제들에게 주어진 일종의 특혜이기도 했는데, 이위 또한 그런 혜택을 충분히 누렸던 것으로 보인다. 급제한 이듬해인 중종 3년에 이미 사헌부 장령으로 근무하고 있었다는 것이 그 증거이다. 통상 장원 급제자를 제외한 이들

---

1) 『국조방목』 중종 2년(1507) 정묘(丁卯) 증광시(增廣試).

은 9품직에서 출발하기 때문이다.

사헌부 장령은 정4품 관직인데, 조선시대의 사헌부는 언론 3사 중의 하나로 백관을 규찰하는 막강한 힘을 가진 부서였다. 종2품의 대사헌(大司憲) 아래 종3품의 집의(執義)와 정4품 장령, 정5품의 지평(持平)까지 관원을 통칭 대관(臺官)이라고 하였는데, 장령과 지평을 별칭 대장(臺長)이라고 하여, 학문과 덕행이 뛰어난 자를 이조(吏曹)에서 대관으로 추천하였고, 이렇게 추천된 사람을 남대(南臺)라 칭하였다. 따라서 사헌부 장령 벼슬은 고관으로 진출하는 조선조 엘리트 코스였던 셈이고, 아울러 사간원 헌납이나 정언 등과 함께 대신(大臣)과 국왕을 견제하는 기능을 부여 받았기에 청요직의 핵심이라 할 수 있다.

이위가 사헌부 장령으로 있을 당시 첫 번째로 닥친 사안이 정국공신들에 대한 음가(蔭加) 문제였다. 중종반정이 끝난 후 남발된 정국공신 문제가 제기된 가운데, 원종공신 또한 공도 없던 자들이 책봉된 경우가 많았고, 이에 더하여 공신들에게 내려진 음직(蔭職) 가자(加資)[2] 문제가 핵심 쟁점으로 떠올랐다. 원래 정국 4공신으로 책봉하려던 자들을 원종공신으로 임명하는 과정에서 공도 없이 책록 된 자들 다수가 끼어들었고, 실제로 80여 명이 당상관에 오를 정도로 남발되었다. 이런 문제 때문에 사헌부에서는 중종 즉위 시점부터 음가 문제를 바로 잡아야 한다는 사실을 간헐적으로 제기해 오고 있었다. 그럼에도 중종은 공신들의 위세에 눌려 바로잡을 생각을 하지 못한 채 시일만 끌고 있었는데, 특히 이위가 사헌부 장령으로 근무하던 때부터 이 문제를 놓고 집중적으로 대치국면에 접어들었던 시기였다. 중종 3년 1월부터 이위는 사간원 헌납 박상(朴祥)과 함께 중종에게 음가에 대한 문제를 제기했다. 그러나 중종은 윤허하지 않았다.[3]

---

2) 음직(蔭職) 가자(加資)를 줄여 음가(蔭加)라 칭하였는데, 공신 본인이나 자제들에게 원래 갖고 있던 계급에서 몇 계단을 뛰어넘어 특진시켜 준 것을 말한다.
3) 『중종실록』권5, 중종 3년 1월 20일 무오.

그로부터 며칠이 지나 조강(朝講)이 열린 날 장령 이위는 사간원 정언 김굉(金硡)과 함께 또 다시 음가에 대한 문제점을 아뢰었다. 대신(大臣)들은 전례가 있었다는 주장이었고, 대간들은 전례가 없음을 이유로 음가를 허용해서는 안 된다는 팽팽한 주장으로 대립되고 있었다. 이에 영중추부사 노공필(盧公弼)이 중재안을 내었다. 『실록(實錄)』을 상고해 보자는 안이었다. 그럼에도 중종은 대답이 없었다.[4] 이후에도 이위는 사헌부 장령으로 근무하는 동안 꾸준하게 공신들의 음가 문제를 삭제해야 한다는 주장을 굽히지 않았다. 그럴 때마다 중종은 공신들 편에 섰다. 후일 음가 문제를 포함하여 정국공신 위훈(僞勳)을 삭제하는 강경책으로 일관한 조광조 일파는 결국 훈구대신들의 반격으로 화를 입었다. 이를 기묘사화라 부른다. 장령 이위가 제기했던 음가 문제는 기묘사화의 전초전이었던 셈이다.

장령 이위는 또 다른 개혁안을 중종에게 올렸다.

『경국대전(經國大典)』에, '수령(守令)은 전토 10결(結) 이상이 있으면 제수할 수 없다'하였으니, 사정을 써서 폐단을 만들기 때문입니다. 그 가향(家鄉)이 가까운 고을의 수령이라면 비단 그 하고 싶은 것을 마음대로 할 뿐 아니라, 그 족친이나 붕우들이 혹은 혼인을 핑계하고 혹은 상장(喪葬)을 핑계하여 여러 모로 애걸(哀乞)하게 되니, 수령된 사람도 또한 따르지 않을 수 없어 그 폐단이 많습니다. 감사와 도사(都事)도 또한 그러하니, 청컨대 지금부터 수령을 고향이 가까운 곳에는 제수하지 말고 감사와 도사도 본도(本道)에는 차임(差任)하지 마소서.

이런 개혁안은 훈구대신들조차 반대할 명분은 없었다. 당대 최고 실세였던 영사(領事) 박원종이 앞장서서 이위의 안을 지지하고 나섰다. 그러자 중종은 그

---

4) 『중종실록』 권5, 중종 3년 1월 24일 임술.

자리에서 이위의 개혁안을 가납하였다.[5] 원래 조선시대에는 상피(相避) 제도란 것을 운영하고 있었다. 자기 출신지에 지방수령으로 파견하지 않는다거나, 한 부서에 가까운 친인척을 임명하지 않는다는 원칙들이 그것이다. 지엄한 법전인 『경국대전』에 규정을 두고서도 지키지 않던 관례를 과감하게 바로 잡아야 한다고 나선 이가 이위였다.

그러는 한편, 중종 3년(1508) 3월에 장령 이위는 임금에게,

신이 들건대, 북방의 진수(鎭戌)가 허술하여 온성(穩城) 등지가 피폐함이 더욱 심한 것은, 폐조(廢朝) 때 초서피(貂鼠皮) 납부하기를 독촉한 일에 시달리고 조관(朝官)들이 또한 자주 출입했으므로 군졸의 태반이 도망쳐 흩어졌기 때문이라 합니다. 근래에는 그 옛날 상태가 약간 회복되었지마는, 그러나 몸에 입을 옷이 없으므로 고생이 아직 심하니 창졸히 위급한 일이 있으면 어찌 소용이 있겠습니까?

전일 신윤무(辛允武)가 절도사(節度使)가 되었을 때의 방략과 처치는 능란했다고 말할 수 있겠으나, 다만 나이가 젊고 갑자기 승진한 사람으로서 변방 일에 익숙하지 못하여 변방 백성들로 하여금 노략질을 당하게 하는 데 이르렀습니다. 지금 유담년(柳聃年)이 절도사가 되었는데, 그 사람은 신윤무(辛允武)보다는 훨씬 나으므로 반드시 조치를 잘 하겠지마는, 다만 군졸이 이와 같으니 누구와 더불어 지키겠습니까? 청컨대, 병기(兵器)가 없는 사람에게는 비융사(備戎司)에 저장해 둔 것을 주고, 말이 없는 사람에게는 각 목장(牧場)에서 먹이고 있는 것을 지급하며, 조관(朝官)을 파견하여 그 허실(虛實)을 점검토록 하소서.

라는 건의안을 올렸다. 그런 도중에도 음가에 대한 문제는 꾸준히 제기되는 상

5) 『중종실록』권5, 중종 3년 1월 30일 무진.

황이었고, 이위를 비롯한 사헌부 관원들이 모두 좌천되었다.[6] 그러나 이듬해인 중종 4년(1509) 11월에 이위가 성균관 사성(司成) 신분으로 김세필·김안국 등과 함께 시강(侍講)에 참여한 것으로 미루어 이위의 좌천 기간은 짧은 기간에 끝났고, 이어 종3품의 성균관 사성으로 승진해 있었음이 확인된다.[7]

이위가 사헌부 집의로 재직 중이던 중종 5년(1510)에 유생들이 불경을 탈취한 사건이 발생했다. 이에 내수사 종이 도적질로 무고하자 종을 가두고 심문하는 일이 벌어졌을 때, 이위가 "내간(內間)에서 이 종이 죽을까 염려한다"라고 말한 것이 대간 위풍을 훼손하였다 하여 탄핵받아 체임되었다.[8] 이 때 내간이란 정현왕후를 뜻하며, 정현왕후는 이위의 고종사촌이던 윤호의 딸이었다. 이 사건에는 장예원 판결사였던 이맥(李陌)도 함께 연루되었다. 대간들이 연일 치죄해야 한다고 중종에게 건의했다.

그럼에도 중종은 이를 받아들이지 않았다. 이런 일들이 잠잠할 무렵 도체찰사 성희안이 종사관 이위(李偉)를 보내어, "충주(忠州)에 가둔 왜인은 이미 추문하였으나, 금부(禁府)에 가둔 왜인은 도원수가 올라오기를 기다려서 다시 의논하고자 합니다. 거제 현령(巨濟縣令) 오세한(吳世翰)은 의로운 군사로 왜노를 벤 것이 5급(級)에 이르렀으니, 그 공이 대군을 거느리고 벤 것보다 낫습니다. 군공을 마련할 때에 혹시 빠뜨릴까 두려우니, 도원수에게 하유하시어 아울러 기록하게 하소서"하니, 임금이 그대로 따랐다 한다.[9] 이 기사를 통해서 보면, 삼포왜란으로 혼란했던 지역에 당대 최고 권력자였던 성희안을 도체찰사로 파견할 때 이위를 그의 종사관으로 파견한 것으로 추정된다. 그리하여 성희안은 군직(軍職)에 붙여 종사관으로 출정시킨 이위를 위해 중중에게 서용해 달라는 청원

---

6) 『중종실록』 권6, 중종 3년 6월 21일 정해.
7) 『중종실록』 권10, 중종 4년 11월 9일 정묘.
8) 『중종실록』 권10, 중종 5년 2월 6일 임진.
9) 『중종실록』 권11, 중종 5년 5월 5일 기미.

까지 올리게 되었다.[10]

이런 사실이 알려지자 대간의 반발은 만만치가 않았다. 하지만 중종은 1510년 11월에 이위를 사헌부 집의로 다시 불러들였다.[11] 중종의 이런 인사에 대해 대간들의 반발은 심했다. 그러자 중종은 이맥을 판결사(判決事)에 제수하는 한편 이위를 정3품의 군자정(軍資正)으로 승진 발령을 내렸다.[12] 이런 중종의 인사행정은 당시 소격서를 혁파하는 문제와 함께 대간들의 지속적인 간쟁거리 단골메뉴가 되어버렸다.

조선 정치사에서 항상 문제가 되었던 부분이 바로 외척 세력을 어떻게 견제하는가 하는 점이었다. 대간에서는 이 사건을 바로 외척의 문제로 연결시켜 봤던 것이기에 더 큰 문제로 비화된 점이 있었던 것도 사실이다. 대간들이 주장했던 다음의 자료에서 그런 사실들이 잘 드러난다. 이맥과 이위 행위를 척리(戚里)의 발호로 인식한 것이다.

> 이맥(李陌)은 내간(內間)의 말을 전갈하여, 사사롭게 이위(李偉)에게 부탁하였으며, 이위(李偉)는 이를 대중(臺中)에 말하여 그 계획을 행하고자 하였으니, 죄가 진실로 큽니다. 당초에 추론할 적에 율(律)이 무겁지 않은 것이 아니었는데도 파직만 당하였으니, 두 사람에 대한 전하의 용서가 이미 지나쳤거늘, 얼마 지나지 않아서 본품(本品)을 수직(授職)하셨으며, 이제 또 이맥(李陌)을 당상(堂上)의 현직을 삼으시고, 이위를 한 관사의 장관으로 승서하셨으니, 비단 그 죄를 기록하지 않은 것뿐 아니라 특별히 총애하여 벼슬을 높여 준 것이 도리어 현능(賢能)한 이에게보다 지나쳤습니다. 이것은 사람에 대한 전하의 징계와 권장이 모두 그 마땅함을 잃은 것

---

10) 『중종실록』 권11, 중종 5년 5월 6일 경신.
11) 『중종실록』 권12, 중종 5년 11월 28일 경진.
12) 『중종실록』 권14, 중종 6년 6월 21일 기해.

이니, 두 사람의 직을 갈아 척리(戚里)의 조짐을 막으소서.[13]

　중종 8년(1513) 6월 함경도에 심한 기근이 들었다. 구황 경차관(救荒敬差官)으로 파견되었던 한효원(韓效元) 모친이 병들자 전운사 종사관(轉運使從事官)이었던 이위(李偉)로 하여금 그 일을 대행시킨 다음, 또 윤희인(尹希仁)을 보내어 도를 나누어 기근을 구제하게 하였다.[14] 구황 경차관 임무를 마친 이위는 돌아와 "이제 곡식이 이미 익고 농사가 풍요하므로, 주리던 백성이 예전에 살던 곳으로 돌아가서 구휼을 위한 진제장(賑濟場)이 모두 비매, 신이 할 일이 없으므로 돌아왔습니다. 또 신이 그 도내의 풍년을 보았는데 사람들이 서로 '이와 같은 풍년은 일찍이 보지 못했다'고 합니다"라고 보고했다.[15] 군기시(軍器寺) 정(正)에 제수되었고, 이어 중종 9년 12월 영의정 유순 등이 이위를 비롯한 김안국과 소세양 등 모두 28인의 사유(師儒)를 선발할 때 13번째로 뽑혔다. 당대 문사(文士)들 중에서 최고의 학문을 가진 자들이 선발되었는데, 경학(經學)만을 본 것이 아니라 문장 실력을 가늠하는 사장(詞章)도 함께 고려한 선발이었다. 이위는 중종 11년에도 사유에 선발된 적이 있을 정도로 출중할 실력을 자랑했다. 중종 10년(1515) 3월에는 중궁 윤비(尹妃)의 승하로 국장도감 낭청이 되어 국장을 마치었다.

　중종 14년(1519) 기묘사화가 있었다. 이위가 급제 후 초기 관직 생활이나 동료들의 성향으로 보면, 기묘명현들과의 접촉이 꽤 많았다. 사헌부 장령 시절 사간원에 근무했던 박상이나 그 후 김세필·김안국 등과의 교류가 꽤 친밀함이 있었다. 그럼에도 기묘사화에는 연루되지 않았다. 그리하여 중종 15년(1520)년에 대사간에 올랐다.[16] 이어 판결사(判決事)의 자리로 옮겼고, 이듬해 황해도 관찰사로 부임하여 왜구 방비를 위해 해변 경비업무를 강화시켰다. 병조참지로 들어

13)『중종실록』권14, 중종 6년 6월 19일 정유.
14)『중종실록』권18, 중종 8년 6월 8일 을사.
15)『중종실록』권18, 중종 8년 8월 11일 병오.
16)『중종실록』권40, 중종 15년 7월 2일 무자.

와 임금께 아뢰기를, "우리나라 남변(南邊)의 경우 평소 방비를 엄중히 해왔던 것은 뜻밖의 변란을 염려해서였습니다마는 서해(西海)에는 자체에만 맡겨두고 방비의 일을 전혀 거론도 하지 않았었는데, 지금 이런 변이 있을 줄을 어찌 알았겠습니까? 또 듣건대, 그곳 백성들이 난을 피해서 구월산에 들어가 숨는 등 인심이 동요하는 모양이니 지극히 염려됩니다. 바라건대 대신과 함께 의논하는 것이 어떻겠습니까?"하니, 전교하기를, "이 장계(狀啓)를 보고 내가 매우 놀라움을 금치 못하였다"하고는, 승정원에 명을 내려 곧장 삼공을 패소(牌召)하여 회의를 소집하였다.

중종 18년(1523) 9월 대마도와 체결된 약조(約條)를 살피고 개정 불가의 주청을 드려 대마도 사신의 요구를 거절하였다. 중종 20년 4월 남곤(南袞)·이유청(李惟淸)·권균(權鈞)·홍숙(洪淑)·고형산(高荊山)·윤은보(尹殷輔)·안윤덕(安潤德)·유담년(柳聃年)·김극핍(金克愊)·한형윤(韓亨允)·이항(李沆)·황맹헌(黃孟獻)·김석철(金錫哲)·이세응(李世應)·조옥곤(趙玉崐)·성운(成雲)·반석평(潘碩枰) 등과 함께 변방에 자주 침입해 왔던 여진족 처리 문제와 아울러 외침을 다스리는 방책을 수립하였다. 당시 함경도 일대를 괴롭히는 야인 왕산적하 무리는 조선 조정에서도 매우 골치 아픈 문제였다.

이위 신도비 대전시 비래동

중종 20년(1525) 병조 참지 이위는 판서 유담년(柳聃年)·참판 성운(成雲)·참의 반석평(潘碩枰)과 함께 "요사이 화살을 본조(本曹) 문에다 쏜 자가 있는

데, 이는 반드시 무상(無狀)한 자의 소행일 것입니다. 그러나 반드시 원망하는 독심(毒心)을 가지고 그런 것이어서 마음에 미안하므로 감히 사직합니다"라고 하여 사직을 청했다. 이에 전교하기를, "전일에 누군가 정부와 사헌부 문에다 화살을 쏜 일도 있는데, 필시 간사한 무리가 공동(恐動)시키려고 그러는 것이다.

만일 이 때문에 사직한다면 그들이 반드시 다시 이런 일을 하게 될 것이니 사직해서는 안 된다"라며 중종은 받아들이지 않았다. 이어 병조 판서 김극핍(金克愊)·참판 성운(成雲)·참의 반석평(潘碩枰)과 함께 군적총목(軍籍總目)을 마무리하여 중종에게 바쳤다. 중종 4년의 안(案)에는 정군(正軍)이 17만 6천 4백 16명이었는데, 이번에 1만 2백 75명이 증가되었고, 중종 4년의 잡색군(雜色軍)이 12만 3천 4백 8명이었는데, 이번에 1천 6백 66명이 증가되었음을 보고했다. 병조참지를 끝으로 더 이상의 관직은 확인되지 않는다.

친필유시 親筆遺詩

중종 14년(1519) 가을 안동부사로 재직하던 농암(聾巖) 이현보(李賢輔)가 안동 부내 노인들을 관정(官庭)에 불러 모아 잔치를 베풀면서 화산양로연시(花山養老宴詩)를 지었는데, 당시 경향의 명사들이 보내 온 친필 차운시(次韻詩)를 첨부하여 첩장(帖裝)한 것이 『애일당구경첩(愛日堂九慶帖)』이다. 보물 1202호로 지정되어 있다. 충재 권벌을 비롯하여 눌재 박상, 십청헌 김세필, 모재 김안국 등 모두 43명이나 되는 당대 명사들이 망라되어 있고, 대이(大而) 이위가 보낸 친필 축시(祝詩)가 포함되어 있다. 농암 이현보의 운(韻)에 맞춰 년(年) 변(邊) 연(連) 연(筵)의 차운(次韻)으로 지은 것이다. 이위가 중종 9년과 중종 11년에 각각 여러 명사들과 함께 사유(師儒)로 선정된 바 있듯이, 그의 문장 실력과 친필을 살펴 볼 수 있는 귀중한 자료이다.

望切廬門近暎天　해 저물녘 문밖에서 매우 기다리는데
印申維縶度年年　이 몸은 조석 출퇴근 공무에 매인 나날
一朝歸抽風披後　하루아침 소매 젖고 돌아가니

千里家山醉眼邊　　천리 길 고향 산이 취한 눈길에 들어오네

遙想萱堂開笑日　　훤당에 웃음소리 들려오는 날이면
定知萊舞接雲連　　노래자 춤사위가 구름 속으로 이어지겠지
尊中酒滿歌聲發　　술동이 술 가득하고 노래 소리 울려나와
獻壽瓊杯已上筵　　축수의 옥술 잔을 잔치자리에 올렸겠네

출처: 『애일당구경첩(愛日堂九慶帖)』보물 1202호, 제작: 1520년 무렵. 제작자: 농암 이현보, 소장: 농암종택(한국국학진흥원 기탁)

'애일당(愛日堂)'은 농암 선생이 고향이던 안동시 도산면 분천리 분강 기슭에 세운 정자인데, 부모님을 모실 수 있는 남은 날들 하루하루를 아까워하고 아낀 다는 뜻으로 붙인 이름이다. 이 정자(亭子)에 아버지를 포함한 아홉 노인을 모시고 색동옷을 입고 춤을 추었다. 이는 중국의 전설적인 효자 노래자(老萊子)가 효도했던 방법을 모방한 것으로, 이 모임을 '애일당구로회'라고 정한 이래 후손들도 대대로 이 규범을 지켜오고 있다. 애일당구로회에 공(公)이 보낸 축하 친필 시가 전하고 있는데, 다음과 같다.

白雲飛虎是桑鄉　　흰 구름은 이 온화한 고을에 비호처럼 나르고,
強着征鞭客路長　　나그네 갈길 멀어 힘써 채찍을 더하네.
山館黃花開爛熳　　산중 객사 노란 꽃은 활짝 피어 무르익고,
年光背我去堂堂　　세월은 나를 저버리고 당당하게 흘러가네.

이육李育

생년 : 미상

몰년 : 미상

관력 : 통훈대부(通訓大夫) 안기도찰방(安奇道察訪)

자호 : 자 원숙(元叔) 호 모헌(慕軒)

묘소 : 청도 화양읍 유등리 원산 기슭 갑좌

가족 : [증조] 원(原) [조] 증(增) [부] 평(泙)

　　　　[외조] 허추(許樞) [처부] 최자순(崔自淳)

모헌공은 고성이씨 절대 다수를 차지하는 참판공파 청도 고성이씨 입향조이다. 백형 쌍매당, 중형 망헌과 함께 점필재 문하에 들어가 영남 사림(士林)들과 도의지교로 사귀었다. 문음(門蔭)으로 안기도 찰방(察訪)으로 출사하였으나, 연이어 일어난 사화(士禍)로 부형들이 처형당하자 출사를 포기하고 청도 유곡으로 은거하여 후학을 양성하며 유유자적하였다. 특히 유곡마을 유지(溜池)에 연(蓮)을 심고 호상(湖上)에 정자를 지어 군자정(君子亭)이라 이름 하고는, 시부(詩賦)로써 그 뜻을 펴고 문주(文酒)로써 그 회포를 달래었다. 이 연지(蓮池)와 정자(亭子)는 현재 청도 팔경 중에 으뜸으로 찾는 이가 끊이질 않는다.

고성이씨 참판공파 청도 입향조(入鄕祖)이다.[1] 명가에서 태어난 공은 유년기부

---

1) 이하 서술은 『고성이씨대종회발전사』에 근거하였음.

터 총명하여 스스로 깨닫고 학업에 전념하였다. 장성하여 백형인 쌍매당(雙梅堂) 윤(胤)과 중형인 망헌(忘軒) 주(冑)를 따라 점필재(佔畢齋) 선생 문하에서 수학하였는데, 나날이 학업을 성취함이 탁월하였고, 성리학적 실천 윤리를 행하는데도 진력하였기에 사림(士林)들 사이에서 명성이 높아졌다.

쌍매당(雙梅堂)과 망헌(忘軒) 두 형이 유학사상에 바탕 된 경세(經世)의 뜻을 펴고자 일찍이 출사(出仕)한데 반하여, 공은 부친 승지공[諱 泙]을 봉양하는데 마음을 다했다. 성종 22년(1491)에 친상을 당하게 되자, 애통함을 다하여 3년 상을 마칠 때까지 여막(廬幕)에서 시묘(侍墓)하였다.

그 후 성종 24년(1493)에 문음(門蔭)으로 안기도 찰방(安奇道察訪)에 제수되어 출사하였다. 이로부터 4년이 지난 연산군 4년(1498) 무오사화(戊午史禍)가 일어나자 쌍매당과 망헌 두 형이 연루되어 거제도와 진도로 각각 유배되었고, 다시 연산군 10년(1504)에 일어난 갑자사화(甲子士禍) 때는 더욱 참혹한 변을 당했다. 중형 망헌공은 제주도로 이배되었다가 곧 한양으로 옮겨져 군기시(軍器寺) 앞에서 참형을 당하였고, 외아들마저 난신률(亂臣律)로 처형되는 비운을 맞았다. 공의 선친 승지공은 난신적자의 아버지로 몰려 부관참시(剖棺斬屍)를 당하였고, 아우였던 수찬공(修撰公) 려(膂)도 진도로 유배되었으며, 공의 숙부인 굉(浤)과 명(洺)도 영해(寧海)와 영덕(盈德)으로 각각 유배되었으니, 한 가문의 수난이 참혹하기가 이를 데 없었다.

공은 난세를 개탄하면서 세상을 피하여 임천(林泉)에 은거(隱居)하고자 조부가 일구어 놓은 터전 안동(安東)에서 남하하여 청도(淸道) 유곡(柳谷) 죽림촌(竹林村)에 정착했다. 이곳 청도는 공이 지난날 진도(珍島)에 유배되어 있던 중형 망헌공(忘軒公)을 문후(問候)하고자 왕래하면서 청도 죽림촌을 지나다가 "산불고이수려(山不高而秀麗)하고 지불광이비옥(地不廣而肥沃)하니 가히 존거(奠居)할만한 곳이로다"하고 뒷날 정착하였다고 한다. 고려 말기 문경공(文敬公) 이강(李岡)이나 조선 초기 귀래정 이굉(李浤)과 쌍매당 이윤(李胤) 등이 청도 군수를 역임한 바가 있듯

이, 고성이씨들의 청도 인연은 오래전부터 있어왔다.[2]

아울러 현재 학계의 연구 성과에 의하면, 당시는 자녀(子女) 균분상속(均分相續)이 관행이었다.[3] 재산상속을 비롯하여 모든 일에 아들과 딸을 차별하거나 구분하지 않았다는 뜻이다. 따라서 조선후기에 형성된 동족마을의 입향조(入鄕祖)들을 분석해 보면, 처가(妻家) 마을로 이주해 와서 집성촌으로 형성된 경우가 더 많았다. 모헌공이 청도 유곡 마을에 이주해 왔던 것도 처향(妻鄕)인 이곳에 물려받은 재산이 있었기에 가능한 것이었다.

모헌공의 장인이었던 최자순(崔自淳)은 흥해최씨(興海崔氏)인데, 시조 최치원(崔致遠)의 18세손인 최호(崔湖)가 고려 공민왕 때 문하시중(門下侍中)과 신호위 상장군(神虎衛上將軍) 등을 역임하여 삼한벽상공신(三韓壁上功臣)에 책훈되고, 곡강 부원군(曲江府院君)에 봉해졌다. 곡강은 흥해의 옛 지명으로, 최호가 사후에 곡강서원(曲江書院)에 제향되고 자손들이 그곳에 세거하면서 흥해를 본관으로 삼게 되었다. 이후 세계(世系)가 실전되어 흥해최씨는 최호의 6세손인 최연(崔淵)을 1세조로 하는데, 성균관 대제학을 지낸 최연의 아들 최자순(崔自淳)이 김해에서 청도로 입향했다고 알려져 있다. 그럼에도 그 시점과 경위는 분명하지 않다. 모헌공 장인이던 최자순의 생활 터전이 다름 아닌 유호연지 인근이었으며, 이후 흥해 최씨는 청도읍 거연리에 집성촌을 이루어 살고 있다.

모헌공이 최자순의 경제적 기반을 토대로 유곡(柳谷)에 둔거(遁居)한 후로는 은덕(隱德)을 함양하고 유학적 실천윤리를 실행하며, 향당(鄕黨)의 후학을 가르치고 미풍양속을 교화하는데 진력하였다. 그러는 한편, 유지(溜池)에 연(蓮)을 심고 호상(湖上)에 정자를 지어 이름 하기를 군자정(君子亭)이라 하고는, 시부(詩賦)로써 그 뜻을 펴고 문주(文酒)로써 그 회포를 달래었다. 일찍이 중형 망헌공(忘軒公)

---

2) 박홍갑, 2005,『왕조실록 자료를 통해서 본 조선 시대 청도와 청도 사람들』, 청도문화원.
3) 김용만, 1983,「朝鮮時代 均分相續制에 關한 一研究; 그 변화요인의 역사적 성격을 중심으로」
    『大丘史學』제23집, 대구사학회.

이 진도 배소에서 지은 「방백한부(放白鵬賦)」를 벽에 걸어두고 원사(寃死)한 형을 사모하기도 하고, 바람 맑은 아침이나 달 밝은 저녁이면 노산군(魯山君: 단종)의 「자규시(子規詩)」를 읊으면서 눈물 흘려 소매 자락 적시었고, 한정(閒靜)한 날 정대(亭臺)의 청류량풍(淸流凉風)과 원림(園林)의 풍미에도 울울불긍(鬱鬱不肯)하며 근숙소견(謹肅消遣)하였다고 한다.

중종반정으로 난정(亂政)이 종식되자, 공은 중종 2년(1507)에 사마시(司馬試) 생진과(進士科)에 삼등 제37인(合格者 百人中 三十七人)으로 합격하였다.[4] 그 해 여름에 자친(慈親) 숙부인(淑夫人) 양천허씨(陽川許氏)가 별세하시니, 부상(父喪) 때와 같이 집상예제(執喪禮制)를 엄수한 뒤 순(舜) 임금이 종신토록 그 부모를 극진히 사모하였다는 대효(大孝)를 본받아 자호(自號)를 모헌(慕軒)이라 하였다. 모헌공은 가문이 겪은 엄청난 피화로 사진(仕進)을 단념하고 후진 교도에 전력함으로써, 그 나름대로 유자(儒者)의 본분을 실현코자 하였다. 청도 유곡(柳谷)에 존

모헌공 이육의 묘소 청도 화양읍 유등리

거(奠居)한 후 건립한 군자정(君子亭)을 모헌정사(慕軒精舍)라 명명한 것도 다분히 이에 연유된 것이 아닌가 싶다.

모헌공이 산림천석(山林泉石)에 둔세(遁世)하여 시속을 교화하며 향사(鄕士)와 함께 처세한 유사(遺事)가 적지 아니할 것으로 추상(推想)되나, 오랜 세월 국난을 겪어온 터라 이를 고증할 자료가 거의 없다. 『청도문헌고(淸道文獻考)』의 인물 편에 모헌공의 장자[諱郣]의 문집이 병화로 소실되었다라고 기록되어 있고, 공이

---

4) 「정덕정묘춘증사마방목(正德丁卯春增司馬榜目)」(계명대학교 도서관 소장).

존거(奠居)한 청도 땅 후손들의 세거 마을을 보면 한결 같이 산수 좋고 생리(生利)가 넉넉한 지명(名地)이다. 본거지인 유호(柳湖)를 중심으로 하여 사방으로 늑평(勒坪) 연지(蓮池) 무동(舞洞) 거연(巨淵) 관곡(館谷) 명대(明垈) 방지(芳旨) 등 지역간 멀지도 가깝지도 않은 곳에 널리 분포되어 있다.

공의 묘소는 부인 숙인(淑人) 흥해최씨(興海崔氏)와 쌍분(雙墳)으로 유호연지(柳湖蓮池)를 조망하는 원산(院山) 기슭 갑좌(甲坐)이며, 넓은 묘정(墓庭)에는 통훈대부(通訓大夫) 사헌부 지평(司憲府持平)을 지낸 서산(西山) 김흥락(金興洛)이 찬(撰)한 묘비(墓碑)가 있는데, 명(銘)은 다음과 같다.[5]

세덕(世德)이 빛나고 절행(節行)이 뛰어 났도다.

하늘의 도움이 있어 큰 복(福)을 받으리라.

옛 비(碑)를 거듭 새로이 하고 새겨서 보게 하니 끝이 없으리라.

모헌공慕軒公 유적遺蹟
– 군자정君子亭과 유호연지柳湖蓮池

청도군 화양읍 유등리 원산 아래에 있는 유호연지(柳湖蓮池)와 그 호상(湖上) 정자가 군자정(君子亭)이다. 연산군 때 모헌공께서 세사(世事)를 잊고 이곳 유곡(柳谷)에 삶의 터전을 정하고 친히 유지(溜池)

군자정의 옛 정취 청도 화양읍 유등리

---

5) 「통훈대부행안기도찰방모헌철성이공묘갈명」(김흥락 찬).

를 넓혀서 연(蓮)을 심고 정자(亭子)를 지어 향유(鄕儒)와 교유하고 후진을 교도한 유서 깊은 유적이다. 이곳은 청도 팔경 가운데 가장 빼어난 곳일 뿐 아니라, 전국 백승(百勝)의 하나로 『오산팔경서(鼇山八景序)』에 의하면, "유호지풍경(柳湖之風景) 불양항주(不讓杭州)"라고 극찬할 만큼 경관이 수려한 명승지이기에 향토문화재로 지정되어 있다.

화조월석(花朝月夕) 좋은 때에 시인 묵객들이 이 정자(亭子)에 모여 앉아 음풍농월(吟風弄月)하는 곳이자, 청풍(淸風)에 시를 읊고 월하(月下)에 시를 지어 호연지기(浩然之氣)를 쌓으며 후학을 양성하던 곳인데, 일명 모헌정사(慕軒精舍)라고도 한다. 1919년 향내 사림(士林)의 공의(公議)로 군자정강학계(君子亭講學契)를 결성(結成)하였는데, 매년 음력 8월 18일 정일(定日)에 취회(聚會)하여 경서(經書)를 강학(講學)하고 시를 영송(詠誦)하면서 공의 유덕(遺德)을 추모하고 있다. 이 군자정(君子亭)은 중국 북송의 거유 주돈이(周敦頤)의 애련설(愛蓮說)에 "연(蓮)은 화지군자자야(花之君子者也)"라는 구절을 취하여 이름 하였는데, 이는 군자(君子)의 도리를 추구하고자 한 공의 도학적 의식을 엿볼 수 있게 한다.

7~8월 연꽃이 만개할 즈음이면 2만 여 평의 광대한 수면을 가득히 덮은 붉은 연꽃이 우미(優美)한 자태로 호상(湖上)에 떠있는 군자정(君子亭)과 어울려 조화를 이룬다. 낚싯대를 드리운 강태공들의 평화로운 모습 또한 유호연지의 운치를 한결 돋구어 준다. 탐스러운 연꽃 송이에서 품겨 나오는 은은한 꽃 향기가 량풍(涼風)에 실려 10리에 뻗어가니, 원근 각지에서 수많은 상승객(賞勝客)이 모여든다.

이곳은 조선시대 '반(半)보기 풍습'의 유래지이기도 하다. 중로상봉(中路相逢)의 뜻을 지닌 반 보기는 옛 전통시대에 오랫동안 만나지 못한 규중(閨中) 부녀자들이 중추가절(仲秋佳節) 추석 다음날 이 연못에 모여 서로간의 회포를 풀고, 인륜의 정을 나누며 즐기는 관행이었다. 광복 후 1950년대 후반기까지 지속되어 오다가 세태변화로 소멸되고 이제는 풍습의 이름만 남아 있다. 그러나 유래지로서의 민속적 의의는 자못 크다 할 것이니, 그 재현이 아쉽기만 하다.

군자정(君子亭)의 건축양식을 살펴보면 4칸 겹집으로 구조가 독특하며 건축미가 우아하고 뛰어나서 더욱 유명하다. 이 군자정의 창건연대는 상고할 수 없으나, 중종조에 세웠던 것으로 추정되고 있다. 모헌공께서 건립한 이래 공의 후예들은 그 유지 보존을 위하여 중수와 개축을 거듭하였고, 근세에는 1915년 을묘(乙卯)에 이어 1970년 경술에 중건(重建)하였으나, 호상건물(湖上建物)이라 세월이 흘러감에 따라 부식과 훼손이 심했다. 부득이 지난 1986년에 종의(宗議)를 모아 중수(重修)키로 의견을 모아 1989년에 준공함으로써 그 면모를 일신한 바가 있고, 이어 2013년에 청도군 지원으로 정자를 완전 해체한 후 중건(重建)하여 단청까지 한 후 오늘에 이른다. 1911년 선생을 추모하기 위해 향내 360여 유림들이 만든 강학계(講學契)는 2019년 100주년을 맞게 된다.

이맹우 李孟友

생년 : 미상
몰년 : 미상
자호 : 고성군(固城君)
관력 : 군수 (증)호판 겸 지의금부사 정국공신(靖國功臣)
묘소 : 경기도 광주 한이곡(漢伊谷)
가족 : [증조] 진(珍) [조] 희진(希振) [부] 탁(鐸)
　　　[외조] 박중선(朴仲善) [처부] 황자중(黃自中) 김필원(金縪元)

　도촌공 7세손으로 아버지 진천공(鎭川公) 탁(鐸)과 어머니 순천박씨 사이에 태어났다. 연산군을 몰아내고 중종을 옹립한 반정에 참여하여 정국공신(靖國功臣) 3등에 올랐다.[1] 당초 정국공신은 1등공신 8명, 2등공신 13명, 3등공신 83명 등 모두 104명이었다. 그러나 책봉이 있었던 날 국가 재정 형편 등을 고려하여 3등 83인 중에서 30명을 3등으로 하고, 나머지 53인을 4등으로 조정하게 되었을 뿐만 아니라, 공신에 들지 않았던 12명을 4등공신으로 추가하여 모두 116명으로 확정되었다. 이 때 이맹우는 최종적으로 4등 공신으로 책봉되었다.

　당시 공신 책봉은 반정의 주역이던 박원종(朴元宗)·성희안(成希顔)·유순정(柳順汀) 등의 요구에 의한 것이었고,[2] 이맹우가 정국공신에 오른 것은 반정을 이끌었던 박원종과의 관계 때문이었다.[3] 이맹우의 외조(外祖) 박중선은 평양군(平陽

---

1)『중종실록』 권1, 중종 1년 9월 8일 갑신.
2)『중종실록』 권1, 중종 1년 9월 17일 계사.
3) 이병휴, 1978,「조선 중종조 靖國功臣의 성분과 동향」『대구사학』15·16합집.

君) 박석명(朴錫命)의 손자인데, 이 가문은 대를 이어 왕실과의 혼맥으로 얽혀 있었을 정도의 명문가였다. 무반으로 입신한 박중선은 남이(南怡) 장군의 옥사에 공을 세워 익대공신(翊戴功臣)에 올랐다. 그 후 예종이 뜻하지 않게 일찍 승하하자, 그의 사위 월산대군(月山大君: 성종의 형)과 제안대군(예종 아들)이 왕위 계승 서열이 더 높았음에도, 대세에 따른 성종 즉위에 힘을 보태 또 다시 좌리공신(佐理功臣)에 올랐다. 박중선의 아들 박원종도 아버지를 이어받아 무반으로 출사(出仕)하여 입지를 굳혀가는 듯 했으나, 연산군의 거듭된 실정에 반발하여 중종을 옹립하는 데 앞장섰다. 따라서 이맹우는 외숙(外叔)이었던 박원종이 반정이란 큰 거사를 도모할 때 협조하여 공신이 된 것으로 보인다.

이후 중앙 정국은 공신들이 주도하는 형국으로 흘러갔지만, 젊은 사림(士林) 세력들이 재기하여 훈구(勳舊) 공신에 대한 비판을 가하기 시작했다. 특히 정국공신(靖國功臣) 책봉이 친인척에게 남발되었다는 조광조 일파들의 끈질긴 위훈삭제(僞勳削除) 주장은 큰 도전이었고. 그에 따라 결국 공신들의 등급이 조절되기도 했다.[4] 그럼에도 중종은 자신을 옹립한 공신들에 대한 신뢰를 아낌없이 보내고 있었는데, 중종 34년(1539)에 이맹우를 비롯한 여러 공신들을 접견하고 술을 내리고 말 1필씩 내려 주었던 것도 그 일환이었다. 이에 대한 기록은 다음과 같다.

조종조(祖宗朝) 때에는 중삭연(仲朔宴) 및 훈신(勳臣)들을 특별히 접대할 때가 많았는데, 근자에는 재변(災變)과 사고(事故) 때문에 오랫동안 접견하지 못하였으니, 이점 안타까운 일이다. 내 특별히 접견하고 연회를 베풀려 했었으나 마침 겨울 천둥으로 인하여 연회를 베풀지 못하고 단지 인견만 할 뿐이다"하였다. 그리고 빈청(賓廳)으로 물러가게 한 다음 술을 내리고 각각 아마(兒馬) 1필씩을 주었다.[5]

---

4)『중종실록』권37, 중종 14년 11월 11일 신축.

이맹우가 비록 공신에 책봉되긴 했지만, 그의 관직 생활이 순탄한 것은 아니었다. 중종반정의 공신으로 책봉된 이후 지방관인 현령(縣令)으로 파견되었으나, 그 직에 맞지 않다하여 체임된 바가 있고,[6] 후일 경직으로 복귀하여 선공감(繕工監) 부정(副正: 종3품)을 지냈던 사실 등이[7] 『조선왕조실록』에 확인되고 있으나,[8] 훈구세력의 견제를 도맡은 대간(臺諫)들이 주도한 비판의 대상으로 자주 거론되었다. 고성이씨 족보 기록에 의하면, 자산군수(慈山郡守)를 역임한 후 통정대부를 거쳐 호조판서(戶曹判書) 겸 지의금부사(知義禁府事)와 자헌대부에 증직되었고, 고성군(固城君)에 봉해졌다.

---

5) 『중종실록』 권92, 중종 34년 10월 24일 무자.
6) 『중종실록』 권12, 중종 5년 8월 21일 갑진.
7) 『명종실록』 권5, 명종 2년 5월 22일 임신.
8) 『명종실록』 권5, 명종 2년 5월 22일 임신.

이우李佑

생년 : 1476년(성종 7)

몰년 : 1519년(중종 14)

관력 : 사헌부장령 의정부사인

자호 : 자 현중(賢仲) 호 성암(省菴)

묘소 : 경북 성주 초전 용성리 산 11-2 후산

가족 : [증조] 대(臺) [조] 의(嶷) [부] 필(珌)

[외조] 홍현정(洪顯廷) [처부] 여우창(呂遇昌)

성암공 이우는 연산 7년 진사과를 거쳐 중종 5년(1510) 문과에 합격하였다. 예문관 한림(翰林)이 되어서는 올곧은 사관(史官)으로서의 면모를 지켰고, 이후 사간원 정언과 사헌부 헌납 등을 제수 받아서는 언관(言官)으로서의 직분을 다했다. 조광조 등 기묘사림들과 폭넓은 교유 관계를 이어갔고, 사헌부 지평(持平)과 장령(掌令) 등 청요직을 거쳐 의정부 사인으로 있다 생을 마감했다. 지위가 시종(侍從)과 대간(臺諫)을 거쳤어도 집 살림이 곤궁하여 그 처자가 의지할 바가 없었다는 세평을 얻었다.

이대의 증손 이우(李佑)는 연산군 7년(1501) 사마시에 응시하여 진사가 되었고, 이후 중종 4년(1509) 유생들을 궁중에 불러 시험한 정시(庭試)에서 으뜸을 차지하였다. 보통 정시(庭試)라 한다면, 증광시(增廣試)·별시(別試) 등 나라에 경사가 있을 때 궁중에서 행하는 과거를 뜻하나, 여기서는 수시로 궁정에서 유생을 대상으로 시험하는 것을 말한다. 당시 왕은 유생의 학업을 권장할 목적으로 유생들을 궁중에서 시험하여 성적이 우수한 자에게는 다음에 있을 과거에서 회시(會試)나 전시(殿試)에 바로 응시 할 수 있는 자격을 주었다.[1] 이런 특전을 받은 이우는 이듬해 문과에 합격하였는데, 재당숙이던 이려가 장원급제 할 당시의 과거였다.[2]

문과에 급제한 이우는 예문관 소속 사관(史官) 벼슬을 받았으니, 엘리트 코스를 달린 셈이다. 이우가 사관으로 재직 중이던 때에 공신이던 유순정이 모종의 사건으로 사직한 일이 있었는데, 중종은 이에 대해 허락하지 않았다. 이와 관련된 사건을 사초의 일종인 일기에 기록하는 과정에서 문제가 생겨 담당 승지와 제진관(製進官) 황필(黃㻶)을 사헌부에서 추고(推考) 하는 것은 물론 사초까지 새로이 수정하라는 명이 내려졌다.[3] 이것이 중종 7년(1512) 2월 14일이었는데, 그날 석강(夕講)에서, 춘추관 기사관(記事官) 이우가 사관의 직분을 다하기 위해 직언(直言)을 서슴지 않았다.[4]

> "유순정에 대한 불윤(不允) 비답을 고치도록 명하셨으나, 일기는 만세토록 거울삼는 글이므로, 한번 쓴 다음에는 다시 고치지 못하는 것입니다. 아침에 기록하였다가 저녁에 고친다면 어찌 직필(直筆)이 되겠습니까. 더구나 황필(黃㻶)은 잘못 지은 죄 때문에 사헌부가 바야흐로 추고하니, 고치지 않더라도 그 잘못됨을 알게 될 것입니다."

이런 이우의 직언이 있게 되자, 옆에 있던 시독관(侍讀官) 권벌(權橃) 또한 이우의 의견에 동조하여 중종을 설득하고 있었음을 볼 수 있다.

---

1) 『중종실록』 권8, 중종 4년 3월 1일 계사.
2) 『국조문과방목』 중종 5년 경오 식년시(式年試).
3) 『중종실록』 권15, 중종 7년 2월 12일 정해.
4) 『중종실록』 권15, 중종 7년 2월 14일 기축.

이렇듯, 예문관 소속 사관으로 직분을 다하는 동안 봉교(奉敎: 정7품으로 전임 사관 8명 중 으뜸 벼슬) 벼슬을 끝으로 사간원 정언으로[5] 자리를 옮겼다. 사간원 정언 또한 임금의 잘못을 간하는 직책이라 그 직분에 충실했음은 물론이다. 이렇게 활약하던 이우는 중종 10년(1515)에 사헌부 헌납에 제수되었는데,[6] 기묘사림으로 활약하던 박상(朴祥) 김정(金淨) 등이 종사(宗社)에 관계된 상소로 죄를 입게 된 사건이 벌어졌다. 이에 조광조(趙光祖)까지 연루되어 신진 사림들이 화를 당할 위기에 놓이자 사간원 헌납으로 있던 이우는 조광조와 뜻을 같이 한다는 이유로 피혐(避嫌)을 청했다.[7]

　이듬해 사헌부 지평에 올랐다가,[8] 중종 12년(1517) 홍문관 교리에 제수되었으니[9] 주로 경연(經筵)에 참석하여 중종의 시강관(侍講官)으로 활약한 셈이다. 경연관으로 활약하는 동안에도 예민한 정치 사안 중에 하나였던 정국공신에 대한 재평가 등을 지적하기도 했다. 그런 후 다시 사헌부 지평으로 돌아왔다. 이 때 정몽주와 김굉필 문묘 종사와 관련하여 논란이 적잖게 일고 있었는데, 정몽주 문묘종사에 대해서는 조심스런 입장을 견지했고, 김굉필 건에서는 부정적인 입장을 취하였다. 그 해 12월에 병이 있다 하여 면직을 요청했으나 받아들여지지 않았다. 그러자 장문의 사직 소를 올렸으나 역시 가납되지 않아,[10] 사헌부 지평(정5품)과 장령(정4품)으로서의 소임을 이어갔다. 통상 사헌부에는 수장인

성암공 이우의 묘도비 성주 초전면 용성리

<hr>

5)『중종실록』권18, 중종 8년 6월 1일 무술.
6)『중종실록』권23, 중종 10년 11월 24일 병오.
7)『중종실록』권23, 중종 10년 11월 28일 경술.
8)『중종실록』권23, 중종 11년 1월 14일 병신.
9)『중종실록』권27, 중종 12년 1월 26일 임인.
10)『중종실록』권30, 중종 12년 10월 20일 임술.

대사헌(종2품) 이하 집의(종3품)와 장령 및 지평까지의 소속 관원을 대관(臺官)이라고 하였고, 또 장령과 지평을 별칭 대장(臺長)이라 하였는데, 학문(學問)과 덕행(德行)이 뛰어난 사람을 임명하는 것이 관례였다. 따라서 이우는 사관 벼슬인 한림직에 이어 청요직으로만 활동한 셈이 되었다.

중종 13년(1518) 의정부 사인으로 재차 임명 받아[11] 재직하던 중에 향년 43세의 일기로 생을 마감하니, 중종 14년(1519) 11월 5일 이었다. 이 때 검토관(檢討官) 구수복(具壽福)은

> 지성으로 아랫사람을 대우해야 한다는 뜻은 아뢴 내용이 지당합니다. 사인(舍人) 이우(李佑)는 지위가 시종·대간이 참여되었으되 집 살림은 매우 곤궁하여 그 처자가 의뢰할 바가 없었으며, 우(佑)가 죽자 아직까지 염장(斂葬)을 못하고 있으니 매우 슬프고도 딱한 일입니다.

라고 아뢰니, 중종이 부의(賻儀)를 내리라고 명하였다.[12]

공은 조광조를 비롯한 기묘명현들과 뜻을 같이 하면서 개혁정치를 부르짖다가 생을 마감했는데, 불행인지 다행인지 모르나 죽은 후 바로 그 해에 기묘사화가 일어나 뜻을 같이 하던 사림(士林)들이 참혹한 변을 당했다. 공의 죽음으로 슬퍼하던 충암(冲菴) 김정(金淨)은 만장에 "섬량불가노불독자거침(殲良不可怒不獨子車鍼)"이라 하였고, 강수(江叟) 박훈(朴薰)은 적소(謫所)에서 공의 장남 언명(彦明)이 우리 딸과 생년월일이 같이 성장하였으니, 혼사를 이루도록 했다고 했다. 배위이신 성산 여씨는 3남 1녀를 데리고 성주 야동(冶洞)으로 이주하여 성주고을 고성이씨 연원이 되었다.[13]

---

11) 『중종실록』 권34, 중종 13년 10월 3일 기사.
12) 『중종실록』 권35, 중종 14년 2월 9일 계유.
13) 『고성이씨대종회발전사』 참조.

이부李阜

생년 : 1482년(성종 13)
몰년 : 1552년(명종 7)
관력 : 사간원 정언 (증) 부제학
자호 : 자 자릉(子陵) 호 행원(杏園)
묘소 : 충북 진천 이월면 송두리 신풍산 자좌
가족 : [증조] 대(臺) [조] 신(晨) [부] 금(欽)
　　　[외조] 최윤공(崔允恭) [처부] 상주박씨

조광조(趙光祖)와 교유하여 1519년(중종 14) 현량과에 급제하여 병조좌랑·정언을 역임하였다. 정언으로 있을 때 조광조 등과 함께 중종반정 공신에 대한 삭훈을 상소하였으나, 허락하지 않아 병을 칭하여 사직하였다. 이 해에 기묘사화가 일어났을 적에 벼슬을 떠나 있어서 화를 면하였다. 그 후 관직에 뜻을 두지 않아 명종이 즉위하여 현량과를 복설시켜 병조좌랑에 임명되었으나, 거절하고 학문에만 몰두하였다. 진천 백원서원(百源書院)에 제향되었다.

공은 복중(腹中)에서 아버지를 여의고 외가(外家)에서 자랐는데, 말을 할 줄 알고부터 일찍감치 『소학(小學)』을 통달하고 점차 자라면서 육경(六經)을 공부하였다. 장성하자 당시 큰 선비였던 외조부 최윤공(崔允恭)이 명경 학생(明經學生)을 따라 과거 공부를 하도록 권유하자, 공은 과거로 이름을 얻고 싶지 않아서 거절하기를, "불초는 신세가 외로워서 구차스럽게 세상에 나가더라도 장차 별다른 수가 없을 것입니다"하였다. 이윽고 어머니의 상(喪)을 당하여서는 아버지의 얼굴을 모르는 것을 스스로 마음 아파한 나머지 6년 동안 상복을 입고 죽을 마시며 항상 울먹이며 눈물을 흘리니 세상 사람들이 지극한 그 효성을 옛사람 고자고(高子羔: 공자의 제자인데, 성품이 어질고 효성이 지극하여 겨울잠에서 깨어난 벌레를 죽이지 않고 한창 자라는 나무를 꺾지 않았으며 어버이의 상을 당하여 3년 동안 눈물을 줄줄 흘리며 지냈음)에 비교하였다.[1]

　이부(李阜)가 조광조(趙光祖) 등 기묘 명현들과 교유한 것을 바탕으로 중종 14년(1519) 현량과에 병과로 급제하였는데, 당시 천목(薦目)에 학식과 조행이 있다는 평가를 받았다. 피선(被選)되어서는 그의 조촐한 수양과 고고(孤高)한 절조가 일세에 뛰어나니, 동제간(同儕間)에 추복(推服)한다는 세평을 얻었다.[2] 중종 조에 조광조를 필두로 한 사림세력들이 큰 힘을 발휘한 것이 현량과였는데, 조광조(趙光祖)의 건의에 따라 시행되었다. 조광조가 등용된 이래 중종이 힘을 실어 준 것은 반정공신을 비롯한 훈구 대신을 견제하기 위한 조치였다. 중종의 신임을 등에 업은 조광조가 신광한(申光漢)·이희민(李希閔)·신용개(申用漑)·안당(安瑭) 등의 찬성을 얻어 현량과를 발의했으나 훈구대신들의 반대가 극심했다. 그런 와중에 중종 14년(1519) 천보된 120인의 후보자들을 근정전에 모아 장령(掌令) 김식(金湜), 지평 박훈(朴薰) 등 28인을 선발했고, 이부도 포함되었다. 시험을 치르지 않고 천거에 의해 선발된 현량과 급제자는 재능(16인), 학식(23인), 행실과 행적(24인), 지조(13인), 성품(12인), 기국(11인) 순으로 나타났다. 따라서 현량과는 재능과 학식, 타고난 성품과 가치관에 바탕을 둔 행실 및 과거 행적과 사류(士類)로서의 지조 등을 충족시켜 주는 인재를 발탁하려는 의도였음을 알 수 있다.[3]

---

1) 『국조인물고』 권45 기묘당적인(己卯黨籍人).
2) 『대동야승』 「기묘록보유」 이부전(李阜傳).
3) 이병휴, 1977, 「현량과(賢良科) 급제자의 성분」『대구사학』 12·13합집, 대구사학회.

현량과에 합격한 이후 이부는 병조좌랑·정언 등을 역임하였다.[4] 정언으로 있을 때 조광조 등과 함께 중종반정 공신에 대한 삭훈(削勳)을 상소하였고,[5] 이를 계기로 위기위식을 느낀 훈구 대신들의 큰 반감으로 기묘사화가 일어났다. 당시 상황에 대해 이민구(李敏求)가 찬한 묘갈명에는 다음과 같이 서술하고 있다.

중종의 중년인 기묘년(己卯年, 1519년 중종 14)의 일이다. 국가가 오랫동안 평안하여 임금이 예민한 생각으로 훌륭한 정치를 도모한 나머지 신민(臣民)들에게 좋은 정책을 계획하여 올릴 것을 요구하였다. 이 때에 정암(靜庵) 조광조(趙光祖)가 좋은 시대를 만난 것에 감격하여 예악(禮樂)으로써 교화를 일으키고 국정을 펴는 데 나라는 인재를 얻는 것에 더 우선하는 일이 없다며, 맨 먼저 현량과(賢良科)를 설치하여 훌륭한 인재들을 망라하여 들이니 그 사람들이 다 같이 감동을 받고 일어나서 저마다의 경륜을 실행하고 힘을 다하여 공을 세워 의젓이 중용되었다. 그러다가 북문지화(北門之禍)가 일어나면서 뭇 현철(賢哲)들이 목숨을 함께 잃고 나니, 현량과와 그 사람들도 따라서 모두 없어지게 되었다. 을사년(乙巳年, 1605년 선조 38)에 현량과가 복설되면서 그 사람들 역시 다시 서용(敍用)되어 조정에 서게 되었다.[6]

공은 기묘사화 당시 벼슬을 떠나 있어서 화를 면하였다. 즉, 정언으로 있을 때 조광조 등과 함께 공신에 대한 삭훈 상소가 받아들여지지 않자 병을 칭하여 사직하였던 시절이었기 때문이다. 현량과가 파방(罷榜)된 뒤에는 진천(鎭川)에 우거하면서 관직에 나가지 않았다. 인종이 즉위하고 현량과가 회복된 뒤에

---

4)『중종실록』권37, 중종 14년 10월 16일 병자.
5)『중종실록』권37, 중종 14년 10월 25일 을유.
6)『국조인물고』권45, 기묘당적인(己卯黨籍人) 이부묘갈명.

병조 좌랑에 임명되었으나, 이어 사헌부 탄핵이 있게 되자 벼슬을 그만 두었다. 이 사실에 대해 사관의 안타까운 심정이 『명종실록』에 잘 나타나 있다.

> 사신은 논한다. 이부는 기묘년에 천거과(薦擧科)에 급제하였는데 남곤(南袞)·심정(沈貞) 등이 선류(善類)를 배척하면서 마침내 그 과거까지 혁파하여 그 출신들을 폐기한 지가 오래였다. 그러다가 인종이 천거과를 회복하도록 명하고 이부를 병조 좌랑에 제수하였는데, 이기 등이 청류(淸流)들을 모조리 축출하면서 또 이들은 기묘인들을 뿌리로 하는 것이라 여겨 아울러 미워하였기 때문에 이런 일이 있었다.[7]

후일 진천 백원서원(白源書院)에 배향되었는데, 현종 10년(1669)에 사액(賜額)이 내려졌다. 아울러 영조 때 부제학에 증직되었다. 경륜이 당세에 뛰어났고 가언 선행이 후학들의 사표가 되었는데, 묘갈명에서는 공의 예지력과 인품에 대해 다음과 같이 평했다.

> 정언(正言) 이공(李公) 휘(諱) 부(阜)는 청수(淸修)한 고절(苦節)로 온 세상의 추앙을 받아 오다가 이때에 비로소 정암공과 뜻이 맞고 도가 일치하여 그칠 줄 모르고 오로지 학문만을 강마(講磨)하였다. 현량과를 통하여 병조(兵曹)의 낭관(郎官)으로 들어가서 정언에 임명되었는데, 어느 날 갑자기 질병을 핑계로 벼슬을 그만두고 호서(湖西)의 진천(鎭川)으로 돌아갔다. 당시 정암공이 한강가까지 뒤쫓아 가서 군신(君臣)의 의분(義分)을 내세워 책망하기까지 하자, 공이 개연히 탄식하기를, "귀역(鬼魊)들이 옆에서 기회를 엿보고 훈유(薰蕕)가 같은 그릇에 담겨져 있소. 나는 차라리 시내에서 물고기를 낚고 산 속에서 밭을 일구며, 나의 신명(身命)을 온전

---

7) 『명종실록』 권2, 명종 즉위년 9월 20일 경진.

히 보존하겠소"하고는, 돌아보지도 않고 그만 훌쩍 떠나버렸다. 그리고 그해 겨울에 기묘사화(己卯士禍)가 일어났는데 공만은 초연히 화를 면하였다. 그 뒤 비록 은서(恩敍)가 있더라도 어쩔 수 없이 한 번 나아가 숙배(肅拜)하고는 여러 번 불러들여도 끝내 나아가지 않았다. 낌새를 잘 보아 초연히 떠나가서 그 자취를 묻어버린 처신의 지혜는 옛사람 신도반(申屠蟠)[8]에게도 부끄러울 것이 없다 하겠다. …… 노후에 집에서 여생을 보내고 있을 때 어느 날 먼 곳에 사는 노군(盧君)이라는 사람이 공에게 들러 명경과(明經科)의 시험을 보러 가는 길이라고 하였다. 공은 그가 경학에 능통하지 못하면서 시험 보러 가는 것을 의아해 하면서 말하기를, "공부가 그처럼 부실한데 어떻게 요행수로 과명(科名)을 노리는가?"하자, 노군이 부끄러워 얼굴을 붉히며 하직하고 돌아간 일이 있었다. 또 밥상을 차려 내오는데, 고깃국을 공에게 올리고 나물 반찬을 손님에게 올렸으나 공은 묻지도 않고 그냥 들었다. 이는 옛사람 모계위(茅季偉)[9]보다도 더 진솔한 처신이라 하겠다.[10]

행원공 이부의 묘소 진천군 이월 송두리

기묘사화가 일어나 현량과가 파방되고 난 지 백년 세월이 더 흐른 시점에서 이민구가 공에 대해 명

---

8) 후한(後漢)의 진류(陳留) 사람. 경학(經學)과 도위(圖緯)에 능통하여 누차에 걸쳐 조정의 부름을 받았으나 끝까지 불응하고 학문만 닦다가 나라가 혼란해지는 낌새를 차리고는 아예 깊은 산 속으로 들어가서 움집을 짓고 숨어살며 후한 말기의 수많은 변란을 다 면하였으므로 선견지명이 높은 사람으로 손꼽혔다.

9) 후한(後漢)의 진류(陳留) 사람. 원래 농부였는데 어느 날 곽태(郭泰)가 들판에서 비를 피하다가 그의 공손한 행동을 가상히 여기어 집까지 따라가서 하룻밤을 같이 잤다. 아침에 밥상을 차려 내오면서 닭고깃국은 어머니에게 올리고 자신은 나물 반찬으로 손님과 함께 먹었다. 이를 본 곽태가 그의 진솔함을 더욱 훌륭하게 여기고 학문을 권유하여 마침내 큰 학자가 되었다.

10) 『국조인물고』 권45 기묘당적인(己卯黨籍人) 이부묘갈명.

(銘)을 썼는데, 다음과 같이 칭송했다.

장사를 지낼 만한 산이 있고, 제사를 올릴 만한 벼슬이 있어라. 이 세상 끝까지 영원하고 그 영원함 변함없겠네. 그 우러름 끝이 없어라.

이려 李膂

생년 : 1484년(성종 15)

몰년 : 1512년(중종 7)

관력 : 홍문관 수찬

자호 : 자 강재(强哉)

묘소 : 여산군(礪山郡) 동편 전다리(田多里) 언덕

가족 : [증조] 원(原) [조] 증(增) [부] 평(泙)

　　　[외조] 허추(許樞) [처부] 이사겸(李思謙)

　　어려서 부친을 여윈 후 형들이 연이은 사화에 연루되는 불운까지 겹쳤다. 신동으로 이름나 17세에 사마시 양과에 합격하였으나, 연산군 10년에 일어난 갑자사화에 연루되어 진도로 귀양 갔다. 중종이 즉위하자 해배되었고, 중종 5년 문과에 장원급제 하였다. 성균관 전적을 거쳐 홍문관 수찬을 역임했다. 관직에 있을 때 정몽주(鄭夢周) 선생을 문묘(文廟)에 종사하도록 노력한 바가 있어, 포은(圃隱)을 동방의 이학지조(理學之祖)로 추앙받도록 유학(儒學) 도통(道統) 확립에 큰 기여를 하였다. 안타깝게도 안질(眼疾)로 29세의 젊은 나이에 생을 마감하였다.

　안동에서 출생한 이려(李膂)는 7살이던 성종 22년(1491)에 부친 서령(署令)공을 여의였고, 연산군 4년(1498) 무오사화로 형들이 거제도와 진도에 유배 되는 불운을 겪었다. 일찍이 신동으로 이름났던 공은 17세 나이였던 연산군 7년(1501)

에 생원시와 진사시 양과에 합격하였으나, 연산군 10년(1504)에 일어난 갑자사화(甲子士禍)에 연좌되어 진도(珍島)로 귀양 갔다. 공의 형 이주(李胄)가 진도에서 제주로 이배될 때 출선(出船)을 목전에 두고 주고받은 이별시가 전해 오고 있는데, 대문장가 허균은 그의 문집『성소부부고』에서 "천년 뒤에 읽는 사람도 애를 끊게 하리라"라는 탄사를 보냈을 정도였다.[1]

그 후 중종반정으로 해배되어 중종 5년(1510) 식년시에서 장원급제하였다.[2] 성균관 전적을 거쳐 홍문관 수찬에 제수되었다가 호당(湖堂)에 뽑혔는데, 호당이란 당시 국가의 중요한 인재를 길러내기 위해 세운 전문 독서 연구 기구였다. 이 때 안질(眼疾)을 앓아 경연(經筵)에 나갈 수 없자 중종이 약을 하사했다. 그의 관직이 수찬(修撰)에 그친 것은 향년 29세를 일기로 세상을 떠났기 때문이다.

공은 후사(後嗣)가 없는데다가 유택마저 실전이다. 후일 서애(西厓)선생은『당적록(黨籍錄)』에서 망헌공이 수찬공과 더불어 호당(湖當)에 선입되니 모두 영재(英材)라고 칭송하였다.

수찬공 이려가 남긴 글 「속의한부(續擬恨賦)」가『동문선(東文選)』에 실려 있는데, 의한부의 속편이란 뜻이다. 옛적 강엄(江淹)이 한부(恨賦)를 지었고, 이백이 이를 모방하여 의한부라 이름 하였으니, 한부와 의한부에 이어 속의한부를 지었다는 것으로 해석된다. 따라서 「속의한부」는 조선을 대표하는 문장으로 세상에 내 놓는다는 자부심 없이는 불가능한 일이다. 그렇기에『동문선』에 올랐던 글이기도 하며, 그 전문을 보면 다음과 같다.[3]

> 망망한 우주 간에 / 茫茫宇宙
> 옛은 가고 지금은 오도다. / 往古來今

---

1) 이승열 편『修撰公李膂先生散稿(2017)』참조.
2)『국조문과방목』중종 5년 경오 식년시(式年試).
3)『동문선(東文選)』속동문선 제2권 부(賦).

부생이 잠깐 부쳐 있다가 / 浮生若寄

만물과 함께 사라지네. / 萬化同沈

이에 나는 본래 지사로 / 於是僕本志士

티끌 세상에 우러러 보고 굽어보며 / 俯仰塵寰

슬퍼하네. / 慨念古人

그 사이에 한을 남긴 것을 슬프게 생각하네. / 留恨其閒

옛적에 한무제는 천자 되어 / 昔如漢武龍御

영웅심이 그지없었네. / 雄心未已

북으로 흉노를 치며 남으로 월을 치고 / 北伐南征

동에 봉선하고 서에 제사 드렸네. / 東封西祀

장차 육합을 다 차지하고 / 將窮六合

천지와 함께 오래가려 하였네. / 與天地比

금경이 효력 없고 / 金莖無效

옥첩이 무슨 공이 있으리. / 玉牒何功

윤대의 조서에 뉘우친들 쓸데없다 / 悔輪臺而莫追

주공을 그려 속마음을 보이었네. / 圖周公以示衷

활과 칼을 문득 버리니 / 弓劍忽遺

무릉(무제의 능)에 추풍일세. / 茂陵秋風

소열(유비의 시호)이 떨쳐 일어나매 / 若乃昭烈奮起

세 영웅이 솥발처럼 벌여졌네. / 三雄鼎開

풍진을 헤치면서 / 剪撥風塵

식은 재에 풀무 불었네. / 橐籥寒灰

관우·장비 끼고서 매처럼 날쳤고 / 挾關張而鷹厲

형주·익주 걸터앉아 범처럼 노려보네. / 跨荊益而虎視

웅장한 계획 반도 못 이루고 / 雄圖未半

영안궁에 해 떨어 졌네. / 永安潛晷

큰 별이 이어 떨어지니 / 長星繼隕

왕업이 엎어 졌네. / 王業顚隊

사아가 강 건널 제 / 至如士雅渡江

충분이 격렬했네. / 忠憤激烈

돛대 치며 하늘에 맹세할 제 / 擊楫誓天

서리처럼 해처럼 희고도 깨끗했네. / 霜日皓潔

하·락을 맑히려고 기도할 제 / 擬雪河洛

기운이 호와 갈을 눌렀었네. / 氣壓胡羯

창을 베개 하여 겨를 없을 제 / 枕戈未遑

요망한 여적들이 안에서 탈내었네. / 群妖內蠥

공강이 낭군 잃고 / 若夫共姜喪天

공방살이에 꽃이 지네 / 空閨秘華

흰 휘장에 바람이 처량하고 / 素帷風凄

성긴 창에 달이 비꼈네. / 疏櫺月斜

잠을 청해 꿈이나 꾸려 하고 / 假寐通靈

몸과 그림자 서로 조상하며 한숨짓네. / 弔影沈哦

어머니도 내 마음 몰라줌이 한스럽다. / 恨怙恃之我昧

죽음을 맹세코 다른 뜻 없으리라. / 之死矢兮靡他

옛적에 악왕의 정충은 / 昔者岳王精忠

원수와 한 하늘을 함께 이는 것을 치욕으로 삼고 / 戴天爲辱

쓸개를 맛보면서 임금 생각하고 / 賞膽戀主

보국이라고 등에 새겼네. / 涅背報國

은하수를 당겨 북으로 쏟아 / 卷銀潢而北注

건곤을 씻어 다시 맑히렸더니. / 滌乾坤而再廓

화살거리에서 거의 성공되려다가 / 功垂成於羿彀

마침내 모함에 걸려 죽임을 당하였네. / 竟罹讒而見戮

문산이 죽임을 받을 제 / 及夫文山遇害

의기가 신과 같았네. / 意氣如神

해가 침침하고 바람이 일어 / 日薄風簸

시시에 먼지 날렸다네. / 柴市揚塵

혼백이 남으로 나르나. / 南望魂飛

고국에 사람 없네. / 故國無人

목숨은 기러기의 털처럼 가볍게 여기나 / 午性命於鴻毛

나라 망한 것이 원통하도다. / 悶宗社之沈淪

혹은 버림 받은 아내의 상심이요 / 或有棄妻含傷

쫓겨난 자식의 시름이라 / 逐子乾愁

소인과 묵객이 바다 구석에 떠다닐 제 / 騷人墨客漂泊海陬

이네들은 다만 좋은 때 아름다운 풍경을 만나면 / 此人但值良辰美景

눈 가는 데마다 시름만 더하네. / 觸物增憂

형용은 있으나 뜻은 죽었고 / 無不形存志殞

정신은 고향으로 날아가네. / 神越松楸

세력 있고 부한 이가 불꽃이 하늘까지 닿았을 제 / 若乃勢炎火富薰天

구슬과 보배들이 별처럼 벌여 있고 / 珠貝星錯

수레바퀴 구르는 소리 뇌성처럼 들끓어도 / 車輪雷闐

역시 마침내는 얼음 녹듯 구름 흩어지듯 하고 / 亦復氷消雲散

산 위에 영락하네. / 零落山顚

두어라 / 已矣哉

바다 물결 마른 곳에 뽕밭이 푸르고 / 海波竭兮桑田靑

뽕밭이 변해 푸른 바다 물결이라네. / 桑田變兮海波驚

곤명지 폐해지니 돌고래 차가웁고. / 昆明廢兮石鯨寒

낙양이 가시밭 되니 동타가 운다. / 洛陽蕪兮銅駝鳴

모두 조화와 함께 다하리니 / 咸與化而同盡

누가 천지 없어진 뒤에까지 길이 살 것인고. / 孰能後天地而長生

『동문선』에는 수찬공 이려가 남긴 「상화(賞花)」란 시 한 수가 전한다.[4] 그리고 『망헌문집』에도 한 수 실려 있다. 일찍이 남상(南庠)에서 열린 시유회(詩遊會)에서 지은 문소시(聞所詩)를 읍취헌(挹翠軒) 박은(朴誾: 1470~1504)이 높게 평가하였다 하나 전해지지는 않는다.

상화(賞花)

共道花開便破愁 / 꽃 피면 시름없다 서로 애기 하더니

看花愁思益悠悠 / 꽃 보니 시름 더욱 많아지네.

故園政在千山北 / 고향은 천산의 북녘에 있는데

今日春光似舊不 / 이날도 봄빛은 의구하였는지.[5]

망헌문집(忘軒文集) 소재 시(詩)

旅牕殘夜雨聲寒 / 객창의 새벽 빗소리 너무도 차가운데

忽閱遺篇淚滿顔 / 유편을 읽어보니 얼굴 가득 눈물짓네.

直節已隨松桂折 / 송계처럼 굳은 절개 무참히 겪었으나

更留佳句擅人間 / 남기신 좋은 글귀 인간세상 흔드네.

---

4) 『속동문선』 제10권, 칠언절구(七言絶句), 「병인춘 천거제 여 동찬제군 상화유작(丙寅春遷巨濟與同竄諸君賞花有作)」.
5) 이 시는 『해동잡록(海東雜錄)』 3권에도 실려 있다.

허암 정희량의 사우록에 의하면,[6] 이려는 이행·박은·홍언충·이장곤·김세필·남곤 등 당대의 이름난 명사들과 도의지교를 맺고 지냈음을 알 수 있다. 그렇기에 짧았던 생애에도 불구하고, 그가 보여주었던 사림파(士林派)의 현실인식과 행적은 뚜렷하게 남아 있다. 당대 유학자들이 그렇게 원했던 조선 유학의 도통(道通)을 세우는 데 큰 기여를 한 인물이기 때문이다. 주지하듯이, 조선의 유학 도통은 동방의 이학지조(理學之祖)로 추앙받는 정몽주(鄭夢周)로 시작하게 되는데, 중종 때 가서야 확립되는 단계였다. 다시 말한다면 이런 결과로 오기까지는 수많은 시간과 노력들이 있었기에 가능했음을 의미한다.

조선 건국을 반대하다 참살당한 정몽주의 복권 문제는 양촌(陽村) 권근(權近)으로부터 시작되었다. 태종이 즉위하자 권근은 정몽주의 복권을 주장했다.[7] 창업과 수성의 정치 운영 원리가 다르다고 강변을 했지만 매우 위험한 발상이었다. 그러나 격동기를 거친 시대는 충성과 윤리를 강조하는 이데올로기가 매우 절실한 때이고, 그래야만 안정적인 수성의 시대를 열 수 있다. 이미 죽은 정몽주가 다시 역사의 부름을 받은 것은 이런 시대적 요청 때문이다.

권근의 예상은 적중했다. 형제들을 무참히 살육하고 왕위에 오른 태종은 정몽주를 복권시키면서 영의정부사로 증직했다.[8] 불사이군(不事二君)의 정신이 치세의 요건이라는 시대정신으로 요구된 결과였다. 이어 세종은 정몽주 절개를 높이 사 새로 발간하는 『충신도』에 넣어 널리 알리게 했다.[9] 정몽주 아들에게 특별히 관직도 제수했다.[10] 정몽주 추숭사업은 문종 이후에도 국가적 사업으로 지속되었다. 그 중에서도 가장 핵심적인 것이 문묘(文廟) 종사(從祀)였다.

고려에서 이미 공자 사당인 문묘에 종사된 인물이 설총·최치원·안향 등 3명

6)『허암선생속집(虛庵先生續集)』권3, 척록(摭錄)「사우록(師友錄)」.
7)『태종실록』권1, 태종 1년 1월 14일 갑술 .
8)『태종실록』권2, 태종 1년 11월 7일 신묘.
9)『세종실록』권54, 세종 13년 11월 11일 임신.
10)『세종실록』권79, 세종 19년 12월 1일 무오.

이 있기는 하였으나, 조선조에 들어와서는 배향된 인물이 한 명도 없었다. 세조 때 양성지가 처음으로 이 문제를 제기했다. 고려조의 문충공(文忠公) 이제현(李齊賢)과 정몽주(鄭夢周), 그리고 조선조에 활약했던 문충공 권근(權近)의 문묘종사를 주장했다.[11] 그러나 합의를 보지 못한 채 흐지부지 되고 말았다. 문묘는 사림파들의 핵심적인 관심 사안이었지만, 성종이나 연산군 시절에는 더 이상의 논의가 없었다. 이 문제만큼은 정치적 부담이 매우 큰 것이었기 때문이다.

중종이 즉위한 후 새로운 사림세력들이 등장하자, 본격적인 문묘종사 운동이 벌어지게 되었다. 정치적 파급력이 매우 큰 문묘종사를 처음으로 제기한 사람은 종종 5년에 막 장원급제 한 이려(李膂)였다.

> 이려(李膂)는 "전조의 정몽주(鄭夢周)는 사람들이 다 동방 이학(理學)의 으뜸이라고 합니다. 동방은 상례(喪禮)를 오래도록 폐지하였었는데 몽주가 비로소 고정(考定)을 가하였습니다. 최치원(崔致遠)·설총(薛聰)·안유(安裕) 같은 이도 다 문묘(文廟)에 배향하였으니, 몽주를 치원 등의 예에 따라서 묘정(廟廷)에 종사(從祀)하면 인재를 흥기시키기에 족하겠습니다"고 말하였다. 이에 중종은 전교를 내려 "이려가 아뢴, 정몽주를 문묘에 종사하는 일의 당부(當否)를 해사(該司)에 명하여 삼공(三公)과 같이 의논하여 계문(啓聞)하게 하라"고 하였다.[12]

중종은 쉽게 결정 내릴 수 없었다. 중종 초반의 치세는 반정을 이끈 박원종·유순정·성희안 등 3대장이 모든 정무를 처리할 정도였다. 그러다 중종 5년에 박원종이 풍병을 앓아 사직하면서 김수동(金壽童)이 영의정에 올랐다. 이려가 문묘종사를 제기한 것은 바로 이 무렵이었고, 중종은 삼공에게 넘겼다. 영의정

---

11)『세조실록』권3, 세조 2년 3월 28일 정유.
12)『중종실록』권12, 중종 5년 10월 신축.

김수동·좌의정 유순정(柳順汀)·우의정 성희안(成希顔)이 그들이었다. 이들 훈구공신들 입장에서는 쉽게 허락할 사안이 아니었다.[13]

그러나 사림파들에게 문묘종사는 당면과제였고 이후 꾸준하게 제기해 왔다. 중종 12년(1517)에 마침내 조선에 들어와 처음으로 정몽주가 문묘에 종사되었다. 정몽주는 조선을 위해 단 하루도 살지 않았지만 이를 통해 조선 정신을 대표하는 인물로 재탄생한 것이다. 문묘종사를 통해 정몽주는 정치 윤리의 모범으로 공인되었고, 그의 학문은 조선 지식계보의 출발점이 되었으며, 조선 성리학 도통의 기원으로 자리 잡았다. 반면에 조선건국에 참여했던 권근 같은 인물들은 학문적으로 더 완숙했다 할지라도 소외되고 말았다.

권근이 정몽주의 정치적 복권을 건의한 태종 1년(1401)부터 116년 만에, 그리고 문묘종사가 처음 논의된 세조 2년(1456)으로부터 약 61년 만의 결실이었다. 정몽주의 정치적 행보와 학문적 업적을 놓고 논란이 많았지만, 활짝 열린 조광조 시대였기에 가능했던 것이다.[14] 그리고 이에 대한 기틀을 마련한 이가 바로 이려였다.

용재(容齋) 이행(李荇)의 문집에는 읽는 사람의 애간장을 녹이는 「강재애사(强哉哀辭)」가 실려 있다. 강재(强哉) 이공이 나이 서른 전에 요절하자, 이를 안타까이 지켜보던 절친 용재 이행이 애사(哀辭)를 남겼으니,[15] 후세 사람들은 문장에 감탄하고, 강재와 용재의 우정에 또 한번 감탄한다.

아! 강재(强哉)여, 죽었는가 가버렸는가 볼 수가 없네. 하늘의 뜻인가 명운(命運)인가? 이런 일이 있단 말인가? 강재는 나보다 여섯 살이 적고 애

---

13) 『중종실록』 권12, 중종 5년 12월 21일 계묘.
14) 김용헌, 2010, 「정몽주 문묘 종사 논쟁」 『조선 성리학, 지식권력의 탄생』 웅진씽크빅; 이희권, 2003, 「정몽주 문묘종사에 관한 일고찰」 『인문논총』 10, 전북대학교 인문학연구소; 김영두, 2007, 「중종대 文廟從祀 논의와 조선 道通의 형성」 『사학연구』 85, 한국사학회.
15) 『국조인물고』 권44, 연산시 이화인(燕山時罹禍人); 『용재선생집(容齋先生集)』 권9, 산문(散文) 이강재애사(李强哉哀辭).

초에 하루의 교분도 없었다. 홍치(弘治) 기미년(己未年, 1499년 연산군 5)에 나는 성균관 전적(成均館典籍)으로 남학(南學)에 분사(分司)하였다. 강재(强哉)는 그때에 학생(學生)이 되어 원포(圓袍)와 청금(靑衿)으로 동사생(同舍生)을 따라 뜰에 나누어 서서 읍(揖)을 하였는데, 그 용모가 순수하고 그 기상이 의연하고 헌걸차고 우뚝하여 무리들 속에서 환히 빛났다. 나는 진실로 이미 마음에 두었었는데 문소시(聞韶詩) 한 편을 보니 말이 일출(逸出)하고 뜻이 예스러워 거의 지금 세상에 지어진 것이 아니었다. 그래서 이끌어 벗으로 삼고 망년교(忘年交)로 허여하였다.

외종형〔堂表兄〕 전성(全城) 이사겸(李思謙)군에게 한 딸이 있어 애지중지하면서 당세(當世)에 재명(才名)이 있는 자를 얻어 짝으로 삼아 줄 것을 생각하고 있었다. 내가 말하기를, "이생(李生)만한 자가 없다"고 하였는데, 일이 과연 잘되어 얼마 안 되어서 사마시(司馬試)에 고등(高等)으로 발탁되어 명망 있는 진사(進士)가 되니 종족간(宗族間)에 이따금 나를 두고 사람을 알아본다고 하기도 하였다. 나는 말하기를, "아니다. 내가 강재(强哉)를 아는 것은 이것만으로 그치는 것이 아니다"하였다. 갑자년(甲子年, 1504년 연산군 10) 옥사(獄事)가 일어났을 적에 내가 두 번이나 형리(刑吏)에게 나아가 장(杖)을 맞아 거의 죽게 되었을 때 강재도 함께 구속이 되었고, 내가 바다 섬에 귀양을 가 야차(夜叉)를 막을 적에 강재도 함께 귀양을 갔다. 온갖 고초를 겪으며 죽을 고비를 넘어 살아나게 되자 서로 손을 잡고 속마음을 말하여 서로의 뜻을 알게 되면서 피차간의 교분이 더욱 깊게 되었다. 성조(聖朝)의 임금이 새로 즉위하여 정국을 혁신하고는 출중한 인재를 기갈(飢渴)이 나도록 구하였는데, 강재는 마침 모부인(母夫人)의 상사(喪事)를 당하였다. 복(服)이 끝나자 경오년(庚午年, 1510년 중종 5) 과시(科試)의 회시(會試)에서 장원(壯元)을 하고 임금이 직접 물은 대책(對策)에서 또 1등으로 급제를 하니, 같은 방〔一榜〕에 든 선비들이 스스로 그 밑에 이름이 오른 것을 다행으로 여기고 감히 겨루는 자가 없고 그 명성(名聲)이 은은하게 조정을 움직였으므로, 다들 크게 베풀 것으로 기대를 했었다. 정언(正言)이 되고 수찬(修撰)이 되어 간쟁(諫爭)하고 논사(論思)를 하는 것이 그 직분(職分)을 지킴이라, 개연(慨然)히 고인(古人)을 사모하는 것을 스스로 기약하고 유속(流俗)의 쇠퇴함을 따르지 않았으니, 강재는 이에 있어서 내가 알아본 것을 저버리지 않았다. 강재는 눈병을 앓아 경연(經筵)에 나아갈 수가 없게 되자 즉시 글을 올려 해직(解職)을 청하니, 임금이 약물을 하사하고 조호(調護)하라 명하였다. 눈병이 오래도록 낫지 않자 또 해직을 청하여 수찬(修撰)에서 전적(典籍)으로 옮겨 제수하였으니, 전적은 한가한 관직이었다. 그러나 오히려 편히 여기질 못하고 자편(自便)의 방편을 간곡히 구하여 모위(某衛)의 사과(司果)로 있다가 일생을 마쳤으니, 나이가 29세였다. 아! 강재가 여기서 그치고 만단 말인가? 나는 일찍이 하늘이 일정한지 일정하지 않은지에 대해 의심해온 지 오래였는데, 지금에 이르러서는 더욱 심하게 느꼈다. 선(善)한 자를 하늘이 미워한다면 이 사람을 어찌 스스로 태어나게 하였으며 하늘이 선한 자를 좋아한다면 이 사람이 어찌 수(壽)를 얻지 못했단 말인가? 아! 하늘이 인재(人才)를 내는 것은 대개 성취할 것이 있게 하려는 것이다. 하늘이 장차 그를 진출케 하려 하면 세상이 또한 곤궁에 빠지게 하여 죄수로 만들기도 하고 죽이기도 하며 세상이 바야흐로 그를 높이려 하면 하늘이 반대로 화액을 내려 못쓰게 만들기도 하고 요절하게 만들기도 하니, 하늘이 사람과 더불어 번갈아 서로 어긋나고 서로 구제하지 못하는 것이 어찌 이토록 가혹하단 말인가?

강재(强哉)가 눈병을 양호하느라 집 밖을 나가지 않으면서 손수 지결(旨訣)을 점검하고 무릇 눈 밝음에 조금이라도 기휘(忌諱)되는 식품(食品)은 물리치고 감히 가까이하지 않으니, 한 소반의 음식 중 거의가 경계하는 데

걸러서 마시고 씹음에 있어 초초(草草)하여 입에 댈 만한 것이 없었다. 천성(天性)이 평소 술을 좋아하였는데 이때에 이르러서는 또 억지로 자제하여 한잔의 술도 마시지 않았다. 그래서 기력이 날로 줄어들고 혹 두풍(頭風)이 발생하여 거의 참을 수 없을 정도가 되기도 하므로, 내가 걱정이 되어 자주 그에게 말하기를, "원기(元氣)는 근본(根本)이니, 눈〔眼目〕은 원기에 비교하면 지엽(枝葉)이다. 자네의 얼굴은 말라서 윤기가 적고 몸은 기운이 빠져서 충실치 못하니, 생각하건대, 원기가 병든 게 아닌가? 자네가 그 지엽을 기르려고 하면서 그 근본을 주리게 하고 있으니, 어찌 좋은 방법이 아니라 하지 않겠는가?"하니, 강재가 겉으로는 내 말을 좋다고 하였으나 속으로는 굳이 거부하여 큰 병이 되기에 이르렀으니, 그의 고집스러운 성품이 그러하여서 남의 말에 흔들리지 않았다. 아! 성품이란 것 역시 하늘이 부여한 것인데, 그렇다면 이는 과연 하늘의 허물인가?

강재(强哉)는 아들은 없고 딸을 두었으나 한 돌도 안 된 채 강보(襁褓) 속에서 응애응애 울고 있으니, 내가 여기에서 또 하늘을 원망한다.

강재가 일찍이 속의한부(續擬恨賦)를 지어서 강엄(江淹, 남조(南朝) 고성인(考城人))과 이백(李白, 성당(盛唐)) 때 시인 이태백(李太白)이 못다 한 뜻을 다 표현했는데, 그 사어(辭語)가 슬프고 가슴이 아프도록 간절하였다. 아! 내가 세상에서 이 사람을 다시 보지 못하게 되었구나. 이에 애사(哀辭)를 지어 나의 슬픔을 펴노라. 사(辭)는 다음과 같다.

철성(鐵城)이 상서로운 세상에 인재를 길렀으니 여(膂)가 그 이름이요, 이(李)가 성(姓)이로다. 깨끗이 빛나는 그 문장이여 행촌(杏村, 이암(李嵒))이 여경(餘慶)이 있어 후손을 두었어라. 감옥〔獄狂〕에 갇혔다가 바다 섬으로 귀양 가 야차(野叉)를 막으니 세한(歲寒)을 겪을수록 절개 더욱 굳세었도다. 강직하게 우뚝 서서 직언(直言)함이여 논사(論思)의 직책을 맡아서 간쟁(諫爭)하였도다. 위로 선정(先正)을 닮으리라 자처하였건만 아!

불행히도 단명(短命)하였어라. 삶이 있으면 죽음이 있는 것은 진실로 만물의 본성이거니와 복을 혹은 많이 혹은 적게 주는 것은 안회(顏回, 공자의 제자)는 일찍 죽고 염백우(冉伯牛, 공자의 제자)는 병들었으니 그 누가 덕행(德行)의 도움을 받았단 말인가? 오직 불후(不朽)한 것이 길이 보존되느니 옛사람을 끌어다 바름으로 삼는다. 속의한부(續擬恨賦)를 펼쳐서 반복해 읽노라니 나의 눈물이 솟구쳐 흐르는구나.

십청헌 김세필(十淸軒金世弼) 선생 문집에는 「강재묘표(强哉墓表)」가 전한다. 기묘명현이던 김세필이 공에 대한 묘표(墓表)에 남긴 글을 보면 다음과 같다.

正德丙寅(중종 원년, 1506)에 방환되었다. 익년 丁卯에 內艱〔母親喪〕을 당하여 己巳(1509)에 服을 벗고, 庚午(1510) 봄에 禮闈試 殿庭에 赴擧하여 連이어 제1인으로 뽑히어 成均館 典籍(從六品)으로 拜命되었고, 수일 후에 弘文館 修撰(正六品)이 되고, 知製敎 兼 經筵檢討官이 되고 春秋館 記事官이 되었다가, 가을에 司諫院 正言으로 옮겼다가 몇 달이 지나서 頭風으로 사직하였다. 다시 修撰으로 除授되었으나 고사하니, 특명으로 한직을 제수하여 편안히 醫藥으로 養疾토록 했으나, 2년이 되어도 구제 할 수가 없었다. 壬午(中宗 7년 1512) 9月 28日에 돌아가시니, 향년 스물아홉이라. 君은 품기가 淸明하고 神思도 秀朗하여 志槪가 다른 사람보다 크게 달랐다. 兄弟 朋友와도 怡怡(기뻐하고 즐거워 함)하고 偲偲(벗이나 同志끼리도 서로 激勵하며 善道를 勸奬 함)하며 情分을 잃지 않았고, 말을 들어보나 모습을 살펴보나 忠厚하고 藹然(性裏이 溫和 함)하여 일을 만나면 剛果하고 지킴에는 휘어지지 않았고 스스로 釋褐(처음 벼슬살이)하매 入侍하고 經幄(임금 앞에서 經書를 論함)을 하며 諫言을 늘어놓고 나오고 전후 반년을 그렇게 敷奏하고 論執하여 크게 裨益함이 있었으니 士林들은 그를 위대하다 말 했다. 君은 가난하여 事業을 이루지는 못했고 婦家에 寄處하였다. 伯兄 副提學 胤의 아들 浚(族譜에는 後)이 일찍이 怙恃를 잃었는데 君께서 거두어 기르시며 자식처럼 가르치고 사랑하니 사람들은 어려운 일이라 하였다. 嗚呼라! 하늘이 이 사람을 빼앗아 가니 마침내는 베푸는 것이 아니었구나. 慟哉라 그의 죽음이여! 士類가 門앞에 와서 哭을 하니 이 모든 사람이 한 時代의 名流들이니, 이것이 君의 信義가 눈앞의 安全만 圖謀함이 아니었음을 보게 하는 것이구나. 君은 尼山縣監 李思謙(本貫 全義 李氏)의 딸을 아내로 맞아 딸 하나를 낳아 襁褓에 있을 때 君께서 돌아가시고, 明年 癸酉(중종 8년, 1513) 삼월에 礪山郡 東便 田多里 언덕에 葬禮하니, 이곳은 君의 婦鄕이다.

딸 하나만 둔 채 요절했던 공은 처가가 있던 여산에 묻혔고, 그 후 명종이 즉위한 후 을사사화가 일어나자 사위 한옹(韓翁)은 대윤파로 몰려 국문을 당했다.[16] 이 때도 수찬공의 생활 기반은 여산에 그대로 있었던 것으로 나타나니, 외손봉사로 이어지다 절손된 것으로 파악된다.

---

16) 『명종실록』 권2, 명종 즉위년 9월 5일 을축.

이중李中

초명 : 충(忡)

생년 : 1488년(성종 19)

몰년 : 1557년(명종 12)

관력 : 예조정랑

자호 : 자 이강(而強) 호 명암(明巖)

묘소 : 경남 창녕 부곡면 청산리

가족 : [증조] 질(垤) [조] 칙(則) [부] 분(蕡)

　　　[외조] 이승조(李昇祚) [처부] 이명신(李明信) 최옥(崔沃)

　　　숙부 주(冑)로부터 학문을 익힌 후 조광조(趙光祖)·김식(金湜)의 문하에서 수학하여 명망이 높았다. 벼슬에 뜻을 두지 아니하고 영산(靈山)에서 후진을 양성하였다. 기묘사화로 선산에 유배된 스승 김식이 도주하여 오자 은신시켰으나, 김식을 수행한 이신(李信)의 밀고로 부령으로 유배되었다. 영산에 거주하는 동생 용(庸)이 매년 유배지에 포목과 종들을 보내 유배지 주위를 개간하여 자활케 하였다. 1532년 사면되고, 학행으로 예조정랑에 제수되었으나 후진양성에 전력하였다. 영산의 덕천서원(德泉書院)에 제향되었다.

성종 19년(1488) 정월 15일 영산 교동에서 태어났다. 형용이 단정하고 천품이 관후하였으며, 4~5세 되었을 무렵부터 가정지학을 배우기 시작하여 10살에 이르자 종숙이던 망헌 이주에게 수학하였다. 이 인연으로 한훤당 김굉필, 일두 정여창, 탁영 김일손 등 이른바 13제현들을 뵈왔으니, 다들 시문과 도학사상에 있어 한 시대 풍미하던 자들이었다. 제현들은 선생을 한 번 보자, 그 성취를 기대하여 훗날 의발(衣鉢)을 전할 뜻을 내비쳤으니, 선생 천성의 아름다움이나 인품의 고상함을 대략 알 수 있을 것이다.

뒤에 기묘명현 김식(金湜)의 문하에 나아가 학문을 더욱 가다듬으니, 마침내 대학자가 되시었고, 김대유 조광조 등과 교유했다. 일찍이 향시에는 올랐으나 대과에 실패하여 임해연 위에 정사(亭舍)를 지어 학생들을 불러들여 가르치는 것을 자임했다. 성균관에 있을 때에 여러 유생들이 다들 경외하였으며, 향교를 중수하여 많은 선비들을 길러냈다. 갑오년 대 흉년에 많은 사람을 구휼하여 한 고을이 혜택을 널리 입었고, 남녀가 길을 나누어가고 인근에 송사가 없었다 하니, 그 행실의 돈독함과 교훈에 부지런하였음이 절로 드러난다.[1]

안타까이 훈구대신들이 신진 사림들을 모해하여 기묘사화가 일어나자 선산에 유배되었던 김식이 몰래 영산으로 피신했다. 이때 공은 스승을 숨겨 준 죄로 금부에 끌려가 여러 차례 형신(刑訊)을 당했다.[2] 다행스럽게 중종 15년(1520) 6월 사형에서 감면하여 장 1백에 전가사변(全家徙邊)의 형벌을 받았다.[3] 전가사변이란 조선 중중 시기에 특별한 형벌 중의 하나였는데, 죄인을 북쪽의 변방으로 쫓아내 살게 했던 제도였다. 세종 이래 신개척지에 사민정책을 폈으나 성과가 별로 없게 되자 중종 대에 이르러 궁여지책으로 만든 임시 형벌제도였다.[4] 훈공 있는 집안 후손이라 하여, 죽음을 면하고 함경북도 부령으로 유배되었다. 『기묘록(己卯錄)』에는 공이 압송되어 심문 당하던 장면이나 전가사변 되어 어렵게 생활하던 모습이 생생하게 그려져 있어, 당시 상황을 이해하는 데 큰 도움이 된다.

---

1) 「명암선생묘갈명(군수 신초(辛楚) 찬」.
2) 『중종실록』 권39, 중종 15년 4월 16일 계유, 『중종실록』 권39, 중종 15년 4월 17일 갑술, 『중종실록』 권39, 중종 15년 4월 20일 정축.
3) 『중종실록』 권39, 중종 15년 6월 7일 계해.
4) 박홍갑, 1999, 「조선 中宗朝의 徙民政策 변화와 그 문제점 −자연재해와의 관련을 중심으로−」 『朝鮮時代史學報』 8 조선시대사학회.

이중은 임자생에 자(字)는 이강(而强)이고, 대사성 김식(金湜)에게 수업하였다. 뒤에 영산(靈山)에 우거하였는데 생계는 넉넉하였다. 김식이 피신하면서 이신(李信)을 데리고 그 집에 갔을 때, 공이 마침 서울로 올라가고 없었으므로 같이 살던 서제(庶弟) 이용(李庸)이 안방에 숨겼다. 수일 동안 있다가 공이 돌아와 한 달 남짓 머물러 있었다. 어느 날 저녁에 이신은 소식을 염탐한다고 꾀어 서울로 가고, 김식은 무주(茂朱)로 향해 떠났다. 하루가 지나자 금부도사가 달려와서 공을 잡아갔다. 국문할 때 추관(推官) 심정(沈貞)이 그를 죽이고자 하여 친속(親屬)이라 칭탁하고 사사로이 말하기를, "처자를 거느리고 변방으로 옮기는 것은 자살하는 것만 같지 못하다"하고, 곤장을 심하게 쳤다. 일곱 대를 맞은 공이 소리 지르기를, "이미 숨겨 두었음을 자백하였는데 어째서 또 때리는가"하였다. 이에 곤장치기를 중지하고 공을 부령(富寧) 변방으로 쫓았다. 이후 이용은 해마다 종들에게서 거두어들인 포목(布木)과 건장한 종 10여 명을 데리고 영산(靈山)으로부터 가서 그 형을 만나보고, 종들은 그곳에 두어 이듬해 봄 농사를 짓게 하였다. 이러기를 14년 동안 매년 한결같아 게을리 하지 아니하였다. 이용은 성명도 쓸 줄 몰랐으나 그 우애(友愛)는 천성으로 이루어진 것이다. 공은 귀양살이를 하면서 적자녀(嫡子女) 6명을 낳았고, 뒤에 사면을 받았다.[5]

명암공 이중의 묘 창녕군 부곡면 청암리

유배지에서 김식 선생이 경상도 거창 산중에서 별세 하셨다는 부보를 듣고, 스승에 대한 의리로 적소(謫所)에서 3년상 예를 드렸는데, 또 어머니께서 별세

---

5) 『대동야승』 「기묘록보유」 하권, 이중(李中).

하셨다는 부보를 접하고 홀로 강극함과
비탄함에 3년간 상주 예를 엄히 지키면
서 14년 귀양살이를 마쳤다. 중종 27년
(1532)에 풀려 나오니 고을 사람들이 반기
며 맞았으나 사양하고 청암산에 은거하
여 후진을 양성하는 일에 매진했다. 48세

명암공 이중의 필적

이던 중종 31년(1536)에 예조 정랑 벼슬이 내려졌으나, 나아가지 않았다. 명종
12년(1557) 9월 4일에 생을 마감하니, 향년 70세였다. 고을 유림들이 공의 묘소
에 비를 세우고, 영산의 덕천서원(德泉書院)에 배향하였다.

군수 신초(辛楚)가 찬한 명(銘)에서 다음과 같이 칭송했다.

용헌 망헌 어른들께서 후인들을 계도하셨는데,

선생이 이를 이어 더욱 드높였도다.

동천의 원류에 정암으로 보충하여 남도에 대유학을 이루었는데,

하늘이 저버렸는가. 사화가 거듭하니

재능을 채 펴기도 전에 귀양길에 떨어졌구나.

돌아와서는 전에 하던대로 후진을 교수했네.

이름이 왕부에 전해져 좋은 벼슬로 얽매려 하나

산천에 자재한 뜻을 빼앗지 못하니

절개는 맑고 풍도는 떨치는데

우리의 도는 어찌 두고 군자는 가시니

저기 보이는 청암이 선생의 묘소라

망망한 천지운행 끝이 다시 시작으로 돌아가니

돌에 새겨 드러내어 높으신 풍도를 길이 우러릅니다.

이계종 李繼宗

생년 : 미상
몰년 : 미상
관력 : 훈련원 주부
자호 : 비래동 입향조
묘소 : 대전시 대덕구 비래동 동담치
가족 : [증조] 비(埤) [조] 위(偉) [부] 신(申)
　　　[외조] 구지신(具之愼) [처부] 연일정씨

　감사(監司) 이위(李偉)의 손자이고 진사 이신(李申)의 아들이다. 계종공(繼宗公)은 음문(蔭門)으로 관직에 나아가 여러 직임을 거쳐 훈련원 주부(訓練院主簿)로 봉직하였다. 1540년(중종 35)경 대전 회덕 비래동 동담치(東擔峙) 산록 일원에 농원(農園)을 개설 이주정착(移住定着)하여, 전원생활을 낙으로 여생을 보냈다.

　비래동은 마을 북동쪽 골짜기에 '비래암'이라는 암자가 일찍부터 있었으므로, 비래암의 아래에 자리한 마을이라 하여 마을 이름도 비래리라 하였다. 일설에는 꿩이 매에게 쫓겨 이 곳에 날아왔다 하여 붙여진 이름이라고 하기도 한다. 그리고 비래리에 대한 표기를 현재는 비래리(比來里)라 쓰고 있는데 비래(飛來)가 비래(比來)로 바뀌게 된 시기는 일제시대 1914년 행정구역 개편 시로 볼 수 있는데, 바뀐 이유는 정확히 알 수 없다. 옛날

비래동 고성이씨 족보바위

비래리에는 비럭골·새터·댕이 등의 자연촌락이 있었다. 현재의 비래리는 1969년 경부고속도로의 개통과 대전의 급격한 시세의 확장으로 크게 변모하였다. 특히 비래리는 고속도로 개통에 따라 동서로 양분되었는데, 경부고속

청원재 전경 대전시 비래동

도로 동쪽의 비래본동(원비래)은 개발제한구역으로 지정되어 옛날의 주변 환경은 물론 500여 년을 이어온 고성이씨 동족부락도 잘 보존되어 있는 편이다. 그러나 경부고속도로 서쪽은 도시화되어 옛 모습을 찾아볼 수가 없다.

공이 비래동에 정착하여 재지사족으로 가세(家勢)를 이어가면서 농원을 개설한 이래 후손 또한 조상의 터전을 훌륭히 보존하고, 500년 집성촌(集姓村)을 이루어 왔다. 농경(農耕) 생활에서 산업화(産業化) 사회로의 시대 변화에 따라 조상이 물려준 전래의 토지(土地)가 1995년 정부(政府)에 수용되었다. 후손들은 조상의 유산(遺産)인 수용보상금(收用補償金)을 가벼이 소비하지 아니하고 경건한 자세로 문중(門中)의 뜻을 모아 종중회관(宗中會館)을 건립, 수익사업을 영위함으로서 후손 모두가 공영번영(共營繁榮)할 터전으로 삼았다.

계종공(繼宗公)이 남긴 토지의 수용보상금으로 건립된 종중회관(宗中會館)은 다음과 같다.

회관명 : 행촌회관(杏村會館)
건축년 : 1997. 9
규 모 : 지하 2층. 지상 9층. 연건평 1.190평
용 도 : 부동산임대
위 치 : 대전광역시 서구 둔산동 1505

이명규李名珪

생년 : 1497년(연산 3)
몰년 : 1560년(명종 15)
관력 : 판서 판돈녕부사(判敦寧府事)
자호 : 자 광윤(光潤) 호 평구(平邱) 시호 안광(安匡)
묘소 : 경기도 양주 독우미리(禿于味里)에서 광주 목동 선영 이장
가족 : [증조] 지(墀) [조] 수(陲) [부] 순(峋)
    [외조] 정문언(鄭文彦) [처부] 이덕부(李德敷) 이삼(李參)

1519년 생원·진사 양과에 합격하고, 1528년 식년문과에 급제, 예문관 대교에 제수되었다. 이어 홍문관부수찬·수찬으로 활동했으나, 김안로(金安老)가 실권을 장악하면서 벼슬길이 막혔다. 김안로가 제거되면서 재등용 되어 승정원 승지를 역임한 후 한성부우윤 호조참의를 거쳐, 인종이 즉위하자 도승지에 발탁되었고, 명종이 즉위하자 함경도관찰사로 나가서 북도민의 민폐시정에 힘썼다. 대사헌 등을 거쳐 1551년 한성부판윤이 되었다. 그 후 판서를 거쳐 1554년 평안도관찰사로 부임하여 민정을 주관하였다. 1557년 주청사로 대비의 고명(誥命)을 받아 왔고, 판돈녕부사와 병조판서에 특채되었다. 행서·초서에 능하였으며, 사어(射御)에도 뛰어났다.

공은 자품이 순수하고 어려서부터 큰 뜻이 있어 글을 읽고 지을 때 번거롭게 가르치지 않아도 되었다. 기묘사화가 일어나던 중종 14년(1519)에 생원·진사 양

과에 합격한 이명규는 중종 23년(1528)년 식년문과에 병과로 급제하여[1] 사관 벼슬인 예문관 대교에 특별히 제수되었다. 이어서 홍문관 부수찬·수찬으로서 활발한 정치활동을 폈으나, 1531년 김안로(金安老)가 실권을 장악하면서 외직으로 도는 등 한 동안 침체기를 겪어야 했다.[2] 중종 중 후반기는 사림세력들과 대척점에 서 있던 소위 권귀(權貴)로 불리는 자들이 많았기 때문이다.

중종 27년(1532)에 예조 좌랑(禮曹佐郎)에 임명되었는데, 질정관(質正官)의 임무를 띠고 동지사(冬至使)를 따라 연경(燕京)에 가서 조회하였다. 중종 28년(1533)에 경기 도사(京畿都事)에 임명되었고, 이듬해 어머니 상(喪)을 당하여 슬퍼하다 야위는 등 예를 다하였다. 중종 31년(1536)에 상복을 벗자 예빈시 판관(禮賓寺判官)에 임명되었다가 호조(戶曹)·예조(禮曹)·형조(刑曹)·공조(工曹)의 정랑(正郎)으로 전직되었는데, 낭서(郎署)를 맴돌며 오래도록 고상한 선발에 들어가지 못하였던 것은 시론(時論)과 부합하지 않았기 때문이었다.[3]

김안로는 그의 아들 김희(金禧)가 효혜공주(孝惠公主)와 혼인한 것을 계기로 권력을 남용하다 영의정 남곤(南袞) 등의 탄핵을 받고 유배되었다. 남곤이 죽자 유배에서 풀려나 실권을 되찾은 그는 이조판서를 거쳐 1534년부터 우의정과 좌의정에 올랐다. 고단(孤單)한 동궁(東宮: 인종)을 보호한다는 구실로 뜻에 맞지 않는 자를 축출하는 옥사(獄事)를 여러 차례 일으켰다. 정광필(鄭光弼)·이언적(李彦迪)·나세찬(羅世纘)·이행(李荇)·최명창(崔命昌)·박소(朴紹) 등 많은 인물들이 이들에 의해 유배 또는 사사되었으며, 경빈 박씨(敬嬪朴氏)와 복성군(福城君)의 죽음도 그와 관련이 있다. 대윤과 소윤으로 나누어진 혼란한 정국에서 1537년 문정왕후 폐위를 기도하다 결국 사사되었다.[4]

---

1) 『문과방목』 중종 23년 식년시(式年試) 병과(丙科).
2) 『중종실록』 권85, 32년 10월 27일 계유.
3) 『국조인물고』 권12, 경재(卿宰), 이명규 비명(碑銘: 洪暹 撰).
4) 『연려실기술』 권9, 중종조 고사본말.

이명규는 김안로가 제거된 이후 사간원 헌납이 되었는데,[5] 곧으면서도 남의 잘못을 들추어내어 자신이 정직한 체 하지 않는다는 세평으로 간쟁하는 신하의 체통을 얻었다. 중종 33년(1538) 군기시 판관(軍器寺判官)에 임명되었다가, 6월에 의정부 검상(議政府檢詳)에 임명된 후 사인(舍人)으로 승진하였고, 사헌부 장령(司憲府掌令)으로 전직되었다가 이윽고 다시 사인이 되었다. 7월에 홍문관(弘文館)에 선발되어 부응교(副應教)가 되었다가 응교(應教)로 승진하였다.[6] 10월에 전적(典籍)으로 승진하고 11월에 사간원 사간(司諫院司諫)으로 전직되었다. 중종 35년(1540) 여름에 제용감 정(濟用監正)으로 승진하였다가 이윽고 시강원(侍講院)으로 들어가 보덕(輔德)이 되어 동궁(東宮)을 보좌하여 유익한 바가 매우 많았고, 다시 홍문관으로 들어가 직제학(直提學)이 되었다. 겨울에 통정대부(通政大夫)가 되어 승정원(承政院)으로 들어가 동부승지(同副承旨)가 되었고, 순서에 따라 좌부승지·좌승지를 역임하고 한성부우윤에 올랐다. 그러나 당상(堂上)에 승진한 지 겨우 10여 삭(朔)만에 갑자기 2품으로 승진한 것이 부당하다는 대간의 제기로 취소되었다.[7] 중종 37년(1542) 5월 도승지에 발탁되었다. 같은 해 10월 호조참의로 사은사가 되어 표류된 양민을 돌려보내 준 데 대한 사례를 하고 다음해 3월에 돌아왔다.

이때 중종(中宗)의 국상(國喪)이 있어 명(明)나라의 칙사가 잇따라 나왔으므로 응답하는 것과 접대하는 것을 공에게 많이 자문하였다. 인종 원년(1545) 2월 재차 도승지가 되고, 여름에 특별히 가선 대부(嘉善大夫)로 승진하였고, 6월에 동지중추부사(同知中樞府事)로 전직되었다. 7월에 인종(仁宗)이 승하하자, 공을 수릉관(守陵官)으로 임명하였는데, 상례와 제례를 예에 따라 다하였다.[8]

명종 원년(1546) 가을에 가의대부(嘉義大夫)로 승진하였다. 명종 2년(1547)에 인

---

5) 『중종실록』 권88, 중종 33년 8월 20일 경신.
6) 『중종실록』 권94, 중종 35년 10월 8일 병인.
7) 『중종실록』 권96, 중종 36년 9월 10일 계사.
8) 『국조인물고』 권12, 경재(卿宰), 이명규 비명(碑銘: 洪暹 撰).

종의 신주를 종묘에 모시는 일을 끝마치고 나서 그에 대한 상으로 자헌대부(資憲大夫)로 승진되어 지중추부사(知中樞府事)가 되었다. 8월에 함경도 관찰사(咸鏡道觀察使)로 나갔는데, 문무의 재주를 겸비하여 잘 어루만지고 이끌어서 장상(將相)의 명망이 성대하게 났다. 특히 북도민의 민폐시정에 힘썼으며, 도민의 큰 부담이었던 곤포(昆布) 진상을 중지시켰다. 명종 4년(1549)에 지돈녕부사(知敦寧府事)로 전직되었다. 겨울에 사헌부 대사헌(司憲府大司憲)에 임명되었다가 어떤 일로 인하여 첨지중추부사(僉知中樞府事)로 전직되었다. 명종 5년(1550)에 한성 판윤(漢城判尹)으로 부임하였는데, 옛날 경조 윤(京兆尹)의 기풍이 상당히 있었다.

대사헌·지중추부사를 역임하고, 명종 6년(1551) 가을에 다시 사헌부 대사헌이 되었고, 동지경연(同知經筵)을 겸임하였다. 대사헌으로 재직할 때 대사간 김주(金澍)와 함께 대간들을 이끌고 폐행을 일삼던 이기(李芑)를 탄핵했는데,[9] 당대 최고의 실세를 대상으로 했다는 점에서 돋보인다. 이기는 당시 사림파들이 윤원형과 함께 을사사화 원흉(元兇)으로 꼽은 인물이지만, 문정왕후가 실권을 쥐고 있던 그 시절에 탄핵한다는 것은 매우 어려웠기 때문이다. 선조 초 완전한 사림 정치가 펼쳐질 때 이기의 훈작(勳爵)이 추삭(追削)되고 묘비(墓碑)가 제거되었으니, 이기의 탄핵이 마무된 시점은 후일을 기약해야 했음을 알 수 있다. 명종 7년(1552)에 형조 판서(刑曹判書) 겸 지의금부사(知義禁府事) 도총부 도총관(都摠府都摠管)이 되어 법에 있어 어떠한가에 따라 문죄(問罪)하고 다시 사람을 보아 낮추었다 올렸다 하지 않았다. 또한 언의(讞議)를 자세하고 진실하게 하여 판결한 것이 평번(平反)된 바가 많아 옥사(獄舍)가 텅 빌 정도가 되었으므로 사람들이 그 재능을 인정하였다.

명종 8년(1553) 겨울에 공조 판서(工曹判書)가 되고, 이듬해 가을에 정헌대부(正憲大夫)로 승진하여 평안도 관찰사(平安道觀察使)로 나갔다가 3년의 임기가 차자 조정에 유임의 상소가 많았다. 명종 11년에 지중추부사(知中樞府事)로 전직되었

---

9) 『명종실록』 권12, 6년 10월 25일 기묘.

다. 일찍이 계축년 봄에 대왕 대비(大王大妃)와 왕대비(王大妃)의 고명(誥命)을 소실하였으므로, 명종 12년(1557) 가을에 황제에게 다시 주청하려고 하였으나 적임자가 없어서 공을 주청사(奏請使)로 삼았는데, 공이 주선을 잘하여 결국 고명을 받아 돌아오니, 임금이 가상히 여기고 기뻐하여 숭정 대부(崇政大夫)로 승진시키고 노비를 하사하여 권장함과 아울러 지중추부사(知中樞府事) 겸 판의금부사(判義禁府事)에 임명하였다.

명종 13년 5월 판돈녕부사(判敦寧府事)로 병조 판서(兵曹判書)를 겸임하여 군정(軍政)을 정리하니, 크고 작은 일이 모두 거행되었다. 그러나 성품이 권세를 좋아하지 않고 한적한 것을 좋아하여 항상 말하기를, "나의 분수에 넘친 일이 많은데, 더구나 권세가 나에게 돌아오게 하려고 하겠는가?"라고 하였다. 가을에 사건으로 인해 병조 판서에서 체직되었다. 이때부터 비위(脾胃)에 병이 생겨 여러 달 앓다가 의원의 치료가 효과가 없어서 결국 다시 일어나지 못하고 말았다.

명종 15년(1560) 정월 21일에 숭정 대부(崇政大夫) 판돈녕부사(判敦寧府事) 겸 지경연 춘추관사(知經筵春秋館事) 이공(李公)이 세상을 떠났다. 임금에게 공의 부음을 아뢰니, 임금이 매우 슬퍼하며 말하기를, "평화 재상(平和宰相)이 죽었다"하고, 2일간 조회를 보지 않고 부증(賻贈)의 은전을 관례보다 더 후하게 내렸다.[10]

조광조(趙光祖)의 문인이자 선조 때 영의정을 세 번이나 중임한 홍섬(洪暹)이 공의 비문을 찬했다. 그리고 다음과 같이 칭송했다.

공은 크기가 중인(中人)에 벗어나지 않았으나 기국이 관대한데다가 평이(平易)하고 화후(和厚)하여 사람과 사귈 때 간격을 두지 않았으며, 사람의 장단을 말하기 좋아하지 않아 성취하여 완전해지도록 힘썼는가 하면 향리의 사람들과 화목하여 소원한 사람도 가까운 사람처럼 대하였다. 집안에 있을 때 그리 심하게 엄중하지 않았으나 친근히 하지도 않았으므로 미천

---

10) 『국조인물고』 권12, 경재(卿宰), 이명규 비명(碑銘: 洪暹 撰).

한 노복에 이르러서도 저절로 규범을 벗어나지 못하였다. 해서(楷書)·행서(行書)·초서(草書)를 잘 써서 행촌(杏村)의 체를 얻었는데, 평소 글씨를 쓸 때 한 자 한 획이 모두 법도가 있었다. 젊어서부터 활을 잘 쏘았는데, 항상 말하기를, "육예(六藝) 가운데 한 가지는 남자가 마땅히 힘을 써야 한다"고 하였다. 한때의 무인들이 대부분 '공을 따라갈 수 없다'고 말하였다.

나는 공에게 후진(後進)이 되어 공이 옥서(玉署)에 있던 때와 법관(法官)이 되고 승정원(承政院)을 맡았을 때 내가 함께 동료로 참예하였고, 공이 평안도 관찰사가 되었을 때도 나와 서로 체대(遞代)하였으므로 공과 같이 일을 하여 종유한 지 가장 오래되었기 때문에 내가 공을 가장 자세히 알고 있다. 공이 고문(顧問)과 논사(論思)의 직책에 있을 때는 오로지 문장만 일삼지 않고 날마다 동료들과 같이 과거의 역사를 토론하였으며, 경연(經筵)에 입시하여 아뢸 적에는 구차하게 동의하는 것을 좋아하지 않았고 물러나 의논할 적에는 때에 따라 변하지 않았기 때문에 취향이 같지 않은 자들이 꺼리었다. 언론의 책임을 맡았을 때는 세세한 것을 들추어내려고 하지 않고 대체를 지키려고 힘쓰면서 항상 말하기를, "명예를 좋아하고 자신이 곧다는 것을 과시하여 사단을 일으키기 좋아하면 나라에 무익하고 자신의 해만 되니, 마땅히 조용히 진압해야 한다"고 하였다. 승정원에 있을 때는 출퇴근을 부지런히 하였고 왕명의 출납을 신중히 하였으며, 동료들과 해학을 하지 않았고 또 까다롭게 살피거나 번거롭게 흔들지 않았으므로 사람들이 모두 존경하고 좋아하였다. 관서(關西)의 안찰사(按察使)로 나갔을 때는 왜구(倭寇)가 호남을 짓밟은 뒤여서 방어할 병기를 준비하느라 팔방에 소동이 났는데, 공이 요강(要綱)을 들추어내어 급한 일을 먼저하고 급하지 않은 일은 뒤에 하여 전혀 백성을 동요하지 않았고 또한 누락한 것이 없었으므로, 관서의 사람들이 공의 덕을 사모한 나머지 공의 임기가 차자 조정에 유임시켜달라고 요청한 사람이 매우 많았다. 만년에 평구

(平丘)의 강가에다 집을 지어 노년을 보내면서 시중을 드는 아이에게 관악기와 현악기를 가르쳐 가절(佳節)을 만날 때마다 데리고 올라가 술잔을 들고 읊조리며 스스로 즐기면서 유연(悠然)히 사동산(謝東山)의 흥이 있었다. 공이 병중에 있을 때 내가 문병을 갔더니, 공이 말하기를, "내가 평생 동안 한 바가 나라에 도움을 주지 못하였는데, 품계가 높고 지위가 높아 가득 차서 재앙이 되었다. 나의 병은 일어나지 못할 것이다"하고 태연히 약간의 슬픈 기색도 없었다. 아! 공은 기품이 두텁고 그릇이 크며 도량이 넓고 뜻이 원대하였으나 크게 펼쳐보지 못한 채 갑자기 세상을 떠나 결국 사람들의 기대를 저버렸으니, 매우 애석하다.

공이 처음에 한산 이씨(韓山李氏) 충의위(忠義衛) 이덕부(李德敷)의 딸에게 장가들고 그 다음에 찰방(察訪) 여공단(呂公端)의 딸에게 장가들고 세 번째 완산 이씨(完山李氏) 주부(主簿) 이삼(李參)의 딸에게 장가들었으나 모두 자녀가 없었다. 공이 함경도 관찰사로 나갔을 때 총애한 여자가 1남 이희원(李熙元)을 낳았다. 그런데 그의 이름이 노복의 천한 명부에 들어있으므로 공은 아들이 없는 것을 민망히 여기다가 노복을 하사받아 양인(良人)으로 바꾸어줄 것을 청하니, 임금이 가련하게 여겨 윤허하였다. 공이 세상을 떠난 후 부인(夫人)이 공의 종제 관찰사 이택(李澤)의 아들 이지(李砥)를 데려다가 후사로 삼았다. 장례가 끝나자 부인이 공의 덕행이 인멸되어 전하지 않을까 염려한 나머지 여종을 보내어 나에게 묘갈명을 써달라고 재촉하였다. 나는 공의 옛날 지기(知己)이므로 문장에 능하지 못하다는 이유로 사양할 수 없기에 다음과 같이 명(銘)을 쓴다.

위대한 사람이 태어나니, 하늘의 부여한 바가 후했도다. 이미 후하게 부여해 놓고 어찌하여 복은 아꼈단 말인가? 공이 세상에 살 때 중인 속에서 자신을 지켰도다. 그 모습은 화평하였으나 돌보다 더 굳건하였고 그 도량은 넓은 데다 그 지조 우뚝했도다. 나의 지킬 바를 확고히 하고 앞길의 통색은 그들에게 맡겼도다. 나를 거두어주더라도 무엇이 영광스럽겠으며 나를 배제하더라도 무엇이 욕되겠는가? 공의 머리털이 희어지지 않아 명망이 원로보다도 더 높았도다. 휘황찬란한 감사(監司)의 깃발 휘날리며 서북지방을 안무(按撫)하였도다. 혁혁하여 하늘에 통하니, 고귀한 의상을 입어야 마땅하도다. 장수의 감이고 정승의 감이지만 중요한 자리가 비어 있도다. 철인(哲人)이 갑자기 세상을 떠나니, 어떻게 나라를 다스린단 말인가? 하늘이 후사의 복을 주지 않으니, 그 누가 뒤를 계승한단 말인가? 아득히 먼 백도(伯道)와 같은 공의 선(善)한 인과를 그 누가 기록한단 말인가? 저 둔지산(鈍之山) 우러러 바라보니, 강이 돌아들고 산이 치솟았도다. 영기(靈氣)가 쌓이고 상서가 에워싸니, 이 무덤을 호위하도다. 사람들에게 남아 있는 좋은 명성도 세월이 멀어지면 날로 소실되므로, 능히 영원토록 전하게 하기 위하여 여기 드러나게 새긴 비문 있도다.

성세창제시 미원계회도 成世昌題詩薇垣契會圖

이 계회도는 미원(薇垣: 사간원 별칭) 전·현직 관료들의 친목을 다지기 위한 모임을 기념하기 위해 작성된 그림인데, 이명규가 사간원 전직 관료 자격으로 참여한 것이다.

보물 제868호. 비단 바탕에 수묵이며 족자 형식이다. 크기는 세로 93㎝, 가로 61㎝이다. 지금까지 알려진 문인계회도 중 가장 오래된 작품이다. 족

성세창제시 미원계회도(成世昌題詩薇垣契會圖)

자 상단에 미원계회도(薇垣契會圖)라는 전서체(篆書體)로 쓴 제목이 있고, 중단에 산수를 배경으로 계회의 장면이 그려져 있다. 그리고 하단에는 참석자들의 좌목(座目)이 기록되어 있는데, 조선 초기 계회도의 전형적인 형식이다.

하단부 좌목에 적혀 있는 참석자의 명단을 보면, 유인숙(柳仁淑), 홍춘경(洪春卿), 이명규(李名珪), 나세찬(羅世纘), 이황(李滉), 김□(金□), 이영현(李英賢) 등 7명이다. 그림에 성세창(成世昌)의 찬시(贊詩)가 적혀 있고, "가정경자중춘(嘉靖庚子仲春)"이라는 연기가 있어 1540년(중종 35)에 제작되었음이 확인된다. 성세창(成世昌)은 조선 전기의 문신으로, 『용재총화』로 유명한 성현(成俔)의 아들이며, 김굉필(金宏弼)의 문인이다. 이명규에 관한 기록을 보면 "前司諫奉正大夫 世子侍講院 輔德 兼春秋館編修官 李名珪, 父通訓大夫 行義盈庫令 峋"라고 적혀 있다.

조선시대 문사와 관인의 복합적 존재였던 사대부들은 동배(同輩)나 사문(斯文)으로 우의를 나누고 친목을 도모해 왔으니, 같은 해에 태어났거나[同甲], 같은 해 과거에 합격했거나[同年], 국가적인 행사에 선발되어 함께 일했거나[同事], 같은 관아에서 근무 하거나[同任], 함께 늙어가는[耆老] 등, 동일한 조건이나 처지를 매개로 가절(佳節)이나 직무 여가에 모여 시주(詩酒) 풍류를 즐기며 교분을 쌓았다. 사대부들의 이러한 동류의식과 결부된 친목 모임을 기념하고 후세에 길이 전하기 위해 제작된 것이 계회도(契會圖)이다.

현존 우리나라 최초의 계회는 고려시대 최당(崔讜: 1135~1211)이 결성한 해동기로회인데, 이때부터 계회에 참석했던 인물의 모습을 그림으로 남기는 전통이 형성되었다. 그런데 조선 전기에는 정치적 부침 속에 신진 관료인 낭관(郎官)을 중심으로 완전히 새로운 형태의 계회와 계회도가 마련되었다.

조선 전기 계회도는 인물화의 성격을 지녔던 고려시대의 전통과 결별하고 새로운 양식을 수립했다. 중국 백거이의 '향산구로회'와 같은 관습적 양식을 뛰어넘어, 계축형식의 전형을 마련했다. 그리고 이들 조선 전기의 계회도는 여타의 그림과는 달리 인명록과 산수화를 동시에 배치하는 개방적 수용성을 통해 기록과 감상이 가능한 작품이 될 수 있었다. 산수화는 당시에 유행했던 회화의 주류를 반영한 결과인데, 화면 속에 당시 회합을 연상할 수 있는 장면을 포함하여 계회의 기록이라는 계회도 본연의 취지에 부합하는 것을 확인할 수 있다.

15세기 후반에서 대략 한 세기 동안 조정의 관료들에 의해 계회(契會)가 특히 성행했고, 계회에서 제작된 계회도축(契會圖軸)들이 남아 있기도 하다. 계회가 활발했던 것은 당시의 정치 사회적 상황과 깊이 연관되어 있다. 곧 사림 세력이 새로운 정치 세력으로서 등장하여 기존의 훈구 세력을 파고들며 점차 대결 구도를 형성해 나갈 때에 그 세력을 강화하기 위해 계회를 활용한 것으로 여겨진다. 또한 이 계회는 보통 음주와 유흥을 동반하고 또 문학과 예술의 실천을 유도하였다. 곧 15세기 이후로 계회가 지식인 사회 내부의 다양한 관계를 조직하고 유지하면서 소통의 기회를 제공함으로써 문학과 예술의 성과를 빚어내던 장으로 활용되었다.

특히 미원계회도는 고성이씨 인물과 관련된 계회도축(契會圖軸) 중에서 가장 완전한 형태로 남아 있는 것이며, 용헌공 아들 호군공 이곡(李谷)이 사헌부 감찰에 제수되어 신참으로 면신례(免新禮) 의식을 치르던 과정에서 작성된 계회첩(契會帖: 이익환 교수 소장) 역시 조선시대 계회도축(契會圖軸) 변화과정을 이해하는데 크게 참고가 된다.

[참고 문헌]

박홍갑, 2000, 「조선시대 면신례 풍속과 그 성격」『역사민속학』11, 역사민속학회.

홍선표, 2013, 「조선 전기의 契會圖 유형과 해외소재 작품들」『미술사논단』36, 한국미술연구소.

윤진영, 2004, 「조선시대 관료사회의 新參禮와 契會圖」『역사민속학』18, 한국역사민속학회.

신영주, 2007, 「15, 16세기 관료 문인들의 계회 활동과 계회도축」『한문학보』17권, 우리한문학회.

이찬李澯

생년 : 1498년(연산군 4)
몰년 : 1554년(명종 9)
관력 : 대사간 개성유수 강원도관찰사 한성좌윤 봉조하
자호 : 자정(子淨) 호 수곡(守谷)
묘소 : 경기 광주 목동 선영
가족 : [증조] 지(墀) [조] 육(陸) [부] 험(嶮)
　　　[외조] 정옥(鄭沃) [처부] 성희옹(成希雍)

　　생원으로 문과에 급제, 승정원 주서를 거쳐 정언이 되어 급제자 성적이 미흡한 점을 들어 인재양성을 주청하였다. 이후 지평을 거쳐 병조와 이조정랑을 역임했다. 김안로(金安老) 세력에 의해 은산역(恩山驛)에 유배되었다가 후일 사면되어 의정부사인이 되어 법을 준수하여 중정(中正)의 도(道)로 삼을 것을 주장하였다. 이후 홍문관 교리·부응교·집의를 거치는 동안 풍속을 교정하고 상벌을 엄히 할 것을 지적하는 시강관(侍講官)으로서의 임무를 다했고, 대사간이 되어서는 궁중의 사치를 지적하는 상소를 올렸다. 동지사로 명나라에 다녀왔으며, 개성부유수와 한성부우윤·강원도관찰사에 제수되었다. 용양위호군(龍驤衛護軍)이 되었다가 다음 해 동지중추부사로 졸 하였다. 글씨를 잘 썼으며, 특히 초서·예서에 능했다. 장례를 치를 수 없을 정도로 가난한 생활을 영위하여 사표가 되었다.

중종 11년 사마시 생원과 진사과 양과에 모두 합격했고, 이러한 문재를 바탕으로 중종 18년(1523)에 실시된 알성 문과에 병과로 급제하였다.[1] 중종 20년(1525) 승정원의 주서로서 사관(史官) 겸직이 부당하다는 사헌부의 지적을 받았으나, 중종이 가납하지 않았다.[2] 중종 22년(1527) 사간원 정언이 되어 어전 조강(御前朝講)에서 당해 년 감시제술과(監試製述科) 급제자가 성적이 미흡한 점을 들어 인재양성을 주청하였다.[3] 중종 23년(1528) 이찬은 언관(言官)이 논계(論啓)한 것을 문제 삼은 중종에게 더 이상 직을 유지하기 힘들다 하여 사면을 청했다.[4] 대간의 공론(公論)을 저지한다고 하여 이튿날 사간원 동료들도 함께 또 사면을 청했다.[5] 이후 이조좌랑이 되었고,[6] 사헌부 헌납을 거쳐 지평에 제수되었다.[7] 병조정랑이 되어 간관(奸官)을 적발하는 임무를 띠고 지방에 파견되었다. 중종 26년(1531)에 사헌부 탄핵으로 파직되었는데, 당시 김안로(金安老)에게 의지했다는 이유였다.[8] 중종 22년(1527) 김안로가 일으킨 작서의 변은 그 실체가 밝혀질 때까지 매우 불안하게 정국이 지속되었다. 쥐를 잡아 지져서 동궁(東宮)을 저주한 사건이었던 작서의 변 주모자로 경빈(敬嬪) 박씨가 의심 받아, 그 아들 복성군(福城君)과 함께 서인(庶人)으로 쫓겨났다가 사사되었다. 중종 27년(1532)에 김안로 아들 연성위(延城尉) 김희(金禧)가 진범이란 사실이 밝혀졌지만, 격동의 정국 속에서 대간 시종들 또한 김안로에 부합하는 경우가 많았다.

중종 26년(1531)에 파직된 이찬은 여기에 그치지 않았다. 그와 함께 장(杖)·배형(配刑)에 처해질 위기에 놓인 인물들은 중종 전지(傳旨)로 배형을 면했다.[9] 그

1)『국조문과방목』중종 18년 계미 알성시(謁聖試).
2)『중종실록』권55, 중종 20년 9월 12일 무진.
3)『중종실록』권59, 중종 22년 9월 5일 기묘.
4)『중종실록』권61, 중종 23년 5월 29일 기해.
5)『중종실록』권61, 중종 23년 5월 30일 경자.
6)『중종실록』권62, 중종 23년 7월 8일 정축.
7)『중종실록』권69, 중종 25년 8월 13일 경오.
8)『중종실록』권70, 중종 26년 2월 20일 을해.
9)『중종실록』권70, 중종 26년 2월 27일 임오~28일 계미.

러나 지평 이임(李任) 등이 사림을 모함하는 사악한 인물로 몰아갔다. 그리하여 이찬은 결국 부여 은산역(恩山驛)으로 유배되었다.[10] 지난해 지평(持平)으로 양사(兩司)가 회의하여 시폐(時弊)를 나열한 상소문을 공이 초안하면서, 대관(臺諫)의 탄핵을 배척한 정승을 두고, "자기에게 아부하는 자는 좋아하고, 자기와 뜻을 달리하는 자는 노엽게 여겨서 편벽(便辟)되고 원만하지 못하다"라고 한 말이 빌미가 되어 죄(罪)를 입은 것이다.

좌의정이었던 심정의 탄핵으로 물의가 크게 일자, 중종 26년(1531) 5월 영의정 정광필(鄭光弼), 좌의정 이행(李荇), 우의정 정순손(張順孫)은 임금께 아뢰기를, "이찬(李燦), 김노(金魯)의 일은 말 때문에 빚어진 일입니다. 말 때문에 죄(罪)를 받은 일은 전에는 없었던 일입니다. 이런 일은 모두 신등의 뜻과 다른 것입니다. 이는 시사(時事) 가운데 큰 것만을 뽑아 아뢴 것입니다. 그 나머지 죄 없이 파직(罷職)된 사람 또한 적지 않습니다. 신 등은 성상의 뜻을 돌리지도 못한 채 정승(政丞)의 직에 있기가 송구스러워 감히 사직(辭職)합니다"라고 한,[11] 3정승(政丞)의 주청(奏請)으로 유배(流配)에서 풀려났다.[12]

중종 29년(1534) 양주 선영에 시묘(侍墓)하고, 중종 32년 10월 관직복귀를 허락받고, 중종 33(1538)년 1월 의정부 사인(舍人)에 임용된 후[13] 의정부 삼공(三公)이 의논한 하급 관료들의 폐단을 적극 진달하였다.[14] 이어 4월 홍문관 응교(應教)로 제술(製述)에 입격(入格)하여 반숙마(半熟馬) 1필을 하사받고,[15] 다음 날 시사(試射)에서 다시 입격하여 사의(簑衣: 도롱이 옷)와 궁자(弓子)를 하사받았다.[16] 그 후 사간원 사간(司諫), 홍문관 교리(教理), 사헌부 집의(執義), 홍문관 부응교(副應

10) 『중종실록』 권70, 중종 26년 3월 12일 정유.
11) 『중종실록』 권70, 중종 26년 5월 24일 정미.
12) 『중종실록』 권85, 중종 32년 10월 27일 계유.
13) 『중종실록』 권86, 중종 33년 1월 10일 을유.
14) 『중종실록』 권86, 중종 33년 1월 19일 갑오.
15) 『중종실록』 권87, 중종 33년 4월 19일 임술.
16) 『중종실록』 권87, 중종 33년 4월 20일 계해.

敎), 전한(典翰) 등을 연이어 역임하는 동안 여러 차례 시강관(侍講官)으로서 학문 진작과 풍속을 일신하고 기강을 바로 잡을 것을 건의하였다.[17] 기묘사화 여파로 사림이 모두 중죄를 받게 되어, 당시의 신진 사림들이 기존 사림들의 가르침을 살피지 않고 그 학문까지 그르다 여기는 황폐함에 따른 것이었다.[18] 중종 34년(1539) 공이 부제학(副提學)을 제수 받을 때는 단망(單望)으로 주의(注擬)되었는데,[19] 통상 인사 행정에서 3배수를 추천하는 삼망(三望)이 관례였음에 비춰 매우 예외적인 일로 받아들여졌다. 이는 그만큼 동료들이나 임금으로부터 신뢰를 받고 있었음을 나타낸다. 홍문관 부제학으로 임용된 공은 종계변무(宗系辨誣) 일이 중하기는 하나, 중국 사신들에게 사사로이 사례를 하는 것은 예에 어긋나는 것이기도 하거니와 나쁜 선례를 남길 수 있음을 아뢰었다.[20] 이는 공이 사대 외교에 있어 정도(正道)를 주장한 것이었다.

이어 중종 35년(1540) 대사간(大司諫)이 되어서는 궁실과 사대부·서인 등의 사치에 대해 잘못됨을 아뢰어 풍속을 바로 잡으려 노력했다.[21] 그 해에 예조참의(禮曹參議)를 제수 받았다가 동부승지(同副承旨)를 거쳐 이듬해 사헌부 집의와 사간원 대사간에 제수되어서는,[22] 기근과 가뭄으로 선릉에 참배해서 아랫사람에게 폐해를 끼치지 말도록 아뢰는 한편,[23] 간언을 받아들이는 정성과 청검의 덕에 대한 차자(箚子) 및 상벌을 엄히 해야 함을 건의했다.[24] 이어 승정원 우부승지(右副承旨)에 제수되었다가 이듬해인 중종 37년 4월 이조참의로 옮겼다.[25] 그 해 11월 이조참판(吏曹參判) 최보한(崔輔漢)과 같이 동지사(冬至使)로 표문(表文)을

---

17)『중종실록』권92, 중종 34년 10월 2일 병인.
18)『중종실록』권91, 중종 34년 8월 1일 을축.
19)『중종실록』권92, 중종 34년 12월 2일 을축.
20)『중종실록』권92, 중종 35년 1월 8일 신축.
21)『중종실록』권93, 중종 35년 6월 9일 기사.
22)『중종실록』권95, 중종 36년 6월 26일 신사.
23)『중종실록』권96, 중종 36년 8월 29일 임오.
24)『중종실록』권96, 중종 36년 9월 12일 을미. 10월 12일 갑자.
25)『중종실록』권98, 중종 37년 4월 4일 갑인.

가지고 북경(北京)에 가서 축하했고, 겸하여 우리나라의 표류인(漂流人) 고은천(高銀遷) 등을 돌려보내 준 것을 사은(謝恩)한 후[26] 이듬해 1월 말 돌아왔다.[27] 중종 38년(1543) 8월 좌승지(左承旨)가 되고,[28] 9월 당상문신(堂上文臣)의 정시(廷試)에서 제술(製述)에 입격(入格)하여 이준경(李浚慶)·홍섬(洪暹)·안현(安玹)과 같이 숙마(熟馬) 1필을 하사(下賜) 받고,[29] 특명(特命)으로 가선대부(嘉善大夫) 개성유수(開城留守)에 올랐다.[30]

중중이 승하하자 명종 1년(1546) 1월 한성부우윤(漢城府右尹) 겸동지춘추관사(兼同知春秋館事)에 임명되어 중종실록 편수관을 역임했고, 이어 강원도관찰사(江原道觀察使)에 파견되어 관내에 요역(徭役)을 가벼이 하고 부세(賦稅)를 적게 하여 형(刑)을 줄이고 학문을 권장한 수령을 발굴 포상(襃賞)케 하는 치적을 쌓았다.[31]

한성우윤(漢城右尹)·경주부윤(慶州府尹)을 거쳐 명종 6년에 한성좌윤(漢城左尹)이 되었고, 그 후 병을 얻어 사직을 청하였으나 반려되어 동지중추부사(同知中樞府事)와 무관직인 용양위 호군(龍驤衛護軍)을 제수 받았다. 이 때의 사관(史官) 논평을 보면, 다음과 같다.

이찬의 사람됨은 성품이 대범하고 고요하여 일찍이 시세(時勢)에 붙좇은 적이 없었다. 만년에는 병이 많아 한직(閑職)에 오랫동안 있었는데, 일은 하지 않고 녹만 먹는 것은 의(義)가 아니라고 하여 비록 서반(西班)에 있었으나 녹을 받은 적이 없었다.[32]

---

26) 『중종실록』 권99, 중종 37년 8월 13일 경인.
27) 『중종실록』 권100, 중종 38년 1월 28일 계유.
28) 『중종실록』 권101, 중종 38년 8월 10일 임오.
29) 『중종실록』 권101, 중종 38년 9월 27일 무진.
30) 『중종실록』 권101, 중종 39년 1월 24일 계해.
31) 『명종실록』 권5, 명종 2년 3월 28일 기묘.
32) 『명종실록』 권14, 명종 8년 윤3월 26일 임신.

조정에서 공에게 실무는 보지 않고 종신토록 종2품의 녹봉을 받는 봉조하(奉朝賀)에 임명하여 치병(治病)을 도왔으나, 명종 9년(1554) 7월 수 57세로 졸하였다. 같은 해 8월 의정부 사인이 삼공(三公)의 뜻을 임금께 아뢰기를,

> 죽은 동지중추부사(同知中樞府事) 이찬(李燦)은 항상 병으로 출사(出仕)하지 못하는 것을 미안하게 여겨 녹(綠)을 받지 않았고, 나중에 봉조하(奉朝賀)의 박(薄)한 녹(綠)만 받다가 죽었는데, 집이 가난하여 장사(葬事)지낼 일을 조치(措置)하지 못하고 있다 합니다. 이 사람은 중종조(中宗朝)에 대간(臺諫)과 승지(承旨)로 있었으니, 특별이 충분한 부의(別致賻)를 명(命)하는 것이 어떻겠습니까.

하니, 임금이 전교(傳敎)하기를, 아뢴 대로 하라고 하였다.[33]

공은 천성이 온화하고 기질이 정수(精髓)하여 학문이 바르고 높아 문장이 수려하였으며, 언행에 실수함이 없었다. 글씨를 잘 썼으며 특히 초서·예서에 능했다. 양주 임유겸묘비(任由謙墓碑)와 신자건묘비(愼自健墓碑)에 공의 글씨가 남아있다.

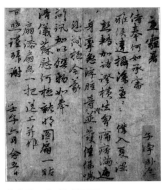

〈이찬 편지〉『근묵』, 1552.
행서, 24×22.3cm
성균관대학교박물관 소장

음식을 받고,
부채를 보내면서 쓴 편지.

33) 『명종실록』권17, 명종 9년 8월 27일 을미.

이택 李澤

생년 : 1509년(중종 4)
몰년 : 1573년(선조 6)
관력 : 도승지 관찰사 한성부윤 예조참판
자호 : 자 택지(澤之) 호 우당(雨堂)
묘소 : 성남시 중원구 도촌동 산156-3
가족 : [증조] 지(墀) [조] 육(陸) [부] 교(嶠)
　　　　[외조] 성수재(成秀才) [처부] 박훈(朴薰) 이존영(李存英)

중종 때 문과에 급제하여 승문원(承文院) 부정자(副正字)를 시작으로 오랜 기간 외교문서를 맡았다. 각 조(曹)의 낭관(郎官)으로 있다가 사간원 정언(正言)과 사헌부 직임을 맡았을 때는 대간(臺諫)으로서의 풍모를 잘 보여주었고, 외직(外職)으로 나가서는 백성들을 잘 돌보아 칭송이 끊이질 않았다. 도승지와 한성 부윤을 거친 후 여러 부서의 참판(參判)으로 재직하다 생을 마감했다. 천성이 온화하고 행실이 평이하여 사람을 대하는 것과 일 처리에 경계(境界)를 두지 않았다. 관직에 있으면서 염근(廉謹)함을 숭상하고, 집에서는 검약(儉約)을 숭상하여 세리 분화(勢利芬華)에 급급해 하지 않았다. 율곡 이이(李珥)가 찬(撰)한 묘비명(墓碑銘)이 전한다.

공은 태어나면서부터 보통 아이보다 특이하였으며, 겨우 8세 때 아버지를 여의었는데 곡(哭)하고 벽용(擗踊)하는 것이 어른처럼 의젓하다는 칭찬을 받았다.

자라서 학업에 힘써 게으름을 피우지 않아 중종 26년(1531)에 진사시에 합격하여 성균관(成均館)에 선보(選補)되고, 중종 33년(1538) 문과에 합격하였는데,[1] 중종은 이택을 비롯한 합격자들에게 사서삼경 중 원하는 책을 1질씩 내렸다.[2] 처음 벼슬로 승문원(承文院)에 들어가 부정자(副正字)를 거쳐 승진하여 박사(博士)에 이르렀으며,[3] 중종 36년(1541)에 성균관 전적(成均館典籍)으로 승진하여 승문원 교검(承文院校檢)을 겸직하였으니, 이는 공이 사대 문서(事大文書)를 잘 썼기 때문에 항상 승문원의 직책을 겸한 것이다.

공조(工曹)·예조(禮曹)·병조(兵曹)의 좌랑(佐郞)을 거쳐 사간원 정언(司諫院正言)으로 있을 때는 "시종신(侍從臣)이 입시할 때에 부복하여 감히 우러러보지 못하므로 아뢰고 싶은 일이 있어도 품은 뜻을 다 말하지 못하는" 사정을 진언했다.[4] 그 후 시강원 사서(侍講院司書)를 역임하고, 또 공조·형조·병조·호조의 정랑(正郞), 시강원 문학(侍講院文學)을 거쳐, 중종 39년(1544) 사헌부 지평(司憲府持平)에 제수되었다.[5] 홍문관 수찬(弘文館修撰), 사간원 헌납(司諫院獻納)을 역임한 후 종종이 승하하자, 통훈 대부(通訓大夫) 행 군기시 부정 겸 승문원 참교(行軍器寺副正兼承文院參校) 신분으로 『중종실록』 편수관(編修官) 임무를 수행했다. 아울러 중종 승하 사실을 중국에 고부(告訃)하고 청시(請諡)하는 사절단 일원인 서장관으로 파견되었다.[6]

인종 원년(1545)과 명종 원년 사이에 사간원 헌납 직책을 수행하였으며, 명종 2년(1547)에는 내섬시 첨정(內贍寺僉正)으로 3품을 거치지 않았는데 부묘(祔廟) 때 집사(執事)를 하였다는 이유로 가자(加資)를 특명 받았다.[7] 이 무렵 시의(時議)

---

1) 『문과방목』 중종 33년(1538) 무술(戊戌) 알성시(謁聖試).
2) 『중종실록』 권87, 중종 33년 4월 22일 을축.
3) 『국조인물고』 권18, 경재(卿宰), 이택 비명(碑銘).
4) 『중종실록』 권100, 중종 38년 2월 11일 을유.
5) 『중종실록』 권102, 중종 39년 2월 22일 신묘.
6) 『인종실록』 권2, 인종 1년 5월 12일 계유.
7) 『명종실록』 권5, 명종 2년 1월 22일 을해.

를 따르지 않다가 좌죄(坐罪)되어 수년 동안 산직(散職)으로 옮겨졌다. 명종 2년(1547) 여름에 육진(六鎭)에 흉년이 들어 조정에서 바야흐로 북쪽 변방을 진념(軫念)하였는데, 공에게 어루만져 방어하는 재능이 있다고 하여 군기시 부정(軍器寺副正)을 거쳐 통정대부(通政大夫)로 승진시켜 온성 부사(穩城府使)에 제배(除拜)하였다.[8] 명종 4년(1549) 여름에 병으로 체직(遞職)되었는데, 떠나온 뒤 백성들이 매우 사모하였다. 의주 목사(義州牧使)·남양 부사(南陽府使)·첨지중추부사(僉知中樞府事)·병조 참지(兵曹參知)를 거쳐 승정원 동부승지(承政院同副承旨)로 전직하여[9] 우승지(右承旨)를 거쳐[10] 좌승지(左承旨)로 승진하였다.[11]

명종 10년(1555)에 특별히 가선 대부(嘉善大夫) 품계를 더하여 함경남도 절도사(咸鏡南道節度使)에 제배되었다.[12] 그 후 관찰사(觀察使)를 일곱 번 지냈으니, 청홍도(清洪道)·전라도(全羅道)·황해도(黃海道)·경상도(慶尚道)·함경도(咸鏡道)와 경기(京畿) 두 번이다. 도승지(都承旨),[13] 평안도 절도사(平安道節度使)와 한성부 좌윤(漢城府左尹)을 역임한 후, 참판을 두 번 지냈으니 예조와[14] 형조참판이다.[15] 선조 6년(1573) 8월 예조 참판으로 있다가 병 때문에 면직되었고,[16] 그 해 9월 29일(병오)에 집에서 졸(卒)하니, 향년 65세였다. 부음(訃音)이 알려지자 부의(賻儀)와 치제(致祭)를 의례(儀禮)대로 하여, 12월 15일(신유)에 광주(廣州) 갈마리(葛麻里) 선영(先塋) 옆에 장사하였다.

공은 천성이 온화하고 행실이 평이하여 사람을 대하는 것과 일 처리에 경계(境界)를 두지 않았다. 관직에 있으면서 염근(廉謹)함을 숭상하고, 집에서는 검약

---

8)『명종실록』권5, 명종 2년 6월 20일 기해.
9)『명종실록』권16, 명종 9년 2월 15일 병술.
10)『명종실록』권19, 명종 10년 7월 14일 병오.
11)『명종실록』권19, 명종 10년 8월 16일 무인.
12)『명종실록』권19, 명종 10년 10월 19일 경진.
13)『명종실록』권25, 명종 14년 3월 25일 정유.
14)『명종실록』권29, 명종 18년 9월 6일 신사.
15)『명종실록』권31, 명종 20년 5월 29일 갑자.
16)『선조실록』권7, 선조 6년 8월 16일 계해.

(儉約)을 숭상하여 세리 분화(勢利芬華)에 급급해 하지 않았다. 공은 물러나 집으로 돌아와서는 교유(交遊)를 좋아하지 않았고, 벼슬이 아경(亞卿)에 이르렀으나 골목에 거마(車馬)가 없어 마치 한미한 선비 같았다. 그래서 집사람들이 찾아오는 손님이 없음을 조롱하면, 공은 "손님이 없는 것이 나의 참다운 즐거움이다"라고 하였다.[17]

행촌(杏村)의 후손 가운데는 글씨를 잘 써서 이름이 알려진 분이 많았다. 공은 필세(筆勢)가 호건(豪健)하여 스스로 일가(一家)를 이루었으며, 시(詩) 역시 전아(典雅)하였으나 남과 수창(酬唱)함이 적어 세상에 전하는 것이 없다. 사예(射藝)의 묘(妙)를 얻어 무인(武人)들도 감히 다투지 못하였으니, 가위 문무(文武)를 겸비한 재능이라 하겠다. 항상 여러 아들을 경계하여 말하기를, "악덕(惡德)을 저질러 선조(先祖)를 욕되게 하지 말라"고 하였다. 만년에는 여강(驪江)가에다 작은 별장을 지어 벼슬에서 물러나 살 계책을 했으나 어머니가 늙으시어 결행(決行)하지 못하였다. 임종(臨終) 때 여러 아들에게 말하기를, "사람은 반드시 죽게 마련인데 죽는다고 슬퍼할 게 무엇이냐? 다만 늙으신 어머니가 마음 쓰인다"하였고, 또 나랏일을 걱정하여 말하기를, "나는 이제 어쩔 수 없게 되었다만, 너희들은 마땅히 알아 두거라"라고 하였다.

공의 초취(初娶) 밀양 박씨(密陽朴氏)는 주부(主簿) 박동(朴董)의 딸인데, 딸 하나를 낳아 봉사(奉事) 김가빈(金可賓)에게 시집갔다. 재취(再娶) 이씨(李氏)는 종실(宗室) 광복 부수(廣卜副守) 휘(諱) 존영(存英)의 딸이며 중의 대부(中義大夫) 가은군(加恩君) 이빈(李份)의 손녀이다. 부인은 정덕(正德) 을해년(乙亥年, 1515년 중종 10) 4월 12일(기해)에 출생하였는데 공의 배필이 된 30여 년 동안 부도(婦道)를 극진히 다하고, 웃어른을 섬기고 아랫사람을 어루만져 환심(歡心)을 샀다. 살림을 잘 꾸려나가 아이들을 기르면서 근심 띤 얼굴로 공의 평소 뜻을 흔드는 일이 없었는데, 을축년(乙丑年, 1565년 명종 20)에 공보다 먼저 졸서(卒逝)하였다. 4남 2녀를 두

---

17)『국조인물고』권18, 경재(卿宰) 이택의 비명(碑銘: 李珥 撰).

었다. 이이(李珥)가 찬한 명(銘)은 다음과 같다.[18]

눈처럼 깨끗하니 어찌 쉽게 검어지며, 돌처럼 단단하니 어찌 쉽게 깨어지랴? 오직 명예(名譽)만을 추구하므로 진실하게 실천하지 못하네. 공은 외화(外華)로 치닫지 않고 조용히 세상을 사셨네. 출세할 화끈한 손길 있었으나 공은 바람으로 씻었으며, 법망이 빈틈 없었으나 공은 거기에 걸리지 않았네. 유연하게 벼슬을 물러나서는 자기 힘으로 살아나갔네. 여섯 도의 관찰사가 되었으나 살림은 윤택한 적 없었다오. 나는 공을 청렴하다고 하는데 다른 사람은 공이 못났다고 하네. 깨끗했으나 과시함이 없었고, 부드러워도 굽힘이 없었네. 임종에 무슨 말 남겼는가? 어머니 생각과 나라 걱정이었네. 어찌 이 명(銘)을 새겨서 숨은 덕 천명(闡明)하지 않으랴?

우당공 이택 묘비 성남 갈현동

---

18) 『국조인물고』 권18, 경재(卿宰) 이택의 비명(碑銘: 李珥 撰).

이제신李濟臣

생년 : 1510년(중종 5)
몰년 : 1582년(선조 15)
관력 : 청하교관
자호 : 자 언우(彦遇) 호 도구(陶丘)
묘소 :
가족 : [증조] 근(根) [조] 세형(世亨) [부] 경(瓊)

　　　　[외조] 성옥곤(成玉崑) [처부] 오발(吳撥)

　　공은 생원 경(瓊)의 아들로 의령에서 태어나, 남명 조식을 숭모하여 덕천으로 이주하는 등 일생을 그의 제자로 살았다. 젊은 시절 성균관에서 수학할 때 대윤과 소윤으로 대립하던 어수선한 조정에서 소윤을 이끌던 윤형원과 이기의 미움을 받아 관직을 포기하고 일생을 처사형(處士形) 학자로 살아가면서 많은 기행을 남겼다. 그의 호방한 성격과 굳은 결기로 스승 남명으로부터는 '청광(淸狂)'이란 별명을 얻었을 정도였다. 사후 진주 정강서원에 배향되었다. 공의 흩어진 유문(遺文)과 행적 등을 수록한 『도구실기』가 전한다.

　중종 5년(1510) 창녕 외가에서 태어났다. 다섯 살이 되면서 의령의 종조부가에서 수양되었고, 이 때부터 의령 생활이 시작되었다. 가세가 풍족하였으나, 마음을 두지 않았다. 타고 난 품성이 보통 사람은 흉내 낼 수 없는 데다, 그릇이 커서 얽매이지 않았다.

인근의 명망 있던 사성(司成) 안주(安宙)에게 수학하였는데, 스승이 사고(史庫)라고 칭하며 칭찬을 아끼지 않았다. 부모로부터 물려받은 재업(財業)이 풍요하였으나 자기의 것으로 하지 않았고, 두 누이에게 나누어 주었다. 외가 쪽의 문관이던 성몽설(成夢說)이 매우 가난하여 궁핍하게 살자 노비들을 보내 살림살이에 도움을 주었다. 18세 되던 해에 부친상을 당하여 상제(喪制)를 한결같이 가례(家禮)의 예법을 준수하여 한 치의 어긋남도 없었다.

21세가 되자 한양으로 올라가 성균관에 입학하였는데, 이 때 김범(金範)·김희년(金禧年)·배신(裵紳)·여응구(呂應龜) 등과 친교를 맺었다. 이들 모두 영남 유생으로 남명 조식과 관련을 맺었던 인연들을 갖고 있다. 이제신이 성균관에서 생활하는 동안 명륜당(明倫堂)에서 종래의 잘못된 관습을 버리고 좌차(座次)를 나이순으로 해야 한다는 의견을 제기한 적이 있었다. 비록 실행이 되지는 못했지만 이로 인해 명성이 높아지는 계기가 되었다. 도구의 자유분방하고 호방한 성격이 잘 드러나는 대목이 아닐 수 없다.

이 무렵 인종을 지지하는 대윤과 경원대군을 지원하는 소윤으로 나뉘어져 혼란한 정국 속이었다. 사림들의 공론을 바탕으로 지지 받고 있던 인종은 사류(士類)들을 좋아하여 이제신을 비롯한 젊은 선비들을 만나보려 했고, 사류들 또한 인종을 따르는 자가 많았다. 그러나 인종이 즉위한 지 9개월도 지나지 않아 승하하고 문정왕후의 아들 명종이 즉위하였다.

어린 나이에 왕위에 오른 명종을 대신하여 수렴청정을 하던 문정왕후와 명종의 외숙 윤원형이 국정을 농단하던 시기에, 이제신이 성균관에 있을 때 윤형원을 비판한 것을 두고 그를 죽이려 하였다. 소윤을 이끌던 윤형원은 "이제신 무리는 전왕 때 윤임과 유관의 문객이 되어 신진 사림들과 더불어 허위와 변란 시비만 일삼고 있었는데, 새 왕이 즉위한 이후에도 그 습관은 아직 남아 더욱 더 조정을 비방하고 공경을 모욕하니, 다스리지 않을 수 없다"고 하면서, 이제신과 그 무리들을 체포하여 국문하려 하였다.

때 마침 한 때 의령에서 거주했던 판서(判書) 정사룡(鄭士龍)의 변호와 도움이 있었다. 그는 서울에 있으면서 다른 사람들에게 말하기를 "이제신은 삼대 독자로서 노모를 모시고 있는데, 만약 화를 면치 못한다면 실로 애처롭게 될 것이라"라고 한 다음, 그날로 바로 이제신으로 하여금 청하(淸河) 교관(敎官)으로 부임토록 하였다. 그리고는 윤형원에게 말하길, "누가 이제신을 선비라 했는가요? 내가 이조(吏曹)의 하비(下批)를 보니, 이제신이 계총(雞塚)이 되기를 구걸하였다는데, 실로 가소롭습니다"라고 하면서 비난하는 척 하였다. 이에 윤원형이 웃으면서 말하기를, "이제신의 사람됨을 나는 실로 천하게 여깁니다"라고 하였다. 소윤세력을 이끌던 이기(李芑) 또한 이제신이 조정을 비방했다는 이유로 기어코 사지에 빠트리고자 하였다. 정사룡이 정득청(鄭得淸)과 하훈도(河訓導)에게 청을 넣어 돌아가게 하였다. 이 때 이기가 정사룡에게 묻기를 '이모(李某)가 어디에 있는가?'라고 물으니, 정사룡이 말하길, '이모(李某)는 빈궁하고 의지할 곳이 없어 얼마 전에 정득청과 하훈도에게 갔다'라고 하였다. 이기가 말하기를, '이 사람은 족히 헤아릴 것이 못 된다'하고는, 드디어 해코지할 뜻을 접었다.

　정사룡의 도움으로 화를 면할 수 있었던 이제신이 실제 청하 교관으로 부임하지는 않았다. 인종에 대한 군신의 의리를 다하기 위해 심상(心喪) 삼년을 지냈고, 매년 기일을 맞으면 의관을 갖추고 종일토록 혼자 앉아 탄식하면서 아무 말이 없었다고 전한다. 이후로는 관직을 포기한 채 처사형(處士形) 학자로 살아갔다. 그가 은거하고 있던 1545년 경에 그의 친구가 이조(吏曹)에 있으면서 그의 이름이 알려져 있던 것을 기회로 조정에 추천하고자 했다. 그는 급히 편지를 보내 말하기를, "나는 천루한 학술로 이미 정건(鄭虔)의 광문(廣文)에 만족하고 있습니다. 하물며 지금 나이가 들고 몸에 병이 많은 데, 어찌 감히 산야의 고독 단신으로 청운(靑雲)의 뒤에서 열심히 뛰며 땀을 흘릴 수 있겠습니까?"라며 사양하였다. 당 현종 때 서화와 시를 잘하여 광문박사로 이름 높았던 정건의 사례를 들어 정중히 거절한 것이었다.

이제신은 젊은 시절 남명을 사사하였는데, 남명이 삼가(三嘉) 여소(廬所)에 있을 때부터였다. 1558년에 남명이 처소를 덕산으로 옮기자 이제신도 남명을 따라 그 곳으로 이주하였다. 이제신은 덕산동 여기저기 풍광이 좋은 곳에 초막을 지어 일 년 혹은 몇 년을 옮겨가며 지낸 바 있다. 그 중에서 덕산사 밑의 계곡 한 쪽에 있는 언덕에 집을 지어 여러 해 거주했는데, 이곳은 질그릇과 기와를 굽던 도와지구(陶瓦之丘)였다. 그리하여 이곳 이름을 따서 자신의 호를 도구(陶丘)라 정했다. 이제신은 남명의 처소에서 멀지 않은 곳에 거주하고 있었기에 매일 왕래하며 그와 담론하는 일을 게을리 하지 않았다. 이처럼 이제신이 남명을 가까이 모시고 산 것이 15년이나 되었다. 깨달음에 투철한 곳이 많아 남명 선생이 이제신을 칭찬하여 이르기를, "언우는 나의 노우(老友)다"라고 할 정도였다. 덕산동으로 들어가는 입구 도구대(陶丘臺)에 놓인 바위에 새겨진 '입덕문(入德門)'이란 글씨도 이제신이 쓴 것으로 알려져 있다.

이제신은 뜻이 크고 기개가 있어 남에게 자유를 구속 받지 않으려는 성격을 지니고 있었다. 항상 활 쏘는 도구들을 챙겨 다니고, 장기를 휴대하고 다녔다. 이에 남명 조선생이 꾸짖기를 "어찌하여 소년 같은 짓을 하는가?"하니, 공이 즉시 일련의 시를 읊어 이르기를 "장기는 남의 헐뜯는 말을 끊는 것이요, 활쏘기란 마음속으로 자기 반성을 생각함이로다"라 하였다. 이렇듯 남의 눈을 의식하지 않는 호방한 성격에다 혼돈의 정국에서 관직에 뜻을 두지 않는 이제신이었기에, 스승인 남명에게는 '청광(淸狂)'이란 평을 들을 정도였다. 사전적 의미로 보면, 청광이란 '마음이 썩 깨끗하여 청아한 맛이 있으면서도 그 언행(言行)이 상규(常規)에서 벗어나는 사람'을 일컫는 말이다. 따라서 이제신에게 딱 들어맞는 별명이라 여겨진다. 아울러 혼돈의 세상이 닥치면 짐짓 미치광이 노릇을 하는 청광 혹은 귀머거리·벙어리·장님 노릇을 하는 청농(靑聾)·청맹(靑盲)도 선비 사회에서는 한 때 유행한 적이 있었다. 왕조교체기에 은거했던 수많은 선비들이나 생육신이 바로 그들인데, 임금이 불러도 나가지 않는 방법 중에 하나였으니, 이런 뜻을 포함한 것인지도 모른다. 이제신은 당시 권세가였던 윤원형에게 화를 입을 위기에 처하였고, 이를 기화로 벼슬길을 단념한 사람이기 때문이다.

이제신은 한 평생을 남명의 제자로 살아갔지만, 퇴계 문인과의 교류 또한 없지는 않다. 1566년 소고(嘯皐) 박승임(朴承任)이 진주목사로 부임하였을 때, 매우 친밀한 교류를 하고 있었다. 박승임의 문집인『소고집』에는 그가 목사직을 그만 두고 떠날 때 준 이제신의 시 2수가 실려 있기도 하다. 절친한 동료였던 배신(裵紳) 또한 남명과 퇴계 양 문하에서 글을 배웠던 사실은 잘 알려져 있다.

이제신이 남긴 글들이 인멸되어 크게 전하는 바는 없지만, 그에 관한 일화는 비교적 풍부하게 남아 있는 편이다. 정사룡이 향리(鄕里)의 후생인 이제신을 구하고자

이제신 글씨 남명 선생이 합천 삼가에서 덕산으로 오시면서 입구에 入德門이라 이름 짓고 도구 이제신이 글씨를 썼으나, 최근 국도 공사로 암벽에 새겼던 刻字를 떼어 도로변에 옮겨 세웠다(산청군 단성면 백운리 도로변).

청하 훈도로 보내자, 부임하던 길에 하양(河陽) 향교 명륜당 위에서 갑자기 하양 훈도를 물으니, 그를 암행어사로 의심하여 창황하게 관복을 갖추고 뜰 가운데 서서 외람되어 감히 앞으로 오지를 못하였다. 공이 소리를 가다듬고 손을 들어 빨리 오라고 부르니, 훈도가 땀을 흘리면서 몸 둘 바를 몰라 뜰 앞에 겨우 들어왔다. 이에 공이 또 다시 가까이 오라고 부르니, 하양 훈도가 당으로 올라와 부복하였다. 또 앞으로 나아오라고 부르니 훈도는 황공하여 달려서 들어와서는 감히 우러러 보질 못하였다. 이에 공이 그의 손을 잡고 호탕하게 웃으면서 말하기를, "나 또한 청하 훈도네"라 하고, 이어 술을 청하여 통음하고 돌아갔다. 공의 호방함이 이와 같았다.

정사룡이 파직당하고 잠시 의령에 와 있을 때 정암(鼎巖)에 정자를 지어 십완

정(十玩亭)이라 하였는데, 이제신에게 시를 청하였다. 이에 이제신이 시를 지어 바쳤는데, 그 내용에는 창기(娼妓)를 많이 거느린다든지 편지를 보내 징색(徵索)을 많이 한다는 것을 은근히 비꼬는 내용이 들어 있었다. 그러나 정사룡은 그것을 알아차리지 못하고 대단한 칭송을 하였다. 당대에 문명이 높고 율시(律詩)에 뛰어났던 양곡(陽谷) 소세양(蘇世讓)만이 이제신의 해학 넘치는 풍자 사실을 알아챌 뿐이었다. 이를 계기로 정사룡 또한 알았지만 호방하게 웃으며 받아 넘겼다고 한다.

남명이 서거하자 제자들이 장례를 치르게 되매 수백 명이 모여들었다. 그 중에 덕계(德溪) 오건(吳健)과 수우당(守愚堂) 최영경(崔永慶)이 가장 연배가 높아 제주(題主)를 맡게 되었다. 이 때 제주의 복을 둘러싸고 논란이 벌어졌는데, 한강(寒岡) 정구(鄭逑)를 비롯하여 동강 김우옹, 내암 정인홍 등은 소복(素服) 입을 것을 주장했고, 다른 사람들은 모두 국제(國制)를 따라 길복(吉服)을 입어야 한다는 주장이 팽팽하여 오래도록 결말이 나지 않았다. 이 때 헤어진 옷과 헝클어진 관을 두르고 서편에 서 있던 이제신이 손을 내두르면서 자리를 옮겨 앞으로 나아가 "오정랑[건]은 선생의 고제로서 지위나 명성이 가볍지 않고 조정의 대사 결정에도 참여하니, 그의 한마디로 결정하는 것이 마땅하오"라고 소리쳤다. 오건은 근신한 사람이라 겸양하여 감히 결정하지 못했다. 이에 이제신은 정색하며 큰 소리를 질러, "이것은 당신이 전조(銓曹)의 지위를 얻은 까닭이요"라고 하였다. 이에 옆에 있던 최영경이, "이 노인이 원기도 왕성 하구려"라고 했다는 사실을 송암 이로는 회고하고 있다.

오건이나 최영경·정인홍·김우옹 등은 당시 사람들로부터 과격한 주장을 일삼거나 남의 눈치를 보지 않고 소신을 굽히지 않는 것으로 정평이 나 있었다. 그런 인물들이 모인 자리에서 이제신은 그들보다 더 돋보이는 행동을 보여주고 있었던 것이다. 후일 이제신의 놀라운 기담(奇談)들을 전해들은 미수(眉叟) 허목(許穆)은 좀처럼 믿어지지 않는다고 기록할 정도였으니, 이제신의 행적들은 어느 기인 못지 않았다. 친구였던 각재(覺齋) 하항(河沆)은 이제신의 죽음을 애도하며, 이인(異人) 신인(神人)이라 했던 것에서도 그의 기행(奇行)을 잘 대변해 주고 있다. 이제신은 1582년 73세로 세상을 하직했다. 진극경은 사우록에서 공에 대해, "일세의 위에서 소요했고, 천지의 사이에서 비예(睥睨: 눈을 흘기면서 세상을 바라 봄)하였다"라고 평했듯이, 평범치 않은 그의 삶을 잘 표현하고 있다.

이제신 공이 지은 시구(詩句) 중에는 절창(絶唱)이 많은데, 일찍이 한강 제천정에 놀면서,

동쪽 서쪽 들이 넓어 벼가 익었는데 (東西野闊稻香熟)
위 아래 강이 깊어 고기가 살쪘구나 (上下江深漁老肥)

라고 읊으니, 당시 사람들이 공을 어로비(漁老肥) 선생이라 불렀다.

문장가로 이름을 드높인 양응정이 진주목사가 되었을 때 함께 촉석루에 올라서는,

방장(方丈)과 도구(陶丘) 늙은이 (方丈陶丘老)
촉석루에 올라왔네 (來登矗石樓)
개인 하늘 밝은 달 읊조리니 (天晴吟裏月)
저 강이 넓적하여 가을 기운 마셨구나 (江闊飲邊秋)

라고 읊으니, 양 목사가 칭찬하여 이르기를, "맑고 탁 트인 뼈대가 나 양응정이 미칠 바가 못 된다"하고는, 드디어 붓을 놓았다고 한다. 양응정은 교리 양팽손(梁彭孫)의 아들로 1540년(중종 35) 생원시 장원으로 합격하고, 1552년(명종 7) 식년문과 을과에 급제, 1556년 중시 문과에 장원으로 호당(湖堂: 독서당의 별칭, 신하들의 학문을 권장하기 위하여 독서에 전념할 수 있도록 만든 곳)에 뽑힐 정도의 탁월

한 문장가였다. 선조 때 8문장의 한 사람으로 칭하는 데 주저함이 없는 양응정이 공(公)의 시문을 놓고 넋을 잃어 붓을 놓았다고 했으니, 이제신은 문장으로 한 시대를 풍미했다고 해도 지나침이 없을 것 같다.

이제신이 세상을 뜬지 약 140년이 지난 후 진주 정촌리에 있는 정강서원에 배향되었다. 원래 정강서원은 남면 서재(書齋)로서 이천학사(伊川學舍) 또는 정산서재(鼎山書齋)라 불렸던 곳이다. 1566년 진주목사 박승임이 동서남북 4개면에 각각 서재를 세워 사족 자제들의 강학소로 삼게 하였다. 이 때 남면 서재에서는 진사 유백온(兪伯溫)에게 학동들을 가르치게 했는데, 그가 죽은 후 후인들이 그 옆에 사당을 세워 재향해 왔다. 그러다가 1720년에 사림들의 발의에 의해, 이제신을 비롯한 8명의 명현들을 제향하는 사우로 승격하였다. 이제신은 정강서원 상향문에서 "빛을 알고서 기미(幾微)를 보니, 충성이 두드려져서 바야흐로 상(喪)했도다. 물외(物外: 세상일에 구애받지 않음)의 높은 발자취는 영세의 유방(遺芳)이로다"라고 했다.

이제신을 기리는 재사(齋舍)는 의령에도 세워졌다. 구한말이던 1901년 방손 이태식을 비롯한 의령 사림(士林)들이 이제신이 살았던 대의면 곡소마을에 한천정을 세웠다. 풍광이 매우 뛰어난 이 곳에 복거하면서 남긴 시를 보면, "몸은 자굴산 깊은 골짜기에 붙이고 있으나(身居闍崛深深谷) / 마음은 두류산 상상봉을 마주하고 있네(心對頭流上上峰)"라고 노래했듯이, 그가 평생 흠모했던 스승 남명 조식과 함께 하고픈 생각이 간절했음을 느끼게 한다. 이제신이 끝내 지리산 자락이던 덕산으로 이주했던 이유가 이 시에서도 잘 나타난다 하겠다.

1909년에 이제신이 남긴 글을 모은 『도구실기』가 간행되었다. 유문은 시 13수, 행장 2편, 서(書), 제문, 묘갈명. 찬(贊), 발(跋)이 각 1편씩 수록되어 있다. 남긴 글을 수습하는 과정에서 분량이 얼마되질 않아 실기(實記)라 명명한 것으로 보인다. 수록된 편지는 이미 언급한 바 있듯이, 이조(吏曹)에서 인사권을 쥔 친구가 그를 천거하려 했을 때 사양했던 '여장전우인(與掌銓友人)'인데, 친구 이름이 밝혀져 있지 않아 아쉽다. 제문으로는 스승 남명 조식에 대한 것이며, 행장으로는 정옥윤과 정옥랑 형제에 관한 내용이다. 아울러 정강서원 봉안문, 축문 등이 수록되어 있고, 송암 이로와 미수 허목이 쓴 유사(遺事)가 실려 있다. 그밖에 남명선생사우록(南冥先生師友錄)이나 교유한 인물들과 함께한 종유록(從遊錄)이 포함되어 있으며, 각종 문헌에서 이제신 관련 내용을 발췌한 척록(摭錄) 10여 편에서 공의 기담(奇談)을 싣고 있다.

[참고 문헌]

도구실기(陶丘實記)
진양지(晉陽誌)
김준형, 2002, 「陶丘實記 解題」『남명학연구』 12, 남명학연구소.

이경명 李景明

생년 : 1517년(중종 12)

졸년 : 1576년(선조 9)

관력 : 한림 통정대부 부사

자호 : 자 여회(如晦) 호 모헌(慕軒)

묘소 : 성주 수륜면 적송리 산 9-1

가족 : [증조] 의(嶷) [조] 필(珌) [부] 우(佑)

　　　[외조] 여우창(呂遇昌) [처부] 신임(申任)

　　8살에 어머니를 따라 성주에 정착하여 외조(外祖)의 영향 아래 학문을 익혀 진사가 되었고, 45세 되던 명종 17년에 문과에 급제하여 승정원 주서(注書)와 한림원 사관(史官) 벼슬인 예문관 봉교(奉敎)를 역임했다. 그 후 사간원 정언이 되어 개성부 유생들이 송악사 대왕사(大王祠)를 음사(淫祠)로 규정하여 훼손했을 때, 율곡 이이와 함께 충심으로 간언(諫言)하다 여의치 않자 사직을 청했다. 명종은 이를 받아들이지 않고 병조정랑으로 이임시켰고, 선조가 즉위한 후 호조정랑을 거쳐 홍문관 수찬으로 임금을 지근거리에서 보필했다. 그 후 동래부사로 파견되었다가 59세의 일기로 생을 마감했다.

　　공은 한양에서 태어나 3세에 아버님을 여의고, 8세에 어머님을 따라 성주에서 살았다. 외조부 여공(呂公)이 엄하게 교도하여 그 가르침에 따라 몸을 예로 다스렸다. 29세 되던 명종 1년(1546) 진사과에 합격하였고,[1] 45세 되던 명종 17

년(1562) 임술년 별시(別試)에서 병과(丙科)로 급제하였는데, 당시 전력(前歷)은 선략장군(宣略將軍)이었다.[2] 이듬해 4월에 정7품의 승정원 주서(注書)가 되었는데,[3] 이는 『승정원일기』 기록을 담당하는 청요직의 하나로 사관(史官)을 겸하는 자리였다. 그 후 명종 19년(1564) 12월에 다시 예문관 봉교(奉敎)가 되었는데,[4] 전임 사관(史官)이던 한림(翰林) 8명 중의 한 명이었다. 따라서 그는 연이은 사관(史官) 직책을 수행하면서 관직생활을 출발했다고 할 수 있다.

사관의 임무를 마친 명종 21년(1566) 1월에 사간원 정언에 제수되었다.[5] 공이 사간원에 근무할 당시, 개성부 유생들이 중앙 권력에 반기를 들었던 큰 사건이 일어났다. 개성부 송악산의 신은 세속에서 영검하다고 일컬어져 국사(國祠) 이외에도 민간들이 총사(叢祠)를 마구 세워 제사를 지내왔다. 이렇듯 내력이 바르지 못한 귀신을 모셔놓은 곳을 음사(淫祠)로 규정한 성리학자들은 조선초기부터 철폐를 주장해 왔는데, 그 중에서 가장 비판 받은 곳이 바로 개성 송악산 대왕사(大王祠)였다. 문정왕후가 기도하는 일을 좋아하여 내사의 발길이 끊이지 않아 가산을 탕진하고 남녀가 몰려들어 추한 소문까지 나돌았다. 문정왕후 동생 윤원형 또한 잡신을 받들고 제사지내기를 더욱 심하게 하였다.[6] 개성부 유생 100여 명이 음사를 소각하자 왕대비가 중관(中官)을 보내 저지했으나 유생들이 듣지 않자, 급기야 의금부에서 이들을 잡아들여 그 죄를 다스리려 하였다. 이 때 정신(廷臣)들이 적극 간(諫)하였고, 관학(館學) 생도(生徒)까지도 소(疏)를 올려 논쟁하므로 비로소 석방을 명하였다. 문정왕후를 견제하는 유생들의 반발이 적지 않았음을 상징적으로 보여주는 사건이다.

---

1) 『가정25년병오9월일생원진사시(嘉靖二十五年丙午九月日生員進士試)』(국립중앙도서관[古6024-213]).
2) 『국조문과방목(國朝文科榜目)』(규장각한국학연구원[奎 106]).
3) 『명종실록』 권29, 명종 18년 4월 21일 무진.
4) 『명종실록』 권30, 명종 19년 12월 21일 기축.
5) 『명종실록』 권32, 명종 21년 1월 21일 계축.
6) 『명종실록』 권32, 명종 21년 1월 24일 병진.

이 일을 처리하는 과정에서 사간원 또한 그 본래의 기능을 다해야만 했다. 대사간 이양원(李陽元)을 비롯하여 사간 고경허(高景虛), 헌납 황정욱(黃廷彧), 정언 이경명(李景明)·이이(李珥) 등이 함께 아뢰기를,

"개성부 유생들의 일에 대하여 신들의 망령된 생각으로는 제생으로 하여금 그 뜻을 진술하게 하기 위하여, 본부에 명하여 사유를 물어 보도록 하자고 주청한 것인데, 지금 헌부의 의논을 보니 명백하고 절직하여 다 정론에서 나왔습니다. 신들이 모두 무상한 존재로 간쟁하는 체통을 크게 상실하여 드러나게 지적을 받았으니 더 이상 본직에 있을 수 없습니다. 속히 체직을 명하소서"하니, 답하기를,

"개성부의 유생에 대하여 본부에 명하여 사유를 물어 보도록 한 일을 어찌 불가하다 하겠는가. 죄가 있는 자를 불문에 부치고 그대로 둔다면 이는 간악한 풍습을 양성시키는 셈이니 후래의 폐단이 반드시 클 것이다. 기강을 진작시키지 않을 수 없으니 사직하지 말라"하였다.[7]

이후 여러 차례에 걸쳐 사간원 정언직 사퇴를 요청했으나, 명종 임금은 받아들이지 않다가, 명종 22년 5월에 공을 병조좌랑으로 이임 시키면서, 오건(吳健)을 후임으로 삼았다.[8] 선조가 즉위한 후에는 호조정랑의 임무를 수행하다가[9] 홍문관으로 직임을 옮겼다. 선조 5년(1572) 10월 동료 유희춘·조정기·우성전·정언지 등과 함께, 구언 납간(求言納諫)을 엄히 해야 함을 건의했다.[10]

이어 같은 해 12월에 사헌부 장령에 제수되었다가,[11] 이듬해인 선조 6년(1573)에 부수찬을 제수받은 지 며칠 만에 다시 수찬(修撰)으로 제수되었다.[12] 홍문관 수찬이 되자, 경연(經筵)에서 국가의 불교 정책과 향약 시행에 따른 방향을 제시

---

7) 『명종실록』 권32, 명종 21년 1월 26일 무오.
8) 『명종실록』 권34, 명종 22년 5월 14일 무진.
9) 『선조실록』 권1, 선조 즉위년 11월 7일 무오.
10) 『선조실록』 권6, 선조 5년 10월 25일 무인.
11) 『선조실록』 권6, 선조 5년 12월 13일 을축.
12) 『선조실록』 권7, 선조 6년 1월 4일 을유, 10일 신묘.

한 바가 있고,[13] 부제학(副提學) 유희춘(柳希春) 등과 함께 재변을 초래한 까닭을 아뢰고 덕을 닦아 재변을 없애기를 바라는 상차(上箚)를 올렸다.[14] 그리고 이틀 후 동래부사로 제수되었는데,[15] 그 이후의 관력에 대해서는 알려져 있지 않다.

이경명의 교유관계를 보면, 기호사림이었던 기대승·기대항 등은 물론 영남사림이었던 배응경·오

승지공 이경명 묘역 성주군 수륜면 적송리

건·오운 등과 같은 인물들이 보인다. 기대승이 죽자 공이 만장(挽章)을 보내 애도했고,[16] 오건이 죽고 난 후 공이 보낸 제문(祭文)도[17] 남아 있다. 또한 배응경·오건·오운 등의 문집에는 당시 이들이 공과 함께 어울려 주고받은 다수의 시들이 남아 있다.[18] 퇴계는 물론 호남학파를 이끌었던 김인후 문하에서 글을 읽기도 했던 오건은 영남 우도의 남명 학통에서도 빼 놓을 수 없는 강직한 선비였다. 조정의 분위기가 직언을 싫어하고 사류(士類)들을 외면하는 경향을 보이자, 선조 5년(1572)에 오건은 이조정랑이란 관직을 과감하게 버리고 경상도 산음 덕계리(德溪里)로 낙향한 인물이었다. 오운 역시 조식·이황의 문인으로 곽재우를 도와 영남 우도에서 의병으로 활동하면서 유성룡(柳成龍)·정구(鄭逑) 등과 교유한 바가 있고, 배응경은 성주 출신으로 김륵(金玏)·김우옹(金宇顒) 등과 교류한 바가 있다.

---

13)『선조실록』권7, 선조 6년 1월 12일 계사.
14)『선조실록』권7, 선조 6년 1월 20일 신축.
15)『선조실록』권7, 선조 6년 1월 22일 계묘.
16)『고봉별집(奇大升)』부록 제2권, 挽章 李景明.
17)『德溪集(吳健)』德溪先生年譜 卷2 附錄 祭文[李景明].
18)『竹牖先生文集(吳澐)』卷2 詩;『安村先生文集(裵應褧)』卷1 詩.

이순 李淳

생년 : 1530년(중종 25)

몰년 : 1606년(선조 39)

관력 : 참봉

자호 : 자 자진(子眞) 호 야로당(野老堂)

묘소 : 성주군 선남면 도흥리 산 102

가족 : [증조] 필(珌) [조] 우(佑) [부] 언명(彦明)

        [외조] 박훈(朴薰) [처부] 이인수(李麟壽)

야로당 이순은 성주지역 고성이씨 문중을 드높인 인물 중에 한 사람이다. 영남학파의 거두 퇴계와 남명의 양 문하에서 글을 배워 도학(道學)의 경지에 올랐고, 이를 바탕으로 인심을 흐리게 한 요승 보우를 탄핵하는 소를 올려 소윤의 미움을 받았다. 임진왜란이 일어나자 소모관(召募官)으로 의병을 일으켜 왜적을 막아냈다. 보학(譜學)에 밝아 고성이씨 최초 계보서인 『야로당초보』를 편찬했다. 유계서원(柳溪書院)에 제향 되었는데, 저술한 가훈(家訓)과 성리휘집(性理彙集) 등은 병화로 남아 있지 않고, 약간의 시문을 수습한 『야로당문집』만이 전하고 있다.

성주 성암공(省庵公: 李佑) 주손으로 태어난 공은 풍의(風儀)가 준정(峻整)하여 어려서 행한 언행들이 대인 같았다. 공이 5세가 되던 1534년에 비(妣)와 부군(夫君)이 두 달 사이에 돌아가시자, 조모 성산여씨가 지극정성으로 가르쳐 훌륭한 도덕군자로 키웠다. 가학(家學)으로 숙부 희명(熙明)에게 글을 배운 후 퇴계(退溪) 선생이 도산(陶山)에서 강학(講學)할 때 수학하고 돌아와 그 학설로 동남(東南)에서 교수(敎授)하니, 일시에 학자들이 모여들었다. 아울러 남명 조식(南冥 曺植) 선생을 뇌룡정사(雷龍精舍)에 가서 뵈옵고 정주학(程朱學)에 관한 어려운 내용을 문답하니, 심오한 학문의 경지를 더욱 넓혔다.

공이 살았던 선조 때부터 동인과 서인으로, 동인이 다시 남인과 북인으로 나누어졌다. 그에 따라 영남학파의 수장이던 이황 계열의 영남좌도는 남인으로, 조식의 문하의 중심지였던 영남 우도는 북인이 되었다. 야로당이 살았던 성주는 영남 좌·우도를 아우르는 곳인지라, 퇴계와 남명 양쪽 문하에 드나들었던 한강 정구(鄭逑)와 김우옹과 같은 대학자가 배출되어, 명종 13년(1558) 천곡서원(川谷書院)이 세워지는 등 영남학파의 중요한 근거지 구실을 하였다. 이에 공은 동강(東岡) 김우옹(金宇顒), 한강(寒岡) 정구(鄭逑) 선생과 더불어 성리학과 예서(禮書)에 관한 강론을 이어가 명성이 높았다.

일찍이 요승(妖僧) 보우(普雨)가 인심을 흐리거늘 명종 7년(1552)에 선생은 고산(高山) 신언(申漹)과 연서로 요승 보우를 물리칠 것을 상소했다. 이는 당시 실권을 쥐고 있던 문정왕후를 직접 비판한 것이나 다름없는 일이었으니, 올곧은 선비의 기상을 잘 엿볼 수 있는 대목이 아닐 수 없다. 선조 13년(1580) 어사 송언신(宋言愼)이 선생의 학덕(學德)과 의행(義行)을 임금에게 주청(奏請)하여 광릉(光陵: 세조 능) 참봉(參奉)으로 제수되었고, 선조 23년(1590)에는 경상도 관찰사 일천(逸薦)으로 강릉(康陵: 명종 능) 사관(祠官)에 제수되었으나, 모두 사양하고 나가지 않았다.[1]

임진왜란으로 왜적이 성주를 점령하자, 당대 3대 의병장으로 이름을 알린 김면(金沔)과 정인홍(鄭仁弘) 등이 세 차례 격전 끝에 성주성을 탈환하는 개가를 올렸다. 왜란(倭亂)을 당하자 선생 또한 의병소모관(義兵召募官)으로 창의격문(倡義檄

---

1) 『야로당선생일집(野老堂先生逸集)』 행장(行狀) 및 묘갈명(墓碣銘).

文)을 지어 각 고을을 돌며 궐기승전(蹶起勝戰)을 독려했다. 이 때 정인홍이 합천(陜川)에서 의병을 일으켜, 사적인 원한으로 사람을 해치는 것을 보고 분하게 여겨 드디어 긴 편지를 써서 그의 문객에게 주어 전했더니, 정인홍은 명망(名望)이 높은 70노인으로 부터 이 편지를 받고서는 죄를 줄 수가 없게 되자, 선생의 시인(侍人)을 납치하여 욕보인 일이 있었다.[2]

이런 사실들이 향내에서는 자자했으나, 중앙에 알려진 것은 선조 36년 5월 의금부도사이자 정인홍 처조카였던 양홍주(梁弘澍)가 정인홍을 탄핵(彈劾)한 소장에서 밝혀진 내용이다. 자칫 묻힐 수 있었던 사실이 관찬(官撰) 기록인 실록(實錄)에까지 오르게 된 것은 남인과 북인의 대립에서 온 결과였다. 즉, 선조가 죽고 실록이 편찬될 당시는 북인정권하에서 만들어진 것이지만, 곧 인조반정으로 북인정권이 무너지자 새로이 『선조수정실록』이 편찬되었고, 이 때 북인의 거두였던 정인홍의 부정적인 면들이 추가되었던 것이라 할 수 있다. 당시 성주의 이름난 선비 한강 정구나 동강 김우옹과 친교를 맺었던 야로당 선생은 당색으로 볼 때 남인의 입장을 견지한 것으로 추정된다.

임진왜란의 치열한 공방전이 전개되던 선조 26년(1593) 경상도병마절도사 겸 방어사(慶尙道兵馬節度使 兼防禦使)로 권응수(權應銖)가 부임했다. 그는 지난 해 영천(永川), 신녕(新寧), 하양(河陽)에서 의병을 일으켜 영천성(永川城)을 탈환하여 명성(名聲)을 알린 무장(武將)이었다. 야로당은 경상도를 관할하는 병마절도사 권응수에게 편지를 보냈다. 「여통상(與統相)」이란 이 편지글에는, 고성현 북쪽 30리 배둔역에서 남쪽 5리쯤 있는 자보포(兹保浦)에는 고성이씨 선영(先塋: 금봉재)이 있는데, 산소 흙이 무너지고 수풀이 우거져 있으나 정성이 모자라고 힘이 궁하여 법도에 따르기 어려우니, 무덤위에 나무를 베어내고 흙을 보태고 계단을 쌓는 일들이 한 번의 호령(號令)으로 가능하니 살펴달라는 내용이었다.[3] 양촌(陽

---

2) 『선조수정실록』 권37, 선조 36년 5월 1일 병진.
3) 『야로당선생일집(野老堂先生逸集)』.

村) 권근(權近)이 평재공(平齋公: 이강)의 사위가 되고, 권응수는 권양촌의 후손이니, 외손으로 고성의 선영을 돌보아 달라는 부탁이었다.

선생은 만년에 성주 견곡촌(堅谷村)에 별장을 짓고 둔세(遯世)의 뜻을 지켰는데, 선조 39년(1606) 12월 산남정사(山南精舍)에서 77세의 일기로 생을 마감할 때까지, 향내 공곡서당(孔谷書堂)에서 후진을 양성하는 한편 위선(爲先) 사업과 족보(族譜)를 편찬하는 일에 매진하였다. 고성이씨 문중 내 또 다른 보학자였던 송암 이로(李魯)를 만나 당시까지 불명확하게 내려왔던 선세(先世) 계보(先系)를 바로잡는데 노력한 모습들이 『사성강목』에 잘 나타나 있다. 아울러 선생이 필생의 역작으로 남긴 『야로당초보(野老堂草譜)』는 후일 고성이씨 족보 편찬에 준거가 되었다.[4] 선생은 한 때 성주 향교에 출입하여 이름을 높였는데, 한강 정구선생이 향교 제생(鄕校諸生)들에게 이르기를, "이 선생의 일언(一言)은 운무(雲霧)를 걷어내어 청천(靑天)을 보는 것 같이 명쾌(明快)하지 않는가"라고 하면서 선생을 칭송해 마지않았다.[5] 성주의 유계서원(柳溪書院)에 제향 되었는데, 저술한 가훈(家訓)과 성리휘집(性理彙集) 등은 병화로 남아 있지 않고, 약간의 시문을 수습한 『야로당문집』만이 전하고 있다.

야로당 이순의 묘 성주군 선남면 도흥리

공곡서당 전경 성주군 대가면 칠봉리

---

4) 이로, 『사성강목』; 이순, 『야로당초보』.
5) 『야로당선생일집(野老堂先生逸集)』 행장(行狀). 묘갈명(墓碣銘) 등에 의함.

이변李忭

생년 : 1534년(중종 29)경
몰년 : 1591년(선조 24)경
자호 : 호 사구(思懼)
관력 : 군수 제용감첨정
유화 : 遺畵 고원연회도(高原宴會圖)
묘소 : 인천시 서구 당하동 산164 정숙공 묘역 궁내
가족 : [증조] 장(場) [조] 곤(崑) [부] 옹(翁)
　　　 [외조] 정광좌(鄭光佐) [처부] 전일(全軼)

　정숙공 칙(則)의 손자이나 아버지 세자익위사 부장 옹(翁)이 병사공파 판관 곤 (崑)의 양자로 입양함으로서 병사공 장(場)의 증손(曾孫)이 되었다. 음보로 관직에 나아가 안의(安義)현감, 고원(高原)군수, 제용감첨정(濟用監僉正)을 지냈다.

　1560년 명종 15년 무렵 안의현감(安義縣監)으로 있으면서 안의 향교(鄕校) 중건 (重建)의 일을 설두(設頭)하고, 자손들이 이곳 마리면(馬利面)을 중심으로 생의 터 전을 영위함으로서 이곳은 고성이씨 병사공파(兵使公派) 400년의 세거지(世居地) 가 되었다.

　1562년(명종 17) 봄 고원군수(高原·함경남도)로 있을 때 친구 김농(金農)이 함경 남도 영흥군 순영면에 있는 준원전(濬源殿; 朝鮮王朝 發祥을 기념하던 殿閣) 참봉(參 奉)을 제수 받고 함경도에 왔다는 소식을 듣고, 친구를 위해 망경루(望京樓)에서 연회를 베풀었다. 이때 연회참석자는 고원군수 이변(李忭), 준원전 참봉 김농(金 農), 영흥부사 최린(崔潾), 함흥판관 김한신(金翰臣), 구산령 덕옹(德翁), 고원훈도

송영(宋璉), 군수의 아들 이엽(李曄), 사위 윤상(尹祥), 유배중인 이정수(李挺秀) 등
이다. 그리고는 이튿날 친구 김농과 헤어질 때 작일(昨日)의 유연풍취(遊宴風趣)
를 군수가 친히 그림으로 그려 친구에게 주면서 훗날의 기념이 되도록 하였다.
이 그림이 『고원연회도(高原宴會圖)』이다.

『고원연회도』는 안동시 풍산읍 오미동(五美洞)에서 500여 년간 세거해온 풍산
김씨 오미동 문중에서 보관하고 있었는데 2000년 한국국학진흥원에 그 보관을
기탁하였다. 작가(고원군수 이변)에 관한 교우관계와 그림에 관한 설명은 김농의
문집인 『화남집(華南集)』에 수록되어 있다.

2012년 5월 출판
사 「민속원」은 오미
동 풍산김씨 가문
소장의 그림을 모
아, 김미영, 박정혜
두분의 편집해설로
『세전서화첩(世傳書
畵帖)』을 발간하였다.

이변의 묘소 인천 서구 당하동

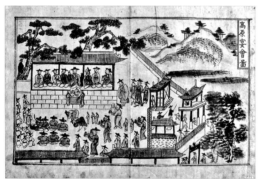

고원연회도(高原宴會圖)

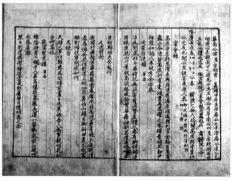

고원연회(高原宴會) 참석자

이염 李琰

생년 : 1538년(중종 33)
몰년 : 1588년(선조 21)
관력 : 참봉
자호 : 자 옥오(玉吳) 호 운당(雲塘) 안계(安溪)
묘소 : 하동군 옥종면 안계리
가족 : [증조] 이(峓) [조] 황(滉) [부] 자(磁)

　　　[외조] 박승서(朴承緖) [처부] 하무제(河無際)

　어릴 때부터 도량이 커서, 『소학(小學)』과 사서(四書)를 힘써 공부하여 유학에
정통하였다. 특히 『대학』의 「성의장(誠意章)」을 몸소 실천하여, 어두운 방에 있
어도 의관을 정제하여 사우(師友)를 대하는 듯 몸소 체득하려는 노력을 기울였
으며, 효우(孝友)가 지극하여 부모를 섬김과 형제를 사랑하는 데에 도(道)를 다하
였다.

　1550년(명종 5) 문정왕후(文定王后)가 불교를 중흥시켜 선교양종(禪敎兩宗)을 부
활하고 승려 보우(普雨)를 판선종사도대선사(判禪宗事都大禪師)에 임명하자 이를
적극 반대하였다. 18세 때에는 삼각산에 들어가 독서를 하는 중에 문정왕후가
그 사찰에 100필(疋)의 금단(錦緞)을 내려 기복을 하였는데, 이염이 그 비단을 모
두 불태워 왕후의 노여움을 사 극형에 처하게 되었으나, 명종의 두둔을 받고 형
을 면하게 되었다.

　강우학파를 이끌던 조식(曺植)의 문하생으로, 수우당 최영경(崔永慶)·각재 하항
(河沆)·조계 유종지(柳宗智) 등과 친교를 맺었다. 이에 따라 남명 선생의 벗과 제

자들의 행적을 기록한 『덕천사우연원록(德川師友淵源錄)』에 이름이 올라있다.

공천(公薦)으로 남부 참봉(參奉)에 제수되었으나 나아가지 않았고, 학문에 힘쓰다 선조 21년(1588) 신병으로 죽으니, 수우당이 매우 애석하게 여기어, '내가 교유한 사람이 많았으나, 무실(務實)독행(篤行)이 이와 같은 사람은 일찍이 보지 못했다'라 하였다. 선생이 임종할 때에 최수우당·하각재·류조계·하예산 등이 모여 병문안을 하자, 선생이 말하길, '내가 먼저 가는 것을 슬퍼 말라, 수년 뒤가 되면 마땅히 나의 죽음을 부러워 할 것이다'라 하였다. 곧 이어 기축옥사(己丑獄死)가 일어나 수우당을 비롯해 조계 등이 모두 화를 입었으니, 그의 선견지명이 이와 같았다.

『진주지명사』에 의하면 운당이 한 때 거처한 조동(槽洞)은 현재 금산면 갈전리에서 으뜸가는 마을이었다. 속사마을 뒤쪽에 있는 '구름등'을 '운당산'이라고도 부른다. 운당은 이곳에 임연정(臨淵亭)을 지어 고을 선비들을 초청하여 풍류를 즐겼다. 정자는 소실되었으나 임연대는 남아있다. 이곳에는 징사운당이선생임연대유허비(徵士雲塘李先生臨淵臺遺墟碑)가 세워져 있는데, "임연대는 학문과 덕행이 높아 임금이 불러도 벼슬에 나가지 않은 운당 이공께서 이름 지은 곳으로 유유자적하게 지내던 곳이다"라고 새겼다.

이염 유허비 진주 금산면 속사리

남명의 수제자 수우당 최영경이 강 건너 도동에 은거하였으니, 당시 두 사람은 임연대에서 만나 시를 읊조리며 교유했음을 알 수 있다. 두 사람은 남강을 서로 사이에 두고 바라보며 때로는 노를 저어 거슬러 올라가며 서로 노니, 사람들이 '남쪽 지방의 두 처사'라고 불렀다.

운당은 청파의 현손이다. 청파 이육이 명나라 고명 사신으로 파견되어 늠름한 자태와 기개를 보이자, 명 효종 황제가 친히 불러 옥으로 된 퉁소를 불게 하였는데, 그 소리가 낭연(郎然)하게 울려 퍼지자, 주인이 따로 있는 법이라며 친히 옥퉁소를 내리셨다. 청파공은 갖고 온 옥퉁소를 자손 중에 능히 잘 부는 이에게 하사하였는데, 때마침 적임자로 뽑힌 운당공이 임연대에서 노닐 때 달밤에 이 퉁소를 불어 수우당 선생과 서로 화답하였다고 전한다.

운당의 또 다른 호 안계(安溪) 역시 지명에서 따온 것이다. 현재 하동군 옥종면 안계리를 뜻한다. 공이 만연에 살았던 곳이 조동, 태어나 오랜 기간 살았던 곳이 안계리로 추정된다. 옥종면 안계리에 그의 학행을 기리기 위한 정산재(鼎山齋)가 있으며, 묘소도 이곳에 있다.

"남명 조선생이 지리산 아래서 도를 강론할 때 그 문하에서 얼굴을 맞대고 공부한 선비는 최수우, 하각재, 유조계와 같은 여러 어진 선비가 있어 도리와 의리를 같이 했고, 명분과 절개를 실천해서 남명의 사문을 빛냈는데 징사 운당 이공은 실로 더불어 어깨를 견줄만 했다"라고 시작되는 묘비가 새겨져 있다.

조정에서 그의 효행과 청렴함으로 벼슬을 내렸으나 나가지 않고 학문에 정진하였고, 불교중흥을 배척한 용감한 선비로 인정받아, 진주의 정강서원(鼎岡書院)에 제향 되었다.

운당 이염의 묘역 하동군 옥종면 안계리

[참고 문헌]

『진양지』
『영남인물고(嶺南人物考)』

현모賢母 고성이씨

생년 : 1539년(중종 34)

몰년 : 1615년(광해군 7)

특징 : 청맹(靑盲) 청상(靑孀)

묘소 : 경기도 포천시 설운동 해좌

가족 : [증조] 증(增) [조] 명(洺) [부] 고(股)

　　　 [외조] 문장수(文長壽) [남편] 서해(徐嶰)

　　　 [아들] 서성(徐渻)

약봉(藥峯) 서성(徐渻)의 어머니인데, 안동(安東) 임청각(臨淸閣) 주인 명(洺)의 손녀(孫女)이자, 청풍군수(淸風郡守) 고(股)의 딸로 태어났다. 3세에 어머니를 여의고, 5세에 악질(惡疾)로 실명하여 장님이 되었다. 12세에 아버지마저 돌아가시고 19세에 함재공(涵齋公) 서해(徐嶰)와 혼인하였다. 남편은 퇴계 이황(李滉) 선생의 문하에서 여러 선비들과 교유했다. 안동 일직면 망호리 친정집 소호헌(蘇湖軒 보물 475호)은 남편의 강학소(講學所)를 겸한 생활의 터전이었다.

1557년 6월 임오일에 남편 서해(徐嶰)는 그 어머니께 바친 제문(祭先妣文)에 기록하기를 "하늘은 나의 고독을 불쌍히 여기시어 현명한 여자를 아내로 맞이하게 하여 주셨습니다. 정숙하고 착한 것이 문왕(文王)의 배필과 같고 공경하는 것이 양홍(梁鴻)의 아내와 같아 백년해로하기 바라오니 어머님의 영혼이 보호해 주소서"라고 하였다.

부부는 금슬이 좋아 1558(명종 13)년에 아들을 낳았다. 보람 있는 생활과 행복한 생활도 잠깐, 다음 해인 1559년 9월에 23세에 불과했던 남편이 젊은 나이로 요절하니, 어떻게 이런 일이 있겠습니까 라고 탄식하던 25살 나이에 지나지 않았다. 앞 못 보는 맹인으로 청상(靑孀)이 된 현모는 홀로 아들을 키워야만 했다. 시골 소호헌(蘇湖軒)에서는 자식들의 장래를 기약하기 어렵다고 판단한 현모는 남편 사후 5개월이 지난 1560년 2월경에 두 돌을 앞둔 어린 아들을 데리고 서울에 사는 시숙(媤叔) 서암(徐崦)이 사는 이웃으로 이사했다.

남편의 형님이 살고 있는 중림동 약현(藥峴) 산록에 집터를 잡고, 안동의 소호헌(蘇湖軒)처럼 웅장한 집을 지었다. '식구도 단촐 한데 웬 집을 이렇게 크게 짓느냐'는 이웃의 물음에, '우리 집안은 후일 반드시 창성(昌盛)하여 이 집도 협소할 것이요'라고 하였는데, 과연 자손이 크게 번창하여 맹인의 예측은 맞았다. 아들의 양육을 시숙(媤叔)께 의탁하는 한편 하인을 부리어 청주(淸酒)를 빚고 육조(六曹) 거리에 내다 팔게 하니, 약현(藥峴)에서 만든 술은 입소문을 타고 널리 알려졌다. 늘어나는 재산은 생활을 안정시켰고 유명한 스승을 찾아 아들의 공부를 의탁하였다.

현모의 아들 서성(徐渻)의 자(字)는 현기(玄記), 호는 약봉(藥峯)으로, 율곡(栗谷) 이이(李珥), 구봉(龜峰) 송익필(宋翼弼)의 문인인데, 6도의 관찰사(觀察使)와 5조(曹)의 판서(判書)를 거쳐 판중추부사 겸판의금부사(判中樞府事兼判義禁府使)를 지냈고, 손자가 모두 영달(榮達)하여 첫째 경우(景雨)는 우의정(右議政)이요, 넷째 경주(景주)는 선조(宣祖)의 부마가 되었다. 이로부터 후손이 매우 번성하여 새로운 씨족 문중 "대구서씨(大邱徐氏)"가 생겨나게 되었다. 『대구서씨문헌록』 서문에 의하면, '조선조 중엽 이후로 정승 9인, 대제학 6인, 판서 33인, 시호 41인, 문과급제자 132인, 무과급제자 131인을 배출한 고금에 으뜸 명가를 이루었다'라고 기록하고 있다. 현모의 후손들 중에는 문과급제자 126명이 배출되었다. 서울 중구 중림동 약현에 있던 현모가 지은 고택은 330여 년의 종가(宗家)로 이어져 오다가, 구한말 천주교 재단에 매도되어 지금은 우리나라 최초의 성당인 약현성당이 세워져 있다.

약봉의 7대손으로 실학자였던 서유구(徐有榘)는 그의 저서 『임원경제지(林園經濟志)』에서,

　　약봉은 홀어머니 슬하에서 자랐다. 어머니 고성이씨(固城李氏)는 앞 못 보는 청맹(靑盲)으로 홀로 살림을 꾸리기 위해, 청주(淸酒)를 빚고, 찰밥과 유밀과(油蜜果)를 만들어 장에 내다 팔았다고 한다. 그 솜씨가 좋았고, 훗날 아들이 이름을 얻게 되면서, 이 청주(淸酒)를 "약봉(藥峯)이 만든 술, 약현(藥峴)에서 만들어진 술"이란 뜻에서 약산춘(藥山春) 또는 약주(藥酒)라 부르게 되었다.

라고 기록하고 있다.

　현모는 계축화옥(癸丑禍獄)에 연루된 아들이 단양(丹陽)에 귀양 가 있을 때인 1615년 5월 아들 곁에서 수 77세로 생을 마감했다. 광해군 14년(1622) 정월, 아들 약봉이 그의 셋째아들 경빈(景霦)에게 재산을 나누어주는 분재기(分財記)에서 큰아들 경우(景雨)를 증인으로 삼으면서, '우리 살림이 어려워 온 집안 양식을 오로지 외가에 의지하였는데, 불행히도 외조부께서 아들이 없어, 제사를 받들고 선영(先塋)을 지키는 책임이 결국 불초손(不肖孫) 성(渻)에게 돌아오게 되었다. 이에 제사의법식, 제사를 받들 집, 노비와 전답에 관한 것을 항목별로 기재하여 자손들이 준수하고 시행할 증거로 삼는다. 「노비 15명, 전답 6필지 28두락, 묘직노(墓直奴) 33세 숙을개(肅乙介), 제사를 받드는 집」을 분재하고, 제식(祭式)은 「외조부모(外祖父母) 삼위(三位)의 기제(忌祭), 한식(寒食), 묘제(墓祭)는 집에서 지낸다」라는 유언에 따라, 약봉(藥峯) 후손들은 안동의 "소호헌(蘇湖軒)"을 잘 보존하여 조상의 유언을 준행하고 있다.

　약봉은 후일 아버지 함재공의 묘표(墓表)에서, "어머니는 성품이 정숙하고 굳건하여 집안을 다스리는데 법도(法度)가 있었고, 자손을 가르치되 반드시 바름

안동 소호헌 전경

약봉태실 현판

정경부인 고성이씨 묘 경기 포천 설운리

으로 가르치니 친척과 이웃 마을이 모두 그 지절(志節)에 감복하였습니다(母性貞淑剛毅治家有法敎兒孫必以正親戚隣里感服其志節)"라고 기록하였듯이, 마음 속 깊이 품고 있던 어머니에 대한 경외심을 잘 나타내고 있다.

　고성이씨 금봉재(金鳳齋) 선영(先塋)의 묘비문(墓碑文)을 1684년(숙종 10)에 근지(謹識)한 외후손 서문중(徐文重)은 영의정을 지냈는데, 현모(賢母)의 현손(玄孫)이다.

[참고 문헌]

　약봉 서성의 생애와 업적
　대구서씨문헌록 상편
　서유구의 「임원경제지」와 그의 가문
　안동향토지(소호헌, 대구서씨편)

이노 李魯

생년 : 1544년(중종 39)
몰년 : 1598년(선조 31)
관력 : 형조좌랑 기주관 현감 정언 (증)이조판서
자호 : 자 여유(汝唯) 호 송암(松巖) 시호 정의(貞義)
묘소 : 경남 의령 정곡면 오방리 설산
가족 : [증조] 문창(文昌) [조] 한(翰) [부] 효범(李孝範)
       [외조] 문은(文垠) [처부] 정위(鄭渭)

조식 문하에서 수학하였다. 진사시에 합격하고, 을사사화 때 피화된 관원들을 신원하여 줄 것과 간신들을 토죄할 것을 소청하였다. 봉선전 참봉(奉先殿參奉)을 거쳐 1590년(선조 23) 증광문과에 급제하여 직장이 되었으며, 그간에 최영경(崔永慶)의 신원을 소청하였다. 임진왜란이 일어나자 조종도(趙宗道)와 함께 창의하여 동생 이지(李旨)와 함께 의병을 일으켰다. 경상우도초유사(慶尙右道招諭使) 김성일(金誠一)의 종사관(從事官)·소모관(召募官)·사저관(私儲官)으로도 활약했고, 이여송(李如松)에게 서계(書啓)를 보내 화의의 잘못을 따졌다. 형조좌랑 겸 기주관·비안현감·정언 등의 여러 관직을 역임했고, 이조판서에 추증되었으며, 낙산서원(洛山書院)에 제향되었다. 『사성강목(四姓綱目)』『용사일기(龍蛇日記)』『문수지(文殊志)』『송암문집』 등이 있다. 정의(貞義)라는 시호가 추시(追諡)되었다.

중종 39년(1544) 경상도 의령현 부곡리(孚谷里)에서 출생했다. 16세 되던 명종 14년(1559)에 초계 정씨와 혼인하고, 이듬해 정암(靜庵) 조광조(趙光祖)의 문인으로서 거제에 귀양을 오게 된 유헌(游軒) 정황(丁熿)에게 나아가 수업을 받았다. 19세 때인 명종 17년(1562)에는 두 아우와 함께 수우당(守愚堂) 최영경(崔永慶)을 좇아 배우고, 이듬해에 아우들과 함께 진주의 남명(南冥) 조식(曺植) 문하에 수학하여 평생의 정신적인 귀의처(歸依處)로 삼았다.

명종 19년(1564)에 진사(進士) 회시(會試)에 입격하고, 25세 되던 선조 1년(1568)에 성주의 큰 선비 동강(東岡) 김우옹(金宇顒)과 한강(寒岡) 정구(鄭逑)를 방문하였다. 이듬해 성균관에 유학하여 학봉(鶴峯) 김성일(金誠一), 서애(西厓) 유성룡(柳成龍), 율곡(栗谷) 이이(李珥), 오리(梧里) 이원익(李元翼) 등과 친교를 쌓았다. 이때 을사사화에 피화된 윤임(尹任) 등의 신원(伸寃)을 청한 「청신토을사충간소(請伸討乙巳忠奸疏)」를[1] 올려 그 당시 선비들 사회에서 강직하다는 공론이 있었다.

이송암의 이런 성품은 일찍이 남명에게 수학한 영향이 그대로 나타난 것이다. 조 남명이 「단성소(丹城疏)」를 올릴 때 소인(小人) 척결과 군자(君子) 발탁을 주장하며 윤원형(尹元衡)의 척신정권을 통렬하게 비판한 바가 있고, 이는 이미 조선 선비 사회에 신선한 충격을 준 바가 되었다. 이런 스승의 정신을 이어받은 이송암은 척신정치의 폐해를 직접 눈으로 목도한 후 을사사화에 피화된 윤임(尹任) 등의 신원(伸寃)을 청한 청신토을사충간소(請伸討乙巳忠奸疏)를 올렸는데, 이는 시대적 모순과 타협하지 않는 강우학파의 기질을 잘 보여준 것이기도 하다.

29세에 스승인 남명의 장례에 참석하였고, 30세 되던 선조 6년(1573) 6월에 아우 보(普)의 죽음을 맞았으며, 34세에 부친상, 36세에 모친상을 당하는 등 30대 초반은 여러 우환이 겹쳐 상례를 치르는데 전념하였는데, 복을 마친 뒤 한동안 단성(丹城) 송암촌(松巖村)에 머물렀다. 이 기간에 집중적으로 학문을 증진하

---

1) 李魯, 『松巖先生文集』 권2, 疏, 請伸討乙巳忠奸疏 己巳.

면서, 남명 학맥을 이은 강우학파들과 폭넓은 교류를 가진 시기였을 것으로 보인다.

선조 17년(1584) 41세의 나이에 비로소 봉선전 참봉에 제수되었고, 별과 초시를 거쳐 선조 23년(1590) 10월에 증광시 문과에 월사 이정귀·선원 김상용 등과 함께 갑과로 급제하였다.[2] 송암은 급제한 후 과감하게 스승인 최영경 신원(伸寃)을 주장하는 소를 올려 주위를 놀라게 했다. 한 해 전에 일어났던 기축옥사(己丑獄事)에서 죄 없는 선비들이 수없이 희생되었는데, 그 중에서도 최영경은 길삼봉(吉三峰)이라는 무함으로 희생된 남도의 거목이었다. 정철(鄭澈)을 위시한 서인들의 위세에 눌려 당시의 사류(士類)들은 감히 따져 논변하지 못하던 시절이었음을 감안하면, 송암의 초개같은 선비 기질이 잘 묻어난다.[3] 1591년에는 직장(直長)에 제수되어, 왜서(倭書)에 답하는 문제로 신묘봉사(辛卯封事)를 올려, 일본과 담판하고 변방을 방비할 계책을 아뢰었다.[4]

부모의 내·외가를 밝히는 『사성강목 四姓綱目』을 완성한 시기도 이 시기였는데, 특이한 이 족보는 오늘날 귀중한 자료로 평가되고 있다. 이노의 문장력은 이미 한 세상을 울릴 정도였다.[5] 그가 비안 현감으로 있을 때 요동(遼東) 회자(回咨)의 초고를 고치는 일을 두고 조정에서 적격자를 찾지 못하고 있었다. 이때 유성룡 등 신료들이, "오늘날의 행문(行文)으로서 경상도의 이노(李魯)와 같은 문장은 지금 흔한 글이 아닙니다"[6]라고 하였듯이, 행문뿐만 아니라 사륙문(四六文)에도 뛰어났다고 전해진다.

선조 25년(1592) 4월 임진왜란이 일어나자 송암 이노는 우국충정의 심정으로

---

2) 『문과방목』 선조 23년 경인(庚寅) 증광시(增廣試).
3) 『선조실록』 권146, 35년 2월 경오.
4) 李魯, 『松巖先生文集』, 권2, 疏, 辛卯封事.
5) 『國朝人物志』2, 宣祖朝 李魯: 李魯, 『松巖先生文集』卷6, 附錄, 遺事
6) 『선조실록』 권44, 26년 11월 임자.

의병을 일으켰다. 그의 의병 활동은 임진왜란 발발과 거의 동시에 경상우도 의병장들의 창의 기병과 궤를 같이 한다. 특히 그는 경상우도 초유사 김성일(金誠一)의 종사관(從事官)·소모관(召募官)·사저관(私儲官)으로 크게 활약했었다. 그럼에도 김성일의 초유(招諭) 활동에 묻혀 별로 부각되지 않았던 면이 있었지만, 경상우도 의병의 소모 과정이나 군량 확보를 위한 사저관 활약은 적은 것이 아니었다.

임진년 5월 4일에 초유사 김성일이 함양에 이르렀을 때, 이노는 전 현령 조종도(趙宗道)와 함께 의병에 투신했다. 이때 조종도가 몸소 산에 들어가 여러 노씨(盧氏)들에게 창의(倡義)를 권면하였는데, 이는 판서 노진(盧禛)의 맏며느리가 바로 조종도 누이동생이었기 때문이다. 당시의 의병도 인적 네트워크인 연줄을 따르는 경향이 많았는데, 함양 군내의 여러 선비들이 참여하게 된 것 역시 그런 경우가 많았다.[7]

5월 10일 의병진들이 함양을 떠나서 산음(山陰)으로 향하였는데, 초유사(招諭使) 깃발을 앞세워 함양 선비 황윤(黃潤)과 소상진(蘇尙眞)을 군관으로 앞장서게 하고, 조종도와 이노는 후미를 맡았다. 저녁 때 쯤 산음에 이르러 고을 수령인 김낙(金洛)과 함양인 오장(吳長), 이노의 아우 이지(李旨), 단성인 김경근(金景謹)을 만났다. 김낙은 평소에 민심을 얻고 있었으므로 갑작스럽게 군사를 모집하였는데도 8백여 명이나 될 정도였다.

5월 12일 초유사 김성일이 진주로 향하면서 조종도를 의령 가수(宜寧假守)로, 이노를 삼가(三嘉)와 단성(丹城) 소모관(召募官)으로 삼아 군졸을 모집케 하였다. 이때 이노가 "군사를 일으킨다는 것은 큰일이므로 마땅히 먼저 규율이 있어야 합니다. 잘못하면 혼란이 일어날 수 있습니다"[8]라고 하여, 초유사에게 전령 목패(傳令木牌)를 만들어 줄 것을 요청했다. 응모한 여러 고을 사람들에게 일일이

---

7) 李魯,『龍蛇日記』.
8) 위의『龍蛇日記』.

목패를 나누어 주어, 열읍(列邑) 호령에 명분이 서게 되었다. 이노가 단성에 이르러 지성으로 초유하니, 이곳 주민들도 창의 기병하였다. 산으로 도망간 단성 현감 이제(李磾)가 숨어 있다가 이런 사실을 전해 듣고 내려왔다.[9] 때를 같이하여 김면이 거창에서, 정인홍이 합천에서 기병하였다. 이미 4월 22일에 기병했던 곽재우와 더불어 원근에서 토적을 부르짖는 향병단(鄕兵團) 수가 많아지자 기세가 올라가고 있었다.[10]

이노는 삼가에서 단성을 거쳐 진주 촉석루에서 김성일과 회합하였다. 이때 곽재우가 김성일의 서신을 보고 달려와, 서로 국사(國事)에 힘쓰다가 죽기로 약속했다. 초계나 의령 땅에 수령(守令)이 없는지라, 명망 있는 자들을 가수(假守)로 삼아 의병을 모으게 했다. 오운은 곽재우가 의병을 일으킨 첫날부터 군량을 공급한 자였다.[11] 김성일과 조종도, 이노 등이 진양에 이르렀을 때, 목사는 산 속으로 도망치고 군사와 백성들은 흩어져 사람 모습이 보이지 않았다. 조종도와 손을 부여잡은 이노는 김성일에게 사세가 다시 좋아지지 않을 것 같으니 함께 강물에 빠져 죽자고 했다. 김성일은 웃으면서, "한 번 죽는 것이야 어렵지 않지만, 헛되이 죽는다면 무슨 소용이 있겠는가. 장순(張巡)처럼 죽어도 늦지 않을 것이다"라고 하였다.[12] 이에 셋이 술잔을 들어 '촉석루중삼장사시'를 지었다고 전한다.

김성일이 이노에게 진주는 호남의 보장처로서 적이 반드시 싸우려 들 것이니, 성곽과 참호를 수축하고 무기를 수선하여 죽음으로서 지킬 계획을 세워야 한다고 당부했다.[13] 여러 의병들이 군보(軍堡)를 지켜 점차 군세는 확장되고 있었다. 곽재우는 적의 머리를 베어 바치고 공을 기록하는 것이 의리에 맞지 않다

---

9) 위의 『龍蛇日記』.
10) 李魯, 『松巖先生文集』, 권5, 부록, 연보, 5월조.
11) 李魯, 『龍蛇日記』.
12) 李魯, 『松巖先生文集』, 권5, 부록, 연보, 5월조.
13) 위와 같음.

는 생각에 참수를 금할 생각이었다. 그러나 이노의 생각은 달랐다. 선한 본의야 알겠지만, 그렇게 되면 군사들의 사기가 떨어질 것이라 판단한 것이다. 이노의 말을 좇아 기산(岐山) 전투에서 적 60여 급을 베었다.[14]

이노가 합천으로부터 돌아와 여러 장사들이 충의심을 분발하여 힘써 싸우고 있다는 내용을 보고했다. 이튿날 김성일을 좇아 의령, 초계, 합천을 돌아서 거창에 이르렀다. 일행이 수리원(愁離院)에 도착하였을 때 거창에서 올라온 보고에 의하면, 지례, 금산, 개령에 있는 왜적이 합세하여 우지(牛旨)를 넘어오려 한다는 내용이었다. 김면이 고개 마루에 진을 치고 있다가 바로 치고 들어갔다. 인읍의 의병들도 모여들어 죽을 힘으로 싸우자 왜적이 퇴각하였다.[15] 이노는 열읍사저관(私儲官)으로 차임되어, 의령미 680석, 함안미 150석, 산음미 100여 석을 구했다. 산음 수령 김락으로 하여금 김성일 의진의 군량미로 실어 보냈다.

일찍이 이노의 외삼촌인 문덕수가 경상도 관찰사 비위를 그르쳐 구속된 바 있었는데, 당시의 감사가 김수(金睟)였다. 평소 원혐(怨嫌)을 두었던 차에 이번에는 곽재우에게 이노의 사주로 불궤(不軌)를 도모한다고 행재소에 무계(誣啓) 하였다.[16] 당시 김수는 용인에서 크게 패하고 돌아와 산음에 머물렀는데, 여러 고을에 통문을 돌리고 장수들에게 군사를 나누어 붙임으로써 의병들의 노여움을 샀다. 민심이 떠들썩해지자, 그의 죄를 성토하고 격문을 돌려 스스로 달아나게 하려 했다. 이런 때에 곽재우가 김수의 죄를 나열하여 격문을 돌렸다. 그러나 곽재우는 오히려 무함을 받게 되었다.[17] 이를 지켜보던 김성일은 혹시 이 일로 뜻밖의 변고라도 일어날까 곽재우에게 서한을 보내어, 역순(逆順)의 이치로 달래어 무마시켰다.[18]

---

14) 위와 같음.
15) 李魯, 『松巖先生文集』, 권5, 부록, 연보, 6월조.
16) 위와 같음.
17) 金誠一, 『鶴峯逸稿』 부록, 권2, 文殊誌, 鶴峯先生龍蛇事蹟.
18) 金誠一, 『鶴峯先生文集』, 권4, 書, 與義兵將郭再祐.

이노가 김성일을 좇아 거창에 오래도록 머물렀는데, 진양의 방비가 허술한 틈을 타서 왜적이 대거 진주로 침입하였다. 이 소식을 듣고는 성화같이 진주로 달려와 여러 장수들을 일깨워 더욱 분발하니, 왜적이 밤새 도망하여, 사천·진해·고성 3읍이 회복되었다.[19] 이때 김시민(金時敏), 곤양 군수(昆陽郡守) 이광악(李光岳), 곽재우(郭再祐) 등이 함께 구원하였다. 조정에서 8월에 김성일을 경상좌도 관찰사로 제수하였으니 우도(右道) 인심이 흉흉하다는 것을 듣고 다시 경상우도 관찰사로 제수하였다. 이에 이노는 지리산에 있다가 의병장 오장(吳長) 등과 함께 내려오고, 조종도가 함양에서 와서 다시 합류했다. 10월에 창원에 주둔한 왜적과 부산·김해의 적이 합세하여 그 무리가 수만이었는데, 장차 진주를 공격하리라는 첩보를 듣고 김성일을 좇아 의령에 도착, 제장들을 독려하여 분전하였다. 일곱 밤낮을 싸워도 왜적들 뜻대로 되지 않자 막사와 시체더미에 불을 지르고 물러갔다.

이때 진양의 세가대족(世家大族)들이 곡식을 지리산에 감추어 두었으므로 환곡 회수를 하지 못하고 있었는데, 그들은 산에서 내려 올 뜻이 없었다. 김성일이 진주에 이르러서 조안(糶案)을 가져다 보고는 크게 노하여 무거운 형률로 다스리고자 하였다. 그러자 이노가 "진주 토호(土豪)들의 습관은 갑자기 고치기 어려우니, 스스로 교화하여 순종하게 하자"라는[20] 건의를 올렸다. 이에 김성일은 효유(曉諭)하는 방문(榜文)으로 대신했다.[21] 그리고 판관에게 영을 내려 가두어 둔 사람들을 모두 석방하게 하였다. 그러자 두 달이 못가서 곡식 수 만여 석이 굴러 들어왔다.[22]

계사년(1593, 선조 26) 정월이 되어, 이노가 아이의 병으로 인해 집으로 들어가 김성일에게 장문의 편지를 보냈다. "왜적들의 형세를 보건대 7, 8년 안에는 소

---

19) 李魯, 『松巖先生文集』, 권5, 부록, 연보, 7월조.
20) 金誠一, 『鶴峯逸稿』 부록, 권2, 文殊誌, 鶴峯先生龍蛇事蹟.
21) 위와 같음.
22) 위와 같음.

탕될 기약이 없는데, 여러 진영 장수들은 단지 속히 하고자 서두르는 마음만 품어, … 군량을 마치 흙 쓰듯 마구 낭비하니, … 영공(令公)의 일행 중에도 형식적으로 꾸미는 폐단이 없지 않습니다. 군관 수십 명을 감하고, 영리(營吏) 10여 명 또한 도태시켜야 합니다"라고 하였다.[23] 이에 김성일은 즉각 시행하겠다는 답을 보냈다.[24]

2월에 함양 군수 보고서에, '명나라 군사가 정월 7일에 평양의 왜적을 섬멸하여 … 해서(海西)에 진을 치고 있던 왜적들도 일시에 도망쳤다. 이긴 기세를 타고 추격하여 바야흐로 임진(臨津)에 이르렀으니, 한양(漢陽)은 금세 수복하게 생겼으니, … 호남에 통지해 알리라.'는 것이었다.[25] 이에 이웃 고을 수령들이 모여 도사(都事)를 하동·곤양·진주·의령 등 열읍의 군량과 필요한 것들을 운반해 오도록 하였는데,[26] 이노는, '명나라 군사들이 평양을 회복하였으나 한양에 웅거해 있는 왜적들을 당장은 패배시키기 어려울 것이다. 왜적들이 반드시 군사와 말을 쉬게 한 다음 다시 덤비려고 꾀할 것이니, 명나라 군사가 문경 새재를 넘어 남쪽으로 오는 일은 몇 달 뒤에나 가능할 것이다. 하물며 새재 이하의 여러 성에는 왜적들이 아직도 꽉 차 있다. 설령 명나라 군사가 빨리 온다고 한들 우리가 양곡을 어디에 쌓아 놓고 기다리겠는가? 조정에서도 반드시 본도에 이것을 조처하기를 바랄 수 없을 것이며, 양호(兩湖)에 전적으로 책임지울 것이니, 상황이 변해 가는 것을 보아가면서 잘 조처하는 편이 옳다'하였다.[27] 그러자 온 좌중이 크게 놀라 너나없이 비난하고 나무랐으나, 김성일만은 홀로 옳다고 여겼다.

김성일이 이노에게 "명나라 군사들의 소식을 염탐할 뿐만 아니라, 농사철이

---

23) 李魯, 『松巖先生文集』, 권3, 書, 上鶴峯金先生 癸巳.
24) 金誠一, 『鶴峯逸稿』 부록, 권2, 文殊誌, 鶴峯先生龍蛇事蹟.
25) 위와 같음.
26) 위와 같음.
27) 위와 같음.

이미 박두했으니, 종자곡(種子穀)도 아울러 청해 가지고 오라"하고 유성룡에게 보낼 서한과 첩보를 내려 주었다.[28] 이노가 여산(礪山)에 이르렀으나 명나라 군사에 관한 정식 보고가 없으므로, 한 군졸을 보내어 김성일에게 보고하기를, "상도(上道)에는 현재 명나라 군사에 관한 기별이 없습니다. 그러니 소란스럽게 하지 말고 백성들로 하여금 살아갈 길을 생각하게 하소서"[29] 하였다. 김성일이 이 서한을 보고난 뒤 바로 김영남(金穎男)에게 통지하여 서둘지 말게 함으로써 백성들이 소요하지 않았다.

이노가 말을 달려 직산(稷山)에 도달하니, 직산 수령 박의(朴宜)가 동헌(東軒)에 묵고 있었다. 이때 도체찰사 유성룡은 임진에 머물러 있었고, 부사 김찬(金瓚)은 온양에 머물러 있었다. 직산 아전 조순걸(趙舜傑)과 함께 단기(單騎)로 임진을 향해 가려고 하였다. 수원(水原) 경계에 이르자 부사의 군관 2명이 말을 달려와서는, 용인·죽산·사평에 주둔한 왜적이 수원·금천 지역에 출몰하면서 약탈하는데, 날마다 쉴 새가 없으므로 가지 말라 하였다. 이에 되돌아 와 직산에 이르니, 직산 수령이 "그대의 하인들은 모두 병을 앓고 길은 이렇게 막혔으니, 단신으로 뚫고 나아갈 수 없는 형세이다. 종자곡을 운반하는 한 가지 일은 서한으로 품달함이 마땅하다"하였다.

그런데 우연히 샛길로 가는 공차인(公差人)이 있어서 서애(西厓)에게 올리는 서신을 그 편에 부쳐 보냈다. 또 아산(牙山)으로 가서 바닷길로 갈까 하였지만 이 역시 어려웠다. 호부(戶部) 낭관(郎官)이 조창(漕倉)에 와 머물면서 호서와 호남의 전세(田稅)를 운반하느라 공사(公私)의 선척을 모조리 끌어갔기 때문이다. 이에 온양에서 공주(公州)를 거쳐 부사를 알현하고 종자곡을 옮기는 일을 요청하니, 부사가 도체찰사에게 여쭈어서 조처하겠다고만 하였다. 이노가 다시 간곡하게 여러 차례 간청한 뒤에야 겨우 전라 도사에게 500석을 넘겨받아 전주에 이르러

---

28) 李魯, 『松巖先生文集』, 권5, 부록, 연보, 계사년 2월조.
29) 金誠一, 『鶴峯逸稿』 부록, 권2, 文殊誌, 鶴峯先生龍蛇事蹟.

서 운반하고 돌아왔다.[30] 공주에 들렀을 때 선원(仙源) 김상용(金尙容)과 우복(愚伏) 정경세(鄭經世)를 내방하고 국사의 어려움을 논의하기도 하였다.

3월에 김성일이 함양에 머물러 있으면서 서쪽 소식을 기다리다가 군국(軍國)의 걱정스러운 기미를 눈으로 직접 확인했다. 그는 울분과 답답함을 이기지 못하여 수문장(守門將) 박경록(朴慶祿)을 보내어 치계(馳啓)했다. 유성룡이 그 첩장(牒狀) 및 서한을 보고는 딱한 생각이 들어 곧바로 주청(奏請)하여 승낙을 얻었다. 그 자리에서 2만 석을 넘겨주라는 공문을 호남 감사에게 보냈다. 그럼에도 호남 감사는 1만 석만 보내 주었다. 다급했던 김성일은 사람을 보내 여러 고을에 나누어 맡기지 말고 남원(南原)과 순천(順天)에 각각 5천 석씩을 운반토록 조치했다. 이때 박이장(朴而章)이 종사관으로서 남원에 가고, 이노는 순천에 파견되었다. 남원 곡식은 함양, 산음, 삼가, 합천 등 고을로 하여금 소와 말로 번갈아 가면서 실어다가 지례, 금산, 개령, 성주, 고령의 백성들에게 나누어 주게 하고, 순천 곡식은 진주, 하동, 곤양, 남해, 사천, 고성, 거제 등의 고을로 하여금 바다로 운반하여 사천, 거제, 고성, 함안, 단성, 진주 지방의 백성들에게 배부하였으니, 때맞추어 씨 뿌릴 수 있게 되었다.[31]

곳곳에 역질(疫疾)이 창궐하였고, 김성일 또한 내상(內傷)에다 감기 기운이 겹쳐 4월 19일부터 두통을 앓기 시작하더니, 점차 위태로운 지경에 이르게 되었다. 이노(李魯)와 박성(朴惺)이 곁에서 약과 미음을 올렸으나 4월 그믐날에 졸(卒)하고 말았다. 곁을 지키던 이노와 박성은 함께 통곡하고 염하였다. 박성은 고을에 머물러 관 짜는 것을 감독하고, 이노는 지리산 밑에 들어가서 임시로 장례지낼 묘혈 파는 일을 감독했다. 3일 뒤에 박성이 단성 현감 조종도(趙宗道)와 함께 관을 호송하여 그날로 장사를 마쳤다. 그리고는 세 사람이 모두 손을 잡고 목 놓아 통곡한 다음 흩어졌다.[32] 이노는 덕산으로 들어갔다.[33] 이해 6월

---

30) 위와 같음.
31) 위와 같음.

그믐날에 진양이 함락되고 말았다.[34] 당시 진주성에 들어 간 관군과 의병은 10만 왜적과 맞닥뜨려 열흘간의 공방전을 펼치며 항전하였으나 끝내 성을 보존하지 못하였다.

임란 중에 송암 이노는 왜장 가토 기요마사(加藤淸正)에게 격문을 보내고 또 명나라 제독 이여송(李如松)에게 서계(書啓)를 보내어 화의의 잘못을 지적하였다. 그 사이에 이노는 형조좌랑 겸 기주관·거창 가수를 역임하였다. 1594년 3월에 아우의 상을 당하고, 7월에 비안현감에 제수되었다가 11월에 정언을 거쳐 다시 비안현감이 되었다. 1596년 봄에 모든 관직을 사임하고 귀향하였으나 12월에 다시 경상우도 도사가 되었다. 1597년 3월에 『용사일기』를 저술하였다. 9월에 도체찰사 이원익(李元翼)의 별장으로 창원 등지에서 활약했다. 이때 이원익에게 서신을 내어 당시 지배층이 사병을 가지고 개인적인 원한을 갚는 데 급급하여 관군을 쇠약하게 만들고 적을 토벌하지 못하는 폐단을 지적하여 시정을 종용하였다.[35] 선조 31년(1598) 1월에 사간원 정언에 제수되어 서울로 가던 중 금산의 객관에서 졸하였다. 이때 그의 나이 55세였다.

순조 2년(1802)에 의령의 경산리에 경덕사(景德祠)가 건립되고 그의 위판이 봉안되었는데, 이는 후일 낙천서원(洛川書院)이 되었다. 순조 17년(1817)에 이조판서에 추증되었고, 시호는 정의(貞義)이다. 청백수절(淸白守節)함이 정(貞)이요, 견의능충(見義能忠)함이 의(義)란 뜻을 담은 시호였다. 이 송암이 평

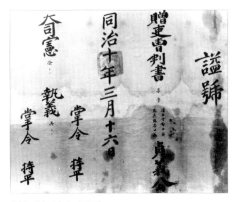

이노의 시호 교지

---

32) 위와 같음.
33) 李魯, 『松巖先生文集』, 권5, 부록, 연보, 계사년 4월조.
34) 『선조실록』 권40, 26년 7월 무진.
35) 李魯, 『松巖先生文集』 권3, 書, 上梧里李體相元翼.

생토록 실천하고 몸소 지향한 바를 잘 나타낸 시호가 아닐 수 없다. 그는 참으로 정인(貞人)이었고, 의인(義人)이었다. 저서로는 『사성강목(四姓綱目)』 『용사일기(龍蛇日記)』 『문수지(文殊志)』 『송암문집』 등이 있다.

송암 이노가 봉안된 낙산서당

사성강목四姓綱目

사성강목(四姓綱目)

16세기말 송암 이노(李魯)가 편찬한 독특한 체제의 족보이다. 1책(71장 142쪽)으로 된 행서체 필사 원본이며, 크기는 가로 25㎝×세로 24㎝이다. 무계(無界), 항자수는 일정하지 않으나, 1쪽 15행(行) 1행 25자가 가장 많다.

책의 목차는 권두에 이노(李魯)의 서문이 있고, 그 다음 "송암세보사성강목"으로 표제한 뒤 목록과 기법(記法: 범례) 27조를 제시한 뒤 부모(父母) 양계의 내외 4성(姓)에 연접된 41개에 달하는 성관(姓貫)을 나열하였다.

이어 고려시대 관사(官司) 관직(官職)인 전조관호품질(前朝官號品秩)을 기재한 다음 송암세보사성강목 건부상(乾部上) 후손송암만회이노근찬(後孫松巖晩悔李魯謹撰)이라 쓴 다음 부계(父系)의 부계인 고성이씨(固城李氏)부터 모(母)의 모계(母系)인 안악이씨(安岳李氏)까지 건곤(乾坤) 2부로 편제하여 4편(부모의 내외양계)으로 나누고, 각 4편마다 직계(直系)를 강(綱), 방계를 목(目) 기타 연접되는 계파를 부록으로 서술하였다.

이 족보의 편찬 동기는 서문과 범례에 잘 나타나 있듯이, 찬자의 부(父)의 내외양계(고성이씨와 창녕성씨)와 모(母)의 내외양계(남평문씨와 안악이씨) 4성(姓)의 직계를 강, 방계를 목으로 설정하고 종적인 세계(世系)와 횡적인 족파(族派)를 횡간(橫間) 없이 서술형식으로 기록하였다. 사성의 직계조상은 명자성관(名字姓貫)과 생몰년월일·직역·처계(妻系)·묘소까지 상세히 적었고, 명조·현조에 대해서는 간단한 약전(略傳)까지 추가하였다.

이 족보는 성리학적 존조(尊祖)·수족(收族)의 원리를 잘 반영한 것이다. 즉, 송나라 학자였던 장재(張載)가 『서명(西銘)』에서 "乾稱父 坤稱母 予玆藐焉 乃混然中處 故天地之塞 吾其體 天地之帥 吾其性 民吾同胞 物吾與也(하늘을 아버지라 하고 땅을 어머니라고 한다. 여기에 있는 나는 매우 작은 존재에 불과하지만 천지와 하나가 되고 그 품속에 산다. 그러므로 천지에 가득차 있는 기는 나의 몸이고 천지를 이끌어 가는 원리는 나의 본성이다. 사람들은 나의 형제이며 만물은 나의 벗이다)"라는 내용의 취지를 적극 반영하였을 뿐만 아니라, 정자(程子)의 이일만수(理一萬殊)의 원리 및 주자(朱子)의 일통만수(一統萬殊)라는 선조와 후손에 대한 개념까지 잘 반영한 것이었다.

송암 이노는 이 족보 편찬을 위해 1577년부터 1597년까지 근 20년 동안 자료를 수집하고 탐방한 노력 끝에 초안한 것이며, 그 안에는 16세기 후반을 기준으로 진주·합천·성주 등 경상우도 남명학파(南冥學派)에 속했던 인사들의 가계가 거의 망라되다시피 하였다.

특히 그가 선조 23년(1590)에 성주에 사는 야로당 이순(李淳)을 방문하여 각기 직계 조상이었던 엄충(嚴沖)과 인충(麟沖)이 한 형제였음을 확인했다는 내용을 전하고 있다. 이는 고성이씨 가문에서 당대 최고 보학자들간의 만남이어서 조선후기 고성가문의 상대(上代) 계보를 확립하는 데 큰 기여를 한 셈이 되었다.

원본은 현재 경상남도 의령군 이노 종가에 소장되어 있다.

용사일기 龍蛇日記

임진왜란이 일어났을 때 남긴 이노(李魯)의 일록(日錄)을 1762년 (영조 38)에 간행한 것이다. 이노 는 임진왜란 당시 경상우도 초유 사(招諭使) 김성일(金誠一)의 막료 (幕僚)였다.

용사일기 목판 의령 오방리 솝輝閣 소장

김성일이 1590년(선조 23)에 정사 황윤길(黃允吉)의 부사로 일본에 사행(使行)한 데서 비롯하여, 1593년 4월 진주에서 진몰(陣沒)되어 고향인 안동에 묻힐 때까 지의 일을 담담하고도 예리한 필체로 기술하였다.

김성일은 전쟁 중에도 농사를 권하고 군량을 판출하며, 분쟁을 화해시켜 원 한에 대적하게 하였다. 백성들은 방문(榜文)으로 타이르고 서장(書狀)으로 책망 하며 임금께는 장계(狀啓)로써 아뢰어 군무에 힘을 다하였다. 『용사일기』에는 이와 같이 죽음에 이르러서도 나라를 걱정하는 김성일의 애국충정이 잘 드러나 있다.

초유사 김성일의 활동을 중심으로 기록한 것이지만, 당시 의병들의 활동과 관군, 그리고 백성들과의 상관성을 유기적으로 기록해 놓았다. 특히 임진년 4 월 왜란이 일어난 뒤부터 약 15개월간의 전쟁 상황이 매우 자세하고 사실적이 어서 사료로서의 가치가 매우 높다. 뿐만 아니라 일기문학으로도 백미의 작품 이라 할만하다.

서문은 서명서(徐命瑞)가 썼다. 그가 이노의 출생지인 의령현감으로 있을 때 후손 이일화(李一華)·이일신(李一藎)의 요청으로 「용사일기」 초고를 받아보고 느끼는 바가 있어 서문을 쓴다고 하였다. 또 퇴계 이황(李滉)의 적전 학맥을 이은 이상정(李象靖)이 발문을 썼다. 이노의 6대 봉사손(奉祀孫) 이구만(李垢晩)의 발(跋)에는 선조의 글을 사사로이 못하여 인쇄를 해서 오래 전하려는 것이라 하였다. 후일 본문을 약간 첨삭하고, 책 끝에 「촉석루삼장사시병서(矗石樓三壯士詩幷序)」를 붙여 재간하였다. 1960년에 부산대학교 한일문화연구소에서 초간본을 역주하여 간행한 바 있다.

경남 유형문화재로 지정된 목판의 경우 후손인 당혁(當赫)이 만든 것으로 1592년부터 1597까지 6년여 간의 내용으로 이루어져 있다. 처음에는 서문 2매, 본문 74매, 장계 7매, 발문 5매 등 총 88매로 제작되었으나, 상당 부분 훼손되고 잃어버려 현재는 약 40여 판이 의령 함휘각에 보존되어 있다.

[참고 문헌]

『한국민족문화대백과사전』 한국학중앙연구원.

『송암집(松巖集)』

『용사일기(龍蛇日記)』

『역주용사일기』(부산대학교 한일문화연구소, 1960)

이수건, 1992, 「조선전기 성관(姓貫)체계와 족보의 편찬체제」『수촌박영석교수화갑기념 한국사학논총』상, 간행위원회.

박홍갑, 2000, 「고성이씨 족보 간행과 그 특징」『고성이씨 가문의 인물과 활동』, 일지사.

이해李海

생년 : 미상

몰년 : 1597년(선조 30)

관력 : 교위 선략장군

자호 : 호 유호당(柳湖堂)

묘소 : 남원 만인의총 충렬사 봉안

의마총(義馬塚) : 청도군 화양읍 유등동 산 190

가족 : [증조] 육(育) [조] 교(郊) [부] 초(礎)

　　　[외조] 노부(盧溥) [처부] 예수간(芮樹幹)

> 명종 때 진사시에 합격한 후 교위(校尉)를 역임했다. 임진왜란이 일
> 어나자 곽재우와 함께 의병을 일으켰고, 정유재란의 위험을 감지한
> 도원수(都元帥) 권율(權慄)이 출사(出師)해 달라는 청유서(請諭書)를
> 보내, 남원성으로 달려갔으나 중과부적(衆寡不敵)임을 직시한 공은
> 절명사(絶命詞)와 편지를 애마(愛馬)에 매달아 고향 땅 청도(淸道)에
> 보낸 후 장렬히 전사했다.

　공은 어릴 때부터 대기(大器)의 도량으로 행동이 비범하였다. 명종 22년(1567)
에 진사(進士) 시험에 합격한 후 교위(校尉)를 역임했다. 젊어서부터 문장이 수려
하고 기질이 충직하며 효성이 지극했다.[1]

　선조 25년(1592) 임진왜란(壬辰倭亂)으로 왜적들이 조선을 유린하자 분연히 일

---

1) 『청도문헌고』 인물조.

어나 망우당(忘憂堂) 곽재우(郭再祐), 기봉(岐峯) 유복기(柳復起) 등과 함께 창녕 화왕산성(火旺山城)을 근거지로 의병을 일으켜 적들과 싸웠다. 이어 명나라 원군의 도움으로 반전시켰던 전쟁이었지만, 명나라 군장들의 소극적인 대응으로 이듬해 4월부터 강화 협상에 들어가 지루한 전쟁은 끝날 줄 몰랐고, 선조 30년(1597) 휴전 회담이 깨어지자 왜적들이 재차 쳐들어 왔으니 정유재란이었다.

행주대첩의 공으로 도원수(都元帥)가 되어 영남에 주둔했던 권율 장군은 1596년 도망병을 즉결한 죄로 해직되었으나 곧 재기용되어 호조판서·충청도관찰사를 거쳐 또 다시 도원수가 되었다. 정유재란의 위험이 감지되자 경상도방어사(慶尙道防禦使) 곽재우(郭再祐) 장군이 공을 추천하니, 도원수(都元帥) 권율(權慄)은 즉각 남원성에 출사(出師)하여 달라는 청유서(請諭書)를 보냈다. 이를 전달받은 공은 선조 30년(1597) 1월 보국진충(保國盡忠)의 일념(一念)으로 달려가 남원성 방위(防衛)를 위해 의병장이 되었다. 당시 도원수 권율 장군이 보낸 청유서는 다음과 같다.

도원수(都元帥) 권충장공(權忠莊公) 율(慄) 청유서(請諭書)[2]

질풍에 초목의 강인함을 알고 나라의 위기에 신하의 충성을 안다 하였으니, 독실한 충성으로 나라와 더불어 기쁨과 슬픔을 함께할 이가 아니라면 이 말의 큰 뜻 누가 알리오.

바야흐로 이제 섬나라 오랑캐가 침범하여 3경을 못 지키고 8도가 무너졌으니, 조야간의 신하된 자 어찌 좌시하리오. 더구나 그대는 선정명가의 후손으로서 문장직절이며 효우지행이 영남일대에 회자되었고, 문무지재는 10년 전에 이미 면대하여 알아보았던 터이라.

듣기에는 요즘 화왕산성에 수차 내왕한다는데 사실이든 아니든, 영남은

---

2) 『고성이씨세덕지(固城李氏世德誌)』 1993, 참조.

곧 인재의 보고인지라 의기를 떨쳐 적을 막는 지사가 반드시 많을 터이나, 호남은 섬 오랑캐의 피해가 심한데 남원진은 호남의 제읍보다 더욱 심하다오.

 못난 사람이 원수의 책임을 맡아 여기 남원에 온지 이미 2년 반인데, 비록 한두 동지는 있으나 종래 큰 계책은 없어 오직 바라건대 가까운 사람을 버리지 말고 하루를 도와 달려와서 가라앉는 배의 백 천만 살아있는 목숨 건져주시기 바랍니다.

 멀거나 가깝거나 서쪽 남쪽 나라는 하나, 그대의 재종 두 분 또한 세상에 드문 재능으로 듣자니 홍의 곽장군의 강 오른쪽 진중에 왕래한다 하니, 이 어찌 인재 많은 영남에만 계시고 호남에는 인색한지요.

 영남지역에서 어려움을 떠나보내니, 바야흐로 호남일역이 큰 위험에 빠졌습니다. 만약 이래도 오지 않고 지나친다면 어이하리오.

 오로지 의병장으로서 충성하심이 어떻겠습니까.

- 병신년 정월 23일 호남원수 권율 손수 씀 -

〔청유서(請諭書) 원문〕

疾風知勁草 板蕩識誠臣. 如非 世篤忠貞 而與國 同休戚者 孰知 斯言之 大有力也哉. 方今 島夷犯華 三京失守 入域崩潰. 朝野間 北首之臣 安敢田疇 而坐視耶 又況君卽 先正之孫也. 名家之裔也. 文章直節 孝友之行 非從膾炙 於嶠南一城 而韜鈴雅量 亦所面討於 十年前者也. 聞今 數次往來 於火旺山城 云 此語實然否 嶠南卽 人才之府庫也 必多奮義 捍禦之士 而湖南一道 甚被 島夷之害. 南原一陣 尤甚 於湖南諸邑. 所謂不倭 以元帥之責 來此南原 旣爲 二年半矣 雖有一二同志 而終無大濟之策 惟望不有 拾近之嫌 惜日馳驅 以濟 百千萬生靈 於畿危之 漏船中也. 或遠或近 或西或南 其於爲國則一也 君之

再從氏兩兄 素蓄不世之材 而聞今起義 往來紅衣郭將軍 於江右陣中云 此何
人材富於嶺左 而嗇於湖南也 嶠南一道 可謂分憂 而湖南一域 方在巨創 若不
赴招 而經往則以此事 啓達天朝 將有不趁之責矣 惟在 義將之效忠 如何矣.

　　　　　　　　　　　- 丙申 正月 二十三日 湖南元帥 權 慄 手書 -

　공을 비롯하여 각지에서 모여든 의병과 관군들이 남원에 집결했다. 선조 30
년(1597)년 7월말 경 일본군의 대병력이 북상하자 조선과 명나라의 연합군은 호
남의 관문인 남원에 병력을 집결시켜 이를 지키려는 전략이었다. 명나라 장군
양원은 명군 3,000인을 이끌었고, 접반사(接伴使) 정기원·임현과 함께 남원에
가게 하였다. 또 유격장 진우충(陳愚衷)에게는 전주를 지키면서 남원전투를 지원
하게 하였다. 같은 해 8월 6일에는 이원춘이 남원성에 들어왔으며, 8일에는 문
안사(問安使) 오응정이 그대로 남아서 방어사를 겸하였다. 이어 12일에 이복남
이 김경로, 교룡산성(蛟龍山城) 별장(別將) 신호(申浩) 등과 합세해 일본군의 포위
망을 뚫고 남원성에 들어왔다.

　8월 13일에 왜적 고니시의 주력 부대가 도착하자 양원은 이신방과 함께 동
문을 지키고, 모승선은 서문, 장표는 남문, 이복남은 북문을 각각 지켰다. 전투
는 이날 밤부터 시작되어 16일에는 결국 성이 함락되고 말았다. 남문을 돌파
한 일본군과 대혼전이 벌어져 이복남·이신방 등을 비롯한 모든 장수들이 전사
하였고, 양원만이 겨우 성을 탈출하였다. 이해 공 역시 이 전투에서 장렬히 전
사했다.

　성이 함락되는 날 이미 중과부적임을 직시한 공은 절명사(絶命詞)와 편지를 애
마(愛馬)의 등에 매달아 고향 땅 청도(淸道)에 보냈다. 공의 애마가 절명사와 편
지를 전하고 죽으니, 장군을 초혼장(招魂葬: 청도군 화양읍 유등리 산190)하고 무덤
옆에 의마총(義馬塚)을 조성했다. 2013년 9월 청도군민의 뜻으로 의마총유래비
(義馬塚由來碑)를 세우고 문화재로 길이 보존키로 하였다.

장군의 충혼(忠魂)은 오랜 세월 전북 남원과 경북 청도의 지리적 조건으로 소통되지 못한 채 대구 망우당공원 임란호국영남충의단 (壬亂護國嶺南忠義壇)에만 봉안되어 왔는데, 후손들이 수집한 문헌과 자료를 토대로 전북문화재관리위 원회 심의(1982년 12월)하여 남원만 인의총충렬사(南原萬人義塚忠烈祠)에 도 봉안되었다.

남원 만인의총 충렬사 이해 장군 봉안

의마총 청도 화양읍 유등리

남원성이 함락되기 전에 장군이 남긴 절명사를 보면, 죽음에 대한 두려움보다는 우국충정에 대한 심 정이 더 잘 드러난다.

志士千年恨 吳東犯島夷

나라위한 큰 걱정 동쪽 섬 오랑캐의 침략이라

在家非子臣 保國是男兒

신하로서 집 보다 나라위한 남아가 되리

與世同休戚 挺身輕別離

세상 더불어 사는 것보다 이 몸 이별 하련다

指地江山動 誓天日月知

뜻은 강산을 움직이고 하늘맹세 일월도 알리

權帥張威甲 安公建義旗

권원수 장막 갑옷입고 나라위한 의로운 깃발

大駕遷灣日 孤臣泣涕時

임금님 항만 가시는 날 외로운 신하의 눈물

命也兵難救 天乎事甚危

살리기 어려운 병사 하늘이여 위급 합니다

平生懷大節 不死更何爲

평생의 충절 죽지 않고 다시 무엇 하리

隕身猶有口 罵賊更擡眉

상한 몸으로 적을 꾸짖으며 눈을 크게 떴다

嗟吳家小子 記此一篇詞

슬프다 아들아 한편의 글로 이곳소식 전한다

이응태李應台-원이엄마

생년 : 1556년(명종 11)

몰년 : 1586년(선조 19)

관력 :

자호 :

묘소 : 안동 풍산면 어담리산 천묘

가족 : [증조] 효칙(孝則) [조] 명정(命貞) [부] 요신(堯臣)

　　　 [처] 원이엄마

　유수공(留守公) 이굉(李浤)의 현손(玄孫)이자, 첨추(僉樞) 요신(堯臣)의 아들이다. 1998년 4월 조부 명정(命貞), 부 요신, 형 몽태 그리고 응태 등 3대 4위(三代四位)의 유택을 안동시 풍천면 어담리(魚潭里) 산으로 이장천묘 하였다. 안동시에서 추진하는 정상지구 택지개발사업으로 인한 것이었다.

　이때 이응태의 묘에서 미라와 함께 여러 부장품들이 발굴되었는데, 형이 쓰던 부채에 적은 눈물의 애도시(哀悼詩)를 비롯하여 부인이 자신의 머리카락과 삼껍질을 꼬아 만든 미투리와 애정서간문(愛情書簡文), 부친과 나눈 여러 통의 편지, 아들 원이가 입던 옷과 부인의 치마 40여 벌 등이었다. 이 무덤에서 나온 부장품들은 안동대학교 박물관에서 소장 전시하고 있다.

　각종 부장품들 중에 세간의 큰 주목을 받았던 것은 다름 아닌 이응태 부인 원이엄마의 한글로 된 애정서간문과 미투리였다. 그리하여 무덤이 있던 자리에는 미투리를 든 원이엄마의 동상도 세워졌다.

　특히 '421년 전의 애정편지 사부곡'과 '머리카락 미투리'는 국내는 물론 세계가 감동했다. 120년 전통의 세계적인 다큐멘터리 잡지로 영어·한국어·프랑스어·독일어·중국어 등 23개 언어로 28개국에서 동시에 발행되는 내셔널 지오그래픽(National Geographic)에서 안동대 박물관에 전시하고 있는 미투리 한 켤레에 주목했다. '사랑의 미투리'라는 제목으로 나간 2006년 11월 24일자 13면 기사에는 16세기에 만들어진 미투리 한 켤레가 애절한 편지와 함께 발굴돼 한국인들의 심금을 울렸다고 전했다.

1586년 6월 1일 지금의 안동시 정상동 지역에서 살던 임신한 과부 원이엄마가 사별한 남편에게 보내는 애절한 편지를 그의 무덤에 함께 묻었다. 그리고 이 편지는 420년이 지나 세간의 이목을 집중시켰는데, 국문학사적으로나 한글 변천과정을 살필 수 있는 매우 귀중한 사료일 뿐만 아니라, 영남 지역 양반생활사 등을 살피는 데도 없어서는 안 될 자료임에 틀림없다.

〈워늬 아바님께 샹백〉으로 시작하는 편지는 다음과 같다.

당신 언제나 나에게 '둘이 머리 희어지도록 살다가 함께 죽자'고 하시더니 어찌 나를 두고 당신 먼저 가시나요. 나와 어린 아이는 누구의 말을 듣고 어떻게 살라고 다 버리고 당신 먼저 가시나요.

당신 나에게 어떻게 마음 가져왔고, 나는 당신에게 어떻게 마음을 가져왔었나요? 함께 누우면 언제나 나는 당신에게 말하곤 했지요. 여보, 다른 사람도 우리처럼 서로 어여삐 여기고 사랑할까요. 남들도 정말 우리 같을까요. 어찌 그런 일을 생각지도 않고 나를 버리고 먼저 가시나요. 당신을 여의고는 아무래도 나는 살수 없어요. 빨리 당신에게 가고 싶어요. 나를 데려가 주세요.

당신을 향한 마음을 이승에서 잊을 수 없고, 서러운 뜻 한이 없습니다. 내 마음 어디에 두고 자식 데리고 당신을 그리워하며 살 수 있을까 생각합니다. 이내 편지 보시고 내 꿈에 와서 자세히 말해 주세요. 당신 말을 자세히 듣고 싶어서 이렇게 글을 써 넣어드립니다. 자세히 보시고 나에게 말 해주세요.

당신 내 뱃속 자식 낳으면 보고 말할 것 있다고 하시더니, 뱃속자식 낳으면 누구를 아버지라 하라시는 건지요.

아무리 한들 내 마음 같겠습니까? 이런 슬픈 일이 하늘 아래 또 있겠습니까? 당신 한갓 그곳에 가 계실뿐이지만 아무리 한들 내 마음같이 서럽겠

습니까? 한도 없고 끝도 없어 다 못쓰고 대강만 적습니다.

이 편지 자세히 보시고 내 꿈에 와서 당신 모습 자세히 보여주시고 또 말해 주세요. 나는 꿈에 당신을 볼 수 있다고 믿고 있습니다. 몰래 와서 보여주세요. 하고 싶은 말, 끝이 없어 이만 적습니다.

병술 유월 초하룻날 집에서 아내 올림.

이성길李成吉

생년 : 1562년(명종 17)
몰년 : 1621년(광해군 13)
관력 : 참판 (증)이조판서
자호 : 자 덕재(德哉) 호 창주(滄洲)
묘소 : 경기 포천군 군내면 명산리
가족 : [증조] 인(濔) [조] 운손(雲孫) [부] 정려(精藜)
       [외조] 유경인(柳敬仁) [처부] 이수도(李守道)

　　17세에 비로소 독서에 열중하여 문을 닫고 널리 경사(經史)를 고구(考究)하여, 사마시 장원으로 진사가 되고, 1589년(선조 22) 증광문과에 병과로 급제하였다. 임진왜란이 일어난 후 1594년 병조좌랑에서 면직되자 북평사(北評事) 정문부(鄭文孚)를 따라 의병을 일으켜 전공을 세워 수성도 찰방(輸城道 察訪)이 되었다. 1596년 북청판관에서 함흥판관으로 옮겼으며, 1601년 여산군수를 거쳐, 1604년 합천군수·사헌부지평을 지내고 판결사와 분조(分朝)의 병조참판에 올랐다. 2차에 걸쳐 명나라에 사신으로 다녀왔으며, 성품이 호매(豪邁)하며 남에게 구애되지 않았다. 그림에도 뛰어나 진중에서 「무이구곡도(武夷九曲圖)」를 그렸다.

　　참봉 이정려의 아들로서 조선 중기의 문신이다. 성품이 호매(豪邁)하며 남에게 구애되지 않았다. 17세에 비로소 독서에 열중하여 문을 닫고 널리 경사(經史)를 고구(考究)하였다. 사마시에 장원으로 합격하여 진사가 되고, 선조 22년(1589) 증광문과에 병과로 급제하였다.

선조 25년(1592) 임진왜란이 일어나자, 병조좌랑(兵曹佐郎)으로 도성수호 책임의 유도대장(留都大將) 이양원(李陽元)의 종사관이 되었다가, 도성함락으로 병조좌랑에서 면직되었다.[1] 이에 부친을 모시고 안변(安邊)으로 가서 병마평사(兵馬評事) 정문부(鄭文孚)와 협력하여 의병을 일으켜 전공을 세웠다.

당시 왜군이 해안을 타고 함경도에 진입하자, 귀양살이 하던 회령 아전 국경인(鞠景仁)·국세필(鞠世弼) 숙질이 반란을 일으켜, 북으로 피난 가던 왕자 임해군(臨海君)과 순화군(順和君) 두 왕자를 배종(陪從)하던 영중추부사(領中樞府事) 김귀영(金貴榮)과 전판서 황정욱(黃廷彧) 등을 포로로 삼아 왜장 가등(加藤)에게 넘겨주고, 회령(會寧)과 경성(鏡城)을 다스리고 있었다.[2] 그 해 9월 공이 경성(鏡城)에 이르렀을 때, 왜병에 붙잡혔다가 탈출한 평사(評事) 정문부(鄭文孚)가 향교의 제자와 식견 있는 무사들에 의하여 의병장에 추대되어 장수를 모집하고 있음으로, 전 만호 강문우(姜文佑) 등과 더불어 의병장 정문부(鄭文孚)를 도와 인근 고을에 격문을 보내어 병사 3000명을 모우고, 기마병으로 선봉을 삼아 반역자 국세필 국경인 등 두목 13인의 목을 베었다. 7000명으로 불어난 의병은 길주해창(吉州海倉)의 남촌에서 왜병 600명의 수급을 베었다. 하루는 마천령(摩天嶺) 아래 영동관책성(嶺東館柵城)에 주둔한 왜병이 임명(臨溟)촌을 불태우고 노략질함으로, 마을 앞 쌍포(雙浦)에서 적병 60명의 수급을 베고 패퇴시켰다.[3]

정문부(鄭文孚)를 따라 의병을 일으킨 전공으로 창주공은 수성도 찰방(輸城道察訪)이 되었고, 선조 27년(1594) 4월 병조좌랑에 이어 북청판관(北靑判官)으로 나가 전후 수습에 힘쓰던 도중에 이조에서 임금께 아뢰기를, "북청판관(北靑判官) 이

---

1) 『선조실록』 권57, 선조 27년 11월 19일 계사.
2) 『선조실록』 권31, 선조 25년 10월 23일 기유; 『선조실록』 권35, 선조 26년 2월 10일 을미 ~11일 병신.
3) 『선조수정실록』 권26, 선조 25년 10월 1일 정해.

성길(李成吉)은 문무의 재주를 겸비하였고, 또 재간(才幹)이 많아 피해가 많은 고을을 회복시켜야 할 곳에 합당합니다. 함흥의 새 판관이 마침 체차(遞差)되었으니, 감사의 장계(狀啓)대로 이성길을 함흥판관(咸興判官)에 제수하고, 북청판관은 다른 사람으로 차출함이 어떻겠습니까"하니, 임금이 "아뢴대로 하라"고 전교하였다.[4] 이에 공은 선조 30년(1597) 함흥 판관에 임명되었으며, 선조 33년(1600) 사복시첨정(司僕寺僉正)을 거쳐[5] 이듬해 형조 정랑으로 함경도 어사로 파견되었다.[6] 그 후 여산 군수를 역임하고, 선조 36(1603)년 4월 모화관 문무백관의 친시(親試)에서 수석으로 뽑히어 숙마(熟馬) 1필을 하사 받고,[7] 양산군수(梁山郡守)·예조정랑(禮曹正郎)·함양군수(咸陽郡守)·합천군수(陜川郡守) 등을 역임하였다.

광해군 원년(1609) 8월 덕원부사(德源府使)·호조정랑(戶曹正郎)을 거쳐, 광해군 3년 9월 정자각조성낭청(丁字閣造成郎廳)으로 일을 잘하여 가상(嘉賞) 당상관(堂上官)에 오르고, 같은 해 10월 장례원판결사(掌隷院判決事)를 거쳐[8] 영흥부사(永興府使)로 파견되었다. 1612년(광해군 4) 조존성(趙存性)과 함께 동지사(冬至使)로 명나라에 갔다가,[9] 다음해 2월 돌아와 관직을 사임하였다. 광해군 9년(1617) 10월 병조참의(兵曹參議)를 제수 받았고, 같은 해 11월 병조참판(兵曹參判)에 올랐다. 이때 이이첨(李爾瞻)과 정인홍(鄭仁弘) 등이 폐모론(廢母論)을 발의하자, 공은 임금께 서계(書啓)하기를, "전후로 올린 유생들의 항의하는 상소는 종묘사직(宗廟社稷)을 위한 대계(大計)가 지극하다 하겠습니다. 재야 선비들의 충언을 받아들이고, 온 나라의 공정한 논의에 따라 속히 묘당(廟堂)의 대신들, 그리고 훈적(勳績)인 재상

---

4) 『선조실록』 권74, 선조 29년 4월 20일 병진.
5) 『선조실록』 권133, 선조 34년 1월 22일 신유.
6) 『선조실록』 권154, 선조 35년 9월 22일 신사.
7) 『선조실록』 권161, 선조 36년 4월 5일 신묘.
8) 『광해군일기 [중초본]』 권38, 광해 3년 2월 15일 을유: 『광해군일기 [중초본]』 권46, 광해 3년 10월 12일 무인.
9) 『광해군일기[중초본]』 권63, 광해 5년 2월 30일 무오.

들과 함께 자세히 토론해서 서둘러 대의(大義)를 결정하소서" 하였다.[10]

창주공 이성길 묘소 포천시 군내면 명산리

광해군 10년(1618) 허균(許筠)의 반란을 수습하고, 광해군 12년 1월 과거의 부시관(副試官)으로 인재를 발탁하고, 이듬해 4월 청나라 사신을 영접(迎接) 위로하기 위하여, 금교역(金郊驛)에 나갔다가 갑작스러운 병으로 졸(卒)하였다.

농포(農圃) 정문부(鄭文孚)가 만사(輓詞)에서 다음과 같이 애도했다.

少年文字爭名日	소년시절 글 읽기로 노력하고
壯年干戈倡義時	장년시절 의병을 일으켜 적과 싸웠지
萬死一生君與我	만인의 죽음에서 살아난 그대와 나
交情別意酒兼詩	사귀던 정 못 잊어 술과 시로 이별하니
箕城迹半魂先往	나라 일 못다 하고 넋이 먼저 갔도다
灣館盟寒恨獨遺	차가운 바닷가 한 맺힌 맹세는 홀로 남겠네
忍想金郊停使節	나라 일 행함이 금교에서 멈출 줄이야
三呼聲斷鄭同知	정동지라고 큰소리로 세 번 불러다오

그림을 잘 그려 진중에서 〈무이구곡도(武夷九曲圖)〉를 남겼다. 무이구곡이란 중국 복건성 숭안현 남쪽에 있는 무이산의 구곡계를 일컫는데, 경치가 아름다운 무이산은 송대 주희가 구곡가를 지은 뒤로 널리 알려졌다.

---

10) 『광해군일기[중초본]』 권123, 광해 10년 1월 4일 갑자.

무이구곡도 武夷九曲圖

중국 남송(南宋)의 성리학자 주희(朱熹)가 읊은 무이구곡도가(武夷九曲棹歌)를 그림으로 묘사한 산수화이다. 무이구곡이란 중국 푸젠성(福建省) 무이산(武夷山) 계곡의 아홉 구비를 말하는데, 풍광이 좋은 경치로 이름난 곳이다. 성리학의 기초를 세운 주희(朱熹)는 1183년 무이구곡 제5곡에 무이정사(武夷精舍)를 짓고 무이정사잡영(武夷精舍雜詠)을 썼고, 그 이듬해인 1184년 무이구곡도가를 지었다. 첫 수를 제하고는 무이구곡의 산과 물의 경치를 묘사하고 있는데, 자연 묘사가 주가 되나 도학(道學)을 공부하는 단계적 과정을 내용으로 하고 있다.

창주공 이성길이 중국 무이구곡을 상상해서 그린 구곡도는 구비쳐 흐르는 강줄기, 줄지어 늘어선 바위 봉우리, 조그마한 집 등이 그려져 있다. 이황에 의해 주희의 학문적 지위가 확고해진 뒤 조선 선비들이 이념적 이상향으로 무이구곡을 생각했음을 짐작케 한다. 이런 유형이 언제 한국에 들어왔는지 알 수 없으나, 현존작품 중 가장 오래된 1592년에 그린 작품으로, 현재 국립중앙박물관에 소장되어 있다.

조선 중기 이황(李滉) 이이(李珥)에 의해 주자 사상과 작품들이 완전히 소화·흡수된 뒤부터 무이구곡도는 조선 성리학자에게 주자학을 보다 가깝게 접하는 기능을 하였다. 그 이전에 중국에서 건너온 무이구곡도는 조형상 대상 묘사가 더 사실적이었을 것으로 추측된다. 뿐만 아니라 15세기 안견(安堅)의 몽유도원도(夢遊桃源圖)와도 회화 기법의 양식상 상당히 비슷하여 조선 전기 산수화 양식 연구에도 도움이 된다.

무이구곡도가 소개된 뒤 이이가 이를 극복한 고산구곡가를 통해 중국적인 운(韻)을 따르는 시작법(試作法)이나 묘사 대상인 자연에 대한 시인 묵객들의 태도를 바꾸어 놓았다. 이런 경향은 정철(鄭澈)의 관동별곡과 같이 우리의 글을 한자와 섞어 쓰는 자연 묘사 시가에도 영향을 준 것으로 파악된다. 이이와 정

무이구곡도(武夷九曲圖) 국립중앙박물관 소장

철이 활동할 시기에 와서 우리 가사 문학에서 일어난 시대적 경향이 반영되었던 것으로, 여기에는 성리학의 자연에 대한 치밀한 묘사 서술 태도가 시와 그림을 통해서 직·간접으로 영향을 주었다고 볼 수 있다. 오늘날 구곡도가나 구곡도를 그린 화첩, 두루마리 또는 병풍 등이 항간에 많이 남아 있는 것도 그 영향이었다.

이당李瑭

생년 : 1567년(명종 22)
몰년 : 1644년(인조 22)
관력 : 학자 국산서원(菊山書院) 배향
자호 : 자 진언(鎭彦) 호 방촌(芳村)
묘소 : 충북 청원군 증평읍 문방리 비석골
가족 : [증조] 이(崍) [조] 악(渥) [부] 무(碔)
　　　 [외조] 신질(辛垤) [처부] 김대유(金大遊)

청파공(靑坡公)의 현손이고 진사 무(碔)의 아들이다. 자라면서 독서에 심취하여 사서오경(四書五經)을 섭렵하고, 정주학을 탐구하여 학자로 명성이 높았다. 1606년(선조 39)에 생원이 되고, 이어서 사림천거(士林薦擧)로 참봉(參奉)을 제수 받았으나 취임하지 않고 후학을 모아 강학하는 일에 생을 바쳤다.

광해 5년(1613) 청주 청안에 건립 된 구계서원(龜溪書院)에는 동고(東皐) 이준경 (李浚慶: 영의정), 낙제(樂齊) 서사원(徐思遠: 학행·易學校正), 서계(西溪) 이득윤(李得胤: 학행·괴산군수), 수암(守菴) 박지화(朴枝華: 氣數學·임란충절) 등 당대에 학문과 명망이 으뜸인 선현을 제향(祭享)하였는데, 관내 유림이 방촌(芳村) 이선생(李先生)을 병렬배향(竝列配享) 하였다. 250여 년이 지난 1868년 9월 미사액서원철폐령에 따라 구계서원이 훼철되었다.

고성군 동해면 외곡리 집성후손들이 사림과 의논하여 집성마을 길지에 국일사(菊逸祠)를 세워 방촌선생의 향사를 받들어 오다가 1980년(庚申) 봄 국일사 자리를 넓혀 새로이 국산서원(菊山書院)을 건립했다. 서원의 규모는 강당 4칸, 사당 3칸, 문랑(門廊) 3칸, 주방 (廚房), 욕실(浴室) 등으로 갖추어져 있다.

국산서원(菊山書院)에는 그간 명계(明溪)·명호(明湖) 양 서원에서 제향 되어 오던 6대 조 용헌공, 용헌공의 6대손인

방촌 이당이 봉안된 국산서원 고성군 동해면 외곡리

방촌공(芳村公)을 합사제향하고 있다. 향사일(享祀日)은 음력 3월 25일이다.

이괄李适

생년 : 1570년(선조 3)
몰년 : 1624년(인조 2)
관력 : 형조좌랑 함경북도병마절도사
자호 : 자 백규(白圭)
묘소 :
가족 : [증조] 교(嶠) [조] 택(澤) [부] 제(磾)
　　　 [외조] 정순하(鄭淳蝦) [처부] 이방좌(李邦佐)

　　선조 때 무과에 급제한 뒤 형조좌랑·태안군수를 지냈다. 1622년 (광해군 14) 함경북도병마절도사에 임명되어 임지로 떠날 준비를 할 즈음, 신경유의 권유로 반정에 가담해 주도세력인 거의대장(擧義大將) 김류(金瑬)의 소극적인 태도 때문에 불화를 겪었다. 1623년(인조 1) 포도대장을 지낸 뒤 평안병사 겸 부원수에 임명되 군사 훈련에 힘쓰는 한편 그 지방의 성책(城柵)을 보수해 진의 방비를 엄히 하였다. 이 해 윤10월 정사공신(靖社功臣) 2등에 책록되었는데, 이듬해 정월에 아들 이전(李栴)과 함께 반역을 꾀한다는 무고를 받자, 조사차 내려온 이들을 죽이고 변을 일으켰다. 신속한 행군으로 한때 서울을 점령, 기세를 떨쳤으나 곧 관군에 대패해 피신 중 부하 장수에게 살해되었다. 무과 출신이었으나 문장과 서예에도 능하였다.

1. 이괄의 출사出仕와 역임 관직

광해군 집권 기간에는 북인들의 독주 체제가 이어졌다. 남명 조식과 화담 서경덕의 학문을 계승한 남명학파와 화담학파를 모집단으로 하는 정치세력들이 그들이었다. 광해조 권력으로부터 소외되었던 서인과 남인들은 정치적 불만이 커져갔고, 그에 따라 쉽게 세력을 결집할 수 있었다. 특히 영창대군을 사사하고 계모 인목대비를 서궁에 유폐한 폐모살제(廢母殺弟)는 반정의 주요 명분이 되었다. 그렇기에 인조반정의 주도세력은 서인들 중심이었다. 그 면면을 보면, 이이와 이항복의 문인인 김류, 이귀, 김자점, 신경진 등이었다.

반정으로 왕위에 오른 능양군(후의 인조)은 선조의 다섯 번째 아들인 정원군의 장남으로, 동생 능창군이 광해군 때 역모 혐의로 처형된 아픈 과거를 갖고 있었다. 즉, 능창군 이전(李佺)은 호탕한데다 풍도(風度)가 있었으며 궁마술(弓馬術)이 남달리 뛰어나고 외모도 훤칠하였다. 광해군 때 정원군(定遠君)과 이전에게 특이한 상(相)이 있고, 그들이 사는 곳인 새문리(塞門里) 집 부근에 왕성한 기운이 있다는 참언으로 처형당했는데, 광해군은 그 집을 빼앗아 경덕궁(慶德宮)을 지었다.[1] 반정군에 의해 옹립된 중종과는 달리 인조는 반정 모의 당시부터 적극적으로 그 대열에 합류한 것도 그 때문이었다.

2. 인조반정과 이괄의 역할

이서(李曙)·김류(金瑬)·최명길(崔鳴吉) 등 서인(西人) 중심에다, 인조와 인척 관계에 있던 신경진·구굉·구인후와 같은 인물이 반정의 중심에 있었다.[2] 1622년

---

1) 『광해군일기』, 광해군 7년 11월 17일 기축.
2) 『인조실록』 권1, 인조 1년 3월 13일 계묘.

평산부사로 부임한 이귀는 호환(虎患: 호랑이의 공격)을 대비한다는 구실로 군사 활동을 하면서 자신의 군사력을 키워나갔고, 훈련대장 이흥립과 북병사 이괄의 참여로 규모는 점차 확대되었다. 하지만 이들이 동원할 수 있는 군사는 대략 1천 명 정도에 불과했다. 조선군 최정예 군사인 훈련도감 군대에 비한다면 미미한 수준이었다.

반정군의 거사일은 3월 13일로 잡혔다. 김자점은 김상궁(일명 김개똥)을 통해 사전에 눈치 못 채도록 미리 광해군으로 하여금 주안상으로 취하게 했다. 야밤에 능양군(후의 인조) 또한 친위부대를 거느리고 연서역 근처로 이동했다. 2경에 홍제원에 모인다는 것이 사전 밀약이었다. 당시 정황을 기록한 『인조실록』을 보면 다음과 같다.

의병(義兵)은 이날 밤 2경에 홍제원에 모이기로 약속하였다. 김류가 대장이 되었는데 고변이 있었다는 말을 듣고 포자(捕者)가 도착하기를 기다려 그를 죽이고 가고자 하였다. 지체하며 출발하지 않고 있는데 심기원과 원두표 등이 김류의 집으로 달려가 말하기를, '시기가 이미 임박했는데, 어찌 앉아서 붙잡아 오라는 명을 기다리는가'하자 김류가 드디어 갔다. 이귀·김자점·한교 등이 먼저 홍제원으로 갔는데, 이때 모인 자들이 겨우 수백 명밖에 되지 않았고 김류와 장단의 군사도 모두 이르지 않은 데다 고변서가 이미 들어갔다는 말을 듣고 군중이 흉흉하였다. 이에 이귀가 병사(兵使) 이괄을 추대하여 대장으로 삼은 다음 편대를 나누고 호령하니, 군중이 곧 안정되었다. 김류가 이르러 전령(傳令)하여 이괄을 부르자 괄이 크게 노하여 따르려 하지 않으므로 이귀가 화해시켰다.[3]

이렇듯 거사를 앞둔 불안과 초조함 속에 반정세력들 간에는 미묘한 신경전들

---

3) 『인조실록』 권1, 인조 1년 3월 13일 계묘.

이 벌어지고 있었다. 특히 우유부단 했던 김류에 대한 이괄의 불만이 컸던 것으로 보인다. 그럼에도 김류를 총대장으로 하여 세검정에 다다른 반정 주도세력들은 이 곳 우물에서 칼을 씻으며 함께 죽기를 맹약하며 결의를 다졌다. 반정군들은 신속하게 창의문(彰義門)을 넘어 곧바로 돈화문에 이르렀다. 이미 반정군과 내통하고 있었던 훈련대장 이흥립의 명에 따라 궁궐 문은 쉽게 열렸다. 불시에 들이닥친 반정군은 창덕궁 전각에 불을 지르며 광해군 처소를 급습했다. 그런 후 반정군은 창덕궁 안 함춘원 풀숲에 불을 지르며 반정 성공의 신호로 삼았다. 권력의 중심부를 일시에 제압함으로써 반정을 성공시킬 수 있었다.[4]

광해군을 옹립하고 득세한 북인, 그 중에서도 대북 정권의 실세들은 죽음을 면치 못했다.[5] 이이첨을 비롯한 이위경, 한찬남 등 대북파들은 시장 거리에서 처형되었고, 외척으로서 권세를 한껏 누렸던 박승종은 아들과 함께 도망하다가 스스로 목을 맸다. 광해군 정권의 정신적 지주이자 89세 고령이었던 정인홍도 고향 합천에서 서울로 압송되어 왔다. 서인과의 오랜 악연으로 처형을 면할 수 없었다.[6] 실록에서도 '적신 이이첨과 정인홍 등이 또 그의 악행을 종용하여 임해군과 영창대군을 해도에 안치하여 죽이고 연흥부원군 김제남을 멸족하는 등 여러 차례 옥사를 일으켜 무고한 사람들을 살육하였다'고 했을 정도니, 대북 정권의 주역임을 분명히 기록하고 있다.[7]

고령으로 낙향한 정인홍을 대신하여 광해군 정국을 주도했던 이이첨은 이천으로 도주했으나 결국 체포되어 처형되었다. 광해군의 외교정책을 적극 받들어 실천했던 평안도 관찰사 박엽과 의주 부윤 정준도 처형되었다. 처형을 면한 북인 추종자들 역시 투옥되거나 유배되었다. 반정을 성공시킨 서인들은 인목대비의 교서를 통해 반정의 정당성을 만천하에 알렸다. 인조반정의 주요 명분은 '폐

---

4) 신병주, 2008, 「인조반정의 경과와 그 현재적 의미」『인문과학논총』 45.
5) 한명기, 2000, 『광해군』, 역사비평사.
6) 신병주, 2008, 『정인홍 평전』 경인문화사.
7) 『인조실록』 권1, 인조 1년 3월 13일 계묘.

모살제'라는 성리학적 명분과 광해군의 중립외교에 대한 비판이었다.[8]

3. 정사공신靖社功臣 책봉과 이괄

반정은 성공되었지만, 공신 책봉에는 상당한 시일이 소요되었다. 공신 선정을 둘러싼 논란이 컸기 때문인데, 반정 후 7개월이 지나서야 정사공신 53명을 발표했다.[9] 인조는 김류와 이귀를 불러 대신과 함께 빈청에 모여서 53명을 녹훈했다. 김류·이귀·김자점(金自點)·심기원(沈器遠)·신경진(申景禛)·이서(李曙)·최명길(崔鳴吉)·이흥립(李興立)·구굉(具宏)·심명세(沈命世) 등 11명이 1등 공신이었고, 이괄(李适)은 2등 공신에 만족해야 했다.[10]

인조가 문정전에서 신하를 인견한 자리에서, "어제 녹훈한 것은 취사(取捨)에 있어 과연 타당함을 잃었을 염려가 없는가? 이 일은 매우 중대하므로 반드시 십분 흡족하게 하여야 인심을 복종시킬 수 있다"라고 하문했다. 이에 김류가 아뢰기를,

그 당시 홍제원에 가서 모인 사람들은 모두 사생을 걸고 같이 일하였으므로 이들은 다 참여되어야 하겠습니다만, 2백여 인을 다 올릴 수는 없기 때문에 상의를 거쳐서 마감하였습니다. …… 이괄은 당초 결의한 사람은 아니지만 거사하던 날 칼을 잡고 갑옷을 입고 나서서 뭇 사람의 마음을 움직였고, 부오(部伍)를 나누어 군용(軍容)을 갖추는 데는 이괄의 공이 컸기 때문에 2등의 맨 앞에 올렸습니다.[11]

---

8) 『인조실록』권1, 인조 1년 3월 14일 갑진.

9) 이기순, 1998, 『인조, 효종대 정치사연구』국학자료원 38-41쪽.

10) 『인조실록』권3, 인조 1년 윤10월 18일 갑진.

11) 『인조실록』권3, 인조 1년 윤10월 19일 을사.

라고 답했다. 김류 등 반정의 주도세력들은 마치 이괄을 배려하여 2등의 맨 위에 올린 것으로 생색을 냈다. 정사공신에 책봉된 인물 중에는 무인 출신이 많았다. 정사공신 중에서 경력 파악이 가능한 48명 가운데 24명이 무과 출신이거나 오래도록 무관직으로 근무한 자였다. 반정 성공의 일차적인 요소가 무예였기 때문이다. 무인으로 일등공신에 책봉된 인물은 신경진, 이서, 구굉, 이흥립 등 4명이었다. 2등 공신에는 이괄을 비롯하여 구인후, 이중로, 박효립, 장돈, 박유명, 구인기, 조흡, 홍진도, 신준, 이의배, 강득, 홍효손, 홍진문 등 10여명이 포함되었다.[12]

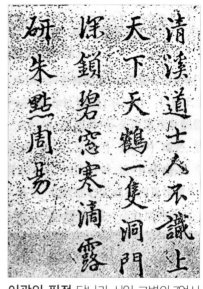

이괄의 필적 당나라 시인 고병의 7언시

이흥립은 광해군조 훈련대장으로 반정군에 적극 협력했고, 신경진과 구굉은 전형적인 무반 가문으로 인조의 친인척이었다. 신경진은 1600년(선조 33) 무과에 급제하여 선전관과 도총부 도사 등을 역임했다. 그런 후 무과 출신자를 임용하는 지방관을 두루 지냈으니, 관력으로 따지면 이괄과 유사한 길을 걸었다 할 것이다. 구굉 역시 1608년(선조 41) 무과에 급제하여 비슷한 관력을 지낸 인물이었고, 그의 아들 구인후 역시 마찬가지였다.[13] 구굉의 권유에 따라 반정에 가담한 이서와 이중로 역시 무반직과 무반을 우선 임용하는 지방 관직을 지냈다. 결국 인조반정에는 무반 출신 인사들이 상당수 참여했고 이들 중 인조와 친인척 관계에 있는 인사들 다수가 1등공신에 책봉되었음을 알 수 있다.

이괄이 2등공신이 된 것은 반정 주류 세력과 긴밀한 네트워크를 형성하지 못

---

12) 이기순, 1998, 『인조, 효종대 정치사 연구』 국학자료원 38-41쪽 표 참조.
13) 이기순, 앞의 책 참조.

한 것에 기인한 것일 가능성이 크다. 김류나 이귀 등과 같은 인물은 이항복과 이이로 이어지는 서인학통을 이은 인물이다. 특히 광해군 집권이후 학맥에 따른 당파끼리의 알력이 심해질 때였고, 그 결속력은 매우 굳건한 상태였다. 여기에다 무인이라는 신분적인 기반 또한 작용되었을 가능성이 컸다. 무인들 중에서 1등 공신에 오른 이흥립은 인조반정 당일 훈련대장으로 있으면서 반란군에 가담한 점이 고려되었고, 구굉, 신경진 등 나머지 무인들은 인조와 친인척으로 얽혀있었다.[14] 구굉은 능성 구씨로 김장생의 문인이며, 인조의 외숙이었다. 심명세는 청송 심씨로, 황신의 문인이자 인종의 이종이었다. 신경진은 평산 신씨로, 김장생의 문인이자 임진왜란 때 전사한 신립의 아들이니 인조의 인척이었다.

이괄은 서인 학통과도 별 교류가 없었으며, 인조와 연줄로 형성된 가문도 아니었다. 그 동안 고성이씨 가문에서는 문과 급제자를 연이어 배출한 명문이었고, 이괄의 형제들 또한 문과로 진출한 한 바가 있다. 하지만, 이괄 개인으로 볼 때 무과 출신에다 왕실과 연결고리가 없는 상태에서 당일의 혁혁한 공로가 있었음에도 2등 공신 지위에 머무르고 말았다. 반정군이 거사를 위해 모인 날 밤의 상황을 보면, 제 때에 도착하지 못한 김류를 대신하여 지휘권을 맡아야 할 정도로 이괄의 위상은 컸다. 그런 가운데 김류와 이괄의 신경전이 꽤 깊었던 것은 앞에서 이미 살펴 본 바가 있다.

따라서 반정 후에도 이괄에 대한 주류 측의 견제가 있었다고 봐야 할 것이다. 반정이 성공한 다음날 반정주역 이귀는 인조에게 병조판서에 제수하도록 요청했다. 그런데 이괄은 이 자리에서 갑자기 형세를 관망하다가 뒤늦게 도착한 김류를 노골적으로 비판하였다. '신에게 무슨 공적이 있겠습니까? 다만 일을 당하여 회피하지 않았을 뿐입니다. 어제 대장인 김류가 약속 시간에 오지 않아서

---

14) 인조반정의 정국(靖國) 공신 53명의 가계와 관력 등에 대해서는 이기순, 1998,『인조, 효종대 정치사 연구』국학자료원 38-41쪽 참조.

이귀가 신에게 그를 대신하게 했는데, 김류가 늦게 왔으므로 그를 베고자 했으나 이귀가 적극 말려서 시행하지 못하였습니다'라고 말했다.[15] 이괄은 반정에서 기회주의적인 성향을 보인 김류의 행동을 노골적으로 비난하였고, 이 발언은 조정에 커다란 파문을 불러 일으켰다.

이 같은 갈등은 『연려실기술』에서도 잘 표현하고 있는데, 특히 김류와 이괄의 갈등은 아들들의 공훈을 놓고도 이어졌고, 그 갈등이 결국 이괄의 변이 있게 된 하나의 원인이었음을 지적하고 있다.[16] 그러나 존왕양이의 성리학적 기준으로 볼 때 신하들끼리의 불화로 반란을 획책한다는 것은 그 가능성이 매우 희박하다. 이괄은 반정 이후 반란 직전까지도 인조의 신임을 받고 있었다.

4. 이괄의 변, 원인과 결과

인조반정은 성공했지만, 서인들에 대한 민심은 냉담했다. 그들도 북인과 다를 바 없다는 노래들이 민간에 유포되었고, 명분 없는 반정에 대한 모역과 고변 사건이 잇달았다. 반정 직후 또 다른 역모가 예견되는 상황에서 반정 주체 세력들은 기찰(譏察)을 대대적으로 하고 있었는데, 이괄 부자 역시 이 대상에 포함되었다. 이러한 조처는 '잡혀 죽으나 반역하다 죽으나 죽기는 일반이다'라는 절박한 상황으로 몰고 갔다.[17] 이괄 스스로가 기찰 정치를 담당한 당사자였기에[18] 그 사정을 잘 알고 있었다.

인조반정 이후 후금의 위협이 커지는 가운데 이괄이 부원수에 임명된 데에는 반정 참여자라는 점과 병사(兵事)에 능하다는 점, 인조의 신임 등이 고려된 것

---

15) 『연려실기술』 권24, 인조조고사본말, 「이괄지변(李适之變)」.
16) 『연려실기술』 권24, 인조조고사본말, 「이괄지변(李适之變)」.
17) 『연려실기술』 권24, 인조조고사본말, 「이괄지변(李适之變)」.
18) 『인조실록』 권2, 인조 1년 5월 27일 병진.

이다. 이괄의 변 이후 인조가 "당초 역적 이괄에 대해서 재주가 있다는 것을 알았을 뿐이고 흉모를 가질 줄은 몰랐는데 사람을 알아보기 어려운 것이 이러하다"고 탄식한데서 이괄의 면모가 잘 드러난다.[19]

인조 2년(1624) 1월 17일 이괄과 그의 아들 및 한명련·기자헌 등이 군사를 일으켜 변란을 일으킬 준비를 하고 있다는 보고가 올라왔다.[20] 조정에서는 즉시 추국청(推鞫廳)이 소집되었다. 고변 당한 기자헌 등에 대한 문초가 이루어졌지만 단서를 찾아낼 수 없었다. 이귀 등은 즉시 이괄을 잡아들일 것을 건의했다. '이괄의 반역 음모는 확실하지 않지만 아들 이전이 반역 음모를 꾀하고 있는 만큼 이괄이 충분히 반역에 참여할 것이다'는 것이 이유였다. 논공행상에 대한 불만에다 조정의 감시와 의심의 눈초리가 가해지자 궁지에 몰린 이괄 부자가 '변란'을 감행한 것이라 여겼다.

이괄의 변을 처음 보고받았을 때까지도 인조는 그에 대한 믿음을 버리지 않았다. 좌찬성 이귀(李貴)가, "이괄이 몰래 다른 뜻을 품고 강한 군사를 손에 쥐었으니, 일찍 도모하지 않으면 뒤에는 반드시 제압하기 어려울 것입니다. 더구나 역적들의 공초에 흉모(凶謀)가 드러났으니, 왕옥(王獄)에 잡아다가 정상을 국문하지 않을 수 없습니다"라고 건의했다. 이에 인조는 "이괄은 충의스런 사람인데, 어찌 반심을 지녔겠는가. 이것은 흉악한 무리가 그의 위세를 빌리고자 한 말이다. 경은 무엇으로 그가 반드시 반역하리라는 것을 아는가?"라면서, 이괄을 보호하려 하였다.[21] 이에 이귀는 한걸음 물러나 "이괄의 반역 모의는 신이 잘 모를지라도 그 아들 이전(李栴)이 반역을 꾀한 정상은 신이 잘 알고 있습니다. 어찌 아들이 아는데 아버지가 모를 리가 있겠습니까"라 하였고, 이에 인조는 다시 "사람들이 경이 반역한다고 고한다면 내가 믿겠는가. 이괄의 일이 어찌

19) 『인조실록』 인조 2년 3월 13일 정묘.
20) 『인조실록』 인조 2년 1월 17일 임신.
21) 『인조실록』 인조 2년 1월 21일 병자.

이와 다르겠는가"면서 이귀를 면박하기까지 하였다.[22]

결국 이괄의 아들인 이전을 체포하는 것으로 결론이 났다. 그러나 이괄 입장에서는 자신을 제거하기 위한 것으로 파악할 수밖에 없었다. 이괄은 1월 21일 급히 휘하 군관들을 소집하였다. 그의 휘하에는 평안도 토병(土兵)과 전라도에서 올라온 부방군(赴防軍) 1만 2천 명, 그리고 항왜 130여 명이 있었다. 이 정도 병력이면 승산이 없는 게임은 아닌 듯 했다. 특히 항왜는 칼을 잘 쓰기 때문에 기습 작전에 능한 존재였다. 한양으로부터 자신의 아들 이전을 체포하려고 의금부 도사와 선전관이 내려오고 있다는 첩보가 전해졌다. 이괄은 다음날 반란 군을 이끌고 본거지인 영변을 출발하였다. 반란이 준비되고 있다는 보고가 중앙에 접수 된 지 6일이 지난 시점이었다.

인조 2년 1월 24일자 실록은 다음과 같이 기록했다.

> 부원수 이괄이 금부 도사 고덕률·심대림과 선전관 김지수, 중사(中使) 김천림 등을 죽이고 군사를 일으켜 반역하였다. 이에 앞서 상변한 사람이 이괄 부자가 역적의 우두머리라고 하였으나, 상이 반드시 반역하지 않으 리라고 생각하여 그 아들 이전을 잡아들이라 명하였는데, 이전은 그때 이 괄의 군중(軍中)에 있었다. 이괄이 드디어 도사 등을 죽이고 제장(諸將)을 위협하여 난을 일으켰다.[23]

조정에서는 반군의 진압보다 먼저 내응 우려가 있는 세력부터 제거했다. 광해군 때 영의정으로 폐모론의 부당성을 제기하여 유배되었지만, 인조반정 역시 부당하다는 의견으로 중도부처 되어 있던 기자헌을 비롯하여, 조금이라도 혐의

---

22) 위와 같음.
23) 『인조실록』 권4, 인조 2년 1월 24일 기묘.

가 있는 37명의 인물이 참형을 당했다. 김류가 주도하고 인조가 따른 것이다.[24]

『당의통략』에서는 북인을 제거한 당쟁사의 시각에서 조명하고 있는데, 기자헌과 김원량 등 49인이 하루 밤 사이에 죽었다고 기록하고 있다.[25] 이렇듯, 이괄의 변으로 희생된 인물이 대부분 북인 출신임을 감안한다면, 이는 반정 초기 취약한 정권에 부담이 되는 북인 세력 제거에 이용된 측면도 있을 것으로 보인다. 김원량은 인조반정 때 동문수학했던 이괄을 추천한 인물로 알려져 있다.

중앙 정부의 발 빠른 조치와는 달리 이괄의 군대는 빠른 기동력으로 황주, 임진강 등지에서 연이어 관군을 격파하고 서울로 향했다. 도원수 장만은 중과부적이었고, 이괄 군대는 2월 9일 서울에 입성했다. 우리 역사상 지방 반란군이 서울을 점령한 유일한 사건이었다. 인조는 피난길에 오르면서 가도에 머물고 있던 명나라 장수 모문룡에게 구원병을 요청했다. 백성들 또한 점령군을 환영하는 분위기였다. 급히 모집된 군사 수천 명이 앞을 인도하고 관청의 서리와 하인들이 의관을 갖추고 나와서 영접했다.[26] 한강을 건널 때 도와 줄 이들이 숨어버렸던 인조를 대하던 민심과 대비되는 사건이 아닐 수 없다.

이괄은 서울을 점령한 후 흥안군을 왕으로 추대하고 민심을 수습해 나갔다. 흥안군 이제(李瑅)는 선조와 인빈 김씨 사이에서 태어난 4남 의창군(義昌君) 아들인데, 의안군(義安君)에게 아들이 없자 출계(出繼)하였다. 흥안군 이제(李瑅)는 임금을 따라 한강을 건너다가 중도에서 도망쳐 이괄에게 왔다. 이괄은 속으로 그 사람됨이 시원치 않다 여겼으나, 어쩔 수 없이 임금으로 삼았다. 경기 방어사 이흥립이 항복해 오자, 흥안군 이제를 호위하게 했다. 새로운 왕을 옹립했다는 것은 나름대로 대의와 명분을 쌓는 일이기도 했다. 반정으로 즉위한 인조가 아직 명으로부터 고명을 받기 전이었기 때문이다. 하지만, 이괄의 실패 원인으로

---

24) 『인조실록』 권4, 인조 2년 1월 25일 경진.
25) 『당의통략(黨議通略)』, 인조조(仁祖朝)~효종조(孝宗朝).
26) 『연려실기술』 권24, 인조조고사본말, 「이괄지변(李适之變)」.

흥안군 추대를 꿈기도 한다. 이때 도성 백성들은, "이괄이 추대한 것이 이제(李瑅)이고 보면, 사세가 오래 못 가겠구나"하였다고 한다.[27]

패전을 거듭하던 정부군은 마지막 승부수를 던졌다. 민심이 이괄 쪽으로 굳어지기 전에 일전을 벌려야 한다는 판단이었다. 도성이 내려다보이는 안현(安峴)을 기습 점령했다. 정부군이 안현에 주둔하고 있다는 소식을 접한 이괄은 일전을 준비했다. 승리에 도취된 반군들은 경계에 소홀했고, 그로 인해 반군은 패배하고 말았다. 이괄은 경기도 광주 방향으로 달아났다.[28] 그럼에도 인조는 더 안전한 공주로 피난 장소를 옮겼다.

광주 경안역에 머물던 반군 사이에 내분이 발생했다. 안현 전투에서 패한 후 정부군의 공격력에 지레 겁을 먹은 부하들이 생겼다. 이들은 이괄·한명련 등 핵심 주동자들의 목을 벤 뒤 전격적으로 투항했다.[29] 20여 일에 걸쳐 기세를 올리던 이괄의 변은 이렇게 종결되었다. 일시적으로 추대되었던 흥안군 이제(李瑅)도 복주(伏誅)되고 말았다.[30]

인조 2년(1624) 변란이 진압된 2월 28일, 인조는 "역적 이괄과 한명련의 족속 중 삼촌까지는 그대로 가두어 두고, 사촌은 모두 극변(極邊)에 정배하라"는 하교를 내렸다. 영의정 이원익은 이괄 처첩의 친속까지 논죄하는 것은 국법에 어긋난다고 아뢰었다. 이에 처첩의 친속은 논죄하지 말고 이성(異姓) 사촌도 등급을 낮추어 시행하게 되었다.[31] 변란에 실패한 한명련의 아들 한윤 등은 후금으로 도망쳐 조선의 불안한 정세와 후금을 자극하는 조정내의 분위기를 전했다. 이런 사정으로 조선은 신흥 강국 후금과의 대립을 피할 수 없게 되었다. 그리하여 인조 집권을 뒷받침 한 서인(西人) 정권은 정묘호란(1627)에 이어 병자호란(1636)

---

27) 『연려실기술』 권24, 인조조고사본말, 「이괄지변(李适之變)」.
28) 『인조실록』 권4, 인조 2년 2월 11일 을미.
29) 『연려실기술』, 인조조고사본말, 「이괄의 변」.
30) 『인조실록』 권4, 인조 2년 2월 16일 경자.
31) 『인조실록』 권4, 인조 2년 2월 28일 임자.

이란 전대미문의 치욕을 겪게 되었다.

아들을 잡아들이려는 선전관과 금부도사가 파견되었을 때까지만 해도 이괄은 변란을 일으킬 계획이 없었던 것으로 보인다. 계획된 변란이 아니라 우발적으로 일어난 것임을 잘 보여준다. 즉, 인조반정을 주도했던 세력 내부의 분열에 따른 주도권 다툼의 결과였다. 반정이 성공하자 서인 천하가 되었다. 적대세력이었던 북인을 비롯하여 그들과 함께 할 수 없는 사람들은 제거될 수밖에 없었다. 이를 주도한 인물은 다름 아닌 김류와 이귀였다. 이들과 불편한 관계였던 이괄은 결국 제거될 위기를 슬기롭게 해결하지 못하고 극단적인 방법을 택했다. 조선이 망할 때까지 서인 세력은 집권을 놓치지 않았고, 그에 따라 이괄에게 덧씌워진 역적이란 굴레도 조선이 망할 때까지 벗어날 수 없었다.[32] 역사는 승자의 기록이기 때문이다.

사상사 입장에서 볼 때, 인조반정은 조선을 전기와 후기로 나누는 내재적인 기준점으로 파악하기도 한다.[33] 율곡 학통을 이은 서인들이 주도하고 퇴계 학통을 이은 남인들이 연합한 정권의 성격이었다. 인조반정 직후 남인 이원익이 영의정이 된 것에서 그런 성격이 잘 나타난다. 인조반정 이후 남인으로 높이 등용된 인물로 이성구, 이광정, 장현광, 김시양 등이 있다. 북인들이 계승했던 남명과 화담의 학문경향은 불교와 도교 사상까지 흡수하는 다양하고 개방적인 면을 보였고, 북인들이 집권하자 국가 정책 역시 그런 방향이었다. 그러나 이후 남명과 화담 학통은 소멸되고 말았다. 이전의 다양성과 개방성은[34] 사라지고, 순수 성리학만을 고집하는 사회로 나아갔다. 주자성리학 지상주의로 흘러 그 이외 학문은 사문난적으로 매도되는 사회가 된 것이다.

---

32) 『순조실록』 권10, 순조 7년 7월 25일 을축. 『고종실록』 권31, 고종 31년 4월 27일 계유.
33) 정옥자, 1993, 『조선후기 역사의 이해』 일지사, 21쪽.
34) 신병주, 2007, 『조선중, 후기 지성사 연구』 새문사.